영남문화재연구원 학술총서 17

韓國考古學理解

한국고고학 이해

Understanding Korean Archaeology

한국고고학회

진인진

집필자

장용준(국립대구박물관)
이형원(한신대학교)
강인욱(경희대학교)
권오영(서울대학교)
서현주(한국전통문화대학교)
조성원(전 부경대학교박물관)
주홍규(건국대학교)
정해득(한신대학교)
소상영(한양대학교 문화재연구소)
조진선(전남대학교)
이재현(백두문화재연구원)
양시은(충북대학교)
김대환(국립경주박물관)
윤상덕(국립중앙박물관)
박성진(신라왕경핵심유적복원정비추진단)

영남문화재연구원 학술총서 17

한국고고학 이해

초판 1쇄 발행 | 2023년 8월 30일

편　집 | 배원일, 김민경
발행인 | 김태진
발행처 | 진인진
등　록 | 제25100-2005-000003호
주　소 | 경기도 과천시 관문로 92(힐스테이트 과천중앙) 101동 1818호
전　화 | 02-507-3077-8
팩　스 | 02-507-3079
홈페이지 | http://www.zininzin.co.kr
이메일 | pub@zininzin.co.kr

ISBN 978-89-6347-566-0 93910

* 책값은 표지 뒤에 있습니다.

한국고고학 이해

:: 발간에 즈음하여

1986년에 고 김원용 교수의 〈한국고고학개설〉 개정판이 발간된 이후 20여 년에 걸쳐 축적된 최신의 조사성과와 논의를 반영한 개론서로 20대 최병현 회장의 한국고고학회에 의해 〈한국 고고학 강의〉가 2010년(개정판 2015년)에 출간되어 각광을 받아왔다.

그로부터 10년 넘는 세월이 지나 늘어난 성과를 담으면서도 알기 쉽게 기술한 교양서 수준의 개론서가 필요하다는 의견들이 많았다. 그에 따라서 26대 이남규 회장의 한국고고학회에서 교양서 발간을 위한 위원회를 구성하여 그에 대한 논의를 시작하게 된다. 그러나 구체적인 지침을 마련하고 집필자를 선정하여 발간작업에 착수한 것은 2018년 본인이 회장을 역임한 27대 한국고고학회에서이다.

위원회에서 논의를 거듭하여 교양서에 걸맞은 알기 쉬운 용어와 서사적인 설명을 근간으로 한 원고 집필을 의뢰하기에 이르렀다. 그러나 학술적인 글쓰기에 매진한 15명의 중견 연구자들은 넉넉하지 못한 기간 내에 대중을 대상으로 한 원고를 작성하는 것이 쉽지 않았다. 이번 기회를 통해서 한국고고학의 대중화를 위한 작업은 장기간에 걸쳐 더 많은 노력이 요구되는 사실을 확인할 수 있었다.

그에 따라 개론서의 기본에 충실한 쪽으로 발간 방향을 수정하게 되었는데, 가능한 각 시대별로 사회 문화의 전개과정을 염두에 두어 서술하는 원칙을 제시하게 되었다. 집필자들마다 서술 방식과 용어 표기에서 차이가 있고, 충분히 합의되지 못한 의견이 개진되었으나, 위원회의 수정보완 요구를 최소화하여 집필자의 의도를 최대한 살리도록 하였다.

장의 구성에서 무엇보다도 이전 개설서와 다른 것은 최근 들어서서 괄목할만한 성과를 내고 있는 중세 이후의 고려, 조선시대를 추가하였다는 점이다. 아울러 중국 동북지역과 한반도에 걸쳐 등장한 초기 정치체에 대한 설명을 보강하였다. 고조선과 관련한 청동기·철기문화를 하나의 장으로 묶어 설명하고, 원삼국시대 부여 등의 북방 정치체의 장을 따로 구분한 것도 또 다른 특징이다. 논란이 많은 원삼국과 삼국시대의 구분 문제에 대해서도 별도의 장을 둔 점도 차이가 난다. 또한 각 장별로 소개된 유적의 위치를 표시한 지도를 작성한 것은 종전의 개설서에 볼 수 없는 장점이기도 하다.

이와 같은 〈한국고고학 이해〉를 발간하는데 많은 분들의 도움이 있었다. 집필진과 발간 편집위원회에 참여한 여러분은 물론 특히 어려운 지원을 결정하고 이행하여 주신 영남문화재연구원의 이백규 전 이사장과 신종환 이사장에게 감사의 말씀을 드린다. 아울러 발간작업을 진두지휘한 하진호 원장을 비롯하여, 도면 사진의 편집과 지도 작성에 열성적이었던 동 연구원의 박상은과 박영협, 행정 지원을 아끼지 않은 김동윤, 그리고 까다로운 편집과 교정에 애쓴 진인진의 배원일, 김민경에게도 고마움을 표한다. 덧붙여 4년에 걸친 발간 작업을 마무리할 수 있게 격려해 준 영남문화재연구원 이사와 직원 여러분, 그리고 현 김길식 한국고고학회장에게도 감사의 말씀을 전한다.

2023년 8월 21일

편집위원장 이 청 규

:: 발간사

우리 역사 무대였던 중국 동북지방과 한반도에는 아득히 먼 구석기시대 이래, 오랜 세월 생활의 발자취로서 수많은 유적과 유물이 남겨져 있다. 이 유적·유물들은 기록이 전하지 못하는 당대 주민들의 역사·문화상을 생생하게 전하는 귀중한 증거이자 실증적인 고고학 연구 자료이다.

2천년대에 들어서 폭증한 고고학 발굴조사에 힘입어 양질의 고고학 자료가 많이 축적되었다. 이를 바탕으로 많은 연구자가 당시의 역사·문화상을 밝히려고 노력했지만, 특정 시기와 지역, 주제별로 다룬 것이 대부분이어서 일반인은 물론 고고학을 공부하고자 하는 대학생조차 한국고고학의 전체 흐름과 문화 내용을 맥락적으로 이해하기 어려웠다. 이에 우리 역사 무대에서 펼쳐졌던 다이나믹한 역사와 생활·문화상을 증언해 주는 유적·유물의 가치와 의미를 소개하고, 이를 바탕으로 당시의 역사·문화를 쉽고 재미있게 설명해줄 대중고고학 교양서의 발간이 시급히 요청되었다.

2010년, 한국고고학회는 다수의 전문 연구자들을 참여시켜 구석기시대~중세의 역사·문화를 담은 〈한국 고고학 강의〉를 출간하였다. 2015년에는 개정판이 출간되어 대학에서 강의 교재용으로서 활용되고 있지만, 내용이 난해하고 전체 흐름을 맥락적으로 이해하기 어렵다는 비판이 많았다. 또 새로 축적된 많은 유적·유물의 분석 결과를 반영한 대중고고학 개설서가 필요하다는 문제 제기도 많았다. 이에 한국고고학회에서는 2018년부터 시기별 전문 연구자들을 참여시켜 〈한국고고학 이해〉라는 고고학 대중서를 출간하기에 이르렀다.

이 책은 구석기시대부터 조선시대까지 우리 역사 무대에서 펼쳐졌던 생생한 생활·문화상을 담고 있다. 그동안 상대적으로 관심이 소홀하였던 고려·조선시대 문화 내용을 대폭 보강하고, 우리 역사·문화를 꽃피웠던 고조선·고구려·부여·옥저·읍루·발해 등 중국 동북지방의 문화 내용까지 체계적으로 정리하였다.

이제 한국고고학회는 '누구를 위한 고고학인가?'라는 진지한 질문에 답해야 한다. 그 답은 '고고학이 고고학 연구자 그들만의 리그가 아닌, 대중과 함께하는 고고학이어야 한다.'는 것이다. 이를 위한 첫걸음은 스토리텔링에 의한 유적·유물의 고고학적 의미와 시기별 역사·문화상을 설명함으로써 일반 시민들도 쉽고 재미있게 다가갈 수 있는 고고학 대중서를 발간하는 일이다. 그 첫 시도가 〈한국고고학 이해〉의 출간이다. 그러나 이 책 또한 일반 대중들이 읽기에는 여전히 난해한 부분이 없지 않을 것이다. 또 전문용어의 문제, 편년이나 역사·문화 해석의 차이 등 해결해야 할 문제도 상존한다. 이러한 문제들은 대중의 관점에서 지속적으로 해결해 나가야 할 숙제이다. 아무튼 우여곡절 끝에 내놓는 이 책이 고고학에 대한 대중적 관심을 높여 '대중과 함께 하는 고고학의 촉매제'가 되기를 기대한다.

이 책이 발간되기까지는 많은 분의 도움이 있었다. 먼저 (재)영남문화재연구원은 발간 비용 전액을 지원하고, 골치 아픈 실무까지 맡아 주었다. 신종환 이사장님과 하진호 원장님, 실무자께 감사드린다. 또 시기별로 어려운 주제의 역사·문화 내용을 각고의 노력을 다해 집필해 주신 필진 여러분과 원고와 도면·사진을 체제에 맞게 편집·수정·보완해 주신 편집위원들께도 감사드린다. 그리고 까다로운 편집위원회의 요구를 묵묵히 반영하여 멋진 책의 장정을 완성해 주신 진인진 출판사의 김태진 대표를 비롯한 실무자께도 감사드린다.

특히 기획에서부터 발간에 이르기까지 편집위원장으로서 회장 임기 만료 이후에도 모든 발간 업무를 책임지고 혼신의 노력을 다해 주신 이청규 제27대 한국고고학회장께는 남다른 감사의 인사를 드린다.

2023년 8월 21일

제29대 한국고고학회장 김 길 식

차례

발간에 즈음하여 ······ 5

발간사 ······ 7

제1장 구석기시대의 문화 ······ 11

제2장 신석기시대의 문화 ······ 37

제3장 청동기시대의 문화 ······ 63

제4장 청동기 · 초기철기시대와 고조선의 문화 ······ 109

제5장 부여 · 초기 고구려와 옥저 · 읍루의 문화 ······ 139

제6장 낙랑 · 대방의 문화 ······ 169

제7장 한 · 예의 문화 ······ 187

제8장 원삼국시대와 삼국시대 ······ 213

제9장 고구려의 사회와 문화 ······ 235

제10장 백제 · 마한의 사회와 문화 ······ 269

제11장 신라의 사회와 문화 ······ 301

제12장 가야의 사회와 문화 ······ 331

제13장 통일신라의 사회와 문화 ······ 367

제14장 발해의 사회와 문화 ······ 395

제15장 고려시대의 사회와 문화 ······ 429

제16장 조선시대의 사회와 문화 ······ 461

머리말

구석기시대의 자연환경과 동물상
구석기시대 자연환경의 특징

인류의 진화와 확산
인류의 가계
동북아시아의 화석인골

석기의 제작기술과 사용
구석기의 의미
인류 진화의 원동력, 주먹도끼
돌날과 좀돌날

구석기시대의 이해
구석기시대 바로 알기
구석기시대와 신석기시대의 비교

요약

01 구석기시대의 문화

장용준
국립대구박물관

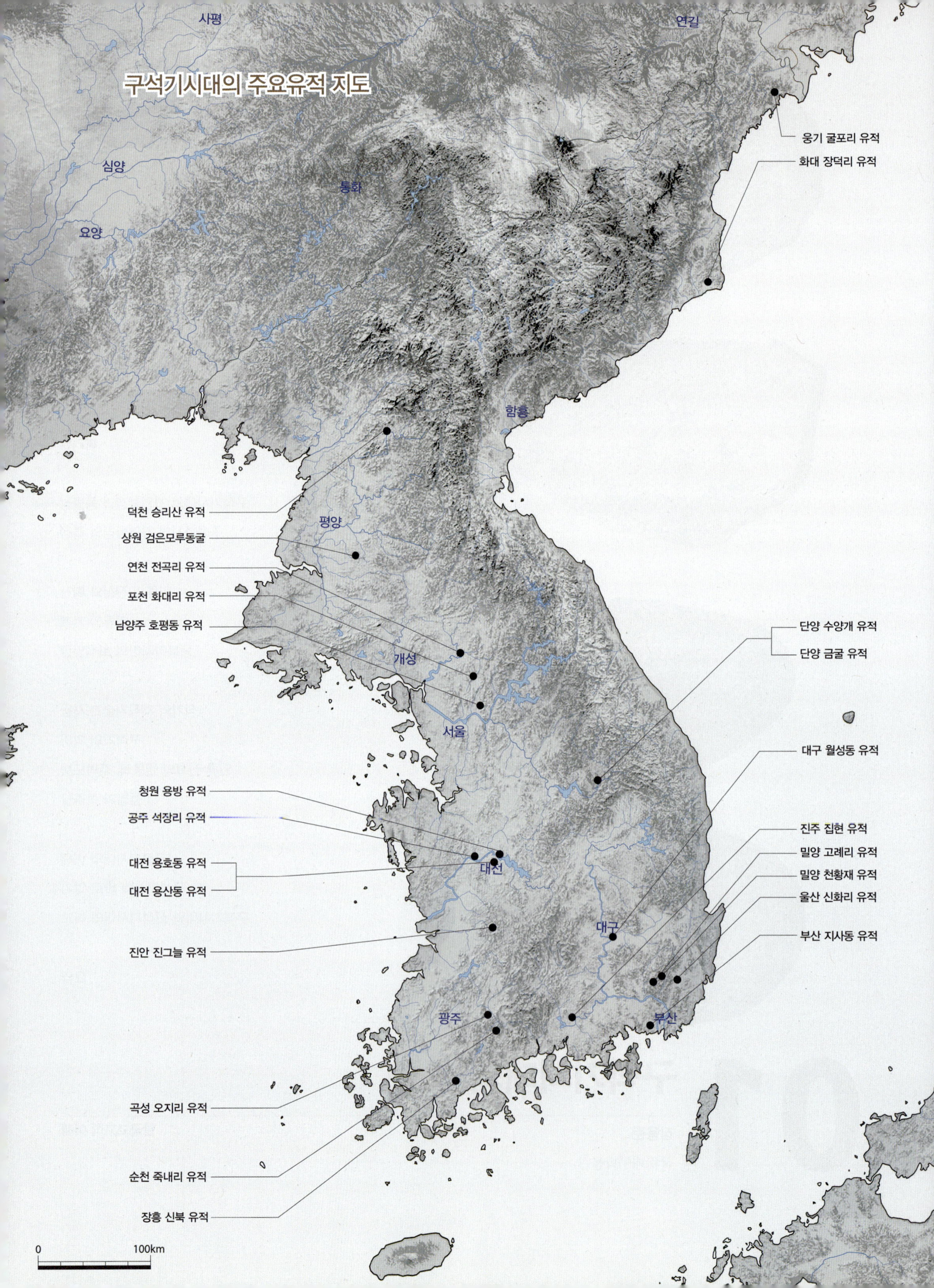
구석기시대의 주요유적 지도
사평
연길
심양
통화
요양
함흥
평양
개성
서울
대전
대구
광주
부산
웅기 굴포리 유적
화대 장덕리 유적
덕천 승리산 유적
상원 검은모루동굴
연천 전곡리 유적
포천 화대리 유적
남양주 호평동 유적
단양 수양개 유적
단양 금굴 유적
대구 월성동 유적
청원 용방 유적
공주 석장리 유적
대전 용호동 유적
대전 용산동 유적
진주 집현 유적
밀양 고례리 유적
밀양 천황재 유적
울산 신화리 유적
부산 지사동 유적
진안 진그늘 유적
곡성 오지리 유적
순천 죽내리 유적
장흥 신북 유적
0
100km

구석기시대의 문화

장용준
국립대구박물관

머리글

구석기시대에 아프리카에서 인류가 처음으로 등장하였다. 7~4.4백만 년 전, 사헬란트로푸스(*Sahelanthropus*), 오로린(*Orrorin*), 아르디피테쿠스(*Ardipithecus*)라는 호미닌(hominins)이 있었다. 아시아대륙에 온 최초의 인류는 호모 에렉투스였다. 에티오피아 보오리(Bouri)유적에서 출토된 동물뼈를 보면 250만 년 전에 이미 동물시체를 해체했다는 흔적이 발견되었다.

180만 년 전, 호모 에렉투스는 수렵채집생활을 하였고, 아시아로 퍼져나갔다. 20만 년 전에 아프리카에서 처음으로 호모 사피엔스가 등장하였고, 6만 년 전에 호모 사피엔스는 아프리카를 벗어나 세계 각지로 퍼져 나가, 오스트레일리아대륙까지 당도하였다. 4~3만 년 전이 되면, 호모 사피엔스는 북위 75도나 되는 지역에서도 살 수 있는 생존기술을 보유하였다. 미토콘드리아 DNA분석에 의해, 호모 사피엔스는 모두 아프리카의 한 여성으로부터 출발했음이 드러났다.

한반도에 사람이 살기 시작한 것은 전기구석기시대이지만, 대부분의 유적은 중기와 후기구석기시대에 해당한다. 구석기시대의 수렵채집민은 현재 우리가 살아가는 생존방식의 토대를 다져주었던 인류였다. 그들이 한반도의 환경에 맞춰 탄생시킨 생존방식은 아주 느리지만, 지속적으로 개선되고, 때로는 새로운 방식을 도입하여 이루어낸 것이다.

구석기시대 사람이 사용한 도구는 석기만 있었던 것은 아니다. 나무로 만든 도구, 뿔과 뼈로 만든 도구 등 주변에서 활용할 수 있는 재료를 생존을 위한 도구로 재탄생시켰다. 호모 사피엔스는 우리의 일상을 창조했고 예술과 상징을 태동시켰다. 우리가 일상적으로 즐기는 예술행위는 인류가 출현하면서부터 등장한 것이 아니었다. 머리 속에 떠오르는 무형의 느낌을 눈으로 볼 수 있도록 표현한다는 것은 인류사에서 큰 변혁이었다. 이 글에서는 구석기시대의 자연환경과 특징을 소개하고, 한반도의 구석기시대에 대해 전반적으로 살펴보고자 한다.

구석기시대의 자연환경과 동물상

구석기시대 자연환경의 특징

구석기시대의 기후

인류가 출현한 시대는 신생대 제4기(第四紀) 갱신세(更新世, 洪積世, Pleistocene)이다. 사람이 살았던 제4기 중 한랭기에는 추워서 동식물이 살 수 없었을까. 당시는 지금보다 평균기온이 낮았지만, 북극 등 고위도지역을 제외하면 동식물이 살 수 없을 정도는 아니었다. 빙하기는 글자 그대로 얼음이 얼고 추웠던 시기이다. 사람들은 빙하기 동안에는 모든 육지가 얼음으로 뒤덮인 것으로 생각한다. 여러분들은 유명한 영화인 아이스 에이지나 투모로우의 배경을 떠올릴 수 있다. 그러나 인류가 출현한 뒤 지구 전체가 눈과 얼음으로만 뒤덮인 적은 없었다. 빙하가 발달하여 가장 많이 확대되었던 지역이 위도 40도 부근까지이었다.

빙하기 동안에는 추웠던 빙기와 따뜻하였던 간빙기가 번갈아 찾아왔다. 빙하기란 남반구와 북반구의 빙상이 확장한 시기이다. 빙하기 중 온대 지역까지 빙하가 확장한 한랭기를 빙기(Glacial Period), 빙기와 빙기 사이의 온난기를 간빙기(Interglacial Period)라 부른다. 간빙기의 기온은 현재와 같거나 보다 따뜻한 편이었다. 즉, 빙하기 동안에는 추운 시기와 따뜻한 시기가 번갈아 찾아왔다. 1.2만 년 전, 간빙기가 시작될 무렵에는 세계인구가 1만 명 정도로 추산된다. 기후변화의 원인에 대해서는 지구 내부 또는 표층부의 활동(대륙의 이동, 산맥의 융기, 화산활동, 해양 순환의 변동 등) 이외에, 지구의 공전궤도·자전축의 변화라는 천문학적인 이론(astronomical theory: orbital theory)으로 설명할 수 있다.

오래전 사람들은 공룡과 함께 살았을까. 공룡이 살았던 시대는 고고학의 영역일까. 공룡은 중생대 백악기에 살았고, 사람은 신생대 제4기에 출현하였다. 공룡과 사람은 마주친 적이 없었다. 사람이 공룡을 사냥하거나, 공룡이 사람을 잡아먹은 적은 없었다. 왜냐하면 서로 다른 시대에 살고 있었기 때문이다. 영화 '쥬라기공원'처럼 아이들이 좋아하는 공룡을 살아 있을 때 본 사람은 존재하지 않는다. 지금 우리는 공룡과 다른 시대인 제4기 중 간빙기에 살고 있다.

우리가 살고 있는 제4기는 약 258만 년 전부터 시작한다. 제3기에서 제4기로 넘어가면서 기후와 생물이 변화하였던 증거가 많고, 세계 각지에서 고지자기 역전의 경계가 확인되기 때문에 양자를 구분할 수 있다. 긴 지구 역사에서 제4기가 차지하는 비중은 신생대 중에서도 불과 0.3% 정도의 시간이다. 제4기는 현생 생물의 화석이 많은 지층이 형성된 시기이다. 한랭기후가 탁월하고 중고위도 지역과 산지에는 빙하가 발달하였던 시기였다. 제4기는 또한 인류가 살았던 시기라는 측면에서 고고학에서 아주 중요하게 다루어지는 지질 시기이다. 기후변화는 지형, 지층, 토양, 동식물, 인류 등 다양한 지표요소의 형성과 깊은 관련이 있다.

제4기는 갱신세(更新世)와 완신세(完新世)로 나뉘는데, 그중 갱신세는 전기 갱신세(Early Pleistocene: 258~80만 년 전), 중기 갱신세(Middle Pleistocene: 80~13만 년 전), 후기

갱신세(Late Pleistocene: 13만~1만 7천년 전)로 구분된다. 중기와 후기의 경계는 최종간빙기 개시기로 보는 연구자가 많다. 이 연대는 지구공전 궤도요소의 변동으로부터 얻어진 것이다. 갱신세가 끝나고 찾아온 완신세에는 급격한 해수면 상승이 있었으며, 그 뒤에는 기후, 해수면이 아주 안정된 시기가 도래하였다. 인류는 이러한 환경을 배경으로 문화를 발전시켰다.

해수면과 회산회

제4기 빙하기 중에서도 유독 추웠던 시기가 있다. 빙하기 중의 빙하기, 바로 최대빙하극빙기(Last Glacial Maximum)이다. 2.5~2.2만년 전의 세계 평균기온은 9도이었다. 2013~2017년 평균기온보다 6도가 낮았다. 육지 면적의 25%가 얼음으로 뒤덮여 있었다. 우리나라는 최대빙하극빙기에 건조한 스텝지역으로 바뀌었다.

최대빙하극빙기는 후기구석기시대에 도래하였다. 우리나라는 빙하가 가장 발달했던 시기에도 빙하권역에 포함되지 않았다. 다만, 한반도를 둘러싸고 있던 서해, 남해 바다의 지형이 바뀌면서, 중국과 하나의 대륙으로 연결되었다. 후기구석기시대에는 해수면이 70m 아래로 내려갔던 적이 여러 차례 있었다. 이때 수심이 얕은 서해(평균수심 44m)와 남해(평균수심 100m)는 해수면이 낮아져 육지로 변하였다. 이와 달리 동해(평균수심 1.700m)는 수심이 깊어 날씨가 아무리 춥더라도 육지로 변한 적이 없었다. 최대빙하극빙기에 해수면이 125±12m, 약 130m 정도 낮아지면서 대한해협이 거의 육지로 바뀌었다. 사람이나 동물이 걸어서 대한해협을 건널 수 있게 되었다. 구석기시대에 모세의 길이 열렸던 것이다.

잠시 상상을 해 보자. 부산 태종대나 거제에서는 맑은 날에 50km 정도 떨어져 있는 쓰시마(對馬島)를 육안으로 볼 수 있다. 망원경이 필요 없다. 여기를 출발한 사람들이 걸어서 쓰시마까지 도착하고, 규슈(九州) 북부지역의 하카타(博多)나 가라쓰(唐津)까지 갔다(그림 1·2). 필자는 고향이 부산 영도 태종대 근처였기에 쓰시마(對馬島)를 언제나 마음만 먹으면 갈 수 있는 가까운 섬처럼 느끼곤 했다.

한반도를 출발해 대한해협을 건넜던 사람이 바로 현생인류이다. 이들이 일본열도에 첫발을 내딛은 사람들이었다. 4만 년 전에 일본열도에 사람이 비로소 살기 시작한 것이다. 약 2.5만 년 전에는 슴베찌르개를 사용하던 사람들이 대한해협을 건너 일본으로 건너갔다(그림 3~4). 특정 시기에 육지였던 서해바다 속에는 구석기시대의 사람들이 남긴 유물들이 남아 있을 가능성이 있다. 언젠가 서해 바다속에서 구석기가 발견될 것이다.

이 시기에 해협을 걸어서 건널 수 있는 지역은 지구상의 다른 곳에서도 있었다. 영국과 프랑스 사이의 영국해협, 유라시아대륙과 아메리카대륙의 베링해협 등이다. 아메리카대륙을 처음 발견하고 산 사람들은 최대빙하극빙기 때인 약 2만 년 전 베링해협을 건넜던 후기구석기시대 사람들이었다. 이들은 시베리아지역에서 살다가 최대빙하극빙기에 베링해협을 건널 수 있게 되자, 유라시아대륙을 떠나 알래스카에 처음으로 발을 내딛었다. 매머드와 같은 동물들도 얼음으로 뒤덮인 그곳을 건너갔다. 육교(陸橋)가 형성되면, 다수의 동물종이 새로운 지역으로 이동할 수 있었다. 사람도 그중 한 부류였다. 모든 대륙에 사람이 살기 시작한 것은 2만 년 전 이후의 후기구석기시대이다. 그 인류는 현생인류(호모 사피

그림 1 부산 영도 태종대에서 바라본 대마도(쓰시마)

그림 2 부산에서 바라본 대마도의 모습(모식도)

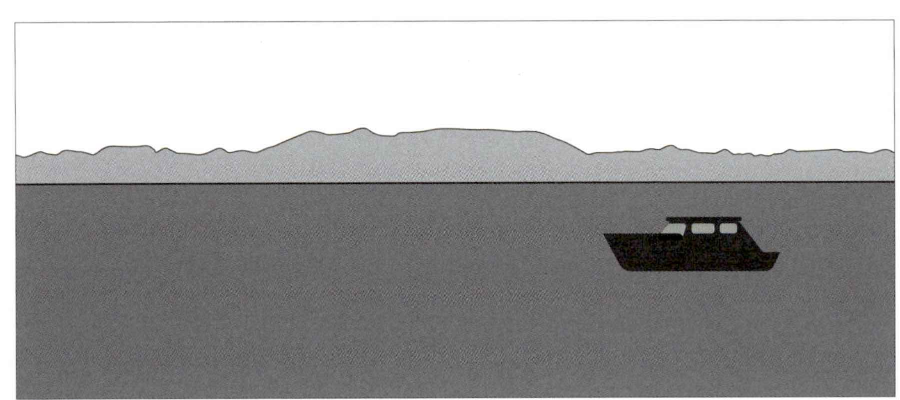

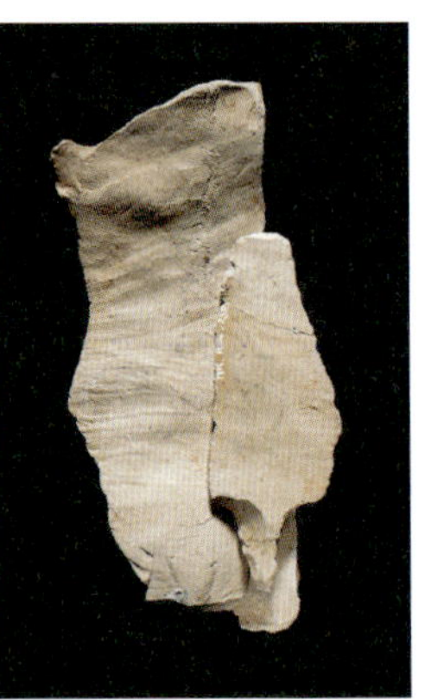

그림 3 슴베찌르개, 돌날, 돌날몸돌(밀양 고례리 유적)

그림 4 슴베찌르개의 접합모습(앞면 1. 뒷면 2)

엔스)이다.

한편, 일본에서 발생한 화살폭발로 생긴 화산회가 편서풍 지대에 위치한 한반도까지 날아왔다(그림 5). 일본 남부 가고시마(鹿児島)현에는 구석기시대에 대형 화산이 활동하였다. 규슈의 지도를 펼쳐보자. 규슈 남쪽에 있는 사쿠라지마(桜櫻島)화산은 지금도 활화

그림 5 일본 아이라탄자와(始良)Tn화산회(AT)는 우리나라 삼팔선을 넘어 동북지역까지 확산: 29,000~26,000년 전에 폭발
· 화산재: 크기 0.25~2mm, 화산회: 입경 1/16~4mm

산으로 유명하다. 이 화산을 둘러싼 바다가 있는데, 이곳은 지금은 바다로 변해 버렸지만, 당시에는 아이라탄자와(始良) 칼데라가 있었다. 필자는 가고시마현에서 열린 심포지엄에 참석하였다가, 이 사쿠라지마 화산이 터지는 것을 직접 경험하였다. 하늘은 갑자기 화산회로 뒤덮이면서 까맣게 변하였고, 화산회와 화산탄이 덮치는 순간, 공포가 몰려왔다.

이 화산에서 분출된 보다 입자가 작은 아이라화산회(AT)는 우리나라 삼팔선을 넘어 중국 동북지역까지 퍼져 나갔었다. 이 화산회는 가고시마에 가면 200m 이상 쌓여 있는 것을 눈으로 확인할 수 있다. 그 정도로 대규모 화산 폭발이었다. 이 화산이 분출된 시기가 29,000~26,000년 전이었다. 이 화산회 이전에 폭발한 아소(阿蘇)산의 화산회도 제주도의 신석기유적에서 확인된다. 그러나 우리나라에서는 그 양이 많지 않아 구석기시대의 토양 속에서 층을 이루지는 못하였다.

오직 현미경으로 화산회의 존재를 밝힐 수 있다. 화산회는 화산폭발 시기를 가늠할 수 있어, 유적이나 유물의 연대를 알 수 있는 중요한 절대연대측정법의 근거가 된다. AT 화산회는 우리나라 후기구석기시대 중엽의 석기들과 깊은 연관이 있다.

구석기시대의 동물상

한반도 내에서 구석기시대의 동굴유적은 30여 곳이 알려져 있다. 이런 동굴 중에는 석기가 나온 곳이 있다. 동굴 내에서 출토된 동물 뼈 도구는 무조건 사람이 만든 것이라고 보기 어렵다. 동물들이 사냥하고 난 흔적이거나 자연적으로 죽은 뒤에 뼈만 남았을 수도 있기 때문이다. 동굴에서 출토된 동물 뼈는 석기가 함께 출토되는지, 뼈에 도구를 사용할 때 생긴 흔적이 있는지, 뼈도구를 만들기 위해 사람이 가공한 흔적이 있는지를 살펴야지만, 유물로 인정받을 수 있다.

우리나라는 토양이 대부분 산성이다. 유기물들은 썩어서 없어지지만 일부 석회암지대에서 동물 뼈나 인골이 발견되기도 한다. 동물 뼈가 출토된 후기 갱신세의 유적으로는 평남의 덕천 승리산, 중화 청청암, 평양 만달리, 평양 화천동, 평양 용곡동굴, 황해 해상동굴, 충북 청주 두루봉 9굴(붉은 흙층), 제천 점말용굴(4·5·6층), 단양 금굴(3·4문화층), 단양 상시1바위그늘, 단양 구낭굴, 영월 연당쌍굴, 정선 매둔 등이 있다.

기후는 사람들에게만 영향을 준 것은 아니다. 기후변화는 땅 위의 식물과 동물의 서식환경을 바꾸어 놓았다. 우리나라에서도 열대지역에서나 살 것 같은 원숭이가 살았던 적이 있었다. 짧은꼬리원숭이는 점말용굴 4층(40,000년 전 전후), 구낭굴(13,000년 전), 만달유적(10,000년 전)에서 발견되었다. 한반도의 기후가 원숭이가 살았던 때에는 꽤 온난하였다. 연당 쌍굴유적의 1굴은 후기구석기시대의 동굴이다. 이곳에서는 긁개, 밀개, 격지, 찍개, 몸돌 등과 함께 동물뼈화석(코뿔이, 하이에나, 원숭이와 같은 절멸동물과 사슴, 곰, 갈밭쥐 등)이 확인되었다.

한편으로 후기 갱신세 유적들에서는 털코끼리, 털코뿔이, 큰쌍코뿔이, 동굴하이에나, 불곰, 반달곰 등의 식육류와 사슴과에 속하는 동물들이 증가했다. 단양 금굴유적(4문화층)에서는 10과 14종의 동물들 중 사슴과 짐승이 가장 많았다.

구석기시대에 중위도나 그 이북지역에 살았던 사람에게 가장 중요한 동물이 사슴류였다. 사슴은 우리나라 동굴유적에서 발견된 동물 뼈 중 가장 많은 개체수를 차지한다. 사슴은 뿔과 뼈가 쓸모가 많은데, 경남 김해지역에서는 삼국시대에도 도구로 많이 사용하였다. 현재 우리는 소와 돼지를 하나도 버릴 것은 없는 동물로 여기고 있다. 사람에게 많은 것을 주는 동물이기 때문이다. 소와 돼지 등 먹거리 동물들을 가축으로 기르지 못하던 시절에 사람에게 가장 유용한 동물이 바로 사슴이었다. 사슴은 고기를 주고 가죽을 준다. 뿔과 뼈는 바늘, 작살, 화살촉, 머리꽂이와 같은 장신구, 도구 손잡이 등의 재료로 이용하였다. 고위도지역에서는 현재까지도 순록을 말처럼 타거나, 썰매를 끄는 수단으로 이용하고 있다.

인류의 진화와 확산

인류의 가계

모든 인류의 시작은 아프리카에서 찾을 수 있다. 최초의 인류가 언제 어디서 출현했는지는 분명하지 않다. 인류는 유인원에 속하지만, 모든 유인원이 인간인 것은 아니다.

인류 진화에 대한 논의는 인간이 우리의 조상을 알기 위한 정답을 찾아가는 과정이다. 새로운 인류에 대한 놀라운 연구결과가 계속 발표되고 있다. 인류 진화는 우리가 교과서에서 배운 것처럼 단선적이지 않다. 그 계통도가 복잡하다(그림 6). 더 놀라운 것은 끊임

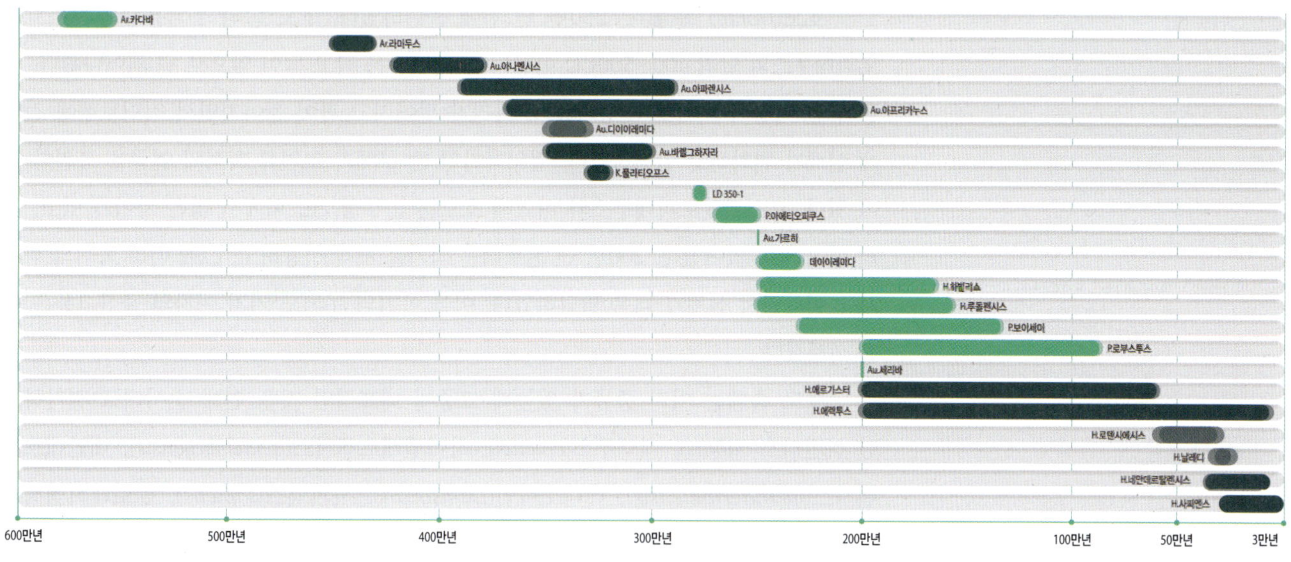

그림 6 인류의 가계(Wikipidia 자료 수정 보완)

없이 그 계통도가 바뀌고 있다는 사실이다. 따라서 인류의 계통도는 나무에 비유된다. 큰 줄기에 가지를 치고, 잔가지가 뻗어나가는 모습을 보여준다.

유인원이 원숭이와 눈에 띄는 신체의 차이는 꼬리가 없다는 점이다. 인간은 침팬지에서 진화한 것이 아니다. 인간과 침팬지는 같은 영장류에 속하며, 800~600만 년 전에 공동 조상을 두고 있었다. 찰스 다윈은 인류의 네 가지 특징으로 큰 두뇌, 작은 치아, 직립보행, 도구 사용을 제시하였다. 직립보행은 두뇌 용량이 커지기 전에 이루어졌다. 초기 인류의 뼈와 화석은 모두 아프리카에서만 출토되었다. 최초의 인류는 700~500만 년 전에 아프리카에서 등장하였고, 아주 느리고, 서서히 진화하였다.

오스트랄로피테쿠스(*Australopithecus*)는 가장 번성한 초기 인류로 420만 년 전부터 200만 년 전까지 아프리카에서 살았다. 이 인류는 아프리카를 벗어난 적이 없다. 오스트랄로피테쿠스는 200만 년 넘게 동아프리카, 북아프리카, 남아프리카에서 살았다. 이들은 침팬지 정도 크기의 신체와 두뇌를 갖추었다. 이 인류는 발, 다리, 모든 신체 부위에서 직립보행의 특징을 가지고 있었다. 오스트랄로피테쿠스 아파렌시스(*afarensis*)는 350~300만 년 전에 아프리카 아파르(Afar)에서 살았다. 두뇌 크기는 380~430cc이다. '루시(Lucy)'로 유명한 인류가 속한 종으로 호모의 공통조상으로 직립보행을 한 초기 인류이다. 에티오피아에서 340만 년 전의 석기와 석기에 의한 해체 흔이 있는 동물뼈가 발견되어 최초의 석기를 아파렌시스가 사용하였다는 주장도 제기되었다.

미국 오바마 대통령은 에티오피아에서 직접 루시를 관람하였다. 에티오피아 정부는 오바마 대통령을 위해 일반인들은 보지 못하는 이 귀한 인류 화석을 철저한 보안 속에 운반하여 궁전에서 보여주었다. 오바마 대통령은 루시를 보고 난 뒤, "전 세계 모든 사람이 같은 인류의 가족이고, 같은 사슬에서 왔다는 사실을 다시 생각하게 됐다. 세계에서 일어나는 모든 역경과 갈등, 슬픔, 폭력은 모두 우리가 그 사실을 잊고 있어서 발생하는 것"이라는 소감을 말하였다.[1]

1 조선일보, 2015년 7월 29일자 기사에서 인용.

호모(*Homo*) 속(屬)은 250만 년 전에 출현하였다. 호모 속의 두뇌용량은 오스트랄로피테쿠스와 달리 400~500CC 이상이었다. 얼굴은 작고 턱이 앞으로 덜 튀어나왔다. 얼굴의 반 이상이 이마로 구성되었다. 다리가 길어지고 팔이 짧아지면서 직립보행에 걸맞게 신체가 변화하고 발전하였다. 법의학자인 존 구체가 고인류 화석의 얼굴을 복원한 적이 있다. 오스트랄로피테쿠스와 비교해 호모는 눈두덩, 코, 턱에서 많은 차이가 있고, 몸의 털이 많이 없어졌다. 200만 년 전부터는 석기를 제작 사용하고, 그에 따라 육식의 섭취가 늘어나면서 신체가 더욱 발달하였다. 이들 아기의 두뇌도 커져 여자의 출산고통은 더욱 심해졌다.

호모 속에는 여러 종류가 있는데 그중에 대표적인 것을 연대 순서대로 열거하자면 하빌리스(*habilis*), 에렉투스(*erectus*), 하이델베르겐시스(*heidelbergensis*), 네안데르탈렌시스(*neanderthalensis*), 데니소바인(*Denisovan*), 사피엔스(*sapiens*), 플로레시엔시스(*floresiensis*) 등이 있다. 호모 하빌리스는 230~140만 년 전에 아프리카 탄자니아 올두바이에서 살았던 것으로 추정된다. 이들은 아프리카를 벗어나서 산 적이 없다. 우리가 감히 상상하기 힘든 정도로 긴 시간인 100만 년 넘게 살았다. 하빌리스는 생존능력으로 따지면 강한 생존력을 갖고 있었다. 키가 100~150cm, 뇌용량은 363~600cc이다. 호모가 아니라 오스트랄로피테쿠스로 분류해야 한다는 주장도 있다.

호모 에렉투스는 180~10만 년 전에 살았다. 초기 인류 중에서 가장 오랫동안 지구상에 생존하였다. 아프리카에서 출현하였으나, 이 지역을 벗어난 최초의 인류이다. 유라시아 대륙은 물론 동남아시아 등지에서 발견되었지만 시베리아 북동부지역까지는 진출하지는 못하였다. 아프리카를 떠난 이 인류는 히말라야를 넘어 아시아로 진출하였다. 우리가 잘 알고 있는 북경인, 자바인 등 아시아에서 발견되는 고인류가 여기에 포함된다. 초기 인류의 몸집과 두뇌 크기는 육식 섭취가 늘어나기 시작한 호모 에렉투스 때부터 급격한 성장을 하였다. 두뇌 크기는 850~1,100CC이고, 비교적 왜소한 신체이지만, 긴 다리를 지니고 있어 훨씬 용이하게 이동할 수 있었다. 불을 사용하고 언어를 구사하였을 가능성이 있다.

호모 에렉투스에서 "옛" 호모 사피엔스로의 전환은 지금으로부터 약 40만 년 전에 일어났다. 하지만 시점은 정확하지 않다. 어떤 화석이 호모 에렉투스이고, '옛' 호모 사피엔스인지 구분하기 쉽지 않기 때문이다. 호모 에렉투스는 한동안 아시아에 머물렀는데 중국에서는 25만 년 전, 자바 섬에서는 10만 년 전까지 살았다고 추정된다. 호모 에렉투스는 그 뒤를 이은 호모 사피엔스의 초기 구성원들과 동시대를 살았을 것이다.

호모 사피엔스(현생인류)는 20~15만 년 전 아프리카에서 출현하였다. 10만 년 전을 지나 해부학적인 현생인류가 아프리카대륙 전역과 동아시아로 흩어졌다(그림 7). 6~5만 년 전 무렵에는 호주로 이주하였다. 호모 사피엔스는 5~4만 년 전 무렵 아프리카를 벗어났고, 유라시아대륙의 동쪽으로 급속히 퍼져 나갔다. 이 인류가 지금의 우리 조상이다. 모든 대륙에 비로소 사람이 살게 되었다. 25,000년 전에는 전 세계에 다른 인류는 사라지고 현생인류인 호모 사피엔스만이 유일하게 남았다. 즉, 세계 어디라도 발을 내디뎠던 첫 인류가 바로 호모 사피엔스이다.

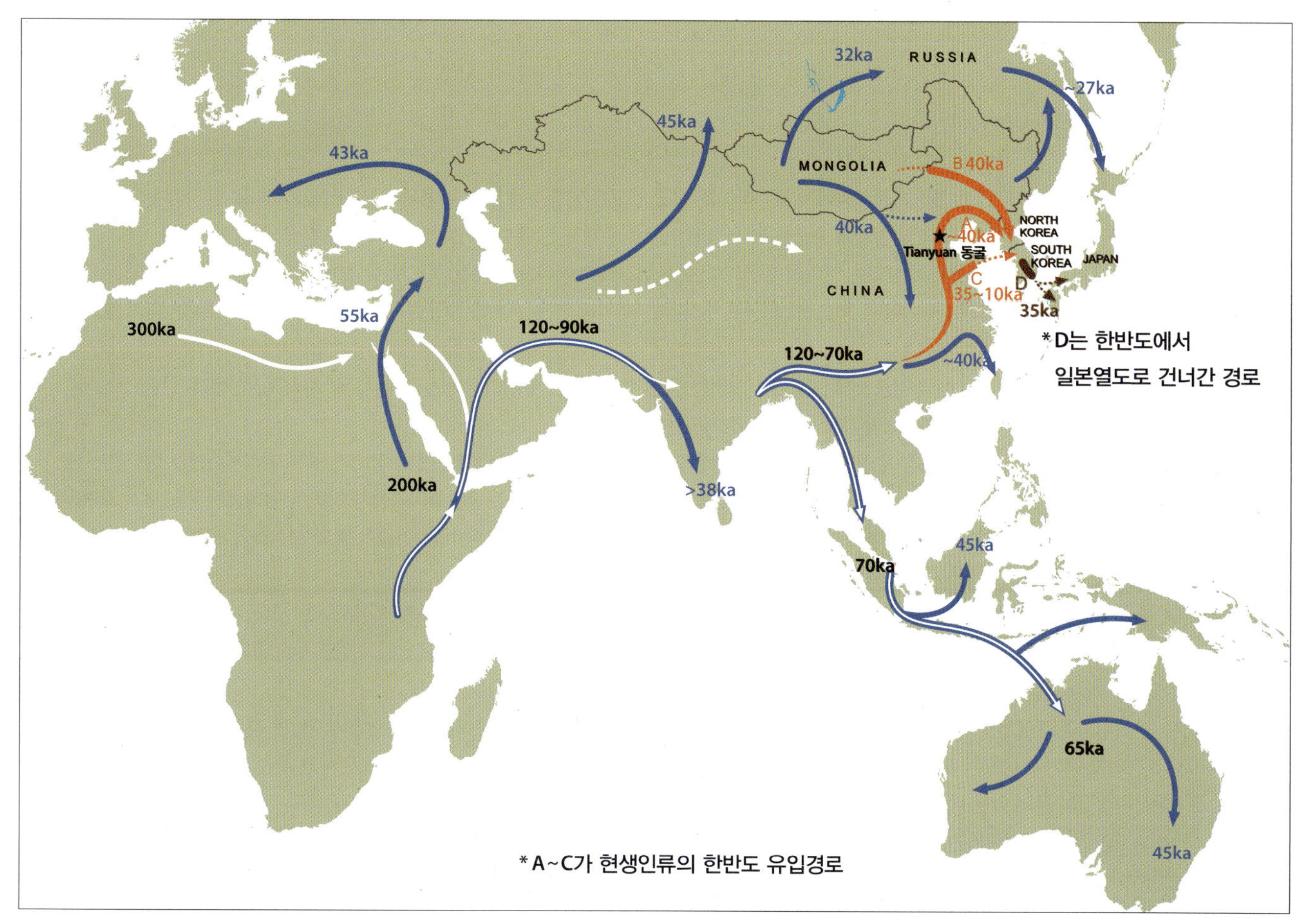

그림 7 후기 갱신세 동안 아시아로 확산된 현생인류의 길과 연대 지도(Bae *et al.* 2017을 참조하여 저자가 새롭게 보완 제작). 한반도에는 용곡동굴에서 현생인류의 인골이 출토되었다. 한반도의 후기구석기 문화는 동북아시아지역의 구석기문화와 깊은 관련이 있다. 특히 일본열도에 최초로 건너간 사람이 한반도의 후기구석기인이다.

호모 사피엔스는 석기를 만들기 위해 새로운 종류의 석재를 확보하고 원거리에 위치한 석재 원산지도 개발하였다. 한정된 석재를 효과적으로 이용하기 위한 돌날기법과 좀돌날기법을 활용하였다. 호모 사피엔스는 식물자원과 수산자원으로 생존하였다. 다른 인류와 달리 호모 사피엔스는 동굴벽화와 같은 예술작품은 물론, 악기를 만들어 사용하였다. 이들은 상징능력이 뛰어났고, 조각품도 다양하게 만들었다. 죽은 사람을 위한 매장풍습도 더욱 발달하였다.

호모 사피엔스는 35만 년 전에 출현했던 네안데르탈인과 27,000년 전까지 함께 살았고, 유전자도 일부 공유하였다. 빙하기 동안에 번성했던 대형 포유류는 시간이 지나면서 차츰 사라지기 시작하였다. 우리나라는 산성토양으로 고인골이 남긴 힘든 상황이다. 석회암지대에서 고인골 자료가 발견되길 기대해 본다.

동북아시아의 화석인골

아시아지역에서는 오스트랄로피테쿠스의 흔적은 발견되지 않았고, 180~160만 년 전에 처음으로 도착한 호모 에렉투스가 아시아 최초의 인류였다. 이 인류는 중국과 인도네시아의 자바섬에서 발견되었으나, 한반도의 경우에는 100만 년 전 이전에 사람이 살았다는 증거가 없다.

테글 1

흥수아이는 과연 구석기시대 사람인가?

유명 방송인인 설민석은 2017년 한 방송프로그램에서 흥수아이를 발견 신고한 김흥수에 대한 내용을 강의하였다. 시청을 한 대부분의 사람들은 유적을 발견한 사람과 재미있게 강의한 강사에 호평을 보내었다. 여기서 주제가 된 흥수아이는 과연 구석기시대의 사람이었을까.

흥수아이는 사망 당시, 4~6세로 추정되는 아이의 유골이다. 초등학교 교과서에도 소개될 정도로 유명하다. 1982년 충북 청원군 두루봉 10차 발굴 때 흥수굴에서 발굴되었다. 1990년 박선주 · 이융조가 『한국 제4기학 연구』 4호에 발표한 『두루봉 흥수굴에서 발굴한 후기 홍적세 어린아이뼈 연구』가 논란의 시발점이었다.

학계에서는 이런 주창에 대해 적극 검증하지 않았으며, 그러는 동안 흥수아이는 구석기시대의 화석인골로 자리매김하였다. 한편으로 흥수아이가 구석기시대의 인골이 아닐 가능성이 제기되었는데, 논쟁거리는 다음과 같다

첫째, 흥수아이의 형질인류학적 특징이 구석기시대의 사람과 다르다. 고인류학자인 이상희는 흥수아이가 구석기시대 사람이 아니라는 근거를 3가지로 정리하였다. 흥수굴 입구가 바로 후대 사람들이 넘나드는 길로 이용되었다는 점, 후기구석기 아이 무덤에서는 반드시 치레거리(부장품)가 나오는데 그렇지 않다는 점, 흥수아이 아래치아의 씹는 면에 심한 충치가 있다는 점이다. 아울러 뼈의 화석화가 진행되지 않은 점을 근거로 흥수아이는 화석이 아닌 현신세(홀로세)의 인골이라는 결론이다.

둘째, 흥수아이의 문제는 발굴 당시부터 정확하게 보고되지 않았다. 여러 차례 흥수아이의 연대를 측정하려는 시도는 있었지만, 원하는 결과를 얻지는 못하였는데, 측정된 연대는 조선시대에 해당하였다. 이러한 연대에 대해 조사단을 이끌었던 이융조는 인골에 경화제를 사용해 시료가 오염되었기 때문에 인골에서 추출한 시료를 사용한 연대결과를 신뢰할 수 없다는 주장을 하였다.

셋째, 구석기시대의 유물들과 인골의 공반 문제이다. 인골은 발굴 당시의 모습으로 보존되었다. 발굴조사자들은 흥수아이가 출토된 층이 구석기시대 층이고 석기가 나왔기 때문에 구석기시대로 판단하는 데 문제가 없다고 주장한다. 하지만 출토 당시의 사진 등을 참조하면 인골 주변으로 석기, 치레걸이 등과 같은 유물로 판단할 수 있는 인공품은 함께 출토되지 않았던 것 같다.

이상으로 정리하면, 흥수아이는 구석기시대의 인골로 단정짓기 어렵고, 우리나라 구석기시대를 대표하는 현생인류의 화석인골이 아닐 가능성도 신중하게 재검토할 필요가 있다.

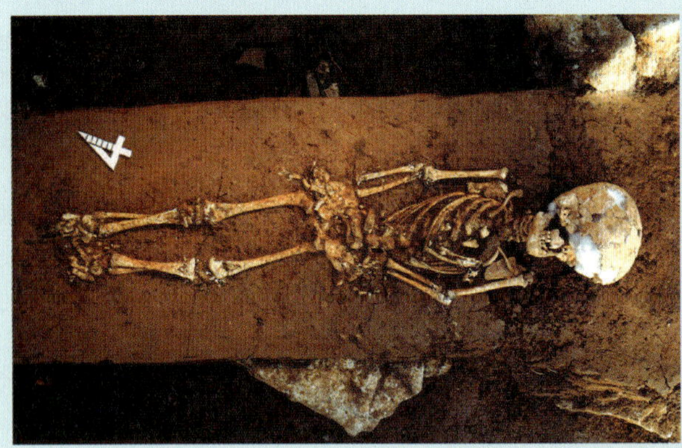

그림 8 흥수아이(출토모습 1, 복원모습 2)

중국 산서성 시안(西安) 샹첸(上陳)유적의 고인류화석은 석기와 더불어 210만 년 전의 것으로 보고되었기에 아시아대륙에서 오스트랄로피테쿠스의 존재 가능성을 말하기도 한다. 동북아시아에서 가장 오래된 인류화석은 운남성 북부의 위안모우(元謀)유적의 고인류 화석으로 규암제 찍개와 함께 출토되었고 그 연대는 170만 년 전이다. 섬서성 란띠엔(藍田)유적에서는 전기구석기시대의 아래턱뼈가 발견되었는데 100~65만 년전으로 추정되며, 궁왕링(公王嶺)유적의 두개골은 115만 년 전의 호모 에렉투스이다. 이러한 화석들은 180~100만 년 전으로 알려진 자바섬의 화석과 비교할 만하다.

베이징(北京) 저우커우뎬(周口店)인은 80~40만 년 전의 인류로 중요한 자료이지만, 1941년에 중국과 일본의 전쟁 중에 사라졌다. 현재는 당시에 만들어진 석고모형과 기록만이 전해지고 있다. 중국에서는 40개체 이상의 화석인골이 출토되었는데 대부분이 베이징 저우커우뎬에서 출토되었고, 호북성의 첸시(建始) 등지에서도 발견되었다. 중국의 고인류학자는 호모 에렉투스의 출토 사례를 근거로 하여 인류의 다지역기원설을 지지하고 있다.

중국 섬서성 따리(大里)유적, 광동성 마비(馬壩)유적, 요령성 진뉴우산(金牛山)유적, 쉬쟈야오(許家窯)유적에서 출토된 화석인골은 호모 에렉투스가 아닌 유럽에서 발견된 호모 하이델베르겐시스로 분류하는 연구자도 있다. 이 화석들은 다지역기원설을 뒤집는 자료로 평가되기도 한다. 현재는 호모 사피엔스가 출현하기 전에 기존 인류는 모두 절멸했다고 보는 쪽이 우세하다. 따리 유적에서 출토된 20만 년 전의 두개골은 다지역기원설을 반박하는 중요한 자료로 평가받고 있다.

아시아에서는 5~4만 년 전까지 호모 에렉투스가 살고 있었을 가능성이 있다. 이 지역의 호모 사피엔스는 6~5만 년 전 이후부터 네안데르탈인, 데니소바인, 호모 플로레시엔시스 등과 교배를 하였을 가능성이 있는데, 우리의 지금 모습은 호모 사피엔스만으로 이루어진 것이 아닐 수 있음을 의미한다. 유럽에서 주로 확인되는 네안데르탈인과 데니소바인, 호모 플로레시엔시스는 한반도 땅을 한 번도 밟은 적이 없다.

호모 사피엔스, 즉 현생인류는 중국, 몽골, 일본 등지에서 발견되고 있다. 북한에서는 평양의 력포와 만달산, 평남 승리산, 금촌에서 고인류화석이 출토되었다. 우리나라에서는 충북지역의 점말 동굴, 구낭굴 등 카르스트지형에 해당하는 동굴유적 이외에서는 구석기시대 인골이 출토되지 않았다. 그 이유는 우리나라 토양이 산성토양이기에 유기질인 인골이 모두 땅속에서 썩어서 사라졌기 때문이다. 향후에도 이 시대의 인골이 출토된다면 충북과 강원지역에 있는 알카리성의 카르스트지형에서 형성된 동굴에서 발견될 가능성이 높다.

석기의 제작기술과 사용

구석기시대 사람들은 석기를 도구로 사용하였다. 이들이 석기만큼 즐겨 사용한 것은 나무로 만든 도구, 뼈나 뿔로 만든 도구이었다. 여기서는 돌로 만든 석기의 의미와 주먹도끼에 대해 설명하고자 한다.

구석기의 의미

한국을 대표하는 조각가 이우환은 '돌은 침묵이다'고 말한다. 그는 한 신문사와의 인터뷰에서 "돌은 끝내 규정되지 않는 그 무엇이다. 긴 시간의 덩어리이고 만물의 어머니다. 산업을 가능케 한 철 역시 돌에서 추출한 것이다. 돌과 철, 이 둘을 아우를 때 자연과 문명의 대화가 가능해진다"라고 하였다. 구석기인들이 돌을 이용해 수백만 년 동안 사용하였던

그림 9 구석기시대에 석기의 특징과 구분

- ○ 석재(돌감): 자연원석이 아닌 구석기시대 석기를 기준으로 표시
- ○ 주먹도끼: 우리나라에서는 후기구석기시대에도 출토되지만 중기구석기시대에 가장 많이 제작·사용했다.
- ○ 후기구석기시대에 신석기시대의 타제석부와 유사한 석기가 출토되었다. 땅을 파기 위한 굴지구, 또는 가죽가공을 위한 무두질 도구일 가능성이 있다.

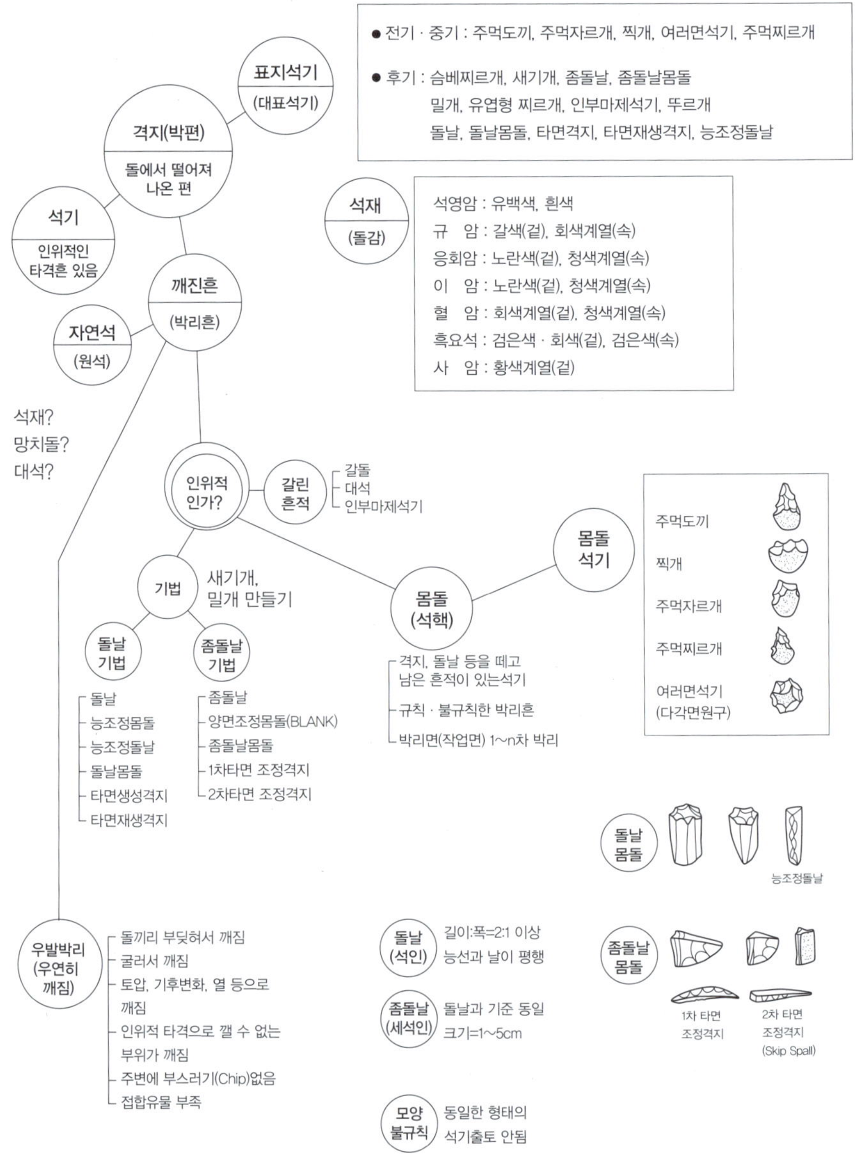

그림 10 진주 집현유적의 밀개(날을 밑으로 해서 촬영). 가죽을 다듬거나 무두질할 때 사용. 크기는 10cm가 넘는 것도 있지만, 2cm 내외의 손톱만한 밀개도 있을 만큼 다양한 크기로 만들어 사용했음.

구석기의 의미는 다음과 같다.

첫째, 돌은 깨뜨리면 날카로운 날이 생긴다. 이러한 날은 지금의 칼과 같은 역할을 하였다. 이런 날에는 사용흔이 남아 사람들의 행위를 추론할 수 있다. 석기는 동물의 사냥이나 해체, 나무나 뼈도구의 가공에 사용하였다. 석기를 잡는 방법으로 왼손잡이의 유무도 추론할 수 있다.

둘째, 돌은 자연에서 구할 수 있는 가장 단단한 재료이다. 철이 발견되기 전까지 돌은 가장 단단한 상태의 재질이있다. 돌의 단단함은 동물들에 상한 타격을 가할 수 있고, 단단함은 도구를 오랫동안 쓸 수 있게 해 주었다.

셋째, 돌은 갈면 원하는 형태나 같은 모양의 석기를 만들 수 있다. 간석기는 신석기시대가 아닌 구석기시대부터 등장한다. 숫돌은 사암과 이암 계통의 석재로 타제 또는 자연 상태의 원석을 이용해 도구의 날을 세우거나 형태를 조정할 때 사용된다. '돌이 다른 돌을 갈 수 있다'는 아이디어는 인류가 출현하고 수백만 년 만에 탄생하였다. 갈아서 새로운 석기를 만드는 개념은 뗀석기가 갖지 못했던 도구의 정형성과 규격성을 획기적으로 높여준 발명이었다. 구석기시대 유적인 진주 집현, 순천 신북, 단양 수양개, 전주 재경들, 산청 차탄리유적에서 간석기가 출토되었다.

넷째, 돌은 어느 곳을 가더라도 구할 수 있다. 구석기시대는 물론, 선사시대 때 석기가 많이 사용된 가장 큰 이유는 언제 어디서든 돌은 구할 수 있기 때문이다. 흑요석처럼 특별한 석재는 아주 먼 곳까지 가서 구하였다. 사람들은 좋은 석재를 얻기 위해 다른 사람과 물물교환을 하기도 하였다. 구석기시대 사람들이 적절한 석재를 선별하기 시작한 것은 전기구석기시대의 찍개와 주먹도끼를 만들면서부터이다. 좋은 석기를 만드는 첫 출발은 좋은 질의 석재를 구하는 데서 출발하였다.

다섯째, 한번 정해진 석기 모양(형식)은 오랫동안 변하지 않고 사용되기도 하였다(그림 9). 구석기시대의 석기 중 주먹도끼나 찍개와 같은 석기가 대표적으로 길게는 백만 년, 짧게는 수천 년 동안 도구로 사용하였다.

여섯째, 특별한 용도의 석기를 만들기 위한 제작기법이 존재하였다. 후기구석기시대의 돌날기법과 좀돌날기법이 대표적이다. 이러한 박리기법(떼는 방법을 체계화시킨 것)은 원하는 도구를 만들기 위한 시뮬레이션 능력을 반영한 것이다. 석기의 박리기법은 인간만이 할 수 있는 교육과 훈련의 결과물이다. 가죽을 가공하는 데 사용한 것으로 알려진 밀개 역시 구석기시대의 특징적인 석기이다(그림 9 · 10).

일곱째, 돌을 이용하여 불을 피울 수 있었다. 성냥과 라이터가 나오기 전까지 불을 피우는 가장 좋은 방법은 철에 부싯돌을 부딪쳐서 불을 피우는 방법이었다. 철이 나오기 전에는 돌과 돌을 부딪쳐서 불을 피웠다.

인류 진화의 원동력, 주먹도끼

도끼는 손에 쥘 수 있는 석기 중에서는 큰 석기이다. 끝이 뾰족하면서 역삼각형, 타원형이거나 원형으로 만들어진 석기이다. 중국에서는 수부(手斧), 악부(握斧)로도 불린다. 영어 Hand Axe를 번역한 말인 주먹도끼보다는 손도끼가 더 적합한 표현일지도 모르겠다. 주먹도끼나 주먹찌르개와 같은 대형의 자르거나 찍는 도구들은 생존 활동의 새로운 행위와 적극적인 그 해결책을 반영한 것이다.

주먹도끼는 아프리카에서 처음으로 출현한 도구이다. 1991년 발견된 에티오피아의 콘소 가둘라(Konso-Gardula)유적에서는 175만 년 전의 주먹도끼가 출토되었다. 세계에서 가장 오래된 것이다. 이 유적에서 전형적인 주먹도끼는 145만 년 전에 등장한다. 주먹도끼는 아프리카와 유럽에서 176~16만 년 전까지 사용되었으며, 손으로 잡고 쓰기 편하고, 쓰임새가 많다.

우리나라 주먹도끼는 30만 년 전에 출현하였다는 주장이 있지만, 7~4만 년 전에 만들어진 것들이 대부분이다(그림 12~13). 아프리카와 비교하면 170~140만 년 정도의 차이가 있다. 주먹도끼가 왜 이렇게 오랫동안 사용되었는가는 미스터리이다. 집단 내에 도구 사용에 있어 보수적인 관습이 있었기 때문으로 여겨진다. 호모 에렉투스의 후손들이 여전히 한반도에 살아 있었기 때문이었을까?(그림 11) 아직도 해답을 모른다.

아프리카와 우리나라의 주먹도끼가 백만 년이라는 시간 차이가 있음에도 불구하고 형태나 기법이 유사하다는 사실은 아주 흥미롭다. 오히려, 유럽의 아슐리안(Acheulian)형식의 주먹도끼는 우리나라 주먹도끼와 석재나 형태, 제작기법에서 차이가 있다.

우리나라에서는 아슐리안 주먹도끼와 유사한 석기가 1978년 경기 연천 전곡리에서 처음 발견되었다. 김원룡·정영화가 서구나 아프리카의 전형적인 아슐리안 양면 핵석기로 판단한 것이 연구의 출발이었다. 아프리카를 벗어나 유라시아대륙으로 이동한 최초의 인류는 호모 에렉투스이다. 이들이 사용한 도구가 주먹도끼와 찍개 등의 몸돌석기였다. 이 인류는 유라시아대륙의 북쪽과 동쪽으로 퍼져 나가서 여러 지역에 정착하였다. 그중 아프리카와 유럽의 주먹도끼를 제작하는 전통은 100만 년 전 무렵에 시작되었는데, 아슐리안 석기문화가 바로 그것이다.

주먹도끼는 나무를 찍고 자르고, 동물을 도살하고, 다른 도구를 만드는 데 사용할 수 있다. 실제 실험에서 주먹도끼를 가지고 소 한 마리를 해체하는 데 4~5

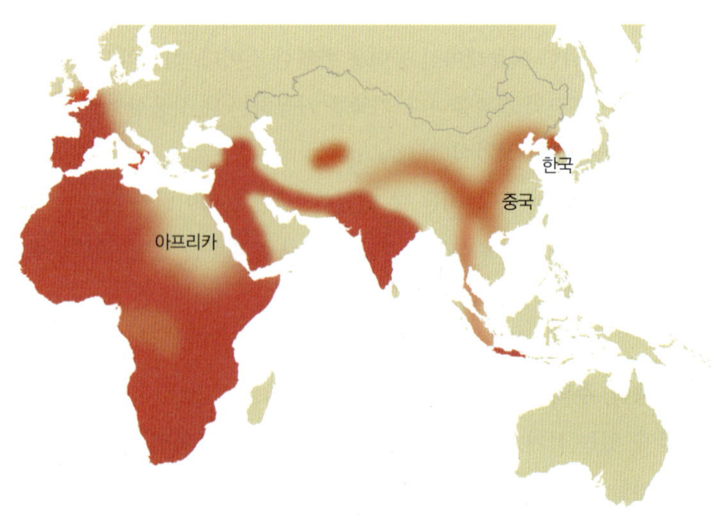

그림 11 중기 갱신세(70~12.7만 년 전) 클리버(cleaver, 가로날도끼) 발견지역(위키피디아 참조해서 새로 작성)

* 인도를 기준으로 좌측은 500점 이상 출토되는 유적이 많음. 그만큼 전기와 중기구석기시대의 오래된 유적이 많이 분포한다는 의미로 해석할 수 있음. 그에 반해 동아시아지역에서는 한 유적에서 통상 20점 내로 출토되는 유적이 많음. 북위 55도 이북으로는 주먹도끼, 가로날도끼 등의 몸돌석기는 출토되지 않는다. 일본열도에서는 중기구석기시대가 확인되지 않았기 때문에 주먹도끼, 찍개, 여러면석기 등은 출토된 바가 없다.

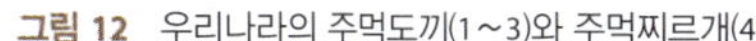
그림 12 우리나라의 주먹도끼(1~3)와 주먹찌르개(4)

시간이면 충분하였다. 대칭성을 가진 최초의 도구인 주먹도끼의 제작 사용은 사람의 인지능력이 발달했기 때문에 가능한 것으로 인류 도구 발달사에 큰 전환점이 되는 사건이었다.

도끼는 자루에 끼워서 쓰는 도구이지만, 주먹도끼는 손에 쥐고 사용하는 석기이다(**그림 12**). 일반적으로 알려진 도끼는 나무를 찍거나 패는 연장으로 잘 갈린 날머리가 있고, 이것을 나무 자루에 끼우거나 묶어서 만든다. 주먹도끼는 우리가 알고 있는 도끼의 기능만을 했던 전문 도구는 아니다. 주먹도끼는 동물의 사체를 해체하고, 동물뼈를 깨뜨려 골수를 빼먹을 때, 나무를 가공할 때, 사냥할 때 사용하였다. 손에 쥔 채 사용하였고, 나무에 끼우지는 않았다. 손에 쥐고 자르고, 긁고, 찍는 작업을 하였다. 주먹도끼는 원시적인 도끼의 기능은 할 수 있었으나 현재 사용되는 도끼와는 개념이나 형태가 다르다.

그림 13 우리나라에서 출토된 몸돌석기(주먹도끼 1, 주먹찌르개 2, 찍개 3, 가로날도끼 4, 여러면 석기 5)

주먹도끼는 한반도의 중부지역에서 많이 출토된다. 수량과 재질, 형태의 차이는 있지만 남부지역에서도 확인된다. 우리나라 주먹도끼는 석영계통의 암석으로 주로 제작되었는데, 규암이나 석영이 90% 이상을 차지한다. 그 외에도 화강편마암, 편암, 사암, 응회암, 셰일, 이암으로 만든다. 주먹도끼의 예비소재로는 원석 그 자체를 이용하거나 큰 격지를 활용한다.

그동안 구석기 학자인 모비우스(Movius)가 주장한 이분법적인 세계구석기 문화전통에 대해서 지난 40년 동안 많은 연구가 있었다. 동아시아 지역의 주먹도끼들은 전형적인 아슐리안 석기들과 차이가 있는 것은 분명하다. 주먹도끼의 출현 시기와 제작기법, 석재 종류가 다르다. 한반도지역에서 주먹도끼는 한 유적에서 소량만 출토된다. 또한 한반도 내 지역마다 차이가 있으며, 똑같은 모양의 주먹도끼는 한 점도 없다. 주먹도끼의 출현 과정을 단순히 특정 계통의 전파 산물로만 보기 어려운 이유이다. 주먹도끼를 만든 사람은 호모 사피엔스일 수도 있고, 아시아에 정착하였던 호모 에렉투스의 후손일 가능성이 있다. 찍개, 여러면석기, 가로날도끼 등의 몸돌석기는 한반도에 처음 정착한 인류의 가장 중요한 도구였다(**그림 13**).

돌날과 좀돌날

돌날은 중기구석기시대에도 드물게 출토되지만, 본격적으로 사용하기 시작한 것은 후기

그림 14 흑요석으로 만든 몸돌에서 돌날을 떼고 남은 흔적. 세로방향으로 돌날을 연속적으로 뗀 흔적들이 잘 남아있음.
일본 홋카이도(北海道) 비호로모토마치(美幌元町)유적 출토(후기구석기시대)

그림 15 대전 용산동유적의 돌날

구석기시대부터이다. 돌날기법은 계획적인 박리기술의 하나로 가벼우면서 예리한 날을 가진 석기를 만드는 데 적합한 기술이다. 특히 세로로 긴 돌날로 만들면 비슷한 형식의 석기를 대량으로 생산할 수 있다. 밀개, 새기개, 긁개, 칼, 뚜르개처럼 소재의 이용방식은 같지만 서로 다른 석기를 만드는 것도 가능하다. 대표적인 돌날석기군으로는 남양주 호평동 1문화층, 포천 화대리, 청원 용방B-1지점, 단양 금굴, 단양 수양개 Ⅰ·Ⅵ, 공주 석장리, 대전 용산동(그림 15), 대전 용호동, 전주 봉곡, 곡성 오지리, 진안 진그늘, 순천 죽내리 4문화층, 밀양 고례리, 울산 신화리, 밀양 천황재, 부산 지사동 등의 사례가 있다. 이암, 혈암, 유문암, 응회암 등의 석재를 많이 이용하지만, 한반도 남부지역에서 흑요석을 이용해 돌날을 만든 사례는 드물다.

일부 연구자는 석영으로 만드는 돌날 또는 돌날기법의 존재를 주장하기도 하는데, 전형적인 돌날기법과 비교해 여러 문제점을 가지고 있다. 석영제 몸돌의 측면박리에 대해서 그 인정여부와 시기적인 기준에 대해서 논란이 많다. 측면박리의 경우 돌날몸돌에서 보이는 연속적인 박리흔적이 관찰되지 않는다(그림 14). 돌날몸돌의 타면(打面) 형태가 관찰되지 않고, 타면 재생격지와 같은 기술격지가 출토되지 않는 등 석영제 돌날에서는 돌날의 일반적인 특징을 찾기가 어렵다(그림 9). 돌날은 예비소재로서 도구를 만든다는 개념이 중요한 석기인데, 석영제 돌날로 만든 석기에서는 특별한 기종을 찾을 수 없다. 한마디로 석기의 정형성과 특정한 형식 설정을 할 수 없다. 즉 석영제 돌날이 있다고 주장한다면 무엇을 만들기 위해 돌날을 생산했는지를 설명할 수 있어야만 석영제 돌날기법을 인정할 수 있다.

좀돌날은 길이 5~1cm, 너비 0.5~0.3cm 정도의 작은 돌날이다. 이것은 돌날과 달리 그 자체로 사용하기보다 뿔이나 뼈도구 등에 홈을 낸 뒤 그 자리에 여러 개를 함께 끼워서 사용하는 석기이다. 후기구석기시대에 있어 동북아시아 지역에서 가장 특징적인 석기형식 중 하나이다. 우리나라에서도 좀돌날은 후기구석기시대에 처음 출현했고, 2.5만 년 전부터 본격적으로 사용되었다. 층위상으로 최상부 토양쐐기층 경계지점과 그 상부에서 출토된다(그림 16).

기원전 22,000~15,000년에는 좀돌날기법이 활발하게 사용되었던 시기이다. 우리나라에서는 다양한 형태의 좀돌날몸돌이 출토되고 있어, 석재종류에 맞춰서 여러 방식으로 좀돌날을 떼어냈음을 이해할 수 있다(그림 17).

특히 좀돌날기법 중에는 동북아시아지역에서 널리 사용된 유베쓰기법이 유명하다. 한반도에서도 수양개, 호평동, 집현, 차탄리 등에서 확인된다. 좀돌날 석기군에서는 조합

그림 16 토양쐐기의 평면 모습(검은 색으로 선을 그어 구분한 모습)

그림 17 대전 노은동유적의 좀돌날몸돌과 좀돌날(후기구석기시대)

식 찌르개의 사용, 새기개와 밀개의 발달, 백두산 흑요석을 석재로 사용, 슴베찌르개가 공반된 뒤 차차 소멸, 그리고 양면조정 찌르개·유설첨두기(有舌尖頭器)와 같은 새로운 종류의 찌르개, 날이 갈린 석기(인부(刃部)마제석기) 등이 공반되고 있다.

구석기시대의 이해

구석기시대 바로 알기

우리나라 구석기시대의 사람은 수렵채집 생활을 하였다. 그들은 이동하면서 생활하였기에 땅을 파서 튼튼한 집을 짓지 않았다. 세계적으로 전기구석기시대에 집과 관련된 유구 흔적은 보고된 바가 없다. 중기구석기시대부터는 나무, 가죽 등을 이용해 텐트와 비슷한 집을 지었다고 알려져 있다. 후기구석기시대의 현생인류는 필요할 때 집을 짓기 시작하였는데, 고위도의 추운 기후에 사는 사람들이 집 짓는 기술을 알고 있었고, 화덕을 이용해 난방을 하기도 하였다. 우크라이나 메지리치(Mezhirich) 유적에서는 매머드의 상아와 뼈로 만든 집이 발견되었다.

구석기시대에 관한 그림이나 삽화, 그리고 어린이 서적을 보면 동굴유적을 많이 소개하고 있다. 하지만, 우리나라는 동굴유적보다 야외유적이 월등히 많다. 충청도와 강원도에서 발견된 일부 동굴유적을 제외하면 그 외 지방에서는 모두 야외유적만 발견되었다 **(그림 20)**. 그리고 구석기시대 사람들을 옷을 입지 않거나, 팬티만 입고 살았던 것으로 묘사되는 경우가 많다. 그러면 그들은 옷을 지어서 입을 수 있는 기술이 없어서 맨몸으로 생활하였을까? 그렇지 않다. 후기구석기시대가 되면 가죽을 바늘로 꿰어서 옷을 만들어 입고 활동하였다.

테글 2

동북아시아 선사시대의 다이아몬드, 백두산 흑요석

흑요석(obsidian)은 화산에서 분출된 용암이 굳으면서 생긴 천연 화산 유리질 암석으로, 검거나 갈색을 띤다. 이것은 화산지대에서만 나는 돌이지만, 화산지대라고 무조건 흑요석이 산출되는 것도 아니다.

한반도에서 흑요석은 후기구석기시대, 구체적으로는 3만 년 전 이후부터 사용했다. 중기구석기시대에는 사용하지 않았다. 한반도 남부에서는 구할 수 없는 희귀한 돌이며, 산지가 아직 확인된 바 없다. 동북아시아 지역에서 흑요석이 나온 곳은 일본과 연해주, 그리고 백두산이다. 한반도로 좁히면 명확한 흑요석 산지가 밝혀진 곳은 백두산뿐이다. 중국 지린(吉林) 지역의 백두산 주변 구석기 유적에서는 40cm가 넘는 크기의 원석들도 발견된다. 석기 석재는 원산지로부터 멀어질수록 크기가 줄어든다. 특히 200km를 넘어서면 급격히 작아진다(그림 18).

후기구석기시대 때 흑요석 원산지 네트워크를 분석한 결과, 흑요석 이동 거리는 대체로 400km를 넘지 않는다. 동북아시아의 선사시대에서 가장 멀리까지 이동되어 사용된 흑요석이 바로 백두산 흑요석이다. 이 흑요석은 최대 800km까지 떨어진 유적에서도 발견되었다. 그런 측면에서 백두산에서 육로로 700km 떨어진 대구 월성동에서 흑요석이 확인되었다는 것 자체가 놀라울 따름이다. 구석기시대부터 신석기시대까지 한반도 남부지역에서 백두산 흑요석을 사용하여 도구를 제작한 증거가 확인되었다. 후기구석기시대의 일본 규슈산 흑요석은 울산 신화리유적의 흑요석 1점과 장흥 신북 유적에서 발견된 바 있다.

국립대구박물관과 필자의 연구에 따르면, 대구 월성동(그림 19), 진주 집현, 단양 수양개 유적 등에서 출토된 후기구석기시대에 속하는 거의 모든 흑요석들은 백두산 주변과 동북지역을 출발한 뒤 추가령 구조곡을 거쳐서 중부지역으로 유입되었다(그림 18). 아직 이 시대에 서해안에서 구석기시대의 흑요석이 출토된 사례는 희소하다. 동해안에서도 기곡 유적을 빼면 관련 유적이 없는 것도 특징이다. 구석기시대 흑요석은 내륙의 강과 하천을 이동로로 활용하면서 남부로 확산되었다.[2]

백두산 흑요석은 우리가 밝혀낸 것보다 알아내야만 하는 숙제를 더 많이 안고 있다. 무게 약 85g의 흑요석을 얻기 위해 월성동 사람은 어떤 대가를 지불했을까. 아마도 사슴 2마리, 멋진 동물가죽을 주어야 얻을 수 있었을지 모르겠다.

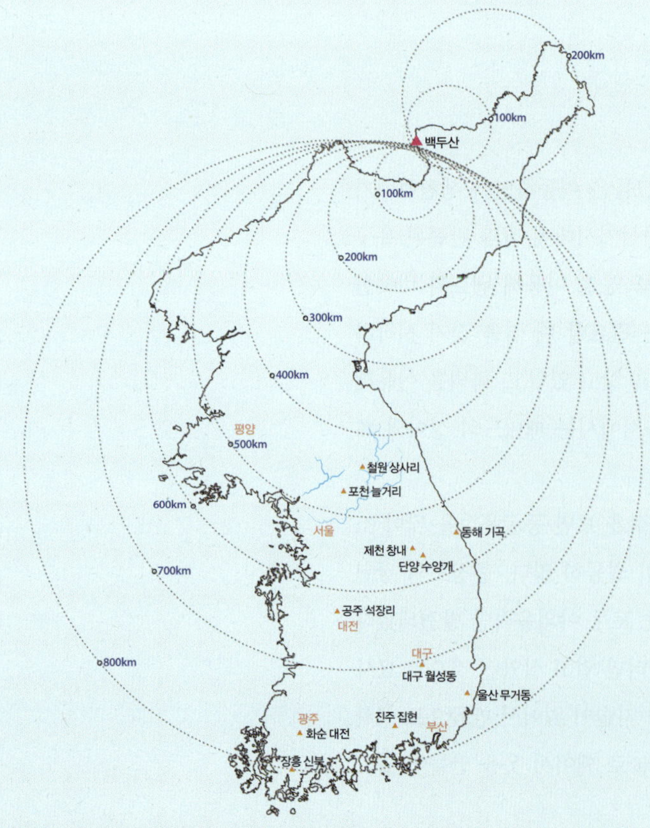

그림 18 한반도 후기구석기시대의 흑요석 네트워크

그림 19 대구 월성동유적 출토 흑요석으로 만든 석기. 백두산에서 출토된 흑요석을 이용해 만들었음.

구석기시대 내내 옷을 입지 않고 살았다는 내용은 틀렸으며, 특히 중위도와 고위도에 살았던 현생인류는 추운 날씨에 대비하여 옷을 만들어 입고 생활하였다. 우리나라에서는 사계절이 있어 겨울에는 어떤 형태로든 옷을 걸쳐야만 생존에 유리하였다. 여름에만 맨몸 생활이 가능했고, 겨울에는 옷과 신발을 지어 입었을 것이다. 다만 우리나라에서는 중국이나 유럽 등지에서 확인되고 있는 구석기시대의 바늘이 출토된 사례가 아직 없다.

또한 우리나라에서는 구석기시대에 출토된 유물 중 예술품으로 분류할만한 유물이 거의 출토된 비가 없다. 그렇다고 그들이 예술품을 만들지 않은 것은 아니다. 한반도의 토양이 산성토양으로 인해 유기물질로 제작된 예술품이 발견되기 어려운 환경이 그 가장 큰 이유 중 하나이다. 학계에서는 공주 석장리유적에서 보고된 고래 모양 예술품, 머리카락 등을 인정하지 않는다. 특히 구석기시대의 머리카락은 토양여건으로 인해 출토될 수 없다. 몇 만 년이라는 긴 시간 동안 산성토양에서 머리카락은 절대 보존될 될 수 없기 때문이다.

한반도에서 동굴유적은 평양주변, 강원도와 충청도에 일부 분포하고 있다. 동굴유적은 유적 전체로 볼 때 그 비중이 아주 낮다. 아직 우리나라 동굴유적에서 사람이 사용했던 것으로 추정되는 석기와 뼈도구 등이 발견된 사례는 있지만, 인골이 발견된 사례는 극히 드물다.

2 장용준, 2017, 「백두산 흑요석의 700km 대구 여정」, 『매일신문』 기고문을 토대로 흑요석부분은 수정 보완하였음을 밝혀 둔다.

구석기시대와 신석기시대의 비교

우리는 구석기시대에 살았던 수렵채집민에 관해 잘못된 상식을 가지고 있는 경우가 많다. 여기서는 우리나라 구석기유적과 유물에 대한 잘못된 정보를 바로잡고, 신석기시대와 비교해 어떤 다른 점이 있는지를 살펴보고자 한다.

우리나라에서 발간되는 역사서에서 한국의 고고학계에서는 현재 인정하고 있지 않는 중석기시대가 여전히 언급되고 있다. 유럽이나 서아시아지역에서는 중석기시대를 설정하고 있으나 시기와 석기, 문화양상 등이 우리나라와 전혀 다르다. 일본에서는 그 대신에 초창기(草創期)를 설정하여 구분하고 있다. 우리나라는 기원전 10,000~7,000년 전에

그림 20 단양 금굴유적(전기부터 후기구석기시대까지 사람이 살았던 것으로 보고됨)

표 1 우리나라 구석기시대와 신석기시대의 특징 비교

내용	구석기시대	신석기시대	비고
대표도구	뗀석기(주먹도끼, 긁개, 밀개, 새기개, 슴베찌르개), 나무도구, 뼈도구	간석기(농경구, 어로구, 화살, 돌창, 찌르개), 나무도구, 뼈도구	· 나무도구가 출토된 바는 없지만 가장 많이 사용했던 도구로 추정. 오랜 시간이 지나 썩어서 없어졌기 때문에 증거자료가 없음 · 간석기를 만들기 전에는 뗀석기를 만든 뒤에 가는 것이 효과적임
뗀석기와 간석기의 비중	최초로 간석기 사용 뗀석기 우세	뗀석기와 간석기를 함께 사용	· 석기는 청동기시대까지 보편적으로 사용됨 · 활과 화살은 신석기시대부터 본격적으로 사용하기 시작함. · 조선시대에 사냥과 전쟁 때 사용한 살상용 무기의 근원이 바로 돌화살촉
생존방식	수렵, 채집, 어로	수렵, 채집, 농경, 어로	· 우리나라 구석기시대에 명확한 어로구는 없지만 유럽, 중국, 러시아에서는 작살이나 낚싯바늘과 같은 어로구를 사용 · 벼농사는 청동기시대부터 시작
생활방식	이동생활	이동생활, 정착생활	· 구석기시대에도 집을 지었음
근거지	강·하천과 그 주변	강·하천, 바다	· 신석기시대에는 해안가에 사람이 많이 살아 유적이 급격하게 증가함
자원획득지	육지	육지, 바다 (패총)	
토기사용	없음 (중국, 러시아, 일본에서는 확인)	BC 6,000년부터 집중적으로 만들어서 사용 시작	· 구운 음식 중심(구석기시대) · 저장용기의 개발은 식습관을 바꾸는 중요한 계기가 됨 · 토기를 이용해 곡식이나 열매를 익혀 먹기 시작(신석기시대)

그림 21 대전 용호동유적출토 갈린 석기(중기구석기시대). 모룻돌로도 이용했음.

해당하는 유적이 아주 드물어 구석기시대와 신석기시대의 전환기를 연구하는 데 있어 어려움이 있다.

우리나라 구석기시대에 속하는 동굴벽화나 암각화가 있을까? 구석기시대를 소개하는 많은 서적들에서 동굴벽화를 다루고 있지만, 안타깝게도 한반도에서는 그림 자료가 발견된 적이 없다. 가장 오랜 것으로 알려진 울주 반구대 암각화는 신석기시대에 만들어진 것으로 추정된다.

구석기시대에는 돌로만 도구를 만들었다고 생각하지만, 그렇지 않다. 구석기시대 사람은 자연에서 이용할 수 있는 다양한 재질을 이용해 뼈도구, 나무 도구 등을 만들어서 사용하여 살아남았다. 다만, 발굴되는 유물의 종류가 한정적이어서 유기질의 유물이 출토되지 않을 뿐이다. 세계적으로 낚싯바늘과 작살은 구석기시대에 처음 출현하였다. 하지만, 우리나라에서는 신석기시대가 되어서야 활과 화살을 사용하였고, 낚싯바늘과 그물로 물고기를 잡아서 생활하였으며, 농경구를 사용해 농사를 지으면서 정착생활을 하게 되었다.

구석기시대에는 간석기를 사용하지 않았고, 뗀석기만 사용한 것으로 잘못 알려져 있다. 간석기는 구석기시대에 처음으로 사용하였다(그림 21). 구석기시대의 사람은 뼈도구나 장신구를 만들었는데, 갈아서 만들기도 하였다. 중기와 후기구석기시대의 간석기가 여러 유적에서 출토되고 있다. 구석기시대와 신석기시대를 간석기로 구분하는 것은 잘못되었다. 다만 신석기시대에는 구석기시대보다 도구를 만들 때 갈아서 만드는 기술을 더 많이 활용했다고 이해하는 것이 옳다.

동북아시아지역에서 토기는 신석기시대에 처음 출현하였다고 알려져 있지만, 갱신세 말기이자 후기구석기시대 말기인 1.5만 년 전 무렵부터 확인되고 있다. 중국, 러시아의 극동, 일본에서는 15,000~10,000년 전에 제작되었음이 확인되었지만, 우리나라에서는 구석기시대의 토기가 출토되지 않았다.

요약

인류가 출현한 이후, 빙하기가 찾아오더라도 모든 육지가 얼음으로 뒤덮여서 사람이 살 수 없었던 적은 없었다. 빙하시대라고 항상 겨울만 있었던 것은 아니며, 위도에 따라 기후가 달랐으며 생물의 서식환경도 다양하였다. 구석기시대의 인류는 어려운 기후환경 속에서도 세계 각지에서 살아남은 유일한 존재였다. 구석기시대 사람은 현재의 우리보다 지능이 낮았을 것으로 생각하기도 하는데, 후기구석기시대의 현생인류는 현대인과 비교하여 뇌용량에서 차이가 없었다. 그들의 삶의 방식은 우리가 아는 것보다 더 효율적이었고, 더 강인한 정신력을 가지고 있었다.

석기를 사용한 시대는 구석기시대만을 의미하지 않는다. 이 시대는 구석기시대부터 청동기시대를 포함하며, 선사시대라 부른다. 인류 역사에서 선사시대는 240만 년 이상이나 지속되었고, 다음 시대 생존기술의 기반이 된 시기였다.

한반도에 사람이 살기 시작한 것은 전기구석기시대이지만, 대부분의 유적은 중기와 후기구석기시대에 해당한다. 중기구석기시대에 갈린 석기**(그림 21)**도 나오지만 후기구석기시대부터 갈아서 석기를 정형화하는 기술이 등장했다. 특히 현생인류가 후기구석기시대에 유입되었다. 이전의 몸돌석기와 격지로 석기를 만들던 방식에서 벗어나 돌날과 좀돌날이라는 새로운 석기를 만들어 생존력을 높였다. 현생인류는 한반도 전역으로 확산했고, 구석기유적도 모든 지역에서 확인되고 있다. 이들은 빙기가 찾아와 해수면이 내려갔을 때는 서해를 오가고, 대한해협을 여러 차례 건너 일본열도로 가기도 했다. 그러한 대표적인 증거가 바로 슴베찌르개이다. 슴베찌르개는 후기구석기시대의 수렵도구로 한반도에서 가장 먼저 출현했다. 이것은 동북아시아지역 중 중국과 러시아의 우스티노프카유적을 제외하면 거의 발견되지 않는다. 한반도에서 주로 제작된 독특한 형식으로 대한해협을 건넌 현생인류에 의해 일본열도에서는 박편첨두기로 바뀐다.

구석기시대의 수렵채집민은 현재 우리가 살아가는 생존방식의 토대를 다져주었던 인류였다. 그들이 한반도의 환경에 적응하였고, 아주 느리지만, 지속적으로 도구를 개선했고, 때로는 새롭게 탄생시킨 생존방식을 도입하였다. 그러나 아직 주거지에 관한 연구는 답보상태이다. 유적에서 출토된 석기 수량과 기술적 접근만으로는 거주근거지와 야외캠프를 구분해 밝히기 어렵기 때문이다. 주거지와 관련된 유적이 더 많이 발굴된다면 구석기시대의 생활복원에 한층 다가설 수 있을 것이다.

우리나라도 이제부터는 정해진 형식의 도구만이 아니라 알려지지 않은 도구에 대한 세밀한 검토가 필요할 것으로 생각된다. 이는 각각의 유적이 처한 고유한 환경에 대한 인간의 적응력이 동일할 수 없기 때문이다. 참고로 생활에 다양한 종류의 석기가 필요한 거주근거지에서는 도구의 전문성을 띤 야외캠프보다 도구형식이 2배에서 3배정도로 다양하게 나타날 수 있기 때문이다.

구석기시대 사람이 사용한 도구는 석기만 있었던 것은 아니다. 나무로 만든 도구, 뿔과 뼈로 만든 도구 등 주변에서 활용할 수 있는 재료를 생존을 위한 도구로 재탄생시켰다. 현생인류는 우리의 일상을 창조했고 예술과 상징을 태동시켰다. 머리 속에 떠오르는 무형의 느낌을 눈으로 볼 수 있도록 표현한다는 것은 인류사에서 큰 변혁이었다.

돌은 땅 속에서 수백만 년 동안 변하지 않고 버틸 수 있으면서, 어디에서든 구할 수 있는 지구에 존재하는 그리 많지 않은 물질이다. 이러한 물질로 도구를 만들어 사용한 인류는 석기를 기반으로 다양한 도구를 창안해 내고 발전시켜나갔다. 그런 차원에서 석기는 모든 도구의 근원이 되었다고 말할 수 있다. 구석기는 인류가 남긴 가장 오래된 생존노력의 산물이다.

참고문헌

국립대구박물관, 2008, 『인류의 여명 – 동아시아의 주먹도끼 –』 특별전 도록.

김원룡 · 정영화, 1979, 「전곡리 아슐리안 양면핵석기문화 예보」, 『진단학보』46 · 47합병호.

박선주 · 이융조, 1990, 「두루봉 흥수굴에서 발굴한 후기 홍적세 어린아이뼈 연구」, 『한국 제사기학연구』 4호.

유용욱, 2014, 「임진 한탄강유역 구석기의 다양성」, 『숭앙고고연구』제15호, pp.1 – 40.

이상희, 2018, 「흥수아이1호는 과연 구석기시대 매장 화석인가?」, 『한국상고사학보』100 호, 한국상고사학회, pp.205 – 217.

이융조, 2017, 「두루봉과 흥수아이」, 2017 특별전 '청풍명월의 빛'연계 특별 강연회, 국립 청주박물관 · 한국선사문화연구원.

이경수, 2008, 「동아시아에서의 주먹도끼 발견 이후 30년간의 연구 성과」, 『인류의 여명』, 국립대구박물관, pp.302 – 313.

이상희, 2018, 「동북아시아 출토 고인류 집단과 한반도 출토 화석인류의 현재」, 『뼈로 읽는 과거 사회』, 서울대학교출판문화원, pp.305 – 347.

이헌종 · 한창균 · 황위문 · A.P. 데레비안코, 2003, 『동북아시아구석기시대의 자갈돌석기 전통에 대한 연구』, 학연문화사, pp.1 – 607.

장용준, 2007, 『한국 후기 구석기의 제작기법과 편년연구』, 학연문화사, pp.4 – 385.

______, 2015. 『구석기시대의 석기 생산』, 진인진, pp.1 – 359.

______, 2019, 「한반도 출토 선사시대 흑요석 원산지 연구」, 『한국고고학보』제111집, pp.8 – 45.

______, 2021, 「후기구석기시대의 광역네트워크 구조」, 『호서고고학』50, 호서고고학회, pp.46 – 77.

조태섭, 2002, 「한국 구석기시대의 동물상과 자연환경」, 『우리나라의 구석기문화』, 연세 대학교 출판부, pp. 75 – 84.

프란시스코 호세 아알라(윤소영 옮김), 2014, 『진화론을 낳은 위대한 질문들』, pp. 169 – 170.

Bae *et al.*, 2017, On the origin of modern humans: Asian perspectives, Science 358, p.1269.

Chang Yongjoon and Kim Jongchan, 2018, Provenance of obsidian artifacts from the Wolseongdong Paleolithic site, Korea, and its archaeological implications, Quaternary International 467, pp.360 – 368.

Yi, S., T. Soda, and F. Arai, 1998, 「New discovery of Aira – Tn Ash(AT) in Korea」, 『대한지리학학지 33(3)(영문판 6호)』, pp.447 – 454.

松藤和人, 1987, 「海を渡った舊石器"剝片尖頭器"」, 『花園史學』8, 花園大學史學會.

________, 2004, 『日本列島における後期舊石器文化の始原に關する基礎的硏究』, 平成12 ~15年度科學硏究費補助金基盤硏究(C)(2) 硏究成果報告書, pp.1 – 143.

머리글

한반도의 신석기시대와 토기의 변천
신석기문화의 시작
신석기문화의 전개

한반도 신석기인의 삶
주거생활과 마을
생계활동

한반도 신석기인의 죽음과 신앙
무덤과 매장의례
기타 신앙과 조형 예술

신석기시대의 종말

요약

02 신석기시대의 문화

소상영
한양대학교 문화재연구소

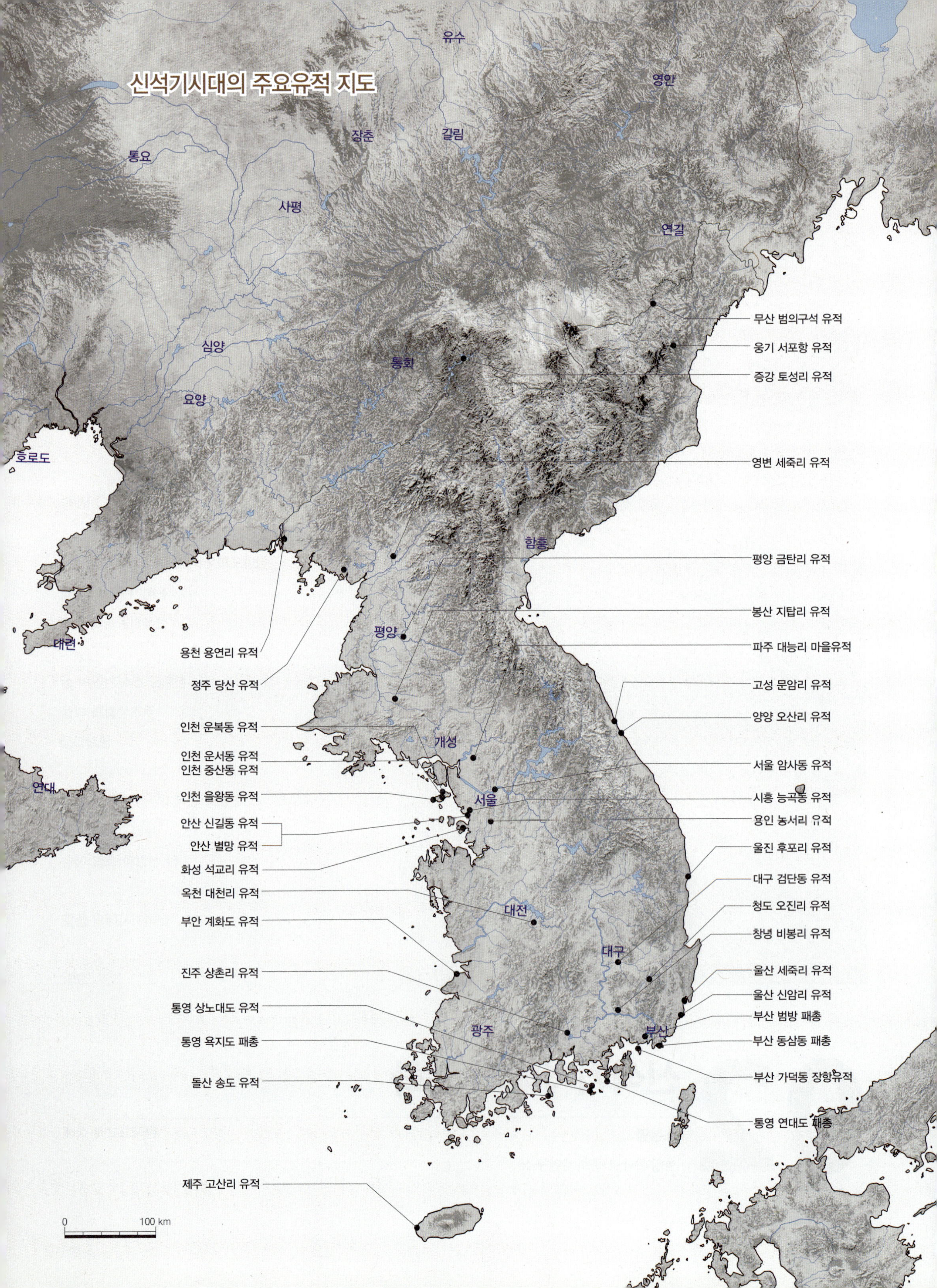

신석기시대의 주요유적 지도
유수
영안
장춘
길림
통요
사평
연길
심양
통화
요양
호로도
함흥
평양
대련
개성
연대
서울
대전
대구
광주
부산
무산 범의구석 유적
웅기 서포항 유적
증강 토성리 유적
영변 세죽리 유적
평양 금탄리 유적
봉산 지탑리 유적
파주 대능리 마을유적
고성 문암리 유적
양양 오산리 유적
서울 암사동 유적
시흥 능곡동 유적
용인 농서리 유적
울진 후포리 유적
대구 검단동 유적
청도 오진리 유적
창녕 비봉리 유적
울산 세죽리 유적
울산 신암리 유적
부산 범방 패총
부산 동삼동 패총
부산 가덕동 장항유적
통영 연대도 패총
용천 용연리 유적
정주 당산 유적
인천 운북동 유적
인천 운서동 유적
인천 중산동 유적
인천 을왕동 유적
안산 신길동 유적
안산 별망 유적
화성 석교리 유적
옥천 대천리 유적
부안 계화도 유적
진주 상촌리 유적
통영 상노대도 유적
통영 욕지도 패총
돌산 송도 유적
제주 고산리 유적
0
100 km

신석기시대의 문화

소상영
한양대학교 문화재연구소

머리글

신석기라는 용어는 처음에는 간석기라 하여 뗀석기를 가리키는 구석기와 대조가 되는 시대관련 개념으로 사용되었다. 그렇지만 더 중요한 신석기시대의 문화적 특징으로 농경과 토기를 들 수 있으며, 이에 고고학에서는 흔히 농경, 토기, 간석기를 신석기시대의 3대 요소라고 부른다.

특히 농경의 발생은 식량을 획득하는 구석기시대 수렵채집 경제에서 식량을 생산하는 경제로의 전환을 의미하는 것으로 사회경제사적으로 획기적인 사건이었다. 이에 영국의 고고학자 고든 차일드(Gordon Childe, 1892~1957)는 이를 신석기 혁명(Neolithic Revolution)이라 불렀고 지금까지 구석기시대와 신석기시대를 구분하는 중요한 기준으로 이해되고 있다.

기술사적인 측면에서 볼 때 토기의 발생은 농경 못지않은 중요성을 가진다. 구석기시대까지 인간은 돌이나 나무 등을 깨거나 다듬어서 도구를 만들었다. 이미 모양을 갖추고 있는 물건에 물리적인 힘을 가해 원하는 형태의 도구를 만들어서 사용한 것이다. 하지만 토기는 흙을 빚어 모양을 만든 후 불에 구워 완성한 것으로 인간이 처음 의도적으로 화학변화를 이용한 산물이다. 토기의 발생은 이후 청동기와 철기의 발생에도 큰 영향을 주었으며 좀 과장되게 표현한다면 지금 우리가 누리고 있는 첨단 문명도 토기의 발생에서 시작되었다고 말할 수 있다.

신석기시대가 시작되었다고 해도 뗀석기의 사용이 중지된 것은 아니며, 농경과 토기가 모든 지역에서 동시에 출현한 것도 아니다. 농경이 가장 먼저 시작된 것으로 알려진 서남아시아 지역에서는 오랜 기간 토기가 없는 신석기시대가 지속되었고, 토기가 가장 먼저 제작된 것으로 알려진 동북아시아 일대에서 농경은 비교적 늦게 시작된다. 여전히 서구학계에서는 농경의 시작을 신석기시대의 주요 지표로 생각하는 경향이 강하지만 동북아시아에서는 토기의 출현을 신석기시대의 시작으로 보고 있다.

토기는 기원전 10,000년을 전후한 시기에 세계 각지에서 출현하였다. 특히 동북아시아 지역은 다른 지역보다 이른 기원전 15,000년을 전후한 시기에 토기가 발생한 것으로 알려져 있다. 일본, 러시아 연해주 일대에서는 구석기시대의 마지막 단계에 토기가 발생

그림 1 동북아시아 신석기시대 토기(한국 1, 중국 2, 일본 3)

한다. 최근 중국에서는 기원전 20,000년을 상회하는 시기에 토기가 발생한 것으로 보고되고 있으나 아직 검증이 필요하다.

한반도의 신석기시대와 토기의 변천

신석기문화의 시작

1960년대까지 한반도의 신석기시대 토기는 바닥이 둥글거나 뾰족한 빗살무늬토기로 대표되고 그 출현 시기는 기원전 4,000년을 넘지 못하는 것으로 인식되었다. 그러나 1970년대 부산 동삼동, 강원도 양양 오산리유적의 발굴조사를 통해 납작 바닥의 덧무늬토기와 아가리무늬토기(오산리식토기)가 빗살무늬토기보다 먼저 발생한 사실이 밝혀졌다. 이들 토기는 방사성탄소연대 측정에 따라 늦어도 기원전 6,000년경에는 출현한 것으로 인정되어 한반도 토기의 발생은 종전보다 2,000년 정도 소급되는 사실이 확인되었다. 그렇지만 그 이후로도 한동안 구석기시대가 끝나는 기원전 10,000년부터 6,000년까지 한반도의 선사시대 문화상을 알 수 있는 유적은 발견되지 않았다.

1990년대 이후 이러한 공백을 설명할 수 있는 유적이 제주도 고산리에서 발견되었다. 이 유적에서는 구석기시대의 전통을 간직한 타제석기 수 만점과 풀줄기를 태토에 섞어 만든 토기(고산리식토기)들이 함께 출토되었다. 고산리유적의 토기와 석기는 러시아와 일본의 가장 이른 시기 신석기 유적들의 유물과 유사한 형태를 띠고 있어 기원전 10,000년을 전후한 시기에 형성되었을 것으로 추정된 바 있다. 그러나 방사성탄소연대를 비롯한 여러 연대측정법과 지질학적 분석 결과 기원전 8,000년경에 속하는 것으로 밝혀졌다.

고산리식토기와 석기들은 제주도 전역에 분포하고 있으며, 육지에서 덧무늬토기가 유입될 때까지 장기간 존속된 것으로 판단된다. 한반도 내륙에서는 아직 고산리와 비슷한 시기의 유적이 발견되지 않고 있다. 일부 학자들은 경북 청도 오진리유적에서 발견된 원시무문양토기가 고산리식토기와 동시기에 발생한 것으로 주장하기도 하지만 그 근거는

그림 2 고산리식토기(제주 고산리유적 1, 2)

희박하다.

그렇다면 한반도에서 토기의 출현이 인접한 지역에 비해 늦은 이유는 무엇일까? 단순히 문화적으로 뒤쳐져서 일까? 아니면 다른 이유가 있는 것일까? 몇 가지 가설을 생각해 보자.

첫 번째는 아직 발견되지 않은 경우이다. 신석기시대 이른 시기의 유적은 일본이나 러시아에서도 많은 수는 아니라는 점에서 일견 타당해 보이기도 한다. 하지만 남한은 전 세계적으로 유례가 없을 정도로 발굴조사가 많이 이루어진 지역으로 그 가능성은 희박하다. 상대적으로 발굴조사가 부진한 북한지역에서 발견될 가능성은 열려 있다.

그림 3 제주 고산리유적 출토 뗀석기

두 번째로 바다 밑에 수장되어 있을 가능성이다. 기원전 10,000년 이전에는 오랫동안 추운 기후가 이어졌기 때문에 서해와 남해는 육지였고 동해도 바다가 아니라 호수였다. 이후 날씨가 따뜻해지면서 바다로 변해 신석기시대 유적은 현재 바다 아래 잠기게 되었다는 관점이다. 역시 일견 타당해 보이지만 하필 현재 바다로 변한 지역에만 당시 사람들이 살았다는 이야기가 되는 셈으로 설득력이 떨어진다.

세 번째도 환경변화와 관련된 가설이다. 현재 서해안에 갯벌이 형성되고 동, 남해안이 현재와 유사한 지형을 갖추는 것은 기원전 6,000년을 전후한 시기부터이다. 그 이전까지는 해수면이 급상승하고 그 영향으로 내륙지역의 식생과 환경도 매우 불안정한 시기로 식량자원도 부족했을 것으로 추정된다. 이에 따라 한반도의 신석기인들은 작은 무리를 이루고 이동생활을 하는 방식으로 환경에 적응하여 살아갔을 것이다. 잦은 이동생활에 크고 무거울 뿐만 아니라 부서지기도 쉬운 토기는 굳이 필요한 물건이 아니었을 것이다. 결국 토기는 현재와 유사한 지형이 갖춰지는 기원전 6,000년을 전후한 시기에 이동의 빈도가 줄어들고 한곳에 머무는 기간이 길어지게 되면서 본격적으로 제작 사용되었을 가능성이 높다.

이러한 가설 중 필자는 세 번째가 가장 설득력이 높다고 생각한다. 인간은 기본적으로 주어진 환경에 적응하면서 살아간다. 물론 환경이 동일하다고 해도 다양한 방식으로 살아가지만 대체로 최적화된 생활방식을 찾아 나간다. 잦은 이동생활이 당시 한반도 신석기인들이 선택한 환경에 적응하는 방식이었다면 만드는 방법을 알고 있다고 해도 토기를 사용하는 것은 결코 합리적인 선택이라고 할 수 없는 것이다.

테글 1

방사성탄소연대측정법

지구상에 탄소는 ^{12}C, ^{13}C, ^{14}C 세가지 동위원소가 존재한다. 오늘날 대기중에는 ^{12}C가 99%, ^{13}C가 1%, ^{14}C는 약 0.0000765% 정도 존재한다. ^{12}C, ^{13}C는 안정된 원소이기 때문에 변하지 않으며 언제나 일정하며 그대로이다. 하지만 방사성탄소인 ^{14}C는 불안정한 원소로 시간이 지남에 따라 미량의 방사능을 내뿜으며 안정된 원소인 질소(N)로 변하며, 약 5730년을 주기로 절반 정도로 줄어든다. 바로 이 원리를 이용하여 목탄, 동물뼈와 같은 유기체의 ^{14}C의 양을 측정하여 연대를 계산하는 방법이 방사성탄소연대측정법이다. 방사성탄소연대측정법은 현재로부터 약 40,000년 정도까지 측정이 가능하다.

1949년 윌라드 리비(Willard Libby)에 의해 방사성탄소연대측정법이 제기된 이후 세계적으로 고고학의 편년체계는 획기적인 변화를 겪게 되었다. 19세기까지 선사시대의 연대는 기준을 정할 수 없었지만 방사성탄소연대측정법의 발명으로 인해 우리는 문자가 없는 시대의 유적 나이도 알 수 있게 되었다.

한국 고고학에서는 1960년대부터 발굴 현장에서 방사성탄소연대 측정이 이루어지기 시작했다. 70년대에는 무용론이 제기되기도 했지만 80년대 들어 편년연구에 본격적으로 적용되기 시작하였다. 90년대에는 AMS기기의 국내도입으로 본격적인 탄소연대에 대한 측정과 연구가 시작되고 2000년대 들어서는 거의 모든 발굴조사에서 탄소연대측정이 이루어지며 17,000건이 넘는 자료가 축적되어 있다.

탄소연대는 형식학적 방법에 크게 의존했던 한국고고학의 편년연구에 새로운 방법론을 제시하였다. 이제 선사시대 편년연구에는 필수적인 자료로 활용되고 있으며, 역사시대 연구에서도 부분적으로 적용되고 있다. 여전히 탄소연대에 대한 잘못된 이해와 고목효과나 오차 등을 과도하게 부각하는 부정적인 시각도 존재한다. 하지만 측정자료에 대한 평가방법과 통계적인 처리를 통해 탄소연대의 합리적인 적용을 위한 연구가 이루어지고 있어 편년연구에 있어서의 중요성은 점차 커지고 있다. 2010년대 중반 이후에는 탄소연대의 합산확률분포(summed probability distribution, SPD)를 활용하여 선사시대 문화의 확산, 인구변동 분야에도 적용되며 점차 활용 범위를 넓혀가고 있다.

탄소연대측정법을 비롯한 절대연대측정법은 내재된 오차 이외에도 시료의 오염, 고목효과, 해양리저브 효과 등 다양한 오류 가능성을 가지고 있다. 역사기록이나 기존의 편년관과 다른 탄소연대가 측정되는 경우도 있으며 전혀 엉뚱한 연대가 나오는 경우도 종종 있다. 하지만 몇몇 이상치를 확대해석하여 탄소연대의 활용을 부정하는 것은 지양해야 할 것이다. 탄소연대는 측정된 시료의 고고학적 맥락과 복수 측정자료와의 통계적인 처리과정을 통해 적용해야 하며 이러한 과정을 통해 이상치는 제거할 수 있다. 앞으로도 탄소연대자료는 계속 축적될 것이며 활용범위는 점점 넓어질 것이다. 부정적인 시각에서 벗어나 탄소연대 자료의 검증과 활용방법에 대한 다양한 연구가 한국고고학에서도 활성화 되기를 기대한다.

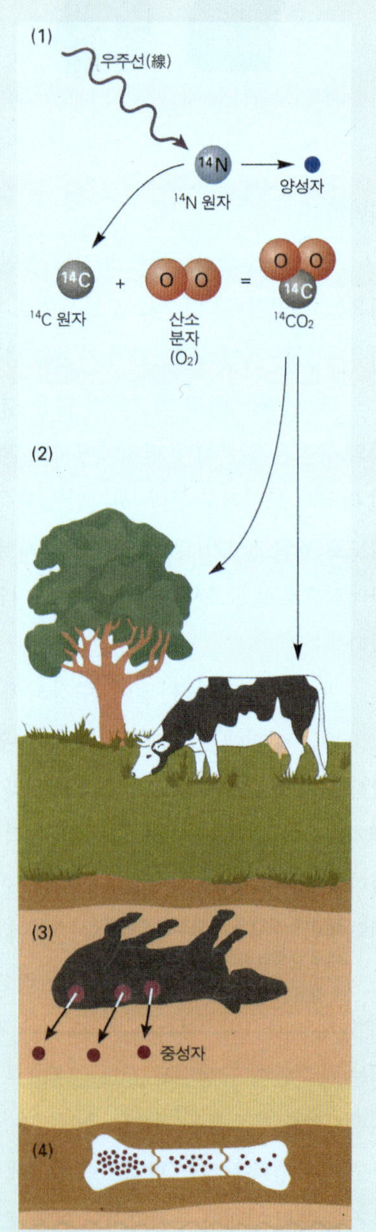

그림 4 방사성탄소연대측정 원리

신석기문화의 전개

토기의 출현을 기준으로 하면 한반도의 신석기문화는 기원전 6,000년경부터 본격적으로 시작되었으며, 제주도를 포함하면 기원전 8,000년 전후로 소급할 수 있다. 우리나라의 신석기문화는 토기의 형태와 문양을 기준으로 크게 동북부, 서북부, 중서부, 남부 지역의 4개 문화권으로 구분된다(그림 5). 동북, 서북 지역에서는 평저토기가 주류를 이루고 중서부와 남부 지역에서는 바닥이 둥근(또는 뾰족한) 토기가 주류를 이룬다. 신석기시대 중기 이후에는 동북지역에 속하는 강원도 일대의 토기도 둥근 바닥 토기로 교체된다. 따라서 현 행정구역상 평안북도의 일부와 함경남북도 일대를 제외한 지역은 둥근 바닥 토기가 청동기시대의 민무늬토기로 교체될 때까지 사용된다.

우리나라 신석기시대는 문화권별로 차이는 있지만, 대체로 초창기(기원전 8,000~6,000) - 조기(기원전 6,000~4,500) - 전기(기원전 4,500~3,600) - 중기(기원전3,600~2,500) - 후 · 말기(기원전 2,500~1,500)의 5단계의 발전과정을 거친 것으로 알려져 있다. 여기에서

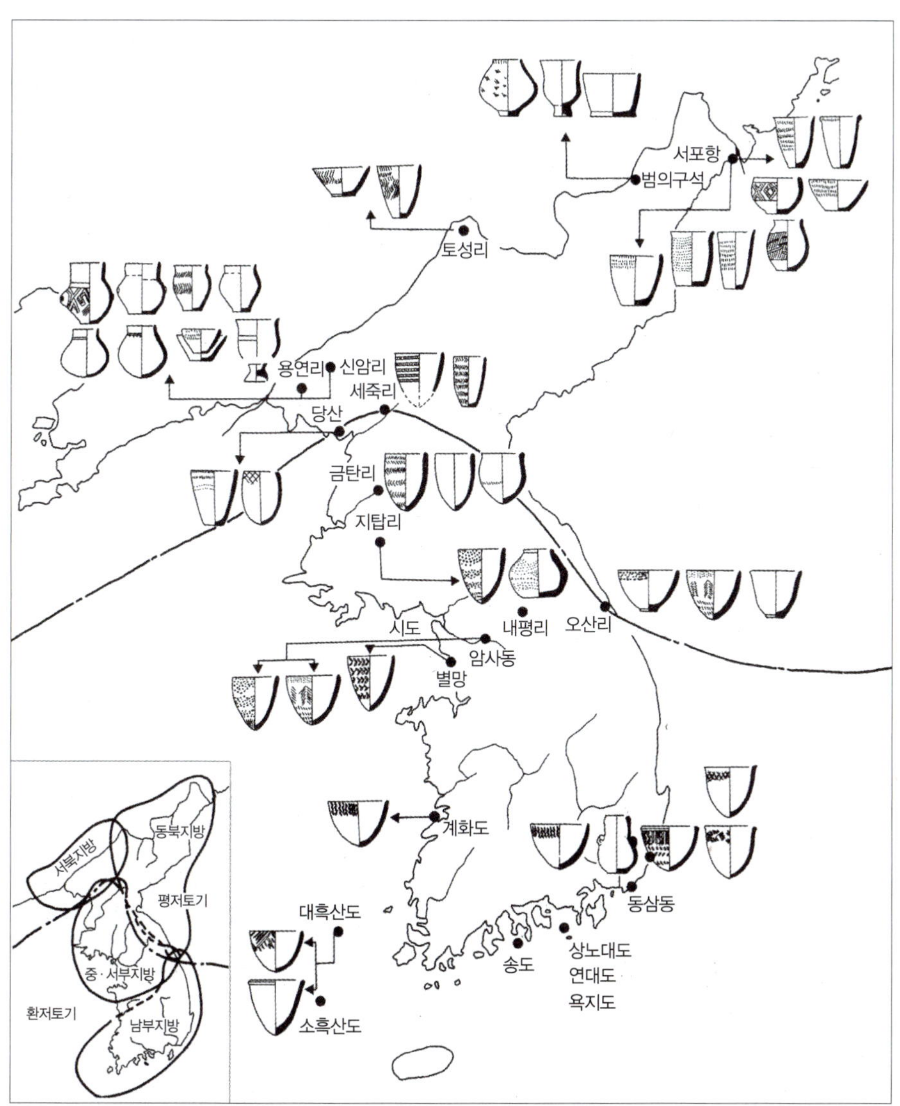

그림 5 우리나라 신석기시대 문화권과 토기 분포도

는 남한 지역의 신석기문화의 전개과정에 대해서만 시기별로 살펴보기로 한다. 북한의 경우 방사성탄소연대 측정이 전혀 이루어지지 않아 편년을 신뢰하기 어렵고, 1970년대 이후 이른바 주체사상의 영향으로 고고학이 침체되어 연구의 진전이 이루어지지 않고 있기 때문이다.

초창기는 앞서 설명한 바와 같이 제주도 고산리유적으로 대표되며 한반도의 다른 지역에서는 아직까지 이 시기의 유적이 발견되지 않았다. 이 시기의 토기는 바닥이 평평하고 식물성 섬유물질을 다량 섞은 무문양토기인 소위 '고산리식 토기'로 대표된다. 석기는 대체로 후기 구석기시대의 전통이 남아있는 잔눌러떼기 기법으로 제작되었으며, 간석기는 찾아보기 어렵다.

조기는 기원전 약 6,000년 전부터 시작되며 중서부 지역에는 이 시기의 유적이 아직 발견되지 않았다. 주로 동북과 남부 지역의 해안가와 섬에서 유적이 발견된다. 이 시기의 토기는 점토띠를 표면에 붙여서 만든 덧무늬토기(隆起文土器)로 대표된다. 석기도 아직 뗀석기가 주류를 이루지만 주로 날부분만 갈아서 만든 부분 간석기들이 출현하기 시작한다. 신석기시대 조기의 사람들은 도토리 등의 견과류를 주요한 식량자원으로 활용하였으며, 사슴과 멧돼지 등을 사냥하고, 물고기, 조개도 적극적으로 활용하기 시작하였다. 창녕 비봉리유적에서는 신석기시대 통나무 배 파편이 출토되어 하천은 물론 바다를 왕래하면서 어로와 교통에 배를 적극적으로 이용하였을 가능성을 엿볼 수 있다.

전기는 기원전 4500년 무렵으로부터 시작되며, 바닥이 둥글거나 뾰족하고 전면에 빗살무늬가 새겨진 포탄형의 토기가 주류를 이룬다. 바닥이 편평한 토기도 만들어지지만 그 수는 크게 줄어든다. 뗀석기의 비중은 줄어들고 간석기가 늘어나며 그 종류도 다양해진다. 특히 남부지역에서는 뼈를 갈아서 만든 어로도구(낚시, 작살 등)도 크게 늘어나 물고기잡이가 활발해지는 것을 알 수 있다. 또한 이 시기에는 조, 기장 등의 잡곡이 재배되면서 초보적인 단계의 농경이 시작되었으며, 마을 유적이 다수 발견되어 본격적인 정착생활이 시작된 것으로 추정된다. 중서부 지역에서는 이 단계부터 유적이 조사되었다.

중기는 기원전 3,600년 무렵부터 시작되며 중서부지역의 빗살무늬토기가 남부와 동부(강원도 일대)지역으로 확산되고 지역별로 다양한 토기가 발전하는 시기이다. 이 시기 문화권별 토기의 문양은 기본적으로 유사하지만 중서부 지역은 무늬의 선이 얇은데(細線沈線文) 비해, 남부 지역의 무늬는 선이 굵고 깊으며, 무늬 양 끝단을 깊게 눌러 시문(太線沈線文)한 차이가 있다. 강원도 일대에서는 세선과 태선침선문이 함께 출토되어 양 지역 문화가 혼합되는 양상을 보여준다. 중서부 지역에서는 금강유역을 중심으로 마름모꼴의 무늬를 연속적으로 눌러 찍은(菱格文) 소위 '금강식토기(쌍청리식 토기)'도 출현한다.

주된 생업활동은 여전히 채집, 사냥, 물고기잡이이다. 하지만 전기부터 확인되는 조, 기장 등 곡물의 출토량이 증가하는 것으로 보아 전기부터 시작된 초보적인 농경이 한층 더 발전한 것으로 여겨진다. 중기의 신석기시대 문화는 특히 중서부지방에서 크게 두드러진다. 이 지역 서울 암사동, 용인 농서리, 시흥 능곡동, 안산 신길동, 화성 석교리, 영종도 중산동 등 대규모 마을유적이 집중적으로 발굴조사 되었다.

그림 6 덧무늬토기(양양 오산리유적)

후·말기는 기원전 2,500년 무렵부터 시작된다. 토기에 무늬가 새겨지는 공간은 크

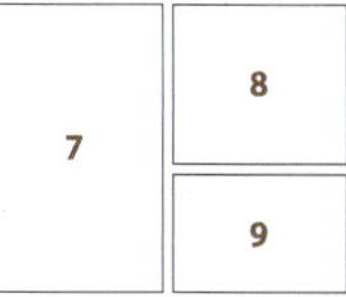

그림 7 세선침선문토기(서울 암사동유적)
그림 8 태선침선문토기(김해 수가리유적)
그림 9 금강식토기(대전 둔산동유적)

게 줄어들어 주로 입술 부분에 국한되며, 거칠고 엉성하게 그려져 정형성이 많이 떨어진다. 남부지역에서는 입술 부분을 한겹 덧대어 이중으로 만든 겹입술토기(二重口緣土器)가 나타나고, 중서부지역에서는 청동기시대 구멍무늬토기(孔列文土器)와 유사한 토기가 나타나기도 한다. 해안지역에서 마을 유적은 크게 줄어들지만 조개무지가 늘어나는 것으로 보아 바다자원에 대한 의존도가 커지는 것을 알 수 있다. 내륙지역에도 마을 유적은 거의 자취를 감추는 대신 야외노지 유적이 증가한다. 이와 같은 양상으로 볼 때 이 시기는 환경변화 등으로 인한 식량자원의 부족 때문에 인구 집단의 규모가 줄어들고 이동성이 증가하는 것으로 추정된다. 이후 우리나라의 신석기문화는 기원전 1,500년경 농경을 기반으로 하는 청동기문화가 유입되면서 종말을 고하게 된다.

요약하면 우리나라의 신석기시대는 러시아 연해주－한반도 동해안－제주도－일본 구주로 연결되는 동아시아 어로 중심문화권에 속하면서 바닥이 평평한 토기 문화로 시작한 후, 조, 기장 등의 잡곡재배를 수반하는 정주성이 강한 (바닥이 둥근) 빗살무늬 토기문화로 변화한 것으로 이해할 수 있다. 빗살무늬토기문화는 농경, 토기, 간석기 등 신석기문화의 3대요소를 모두 갖춘 정주성이 높은 복합 수렵채집사회를 형성하면서 중서부 지역에서 기원전 4,000년, 남부지역과 강원도 일대에서는 기원전 3,600년을 전후한 시기에 출현하였다. 기원전 2,500년 이후 토기는 무늬를 새겨 넣은 면적이 줄어들고, 정형성이 해체되는 형식으로 바뀌었으며, 주민의 생업활동은 수렵채집으로 회귀하게 되었다.

한반도뿐만 아니라 동아시아 일대는 지역에 따라 문양을 만드는 방법과 그릇의 형태는 다양했지만 대체로 바닥이 편평하다는 점에서는 동일했다. 그러나 유독 한반도(특히 현재의 남한지역)에서는 기원전 5,000년을 전후한 시기부터 토기의 바닥이 서서히 둥글게 변

그림 10 영선동식토기(청도 오진리유적)

하기 시작한다. 기원전 4,000년경에 이르면 남한지역에서 바닥이 둥글거나 뾰족한 토기(圓底 또는 尖底土器)로 완전히 변한다. 물론 바닥이 편평한 토기가 만들어지지 않는 것은 아니지만 95% 이상이 바닥이 둥글거나 뾰족한 토기이다.

바닥이 둥글어지는 경향은 남해안지역에서 먼저 시작되는데, 앞서 설명한 바닥이 편평한 덧무늬토기의 바닥이 점점 둥글게 변하면서 기원전 5,000년을 전후한 시기에 아가리 부분에 짧은 빗금무늬를 새겨 넣는 이른바 '영선동식토기' 로 변화한다. 이후 기원전 4,000년을 전후한 시기에 중서부지역에서 완성된 형태의 빗살무늬토기가 등장하면서 북쪽 일부를 제외한 전역에 바닥이 둥글거나 뾰족하고 빗살무늬가 새겨진 토기가 확산된다.

토기바닥이 둥글게 변하는 원인에 대해서 우리나라의 신석기 유적이 주로 강변 충적지나 해안의 모래언덕에 위치한 것과 관련지어 이해하는 의견이 제시된 바 있다. 땅이 무른 모래로 이루어져 있어 둥글거나 뾰족한 바닥이 토기를 고정하는데 편리하기 때문이라는 설명이었다. 그러나 1990년대 이후 중서부 지역을 중심으로 구릉지대에서 신석기시대의 대규모 마을유적이 조사되면서 이러한 설명은 설득력을 잃게 되었다. 상대적으로 바닥이 단단한 구릉지대에서 둥근 바닥의 토기를 고정하기 위해서는 일부로 땅을 파내는 작업이 수반되어야 할 뿐 아니라 집자리에서 발견된 구멍에서 토기가 박힌 채로 출토된 예는 거의 없기 때문이다.

왜 유독 남한지역에서 바닥이 둥근 토기가 유행했는지에 대해서는 뾰족한 해답을 얻기는 힘들다. 주변 지역에서는 일부 토기를 제외하면 모두 바닥이 편평한 토기를 사용했는데 왜 한반도에서만 반대 현상이 나타나는지에 대해서는 이해하기 어렵다. 한가지 가능성이 있는 해석은 아궁이와 같은 시설의 경우 바닥이 둥근 경우 열이 좀 더 효과적으로 전달되는 장점이 있기는 하다. 하지만 이 시기에 아궁이가 사용된 증거는 찾기 어렵고 그렇다고 해도 빗살무늬토기는 바닥이 너무 뾰족하고 몸통이 긴 포탄형이라는 문제가 있다.

바닥이 왜 둥글게 변했는가에 대한 대답은 할 수 없지만, 이와 같은 형태에 표면을 누르거나 새겨서 장식한 '빗살무늬'가 결합된 토기는 점차 문양이 단순해지고 생략되면서, 기원전 2,000~1,500년 사이 청동기시대의 편평한 바닥을 가진 민무늬토기로 대체되기까

그림 11 겹입술토기와 구멍무늬토기((김해 율리유적 1, 인천 을왕동유적 2)

지 장기간 사용되었다는 사실에 주목할 필요가 있다.

한반도 신석기시대 토기 문화의 확산을 이야기할 때 또 하나 논란이 되는 것은 중서부지역에서 갑자기 출현한 완성된 형태의 빗살무늬토기이다. 어떤 물건이든 시원적인 형태가 먼저 출현한 후 발전을 거듭하며 정점에 이른 후 서서히 퇴화하는 것이 일반적이다. 그러나 중서부지역의 빗살무늬토기는 이러한 과정 없이 돌연 정점에 이른 모습으로 등장하였다. 이를 설명하기 위해 시원적인 형태의 토기는 바다 밑에 잠겨 있다거나, 중국 요동지역에서 잡곡재배를 동반한 주민이 이주하면서 유입되거나, 한반도 남해안 지역에서 기원하였다는 의견 등이 제시되었지만 사실 어느 것 하나 만족스러운 설명이 되지는 못한다.

한 가지 분명한 사실은 중서부 지역에 둥근 바닥의 빗살무늬토기 등장과 함께 완성된 단계의 신석기문화가 한반도에 등장했다는 것이다. 앞에서 설명했듯이 신석기시대의 3대 요소는 농경, 토기, 간석기라고 할 수 있다. 빗살무늬토기 이전 시기의 덧무늬토기와 오산리식토기 문화 단계에는 토기와 간석기는 출현했지만, 아직 농경이 시작되거나 보편화되지 못했다.[1] 비록 조, 기장 등 일부 잡곡을 재배하는 초보적인 형태이기는 하지만 농경이 보편화되는 시기는 중서부 지역에 빗살무늬토기가 등장하면서 부터이다. 따라서 한반도의 신석기문화는 기원전 4,000년을 전후한 시기에 중서부 지역에서 완성된 단계에 도달하여 한반도 전역으로 확산된 것으로 볼 수 있다.

한반도 신석기인의 삶

주거생활과 마을

한반도에서 신석기시대 집자리는 약 700여 기가 조사되었다. 하지만 지역적 편차가 심하여 시기별 변화양상을 알 수 있는 지역은 300여기 이상의 집자리가 조사된 중서부지역이 거의 유일하다.

일정 깊이로 땅을 판 후 기둥을 세우고 지붕을 씌운 움집으로서, 평면 형태는 원형, 방형이 주류를 이루고 중기 이후에는 일부 지역에서 장방형도 나타난다. 움의 바닥에는 불을 피웠던 화덕자리가 중앙에 1기 설치된 것이 보편적이다. 초창기의 집자리는 제주도 고산리 유적에서 수십 기가 조사된 것으로 보고되었으나 진위 여부에 대한 논란이 많다. 조기의 집자리는 양양 오산리, 고성 문암리유적 등 동해안 지역을 중심으로 조사되었으며 평면 형태는 대체로 원형이며 전기 집자리와 거의 유사하다. 전기를 대표하는 마을은 서울 암사동, 파주 대능리, 인천 운서동 유적에서 조사되었다. 큰 강 주변의 충적지나 낮은 구릉의 완만한 경사면에 입지하며 30기 이상의 집이 마을을 이루는 경우가 많다. 방형 또는 원형 평면 형태의 집자리 4곳의 모서리에 기둥을 세운 흔적이 남아 있으며, 출입구 시설은 한 변을 외부로 돌출시켜 만들었다. 인천 운서동유적에서는 벽을 2단으로 파서 공간을 활용한 집자리도 다수 조사되었다. 내부 중앙에는 한 기의 화덕이 설치되는데, 내륙에서는 돌을 사용한 돌두름식이 많이 발견되지만 해안 및 섬 지역에서는 별다른 시설 없이 땅을 얕게 파서 만들었다.

1 최근에는 토기에 찍힌 곡물자국을 연구하는 방법(壓痕分析)의 연구성과에 따라 조기에 농경이 시작되었을 가능성을 보여주는 증거들이 나타나고는 있지만 아직 논란의 여지가 있다.

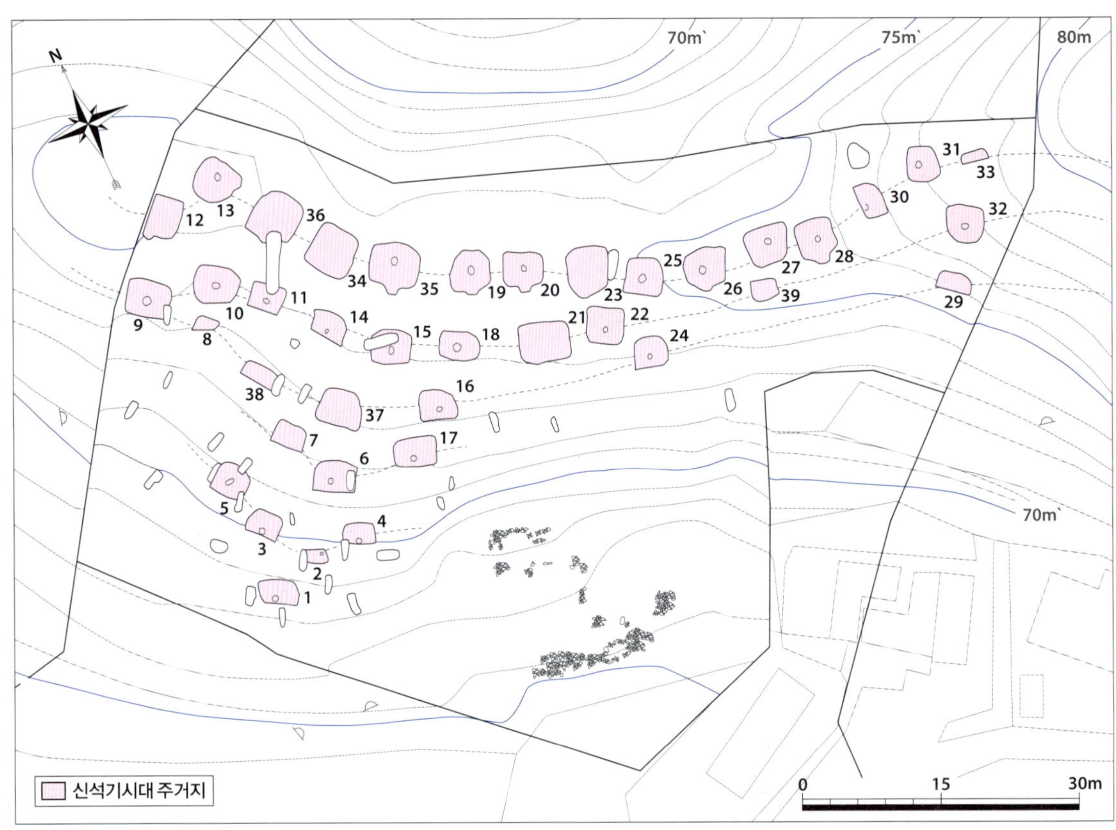

그림 12 파주 대능리 마을유적 집자리 배치도

중기의 마을은 시흥 능곡동, 안산 신길동, 용인 농서리, 옥천 대천리 유적 등에서 조사되었는데, 그 숫자는 증가하지만 규모는 전기에 비해 축소되는 경향을 보여준다. 해안과 섬 지역에서는 25기 내외의 집으로 구성된 비교적 큰 마을이 확인되지만 내륙지역의 마을 유적에서는 대부분 10기 이하의 집자리만 발견된다. 집자리의 평면형태는 대부분 방형이며 4개의 기둥과 중앙에 1개의 화덕을 갖춘 것은 전기와 크게 다르지 않다. 다만 돌두름식 화덕은 거의 발견되지 않는다. 충청도 내륙에서는 장축의 길이가 20m에 이르는 긴 장방형의 집자리가 발견되는데 낮은 구릉의 정상부에 1개가 독립적으로 입지하는 특이한 모습을 보여준다. 이러한 형태의 집자리는 옥천 대천리유적에서 처음 발견되어 '대천리식 집자리'라고도 불린다.

후·말기의 마을 유적은 인천 을왕동, 운북동, 남양주 호평동유적 등이 대표적이다. 이 시기에는 마을의 규모가 크게 축소되어 5기 미만의 집자리로 구성된 경우가 대부분이고, 마을의 숫자도 크게 줄어든다. 한편으로 조개무지와 야외 화덕자리 유적이 크게 증가하는 양상을 보인다. 집자리는 그 기본 형태가 중기와 유사하지만 내부에서 작은 기둥구멍들이 다수 확인된다. 또한 집자리가 여러 차례 반복 점유되어 개축된 흔적이 남아 있고 화덕자리도 여러 차례 중복된 경우도 다수 발견된다. 한편 중기에는 보이지 않던 돌두름식 화덕이 다시 출현하여 무시설식 화덕과 함께 사용된다.

이와 같은 마을유적의 변화는 전기에 정주성이 높은 사회를 유지하던 신석기인들이

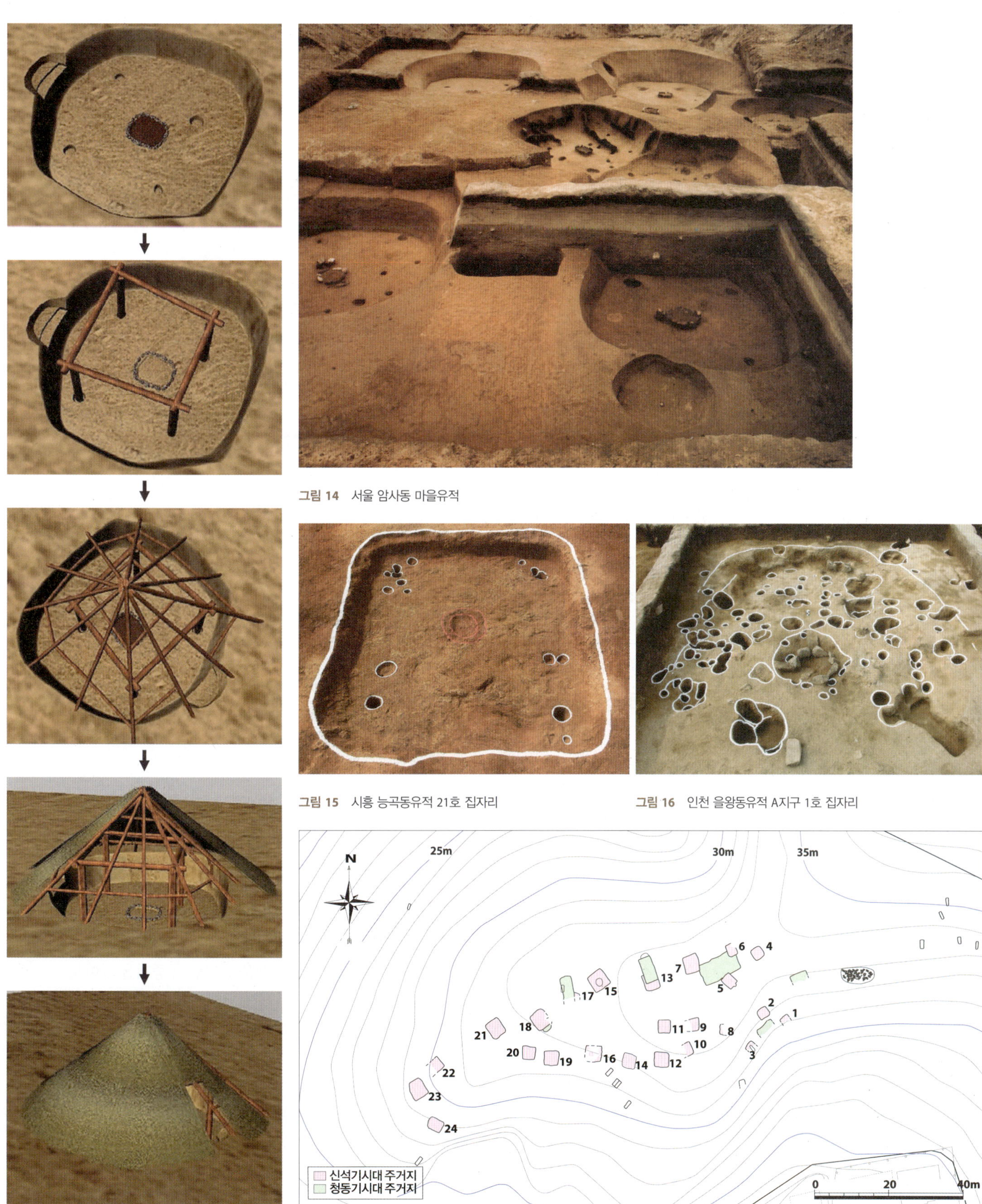

그림 13 신석기시대 집자리 복원도 (서울 암사동유적)

그림 14 서울 암사동 마을유적

그림 15 시흥 능곡동유적 21호 집자리

그림 16 인천 을왕동유적 A지구 1호 집자리

그림 17 시흥 능곡동유적 집자리 배치도

그림 18 옥천 대천리유적 집자리

중기 이후에는 집단의 규모가 축소되고 이동성이 증가하는 양상을 반영한다. 이는 자연환경의 변화 등으로 인해 식량자원의 수급이 불안정해지는 것이 큰 원인이었을 것으로 추정된다.

생계활동

사냥과 채집

구석기시대부터 시작된 사냥과 채집은 한반도에서 신석기시대에도 주요한 생계 수단이었다. 사냥에 사용된 대표적인 도구는 돌이나 뼈로 만든 화살촉으로 신석기시대 전시기에 걸쳐 사용된다. 조개무지에서 출토된 동물뼈의 분석결과로 볼 때 신석기인들은 사슴, 멧돼지 등의 육상동물을 주로 잡았으며, 물개와 같은 바다 포유류는 물론 조류도 사냥하여 식량자원으로 활용한 것을 알 수 있다.

식물성 자원의 채집에는 별다른 도구가 필요하지 않기 때문에 관련된 증거를 찾아보기 어렵다. 유적에서 발견된 식물유체로 볼 때 도토리 등의 견과류를 주로 식량자원으로 활용한 것으로 보인다.

물고기잡이

3면이 바다로 둘러싸인 한반도에서 물고기잡이는 신석기시대부터 발달하기 시작했다. 서·남해안을 중심으로 분포한 조개무지에서 다양한 물고기뼈와 조개류가 출토된다. 조개무지가 분포하지 않는 동해안 지역에서도 낚시바늘과 어망추가 다수 출토되고 있어 바다자원을 활발히 이용했음을 알 수 있다.

동남해안 지역에서 발견되는 낚시바늘은 대체로 축 부분은 돌로 제작하고 바늘은 뼈로 제작하여 끈을 이용하여 결합하는 방식으로 제작되어 이를 결합식 낚시바늘이라 부른다. 작살도 뼈로 제작되는 경우가 많은데 물고기뿐만 아니라 바다 포유류를 사냥하는 데에도 사용된 것으로 추정된다.

남해안 지역의 조개무지는 대체로 장기간에 걸쳐 조성되어 낚시바늘, 어망추, 작살 등의 다양한 어로도구와 물고기뼈가 대량으로 출토되는 경우가 많다. 그러나 서해안 지역의 조개무지는 규모도 크지 않고 어로도구가 거의 출토되지 않는다. 물고기뼈는 연평도 일대와 안면도 조개무지에서만 출토되었고 다른 지역의 조개무지에서는 굴이 대부분을 차지하고 있을 뿐 물고기뼈는 출토되지 않는 특징을 보인다. 물고기뼈가 출토된 연평도와 안면도의 조개무지에서도 어로도구로 볼 수 있는 유물은 거의 출토되지 않았다. 이와 같은 현상은 당시 서해안보다 남해안 지역의 신석기인들이 바다자원을 활발하게 이용한 것에 일차적인 원인이 있을 것이다. 그러나 물고기뼈가 출토되는 유적에서도 어로도구가 거의 발견되지 않는 현상을 이해하기는 어렵다. 이 지역의 어로 문화를 이해하기 위해서는 낚시와 어망을 사용하지 않는 다양한 어로 방법을 검토하는 것이 필요하다.

조개류는 안정적으로 손쉽게 채집할 수 있어 중요한 식량자원으로 평가되지만 식량 기여도는 떨어지는 것으로 알려져 있다. 이는 조개가 채집되는 양에 비해서 실제 식용 가능한 중량은 1/5 정도에 불과하고, 같은 무게의 어류, 포유류 식량자원에 비해 칼로리도 1/2이하로 떨어지기 때문이다. 물론 겨울철에 부족한 식량을 보충하는 역할과 단백질 공급원으로서의 중요성은 무시할 수 없다. 하지만 낮은 식량 기여도로 볼 때 조개 채취를 신석기시대 중기에 중서부 해안 및 섬 지역에 인구가 집중되고 대규모 마을이 증가하는 원인으로 보기에는 부족하다.

그림 19 서울 암사동유적 출토 화살촉

한반도의 중서부 해안은 조수간만의 차이가 매우 크며, 하루에 비슷한 크기로 두 번의 고조(高潮)와 저조(低潮)가 일어나는 반일주조권(半日周潮圈)이다. 이러한 지역에서 매우 효과적인 어로방법은 어량(魚梁)으로 통칭할 수 있는 어살, 돌살 등을 이용한 함정어로법이다. 조수간만의 차이를 이용한 어량은 현대적인 어업의 발달로 지금은 널리 이용되지 않지만 북극에서 적도에 이르기까지 전 세계적으로 분포하며, 우리나라에서도 서해안을 중심으로 이용되었다. 이러한 함정어로법은 고고학 자료로 남기 어려운 특성 때문에 그 기원을 밝히기는 어렵다. 그러나 중국 고대 기록『시경(詩經)』에 어량에 대한 내용이 언급되어 있는 것으로 보아 늦어도 기원전 6세기 이전부터 중국에서는 어살이나 돌살이 사용된 것을 알 수 있다.

그림 20 울산 세죽리유적 출토 조합식 낚시바늘

이와 같이 직접적인 증거 없이 민족지와 역사 자료를 이용한 간접적인 해석을 통하여 신석기시대 중서부 해안 및 섬 지역의 어로 방법은 어량이 중심이었음을 추론할 수 있다. 이 지

그림 21 한국수산지와 어촌민속지에 기록된 어량(어살 1, 돌살 2, 건강망 3)

역에서 바다자원의 활용 가능성이 높은 데에 비해 어로구가 희소하게 출토되는 이유에 대한 합리적인 설명이라 하겠다.

농사짓기

한반도 신석기인의 사회는 사냥과 채집, 물고기잡이를 주 생계수단으로 하는 수렵채집사회의 성격이 강하다. 하지만 거의 전적으로 사냥과 채집에 의존했던 구석기시대와는 달리 식량자원의 활용을 위하여 잡곡 재배를 도입하였다.

잡곡재배는 전기에 도입되었지만 중기 이후에 본격적으로 확산되었다. 최근 조기단계에 잡곡재배가 시작되었을 가능성을 보여주는 자료도 확인되었으나 아직은 명확하지 않다. 조, 수수, 기장 등의 잡곡이 주로 재배되었는데 이들 작물의 야생종이 한반도에서 발견되지 않는 것으로 보아 재배종으로 순화된 상태로 중국 지역을 통해 도입된 것으로 추정된다.

이러한 작물은 탄화된 상태로 발견되기도 하지만 토기에 찍힌 흔적으로 확인되어, 이른바 토기 압흔분석법을 통하여 그 종류가 판명되기도 한다. 조, 기장, 수수 외에도 콩, 팥 등의 두류와 들깨도 일부 재배된 것으로 보인다. 옥천 대천리 유적에서 출토된 벼도 탄소연대측정 결과 신석기시대 종자로 판명되었으나 본격적인 재배여부를 판단하기 위해서

테글 2

고성 문암리 유적 경작유구와 신석기시대 농경

우리나라 신석기시대의 성격이 기본적으로 수렵채집사회라는데 대부분 연구자들의 견해가 일치한다. 하지만 조, 기장 등의 잡곡재배가 생계경제에 일정정도 비중을 차지하고 있다는 데에도 큰 이견은 없다. 적어도 신석기시대 전기에 중서부지역을 중심으로 잡곡재배가 도입되고 중기에 전국적으로 확산된 것은 분명하다.

조, 기장 외에도 콩, 팥 등의 두류와 들깨도 일부 재배된 것으로 보인다. 옥전 대전리 유적에서 출토된 벼도 탄소연대측정 결과 신석기시대 종자로 판명되었으나 본격적인 재배여부를 판단하기 위해서는 자료의 축적이 필요하다. 그러나 늦어도 신석기시대 전기부터 초기농경이 시작된 것은 부인할 수 없는 사실이다.

신석기시대 초기농경의 존재가 확실해지면서 농경의 도입배경과 경작방식에 대한 논의가 진행되었다. 농경의 도입과 확산 배경에 대해서는 중기이후 기후의 한랭화 경향에 따른 자원간의 평형상태가 무너지면서 식물자원에 대한 의존도가 증가하는 현상을 들고 있다. 물론 농경의 도입 배경을 불확실한 환경변화만으로 설명하기는 어려우며 인구증가, 사회복합도의 변화 등 다양한 원인이 고려되어야 한다. 하지만 이에 대한 논의는 아직은 원론적인 차원에 머물고 있다. 경작방식에 대한 논의는 화전과 범람원 경작 등에 대한 논의가 이루어졌으나 구체적인 경작유구가 발견되지 않아 큰 진전을 이루지 못했었다.

경작방식에 대한 획기적인 자료는 고성 문암리 유적에서 조사되었다. 문암리 유적의 2012년 발굴조사에서 2개층의 밭이 조사되었는데 이 중 하층 밭이 주거지와의 선후관계, 탄소연대측정 등을 통해 신석기시대 중기에 조성된 것으로 보고되었다. 하층 밭은 이랑과 고랑을 갖춘 형태로 동아시아에서 처음 조사된 신석기시대 경작유구로 학계와 언론에 집중적인 조명을 받았다.

그러나 발굴 당시부터 밭의 실체에 대해 여러 논란이 있어왔다. 발굴현장을 방문한 여러 연구자들과 이후 발표된 자료를 통해서도 여러 의문점들이 제기되었다. 이후 2013년 발굴조사 보고서, 2014년 자연과학분석보고서가 공개되었으나 하층 밭이 신석기시대 중기에 사용되었다는 명확한 증거를 제시하지 못하고 있다.

보고서에서는 신석기시대 중기 주거지가 하층 밭을 파괴하고 조성되었다는 것을 결정적인 증거로 제시하고 있으나, 토층도 상으로 볼 때 선후관계가 불분명하여 결정적인 증거가 될 수 없다. 이외에도 주거지와 경작층의 탄소연대, 상 · 하층 밭의 층위관계, 자연과학 분석 등 어느 하나도 하층 밭이 신석기시대 중기에 사용되었다는 결정적인 증거를 제시하지 못하고 있다. 식물 규소체 분석결과는 하층 밭이 역사시대 수전일 가능성마저 보여준다.

2012년 고성 문암리유적의 발굴조사는 동아시아 최초의 밭이라는 타이틀로 학계와 매스컴을 떠들썩하게 만들었다. 2014년에는 고등학교 교과서에도 수록되었다. 하지만 치밀한 분석 이전에 너무 성급하게 발표했다는 느낌을 지울 수 없다. 물론 하층 밭이 신석기시대 경작되었을 가능성을 완전히 배제할 수는 없다. 하지만 치밀한 분석과 연구를 통해 검증되어야 할 문제가 최고, 최초라는 이름 아래 무비판적으로 수용되어서는 곤란할 것이다.

그림 22 고성 문암리 유적(해안가에 위치한 유적 원경 1, 경작유구 전경 2)

는 자료의 축적이 필요하다.

경작방식에 대한 획기적인 자료는 고성 문암리 유적에서 조사되었다. 2012년 발굴조사를 통해서 2개 층의 밭이 확인되었는데 이중 하층 밭이 주거지와의 선후관계, 탄소연대측정 등을 통해 신석기시대 중기에 조성된 것으로 보고되었다. 하층 밭은 이랑과 고랑을 갖춘 형태로 동아시아에서 처음 조사된 신석기시대 경작유구로 학계와 언론에 집중적인 조명을 받았으며, 2014년 고등학교 한국사 교과서에까지 수록되었다.

그러나 2013년과 2014년에 발간된 보고서에서는 신석기시대 중기 집자리와 밭의 층위관계, 자연과학분석 결과로 볼 때 역사시대에 조성된 것일 가능성이 제기되었다.

생계활동의 변화과정

앞서 설명하였듯이 한반도 신석기시대의 생계 수단은 사냥과 채집, 어로를 기본으로 하고 초보적인 수준의 잡곡재배가 보조적으로 활용된 방식이었다. 그러나 시기와 지역에 따라 주요 생계수단이 변화하는 모습이 나타나기도 한다.

초창기와 조기의 신석기인들은 주로 해안지역에서 생활하며 사냥과 어로를 주 생계수단으로 활용하였다. 전기에 들어서면 신석기인들의 활동 무대가 내륙으로 확산되기 시작하면서 식물자원의 비중이 늘어나고, 중서부지역을 중심으로 초보적인 형태의 농경이 도입됐다. 중기 이후 농경이 한반도 전역으로 확산되면서 다양한 식량자원의 활용을 통해 전~중기의 신석기인들은 오랜 기간 정주성이 높은 사회를 유지해 나간다. 후·말기에 들어서면 식량자원의 다양성이 붕괴되고 다시 사냥과 어로를 주 생계수단으로 하는 이동성이 높은 사회로 돌아간다. 이러한 생계활동의 변화과정은 한반도 전역에서 동시에 일어나는 것은 아니며 지역적인 편차를 보이지만 전체적인 경향은 유사하다. 이와 같은 변화에는 다양한 이유가 있겠지만 일차적인 요인은 자연환경의 변화와 깊은 관련이 있다.

제주도를 제외하면 남한지역의 신석기문화는 동·남해안에서 시작된다. 이는 기원전 6,000년을 전후한 시기에 해수면의 상승이 정체되어 해안지형이 안정되고 주변 식생대가 확장되는 것과 관련된다. 기원전 4,500년을 전후한 시기에는 중서부지역에서 본격적인 신석기문화가 시작되지만, 동해안 해안사구에서는 유적이 형성되지 않는다. 그 이유는 해수면 상승으로 인해 해안사구가 해빈으로 변모하고 해수온도의 상승으로 주 식량자원인 한류성 어종이 감소한 때문인 것으로 추정된다. 남부지역에서는 바다자원이 풍부한 해안지역을 중심으로 신석기문화가 전개되면서 한편으로 내륙지역까지 확산되기 시작한다. 중서부지역에서는 해안과 강 하구의 생태계가 안정되면서 이전 시기에 잦은 이동을 하던 수렵채집사회가 다양한 자원을 활용하는 정주성이 높은 복합도가 높은 생계경제의 사회로 전환된다.

신석기시대 중기 이후는 소나무와 같은 침엽수림이 증가하는 꽃가루 분석결과로 볼 때 기후가 전반적으로 한랭건조화하는 시기이다. 해수면은 약간 하강하는 경향을 보이지만 비교적 큰 진동폭을 보이고 있어 불안정한 기후를 반영하는 것으로 추정된다. 이 시기에는 중서부 지역 중심이었던 빗살무늬토기가 잡곡재배와 함께 남한 전역으로 확산되었다. 식량자원을 공급하는데 어로의 비중이 여전히 높은 것으로 보이지만, 초보적인 농경의 확산으로 생계복합도가 증가하고, 지역에 따른 다양한 생계 활동이 확인된다.

중서부 지역에서는 해안 및 섬을 중심으로 대규모 마을이 크게 확산되고 내륙에서는 마을의 규모가 축소되는 양상이 나타난다. 동해안 지역에서는 중서부와 남해안지역의 문화가 복합되는 양상이 나타나며 해안사구에 신석기인의 활동이 재개되고 내륙으로 확산된다. 남부지역에서도 신석기인들의 활동이 해안지역을 중심으로 여전히 활발하지만 내륙으로 점차 확산되는 경향을 보여준다.

그렇시난 後·말기에 들어서면 앞서 설명한 바와 같이 집단의 규모가 축소되고 이동성이 높은 사회로 돌아간다. 일부 학자들은 이를 농경의 비중이 높아지는 것과 관련지어 설명하기도 한다. 즉, 아직 농사기술이 발전하지 못한 상황에서 주로 화전을 통해 경작이 이루어졌기 때문에 잦은 이동을 할 수 밖에 없다고 보는 것이다. 이러한 설명은 중기 이후 내륙 집단의 규모가 축소되는 현상으로 볼 때 타당하다. 그러나 신석기시대 後·말기의 유적이 해안과 섬 지역에 집중되고 조개무지와 야외 화덕자리가 증가하는 상황으로 볼 때, 지속적인 한랭화 경향에 따라 육상자원 환경이 점차 악화되었기 때문에 비교적 쉽게 식량을 구할 수 있는 해안지역으로 신석기인들의 활동이 집중된 것으로 추정된다.

한반도 신석기인의 죽음과 신앙

무덤과 매장의례

한반도에서 확실한 무덤이 만들어지기 시작한 시기는 신석기시대이다. 외국의 예로 볼 때 구석기시대에도 무덤이 만들어졌을 가능성이 높지만 아직 뚜렷한 유구가 발견된 사례는 없다. 신석기시대의 무덤도 대부분 남해안의 조개무지에서 발견되었다. 무덤의 형태는 토광묘이지만 땅을 거의 파지 않고 평지에 시신을 안치한 후 작은 돌과 흙으로 덮은 경우가 대부분이다.

남부 지역에서 무덤이 조사된 유적을 통해서 토광무덤의 경우 시신의 머리 방향은 일정하지 않은데 대체로 등고선과 직교하는 방향으로 머리를 육지의 높은 쪽을 향하고, 다리를 바다 쪽으로 놓는 경우가 많아 지형에 따라 무덤의 방향을 결정한 것을 알 수 있다. 시신과 함께 부장된 유물은 토기, 결합식 낚시바늘, 돌도끼 등이며, 조개팔찌나 동물의 이빨로 만든 목걸이, 옥 장신구 등을 착용한 채로 매장된 경우도 있다.

통영 욕지도 조개무지에서는 4기의 무덤이 조사되었는데 매장형태를 알 수 있는 인골이 출토된 무덤은 2기이다. 인골의 잔존상태가 좋지 않지만 시신을 바르게 누워 안치한 신전장(伸展葬)으로 추정된다. 통영 연대도 조개무지에서는 13기의 무덤이 조사되었는데 매장자세를 알 수 있는 9구의 인골은 모두 신전장이다. 부산 범방 조개무지에서 조사된 인골은 확실하지 않지만 시신을 굽혀서 묶는 굴장(屈葬)의 방식으로 묻힌 것으로 추정된다. 조사사례는 많지 않지만 한반도 신석기시대 무덤의 매장 자세는 신전장이 주류를 이루는 것으로 이해된다.

그러나 2008년 조사된 가덕도 장항유적에서 48구의 인골이 발견되면서 이러한 인

그림 23 가덕도 장항유적 35호 인골(신전장)

식은 바뀌게 되었다. 매장자세를 확인할 수 있는 32구 중에서 굴장이 24구, 신전장이 8구로 굴장의 비율이 75%를 차지하고 있다. 또한 가덕도의 굴장은 사후 시신이 경직된 상태에서는 불가능한 것으로 관절이 완전히 꺾인 형태를 보이는 개체가 많다. 따라서 사후 경직이 풀린 상태에서 염습과 같은 의례행위가 있었을 가능성이 높다. 성별이 확인된 인골은 남성 8구, 여성 10구로 성별 편중이 없었으며 사망시 연령은 3세 이하의 영아부터 70대에 이르는 노년층까지 다양하다. 잔존하는 뼈를 이용하여 추정된 평균 키는 남성은 157cm 내외, 여성은 146cm 내외이다. 인골에서는 잠수병의 일종으로 귀의 형태가 변형되는 외이도골종(外耳道骨腫)이 확인되는 것으로 보아 잠수어업이 성행했음을 알 수 있다.

이 밖에도 남부지방에서는 진주 상촌리유적과 부산 동삼동 조개무지에서는 토기에 인골을 안치한 옹관묘가 확인된 바 있다.

중서부나 동해안의 대부분 지역에서는 뚜렷한 무덤이 발견되지 않았다. 우리나라의 토양은 산성도가 높아 조개무지가 아닌 곳에 무덤을 만들었을 경우 인골이 잔존할 가능성이 높지 않다. 따라서 주거지와 인접한 구릉 일대에 남해안 지역의 사례와 유사한 방식으로 무덤이 조성되었다면 인골이 잔존하기 어렵다. 이런 점을 감안하면 이들 지역에서도 무덤이 조성되었을 개연성은 높다.

동해안의 울진 후포리유적에서는 약 40여 구의 인골을 뼈만 추려서 집단 매장한 세골장 무덤이 발견되었다. 구덩이를 파고 인골을 매장한 후 그 위를 긴 장방형의 돌도끼 여러 개로 덮은 특이한 형태의 무덤이다. 토기가 전혀 발견되지 않아 조성시기에 대하여 여러 견해가 있지만 돌도끼의 형태로 볼 때 신석기시대의 무덤일 가능성이 높다 하겠다.

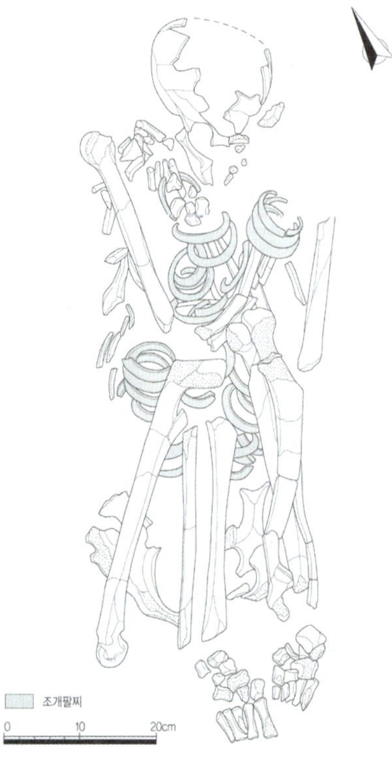

그림 24 가덕도 장항유적 6호 인골(굴장)

기타 신앙과 조형 예술

죽음을 슬퍼하고 애도하는 것은 인간사회의 보편적인 현상이다. 물론 동물에서도 죽음을 애도하는 현상을 발견할 수 있지만 인간은 무덤을 만들고 사자(死者)에 대한 존경을 표시하고 나아가 영혼을 기리는 행위를 한다는데 큰 차이가 있다.

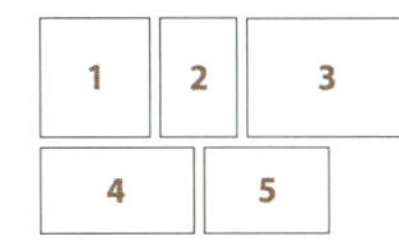

그림 25 예술품 각종(동삼동 출토 조개가면 1, 신암리 출토 인물형 토우 2, 비봉리 출토 멧돼지무늬 토기 3, 오산리 출토 곰모양 토우 4, 동삼동 출토 사슴무늬 토기 5)

우리는 아직 신석기인의 죽음과 관련된 많은 정보를 알고 있지 못하다. 무덤을 조성하면서 막연히 영혼을 숭배하고 장송의례를 행했을 것으로 짐작하고 있을 뿐이다. 다만 조개가면과 토우 등의 조형물을 통해 그 일면을 볼 수 있다. 동삼동 패총에서 출토된 조개 가면은 크기(11.8×12.9cm)로 볼 때 어린이 장난감으로 보는 견해도 있으나 집단의 공동의례나 주술행위 등에 사용되었을 가능성이 높다.

토우(土偶)는 흙으로 사람 또는 동물의 형상을 빚은 인형을 말한다. 후기구석기시대부터 만들어지는 것으로 알려져 있으나 한반도에서는 신석기시대부터 출토된다. 주로 남·동해안 지역의 유적에서 확인되는데 수량은 많지 않다. 인물형 토우는 울산 신암리, 부산 동삼동유적 등에서 출토되었는데 특히 신암리유적에서 출토된 토우는 여성의 모습을 뚜렷하게 보여준다. 동물형 토우는 부산 동삼동, 울산 세죽, 통영 욕지도, 양양 오산리 등에서 출토되었다. 토우는 풍요와 안전을 기원하는 데 사용되는 의례적인 조형물로 추정된다.

이외에도 부산 동삼동 조개무지에서는 사슴무늬가 새겨진 토기가 출토되었고, 창녕 비봉리에서는 멧돼지가 그려진 토기가 출토되었다. 한반도 신석기시대의 대표적인 사냥동물이 사슴과 멧돼지임을 감안하면 사냥과 관련된 의식에 사용되었던 의례용 토기로 추정된다.

신석기시대의 종말

신석기시대 후기 후반에 이르면 한강 유역에 마을 유적은 현저하게 줄어든다. 내륙에서는 기원전 1500년을 전후한 시기에 속하는 유적을 거의 찾아 볼 수 없고 해안 및 도서 지역에도 야외 화덕자리와 조개무지만이 잔존하는 양상을 보여 준다. 현재의 고고학 자료만으로 본다면 기원전 2000년을 전후한 시기부터 내륙의 신석기 사회는 거의 해체되어 공동화되는 현상을 보인다. 이는 마치 후기구석기시대 이후 신석기시대 전기 시작 이전까지 오랜 기간에 걸친 유적이 발견되지 않는 것과 유사한 양상이다. 따라서 기원전 2,000년 이후에 유적이 급감하는 것은 집단의 축소와 이동성의 증가에 따라 당시 인간의 행위가 가시적인 고고학적 자료로 남겨지기 어렵기 때문에 나타난 현상으로 풀이될 수 있다. 또한 전반적인 자원 환경의 악화로 인해 인구수가 이전 시기보다 크게 감소했을 가능성도 있을 것이다. 남한 지역에서 청동기시대의 상한이 기원전 1,500년경임을 감안하면 이 시기는 신석기문화가 해체되고 청동기문화로 전환되는 과도기적인 시기라고 할 수 있다.

1970~90년대에 남한 지역에서 양 시대의 전환 과정에 대한 설명은 물질문화의 차이에 근거하여 신석기인과 청동기인을 다른 종족으로 파악하는 주민 교체설과 이를 비판하며 그 계승적 관계의 가능성을 찾는 관점으로 구분된다. 주민 교체설은 양 시대의 문화적 차이가 연결고리를 찾기 힘들 정도로 크고, 그 전환 과정이 매우 빠르다는 점에서 일견 설득력이 있어 보인다. 하지만 수 천년을 이어서 살아온 신석기인들이 어떤 이유로 멸종되거나 청동기인의 이주가 백인의 아메리카 대륙 정복과 같은 과정을 겪었다는 전제가 없는 한 짧은 시간에 다른 종족으로 대체된다는 것은 납득할 수 없다. 양 시대의 전환 과정을 계승적인 시각에서 보려는 시도는 주민 교체설에 대한 비판에서 비롯되었지만, 원론적인 차원에서 문제를 제기하는데 머물렀을 뿐 구체적인 논증은 이루어지지 못했다.

2000년대에 들어서면서 이에 대한 해석은 수렵·채집사회에서 농경사회로의 전환이라는 관점에서 진행되고 있다. 양 시대의 문화가 단절적인가 아니면 연속적인가에 따른 관점의 차이는 있지만, 생활방식에 근본적인 변화가 이루어졌다는 점에서는 동일한 입장을 취하고 있다.

양 시대의 문화를 계승적으로 보는 관점은 신석기시대 전기부터 꾸준히 지속된 조, 기장의 경작에 새로운 작물 재배기술이 추가되어 점진적으로 청동기시대로 발전했다는 주장과 신석기시대 후기의 인구증가에 따른 자원의 남획과 고갈로 인해 농경이 강화되어 청동기시대로 전환되었다는 견해가 대표적이다. 이러한 견해는 최근 신석기시대 유적에서 곡물 자료가 꾸준히 증가하는 현상으로 볼 때 일견 타당성이 있지만, 양 시대 물질문화의 커다란 차이와 청동기문화의 급속한 확산을 설명하기에는 부족하다. 또한 신석기시대 후기 후반의 사회가 집단 규모의 축소와 인구의 감소를 보여주는 현상과는 배치되는 것으로 받아들이기 어렵다.

한반도 신석기문화의 해체 과정에 대해서는 기후의 한랭화에 따른 자원 환경의 악화로 인해 이동성이 증가하면서 수렵·채집과 초보적인 농경이 복합된 식량생산체계가 붕괴되면서 해체된다는 견해가 고고학 자료에 부합된다. 따라서 식량자원의 악화로 해체 위기에 놓인 신석기사회에 새로운 농경을 기반으로 한 청동기문화가 유입되면서 양 시대의 전환이 이루어진다고 보는 단절적인 설명이 합리적이다. 이는 인간의 토지이용 방식과 깊은 관계가 있다고 보여진다. 토지의 공유와 사유의 개념은 토지에 대한 개인이나 특정 집단의 소유권의 문제이기도 하지만 토지에서 생산되는 자원을 어떻게 소유하고 분배하느냐의 문제이기도 하다. 사유재산권이 아직 확립되지 않은 선사시대에는 전자보다는 후자가 주된 토지 이용 방식이라고 할 수 있다.

후기 이후 내륙지역의 신석기 집단은 초기농경을 통한 식량공급 체계의 붕괴로 잦은 이동을 통해 식량자원을 공급하고 이로 인해 여러 집단이 공동으로 점유하는 형태로 변화한 것으로 추정된다. 이와 같은 상황에서 본격적인 농경을 기반으로 하여 토지를 배타적 점유하는 청동기 집단은 별다른 저항 없이 내륙지역으로 확산하였을 것이다. 그에 따라 내륙 지역의 신석기집단은 자원을 조달할 수 있는 영역이 계속 줄어들어 더 이상 집단을 유지하기 어려운 상황에 놓이게 되었다. 이제 내륙 지역의 신석기집단이 택할 수 있는 길은 청동기 집단에 흡수 되거나 그들의 도작 농경을 받아들이는 방식이었을 것이다. 하지만 양 시대 물질문화의 이질성과 단절성으로 볼 때 대부분의 신석기집단은 청동기집단에 흡수되었을 가능성이 높은 것으로 판단된다. 신석기집단이 도작농경을 받아들여 스스로 농경 집단으로 변화했다면 양 시기의 물질문화(특히 토기)에서 나타나는 이질성을 설명하기 어렵기 때문이다. 이와 같은 과정을 통해 내륙 지역의 신석기 사회는 해체·소멸의 길을 걷게 되고 빠르게 청동기 사회로 흡수되어 전환되는 것으로 설명된다.

하지만 해안 및 도서 지역의 상황은 내륙 지역과는 다소 다른 양상으로 전개된 것으로 판단된다. 해안지역에서도 후기부터 정주성이 약화되고 마을은 그 규모는 축소되지만 지속적으로 유지된다. 내륙지역에 청동기문화가 출현하는 기원전 1,500년 이후에도 야외화덕자리와 조개무지가 잔존하는 것으로 보아 상당 기간 내륙의 청동기집단과 공존한 것으로 판단된다.

결론적으로 초기농경을 주 생계 전략으로 이용하던 신석기 집단의 식량 공급 체계가 붕괴하면서 이동성이 증가하고 집단 규모가 축소되어 인구가 줄어든 내륙 지역을 중심으로 청동기문화가 확산하였다. 그러한 과정을 거쳐 청동기 집단은 해안 및 도서 지역을 중심으로 잔존한 신석기 집단과 점유공간을 달리하며 일정기간 공존했을 것으로 추정된다. 도서 지역을 중심으로 잔존한 신석기집단은 청동기문화가 본격적으로 해안 지역으로 확산되는 기원전 1,000년 전후에 막을 내린다.

요약

한반도 신석기시대는 초창기(기원전 8,000~6,000) - 조기(기원전 6,000~4,500) - 전기(기원전 4,500~3,600) - 중기(기원전 3,600~2,500) - 후·말기(기원전 2,500~1,500)의 5단계의 발전과정을 거친 것으로 이해된다.

초창기는 제주도 고산리유적으로 대표되며 한반도의 다른 지역에서는 아직까지 이 시기의 유적이 발견되지 않았다. 이 시기의 토기는 바닥이 평평하고 식물성 섬유질 보강재를 다량 섞은 무문양토기인 이른바 '고산리식 토기'로 대표된다. 석기는 대체로 후기 구석기시대의 전통이 남아있는 잔눌러떼기 기법으로 제작되었으며, 간석기는 찾아보기 어렵다.

조기는 기원전 약 6,000년 전부터 시작되며 주로 동북과 남부지방의 해안가와 섬 지역에서 유적이 발견된다. 이 시기의 토기는 점토띠를 표면에 붙여서 만든 덧무늬토기로 대표된다. 창녕 비봉리 유적에서 배가 출토되어 바다자원을 적극적으로 이용하고 교역활동이 있었을 가능성을 추정할 수 있다.

전기는 기원전 4500년 무렵부터 시작되며, 중서부지역에서는 이 단계부터 신석기시대유적이 다수 조사되었다. 뗀석기의 비중은 줄어들고 간석기가 늘어나며 그 종류도 다양해진다. 특히 남부지역에서는 뼈를 갈아서 만든 어로도구(낚시, 작살 등)도 크게 늘어나 물고기잡이가 활발해지는 것을 알 수 있다. 또한 이 시기에는 조, 기장 등의 탄화곡물이 발견되어 초보적인 단계의 농경이 시작되었으며, 마을유적이 다수 발견되어 본격적인 정착생활이 시작된 것으로 추정된다.

중기는 기원전 3,600년 무렵부터 시작되며 중서부지방의 빗살무늬토기문화가 남부와 동부(강원도 일대)지역으로 확산되고 지역별로 다양한 토기문화가 발전하는 시기이다. 생업활동의 중심은 여전히 채집, 사냥, 물고기잡이이지만, 전기부터 확인되는 조, 기장 등의 작물의 출토량이 증가하는 것으로 보아 전기부터 시작된 초보적인 농경이 한층 더 발전한 것으로 이해된다.

후·말기는 기원전 2,500년 무렵부터 시작된다. 토기에 무늬가 새겨지는 면적은 크게 줄어들어 주로 입술 주연 부분에만 새겨지며, 거칠고 엉성하게 그려져 정형성이 많이 떨어진다. 해안지역에서 마을 유적은 크게 줄어들고 조개무지가 늘어나는 것으로 보아 바다자원에 대한 의존도가 커지는 것을 알 수 있다. 내륙지역에도 마을 유적은 거의 자취를 감추고 야외화덕 유적이 증가하는 양상을 보인다. 이와 같은 양상으로 볼 때 이 시기는 환경변화 등으로 인한 식량자원 불균형 때문에 집단의 규모가 줄어들고 이동성이 증가하는 것으로 추정된다. 이후 우리나라의 신석기문화는 기원전 1,500년전 농경을 기반으로 하는 청동기문화가 유입되면서 종말을 고하고 청동기시대로 전환된다.

참고문헌

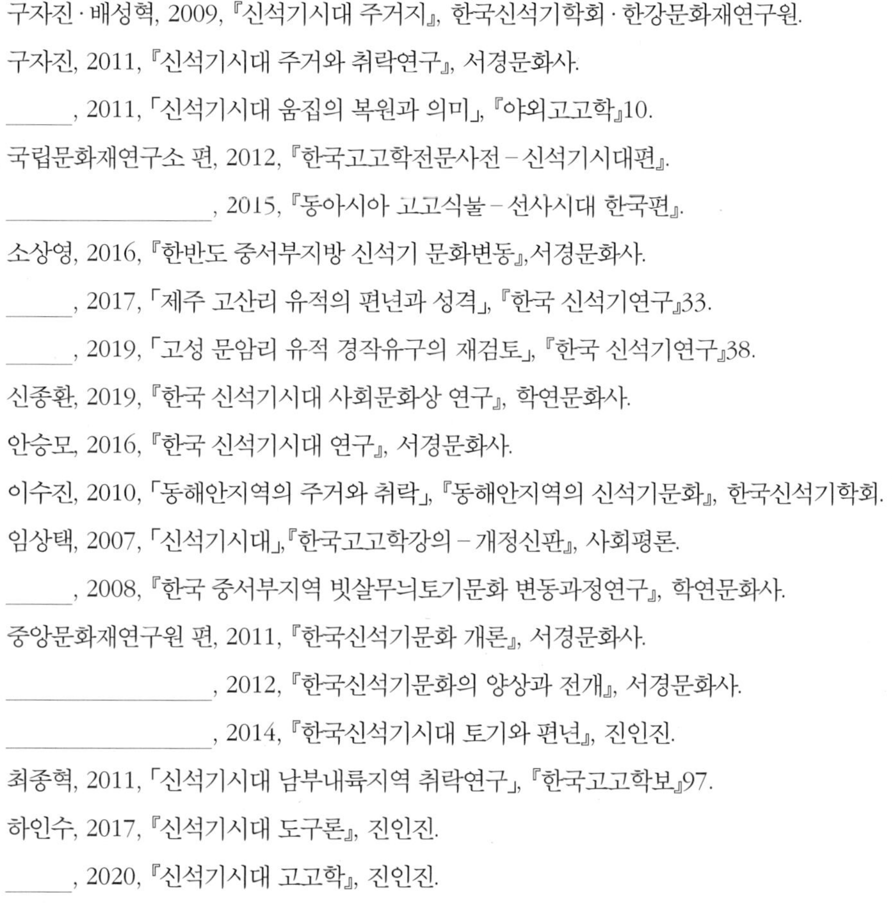

구자진 · 배성혁, 2009, 『신석기시대 주거지』, 한국신석기학회 · 한강문화재연구원.

구자진, 2011, 『신석기시대 주거와 취락연구』, 서경문화사.

______, 2011, 「신석기시대 움집의 복원과 의미」, 『야외고고학』10.

국립문화재연구소 편, 2012, 『한국고고학전문사전 – 신석기시대편』.

______________, 2015, 『동아시아 고고식물 – 선사시대 한국편』.

소상영, 2016, 『한반도 중서부지방 신석기 문화변동』,서경문화사.

______, 2017, 「제주 고산리 유적의 편년과 성격」, 『한국 신석기연구』33.

______, 2019, 「고성 문암리 유적 경작유구의 재검토」, 『한국 신석기연구』38.

신종환, 2019, 『한국 신석기시대 사회문화상 연구』, 학연문화사.

안승모, 2016, 『한국 신석기시대 연구』, 서경문화사.

이수진, 2010, 「동해안지역의 주거와 취락」, 『동해안지역의 신석기문화』, 한국신석기학회.

임상택, 2007, 「신석기시대」,『한국고고학강의 – 개정신판』, 사회평론.

______, 2008, 『한국 중서부지역 빗살무늬토기문화 변동과정연구』, 학연문화사.

중앙문화재연구원 편, 2011, 『한국신석기문화 개론』, 서경문화사.

______________, 2012, 『한국신석기문화의 양상과 전개』, 서경문화사.

______________, 2014, 『한국신석기시대 토기와 편년』, 진인진.

최종혁, 2011, 「신석기시대 남부내륙지역 취락연구」, 『한국고고학보』97.

하인수, 2017, 『신석기시대 도구론』, 진인진.

______, 2020, 『신석기시대 고고학』, 진인진.

머리글

집과 주거생활

가옥의 변천과 분포

주거 생활

마을의 발전

마을의 발전

구획 시설을 갖춘 마을

농경사회 중심 마을의 랜드마크와 무덤

의례공간과 기념물

무덤과 계층사회

무덤 조성의 다양성

마을 사람들의 생계경제

농경과 도구

어로와 수렵

요약

03 청동기시대의 문화

이형원

한신대학교

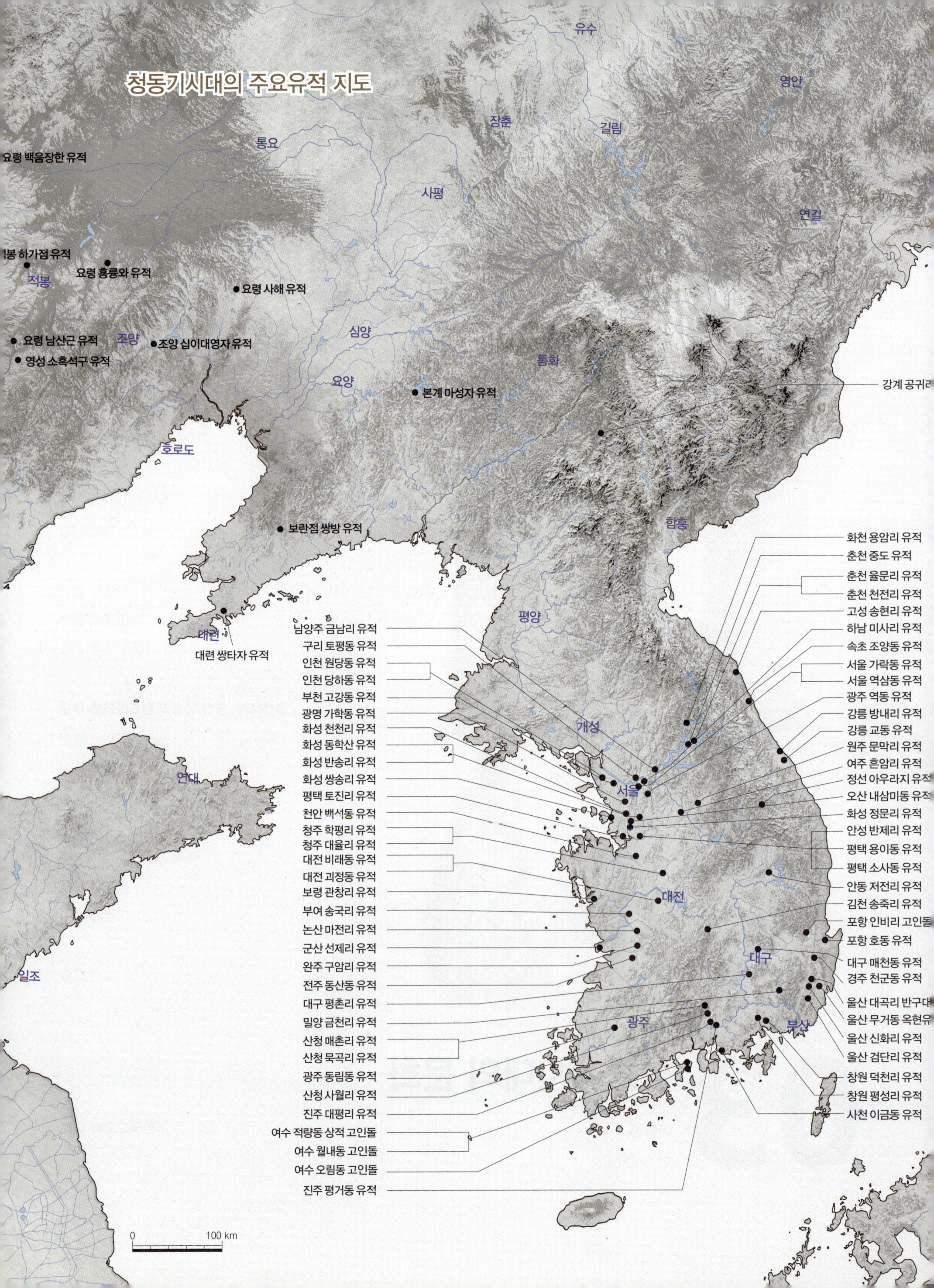
청동기시대의 주요유적 지도
유수
영안
장춘
길림
통요
요령 백음장한 유적
사평
연길
봉 하가점 유적
요령 흥륭와 유적
적봉
요령 사해 유적
심양
요령 남산근 유적
조양
조양 십이대영자 유적
영성 소흑석구 유적
통화
요양
본계 마성자 유적
강계 공귀리
호로도
보란점 쌍방 유적
함흥
대련
대련 쌍타자 유적
평양
개성
서울
연대
대전
대구
광주
부산
일조
남양주 금남리 유적
구리 토평동 유적
인천 원당동 유적
인천 당하동 유적
부천 고강동 유적
광명 가학동 유적
화성 천천리 유적
화성 동학산 유적
화성 반송리 유적
화성 쌍송리 유적
평택 토진리 유적
천안 백석동 유적
청주 학평리 유적
청주 대율리 유적
대전 비래동 유적
대전 괴정동 유적
보령 관창리 유적
부여 송국리 유적
논산 마전리 유적
군산 선제리 유적
완주 구암리 유적
전주 동산동 유적
대구 평촌리 유적
밀양 금천리 유적
산청 매촌리 유적
산청 묵곡리 유적
광주 동림동 유적
산청 사월리 유적
진주 대평리 유적
여수 적량동 상적 고인돌
여수 월내동 고인돌
여수 오림동 고인돌
진주 평거동 유적
화천 용암리 유적
춘천 중도 유적
춘천 율문리 유적
춘천 천전리 유적
고성 송현리 유적
하남 미사리 유적
속초 조양동 유적
서울 가락동 유적
서울 역삼동 유적
광주 역동 유적
강릉 방내리 유적
강릉 교동 유적
원주 문막리 유적
여주 흔암리 유적
정선 아우라지 유적
오산 내삼미동 유적
화성 정문리 유적
안성 반제리 유적
평택 용이동 유적
평택 소사동 유적
안동 저전리 유적
김천 송죽리 유적
포항 인비리 고인돌
포항 호동 유적
대구 매천동 유적
경주 천군동 유적
울산 대곡리 반구대
울산 무거동 옥현유
울산 신화리 유적
울산 검단리 유적
창원 덕천리 유적
창원 평성리 유적
사천 이금동 유적
0
100 km

청동기시대의 문화

이형원
한신대학교

머리글

청동기시대는 덴마크의 톰센이 제안한 석기 – 청동기 – 철기시대로 구성된 삼시대(三時代) 체계 중의 한 시대에 해당한다. 광석에서 구리를 추출한 후 주석, 아연, 납 등 몇 가지 다른 금속과 배합하여 청동기를 주조하는 기술은 고도의 숙련도와 전문적 지식을 필요로 한다. 그러므로 단순히 석기만을 사용하던 사회에서는 볼 수 없었던 직업의 전문화, 교역의 발달, 계층사회의 발전을 가져오는 혁신적인 변화가 일어난 시대이다.

우리나라의 청동기시대는 민무늬토기와 간석기를 비롯하여 청동기를 제작·사용하고 고인돌이나 돌널무덤과 같은 정형화된 무덤과 대규모 마을이 등장하고 농경을 주요 생계경제로 하면서 사회복합도가 한층 더 높아진 시대를 말한다. 공간적으로는 한반도 전역과 라오닝(遼寧)지역을 비롯한 중국 동북지역과 연해주 일대를 포함한다. 역사적으로는 문헌 기록의 내용과 비파형동검, 미송리형토기, 고인돌 등을 근거로 한반도 최초의 국가인 고조선의 형성과 발전이 이루어지는 시대로서 매우 중요하다(그림 1). 청동기시대의 상한 연대는 기원전 1,500년, 하한 연대는 기원전 300년으로 보는 견해가 많다.

이 글에서는 고고학 발굴조사 성과가 많이 축적된 남한지역을 대상으로 청동기시대의 문화 양상을 설명하고자 한다. 남한에서 가장 이른 시기의 청동기문화인 조기(早期, BC1500~1300)는 대체로 민무늬토기의 일종인 덧띠 새김무늬 토기(刻目突帶文土器)를 생활용기로 사용하던 단계에 해당한다. 이 시기의 사람들은 강변의 충적지대에 마을을 조성하고 밭농사를 통해 생계를 유지했던 것으로 추정된다. 이어서 전기(前期, BC1300~900)가 되면, 겹아가리에 짧은 빗금무늬를 새긴 토기(二重口緣短斜線文土器)와 구멍무늬토기(孔列文土器)가 성행하고, 비파형동검을 비롯한 청동기와 마제석검(磨製石劍)이 제작·사용되며 고인돌(支石墓), 돌널무덤(石棺墓) 등이 조성되기 시작한다. 집자리의 형태는 장방형 또는 세장방형 평면을 띠는 대형이며, 생계경제는 화전(火田)을 포함한 밭 농사가 중심을 이루었던 것으로 보인다.

청동기시대 중기(中期, BC900~500)에는 외반구연(外反口緣)토기, 삼각형돌칼, 일단병식석검(一段柄式石劍), 홈자귀(有溝石斧) 등이 유행하는 단계이다. 비파형동검, 청동창, 청동도끼와 같은 청동기 또는 거푸집이 출토되면서 청동기 제작이 가속화되었음을 알 수

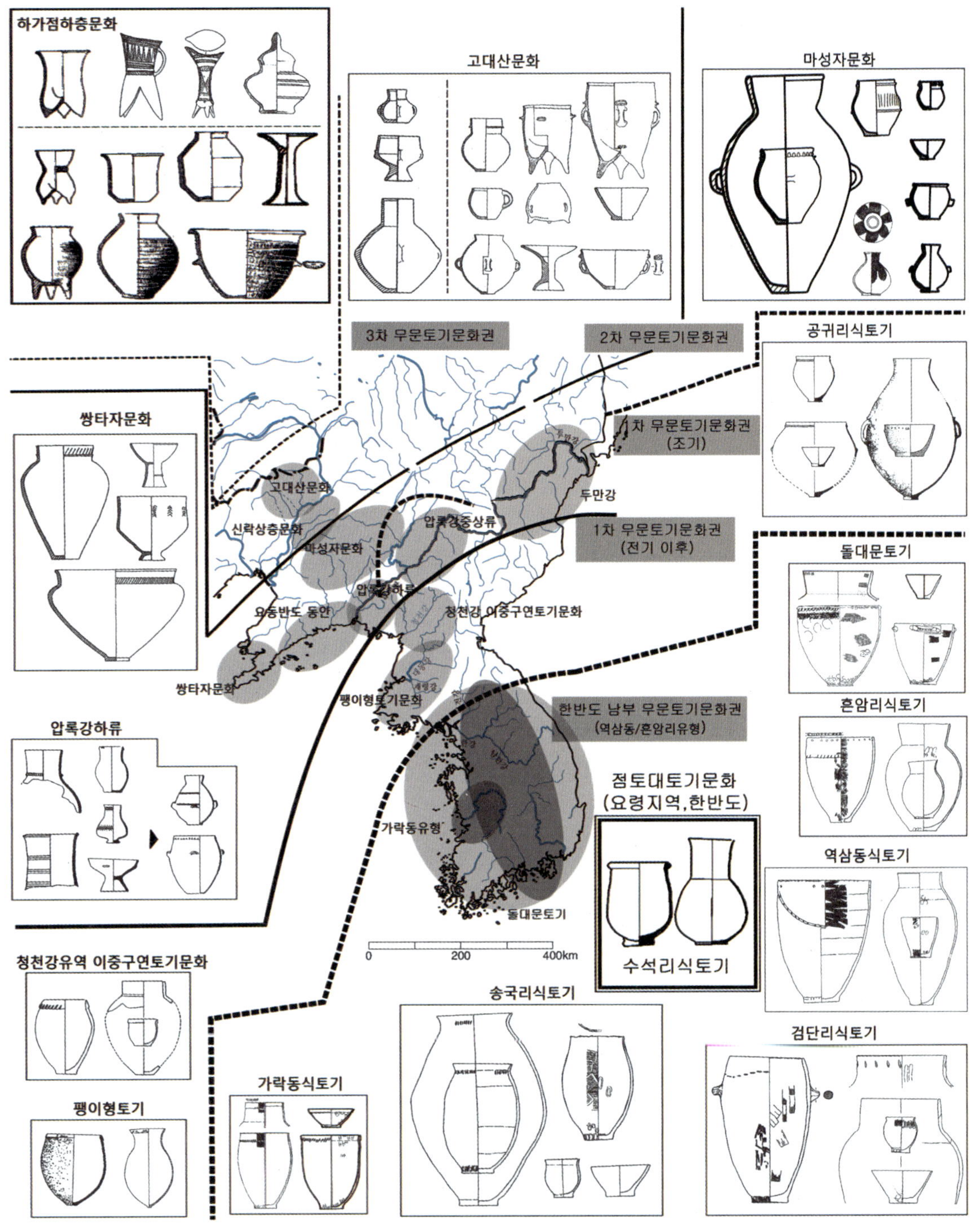

그림 1 한반도 및 중국 동북지역의 무문토기문화권

있다. 전 시기부터 나타난 고인돌, 돌널무덤을 비롯하여 움무덤, 독무덤 등 다양한 종류의 무덤이 많이 만들어지며, 방형 또는 원형의 소형 가옥으로 구성된 마을이 형성된다. 이와 함께 논농사가 확대되면서 경제적 부의 집중과 사회복합도가 증가하게 된다. 이에 수반하여 주위를 도랑으로 돌린 환호(環濠)나 목책(木柵)과 같은 방어시설을 갖춘 대형 마을이 나타나면서 개인 간 또는 집단 간의 사회적 위계 관계가 심화된다. 한편, 암각화나 입석(立

石)이 있는 곳, 물가 또는 마을 안과 밖의 다양한 공간에서 의례행위가 행해졌다. 청동기시대 후기(後期, BC500~300)에는 점토띠를 아가리에 붙인 점토대토기(粘土帶土器), 흑색마연토기(黑色磨研土器)를 비롯하여 세형동검(細形銅劍)으로 대표되는 각종 청동기와 돌무지널무덤(積石木棺墓) 등과 같은 일련의 물질문화가 유행하였다.

청동기시대의 주요 연구 주제는 다음과 같다. 첫 번째는 농경사회의 형성 및 발전과 관련하여 한반도와 중국 동북지역에서 신석기시대에서 청동기시대로 이행하는 과정과 두 시대 문화의 상호작용에 대해서 설명하는 것이다. 두 번째는 가옥과 마을 그리고 무덤의 구조와 규모 및 소유 유물의 양상을 통해서 사회 계층화의 진전과 변천과정을 파악하는 것이다. 세 번째는 청동기인들의 삶과 죽음에 대한 것으로, 그들이 어떤 삶을 살았고 어떻게 생을 마감했는지 밝히는 작업이다. 네 번째는 한국 청동기문화가 인접 지역에 주고받는 영향이 무엇인지 대외 교류와 교섭의 측면에서 검토하는 것이다. 다섯 번째는 문헌에 소략한 내용만 전해지는 고조선의 실체를 고고학적으로 규명하는 일이다.

집과 주거생활

집은 사람이 살거나 활동할 수 있도록 지은 건축물이다. 사람은 집을 짓고 그 안에서 식사를 하고, 잠을 자고, 휴식을 취하고, 아이를 기르고, 일상 생활용품을 만들기도 하고, 때로는 죽음을 맞이하는 장소가 되기도 한다. 삶의 안식처인 집은 시대와 지역, 그리고 환경에 따라 다양한 형태로 변화해왔다.

청동기시대 가옥은 지상건물이 일부 존재하지만 대부분 움집이라고도 부르는 수혈주거(竪穴住居)가 일반적이다. 이는 생활면이 평지 또는 고상(高上)이 아니라 지면 아래에 있는 반지하식 주거를 의미한다. 고고학 발굴조사를 통해서 볼 때 수혈주거는 선사시대 가옥의 대부분을 차지하며 역사시대에도 그 비중은 상당히 높았던 것으로 확인되고 있다.

가옥의 변천과 분포

청동기시대 가옥의 형태는 다양한데, 집터의 평면 모습은 크게 볼 때 방형계와 원형계로 나뉜다. 방형계는 다시 방형, 장방형, 세장방형으로 세분된다. 청동기시대의 이른 시기인 조기(BC1500~1300)와 전기(BC1300~900)는 방형계열의 대형 가옥이 주류였으며, 늦은 시기인 중기(BC900~500)와 후기(BC500~300)는 (장)방형이나 원형 계열의 소형 가옥이 유행했다. 이른 시기의 대형 가옥은 구성원의 수가 많았고 늦은 시기의 소형 가옥은 적은 인원이 살았던 것으로 추정된다**(그림 2)**. 이를 확대가족에서 핵가족으로 분화하는 양상과 연결시키는 견해도 있다.

조기에서 전기에 걸치는 시기의 장방형 또는 세장방형 형태의 가옥은 지붕을 받치기 위해서 세우는 기둥은 땅바닥에 구멍을 파고 세우는 경우와 주춧돌 위에 세우는 방식이 있다. 주춧돌 위에 기둥을 세우는 건축구조는 삼국시대 이후에 발달한 것으로 알려져 왔지만, 이미 청동기시대 가옥에 그와 동일한 건축기법이 등장한 것이다. 이와 같은 방식으

그림 2 청동기시대 각 시기의 주거(전기 진주 평거동 유적 1, 중기 부여 송국리유적 2, 후기 고성 송현리 유적 3)

1	2
	3

로 기둥을 세우는 사례는 압록강, 청천강과 금강유역에서 많이 확인된다. 주춧돌이 있는 가옥에는 돌을 이용해서 화덕을 만든 사례가 많다. 이와는 달리 대동강, 한강, 낙동강 유역 등의 지역에서는 가옥구조에 돌을 활용한 사례는 드물며, 지면을 파고 기둥을 세우거나 맨땅을 조금 파거나 그대로 이용한 화덕이 일반적이다.

중기에는 방형 또는 원형의 평면 형태에 가옥의 중앙부에 중심 기둥을 세우는 구심(求心)구조의 기둥배치 방식을 선호하는 「송국리식 주거」가 유행하였다. 남부 지역에 집중적으로 분포하는 이 가옥의 바닥에는 화덕의 근거로 보는 불에 탄 흙이 잘 확인되지 않아서 그 존재 여부가 논쟁거리다. 화덕이 없었다고 주장하는 연구자들은 야외 화덕의 존재를 강조하지만, 취사·난방·조명의 기능을 하는 화덕은 가옥 내부에 존재했고 그 구조가 다른 시기의 가옥과 차이가 있다고 주장하는 연구자도 있다.

이 시기의 북한과 중부지역, 그리고 영남동부지역은 앞 시기의 가옥구조와 큰 차이가 없는데, 다만 영남동부지역의 경우는 비가 많이 내릴 때 집안에 고인 물을 밖으로 빼내는 배수로를 시설한 가옥이 많다**(그림 3)**.

청동기시대 후기가 되면 중국동북지역과 한반도에 새로운 형태의 가옥이 나타난다. 평면형태는 앞 시기와 같은 방형 또는 원형이지만 화덕은 가옥 벽 쪽에 붙어서 시설되는 것이 특징이다. 이것은 초기철기시대에서 원삼국시대에 걸쳐서 가옥의 구성요소로 정착하는 부뚜막의 시원형으로 볼 수 있다.

그림 3 청동기시대 중기 영남지역 주거 구조(복원 모식도 1, 울산 신화리·교동리 유적 2·3)

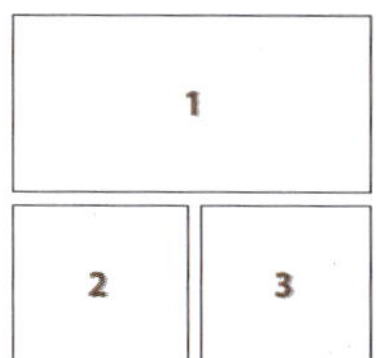

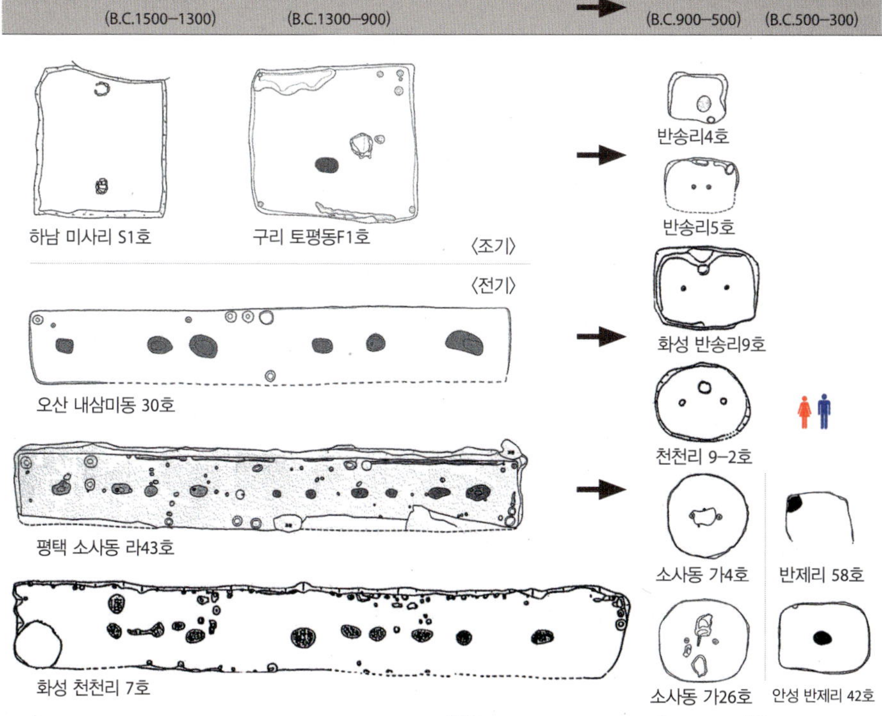

그림 4 청동기시대 가옥의 변천

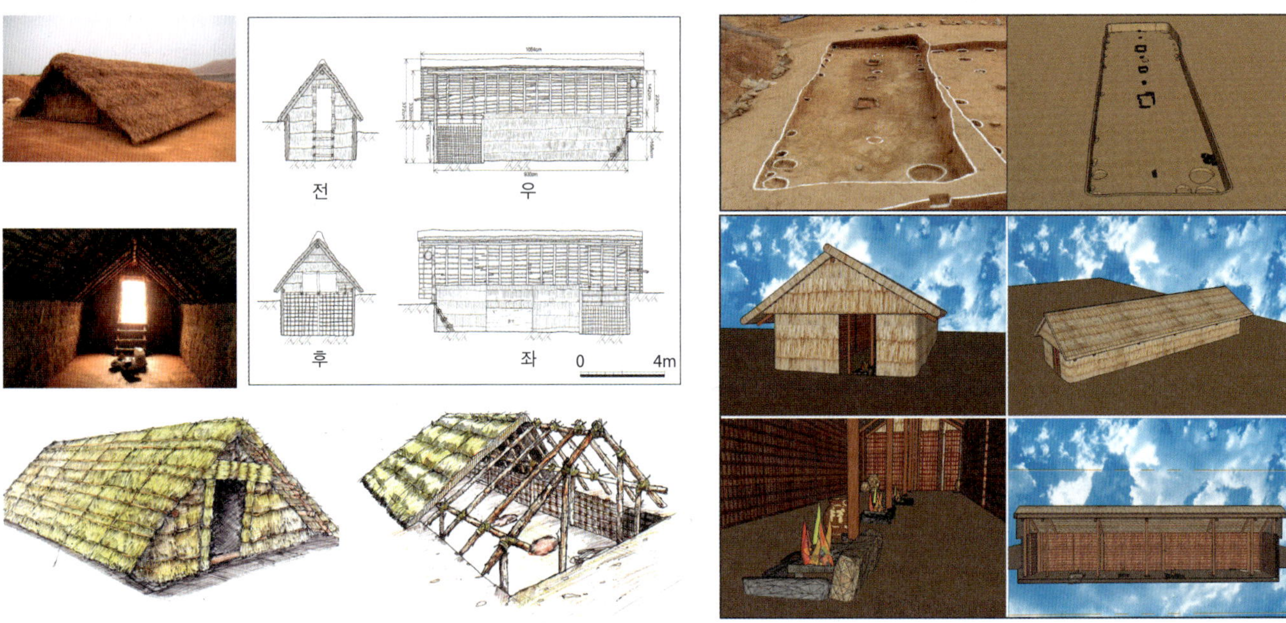

그림 5 청동기시대 가옥 복원(오규진·허의행 2006 1, 안형기 2017 2)

1	2

주거 생활

발굴된 집자리 유적을 통해서 고고학자들은 집 안에서 이루어지는 취사나 식사, 그리고 취침공간에 대한 연구를 진행하고 있다. 주거 내부의 화덕을 취사와 연결시키는 것을 당연하게 생각할 수도 있지만 이와 다른 견해도 있다. 마을에서 확인되는 야외 화덕의 존재에 주목하여 신석기시대부터 청동기시대까지는 야외에서 공동으로 취사를 했으며, 주거 내부의 화덕은 조명이나 난방의 역할을 했다고 보는 것이다. 한편 생산과 소비가 청동기시대 이른 시기에는 가구(세대 또는 가족)공동체 단위로 이루어졌지만, 늦은 시기에는 개별 주거 단위로 편성되었다고 추정하기도 한다.

주거 내 취사 여부는 집터 내부의 화덕에서 출토되는 자비(煮沸)용기를 통해서 확인할 수 있는데, 실험 고고학의 발전과 치밀한 토기 관찰에 의해서 좋은 성과가 나오고 있다. 화성 천천리유적 6호 집터의 화덕 2개소에서 출토된 깊은바리형토기 2점에 조리흔이 남아 있는 것이 대표적이다**(그림 6)**. 이와 관련하여 청동기시대 전기의 화성 천천리유적과 중기의 진주 대평리유적 옥방 2·3지구에서 출토된 무문토기의 경우 대형토기도 일부는 자비용기로 사용되었지만, 중형토기에서 조리흔이 다수 확인된 점은 주목된다.

이를 감안하면 대형 심발형(深鉢形)토기는 주로 저장용기로, 중형 심발형토기는 주로 자비용기로 이용되었을 가능성이 높다. 언뜻 생각하면 가족 구성원이 많을수록 대형 자비용기로 취사를 하는 것이 편리성과 효율성을 극대화시킬 수 있을 것으로 생각된다. 그러나 조리용기에 대한 최근의 연구성과를 감안하면, 어쩌면 청동기시대의 장방형주거가 우리가 생각하는 만큼 많은 구성원이 거주하지 않았을 가능성도 있고 또는 복수의 화덕이 설치된 세장방형주거는 화덕을 경계로 하여 소세대별로 소비가 이루어졌을 가능성도 고려해야만 한다.

그림 6 화성 천천리유적 주거내부 생활 모습 추정

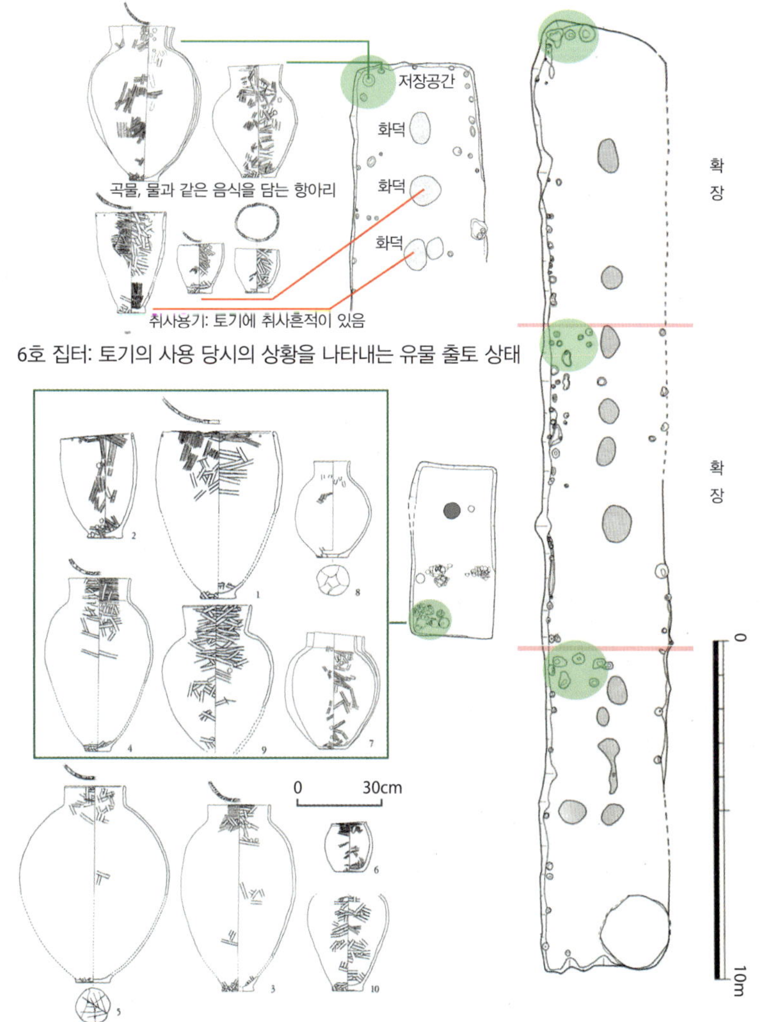

이와 같이 취사 장소는 그 성격상 비교적 인지하기 쉬운 반면, 식사와 취침이 이루어지는 장소와 공간범위에 대해서는 가옥에 따라서 살펴봐야 한다. 다만, 식사의 경우 조명의 필요성이나 취사 행위와의 유기적인 관계를 고려한다면 취사 공간인 화덕 주변에서 행해졌을 가능성이 높다. 그리고 취침 공간은 작업 공간과 일정 부분 공유될 것이며 취침 시에는 필요한 면적의 확보를 위해 작업물을 저장 공간에 옮기는 등의 행위가 이루어졌을 것으로 추정된다.

한편 집 바닥면 가운데 잠을 자거나 밥을 먹는 공간은 차갑고 습기가 올라오는 지면 그대로가 아니라 동물의 가죽이나 삿자리 등을 깔고 사용했을 가능성이 높다**(그림 7)**. 이와 관련된 유기물질은 대부분 부식되어 없어졌기 때문에 온전하게 보존된 경우는 드물다.

주거 내에서 저장 공간은 그 성격상 위치가 고정되어 주거마다 저장공(貯藏孔)이 설치된 양상을 통해서 비교적 인지하기 쉽다. 저장공은 주거 형태에 따라 단벽(短壁) 혹은 장벽에 붙어서 밀집하는 차이를 보인다. 저장 공간 주변에는 대체로 화덕이 시설되지 않는 경향이 눈에 띄는데, 식료품의 보관 및 저장을 위해서 열원인 화덕과 거리를 두기 때문

그림 7 울산 신화리유적 집터 바닥에서 확인된 삿자리와 나무 판재: 집의 바닥 생활면 가운데 잠을 자는 공간은 동물의 가죽이나 삿자리 등을 깔았을 가능성이 높다. 다만 이와 관련된 유기물질은 대부분 부식되어 없어졌기 때문에 온전하게 보존된 경우는 드물다.

이다. 한편 저장공이 있는 곳만을 저장공간으로 파악하는 것은 주의가 필요하다. 주거 바닥면에 분포하는 토기들 중에는 저장공에 안치되지 않고 그 주변이나 또는 저장공이 없는 벽가에 자리잡기도 한다.

이러한 점에서 볼 때, 저장공이 있는 부분 외에도 그 주변 또한 저장 공간으로 활용되었을 가능성이 높으므로 거주자가 활용한 저장 공간의 범위는 더욱 넓었을 것으로 생각된다. 동시에 주거 내에 저장공이 발견되지 않았다고 하여 내부에 저장 공간이 없는 것으로 단정할 수는 없다. 주거 내 벽쪽도 저장 공간(보관 및 수납 포함)으로 분류되기도 하는데 이는 벽가에서 완형 토기와 석기류의 출토량이 많기 때문이다. 이 외에도 수혈주거의 특성상 벽가로 갈수록 지붕의 높이가 낮아 활동 공간으로는 적합하지 않아 저장 공간으로 사용된 것으로 추정되고 있다. 당시 거주자들이 공간을 얼마나 실용적으로 사용했는지 자세히 알 수는 없지만 주된 생활 구역인 화덕 주위의 공간을 넓게 사용하기 위해서라도 벽가를 저장 공간으로 활용했을 것으로 보이며 자루가 장착된 도구의 경우 벽에 기대어 놓음으로써 차지하는 면적을 줄일 수 있으므로 벽가가 저장 공간으로 활용되었을 것이다. 이 밖에 저장기능을 가진 선반을 부착하여 사용하였을 것으로 보기도 하며, 움집 상태의 가옥구조로 인해 지붕의 서까래와 수혈의 상단 사이에 만들어진 좁은 공간을 저장 공간으로 활용했을 가능성도 높다.

가옥 내부의 작업 공간은 주로 출토 유물의 분포상을 통해서 파악할 수 있는데, 이는 유기물이 잔존하기 어려운 고고학 자료의 성격상, 결국 석기 제작 중심의 작업공간만을 설정하게 되는 오류를 범할 수도 있다. 주거 내부에서는 발굴 자료를 통해 확인되는 것보다 훨씬 다양한 작업이 이루어졌을 것이라는 점을 염두에 두고 해석을 해야한다. 석기 제작을 비롯하여, 목기·골각기·그물망·피혁물·수피제품·토기제작, 방직이나 의류 제작과 수선, 곡물제분 등 많은 작업도 가옥 안에서 행해졌을 가능성이 있다. 이러한 작업들은 마을 단위의 분업이나 전문화 정도를 고려해야겠지만, 대부분 개별 주거 단위 또는 가구공동체 단위로 이루어졌을 것으로 생각된다. 물론 이와 같은 작업의 상당 부분이 다소 어두운 가옥 내부보다는 주간에 야외에서 행해졌을 것임은 두말할 필요도 없다. 그렇다면 이와 같은 다양한 작업들이 행해진 작업 공간은 어디인지, 작업에 따라 행해진 장소가 동일한지, 성별로 작업 공간이 나뉘었는지에 대해서도 연구가 이루어져야 한다. 물론 하나의 공간이 하나의 기능을 담당하지 않았으며, 특히 화덕 주변은 생산 공간인 동시에 여가와 소비 공간으로 복합적인 성격을 가지고 있었을 것이다.

주거 내에서 작업은 고정적이지 않은 곳에서 활동이 이루어졌을 것으로 생각된다. 어느 한 공간에서 어떤 작업이 이루어진 뒤 그 자리를 정리한 후 다른 작업이나 여가, 소비 활동에 사용했을 것이다. 그리고 석기 제작 공간만 따로 있었던 것이 아니라 대부분의 작업이 일정한 공간을 공유했을 가능성이 크다. 그렇지만 작업 공간에 구분이 전혀 없는 것은 아니다. 다만 다른 기능과 공유되어 사용되었을 뿐 작업에 적합한 공간이 존재했을 것이다. 현재 발굴 자료에서 확인되는 작업 관련 도구는 석기와 방추차로서, 이를 통해 석기 제작과 방직, 곡물 제분 등의 작업 활동을 추정해 볼 수 있다. 곡물 제분의 경우 갈판과 갈돌이 적극적인 근거가 되는데, 전술한 바와 같이 이 식료품 가공도구가 주로 저장공 부근에서 발견됨에 따라 곡물제분 작업은 저장 공간 내에서 이루어졌다는 것을 짐작할 수 있다. 이를 엄격하게 분류한다면 식료품의 저장과 가공이 함께 이루어지는 공동 공간으로 볼 수 있다.

석기제작 공간은 출토유물을 통해 이를 인지하는 데 큰 어려움은 없는 것 같다. 석기제작 과정에서 소재로 쓰였던 석재, 박편, 미완성 석제품과 제작에 사용된 도구들인 대석(臺石), 고타구(敲打具), 숫돌(砥石) 등을 통해 그 행위공간을 추정할 수 있다. 다만 유물 출토 패턴상 보관이나 관리상태로 폐기된 경우도 있을 것이기 때문에 석기의 분포상만을 가지고 추정하는 것은 다소 위험하다. 이러한 점에서 작업 당시의 모습을 그대로 간직하고 있는 자료, 즉 유물 출토 패턴을 찾는 것이 중요하다. 화천 용암리 131호, 원주 문막리 18호 주거지의 경우 석기 제작 당시의 상황이 그대로 남겨진 것이 특징이다**(그림 8)**. 용암리 131호 주거지는 화재 주거지로 석기 제작 양상이 잘 남아 있는 상태로 확인되었다. 보고자가 작업공으로 추정하는 수혈이 있지만 다른 공간에 비해 유물이 적고 뚜렷한 특징이 나타나지 않아 분명하지 않다. 남서 단벽의 모서리 근처에 크기가 다른 합인석부(蛤刃石斧) 3점과 이단병식석검(二段柄式石劍), 석촉재(石鏃材) 11점이, 주거 중앙부의 화덕에 근접하여 석촉을 만들기 위한 석재 13점이 호형 토기와 함께 정연하게 배열된 상태로 출토되었다. 남서 모서리 쪽 유물의 경우 저장 공간인 벽가와 가까워 보관된 상태로 볼 수도 있지만, 화덕과 근접해 있는 석촉 반제품의 경우는 제작 과정을 보여주는 것으로 판단된다.

문막리 18호 주거지는 내부에서 저장공이 발견되지 않았지만 완형토기들이 저장 공

그림 8 청동기시대 집터 내 석기의 분포와 작업 공간

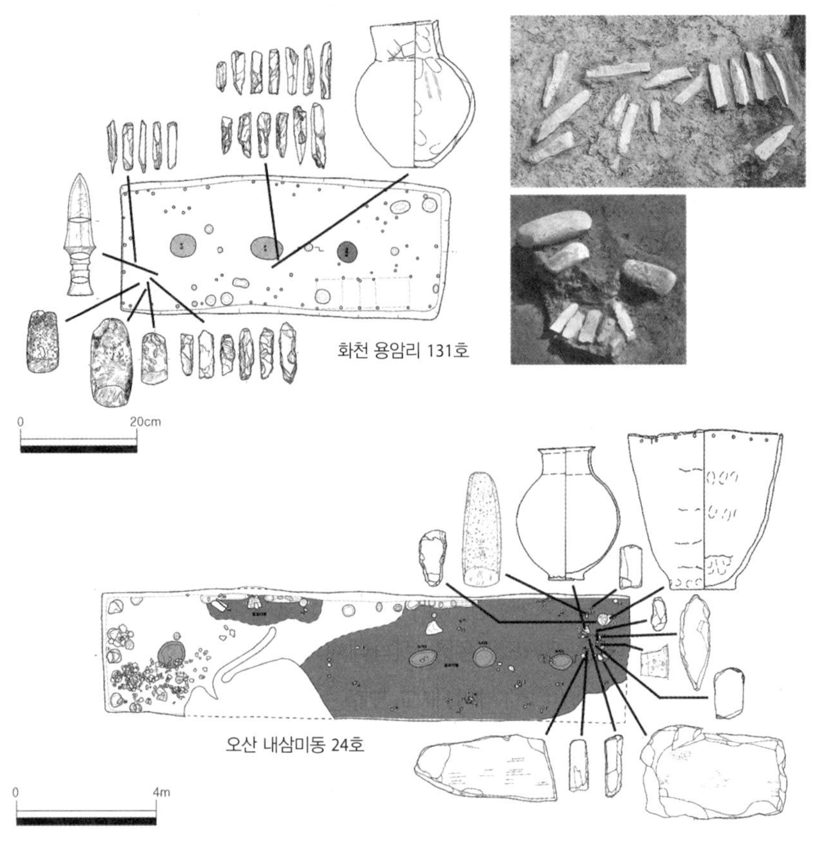

간에서 발견되는 양상을 보여준다. 용암리 131호 주거지와 마찬가지로 화재 주거지로서 유물의 잔존 상태가 좋은 편이다. 주목할 만한 것은 두 개의 화덕 사이에서 나온 석촉재의 분포양상인데, 석촉재 9점과 석촉 1점, 숫돌 1점이 타원형을 그리며 출토되었다. 이 타원의 가장 넓은 부분이 1m 정도로 사람이 양반다리를 하고 앉아 있을 만한 공간이며, 주위의 유물이 모두 팔을 뻗으면 손에 닿을 수 있는 곳에 위치한 점도 흥미롭다. 숫돌과 석촉재의 조합으로 볼 때 마연 작업 과정에서 긴박하게 주거의 폐기가 이루어진 것으로 보인다. 가옥 안에서 작업 중이던 거주자가 화재로 인해 급하게 밖으로 나온 상황을 그려 볼 수 있을 것이다. 오산 내삼미동 24호 주거지도 화재로 폐기된 것인데, 대부분의 석기와 석재가 다량으로 분포하는 동쪽 단벽 인접 공간에서 석기를 제작한 것으로 판단된다.

이와 같은 몇 가지 사례의 주거지에서 발견된 석기 제작 공간의 공통점은 벽 쪽의 저장 공간과 일부 겹치긴 하지만, 저장공으로 대표되는 중심적인 저장 공간과는 중복되지 않는다는 점이다. 또한 화덕 근처에서 발견된 사례는 작업할 때 조명의 필요성과 관련될 것이다. 야간이나 우천 시에 수혈 주거 내부에서 작업이 행해졌을 경우 조명 기능을 하는 화덕 주변이 아니라면 가시적 측면에서 매우 불편할 것이다. 이러한 관점에서 보면 석기 제작뿐만 아니라 대부분의 가내 작업들이 화덕 주변에서 행해졌을 것으로 추정된다. 다만 채광창의 존재나 주간작업만 행했을 경우의 변수도 고려할 필요는 있을 것이다. 방추차나 다량의 어망추가 화덕 주변에서 나오는 것도 이러한 맥락에서 이해될 수 있다.

오늘날과 마찬가지로 청동기시대 사람들도 집을 고쳐서 사용하거나 확장한 흔적들

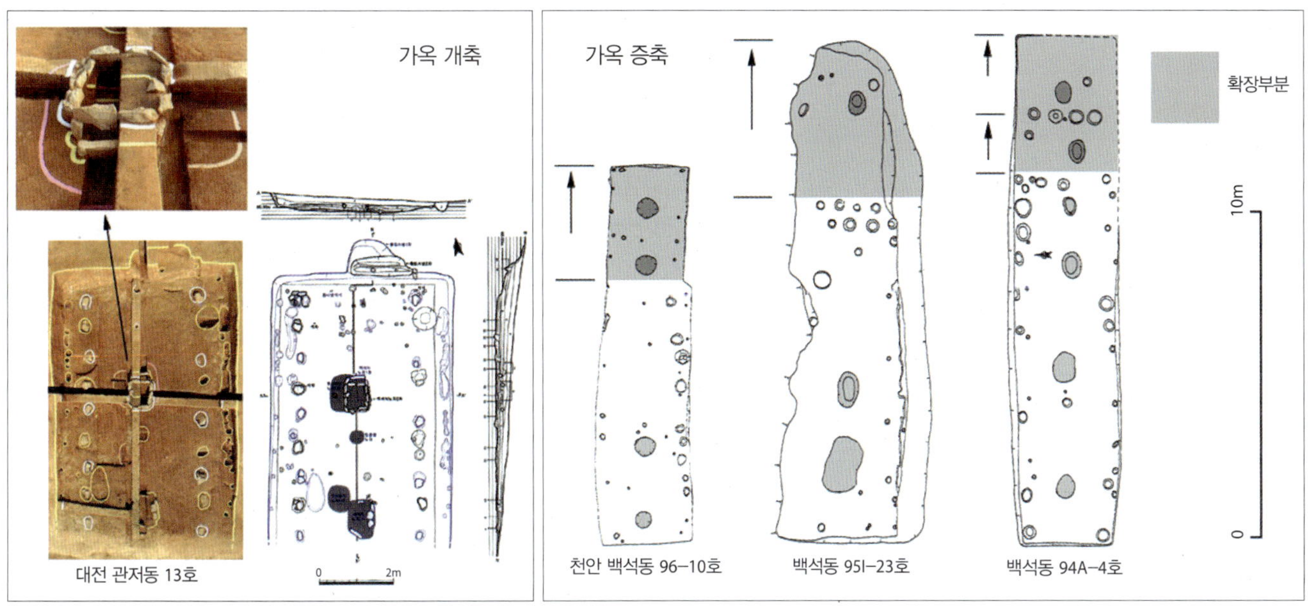

그림 9 청동기시대 가옥의 개축(改築)과 증축(增築) 양상: 가옥의 개축은 여러 차례에 걸쳐서 수리하거나 재활용했다는 것을 말해주며, 증축은 구성원의 수가 증가함에 따라서 가옥의 면적을 확장했다는 것을 알 수 있다.

그림 10 정선 아우라지유적의 17호 집터에서 나온 청동 장신구는 한국청동기문화에서 가장 이른 시기의 청동기로 평가된다. 집터에서 나온 숯을 대상으로 방사성탄소연대를 실시하여 BC13-11세기의 연대측정 결과가 나왔다.(1), 청주 학평리유적 전기주거지 및 출토 비파형동검(2)

1	2

이 발굴조사를 통해서 확인되고 있다**(그림 9)**. 가구 구성원이 늘어나면 규모를 확대했는데 결혼이나 출산이 그 이유 중 일부가 될 것이다.

집터 가운데 비파형동검이나 청동도끼와 같은 청동유물이 나온 사례가 일부 있다**(그림 10, 12)**. 이것은 청동기를 소유한 집의 거주자 또는 마을의 사회적 위상이나 경제적 부의 수준이 높았다는 것을 나타내주는 상징적인 자료이다.

테글 1

비파형동검의 출현 연대 논쟁

비파형동검은 우리나라의 청동기시대를 대표하는 유물 가운데 하나이며 고조선과 밀접한 관련이 있다. 비파형동검은 연구자에 따라 중국 요서(遼西)지역에서 발생해서 요동(遼東)지역으로 영향을 주었다고 주장하는 견해와 그 반대의 견해로 나뉘어져 있다. 요령성 십이대영자(十二臺營子), 소흑석구(小黑石溝), 남산근(南山根) 유적 등을 표지로 하는 요서기원설의 입장에서는 비파형동검의 연대를 대체로 기원전 9~8세기로 보며, 쌍방(雙房)유적의 비파형동검을 가장 이른 단계로 파악하는 요동기원설에서는 기원전 12세기로 설정하고 있다. 요서기원설의 연대는 비파형동검과 공반된 중원계 청동예기(禮器)의 형식이나 명문 등을 토대로 서주후기로 하며, 요동기원설을 주장하는 쪽에서는 방사성탄소연대 측정결과를 주요 근거로 한다.

한반도 남부지역에서 마제석검은 비파형동검을 모방한 것이며, 피홈(血溝)이 있는 이단병식마제석검(二段柄式磨製石劍)은 청동기시대 전기전반에 해당하는 기원전 13~12세기부터 나온다. 남한 청동기시대의 연구 성과를 인정한다면, 비파형동검의 상한은 기원전 13~12세기까지 올라가며, 요동지역의 쌍방 M6호묘 사례와 같이 고졸한 형태의 동검이 출토되는 요동지역을 발생지로 볼 수 있다. 한반도에서 마제석검이 출토된 주거지의 이른 시기 연대는 일부의 이상 수치를 제외하면, 기원전 13~12세기에 해당하는 절대연대 측정치가 많은 상황이다. 그리고 비파형동검이 출토된 유구의 절대연대 측정결과는 많지는 않지만, 광주 역동유적은 기원전 13~12세기(1시그마 68.2%)로, 대전 비래동유적은 기원전 11~10세기(1시그마, 68.2%)로 확인되었다. 청주 학평리유적의 주거지에서 나온 비파형동검은 둔산식주거지(가락동식주거지)에서 가락동식토기(이중구연단사선문토기)와 혈구식석검과 공반한 점에서 호서지역 가락동유형의 편년을 고려하면 기원전 12~11세기의 범위에 들어간다. 학평리 주거지의 절대연대도 기원전 12~11세기(1시그마, 68.2%)로 측정되었다.

절대연대측정 결과를 신뢰하지 않는 연구자들도 일부 있지만, 이 분야 연구는 정교해지고 발전하고 있는 상황이다. 고고학적인 맥락과 상대연대를 고려한 상태에서 이상 수치를 제외한 통계적 의미를 갖는 연대가 제시된다면 이러한 연대는 적극 활용해야만 한다. 이와 같은 상황을 종합해 볼 때 비파형동검 요서기원설과 그 상한 연대인 기원전 9세기 또는 8세기설은 이제 통설의 지위는 안정적이지 않다고 볼 수 있다. 비파형동검은 한반도의 마제석검과 비파형동검의 연대를 감안한다면 요동지역에서 기원한 것으로 볼 수 있으며, 그 연대는 기원전 12세기를 전후한 시기로 보는 것이 합리적이다. 비파형동검은 고조선의 성립과 발전을 논하는 데 있어서 중요한 고고학적 근거 자료이기 때문에, 그 출현 연대에 대한 심도 있는 연구가 필요하다.

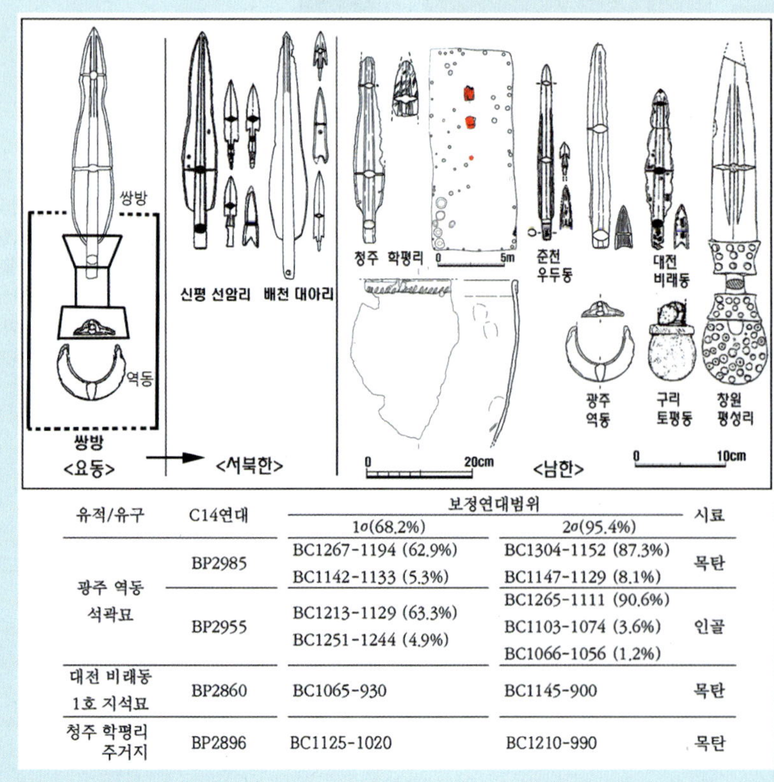

유적/유구	C14연대	보정연대범위 1σ(68.2%)	보정연대범위 2σ(95.4%)	시료
광주 역동 석곽묘	BP2985	BC1267-1194 (62.9%) BC1142-1133 (5.3%)	BC1304-1152 (87.3%) BC1147-1129 (8.1%)	목탄
	BP2955	BC1213-1129 (63.3%) BC1251-1244 (4.9%)	BC1265-1111 (90.6%) BC1103-1074 (3.6%) BC1066-1056 (1.2%)	인골
대전 비래동 1호 지석묘	BP2860	BC1065-930	BC1145-900	목탄
청주 학평리 주거지	BP2896	BC1125-1020	BC1210-990	목탄

그림 11 비파형동검의 출현 연대 논쟁

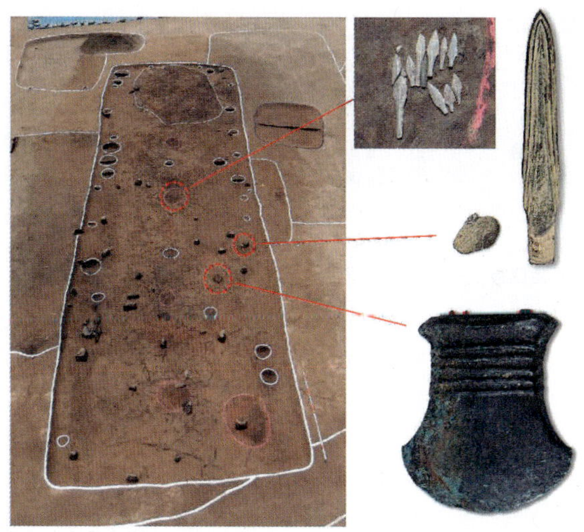

그림 12 춘천 중도유적의 청동도끼와 부여 송국리유적의 청동도끼 거푸집(춘천 중도유적 1, 부여 송국리유적 2)

마을의 발전

마을의 발전

청동기시대의 마을은 조기에는 강변 충적지의 평지에 형성된 사례가 많은데, 전기 이후부터는 평지뿐만 아니라 산지와 구릉으로 입지를 확대하였다. 이른 시기에는 5채 이내의 가옥으로만 구성된 단순한 형태의 소규모 마을이 일반적이었지만, 시간이 흐르면서 점차 규모가 커지고 다양한 기능을 가진 대규모 마을로 발전하였다.

마을의 구성과 관련하여 새김덧띠무늬토기(刻目突帶文土器)를 사용하던 조기에는 대체로 무덤이 존재하지 않았지만 구멍무늬토기(孔列文土器)와 겹구연 짧은빗금무늬토기(二重口緣短斜線文土器)가 유행하던 전기부터는 무덤이나 의례공간이 부가되는 유적이 일부 확인되는 변화가 일어난다. 송국리형 민무늬토기가 유행하는 중기 이후부터는 남한 여러 지역에서 대규모 곡식 창고와 공동묘지, 의례공간, 방어시설 등을 갖춘 대형 복합 마을이 등장한다. 이와 같은 발전된 형태의 마을을 중심취락 또는 중심마을로 이해할 수 있다. 중기 청동기시대에 발전한 중심마을은 입지 지형의 특징을 볼 때 부여 송국리, 보령 관창리 유적과 같이 구릉에 자리 잡은 마을과 진주 대평리, 춘천 중도유적과 같이 강변 충적지에 형성된 마을이 있다.

사회조직과 관련해서 마을 유적을 살펴보면 조기에서 전기에 걸치는 이른 시기에는 비교적 단순한 2개의 계층으로 구성되었음이 확인된다. 즉 주거공간에서 확인되는 주거군 사이의 차별화 현상을 통해서 마을을 이끄는 지도자와 그의 가족들을 상위계층으로, 나머지 마을 구성원들은 일반계층으로 구분할 수 있다. 일부 유적에서 확인되는 무덤을 가진 계층은 마을을 대표하는 지도자와 관련이 있으며, 나머지 대부분의 일반계층은 무덤을 갖지 못했다.

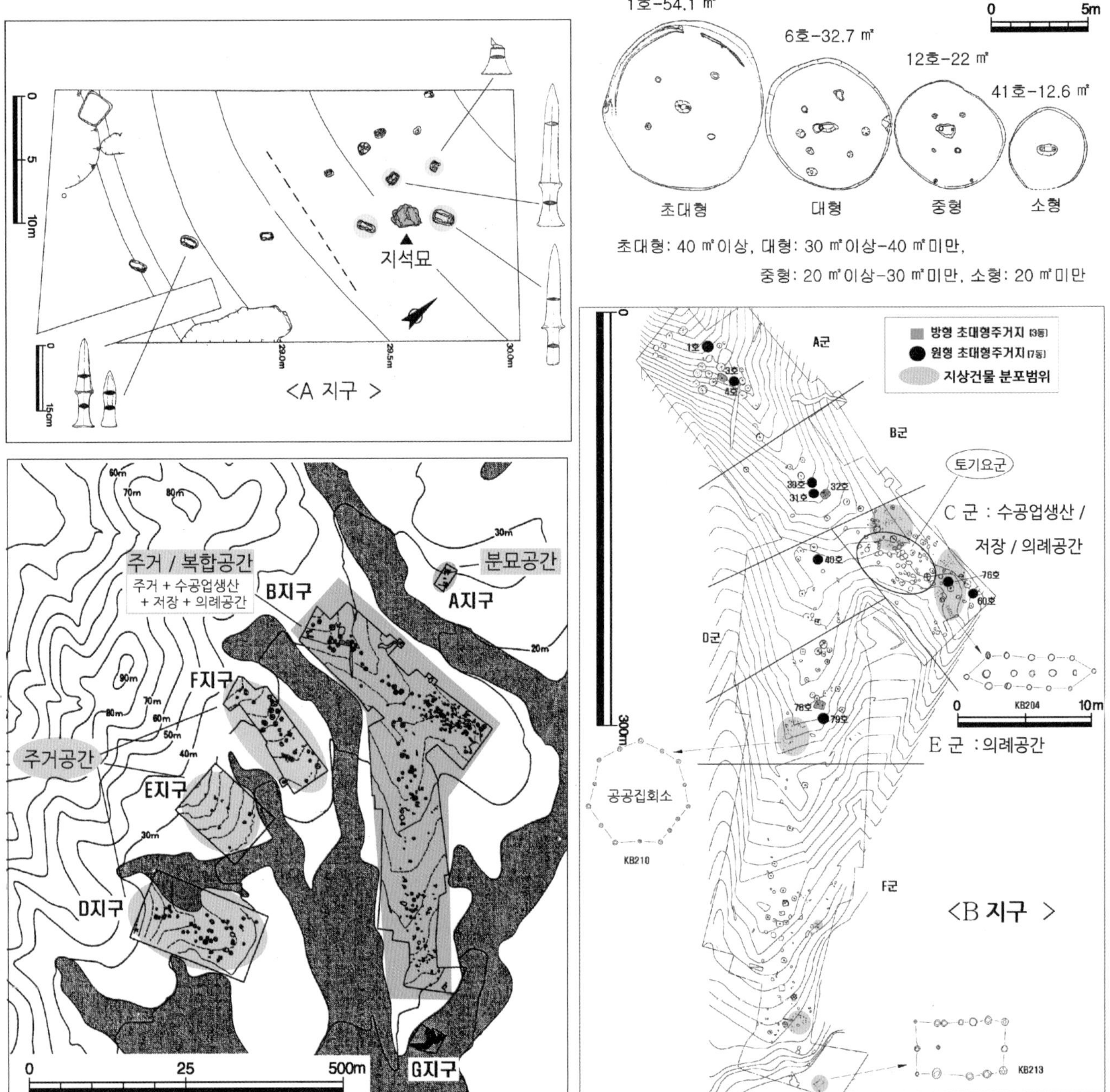

그림 13 보령 관창리 중심마을 유적: 중심마을은 주거공간을 비롯하여 저장공간, 전문수공업생산공간, 무덤공간, 의례공간 등 다양한 기능 공간이 결합된 복합 마을의 형태를 갖는다. 가옥의 규모도 거주자의 계층에 따라 차이가 난다.

중기 이후가 되면 2단계의 사회조직 형태를 갖는 마을도 여전히 존속하지만, 상위계층과 중위계층, 그리고 일반계층으로 구성된 3단계의 서열화된 위계관계가 중심 마을에서 확인된다(그림 13, 14). 보령 관창리유적이나 부여 송국리유적과 같은 대형 중심마을에서 무덤공간과 전문 수공업생산 공간, 저장공간, 의례공간 등의 마을 내 분화가 활발히 진행되면서 더욱 다양하고 복잡한 사회 조직 관계가 형성된 것이다.

한편 진주 대평리유적과 산청 묵곡리유적 등에서는 천하석제 옥의 미완성품이 다량으로 출토되어 이 유적들에서 옥 제작이 이루어졌다는 것을 알게 되었다. 대평리유적에서 조사된 천하석 및 패각제 옥의 미완성품과 제작 도구에 대한 검토를 통해서 볼 때, 마

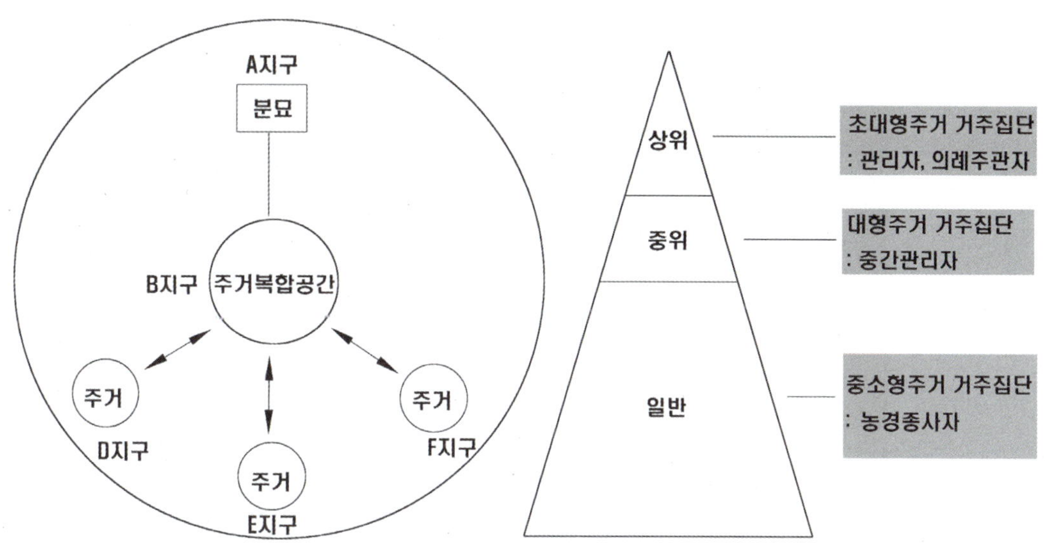

그림 14 보령 관창리 마을의 구조와 사회조직

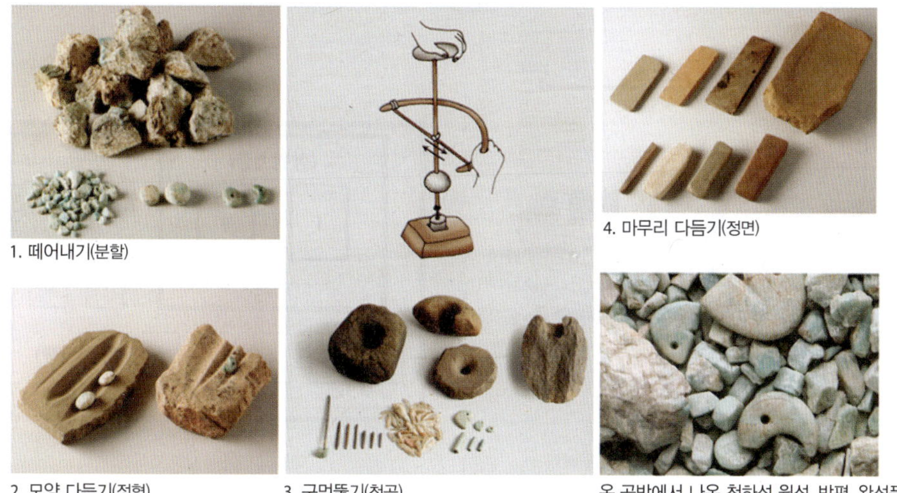

그림 15 진주 대평리유적의 발굴조사를 통해 밝혀진 옥 제작 공정: 청동기시대 위세품으로서 청동유물과 함께 높은 가치를 인정받고 있는 것은 옥제품이다. 옥의 제작과 교역은 대평리 중심 마을의 발전과 밀접한 관련이 있다.

을 내 또는 마을 간에서 옥 제작 및 유통과 관련한 분업이 이루어진 것으로 보인다. 또한 논산 마전리 및 보령 관창리유적 출토 관옥을 관찰하여 천공(穿孔) 방법을 중심으로 한 제작기법을 통해서 관옥 크기의 규격에 지역마다 차이가 있다는 것도 밝혀졌다(庄田愼矢 2014). 진주 대평리 마을이 발전하게 된 배경 가운데 하나로 옥의 제작과 교역이 주목된다 (그림 15).

구획 시설을 갖춘 마을

청동기시대 유적 가운데 마을이나 특별한 공간을 구획하여 조성된 방어시설 또는 의례공간은 청동기시대 마을의 발전 양상을 살필 수 있는 양호한 자료이다. 첫 번째는 마을의 구획(경계) 또는 방어시설로서 거주 공간, 즉 주거지들의 외곽을 두르는 (타)원형 또는 방형

그림 16 청동기시대 마을 유적의 환호: 마을을 감싸는 경계 또는 방어 시설이며, 환구는 광장이나 의례공간으로 이용하였다. 이와 같이 구획 시설을 갖춘 마을은 대체로 규모가 큰 대형 마을에 해당하며 발전된 형태로 볼 수 있다(중도유적 환호 1, 토평동유적 환구 2, 검단리유적 환호 3, 반제리유적 환구 4).

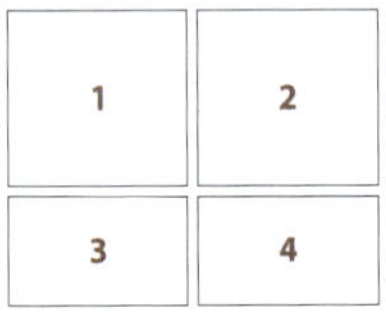

그림 17 청주 대율리 환호마을유적: 청주 대율리 유적의 환호와 가옥배치(1)를 통해서 본 대율리마을의 사회조직(2)

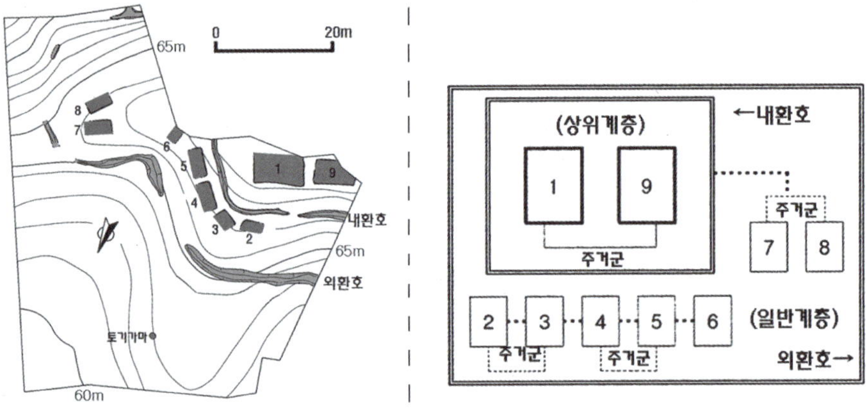

대율리 유적의 환호와 가옥 배치

대율리 마을의 사회 조직

그림 18 진주 대평리 환호마을유적

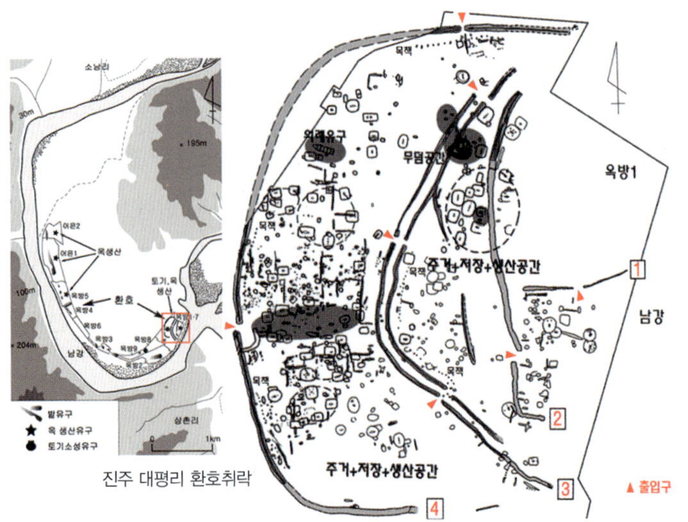

진주 대평리 환호취락

의 도랑을 갖는 환호(環濠) 마을이며, 두 번째는 주거공간을 에워싸지 않는 (타)원형 또는 방형의 도랑으로 경계를 삼아 구획된 광장, 의례공간 등과 같은 특수한 공간을 갖는 환구(環溝) 마을이다(그림 16). 여기에서는 여러 형태의 마을 유적 가운데 그러한 구획 시설을 갖춘 마을을 통해서 당시 사회의 한 측면을 살펴보기로 한다.

가옥이 모여 있는 생활공간을 감싸는 환호는 주로 남부지역, 특히 울산 검단리유적이나 진주 대평리유적을 비롯하여 영남지역에 집중적으로 분포하지만, 최근에는 북한강 유역의 춘천 중도유적에서 방형 평면의 환호가 발굴됨으로써 이에 관심이 집중되고 있다. 환호는 목책과 함께 방어의 기능을 하는 경우도 있지만, 대부분은 마을 집단 내부의 결속과 다른 집단과의 차별성을 갖기 위해서 만든 경계시설이다.

BC 13~12세기 경으로 남한에서 가장 이른 전기에 속하는 청주 대율리 마을 유적은 비방어용 환호 시설을 갖춘 대표적인 사례이다. 규모는 작지만 내호와 외호로 구성된 이중 환호로 둘러 싸인 가옥의 규모와 위치를 통해서 마을의 사회조직을 엿볼 수 있다(그림 17).

중기의 환호마을을 대표하는 유적은 진주 대평리유적과 춘천 중도유적이다(그림 18). 두 유적은 강변 충적지에 형성된 대규모 중심취락이며, 환호의 형태가 방형이라는 공통점이 있다. 이에 반해 울산 검단리유적 등 구릉상에 조영된 환호는 대부분 타원형이다.

그렇다면 이 두 유적의 환호는 방어기능을 겸비한 것인가. 환호가 방어기능을 가지려면 목책이나 토루와 병행되어야 그 목적을 효과적으로 달성할 수 있다. 중도유적의 조사내용으로는 목책(木柵)이나 토루(土壘)와 관련된 정보는 없다. 물론 목책이나 토루는 지형이 삭평된 상태에서는 그 존재를 확인할 방법이 없다. 북한강변의 충적지에 자리 잡고 있는 유적이 태풍이나 홍수로 인해 강물에 깎여 내려갔을 수도 있기 때문이다. 비슷한 조건을 가지고 있는 진주 대평리유적의 양상을 참고할 필요가 있다. 대평리 옥방1·7지구의 환호 4기 가운데 제3호 및 제4호 환호는 내측에 목책렬이 정연하게 늘어서 있는 구간이 있으며, 옥방 1·7지구 제3호 및 옥방 4지구의 이중 환호는 내호와 외호 사이에 토루가 존재했을 가능성도 상정되고 있어서, 방어용으로 기능했을 것으로 판단된다. 이와 같은 양상을 고려하면 두 유적은 모두 큰 하천의 충적지에 입지한 청동기시대의 최상위 중심취락으로서, 구획시설이자 방어기능을 겸비한 환호시설을 갖춘 것으로 볼 수 있다.

청동기시대에 방어시설이 등장한 것은 마을 공동체의 갈등과 대립, 그리고 통합과 관련된다. 신석기시대에도 농경은 존재하였지만 수렵·채집·어로의 의존도가 높았던 데 반해서 청동기시대는 생계경제상에서 농경의 비중이 커지는 중요한 변화가 일어난다. 이 변화의 바람은 잉여의 창출과 인간 집단의 사회적 분화를 야기하게 되었고, 이와 함께 집단 간의 갈등과 대립을 불러왔다. 즉 농경사회에서 한 해 농사의 성패는 한 집단의 안위(安危)가 달려 있는 점에서 매우 중요한데, 풍년이 들었을 때는 공동체의 사회적 안녕과 함께 경제적 잉여를 축적할 수 있지만, 흉년이 들어 식량이 부족할 때는 다른 마을에 대한 약탈 행위도 일어나게 된다. 또한 인간 본연의 사회성에 내재되어 있는 권력의 욕망이 공동체 내부 또는 공동체 사이의 통합과 구성원 간의 차별을 유도하면서 집단 간의 싸움도 빈번하게 나타난다.

마을을 방어하기 위한 환호 또는 목책 시설의 등장과 청동검을 비롯하여 마제석검·

그림 19 청동기시대 검의 상징성을 보여주는 자료: 고인돌에 석검을 새기거나(1) 석검에 장식을 하고(2), 무덤에 검과 화살촉을 넣는 행위는(3) 당시의 사회 분위기가 집단간에 갈등관계가 높았고 무(武)에 대한 숭배가 있었다는 것을 말해준다.

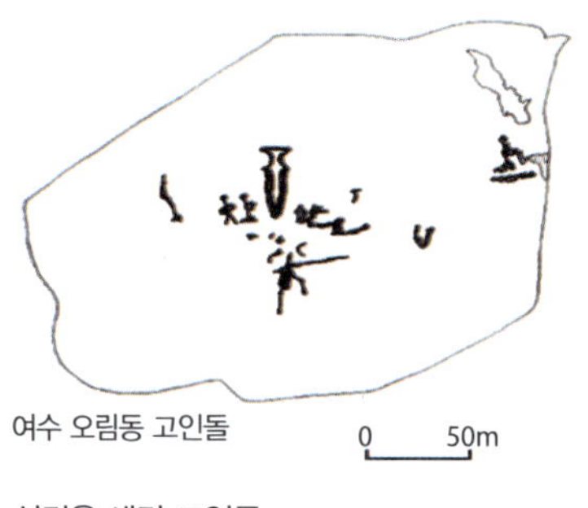

석검을 새긴 고인돌

구멍무늬를 새긴 장식석검

석검, 화살과 함께 묻힌 사람

석촉·석창과 같은 무기의 성행이 이를 잘 말해준다. 물론 이러한 무기들은 때로는 사냥도구로도 쓰였을 것이며 일부는 상징적인 역할도 하였지만 기본적으로는 무장적 성격이 짙다고 볼 수 있다. 석검 자체를 화려하게 장식하거나 고인돌에 석검 모양을 새기는 행위는 검으로 대변되는 무(武)에 대한 숭배를 포함하여 당시의 전반적인 사회 분위기를 보여준다(그림 19).

동북아시아적 관점에서 볼 때도 환호 마을의 등장은 농경사회의 성립과 밀접한 관련이 있다. 중국의 경우 신석기시대의 이른 시기에 해당하는 BC6,000~5,000년 전후의 흥륭와(興隆窪)문화 시기에 요령(遼寧) 지역의 흥륭와, 백음장한(百音長汗), 사해(寺海) 유적 등에서 확인된다. 일본에서는 BC 8세기를 전후하여 시작한 야요이(彌生)시대에 한반도의 청동기문화와 밀접한 관련 속에서 환호취락이 축조된다.

한국의 환호는 대부분 타원형이나 원형인데 비해서 춘천 중도마을과 진주 대평리마을의 환호는 방형의 형태이기 때문에 주목된다. 방형환호는 춘천 중도 이외에 북한강 유역에서 율문리, 천전리, 그리고 여기에서 멀지 않은 남양주 금남리 유적이 있다. 남한의 환호마을은 주로 영남지역에 분포하는 가운데 북한강유역의 환호는 매우 예외적이며, 그 형태가 타원형이 아니라 방형인 점에서 더욱 두드러진다. 중국에서 방형 환호는 신석기시대 이른 시기부터 등장하였으며 중도 환호마을이 존재하던 시기인 춘추전국시대에는 이미 방형 성곽(토성)이 일반화된 시기에 해당한다. 또한 아직 고고학적 실체가 명확하게 밝혀지지 않은 고조선의 중심지 역시 방형 토성의 형태로 최상위 취락을 구성했을 가능성이 높다.

남한의 청동기사회는 비파형동검시기부터 요령지역의 고조선과 밀접한 관련을 가졌으며, 중도유적의 청동기 사회는 이를 통해 방형 환호를 조성했을 것으로 추정한다. 아마도 토성을 구현할 수 있는 역량은 없었기 때문에 환호와 목책으로 방형의 방어취락을 축조했을 것이다. 따라서 남한지역 청동기시대 중기에 해당하는 BC 9~5세기의 방형 환호와 요령지역 춘추전국시대 방형 토성에 대한 비교 연구가 필요하며(그림 20), 이는 중국 동북지역 및 서북한의 고조선, 그리고 그 문화권에 해당하는 남한 청동기사회의 상호작용에 대한 이해와도 직접 관련되는 것으로 중요한 의미를 가지고 있다.

그림 20 한반도의 방형 환호와 중국요령지역의 방형 환호 및 토성 비교

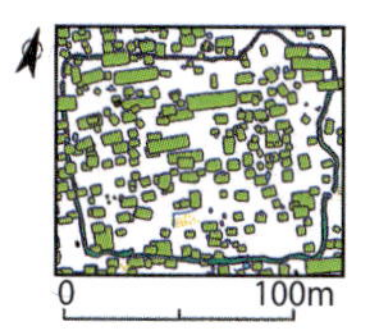

춘천 중도 환호

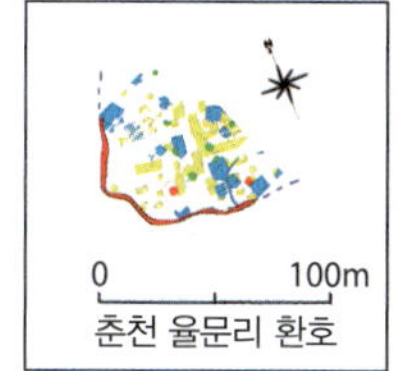

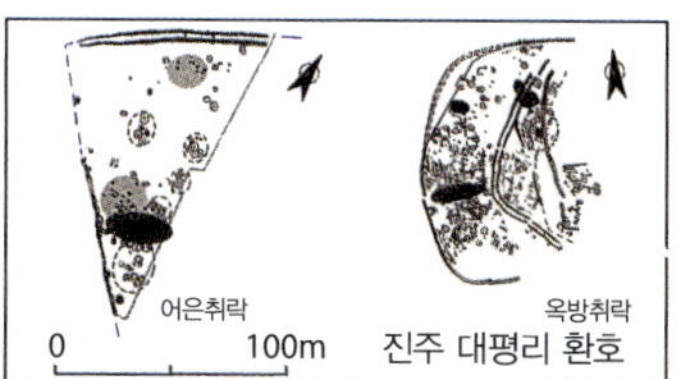

한반도의 방형 환호

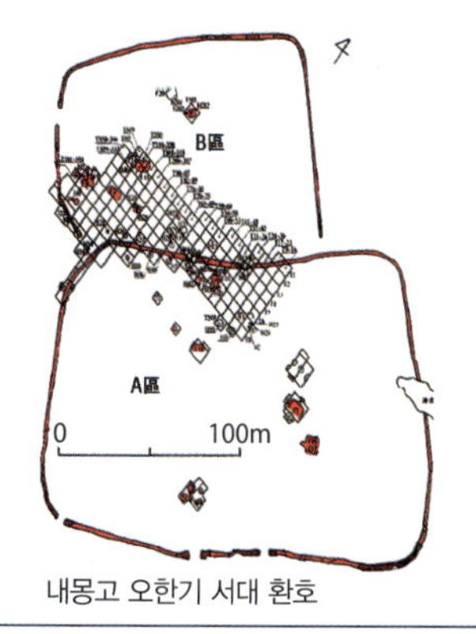

내몽고 오한기 서대 환호

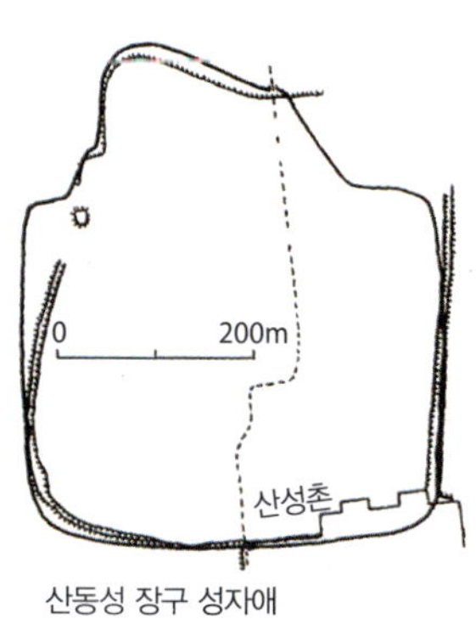

산동성 장구 성자애

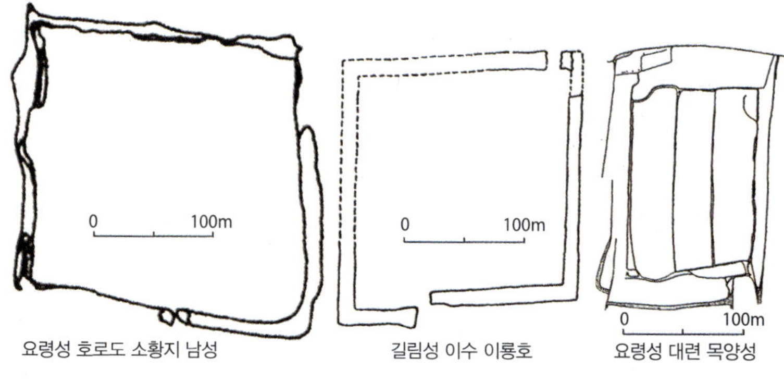

중국 동북지역의 방형 환호 및 토성

환구는 생활공간이 아니라 의례공간으로 추정되는 구획시설이다. 부천 고강동유적, 안성 반제리유적, 화성 정문리유적 등 주로 청동기시대 후기에 해당하는 점토대토기단계에 중부지역에서 유행하는 것으로 이해되어 왔지만, 최근 구리 토평동유적, 화성 쌍송리유적, 평택 용이동유적, 완주 구암리유적 등 청동기시대 전기로 편년되는 유적에서도 확인되고 있는 상황이다(그림 21). 환구의 최초 등장 시기는 구리 토평동유적의 양상으로 볼 때 환호의 등장 시기와 비슷한 BC 13~12세기로 볼 수 있다. 환구 안에서는 농경사회와 관련한 농경의례, 천신(天神)의례 등이 행해졌을 가능성이 높다.

남한의 청동기시대 후기 이후의 무덤에 청동 무기류와 의기류(儀器類)가 공반되는 것은 취락 또는 지역 공동체의 수장이 정치적인 권력자인 동시에 종교적인 주도권을 행사한 제정일치(祭政一致) 사회였음을 나타낸다고 볼 수 있다. 호서·호남지역에서 청동의기가 부장되는 무덤이 많은 것에 반해 경기지역의 경우는 무덤에서 무기류와 의기류가 공반하는 부장 양상은 매우 미약한 대신, 의례용 환구 시설이 다수 조성된 현상이 대조적이다. 이러한 사실에 대해서 권력과 종교적 제의를 행사하는 방식에서 지역성이 반영되었을 것

그림 21 평택 용이동 및 화성 쌍송리 환구마을의 구조와 사회조직

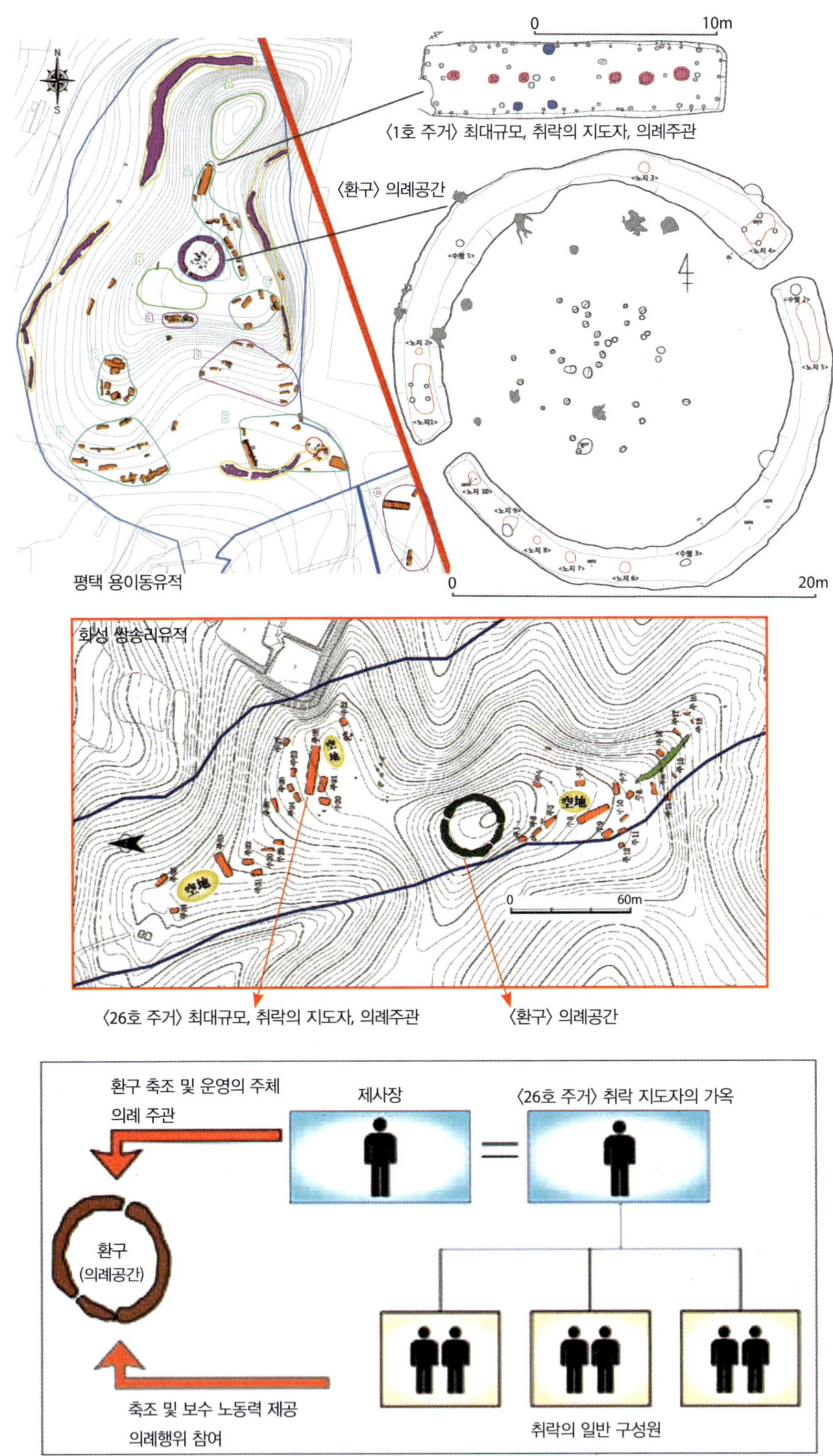

으로 추정하는 연구도 있다. 화성 동학산유적은 산 위의 고지(高地)에 직경 80~100여 미터 규모의 환구 3줄이 확인되었고, 청동끌 거푸집의 출토 양상으로 볼 때 다음과 같은 몇 가지 추론을 가능케 한다(그림 22).

그림 22 화성 동학산유적의 환구(의례공간)

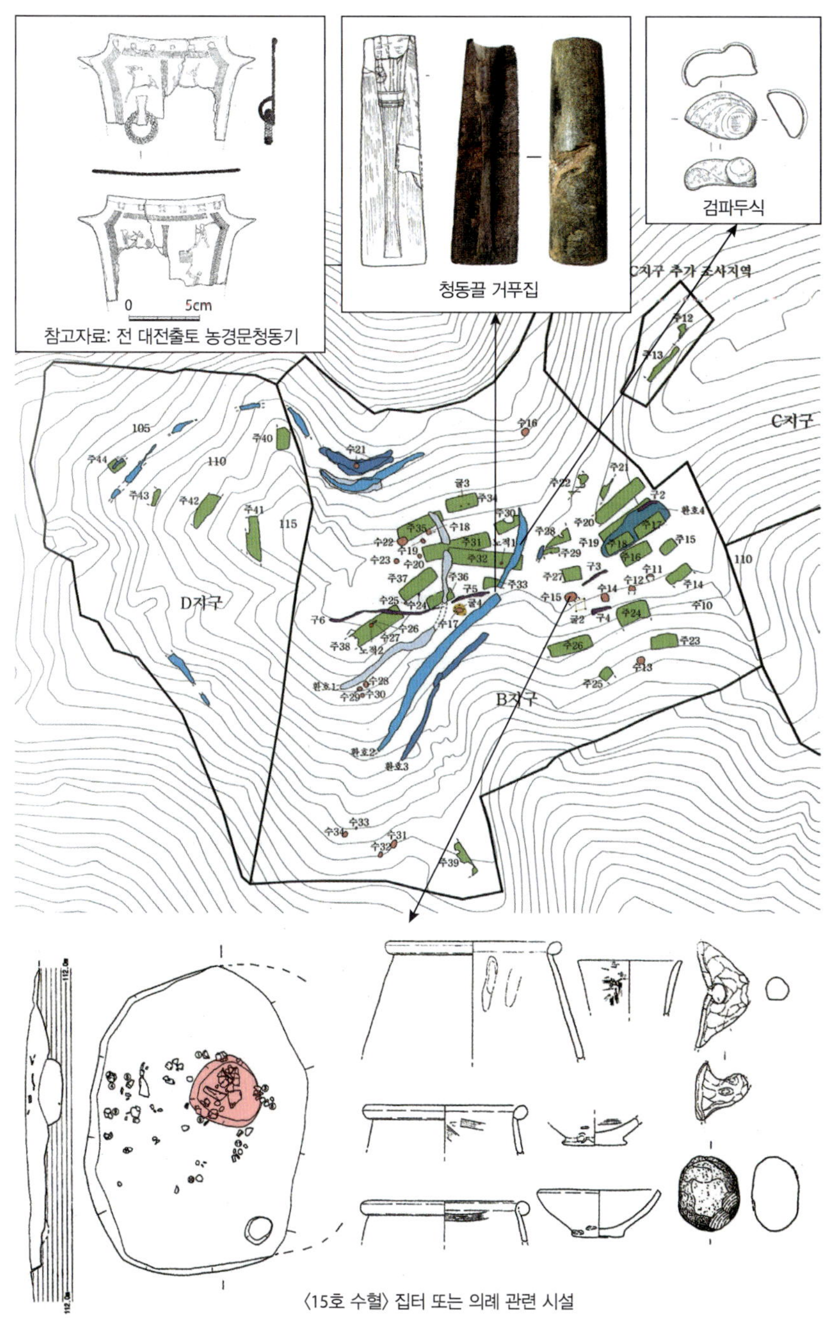

첫째, 환구 축조에 많은 노동력이 투입되었을 것이라는 점, 둘째, 환구 축조는 단속적(斷續的)으로 3번 이상 이루어졌을 것이라는 점, 셋째, 환구 내부를 의례공간으로 본다면 청동끌 거푸집은 의례용도로 사용되었을 가능성이 높다는 점 등이다. 또한 환구 밖에 위치한 15호 수혈은 의례와 관련된 시설로 추정된다. 이와 같은 내용을 종합하면, 동학산유적의 환구 시설은 인접한 중심마을의 우두머리(首長)가 주도하여 동일한 제의권(祭儀圈)에 속한 주변 취락의 구성원들과 함께 축조하였으며, 여러 번에 걸쳐 다시 만든 점에서 단속적이지만 비교적 오랜 기간 의례공간으로 이용된 것으로 추정된다. 수장 권력

그림 23 생활공간이 아니라 의례공간으로 이용된 청동기시대 환구(경기지역의 사례): 전기청동기시대에 출현한 환구는 후기청동기시대는 물론 원삼국시대까지 이어진다. 이와 같은 고고학적 양상을 고려할 때, 청동기시대의 의례공간을 갖춘 환구 마을을 마한 소도의 전신으로 보는 의견도 있다.

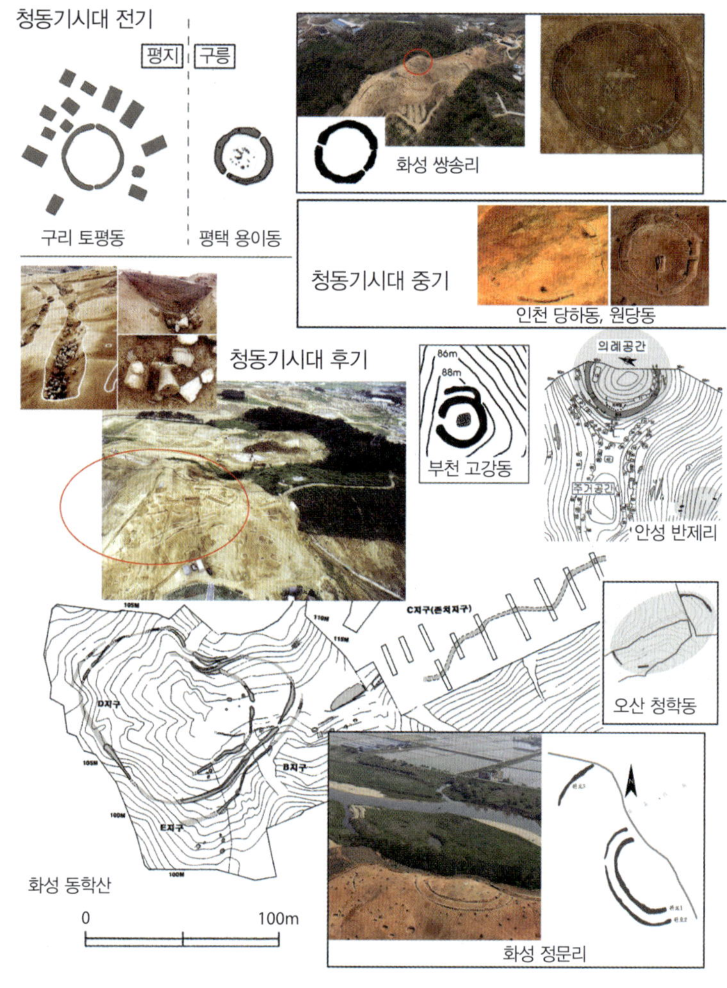

과 의례 공간 및 의례 행위가 서로 밀접하게 관련되었음을 보여주는 것이라 할 수 있다.

한편 이와 같은 경기지역의 환구 유적과 관련하여 원삼국시대 삼한의 소도(蘇塗)와의 관련성이 검토되고 있다. 현재로서는 청동기시대 전기 또는 후기의 환구가 마한의 소도와 직접 연결된다는 적극적인 증거는 없지만, 적어도 마한의 고지(故地)인 이 지역에서 그 원류로 추정하고 있는 청동기시대 후기의 의례 공간이 다수 확인되었다는 점이 주목된다. 더 많은 발굴 자료와 연구가 필요하지만 청동기시대 환구를 소도의 전신으로 볼 가능성이 있다 하겠다(그림 23).

농경사회 중심 마을의 랜드마크와 무덤

의례공간과 기념물

농경사회인 청동기시대의 중심취락을 구성하는 몇 가지 요소 가운데 거대하면서 상징적이고 기념비적 성격을 갖는 것이 있다. 기념물은 특정 대상이나 행위에 대해서 오래도록 뜻을 기억하고 알리기 위해서 만든 상징적인 물건을 말한다. 이 기념물은 일정한 형체를 갖춘 물질적 대상으로 그 성격과 규모에 따라 다양하게 분류될 수 있겠지만, 고고학에서는 대규모 건축물이나 구조물, 구축물, 그리고 거석(巨石) 분묘 등을 기념물로 규정한다. 한반도의 청동기시대 기념물은 고인돌, 주구묘(周溝墓)와 같은 매장시설로서의 기념물과 환호취락과 같은 실생활의 장소에 구축된 기념물과 함께 암각화, 대형 의례용 건물, 그리고 환구도 여기에 포함된다.

한반도의 청동기시대는 생계경제상에서 농경이 차지하는 비중의 증대와 함께 농경지에 내한 경생적인 섬유현상 과정에서 고인돌이나 입석과 같은 거석기념물의 축조 및 공동묘역이 출현한 것으로 이해된다. 그리고 농경사회의 기념물로서 고인돌(군) 중에는 한 공간을 점유하면서 장기적으로 의례의 수행이 반복되어 그 역할과 의미가 지속되어온 것이 있다. 다른 어떤 것보다도 혈연, 경작지와 영역, 공동의 의례수행 등을 통해 집단의 관계를 심화시키고 확대시켜 온 농경사회의 주민들에게 고인돌군은 다른 어떤 시설물 보다도 중요한 사회적·이념적 의미를 가진 것이라고 생각된다.

창원 덕천리유적과 김해 구산동유적의 고인돌은 구획묘(區劃墓)에 해당하며 남한의 거석 기념물을 대표한다고 볼 수 있다. 덕천리 1호 고인돌(**그림 24**)의 규모는 외곽의 도랑(周溝)을 포함할 경우 남북 62.3m, 동서 21m(치석한 석재를 횡평적[橫平的]한 석축 자체의 규모는 59×18.2m, 석축높이 70cm)가 남아 있는데, 동쪽과 남쪽 양끝이 모두 자연적 또는 인위적으로 훼손되었으므로 원래는 이보다 더 큰 규모였을 것으로 추정된다. 주구의 바닥에

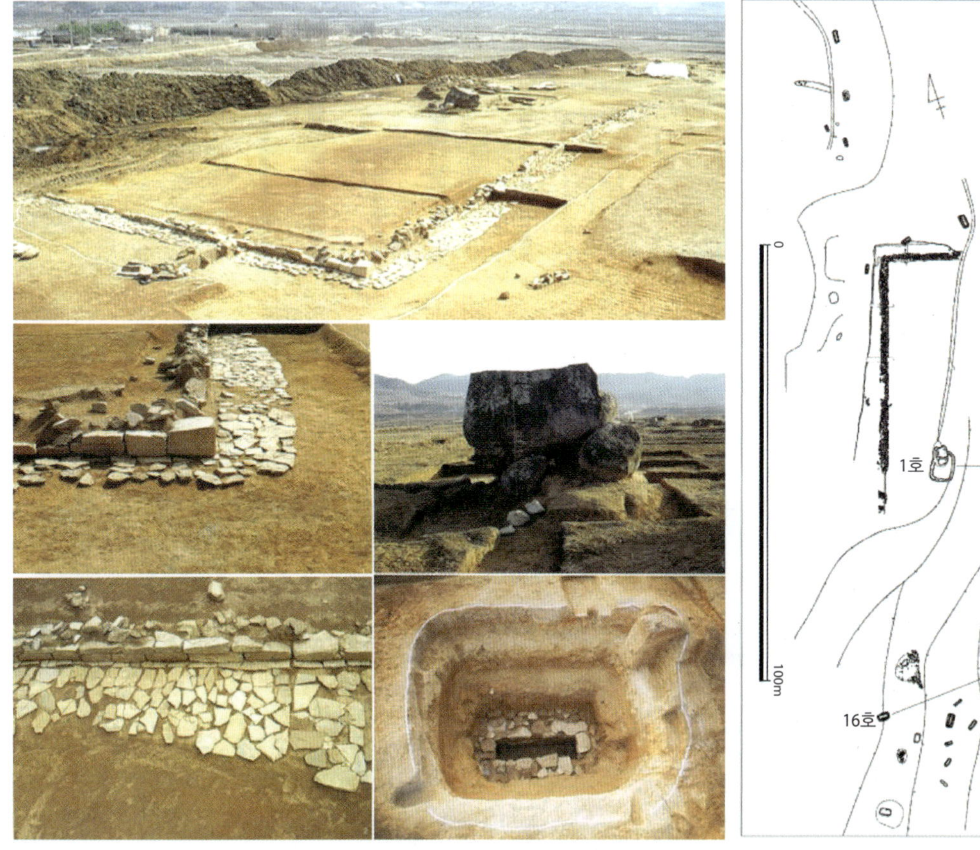

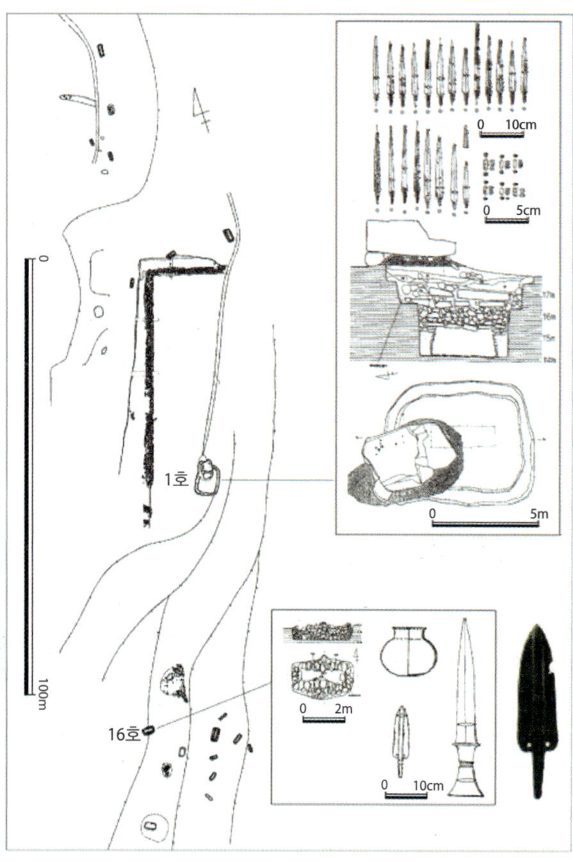

그림 24 거석기념물이자 랜드마크의 성격을 갖는 창원 덕천리 묘역식 고인돌: 묘역 길이 62m, 폭 21m 상석 35톤, 깊이 4.5m

그림 25 거석기념물이자 랜드마크의 성격을 갖는 김해 구산동 묘역식 고인돌: 묘역 길이 85m, 폭 20m, 상석 350톤

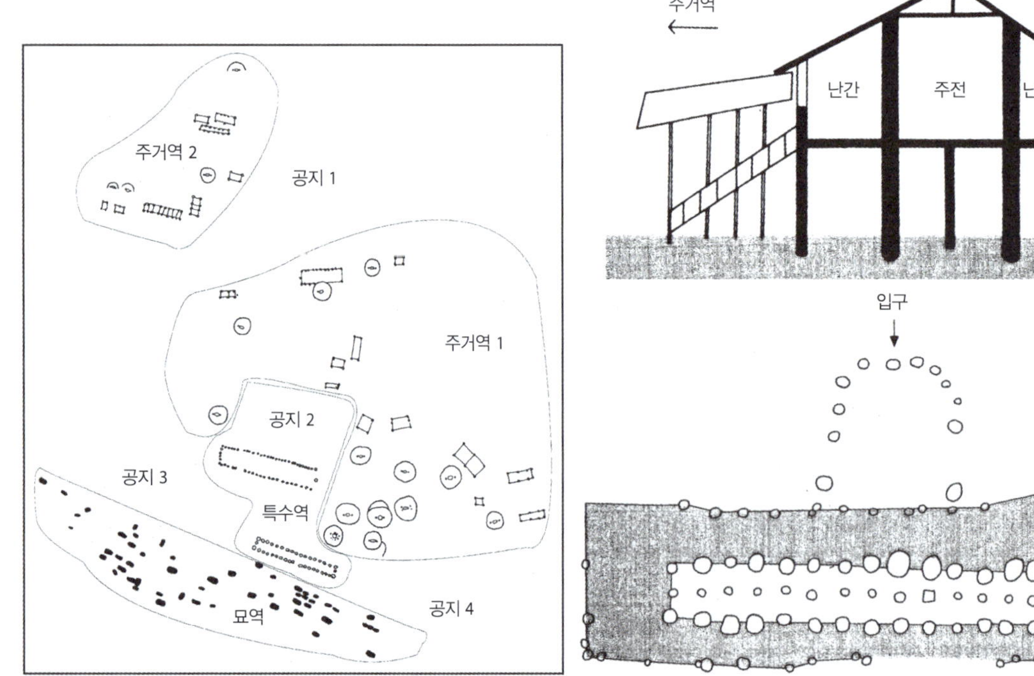

그림 26 주거공간과 무덤공간의 사이에 들어서 있는 대형 의례건축물(사천 이금동유적)

는 폭 1.5m 넓이로 전면에 판석이 깔려 있다. 매장주체부는 8×6m의 묘광을 3단으로 좁혀가면서 4.5m 깊이까지 판 후 돌덧널(石槨)형의 매장시설을 만들었으며 그 위에 뚜껑돌(蓋石)을 덮고 할석으로 채운 후 다시 대형 판석을 2겹(8매→4매)으로 덮었다. 그리고 묘광 어깨선까지 흙을 채우고 다시 붉은 흙으로 어깨선보다 높게 봉토처럼 올린 뒤 지석(支石)을 놓고 상석(上石)을 얹었다. 상석의 크기는 길이 4.6×폭 3.0×높이 1.9m이며 무게는 35톤에 달한다. 매장주체부의 돌방(石室)의 크기는 길이 3.0×폭 0.95×깊이 1.35m로 목관을 사용했던 것으로 추정되며, 부장품으로는 세장한 슴베있는 화살촉(有莖式石鏃) 22점과 대롱옥(管玉) 5점이 있다. 구획묘의 입구로 추정되는 모서리 주변에서는 파쇄된 토기편 등 유물이 집중적으로 출토되었는데 매장의례와 관련될 것이다.

김해 구산동유적의 A2-1호 고인돌**(그림 25)**은 전술한 덕천리유적 1호 고인돌과 같은 형식의 구획묘에 해당한다. 묘역의 크기는 확인된 길이가 85m, 폭 20m이고 상석의 추정 무게는 350톤 이상이다. 현재까지 발굴조사된 구획묘 중에서 묘역이나 상석의 규모가 가장 큰 것이다.

대규모 기념물은 의례와 밀접한 관련이 있다. 사실 고고학자들은 종교라는 말이 더 잘 어울리는 경우에 대해서도 의례(儀禮, ritual)라는 용어를 사용하는 경향이 있다. 보통 역사적으로 알려진 혹은 오늘날까지 살아 있는 종교를 제외하고 종교라는 용어의 사용을 기피하는 것 같다. 의례는 신성성을 지향할 수도 있고 세속적인 것을 지향할 수도 있으나 이 양자의 구분은 무시되며 용어 그 자체는 그리 명확하게 이해되지 않은 그 어떤 것을 지칭하는데 쓰인다. 의례는 종교 그 자체를 지칭하는 용어는 아니지만, 종교적인 요소로 형성된 어떤 것을 뜻한다고 볼 수 있다.

사천 이금동유적의 대형 지상건물은 주거공간과 분묘공간의 사이에 위치하며 열상으로 군집 분포하는 분묘역과 주축방향이 일치하는 것으로 볼 때, 의례와 관련된 공공집회소(특히 신전)로 추정되고 있다**(그림 26)**. 부여 송국리유적의 경우도 의례용 건물로 보고 있는데**(그림 27)**, 두 유적 모두 현세(주거역)와 내세(묘역)의 경계 지점에 위치하고 있는 특수 건물이다. 이와 같은 이금동과 송국리유적의 양상은 콜린 렌프류와 폴 반이 제시한 의례의 고고학적 지표들과도 잘 부합된다. 즉 그들은 ①주의집중, ②현세와 내세 사이의 경계지대, ③신의 임재(臨齋), ④참례(參禮)와 봉헌을 의례의 증거로 언급하였는데, 실제로 들어가면 단일 고고학적 정황에서 이러한 기준들 중 단지 몇 개만이 충족되는 데 지나지 않는다고 보았다. 송국리취락과 이금동취락의 의례공간은 전술한 바와 같이 ①주의 집중의 요소로서 신성한 기능을 위해 따로 세워진 특별한 건물로 상정할 수 있으며, ② 현세(주거공간)와 내세(분묘공간) 사이의 경계지대에 축조된 점에서도 의례공간으로 기능했다는 것을 뒷받침해주고 있다. 또한 취락 내의 의례와 관련하여 환호나 도랑(溝)에 의한 공간 구획이 주목된 바 있는데, 진주 상촌리유적이나 진주 대평리 옥방1지구, 산청 사월리유적에서 구(溝)가 주거공간과 분묘공간 사이에 위치하고 있어, 이를 일정한 공간을 구획하는 '경계'역할을 하면서 동시에 도랑의 내부를 의례행위 공간으로 파악하였다. 이 역시 특별한 입지를 갖는 행위공간이 현세와 내세의 경계 역할을 하면서 의례공간으로 활용된 예이다.

부여 송국리유적은 최근 몇 년간의 조사 결과 새로운 형태의 유구가 발굴되었다**(그림**

그림 27 농경사회 중심지의 랜드마크 : 부여 송국리 마을의 대규모 의례기념물(의례용 주랑(柱廊), 통로 1, 대형 의례공간으로 향하는 통로, 길이 227m, 폭 3m, 대형지상식 건물 추정 복원 모습 2, 1호 대형 지상식 건물터 복원 모습 3, 대형 지상식 건물터와 울책 4)

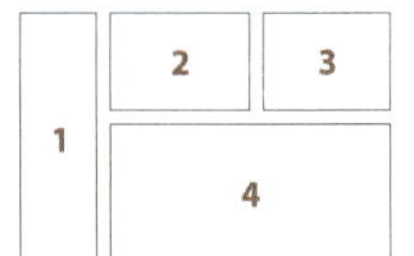

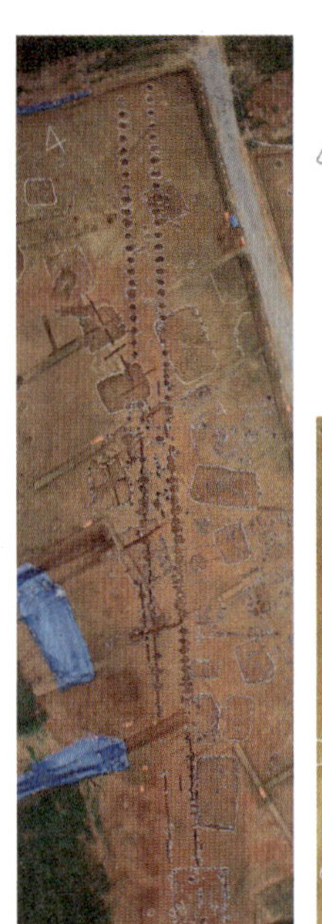

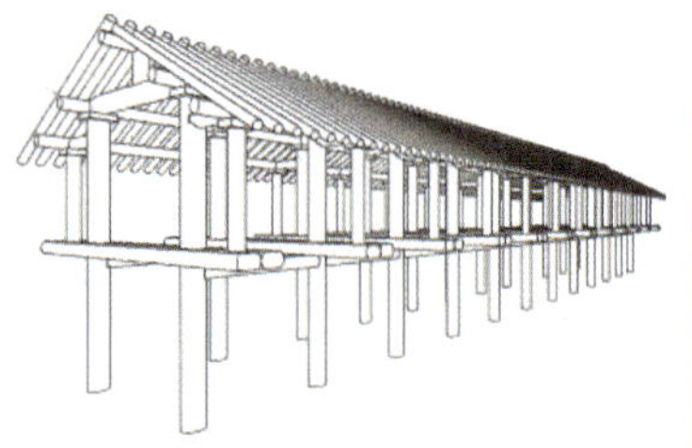

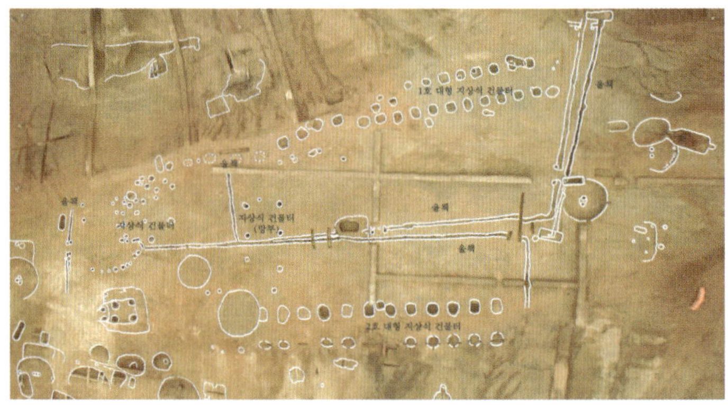

27). 확인된 길이가 227m나 되는 두 줄의 기둥 구덩이열이 그것이다. 1호 목주열(木柱列)과 2호 목주열로 명명된 두 기둥열의 폭은 3m 내외로 평행을 이루고 있을 뿐 아니라 기둥자리의 배치 간격도 1.2~1.5m로 균일하다. 게다가 구덩이 바닥에 주춧돌(礎石)이 놓여 있는 것도 다수 확인되었다. 주춧돌이 놓인 곳은 모두 성토대지(盛土臺地)에 해당하며, 풍화암반면에 굴착된 기둥구멍(柱穴)에서는 이러한 예가 없다. 기둥구멍의 형태는 말각방형이 많으며 말각장방형과 타원형, 부정형도 일부 있다. 대체로 폭은 60~80cm 내외, 깊이는 40~50cm이며, 내부 기둥구멍의 규모가 바닥 직경 25cm, 깊이 28cm인 것도 있다. 발굴조사자는 두 줄의 기둥열은 하나의 구조물이며, 주춧돌이 있는 점으로 보아 지붕을 갖춘 건물이었을 것이며, 중간에 단절된 부분이 보이지 않으므로 주랑(柱廊)과 같이 좁고 긴 건축물이었을 것으로 추정하였다. 울책(鬱柵)과 대형 지상건물 1, 2로 구성된 의례공간으로 향하는 연결통로의 기능을 가진 접근시설로 보고 있다.

이 견해는 앞으로 진행될 추가 발굴조사의 결과에 의해서 또는 다양한 분석을 통해서 문제점이 드러나거나 새로운 주장이 나올 수도 있다고 생각한다. 그렇지만 현재로서는 상당히 매력적인 해석으로 공감한다. 송국리취락의 대규모 의례공간은 기존의 울책, 대형 지상건물에 긴 주랑이 조합하면서 더욱 웅장하고 신성하며 권위적이고 상징적인 공공의례용 기념물로 새로이 해석할 수 있는 가능성이 열렸다. 이 주랑은 마치 궁궐 회랑의 일부분이나 그리스와 로마의 콜로네이드(colonnade, 列柱)를 연상시킬 정도의 대규모 시설로 볼 수 있다. 이 목주열을 프랑스 카르낙(Carnac)의 선상열석(線狀列石)을 연상시킨다고 보면서 제의용 시설도 추정하는 견해도 있다.

위에서 설명한 거석기념물이나 의례건물 이외에도 구획시설을 갖춘 환호와 환구도 마을의 랜드마크 역할을 담당했을 것이다. 거주역을 보호하는 방어용의 환호취락들은 이 취락들을 형성하고 살았던 집단들이 방어를 위해 가장 유리한 지점을 선택했다고도 볼 수 있지만, 이와 동시에 자신들의 존재를 가시적으로 가장 잘 드러낼 수 있거나 혹은 다른 지점을 가장 잘 볼 수 있는 지점을 택한 결과로도 볼 수 있다. 이러한 의미화는 환호의 축조를 통해 강조되었던 공동체의식의 강화와 이를 통한 집단 내부의 권력행사가 주변지역에 대해 자신을 드러내는 방식으로, 그리고 주변지역을 가시적으로 통제하는 방식으로 진행되어 갔을 것이다. 의례공간으로 축조된 환구 역시 권력과 의례의 상관 관계를 고려할 때, 환호와 비슷한 사회적 의미를 가지는 랜드마크(landmark)로 볼 수 있다.

농경사회에서 중심마을의 대규모 기념물은 그것이 가지는 1차적인 목적을 위해서 축조되었다. 즉 거석 분묘와 같은 매장시설로서, 그리고 환호와 목책과 같은 방어나 구획 시설로서, 혹은 의례용 지상건물과 같은 제의시설로서 만들어진 것이다. 그렇지만 이것은 중심취락(집단) 공동체의 결속과 번영을 위해서 또는 다른 취락(집단) 공동체와의 차별성을 강조하면서 자신들의 권위를 과시하기 위해서 조영되었다는 데에 더 큰 의미가 있다.

이 거대기념물의 축조와 운영에는 중심취락을 대표하는 상징적인 시설로서 랜드마

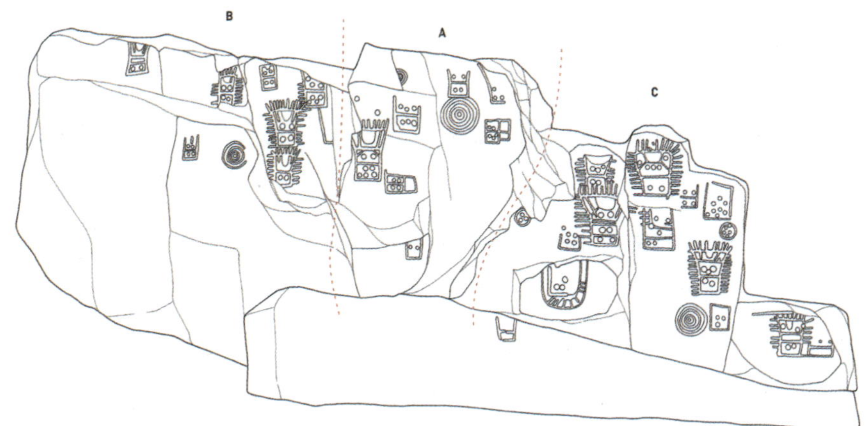

그림 28 울산 반구대(1)와 고령 양전동(2) 암각화

크의 성격을 갖는 동시에, 중심취락 내부에서는 공동체 전체를 통합하면서도, 그 이면에는 일반 구성원과의 차별화를 시도하고자 하는 상위계층의 조직 운영 원리가 중요하게 작동했을 가능성이 높다. 이와 관련하여 중심취락의 주거공간에서는 가옥별 차별보다는 통합의 양상이, 분묘공간에서는 차별화가 부각되는 현상과 연결되는 것으로 이해된다.

울산 대곡리 반구대 암각화로 대표되는 암각화 역시 신성한 공간으로 지역사회의 랜드마크로 볼 수 있다. 암각화는 강가나 계곡을 비롯하여 산봉우리의 노출된 바위면, 그리고 고인돌이나 선돌 등에 문양을 새겼다. 그 문양은 주로 동물, 인물, 동심원, 마름모, 청동검, 석검, 검손잡이 등 다양하다. 바위신앙과도 관련되는 암각화는 그것이 위치한 곳의 경관적 특징과 새겨진 문양의 상징성을 고려할 때 청동기시대 사람들이 특별한 의미를 부여한 장소성을 가진 신성한 기념물로 추정된다(그림 28).

무덤과 계층사회

청동기시대 무덤의 종류는 고인돌(支石墓), 돌널무덤(石棺墓), 돌덧널무덤(石槨墓), 주구묘(周溝墓), 움무덤(土壙墓), 석개토광묘(石蓋土壙墓), 목관묘(木棺墓), 돌무지널무덤(積石木棺墓), 독무덤(甕棺墓), 동굴묘, 가옥묘(家屋墓) 등 매우 다양하다(그림 29). 무덤 안에 인골이 남아 있는 사례를 통해서 볼 때, 몸을 바로 펴서 안치한 신전장(伸展葬)과 전신을 굽혀서 묻는 굴장(屈葬)의 형태로 매장하는 방식이 확인된다. 피장자는 성인 남성이 많지만 여성과 어린 아이가 매장된 사례도 있다. 한편 현대 한국인들의 주류 장례 방식인 화장(火葬)도 청동기시대에 존재했는데 길이가 1m 미만인 돌널무덤을 화장묘로 이용한 것이 많다. 이밖에 풍장(風葬)이나 수장(水葬), 조장(鳥葬)이 존재할 가능성도 있지만, 고고학 자료로 남기 어렵기 때문에 이를 구체적으로 확인하기는 어렵다.

무덤은 대체로 전기부터 만들어지기 시작하는데 마을 단위로 본다면 그 수는 1~3기 정도인 경우가 일반적이며, 비파형동검이나 마제석검, 석촉, 적색마연토기 등이 일부 무덤에 부장된다. 이 시기는 앞선 조기에는 잘 확인되지 않는 가시적인 정형화된 무덤의 존재가 주목된다. 청동검과 석검, 석촉 등 무기의 사용과 정형적인 부장 패턴은 당시의 사회적 긴장, 갈등, 대립 관계를 나타내주는 표상이다. 그렇지만 이 시기에는 무덤이 확인되지 않은 유적이 훨씬 더 많은 점에서 볼 때 전반적인 사회적 긴장도는 높지 않았던 것으로 이해된다. 이어지는 중기에는 중심마을에 큰 규모의 공동묘지가 형성되는데 여수 월내동 유적과 같이 150기를 넘는 사례도 있다.

이전 시기에 비해 무덤의 규모가 커지고 묘역이 현저하게 넓어지는 것이 특징이다. 마을의 상위계층인 지도자가 죽었을 때 그를 위해서 대형 무덤을 만들기도 하며 비파형동검이나 석검 등 무기를 비롯하여 구슬과 같은 장신구 등을 부장품으로 넣어주는 사례가 증가한다. 이는 계층간 차별화가 부각되는 시기로 볼 수 있는데, 마을을 방어하는 환호와 목책이 존재하는 시기와 맞물린다. 다음 후기의 상위계층 무덤에서는 청동무기가 다량으로 나오는 사례가 있으며 무기뿐만 아니라 부장품의 구성에 거울 등 청동의기가 추가된다. 청동의기는 제의를 주관하는 제사장과 관련된 것으로 이 시기의 권력자(지배자)는 정

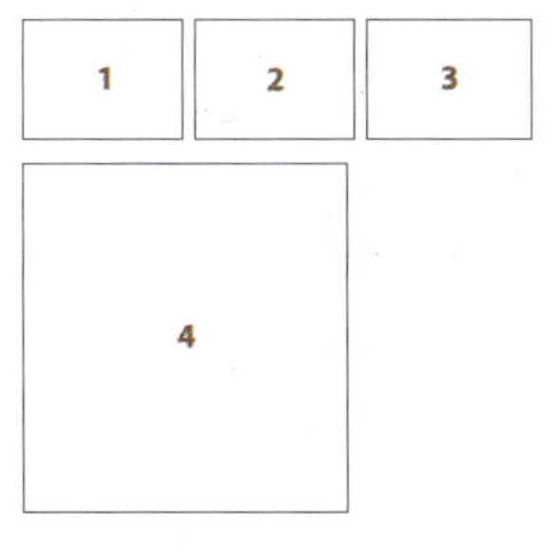

그림 29 청동기시대 고인돌의 종류: 탁자식 고인돌 – 강화 부근리(1), 바둑판식 고인돌 – 화순 벽송리(2), 개석식 고인돌 – 대전 비래동(3), 묘역식 고인돌 – 산청 매촌리(4)

치적 지도자인 동시에 제의권을 장악한 종교적 지도자로 볼 수 있다**(그림 30)**.

고고학자들은 청동기시대 무덤에 대한 발굴조사 성과를 연구해서 이 시기의 사회적 위계를 3단위로 파악하고 있는데**(그림 31)**, 이는 앞에서 중심마을 내의 사회조직을 상위 – 중위 – 일반계층의 3단위로 나눈 것과도 연결된다. 그런데 남한지역의 청동기시대 중기와 후기의 사회구조에서 사회적 계층화가 제도화된 세습적(귀속적) 지위, 즉 세습 지배자의 존재를 인정할 수 있는지, 아니면 획득지위만 허용되었는지에 대해서는 신중할 필요가 있다.

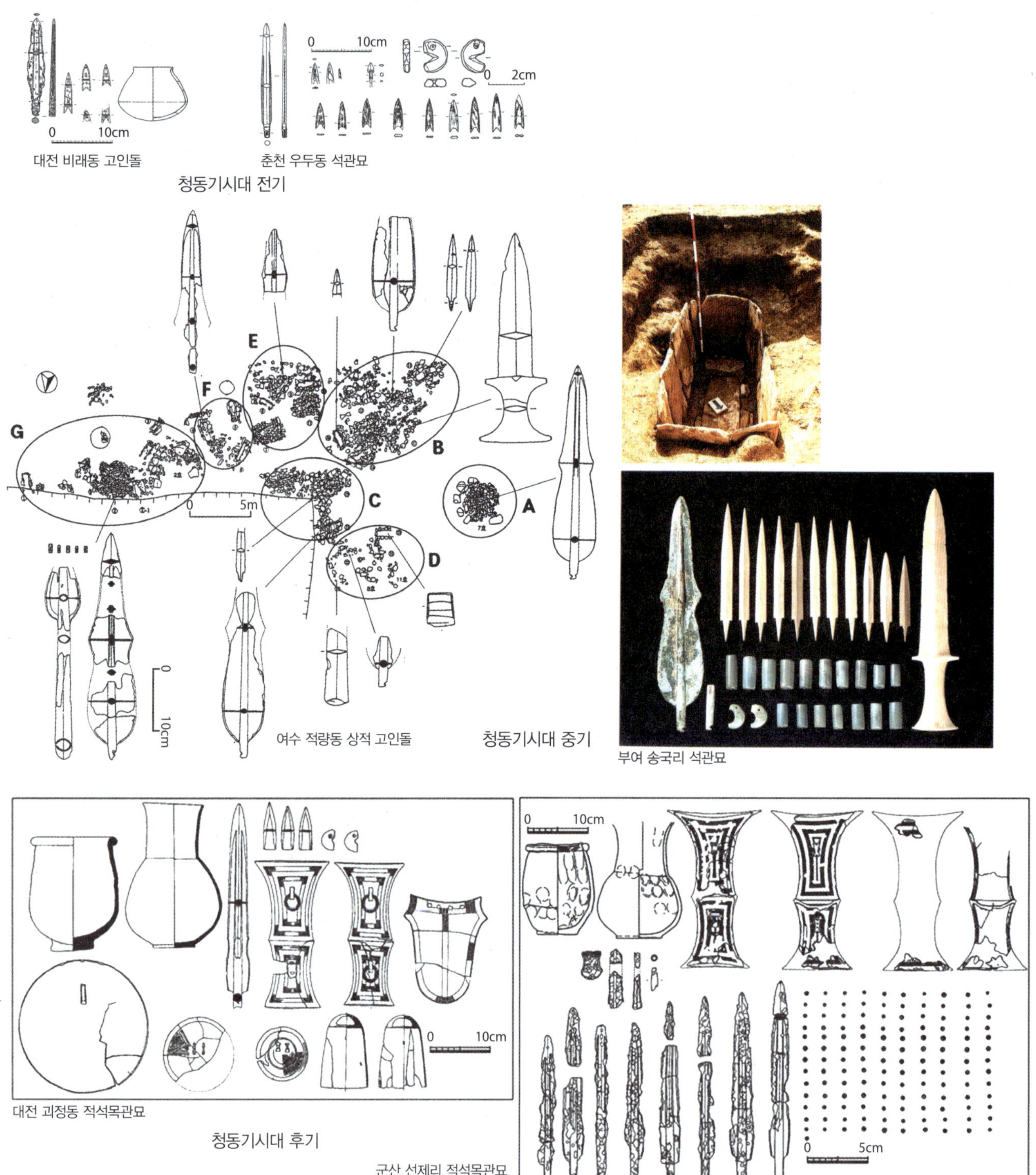

그림 30 청동기시대 무덤의 부장품: 무덤의 규모와 부장품은 피장자의 사회적 위치와 밀접하게 관련된다. 전기에서 중기까지는 정치권력을 가진 상위계층의 무덤에 주로 무기를 넣었으며, 후기에는 무기와 함께 의기가 추가된다. 청동의기는 제의를 주관하는 제사장과 관련된 것으로 이 시기의 권력자(지배자)는 정치적 지도자인 동시에 제의권을 장악한 종교적 지도자에 해당한다는 것을 알 수 있다.

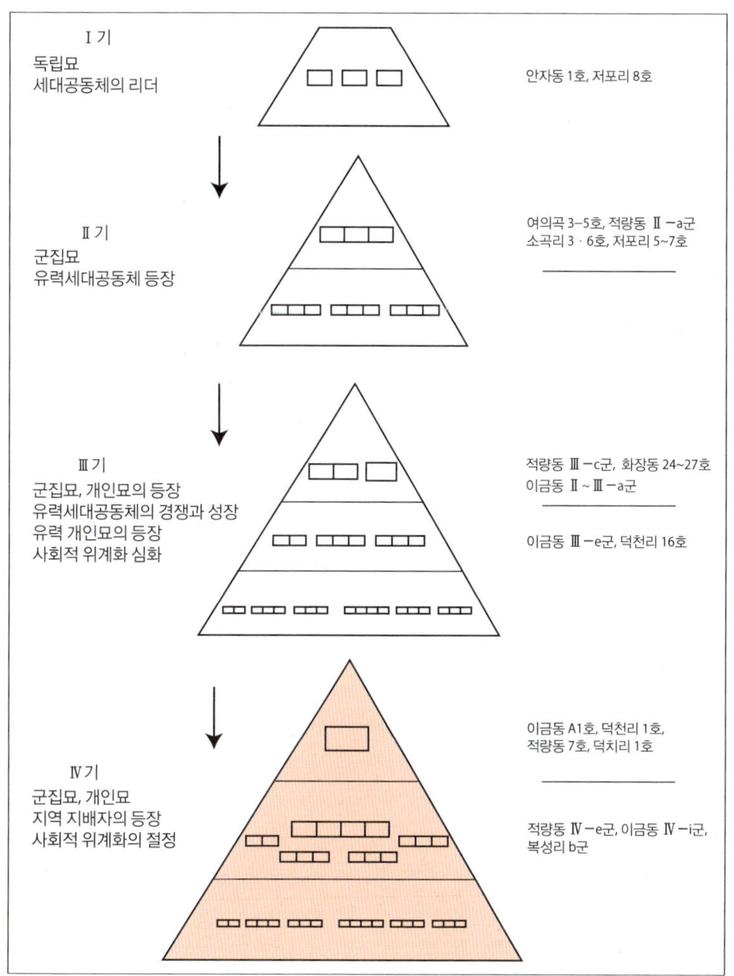

그림 31 고인돌사회의 계층화와 지역 지배자의 출현(김승옥2007): 고인돌의 규모와 부장품을 통해서 정치적 권위와 권력을 가진 상위계층이 소규모 집단의 리더에서 사회적 위계화가 절정을 이루는 지역 지배자로 성장하는 과정을 모식도로 표현한 것이다. 무덤을 분석하여 얻은 이 결론은 앞서 중심마을의 사회조직을 상위-중위-일반계층으로 나눈 것과도 연결된다.

무덤 조성의 다양성

무덤은 그 자체 뿐만 아니라 넓은 의미의 마을, 즉 주거영역과 무덤영역을 포괄하는 취락고고학의 측면에서 살펴보는 것이 중요하다. 고고학 발굴조사를 통해서 확인된 바에 의하면 모든 마을에 무덤이 조성된 것은 아니었다. 무덤 공간 즉 묘역(墓域)이 있는 마을이 있는 반면에 무덤이 조성되지 않은 마을도 존재한다. 대부분의 마을에 무덤이 있을 것이라는 일반적인 예상과 다르게 무덤이 확인되지 않은 유적이 훨씬 많다는 점을 주목해야 한다. 가옥의 집합체인 생활영역으로서 주거공간과 사후영역인 무덤공간이 어떠한 관계를 가지고 있는지에 대해서는 풀어야할 과제가 많다.

먼저 가옥과 무덤의 수가 어떻게 대응하는지가 관심의 대상이 될 수 있다. 개별 주거의 거주원 가운데 무덤에 들어갈 수 있는 사람은 누구인지, 더 나아가 주거군(住居群)이나 마을 내에서 무덤 조성이 허용된 범위는 어디까지인지를 밝혀야 한다. 여기에서 무덤에 묻히는 사람도 중요하지만, 그가 속한 개별 가구(주거)나 가구공동체(주거군), 마을공동체(마을)의 무덤 조성을 둘러싼 여러 가지 사회적 관계를 따져야 한다. 또한 거주영역에서 볼 수 있는 젠더, 가구(세대), 계층의 양상이 분묘영역에서는 동일하게 나타나는지 혹은 그렇지 않은지도 살펴야만 한다. 더 나아가 단위 마을만을 대상으로 할 것이 아니라, 이를 넘어선 마을군 수준에서의 양상도 분석해야만 한다. 물론 시기에 따른 변화 양상의 파악도 중요하고, 지역별 공통점과 차이점도 규명해야 하는 등 연구 주제가 많은 것이 현실이다. 당연한 얘기지만 고고학적 관점이나 맥락에 따라서 다양한 해석이 이루어질 수 있다.

여기에서는 주거지와 무덤이 함께 발굴된 단일 유적을 대상으로 하여 삶의 영역에서 확인되는 단위 집단이 죽음의 영역과 어떻게 연결되는지를 살펴보고자 한다. 청동기시대 유적 가운데 전기에서 중기에 걸치는 기간의 주거역과 묘역의 관계를 비교적 선명하게 알 수 있는 것은 김천 송죽리유적이다. 송죽리 1단계인 청동기시대 전기 전반에는 무덤 없이 가옥 몇 동만으로 소규모 마을로(그림 32), 조기와 전기 전반에는 무덤이 잘 확인되지 않는다는 것을 잘 보여주고 있다.

송죽리 2단계인 청동기시대 전기 후반은 마을 규모가 확대되었는데, 광장을 중심으로 가옥들이 도넛과 같은 환상(環狀)으로 배치되어 있다. 이 시기의 무덤은 2기 분포하는데 4호 및 18호 고인돌이며, 4호 고인돌과 인접한(1m 정도 떨어진) 곳에서는 비파형동검이 바닥에 꽂힌 채 노출되었는데, 마을과 집단공동체를 위한 의례 행위가 있었던 것으로 추정된다. 전기 후반부터 마을 내의 무덤 조성이 가시화되는 양상을 잘 보여주는 사례로서, 4호 고인돌은 규모가 가장 큰 편인 45호 주거지와 관련될 가능성이 높은데, 이 고인돌은 마을 지도자의 무덤이면서 동시에 마을을 위한 기념물로 기능했을 것으로 추정된다. 다시 말해서, 이 시기는 청동검의 의례행위에서 볼 수 있듯이 무덤은 지도자의 매장을 위한 것이기도 하지만, 집단 전체를 위해서 조성된 것으로 볼 수 있다. 이는 마을의 상징성을 갖는 4호 고인돌이 마을의 최북단에 주거공간과 일정한 거리를 두고 배치된 점에서도 뒷받침된다(그림 32).

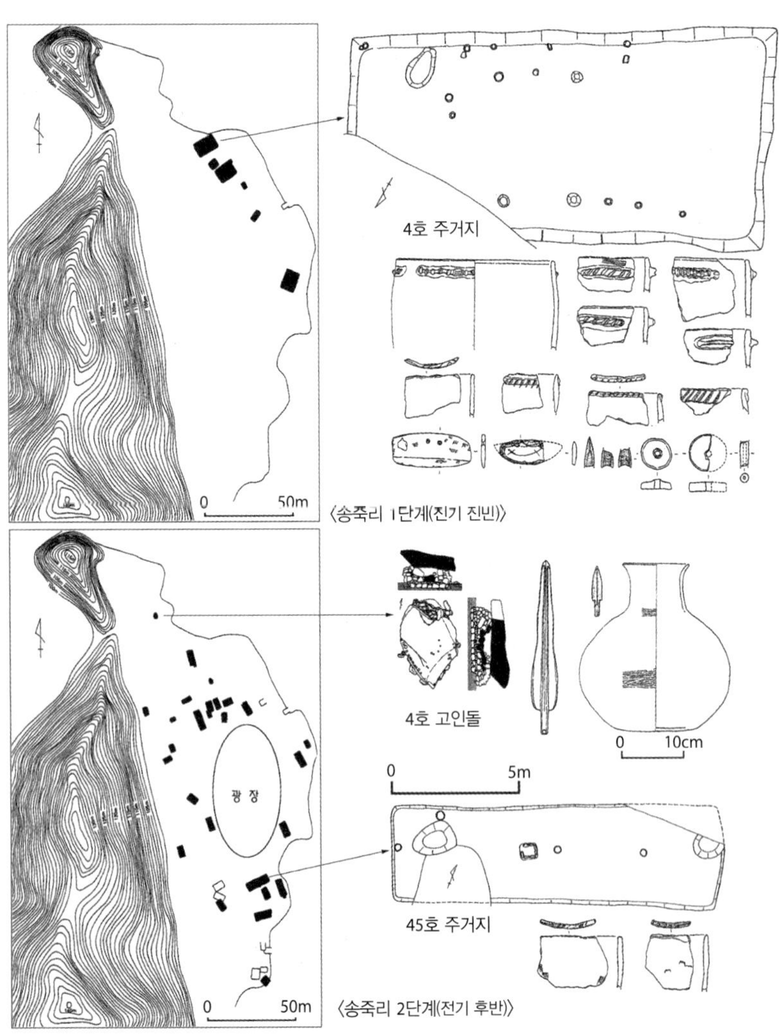

그림 32 김천 송죽리유적의 전기 분묘 공간: 전기후반에 분묘 등장

송죽리유적의 마지막 3단계는 청동기시대 중기로서, 마을 내에 주거지와 무덤이 각각 몇 기씩 군집을 이루면서 주거공간과 분묘공간을 형성하고 있다(그림 33). 앞 시기인 전기 후반에 비해, 분묘군의 확대와 주거군별 군집성이 눈에 띈다. 그리고 주거군과 분묘군의 세트 관계가 어느 정도 인정되는 것도 특징인데, **표 1**에서는 A, B, C, D의 각 주거군과 a, b, c, d의 각 분묘군의 대응이 이에 해당한다. 이는 각각의 군집

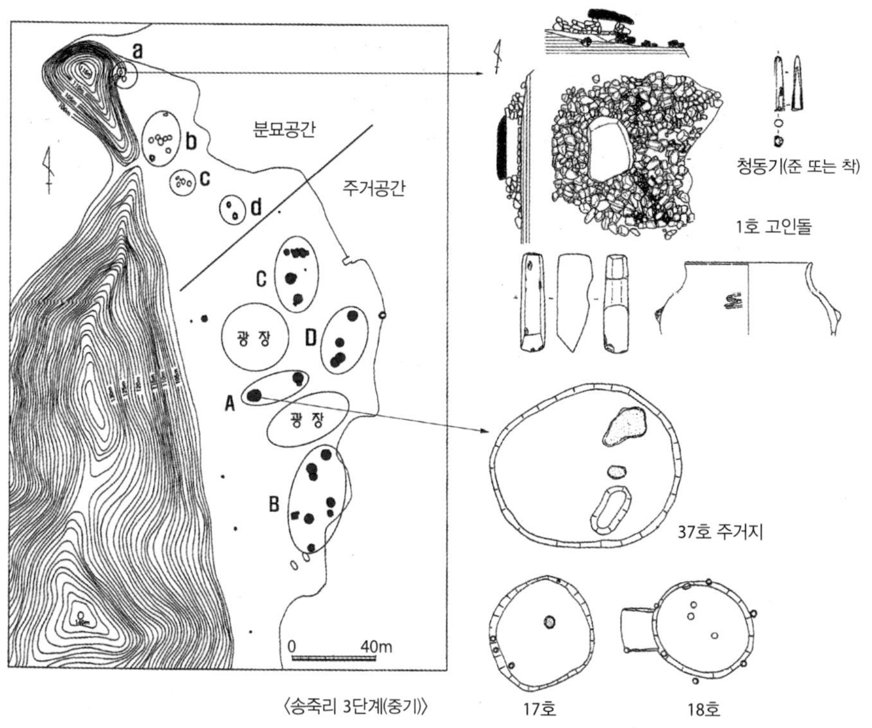

그림 33 김천 송죽리유적의 중기 분묘공간: 주거와 분묘의 대응관계

표 1 김천 송죽리3단계(중기) 마을의 주거와 분묘의 대응관계

주거군 / 주거수	분묘군 / 분묘수	비고
A / 2	a / 2	대형주거와 분묘, 청동기 소유
B / 8	b / 8	주거지 중복 1례
C / 5	c / 4	주거지 중복 1례
D / 4	d / 2	주거지 중복 1례
기타 비군집 1동(26호)	기타 비군집 1기(19호)	
총 4군 20동	총 4군 17기	

이 하나의 가구공동체(세대공동체)에 해당할 가능성이 높다. 다만, 청동기시대 중기에 속할지라도 주거 간 중복 현상을 포함한 세분된 편년에 의해 공시성(共時性)에 대한 문제가 제기될 수는 있다고 본다. 그렇지만 이 경우에도 주거군과 분묘군 또는 군집 내의 수적 대응 관계는 그대로 유지될 것으로 생각되기 때문에 해석에 큰 무리는 없을 것으로 판단된다. 이 가운데 마을의 중앙부에 위치하는 주거 A군의 37호 주거지는 면적이 23.9㎡로서, 여타 19동의 주거지 면적이 10㎡ 전후인 점에서 큰 차이가 있다. 또한 면적 17.5㎡로 두 번째로 규모가 큰 38호 주거지도 A군에 속해 있는 점에서 볼 때, A주거군은 마을 내에서 유력 가구공동체로 추정된다.

A주거군에 대응하는 a분묘군의 1호 고인돌은 규모가 가장 크며, 여기에서 준(鐏) 또는 착(鑿)의 형태를 가진 청동기가 출토된 점에서도 38호 주거지와 1호 고인돌이 밀접하

게 관련된 것으로 볼 수 있다. 결국 A주거군과 a분묘군은 모두 하나의 같은 가구공동체의 거주역과 분묘역으로 해석할 수 있는데, A주거군은 마을의 중앙에 위치하면서 양 쪽의 광장을 사이에 두고 다른 주거군과 배치되어 있는 입지적 우월성과 전술한 주거 규모의 탁월성 등에서 거주영역을 대표한다고 볼 수 있으며, a분묘군 역시 입지, 규모, 부장유물 등에서 전체 분묘군을 압도하는 것으로 생각된다. 또한 a분묘군의 1호 고인돌은 마을의 최북단에 입지하는 점에서 마을 전체를 상징하는 거석기념물로도 기능했을 가능성이 높다.

청동기시대 중기에 해당하는 송죽리 3단계 마을은 주거역과 묘역의 상관관계를 구체적으로 어느 정도 수준까지 파악할 수 있을까. 주거는 20동이며 무덤은 17기로 이 가운데 군집을 형성하지 않는 26호 주거지와 19호 고인돌을 제외하면, 주거 19동에 무덤 16기의 조합을 생각할 수 있으며, 각 군집별 대응 관계는 다음과 같다. 단순하게 생각하면 주거 1동에 1명 정도씩(수치상으로는 주거1: 무덤0.84) 무덤에 매장된 것으로 볼 수 있는데, 주거지 사이에 중복된 사례가 3군데 있는 것을 감안하면 주거 17동과 분묘 17로 정확히 1:1로 대응하게 된다. 이를 있는 그대로 받아들이면 개별 가구(가족)의 구성원 가운데 한 명만 무덤에 묻힌 것으로 해석할 수도 있을 것이다.

물론 몇 가지 전제가 필요하다. 먼저, 마을의 공간적 범위에서 주거역과 묘역의 전체가 발굴되었으며, 모든 무덤은 한 사람만을 위한 것이었고, 이와 더불어 주거와 분묘가 서로 어느 정도의 시간적 선후 관계를 가지면서 축조되었겠지만, 마을이 지속적으로 영위되었다는 것도 전체로 해야 한다. 이와 같은 전제는 대체로 인정할 만한 것으로 별 문제는 없다고 생각한다.

그렇지만 모든 주거의 거주인 가운데 한 사람만이 무덤에 묻혔다고 볼만한 근거를 찾기는 쉽지 않다. 또한 생계경제와 관련하여 집단이 회귀적 이동을 한다면, 하나의 개별 가구는 유적에서 확인되는 주거지 1동만이 아니라, 2~3동의 주거지를 남겼을 가능성도 있다. 설령 회귀적 이동을 하지 않는다고 하더라도 화재를 비롯한 여러 가지 이유로 하나의 가구를 한 동의 주거에만 국한시키는 것에는 주의가 필요하다. 이렇게 볼 경우, 가구당 2인 매장을 상정할 수 있다.

이 외에도 청동기시대 조기와 전기에 무덤이 잘 보이지 않는 현상은 물론이거니와 중기 단계의 모든 사람들이 무덤에 매장된 것은 아니라는 점은 대체로 인정할 수 있다. 그것은 사회조직이 복잡하고 위계화된 집단이라면 더욱 그러할 것인데, 계층에 따라서 무덤에 묻히는 사람과 그렇지 않은 사람들로 구분될 수 있을 것이다. 이 관점에서 보면 주거와 분묘의 상관관계는 주거에 비해 분묘가 차지하는 비율은 상대적으로 적게 나타난다. 다만 지역적, 집단별 문화적 차이에 따라 무덤과 주거의 관계는 다양하게 존재하므로 이를 일반화할 수는 없으며, 고고학적 맥락에 따라 해석이 이루어져야 한다.

테글 2

청동기시대 화장 문화

화장(火葬)은 사람이 죽은 후에 시체를 불에 태워서 처리하는 장례 방식을 말한다. 뼈를 추려서 항아리나 상자에 넣어서 땅에 묻기도 하고, 가루로 만들어 산이나 강, 바다에 뿌리기도 한다. 통계청에 따르면 2021년 기준으로 한국 사회의 화장 비율은 90%에 달한다. 한국인 10명중에 9명이 화장을 한다는 것이므로 주류 장례법으로 볼 수 있다. 그렇다면 우리나라에서 화장은 언제부터 시작되었을까. 문헌을 연구하는 역사학에서는 불교의 보급과 더불어 삼국시대에 화장 문화가 도입된 것으로 보기도 하지만, 고고학 발굴조사 성과로 볼 때 화장이 처음 등장한 것은 제주 삼화지구 유적이나 진주 상촌리유적 등의 사례로 볼 때 신석기시대부터이다. 다만 신석기시대에는 매우 드물며 예외적인 현상이었지만, 청동기시대에는 화장이 장례 방식의 하나로 자리를 잡는다.

광주 역동유적의 돌덧널무덤은 무덤 바닥에 시신을 안치한 후 화장을 한 것으로 보고되었다. 무덤 안에서는 불에 탄 인골과 함께 청동검을 비롯해서 구슬과 화살촉 등 청동기시대 전기의 유물이 출토하였으며, 방사성탄소연대는 기원전 12세기 경으로 측정되었다. 평택 토진리유적에서는 소형 돌널무덤이 조사되었는데, 인골 분석 결과 성인 남성의 화장묘로 확인되었다. 인골은 700~800도의 산화염에서 화장된 것으로 성인을 화장한 후, 그 뼈를 추려서 소형 석관에 매장한 것이다. 연대는 석관묘에 부장된 유물(일단병식석검, 일단경식석촉)로 볼 때 청동기시대 중기에 해당한다. 토진리와 유사한 사례는 평택 수월암리, 화양리, 안성 만정리, 안산 선부동유적에서도 확인되었다. 청동기시대의 화장묘는 남한 전역에 분포하는데, 특히 경기지역을 비롯하여 영서지역, 영남동부지역에서 발굴 유적이 증가하고 있다. 춘천 중도유적의 묘역식지석묘에서는 여러 가지 형태의 화장묘 또는 화장 시설 15기가 발굴되면서 주목받고 있으며, 경주 천군동유적과 포항 호동유적과 같이 시신을 가옥(수혈주거) 안에 안치하고 화장한 사례도 존재한다.

이와 같이 청동기시대의 묘제로서 화장묘는 고고학 조사 성과가 늘어나고 있는 것에 반해서 본격적인 연구는 미진한 상황이다. 화장묘는 중국 요령지역과 서북한지역에도 분포하는데 고조선과 그 문화권의 주요 장례 방식의 하나이므로 한국 청동기문화 연구에서 중요하게 다루어야 한다.

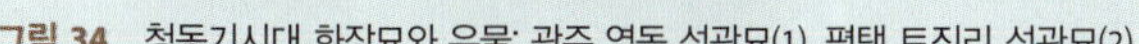

그림 34 청동기시대 화장묘와 유물: 광주 역동 석곽묘(1), 평택 토진리 석관묘(2)

마을 사람들의 생계경제

농경과 도구

청동기시대 마을 사람들은 무엇을 먹고 살았을까. 청동기시대가 되면 신석기시대와는 달리 농경이 비약적으로 발전하게 된다. 밭이나 논과 같은 경작지가 발굴되고, 쌀·보리·밀·조·수수·기장·콩·팥 등의 작물유체와 반달모양돌칼(半月形石刀)이나 낫과 같은 곡식의 수확구가 대량으로 확인되는 등 최근의 고고학적 조사 성과가 이를 잘 말해주고 있다. 청동기시대의 이른 시기에 해당하는 조기와 전기는 밭농사가 중심을 이루었던 것 같다. 밭은 주거지와 인접해서 조성되며, 주로 미고지(微高地)의 평탄면을 비롯하여 자연제방의 사면, 미고지와 미고지 사이의 경사면에 입지한다. 진주 남강변의 자연제방에 해당하는 충적지에 위치한 대평리유적과 평거동유적에서는 청동기시대의 밭이 대규모로 조사되었다**(그림 35)**. 밭의 형태는 고랑과 두둑으로 이루어졌는데, 지력 저하의 한계를 극복하고 농경의 효율성을 높이기 위해서 고랑과 두둑을 바꾸어가면서 경작한 사례도 확인되었다. 대평리유적의 밭에서는 주로 조를 재배하였고, 보리, 밀, 수수, 기장, 콩 들깨 등도 일부 확인되었으며, 평거동유적의 밭에서는 보리,밀, 콩, 팥이 출토되었다.

그리고 조기로 편년되는 하남 미사리유적을 비롯하여 전기로 편년되는 여주 흔암리유적, 천안 백석동, 화성 동학산유적 등과 같이 산지에 자리잡은 유적에서는 불에 탄 상태로 많은 양의 쌀과 잡곡, 그리고 토기의 표면에 곡물이 찍힌 흔적인 압흔토기(壓痕土器)가 발견되었는데**(그림 36)**, 입지적인 특징으로 보아 화전(火田) 농경 방식에 의한 밭농사가 이루어진 것으로 보는 견해가 있다. 그렇지만 아직 이 시기의 화전이 직접 발굴된 적은 없으며 조기~전기부터 논농사가 본격적으로 이루어진 것으로 보는 견해도 있어서 더 많은 검

그림 35 청동기시대의 밭 유적: 왼쪽 사진은 진주 평거동유적의 밭을 발굴하는 모습으로 현대의 밭과 비슷한 형태이다. 오른쪽 사진은 농경문청동기에 따비로 밭을 갈고 있는 남성과 괭이를 들고 있는 사람이 표현되어 있다(진주 평거동유적 1, 2, 농경문 청동기 3).

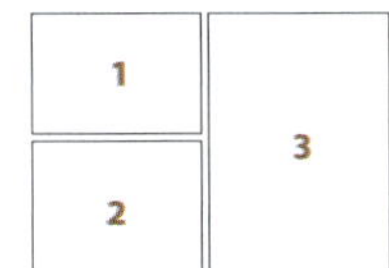

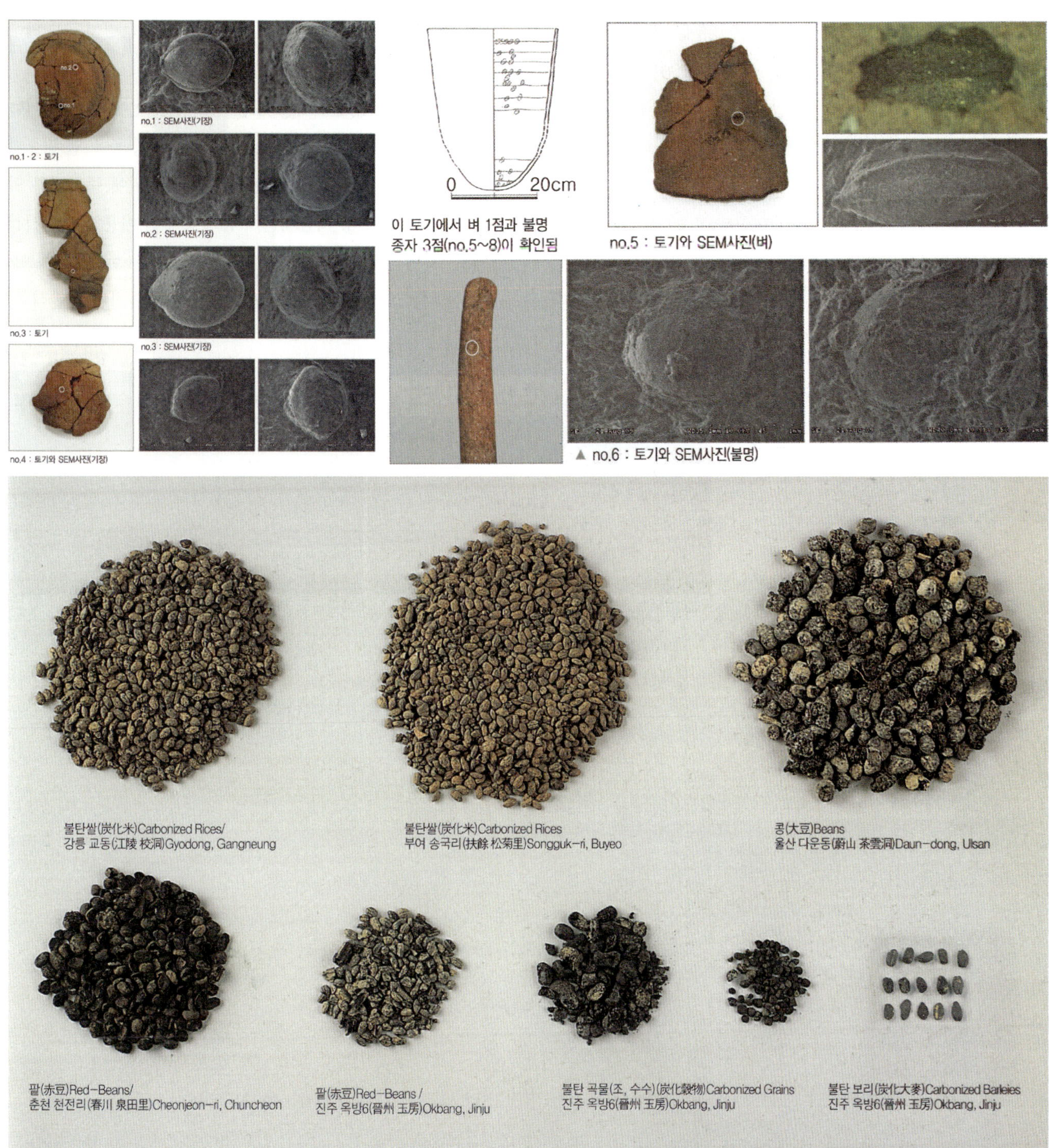

그림 36 청동기시대 유적 출토 쌀과 잡곡 자료: 하남 미사리 출토 토기의 압흔 분석(1), 여러 유적에서 나온 쌀과 잡곡(2)

토가 필요하다.

한편, 중기가 되면 논농사가 발달하게 되는데 논산 마전리유적이나 울산 무거동 옥현유적, 밀양 금천리유적, 진주 평거동유적의 논이 대표적이다. 이 시기의 논은 주로 나지막한 구릉 사이의 계곡부와 자연제방의 배후습지에 형성되는데 경작면과 함께 논둑, 수로, 웅덩이, 보 시설을 겸비하고 있다. 청동기시대에는 경작면의 규모가 작은 소구획 논이 주류를 이루며 경사진 골짜기에는 계단식 논을 조성하였다. 논에서는 사람의 발자국도 많이 확인된다.

금천리유적의 논은 논둑으로 구획된 한 단위가 4~5평 정도였다. 논에 물을 끌어들이기 위해서는 보(洑)와 수로(水路), 수구(水口)와 같은 시설이 필요했으며, 물을 댈 필요가 없을 때에는 돌로 물꼬를 막았다**(그림 37)**. 울산 무거동 옥현유적은 구릉 위에 주거지가 있고, 그 아래의 좁은 곡간 평지에 논을 만들었다. 처음에는 구릉쪽 일부만 이용하다가 시간이 지나면서 점차 골짜기 전체로 그 면적이 확대되었다. 옥현유적의 논은 한 단위가 2~3평 이내로 매우 작다**(그림 38)**. 논산 마전리유적은 구릉 사면 말단부의 골짜기에 계단식 논

그림 37 밀양 금천리유적. 청동기시대 논과 운용 원리

금천리유적 논 전경

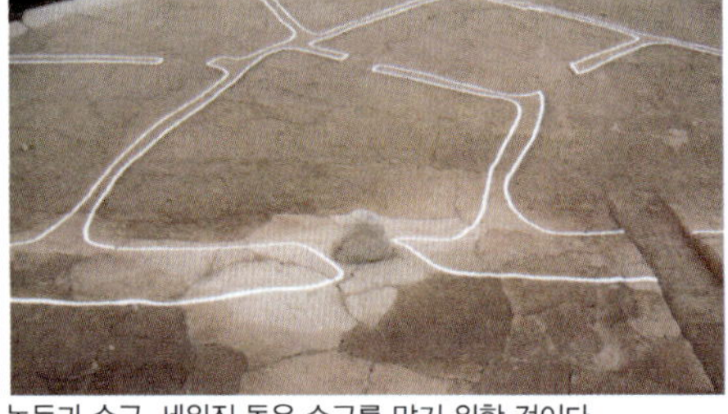
논둑과 수구, 세워진 돌은 수구를 막기 위한 것이다

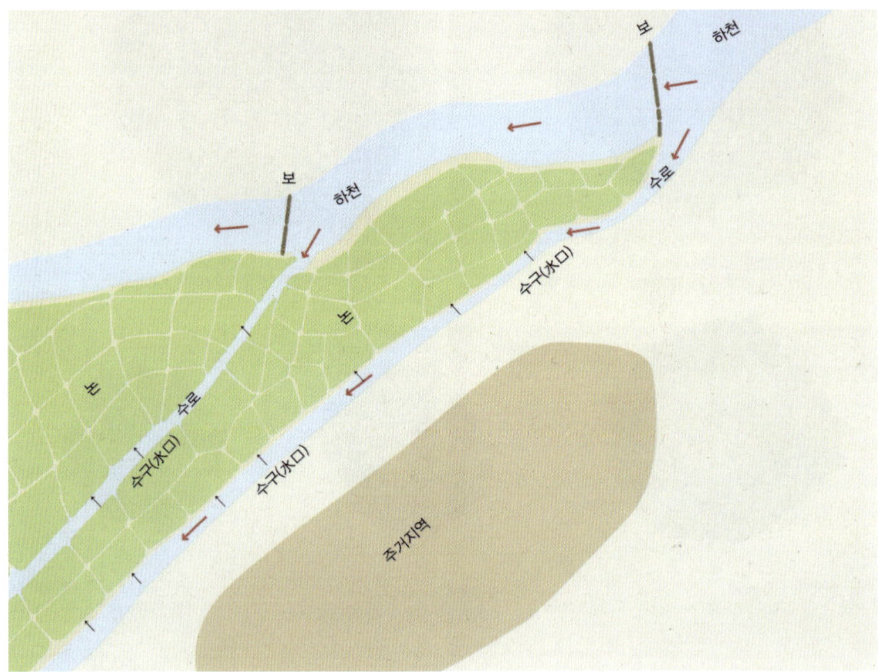

금천리유적을 통해 본 논의 운용 원리 – 습지 주변에 규모가 작은 논을 만들고 보, 수로 수구를 통해 논에 물을 공급한다.

그림 38 울산 무거동 청동기시대 논 유적

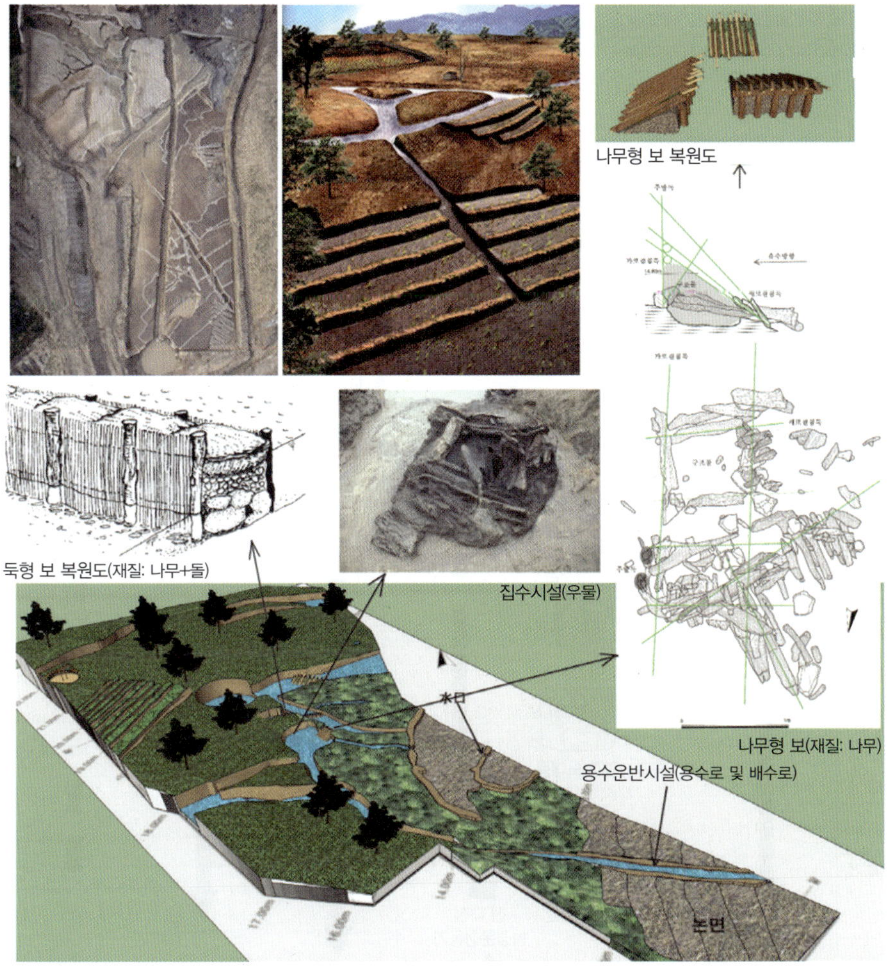

그림 39 논산 마전리 청동기시대 계단식 논 발굴과 복원도

을 조성하였다. 여기에서는 논과 함께 수로, 수문, 저수장, 저목장(貯木場) 등의 관개(灌漑) 및 수리(水利)시설과 목조 우물이 발굴되었다(그림 39).

청동기시대 사람들은 생계와 관련하여 주로 석기, 목기, 토기를 도구로 이용했다. 집을 짓고 마을을 조성하고 농경지를 확보하기 위해서는 삼림을 벌채하고 개간해야 했으며, 작물을 경작하고 수확하는 데에 석기와 목기로 구성된 농공구를 활용했다. 일상 도구로 사용된 석기 중에는 나무를 벌목하는 벌채구와 가공용의 공구가 있는데, 건축용이나 농경지 조성을 위해서도 쓰이지만 농업 생산성을 높이기 위한 목기를 만드는 데에도 사용되었다. 벌채구로는 날이 양쪽에 있는 조갯날 도끼(蛤刃石斧)가 있는데 두텁고 단단한 것이 특징이다. 목재 가공용의 석기로는 주상편인석부(柱狀偏刃石斧), 홈자귀(有溝石斧), 대팻날 도끼(扁平偏刃石斧,), 돌끌(石鑿) 등이 있다. 주상편인석부와 홈자귀는 벌채한 목재를 거칠게 가공하는 1차 가공구이며, 대팻날 도끼와 돌끌은 1차로 가공된 목재를 다시 정교하게 다듬는 2차 가공구이다. 식량획득을 위한 수확용 석기는 반달돌칼과 돌낫이, 식량처리도구로는 갈돌과 갈판이 대표적인 유물이다. 목기는 경작활동과 관련한 괭이, 고무래, 흙받이 등과 곡식의 껍질을 벗기거나 빻는 도구인 절구공이가 출토되었으며, 이와 함께 석제 도끼나 자귀의 자루로 사용된 목기도 여러 유적에서 확인되었다. 그리고 수확한 곡물을 조

그림 40 청동기시대 목기의 종류와 변천 양상

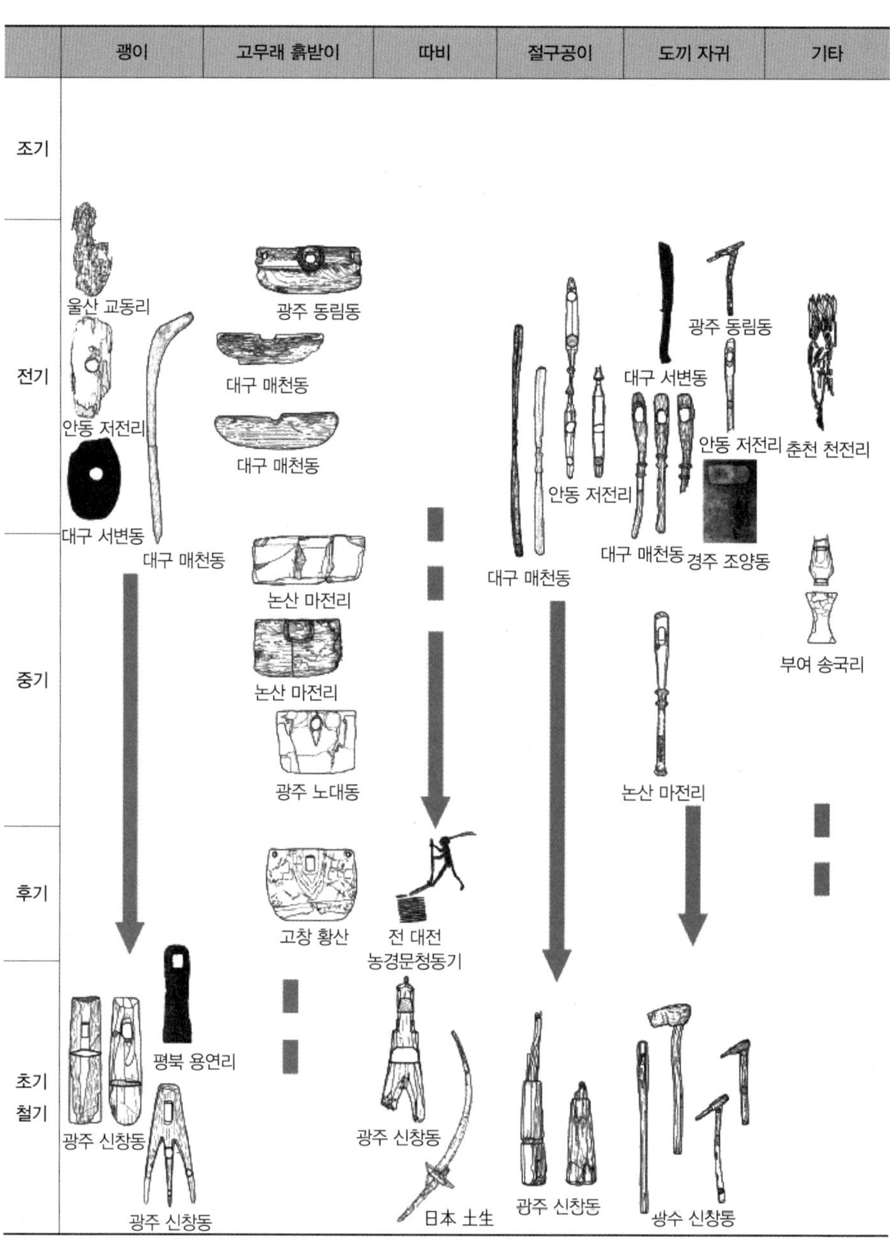

리하고 저장하고 배식하는 식생활에는 토기를 이용했다. 대체로 조리용기, 저장용기, 배식(配食)용기로 구분되는데, 각각 심발형토기, 호형토기, 완형(盌形)토기 등의 기종으로 불린다.

어로와 수렵

청동기시대가 농경사회인 것은 분명하지만 생업활동이 전적으로 농업에만 국한된 것은 아니었다. 신석기시대의 주요 생계원이 수렵과 어로행위였다면, 청동기시대는 농경을 중심으로 하면서 수렵과 어로가 생계의 보조 수단으로 사용된 것이다. 수렵은 들짐승과 날짐승을 대상으로 하였는데, 청동기시대 유적에서 출토된 동물유체를 통해서 볼 때 주로 사슴과 멧돼지를 사냥했던 것으로 판단된다. 수렵방식에는 활과 창을 이용하는 방법과 함

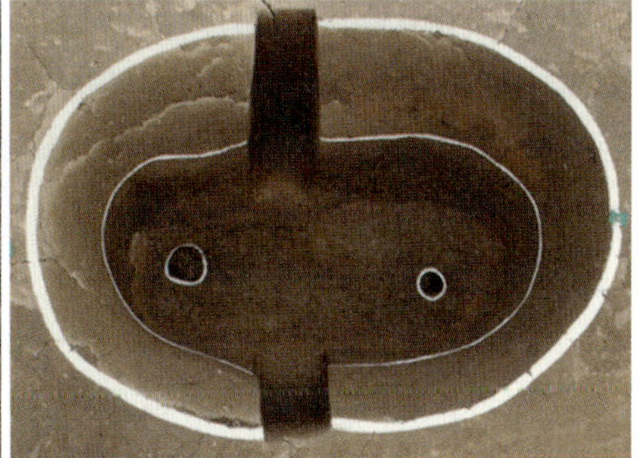

그림 41 춘천 천전리유적의 화살대(1)와 진주 평거동유적의 함정(2)

1	2

정을 파서 동물을 잡는 방법이 있다. 수렵도구는 주거지에서 많이 출토되는 석촉과 석창이 있는데, 이를 전투용 무기와 엄밀하게 구분하기는 어렵다. 활과 화살대는 남아 있는 예가 거의 없지만 정선 아우라지유적과 춘천 천전리유적에서는 화살촉과 화살대가 함께 출토되었다(그림 41). 함정유구는 신석기시대 유적에서도 일부 확인되지만 청동기시대유적에서 빈번하게 발굴되고 있다(그림 41). 어로활동의 흔적은 유적에서 검출되는 생선뼈의 존재에서도 나타나지만, 생활유적에서 빈출하는 어망추와 패총에서 확인되는 낚시바늘 등의 어로도구를 통해 그 실체를 알 수 있다. 특히 강가에 위치한 마을 유적에서는 대부분 어망추가 출토되는데, 주로 가구공동체 단위로 그물을 이용하여 물고기를 잡았던 것으로 추정된다.

요약

청동기시대는 생업경제상에서 이전의 신석기시대에 비해 농경의 비중이 큰 폭으로 늘어난 본격적인 농경사회에 해당한다. 삶의 영역의 핵심 공간인 가옥은 일반적으로 수혈주거의 형태였으며 대체로 이른 시기에는 대형의 장방형 평면이 주류를 이루다가 늦은 시기에는 소형의 방형이나 원형 평면으로 바뀐다. 이것은 당시 가구 구성원의 성격 및 규모와 관련되는데 확대가족(대가족)에서 핵가족(소가족)으로 분화하는 현상과 연결된다.

집의 내부에는 기본적으로 취사·난방·조명의 역할을 하는 화덕과 곡물이나 물을 토기에 담아 사용하는 저장구덩이가 확인된다. 화덕은 돌을 이용하거나 구덩이를 파는 경우도 있고 지면을 그대로 활용하기도 하는데, 시기 및 지역에 따라서 변화가 나타난다. 수혈주거는 노후한 상태가 되면 다시 고쳐서 사용했으며, 결혼이나 출산 등 가구 구성원의 수가 증가하면 집을 몇 차례 넓히기도 했다. 청동기시대 전체적으로 볼 때 시기별로 마을 단위에서 입지가 좋고 규모가 큰 가옥이 존재했고 일부의 집터에서는 청동기가 나온 사례가 있는데, 이것은 그 거주인의 사회적 위상이나 경제적 부의 수준이 높았다는 것을 말해준다.

밭농사와 논농사를 중심으로 하는 청동기시대 농업의 발전은 잉여 생산을 가능하게 했고 인간 집단의 사회적 분화를 야기하면서 집단 간의 갈등과 대립을 불러왔다. 이 과정에서 청동이나 돌로 만든 검이나 화살촉 등 무기의 제작과 사용이 빈번하게 이루어졌다. 고인돌이나 돌널무덤 등 정형화된 무덤이 만들어지고 그 안에 무기류를 넣는 부장 패턴이 유행했는데 이것은 당시의 사회적 분위기를 반영하는 것이다. 집단과 마을을 방어하는 시설인 환호를 축조하고 공동체의 결속과 안녕을 도모하기 위해서 만든 환구, 즉 신성한 의례공간은 사회적 긴장 상태를 나타내준다.

농경사회의 지도자들은 마을과 마을 사이 또는 지역과 지역 사이의 정치사회적 경쟁관계가 격화하면서 공동체 내부를 결집하고 통일하려고 애썼다. 이와 동시에 권력자(지배자)들은 마을이나 지역의 공동체를 통제하기 위해서 노력했다. 대규모 기념물인 랜드마크의 존재와 무덤의 규모 및 부장품의 차별화는 청동기시대의 사회적 계층화를 말해주는 고고학적 근거이다. 청동무기와 청동의기가 함께 나온 무덤은 그 피장자의 사회적 지위가 정치권력자이면서 제의를 장악한 종교적 지도자로 볼 수 있으므로 제정일치 사회의 일면을 엿볼 수 있다.

이 글은 남한지역의 발굴조사 성과를 통해서 청동기시대 삶과 죽음의 흔적, 그리고 복합사회의 발전 양상을 간략하게 살펴본 것이다. 남한의 청동기문화는 중국 동북지역과 북한지역, 그리고 일본열도와 밀접하게 관련되므로 이에 대한 비교 연구가 필수적이다. 이것은 고조선과 고조선 문화권에 대한 고고학적 연구를 통해서 한국 청동기문화의 이해를 높이는 작업과도 연결된다.

참고문헌

경남대학교박물관, 2008, 『문명에 드리운 자연의 은유』.

국립중앙박물관, 2010, 『청동기시대 마을 풍경』.

국립진주박물관, 2002, 『청동기시대의 대평 · 대평인』.

국립청주박물관, 2020, 『한국의 청동기문화 2020』.

김권구 · 공민규 편, 2014, 『청동기시대의 고고학3 취락』, 서경문화사.

김승옥, 2007, 「분묘 자료를 통해 본 청동기시대 사회조직과 변천」, 『계층 사회와 지배자의 출현』, 한국고고학회편, 사회평론.

배진성, 2007, 『무문토기문화의 성립과 계층사회』, 서경문화사.

복천박물관, 2005, 『선사 · 고대의 요리』.

서길덕, 2018, 『한국 점토띠토기문화기 무덤 연구』, 세종대학교 박사학위논문.

손준호외, 2010, 「복제(replica)법을 이용한 청동기시대 토기 압흔 분석」, 『야외고고학』8.

안재호, 2009, 「남한 청동기시대 연구의 성과와 과제」, 『동북아 청동기문화 조사연구의 성과와 과제』, 학연문화사.

안재호 · 이형원 편, 2016, 『청동기시대의 고고학2 편년』, 서경문화사.

안형기, 2017, 『고고학과 ICT 융합활용 연구』, 고려대학교 박사학위논문.

오규진 · 허의행, 2006, 「청동기시대 주거지 복원 및 실험」, 『야외고고학』창간호.

이상길, 2000, 『청동기시대 의례에 관한 고고학적 연구』, 대구효성카톨릭대학교 박사학위논문.

이영문 · 윤호필 편, 2017, 『청동기시대의 고고학4 분묘와 의례』, 서경문화사.

이종철, 2016, 『청동기시대 송국리형 문화의 전개와 취락 체계』, 진인진.

이청규 · 손준호 편, 2014, 『청동기시대의 고고학5 도구론』, 서경문화사.

이형원, 2009, 『청동기시대 취락구조와 사회조직』, 서경문화사.

______, 2021, 「청동기시대 중심취락의 지역적 양상」, 『호서고고학』49.

______, 2021, 「춘천 중도 청동기시대 취락의 발굴성과와 연구과제」, 『숭실사학』46.

이형원 · 이혜령, 2014, 「중부지역 청동기시대 전기 주거의 공간 활용」, 『숭실사학』32.

이홍종 · 이희진 편, 2014, 『청동기시대의 고고학1 인간과 환경』, 서경문화사.

조현종, 2014, 「목기의 종류와 특징」, 『청동기시대의 고고학5 도구론』, 서경문화사.

중앙문화재연구원, 2015, 『한국 청동기문화 개론』, 진인진

천선행, 2018, 「한국 무문토기문화의 공간적 범위에 대하여」, 『한국청동기학보』22.

콜린 렌프류 · 폴반(이성주 · 김종일 옮김), 2010, 『고고학의 주요 개념』, 도서출판考古.

______________(이희준 역) 2006, 『현대 고고학의 이해』, 사회평론.

한국고고학회, 2007, 『계층사회와 지배자의 출현』, 사회평론.

__________, 2010, 『개정신판 한국고고학강의』, 사회평론.

허의행, 2015, 「청동기시대 수리시설물의 구조와 변천」, 『야외고고학』23.

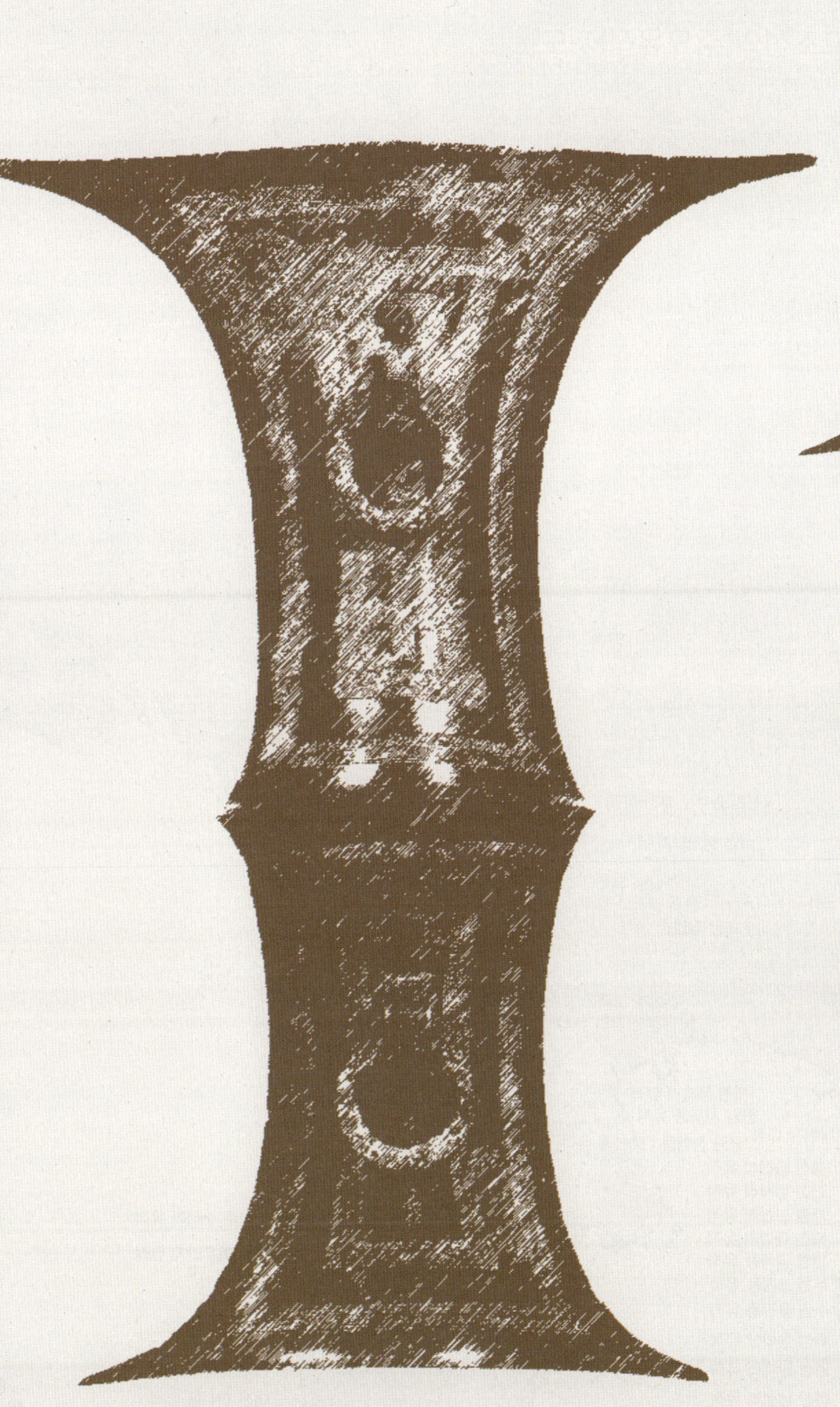

머리글

청동기 · 초기철기문화의 전개과정과 도구 제작

청동기 · 초기철기문화의 전개과정

청동기의 제작과 사용

비파형동검문화의 공간적 범위와 지역성

세형동검문화의 공간적 범위와 지역성

세형동검, 점토대토기, 철기 문화의 전개

중국 동북지역의 문화유형

남한의 문화 유형

고조선의 형성과 발전

비파형동검문화의 발전과 고조선의 형성

세형동검문화의 등장과 초기국가의 성장

주변지역과의 관계

요약

04 청동기 · 초기철기시대와 고조선의 문화

조진선

전남대학교

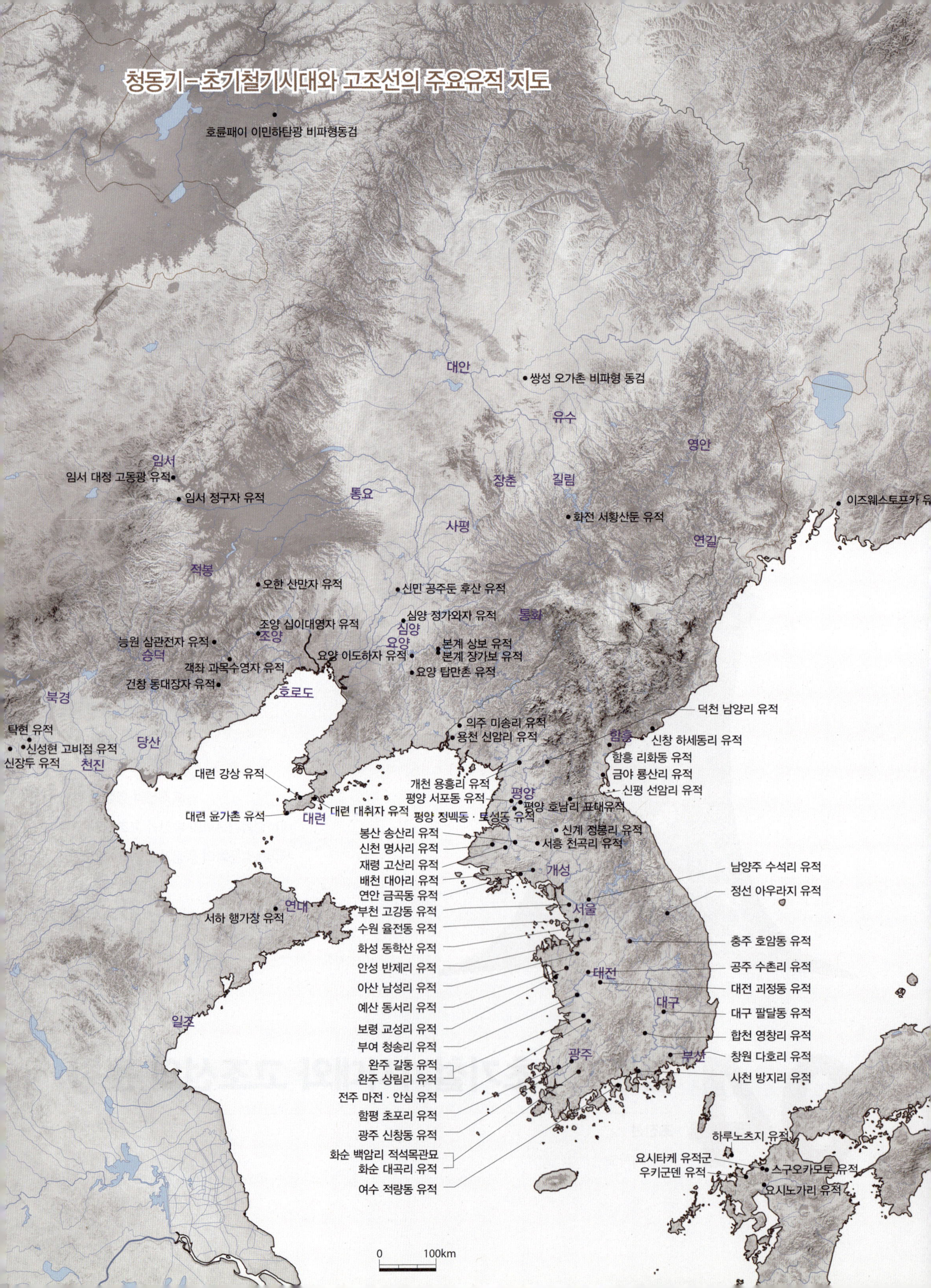

청동기-초기철기시대와 고조선의 주요유적 지도
호륜패이 이민하탄광 비파형동검
대안
쌍성 오가촌 비파형 동검
유수
영안
임서
임서 대정 고동광 유적
임서 정구자 유적
통요
장춘
길림
이즈웨스토프카 유
화전 서황산둔 유적
사평
연길
적봉
오한 산만자 유적
신민 공주둔 후산 유적
심양 정가와자 유적
통화
심양
조양 십이대영자 유적
조양
능원 삼관전자 유적
요양
본계 상보 유적
본계 장가보 유적
요양 이도하자 유적
승덕
객좌 과목수영자 유적
요양 탑만촌 유적
건창 동대장자 유적
호로도
북경
덕천 남양리 유적
의주 미송리 유적
용천 신암리 유적
탁현 유적
신성현 고비점 유적
당산
함흥
신창 하세동리 유적
신장두 유적
천진
함흥 리화동 유적
대련 강상 유적
개천 용흥리 유적
금야 룡산리 유적
평양 서포동 유적
평양
신평 선암리 유적
대련 대취자 유적
평양 호남리 표대유적
대련 윤가촌 유적
대련
평양 정백동 · 토성동 유적
봉산 송산리 유적
신계 정봉리 유적
신천 명사리 유적
서흥 천곡리 유적
재령 고산리 유적
남양주 수석리 유적
배천 대아리 유적
개성
연안 금곡동 유적
정선 아우라지 유적
서하 행가장 유적
연대
부천 고강동 유적
서울
수원 율전동 유적
충주 호암동 유적
화성 동학산 유적
안성 반제리 유적
공주 수촌리 유적
대전
아산 남성리 유적
대전 괴정동 유적
예산 동서리 유적
대구
대구 팔달동 유적
일조
보령 교성리 유적
합천 영창리 유적
부여 청송리 유적
광주
완주 갈동 유적
창원 다호리 유적
부산
완주 상림리 유적
사천 방지리 유적
전주 마전 · 안심 유적
함평 초포리 유적
광주 신창동 유적
하루노츠지 유적
화순 백암리 적석목관묘
요시타케 유적군
화순 대곡리 유적
스구오카모토 유적
우키군덴 유적
여수 적량동 유적
요시노가리 유적
0
100km

청동기·초기철기시대와 고조선의 문화

조진선

전남대학교

머리글

선사시대와 역사시대는 문자 기록의 여부에 따라 구분되며, 원사시대는 선사시대를 지나 역사시대로 여정을 시작하는 때를 말한다. 그래서 자체적인 문자 기록은 없지만, 주변의 다른 문화 집단에 의한 부분적인 기록들이 남아있는 시대이다. 우리 민족에 대한 중국 문헌의 기록들이 중국과 가까운 요서지역은 기원전 10세기경부터, 남한지역은 기원전 3~2세기부터 등장하는데 고고학적으로 보면 청동기·초기철기시대에 해당한다. 요서·요동지역은 청동기시대부터 원사시대로 접어들었지만, 남한지역은 청동기시대 끝 무렵, 또는 초기철기시대부터 원사시대로 접어든다. 현재 우리나라는 압록강과 두만강 이남의 한반도, 그것도 휴전선으로 인해 허리가 잘려있는 상태이지만 청동기·초기철기시대에 걸친 한국문화권은 한반도는 물론, 지금은 중국과 러시아의 영역이 되어버린 요동·요서지역과 연해주 일대까지 포함한다. 물론, 편입과 이탈을 반복하는 지역도 있어서 범위는 시기에 따라 조금씩 다르다.

청동기·초기철기시대의 한국문화권을 결정지을 수 있는 물질자료로는 비파형동검과 세형동검, 무문토기를 들 수 있다. 광의의 무문토기문화권에는 한반도와 요동지역을 비롯하여 요하평원과 요서의 대·소릉하 유역까지도 포함시킬 수 있다. 비파형동검은 요서·요동지역부터 한반도에 이르기까지 넓은 지역에 분포한다. 특히 요서지역에는 비파형동검뿐 아니라 다양한 종류의 청동기들이 확인되며, 요동과 한반도로 동남진하면서 점차 종류와 수량이 줄어든다. 세형동검문화가 등장하는 기원전 3세기에는 요서지역이 이탈하면서 한국문화권의 범위가 요동과 한반도로 축소된다. 그 대신에 요동 깊숙한 지역과 러시아 연해주 일대가 새로 포함된다(그림 1).

이처럼 청동기·초기철기시대는 한국문화권의 범위가 때에 따라 달라져 상당히 격동적인 시대였던 것으로 생각된다. 선사시대에서 역사시대로의 문턱을 넘어서는 격동의 원사시대에 물질적으로는 청동기·초기철기문화, 역사적으로는 예(濊), 맥(貊), 한(漢)의 종족이나 고조선(古朝鮮), 부여(夫餘), 옥저(沃沮), 삼한(三韓) 등의 초기국가들이 등장한 것이다.

그림 1　동북아시아의 청동기문화권과 각 문화권을 대표하는 동검 형식

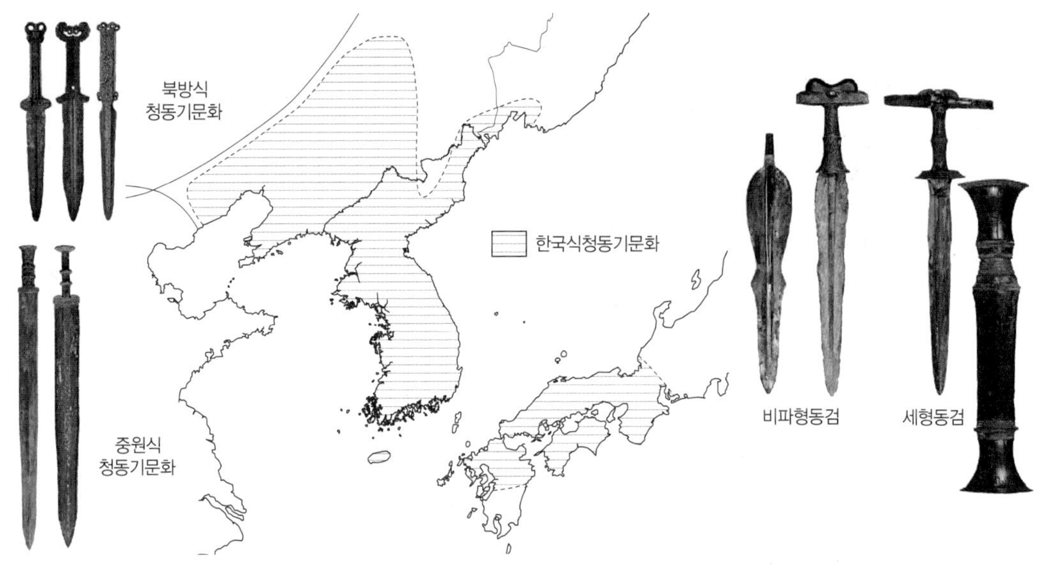

청동기·초기철기문화의 전개과정과 도구 제작

청동기·초기철기문화의 전개과정

한국문화권에서 청동기는 기원전 20세기경 요동반도의 쌍타자(雙砣子)문화와 요동 북부의 마성자(馬城子)문화에서 처음으로 등장하였다. 쌍타자문화에서는 대취자(大嘴子) 유적에서 동과(銅戈)·동촉(銅鏃)이, 우가촌(于家村) 타두(砣頭) 적석묘에서 동촉·청동낚싯바늘·청동단추(泡飾)·청동고리(銅環) 등이 출토되었다. 마성자문화의 장가보(張家堡) A동굴에서는 청동고리·원형과 장방형 청동장식(銅飾)·청동귀걸이(銅耳環) 등이 출토되었다. 기원전 10세기경에는 한반도에서도 청동기들이 확인된다. 용천 신암리유적에서 청동손칼(銅刀)과 청동단추가 출토되었고, 정선 아우라지유적에서 청동 장신구가 출토되었다. 이러한 청동기들은 이 지역에서 만들어졌을 가능성이 있지만 주변지역에서 수입되었을 가능성도 크다. 청동기는 가장 선진적인 쌍타자문화에서조차도 많지 않아서 석검(石劍), 석과(石戈), 석창(石矛), 석월(石鉞), 석부(石斧), 반월형석도(半月形石刀) 등에서 볼 수 있는 것처럼 많은 도구들은 여전히 석기로 만들어졌다. 이와 같이 기원전 20세기경에 초기청동기문화가 시작될 때부터 비파형동검문화가 등장하기 전까지의 시기를 청동기시대 전기라고 할 수 있다(**그림 2**).

한국 청동기문화는 비파형동검이 등장하면서 본격적으로 발달한다. 비파형동검문화의 기원에 대하여 기원전 9~8세기에 요서지역에서 등장한 것으로 보기도 하고, 기원전 12세기경에 요동지역에서 등장한 것으로 보기도 한다. 이 문제는 지금도 논쟁 중이라 쉽게 결론이 날 것 같지 않지만 비파형동검문화가 기원전 10세기를 전후해서 등장한 것은 틀림없다. 비파형동검문화는 기원전 4세기까지 요서·요동지역과 한반도에서 발전하다가 기원전 4~3세기에 세형동검문화로 전환된다. 이처럼 한국 고유의 청동기문화가 본격적

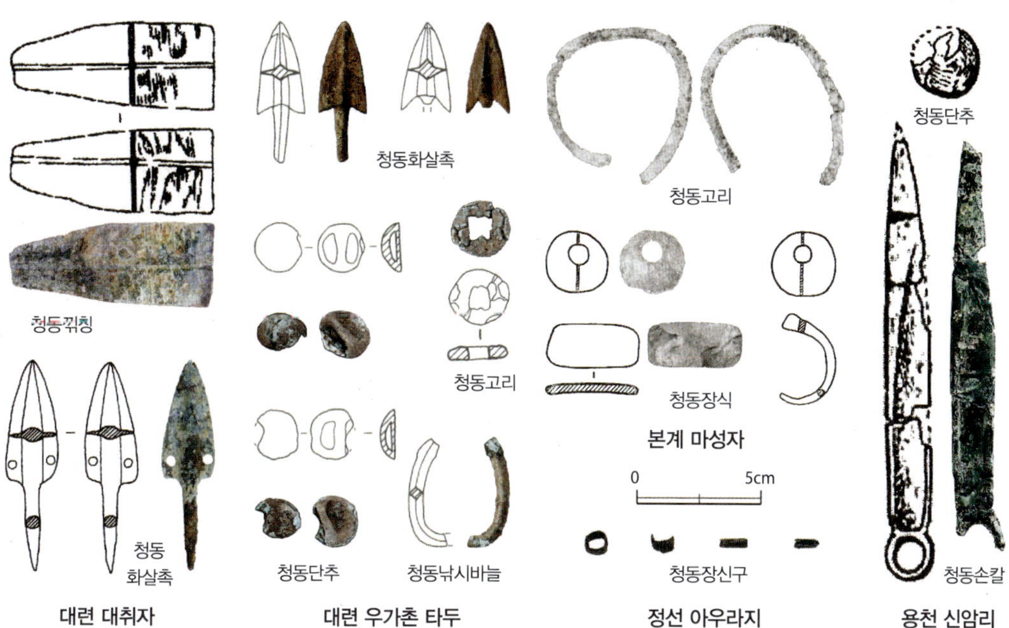

그림 2 청동기시대 전기의 각종 청동유물

으로 발전하는 비파형동검문화의 시기를 청동기시대 중기라고 할 수 있다. 우리나라 최초의 국가인 고조선도 이러한 비파형동검문화를 배경으로 해서 등장했을 것이다.

세형동검문화는 청동기시대 후기를 대표하지만 곧이어 철기가 동반하면서 초기철기시대로 지속된다. 과거에는 철기가 기원전 5~4세기 또는 그 이전에 등장한 것으로 보기도 했지만 최근에는 기원전 3세기경에 등장한 것으로 보는 견해들이 많다. 이 시기에 철기는 철부(鐵斧)나 철착(鐵鑿) 등 공구를 만드는 데 한정되었고, 철검(鐵劍), 철모(鐵鉾) 등의 무기류는 이보다 늦은 기원전 1세기경부터 등장한다.

남한지역에서 초기철기시대를 대표하는 유물은 세형동검과 점토대토기이어서 이 시기의 문화를 세형동검문화, 또는 점토대토기문화로 부른다. 초기철기시대는 세형동검으로 대표되는 일군의 청동기와 점토대토기·검은간토기로 대표되는 일군의 토기, 장방형 소형 움집, 적석목관묘·목관묘 등의 무덤이 특징적이다. 과거에는 세형동검문화의 등장과 더불어 철기가 나타난 것으로 보기도 했지만 지금은 당초 순수한 청동기문화로 등장해서 철기를 수용하면서 발전해 간 것으로 보고 있다. 남한지역에서 세형동검문화는 기원후 1~2세기까지도 지속된다. 최근 원삼국시대를 기원전 1세기까지 올려보면서 초기철기시대가 자리할 시간적 범위가 축소되어 상당한 혼란을 겪고 있다. 초기철기시대에는 고조선이 발전을 거듭하는 것은 물론, 부여, 옥저, 삼한 등 우리 민족의 초기국가들이 본격적으로 등장·발전한다는 점에서 역사적인 맥락을 고려한 시대 명칭의 필요성도 논의되고 있다.

남한지역에서는 세형동검을 중심으로 하는 일군의 청동기와 점토대토기를 중심으로 하는 일군의 토기들이 어떻게 등장했는지를 두고 의견들이 갈리고 있다. 과거에는 세형동검문화와 점토대토기문화를 사실상 하나의 문화로 이해하였다. 방사성탄소연대 측정 사례가 늘어나면서 점토대토기가 출토되는 생활유적들의 연대는 기원전 7~5세기로 상향되었지만, 세형동검을 비롯한 청동기가 출토되는 무덤들의 연대는 여전히 기원전 3세기를 크게 상회하지 않은 것으로 보고 있어서 양자 사이에 연대 차이가 발생하게 되었다. 이 문제를 해결하는 하나의 방안으로 점토대토기가 세형동검보다 남한지역에 먼저 들어왔을 것으로 보기도 한다.

여기에서는 초기철기시대를 세형동검 – 점토대토기문화가 성행하는 시기로 규정한다. 그러다 보면 철기가 아직 등장하지 않는 시기를 포함하는 문제도 있고, 원삼국시대와 구분이 애매해지는 문제도 발생하지만 세형동검과 점토대토기는 한반도뿐 아니라 요동·요서지역까지 폭넓게 분포하고 있는 점도 고려해야 한다. 세형동검 – 점토대토기문화는 요서·요동지역부터 한반도까지 분포하며, 처음에는 청동기만을 갖추고 있다가 철기를 수용하면서 원삼국시대로 이어진다. 지역에 따라 철기를 수용하는 시기가 조금씩 다른데, 이를 통해서 선사시대에서 역사시대로 전환되는 원사시대의 여정이 다양하게 진행되는 사실을 확인할 수가 있다.

청동기의 제작과 사용

청동기시대는 청동기를 사용하는 시대를 말하지만 석기도 여전히 많이 사용하는 시대이기도 하다. 비파형동검문화 등장 이전까지 청동기는 주로 소형 장신구 정도였고, 무기나 공구는 대부분 석기로 만들었다. 비파형동검문화가 등장하고 나서 사정이 나아졌지만 그렇다고 석기를 사용하지 않은 것은 아니다. 요서의 십이대영자(十二臺營子)문화에서는 청동으로 다양한 종류의 도구들을 만들었지만, 요동과 한반도에서는 여전히 석기를 많이 사용하였다. 세형동검문화에 들어서야 요동과 한반도에도 청동기 사용이 급증한다. 다양한 종류의 청동제 무기류와 공구류뿐 아니라 청동거울(銅鏡)과 청동방울(銅鈴) 등이 등장하면서 석기는 급감한다. 초기철기시대에 철기의 사용은 제한적이었으며, 오히려 청동기 주조기술이 크게 발전하였다. 철기는 전국시대 연(燕)나라를 통해 들어온 중원계(中原系) 주조철기(鑄造鐵器)인데, 깨지기 쉬워서 무기보다는 괭이(鐵钁)나 도끼(鐵斧), 끌(鐵鑿) 같은 농공구를 만드는 데 주로 사용되었다.

동북아시아에서 청동기는 돌로 만든 거푸집(石范)이나 흙으로 만든 거푸집(土范)을 사용해서 주조하였다. 한국문화권에서 청동기는 대부분 돌 거푸집으로 주조하였지만, 흙 거푸집으로도 제작되기 시작한다. 세형동검·동모(銅矛)·동과 등의 무기류와 도끼(銅斧)·자귀(銅錛)·끌(銅鑿)·삭도(銅鉇) 등의 공구류는 돌 거푸집으로 주조하였다. 하지만 구조가 복잡한 검파형(劍把形)·나팔형·방패형의 이형동기(異形銅器)나 팔주령(八珠鈴)·쌍두령·조합식쌍두령·간두령(竿頭鈴) 등의 청동방울은 흙 거푸집으로 주조했을 것이다. 다뉴경(多鈕鏡)도 문양이 거친 조문경(粗文鏡)은 돌 거푸집으로 주조하였지만, 문양이 고운 정문경(精文鏡)은 흙 거푸집으로 주조하였을 가능성이 크다.

우리나라의 청동기는 아연이나 비소가 섞여 있기도 하지만, 기본적으로 구리와 주석, 또는 구리와 주석+납의 합금이다. 순구리는 1,085℃에서 끓기 시작해서 1,200℃에서 완전히 용융되지만 주석을 20% 정도 섞으면 890℃~1,000℃에서 용융된다. 이렇게 되면 응고될 때까지의 시간이 길어지므로 유동성이 좋아지는데, 납도 비슷한 효과를 발휘한다. 주석의 함량을 늘이면 압축강도는 계속 증가하지만, 인장강도는 16% 정도에서 정점을 이룬 다음 다시 떨어진다.

청동기 주조기술이 발달할수록 성분조성비를 조절하여 기능과 용도에 알맞은 경도와 강도로 청동 도구를 만들어냈을 것이다. 색상 또한 주석의 비율에 따라 적색–담황색–은색으로 변화한다. 청동거울은 은색이어야 반사율이 높기 때문에 주조기술이 발달할수록 주석을 많이 첨가하게 되었을 것이다. 세형동검은 구리 75%, 주석 15~20%, 납 5~10% 정도이지만 정문경은 구리 68%, 주석+납 32% 정도의 성분 조성을 보여준다. 이러한 청동기의 성분조성비는 『주례(周禮)』「고공기(考工記)」에 언급된 청동기 제작의 여섯 가지 방법과 크게 다르지 않아서 당시에 이미 선진적인 청동기 주조기술을 보유한 것을 알 수 있다.

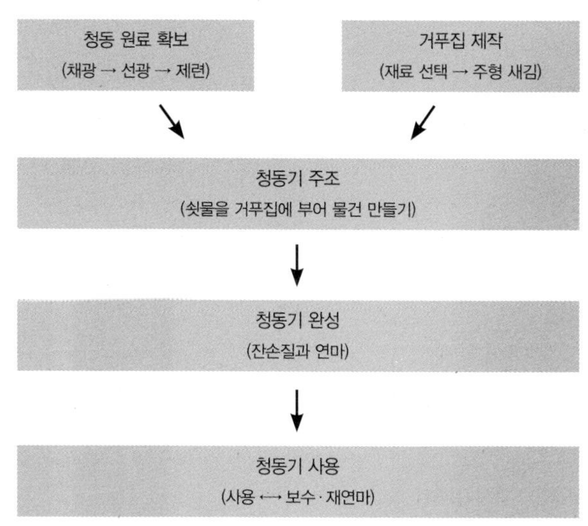

그림 3 청동기의 생산과 사용 과정

청동기 주조과정은 상당히 복잡하다**(그림 3)**. 먼저 청동기 주조에 필요한 구리와 주석, 납 등의 원료를 확보해야 한다. 이를 위해서 이러한 원료들이 산출되는 광산에서 채광(採鑛)하고, 그중에서 양질의 동광석을 분리해내는 선광(選鑛) 작업을 한 다음, 제련(製錬) 공정을 통해 광석에서 청동원료를 추출한다. 한국 청동기문화권에서는 이러한 과정을 보여주는 유적이 아직 확인되지 않았지만, 요서지역의 임서(林西) 대정(大井)에서 하가점상층문화(夏家店上層文化)에 속하는 고동광(古銅鑛)유적이 조사되었다. 4호 채광갱은 길이 500m, 입구 너비 3~7m, 깊이 7m에 달하며, 돌정(石釬)이나 돌망치(石錘)로 채광하였다. 그중 대형 석기들은 길이 30cm, 무게 7.5kg에 달한다. 송풍관과 흙 거푸집도 출토되었다. 송풍관은 말머리 모양을 띠는데, 요서의 능원(凌源) 삼관전자(三官甸子)유적이나 남한의 전주 마전·안심유적에서 비슷한 형태의 송풍관이 출토되어서 비파형동검문화와 세형동검문화에서도 광범위하게 사용되었음을 알 수 있다.

다른 한편으로 주조할 기물의 형태가 새겨진 거푸집을 마련해야 하는데, 이를 위하여 거푸집을 만들기에 알맞은 석재(石材)나 흙을 찾아야 한다. 한국청동기문화권에서 돌거푸집은 주로 활석을 사용하였다. 활석은 가장 무른 암석이기 때문에 주형(鑄型)을 새기기 쉽고, 열에 강해서 한번 만든 거푸집으로 수십 번 반복해서 주조할 수 있다. 반면에 일본열도에서 거푸집 석재로 사용하는 석영반암은 모스 경도 6인 단단한 돌이어서 주형을 새기기 어려울 뿐 아니라 1~2회 주조하면 깨질 가능성이 커서 경제성이 떨어진다.

이렇게 청동원료와 거푸집을 마련한 후에 주조공방에서 거푸집을 조합해 안치하고, 청동쇳물을 거푸집에 부어내 청동기를 주조하였다. 주조한 청동기에는 청동 찌꺼기들이 붙어 있으므로 이를 제거해서 원래 만들고자 한 도구를 완성한다.

비파형동검문화의 돌 거푸집은 조양(朝陽) 서구대대(西溝大隊), 오한기(敖漢旗) 산만자(山灣子), 요양(遼陽) 이도하자(二道河子), 요양 탑만촌(塔灣村), 대련(大連) 강상(崗上)유적 등의 요서·요동지역은 물론 부여 송국리유적을 비롯한 한반도에서도 확인된다. 세형동검문화의 돌 거푸집은 요동과 한반도에서 폭넓게 확인되는데, 전 영암 거푸집 일괄 유물과 완주 갈동 동검·동과 거푸집이 대표적이다. 전 영암 거푸집 일괄 유물에는 세형동검, 동과, 동모, 각종 도끼와 자귀, 끌, 송곳, 낚싯바늘 등 11종 26점의 주형이 새겨져 있다(그림 4). 화순 백암리 적석목관묘에서 출토된 동과는 그 크기와 세부 형태로 보아 전 영암 거푸집 일괄 유물의 동과 거푸집에서 주조된 것으로 생각된다.

그림 4 전 영암 거푸집과 이를 이용한 청동기 가상 주조

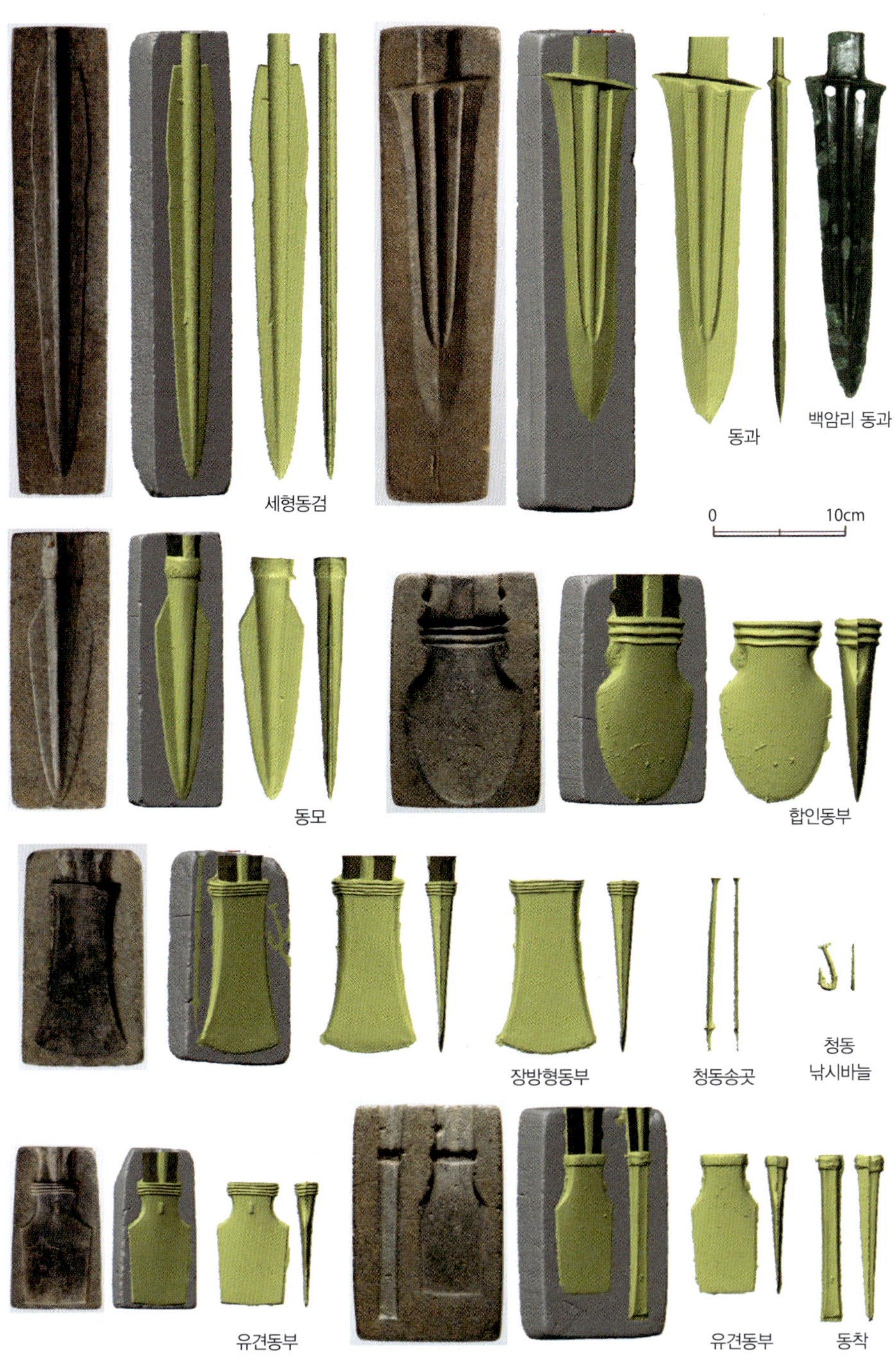

비파형동검문화의 공간적 범위와 지역성

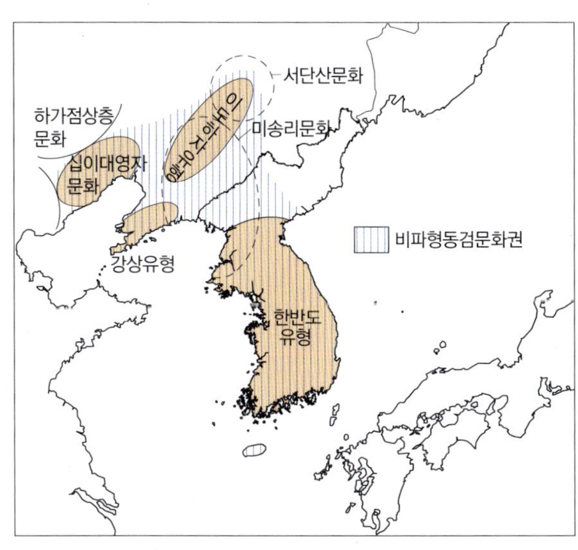

그림 5 비파형동검문화의 분포권과 문화유형

한국 청동기문화는 기원전 10세기경에 비파형동검이 등장하면서부터 본격적으로 발전한다. 비파형동검은 요서·요동지역부터 한반도까지 동서 약 700km, 남북 약 1000km에 걸쳐 분포한다. 또한 동주(東周) 시기에 연(燕)나라와 제(齊)나라가 있었던 중국 하북성과 산동성에서도 출토되며, 북방민족이 거주하였던 내몽고자치구 호륜패이시(呼倫貝爾市)나 흑룡강성 쌍성시(雙城市)에서도 출토된다. 이로 보아 비파형동검문화는 요서·요동지역과 한반도를 중심으로 발달하면서 주변지역과 넓게 교류한 것을 알 수 있다(그림 5).

비파형동검문화는 문화적인 특징과 지리적인 분포현황을 토대로 몇 개의 하부 문화유형으로 세분할 수 있다. 요서지역에는 대·소능하유역을 중심으로 해서 십이대영자문화(十二臺營子文化)가 자리한다. 요동지역에는 요동반도를 중심으로 하는 강상유형(崗上類型)과 요동 북부부터 길림성 중남부에 걸쳐 있는 이도하자유형(二道河子類型)이 분포한다. 남한지역에서도 비파형동검문화가 확인되는데, 특히 송국리문화권의 사례가 특징적이다.

요서 십이대영자문화에서는 동촉과 비파형동검 같은 무기뿐 아니라 동부·동착 등의 공구, 청동재갈과 말얼굴가리개(馬面)·말머리장식(頂飾) 등 거마구(車馬具), 조문경 등의 의기까지 다양한 종류의 청동기들이 일찍부터 확인되고 있다. 십이대영자문화의 형성 배경은 확실하지 않지만, 기원전 9~8세기에 토착문화가 중원문화의 성격을 갖는 위영자유형(魏營子類型)의 영향을 받아 조양 지역에서 형성된 것으로 생각된다. 기원전 6~5세기에는 요동의 심양(瀋陽) 일대로 확산되면서 정가와자유형(鄭家窪子類型)을 형성한다. 기원전 5~4세기에는 전국시대 중원계 유물들이 급증하면서 더욱 발전하지만, 기원전 3세기 전엽에 갑자기 쇠퇴한다.

요서 십이대영자문화에서는 다양한 종류의 도구들을 청동으로 만들었지만 요동지역과 한반도로 오면 상황이 달라진다. 요동지역에서 청동은 비파형동검이나 비파형동모 같은 무기류나 동부를 만드는 데 주로 사용하였고, 나머지 도구들은 여전히 석기로 만들었다. 거마구는 거의 확인되지 않는데, 거마구가 필요할 만큼 사회가 성숙되지 못했기 때문일 가능성이 크다. 한반도로 오면서 이러한 상황은 더욱 심화된다(표 1).

십이대영자문화의 유적은 대부분 석곽묘나 토광묘 같은 무덤들인데, 다양한 종류의 청동기들이 출토되었다. 동촉과 비파형동검은 전기부터 확인되고, 중기에는 비파형동모가 등장하며, 중원식동과도 간헐적으로 확인된다. 후기에는 중원식의 동검·동모·동과가 급증하며, 재지적인 요령식동과도 새로 만들어진다. 시기가 내려올수록 무기체계는 활+동검 → 활+동검+동모 → 활+동검+동모·동과로 확대된다. 동부, 동착, 동도 등의 공구와 말을 제어하고 수레를 장식하는 데 쓰이는 재갈을 비롯한 각종 거마구, 조문경 등의 의기, 장식품 등이 전기부터 확인된다. 후기에는 동정(銅鼎), 동두(銅豆), 동호(銅壺), 동돈

(銅敦) 등 중원계 청동예기(青銅禮器)와 거마구, 다양한 종류의 청동장식품들이 확인된다 (그림 6).

십이대영자문화의 비파형동검은 형식학적으로 뚜렷한 변천 양상을 보여준다. 검신(劍身) 중에서 봉부(鋒部)는 점차 길어지고, 돌기부는 미약해지며, 기부(基部)가 호형(弧形)에서 사절형(斜節形)을 거쳐 직절형(直節形)으로 변화된다. 따라서 검신의 전체적인 형태는 볼륨감이 뚜렷한 비파 모양에서 볼륨감이 줄어들면서 직인화(直刃化) 되어간다(그림 7).

요동반도의 강상유형에서는 여러 사람을 화장(火葬)해서 함께 묻은 적석묘에서 청동

표 1 요서, 요동, 한반도 비파형동검문화의 주요 청동기 기종

지역 \ 기종	무기	공구	거마구	의기	장신구
요서 십이대영자문화	비파형동검, 비파형동모, 동촉	동부, 동착, 청동송곳, 청동손칼, 청동낚싯바늘	재갈, 말얼굴가리개, 말머리장식, 말띠고리, 고삐걸개 등	조문경	각종 패식
요동반도 강상유형	비파형동검, 동모, 동촉	동부, 동착	소형 재갈(강상)		
요동북부 이도하자유형	비파형동검, 비파형동모, 동촉	동부, 동착		조문경(양가촌)	
한반도 비파형동검문화	비파형동검, 비파형동모, 동촉	동부			

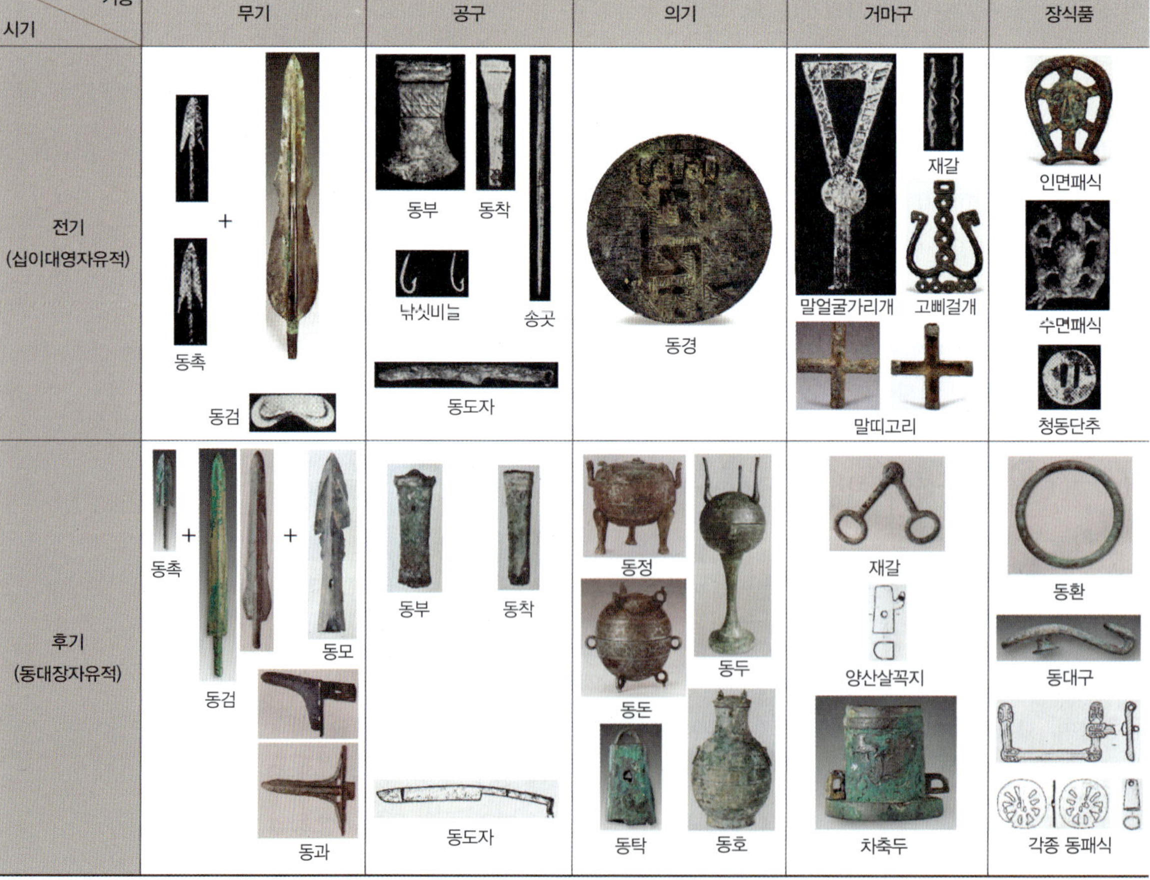

그림 6 십이대영자문화 전기(십이대영자유적)와 후기(동대장자유적)의 출토유물

기가 출토되었다. 동촉, 비파형동검, 동모 등의 무기류와 동부, 동착 등의 공구류가 대부분이며 청동장식품과 명기(明器)화된 거마구도 약간 출토된다.

요동 북부의 이도하자유형은 미송리문화권과 서단산(西團山)문화권 중에서 십이대영자문화와 가장 가까운 지역에 형성되어 있다. 동촉과 비파형동검·비파형동모 등의 무기류와 동부·동착 등의 공구류가 주로 출토되었는데, 십이대영자문화는 물론, 강상유형과 비교했을 때도 청동기의 종류와 수량이 줄어들었다.

한반도 비파형동검문화는 청천강 이남부터 한상유역까지, 금강 중하류지역, 남해안지역에서 주로 확인된다. 동촉, 비파형동검, 비파형동모 등의 무기류가 주로 출토되며, 동부가 약간 출토될 뿐이어서 요동지역에 비해서도 청동기의 종류와 수량이 더욱 줄어들었다. 특히 고흥반도부터 김해에 이르는 남해안지역에서 청동기는 지석묘나 석관묘에서 주로 출토되는데, 비파형동검이 가장 많고, 비파형동모나 동촉도 일부 확인된다. 비파형동검은 곡인(曲刃)의 형태가 뚜렷한 것과 그렇지 않은 것으로 구분되며, 깨진 파편이나 재가공한 것들이 많다(그림 8).

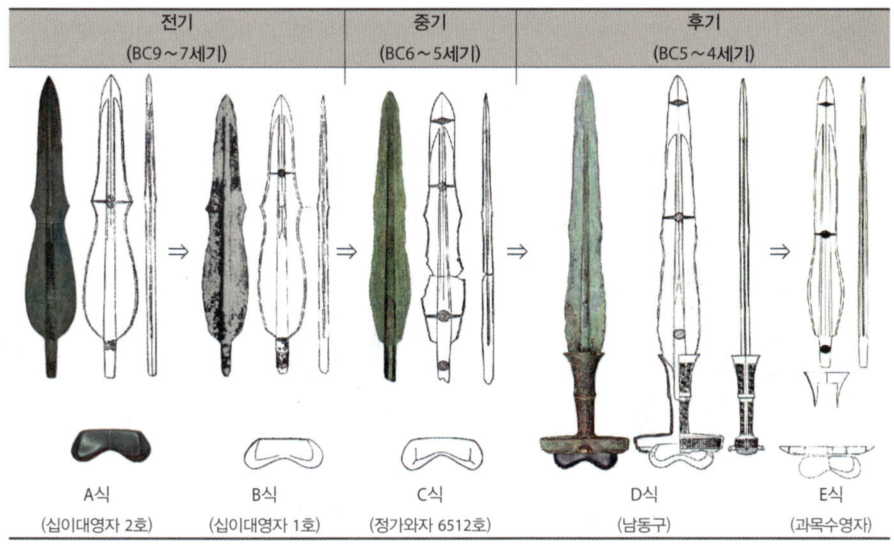

그림 7 십이대영자문화 비파형동검의 형식변천

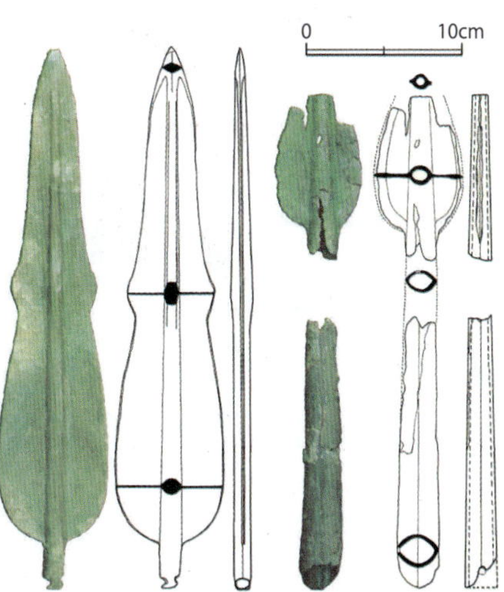

그림 8 여수 적량동 상적 지석묘군(1)과 비파형동검(7호 지석묘, 2)·비파형동모(2호 석곽, 3)

테글 1

초기철기시대에는 왜 철기보다 청동기를 더 많이 사용했을까?

초기철기시대 유적들에서 출토되는 유물들을 보면 철기보다 청동기가 훨씬 더 많다. 철기는 아주 귀해서 겨우 철부 · 철착 · 철삭도 같은 공구들이 드물게 출토될 뿐이며, 철검 · 철모 · 철과 등의 무기류는 원삼국시대로 넘어가면서 등장한다. 이처럼 초기철기시대 도구들은 철보다 청동으로 더 많이 만들어지고 있어서 청동기시대라고 하는 것이 더 어울리지 않을까 하는 생각마저 든다.

이러한 원인은 철을 다루는 기술이 충분히 발달되지 않았기 때문이다. 철광산을 찾아내고, 철광석에서 철을 뽑아내는 제련(제철) 기술이 덜 발달해서 철 소재가 충분하지 않았다. 더구나 철의 성질을 제대로 파악하지 못하였고, 철을 다루는 기술도 초보적이어서 만들 수 있는 물건들이 한정될 수밖에 없었다. 우리나라에 가장 먼저 등장하는 주조철기는 내마모성은 좋지만 쉽게 깨지는 단점을 가지고 있다. 그래서 굵고 짧은 모양의 괭이나 도끼 · 끌 같은 농공구를 만들기에는 좋지만, 칼이나 창처럼 가늘고 긴 모양의 무기를 만들기에는 적절하지 않다. 주조철기의 단점을 극복해서 제대로 된 철제 무기를 만들기 위해서는 단조기술이 개발되어야만 했다. 이처럼 철광산에서 더 많은 철광석을 채굴해서 제련하는 기술과 단조기술 등이 등장해야만 청동을 제치고 당대 제일의 금속 자리를 차지할 수 있었다. 우리나라에서 이러한 기술들이 성숙되면서 철의 사용이 좀 더 보편화 된 시기는 원삼국시대부터인데, 아래 그림은 초기철기–원삼국시대 남한지역에서 철제 도구들이 점차 증가하는 양상을 잘 보여준다.

이러한 과정은 우리가 살고 있는 현대 사회에서도 쉽게 찾아볼 수 있다. 현재 우리들이 플라스틱 쓰레기 때문에 몸살을 앓고 있는 것을 보면, 지금은 아마도 초기플라스틱시대를 지나 본격적인 플라스틱시대로 막 들어선 때일 것이다. 플라스틱은 처음 등장했을 때만 해도 잘 깨지는 특성 때문에 만들 수 있는 물건의 종류가 한정되었다. 하지만 지금은 기술 개발에 힘입어 철보다 더 강한 플라스틱도 만들 수 있게 되는 등 훨씬 더 다양한 종류의 물건들을 만들 수 있게 되었다. 하나 더 생각해보면, 플라스틱시대라고 할 수 있는 지금의 몇 년 동안에 생산되고 사용된 철제 물건들이 많을까? 아니면 최후의 철기시대라고 할 수 있는 조선왕조 500년 동안에 생산되고 사용된 것이 많을까? 그 대답은 말할 필요도 없을 것이다. 이렇듯 현재 우리들의 삶에 비추어 보면, 초기철기시대에 철제보다 청동제 도구가 많았던 이유를 이해할 수 있을 것이다.

그림 9 초기철기시대 새로운 철기의 등장과정

세형동검문화의 공간적 범위와 지역성

세형동검, 점토대토기, 철기 문화의 전개

초기철기시대는 세형동검과 점토대토기로 대표된다. 점토대토기는 요서지역에서 기원전 8~6세기경부터 확인되며, 기원전 5세기경에는 동북아시아 넓은 지역으로 확산된다. 점토대토기는 서랍목륜하(西拉木倫河) 상류지역에서도 확인되는데, 내몽고자치구 임서현(林西縣) 정구자(井溝子)유적이 대표적이나. 점토대토기는 대·소능하유역부터 심양·본계(本溪)·무순(撫順) 일대의 요하(遼河)·혼하(渾河)·태자하(太子河) 유역은 물론, 압록강 수계의 통화(通化) 일대까지 확인된다. 또한 동요하(東遼河) 상류와 제2송화강(松花江)의 지류들이 만나는 요령성과 길림성의 접경지역에서도 확인된다. 한반도에서는 남한 전 지역에서 확인되며, 일본열도에서도 출토된다.

세형동검은 비파형동검에서 변화·발전한 것이기 때문에 두 문화권의 분포 범위는 크게 차이나지 않는다. 세형동검은 십이대영자문화의 비파형동검에서 기원하는 것으로 생각된다. 기원전 3세기 전엽에 이르면 요서의 십이대영자문화는 급격하게 쇠퇴하고, 그 자리를 중원계 물질문화가 차지한다. 요동지역에서는 세형동검문화가 등장하면서 좀 더 동북쪽으로 깊숙하게 확산한다. 한반도에도 청천강 이남지역에 동일한 양식의 세형동검 문화가 등장해서 러시아 연해주와 일본열도로까지 파급된다.

세형동검은 비파형동검에 비해 검신이 좁아지고 직인화(直刃化)되었는데, 크게 세가지 하위 형식으로 구분할 수 있다. 요동 북부부터 길림성 중남부 지역에 분포하는 대청산식(大青山式) 세형동검은 검신 하단부에 형성된 꺾임이 점차 뚜렷해진다. 요동반도의 윤가촌식(尹家村式) 세형동검은 검신의 형태가 전체적으로 밋밋하며 세장해진다. 한반도의 동서리식 세형동검은 검신에 마디(節帶)와 오목부(抉入部)가 형성되어 있는 점이 특징적이다 **(그림 10)**.

초기철기시대 한국문화권은 세형동검과 점토대토기가 분포하는 동북아시아 모든 지역 중에서 요동과 길림성 중남부 지역부터 한반도까지로 설정할 수 있다. 세형동검문화

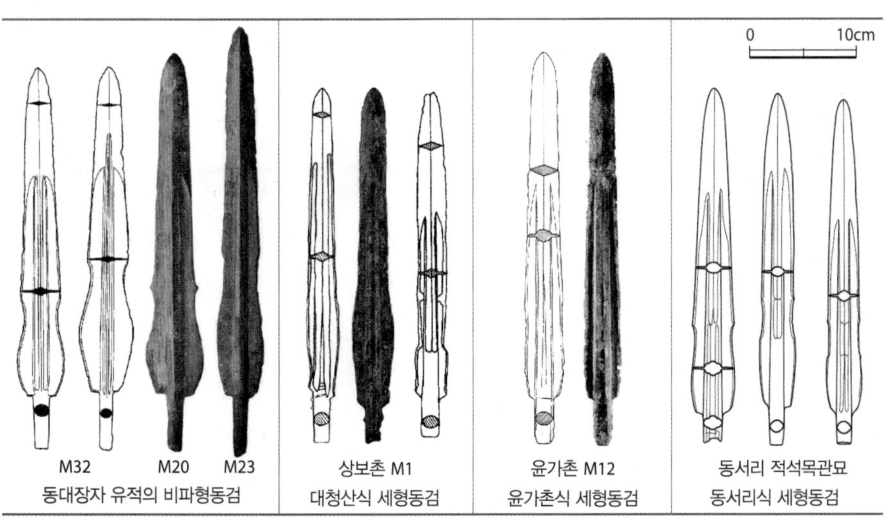

그림 10 건창 동대장자유적의 비파형동검과 대청산식 · 윤가촌식 · 동서리식 세형동검

의 선행적 요소들은 십이대영자문화에서 등장하지만 요서지역은 기원전 3세기 초에 비파형동검문화가 갑자기 사라지면서 한국문화권에서 이탈한다. 하북성·산동성 일대의 중원문화, 내몽고 동남부의 북방초원문화, 일본열도의 야요이문화에서도 세형동검문화가 유입되었음을 보여주는 물질적 증거가 확인되고 있다.

철기는 세형동검문화의 발전과정에서 유입되었는데, 그 등장 시기는 지역마다 약간씩 다르다. 요동지역에서는 기원전 5~4세기에 철기가 들어왔을 것으로 보기도 하지만 기원전 3세기로 보는 것이 일반적이다. 그나마 기원전 3세기 전엽에는 철기가 드물었으며, 기원전 3세기 중·후엽이 되어서야 본격적으로 사용된다. 남한지역에서는 철기가 기원전 3세기부터 사용되었을 가능성도 없지는 않지만, 기원전 2세기 전엽에 들어왔을 가능성이 크다. 따라서 한국문화권에서 철기는 기원전 3세기부터 기원전 2세기까지 점진적으로 확산되었다고 볼 수 있다. 초기철기시대에도 철기보다는 청동기를 많이 사용하였다. 고유형식의 청동기에 선진적인 주조철기를 수용한 세형동검문화는 기원전 1세기경에는 단조철기를 받아들이면서 역사시대로 이행하는 초입단계에 접어든다.

중국 동북지역의 문화유형

비파형동검문화에서 세형동검문화로의 전환은 기원전 4세기경부터 시작되는데, 이 시기의 유적들은 요서·요동지역에서 주로 확인된다.

요동지역에서 점토대토기를 내는 대표적인 주거유적으로 신민(新民) 공주둔(公主屯) 후산(後山)유적을 들 수 있다. 공주둔 후산유적은 해발 57m 정도에 위치하는데, 집자리 2기 중 1기를 발굴조사하였다. 발굴된 집자리는 평면 장방형인 움집으로 크기가 길이 2.68m, 너비 2.0m 정도인 소형이다. 장벽 중앙에서 약간 북쪽으로 치우쳐 풀과 진흙을 이겨 만든 화덕자리가 있고, 단벽 중앙부에서 돌도끼(磨製石斧), 사슴뿔(鹿角)과 함께 점토대토기가 출토되었다**(그림 11)**.

그림 11 신민 공주둔 후산 집자리와 출토유물

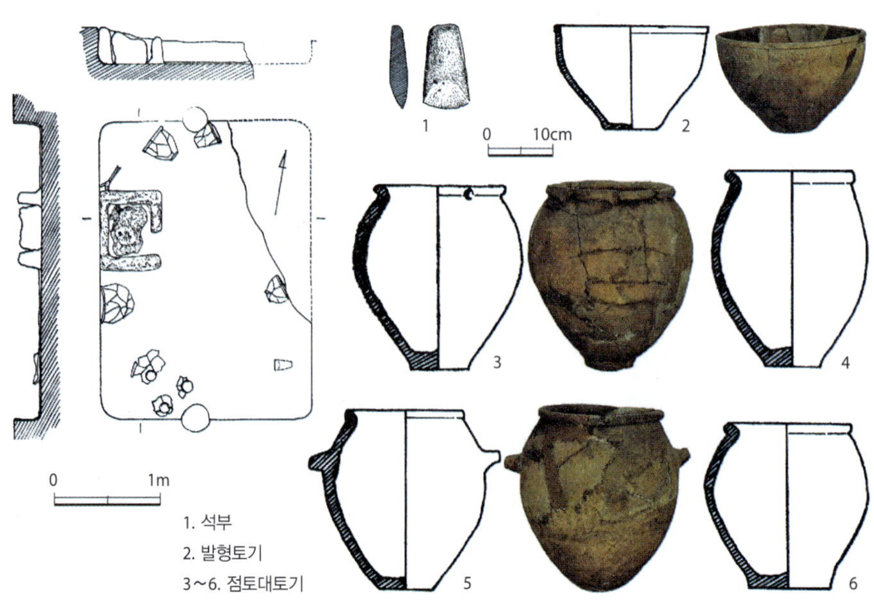

세형동검이 지역에 따라 형태가 다른 것에서 알 수 있는 것처럼 세형동검문화는 상당히 강한 지역성을 가지고 있다. 세형동검문화의 지역성은 지리적 환경이나 유구의 구조, 점토대토기의 유무, 중원계 유물의 빈도, 철기의 동반 여부 등을 통해 분명하게 나타난다. 동대장자유형(東大杖子類型)은 요서지역, 윤가촌유형(尹家村類型)은 요동반도 일대, 상보촌유형(上堡村類型)은 요동 북부 일대, 서황산둔유형(西荒山屯類型)은 길림성 중부 일대를 중심으로 해서 분포한다. 동서리유형은 한반도에 분포하는데, 동북쪽으로는 러시아 연해주의 단결-크로우놉카문화에서도 확인되며, 동남쪽으로는 일본열도까지 파급되어 야요이시대(彌生時代) 청동기문화를 형성한다(그림 12).

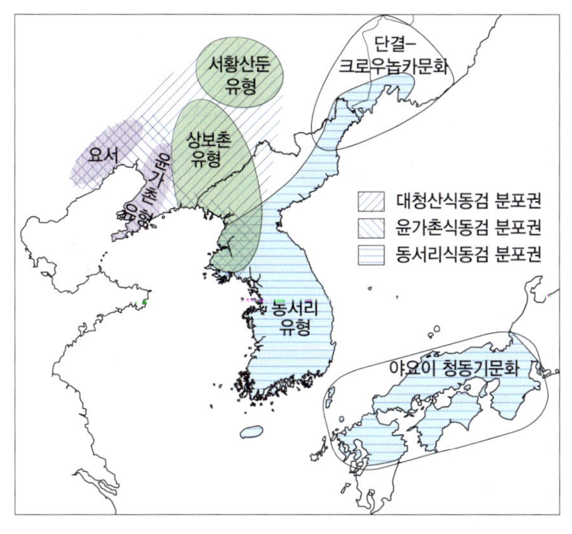

그림 12 세형동검문화의 분포권과 문화유형

동대장자유형에 속하는 유적은 건창(建昌) 동대장자(東大杖子)유적을 비롯해서 요서지역에서 많이 조사되었다. 이 유적은 기원전 4세기를 전후해서 조영되었으며, 세형동검 시원형으로 볼 수 있는 비파형동검들이 출토되었다. 무덤은 적석목관묘와 토광묘 두 가지가 있는데, 토광묘는 소형으로 직장(直葬)을 하거나 목관을 사용하였다. 적석목관묘는 규모가 크고, 목관이나 목곽을 사용하였으며, 부장유물도 풍부하다. 대형 무덤들에는 소나 말의 머리뼈가 확인되기도 한다. 세형동검에 가까워진 말기 형식의 비파형동검과 요령식동과 같은 재지적인 무기들이 확인된다. 그뿐 아니라 중원식의 동검·동모·동과 등의 무기류와 함께 중원계 청동예기 및 거마구도 출토된다.

윤가촌유형은 요동반도와 심양 일대를 중심으로 해서 분포한다. 윤가촌유형에 속하는 무덤은 적석목관묘계이어서 청동기시대 이 지역에서 유행했던 적석묘와는 그 구조가 전혀 다르다. 윤가촌 12호묘가 대표적인데, 토광과 목관 사이에 30~50cm 크기의 돌들을 충전해서 목관을 고정하였고, 목관 위에도 80cm 정도의 높이로 돌을 쌓았다. 무덤 안에는 한 사람이 반듯하게 누운 자세로 안치되었다. 합구식(合口式) 옹관묘도 확인되는데 윤가촌 3호묘는 대형 무문토기호와 부형토기(釜形土器), 원저 단경호(圓低 短頸壺)를 연결해서 만든 횡치식(橫置式) 옹관묘이다. 윤가촌유형에서는 윤가촌식 세형동검이 확인되지만 그밖에 조문경이나 점토대토기 같은 재지적인 유물은 거의 확인되지 않는다. 대신 중원식의 동검·동모·동과 등 중원계 유물들이 많이 확인되며, 시기가 내려올수록 점점 더 많아진다. 철기로는 괭이 등이 약간 출토되고, 토기는 파수부호(把手附壺)와 굽다리접시토기가 대표적이며, 요동식 부형(釜形)토기도 출토된다(그림 13).

상보촌유형은 요동 북부부터 요령성과 길림성의 경계지역까지, 즉 천산산맥 일대에 분포한다. 상보촌유형도 무덤들을 통해서 주로 조사되었다. 토광묘가 새로 조영되기 시작하지만 청동기시대의 석관묘와 지석묘도 여전히 유행한다. 청동기시대와 차이라면 매장주체부 주변에 적석시설이 넓게 부가된 점을 들 수 있다. 탁자식 지석묘는 무덤방을 등고선과 직교하게 배치하였으며, 화장한 흔적이 확인된다. 지석묘는 매장주체부를 땅 속에 마련한 지하식과 땅 위에 마련한 지상식으로 구분되는데, 지하식에서 지상식으로 바뀌어

그림 13 윤가촌유형의 적석목관묘와 출토유물

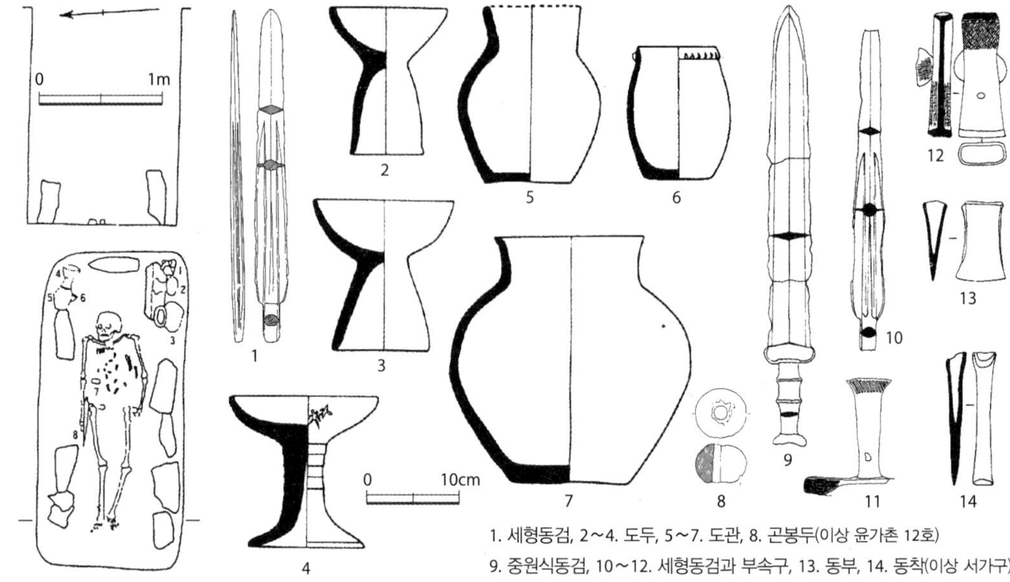

1. 세형동검, 2~4. 도두, 5~7. 도관, 8. 곤봉두(이상 윤가촌 12호)
9. 중원식동검, 10~12. 세형동검과 부속구, 13. 동부, 14. 동착(이상 서가구)

간다. 지석묘의 한 형식인 대석개묘(大石蓋墓)는 남한지역의 개석식(蓋石式) 지석묘와 비슷하다. 토광은 규모가 크고 깊으며, 대형 덮개돌(蓋石) 아래 지석이나 묘도(墓道)를 부가해서 추가장을 할 수 있게 하였다. 다인장(多人葬)이 보편적이며, 목질 장구(葬具)만 사용하기도 한다. 석관묘는 벽석을 판석으로 구축한 것과 할석으로 쌓은 것이 있으며, 적석시설이 부가된 것도 있다. 석관묘와 토광묘는 펴묻기(伸展葬)한 경우가 많으며 옆으로 뉘여 굽혀묻기(側臥屈葬)를 하거나 두 사람을 합장한 경우도 있다.

상보촌유형에서는 재지적인 유물들이 중심을 이루면서 중원계 유물들도 출토된다. 동검은 재지계인 대청산식 세형동검과 외래계인 중원식동검이 모두 확인된다. 대청산식 세형동검은 비파형동검과 마찬가지로 청동제 T자형 검자루(劍柄)와 조립되어 사용되며, 칼자루끝장식(劍把頭飾)이나 칼집장식 등과 함께 출토되기도 한다. 촉각식동검(觸角式銅劍)이나 촉각식동병철검(觸角式銅柄鐵劍)도 출토된다. 요령식동과(遼寧式銅戈)는 단동 망강촌(望江村)과 관전 쌍산자(雙山子)에서 출토되었다. 요서 십이대영자문화 후기에 출토된 요령식동과보다 난(欄)의 크기가 짧아져서 동서리유형 세형동검문화에서 확인되는 세형동과에 보다 가까워졌다.

요령식동모는 요동 동부지역에 주로 분포하는데, 유엽형(柳葉形)과 세신형(細身形)으로 구분된다. 세신형동모는 중원식동모나 동서리유형의 세형동모와 관련된다. 공구로는 동부가 있으며, 의기로는 조문경이 출토된다. 조문경의 뒷면에는 햇살무늬(太陽文), 나뭇잎무늬(葉脈文), 새와 짐승무늬(獸鳥文) 등이 베풀어져 있다. 토기로는 점토대토기와 굽다리접시토기가 대표적이며, 승문호(繩文壺)도 출토된다. 철기로는 괭이(鐵钁), 낫(鐵鎌), 끌(鐵鑿), 손칼(鐵刀) 등이 확인되며, 명도전(明刀錢)을 비롯한 중국 화폐들도 출토된다(그림 14). 이처럼 상보촌유형은 토착적인 성격을 토대로 하면서 중원문화도 적극 수용하였다. 이러한 양상은 토착적인 지석묘와 석관묘뿐 아니라 새로운 형태의 토광묘가 조영되는 것으로도 알 수 있다.

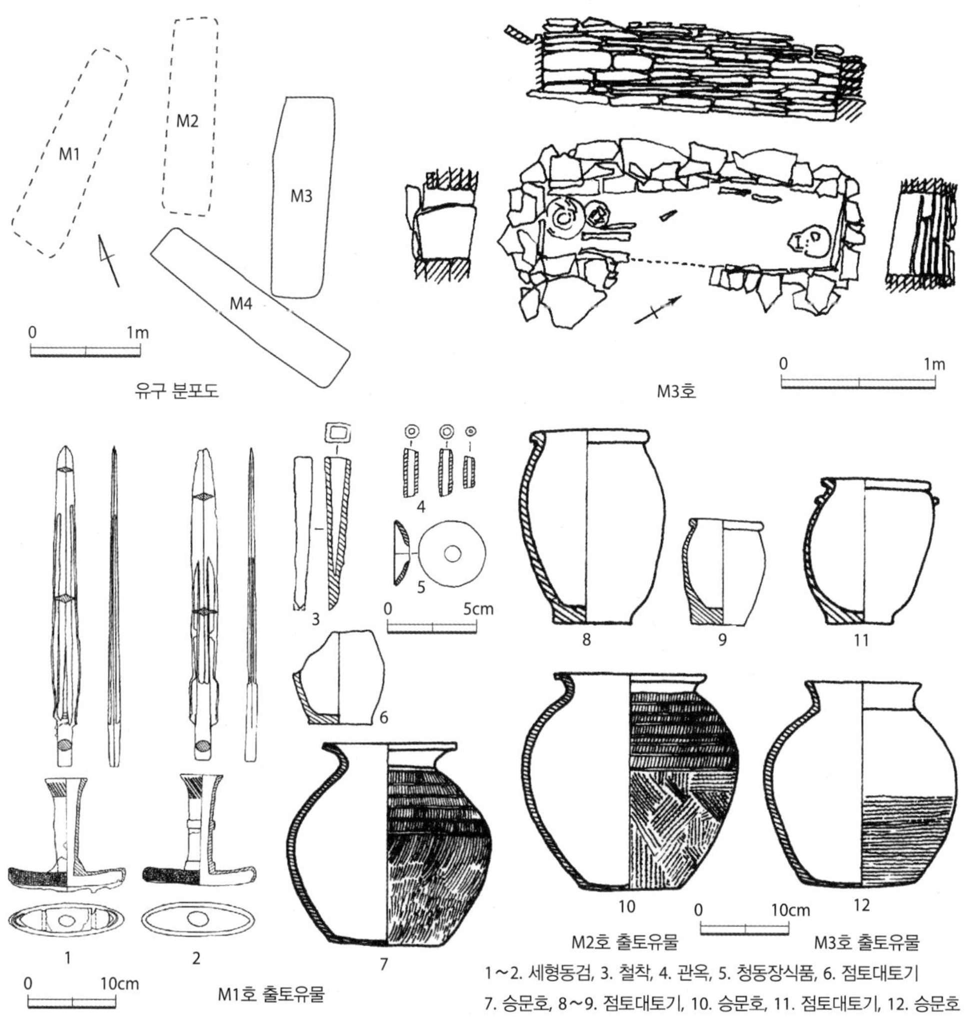

그림 14 상보촌유형의 석관묘와 출토유물(본계 상보촌 유적)

서황산둔유형은 길림성 중남부의 제2송화강유역 일대에 분포한다. 서황산둔유형과 관련해서 역시 무덤들이 주로 조사되었는데, 지석묘나 석관묘 계통의 무덤들이다. 무덤은 다인장(多人葬)의 화장 전통이 이어지고 있어서 재지적인 성격이 강하다. 제2송화강 중상류지역과 길림 합달령(吉林哈達嶺) 남부의 산악지역에는 대석개묘(大石蓋墓)가 많지만 제2송화강의 하류지역에서는 토광묘가 중심을 이룬다. 청동기는 무기, 공구, 의기와 장식품이 출토되었다. 무기로는 T자형 검자루와 검자루끝장식을 갖춘 대청산식 세형동검, 촉각식(觸角式) 검자루끝 동검, 동촉 등이 있으며, 공구류로는 자루에 나뭇잎무늬가 주조된 청동손칼(銅刀)이 있다. 의기로는 조문경이 있으며, 청동팔찌(銅釧)나 청동가락지(銅指環) 등의 장식품도 출토된다. 대청산식 세형동검은 검몸의 아래나 기부에 구멍이 2개 혹은 4개 뚫려 있어서 상보촌유형의 대청산식 세형동검과 구분된다. 철기는 도끼·낫·손칼 등의 농공구만 출토될 뿐 무기류는 확인되지 않는다. 재지계 토기들과 함께 중원계 승문호도 출토되지만, 점토대토기는 확인되지 않았다(그림 15).

그림 15 서황산둔유형의 지석묘와 출토유물(길림 서황산둔 유적)

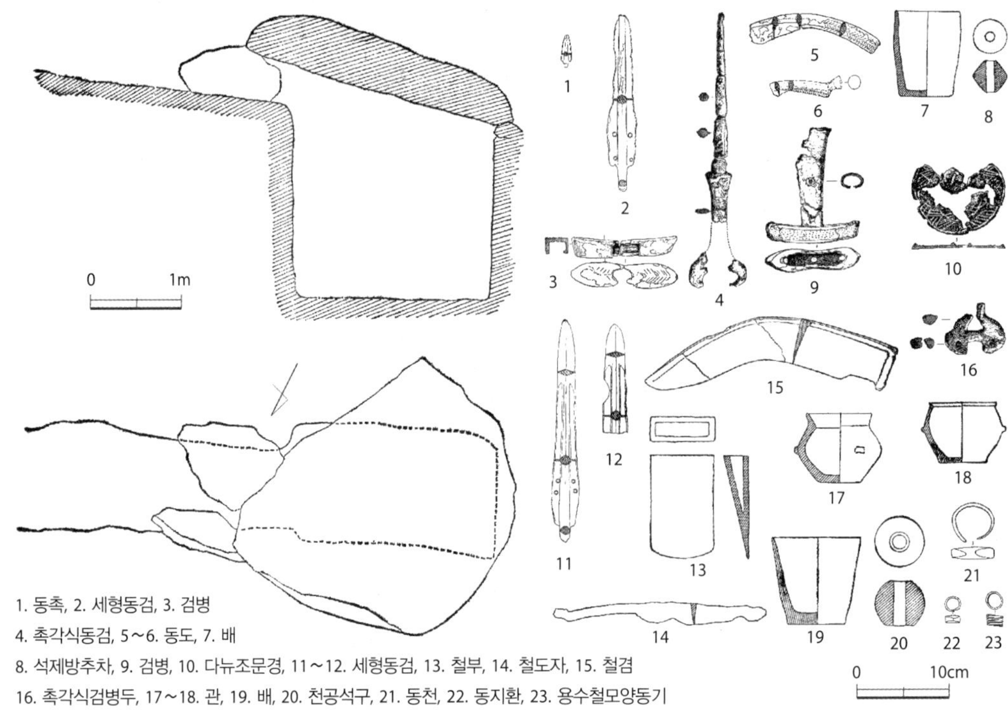

남한의 문화 유형

동서리유형은 한반도 중남부지역을 중심으로 분포하며, 청천강 이남의 서북한지역은 물론 동북한지역을 넘어 연해주 일대의 단결–크로우놉카문화에서도 확인된다. 또한 일본열도 야요이시대의 청동기문화도 동서리유형 세형동검문화가 파급되어 형성된 것이다.

동서리유형을 대표하는 청동기로는 세형동검·세형동모·세형동과 등의 무기류, 도끼(銅斧)·자귀(銅錛)·끌(銅鑿)·삭도(銅鉇) 등의 공구류, 방패형·검파형·나팔형의 이형동기, 조문경·정문경의 다뉴경, 팔주령·쌍두령·간두령 등의 청동방울을 들 수 있다. 세형동검은 30cm 내외인 검몸과 T자형 검자루를 조합해서 만들고 검자루 끝에는 별도의 장식을 보강하였다. 검자루와 검집은 나무로 기본틀을 만들고 청동제 부속구로 장식하였다. 동모는 청동으로 만든 창끝의 투겁에 긴 나무자루를 끼워 만들었으며, 동과는 청동으로 만든 창끝의 슴베에 나무자루를 직각에 가깝게 결합해서 만들었다. 도끼와 자귀, 끌은 나무를 베거나 가공하는 목공구이며, 삭도는 목간(木簡) 등에 잘못 쓴 글씨를 지우는 데 사용한 일종의 지우개이다. 방패형·검파형·나팔형 이형동기는 의례용으로서 요서·요동지역의 비파형동검문화에서 확인되는 거마구들과 유사해서 이를 모방한 것으로 이해된다. 나팔형동기는 말머리장식이며, 방패형동기와 검파형동기는 말얼굴가리개가 변형된 것으로 생각된다. 조문경은 거울면이 약간 볼록하거나 평면이고, 정문경은 평면이거나 오목한 것이 많으므로 다뉴경은 볼록경으로 시작해서 평면경을 거쳐 오목경으로 변화한 것을 알 수 있다. 여러 종류의 청동방울은 동북아시아 다른 지역에서는 확인되지 않은 것이어서 한반도 남부지역에서 종교적 제사 활동에 사용된 무구(巫具)로 생각된다(그림 16).

동서리유형 세형동검문화의 유물 조합은 시기에 따라 달라진다. 전기에는 세형동검

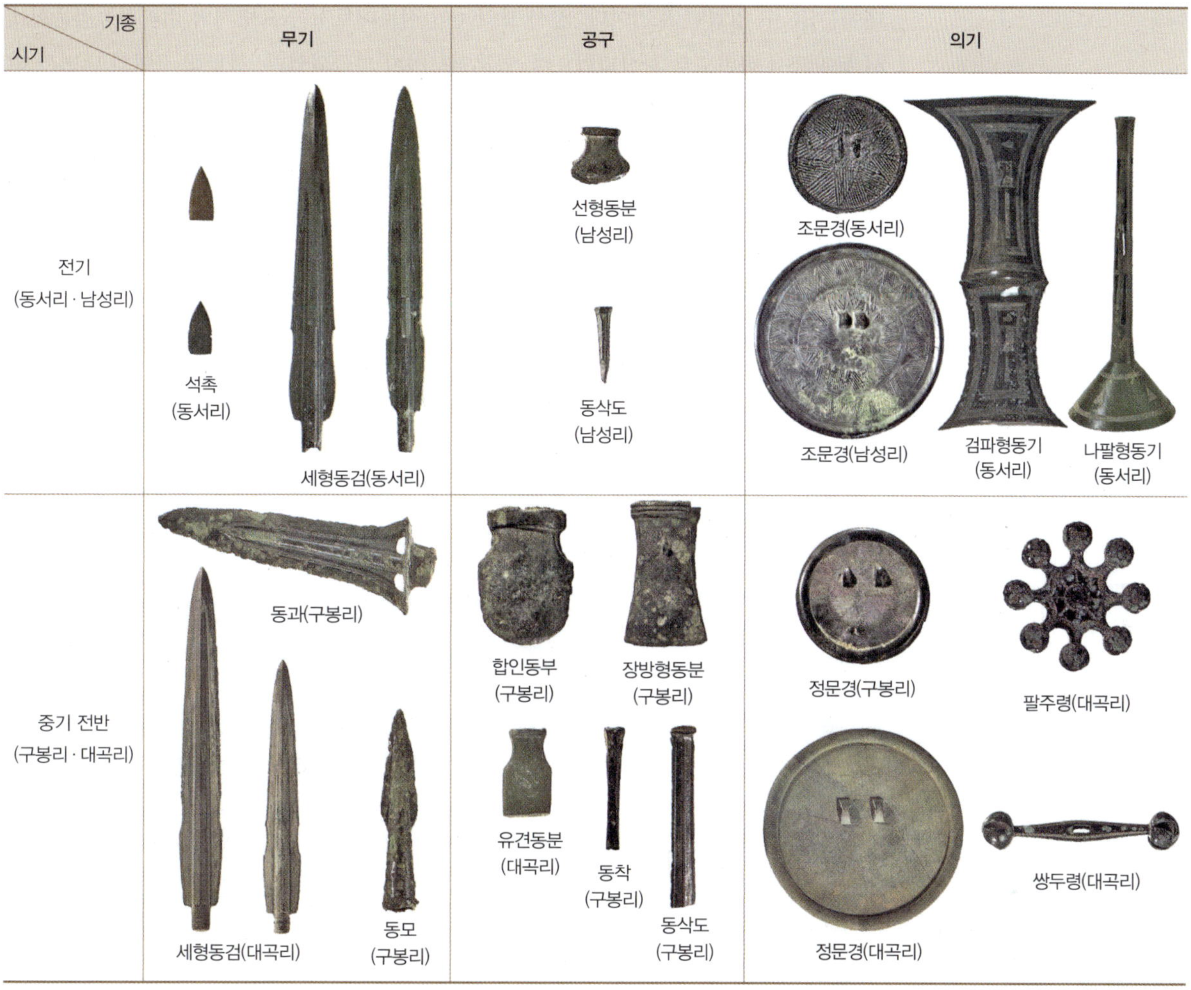

시기 \ 기종	무기	공구	의기
전기 (동서리·남성리)	석촉 (동서리) 세형동검(동서리)	선형동분 (남성리) 동삭도 (남성리)	조문경(동서리) 조문경(남성리) 검파형동기 (동서리) 나팔형동기 (동서리)
중기 전반 (구봉리·대곡리)	동과(구봉리) 세형동검(대곡리) 동모 (구봉리)	합인동부 (구봉리) 장방형동분 (구봉리) 유견동분 (대곡리) 동착 (구봉리) 동삭도 (구봉리)	정문경(구봉리) 팔주령(대곡리) 정문경(대곡리) 쌍두령(대곡리)

그림 16 동서리유형의 전기와 중기 전반 유적 출토 유물

과 방패형·검파형·나팔형의 이형동기, 조문경이 대표적이다. 중기 전반에는 무기에서 동모·동과가 새로 등장하며, 의기에서 이형동기와 조문경이 사라지는 대신 팔주령을 비롯한 청동방울과 정문경이 등장한다. 중기 후반에도 이러한 청동기들이 지속되면서 철부·철착·철삭도 등의 주조철기가 등장한다. 후기에는 청동제 무기도 있지만, 단조철기가 들어오면서 철검·철모·철과를 비롯한 철제 무기들이 청동제 무기를 대체한다**(그림 17)**. 의기로는 정문경을 대신해서 한경(漢鏡)이 등장한다.

동서리유형 세형동검문화에서는 석기도 여전히 사용되지만, 기종과 수량이 대폭 줄어든다. 무기나 수렵구로는 석촉뿐이며 농공구도 소수이다. 목공구는 돌도끼와 홈자귀가 일부 확인되는데, 대강 다듬어 만들어서 조악하다. 숫돌이 많이 출토되는데, 이는 청동기를 비롯한 도구를 연마하는 일이 그만큼 많아졌기 때문일 것이다. 어로구나 식료 가공구는 거의 확인되지 않는다.

남한지역에서 초기철기시대를 대표하는 점토대토기는 청동기시

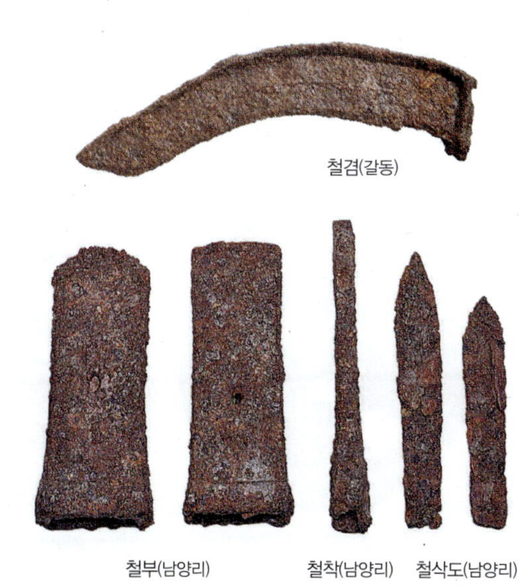

그림 17 세형동검문화의 주조철기

대에는 볼 수 없었던 토기이다. 앞서 보았듯이 점토대토기는 요령지역 비파형동검문화에서 등장해서 한반도로 확산되었으며, 일본열도까지 파급되었다. 점토대 구연의 단면은 원형에서 점차 삼각형으로 바뀌어 간다. 이밖에도 작은 항아리에 긴 목을 붙여 만든 검은간토기와 굽다리접시토기도 있다.

동서리유형의 생활유적은 점토대토기가 출토되는 유적들을 통해 알 수 있다. 남한지

테글 2

한반도 세형동검문화의 기원을 알려주는 예산 동서리유적

한반도의 세형동검문화는 동서리유형 세형동검문화라고도 한다. 예산 동서리유적을 대표로 하는 세형동검문화라는 의미이다. 동서리유형은 한반도는 물론 러시아 연해주와 일본열도까지 동북아시아 넓은 지역으로 확산되었다. 세부적으로 보면, 지역에 따라 문화적 특징이 약간씩 다르지만 모두 동일한 양식의 청동기들이 출토된다.

예산 동서리유적은 1978년 마을 사람들이 나무를 심기 위해 해발 140~160m의 산 중턱에서 계단식 석축 사방공사를 하기 위해 쌓여 있는 돌무더기를 들어내던 중 유물이 출토되어 알려지게 되었다. 무덤은 토광을 파고 목관을 안치한 다음 돌을 쌓아 만든 적석목관묘로 추정된다. 토광은 풍화암반을 장방형으로 파고 들어가 만들었다. 장축방향은 동-서이며, 크기는 길이 180cm, 너비 90cm, 남은 깊이 20cm 정도이다. 수습된 유물로는 석촉 7점, 세형동검 9점, 검파형동기 3점, 나팔형동기 2점, 다뉴경 5점(조문경 2점, 소문경 1점, 동심원문경 1점, 정문경 1점), 원개형동기 1점, 관옥 및 소옥 126점, 흑도장경호 1점, 점토대토기 1점이다.

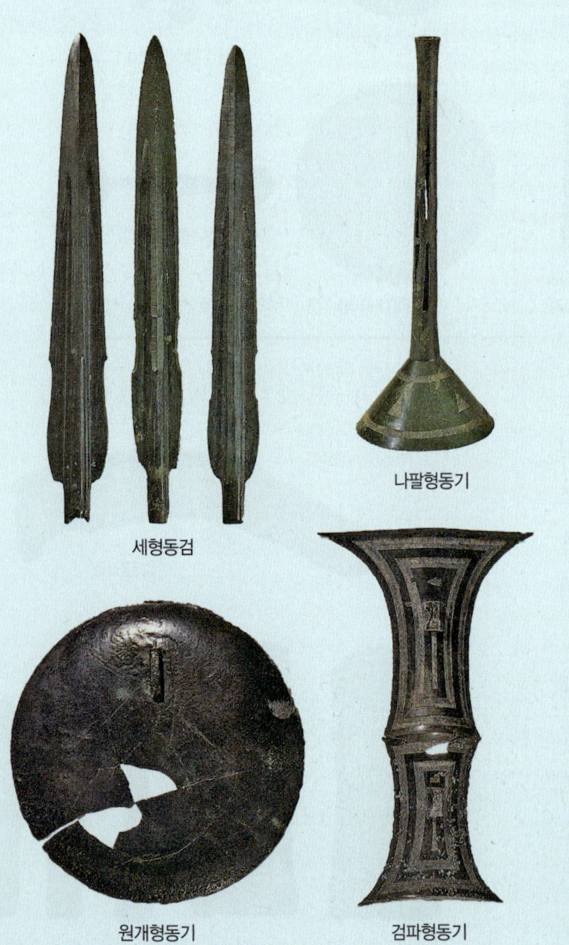

그림 18 예산 동서리 유적 출토 세형동검과 이형동기

이 유물들은 한반도 세형동검문화의 전형적인 모습을 보여주면서도 기원을 알려주는 유물들을 포함하고 있다. 세형동검 가운데 3점은 봉부가 길고, 검신 기부(基部)가 약간 둥글게 마무리되어서 비파형동검의 분위기가 남아있다. 이러한 모습은 십이대영자문화의 늦은 시기 비파형동검들과 닮아있다.

한반도에서 나팔형동기는 동서리유적에서 출토된 것이 유일하지만 십이대영자문화에서는 흥성(興城) 주가촌(周家村)유적과 심양 정가와자(鄭家窪子) 6512호묘에서 출토되었다. 나팔형동기는 진시황릉 병마용갱에서 출토된 동차마(銅車馬)에서 볼 수 있는 것처럼 마차를 끄는 말의 머리를 장식한 것이다. 검파형동기는 대나무를 쪼개 놓은 모양인데, 이 역시 요서지역에서 출토된 말얼굴가리개와 비슷하다. 원개형동기도 심양 정가와자 6512호묘 등에서 출토되었는데, 말이나 수레를 장식하는 데 사용한 것으로 생각된다.

이처럼 예산 동서리유적의 유물은 십이대영자문화의 흔적이 남아있으면서도 세형동검문화의 전형적인 모습을 갖추기 시작해서 한반도에서 현재까지 발견된 세형동검문화 유적들 가운데 가장 이른 시기로 생각된다.

역에서 점토대토기는 남양주 수석리유적이나 보령 교성리유적 등에서 조사된 방형계 소형 집자리가 대표적이지만 송국리형 집자리에서도 출토된다. 수석리와 교성리유적 등에서 확인된 집자리는 경사면을 ㄴ자형으로 파서 만들었다. 한 변 길이가 3m 내외인 소형이며, 화덕자리가 후벽 쪽에 붙어 있다. 수석리유적에서 6기, 교성리유적에서 9기가 발굴되어서 모두 작은 규모의 마을 유적임을 알 수 있다. 이러한 집자리들은 요동지역의 공주둔 후산유적에서 확인된 것과 유사해서 남한지역 점토대토기문화가 요령지역에서 들어왔을 것이라는 근거가 되고 있다.

그림 19 안성 반제리유적

점토대토기문화의 집자리들이 고지대에 소규모로 조영된 이유에 대하여 사회변동에 의해 긴장도가 커짐에 따라 방어를 목적으로 출현했다고 보는 견해들이 먼저 제기되었다. 이러한 집자리들은 이주해 온 점토대토기문화 집단들에 의해 조성된 것으로, 재지의 지석묘 집단과 마찰을 피해 공백지역을 중심으로 정착하였음을 보여주는 것이다. 양 집단 사이에 교류가 활발해지면서 점토대토기 집단들은 점차 평지 주변의 구릉으로 이동한 것으로 보인다.

고지대에서 마을들이 조사된 사례는 계속 증가하고 있다. 부천 고강동유적, 안성 반제리유적(**그림 19**), 수원 율전동유적, 화성 동학산유적 등에서는 대형의 환구(環溝)유적들이 조사되었다. 환구유적은 청동기시대의 앞선 시기에도 확인되지만, 점토대토기문화 시기의 것으로 특히 경기 남부에 집중되어 있다. 규모는 지름 20~50m 정도인 소형과 지름 100~260m 정도인 대형으로 구분된다. 환구의 기능은 방어적인 측면이 강조되기도 하지만 규모가 크지 않고 그 내부에 집자리가 조성된 경우가 많지 않아 제의(祭儀) 공간으로 이해하기도 한다. 고지성 환구로 둘러싸인 중심공간에는 의례 관련시설일 수도 있는 건물지, 적석제단, 숭배대상 괴석, 입석, 수혈 등이 있기도 하고, 공지인 경우도 있다. 그래서 소형 환구는 한 마을의 제장(祭場)으로, 대형 환구는 여러 마을들의 공동 제장으로 해석하기도 한다.

이처럼 고지대에 위치한 중서부지역 마을에서는 땅을 파는 도구보다는 석촉 같은 수렵구가 많다. 이러한 양상은 당시 사람들이 농경보다는 수렵 등의 활동에 치중하였음을 보여준다 하겠다. 영남지역에서는 이와는 약간 다른 양상이 확인된다. 내륙과 해안을 막론하고 모두 목기 제작과 관련된 석기가 다량 출토되며, 강에 인접한 유적에서는 어망추도 출토되지만 수렵구는 상대적으로 많지 않다. 초기철기시대 유적들에서 보이는 이러한 차이는 지역별로 상이한 생계경제 방식을 채택했기 때문일 수도 있지만, 시기 차이 때문일 수도 있다. 세형동검문화가 한반도 중서부지역에서 형성되어 남부지역으로 확산된 점

그림 20 화순 대곡리 적석목관묘

을 고려하면 점차 농경의 비중이 높아지기 때문인 것으로도 이해된다.

동서리유형에서는 적석목관묘와 목관묘를 포함한 토광묘 계통의 무덤들이 유행하였다. 적석목관묘는 예산 동서리유적, 아산 남성리유적, 대전 괴정동유적 등 한반도 중서부지역에서 확인되기 시작해서 화순 대곡리유적(그림 20), 함평 초포리유적 등 다음 단계의 무덤들은 물론, 대구 팔달동유적처럼 가장 늦은 시기까지도 확인된다. 적석목관묘에 사용된 목관은 통나무를 잘라 속을 파내서 구유모양으로 만든 통나무관과 판자를 조립하여 만든 판재 조립관이 있다. 처음에는 통나무관을 주로 사용하다가 판재조립관이 등장하면서 점차 다수를 점하게 된다. 단순 목관묘는 적석목관묘와 비슷한 구조이지만 토광과 목관 사이, 목관 위쪽을 흙으로 채웠다. 목관의 사용 여부가 명확하지 않은 사례는 토광묘로 부르기도 한다. 목관묘도 완주 갈동유적이나 완주 신풍유적 등 중서부지역부터 대구 월성동유적이나 창원 다호리유적 등의 사례에서 보듯이 동남부지역까지 확인된다.

초기철기시대 남한 지역의 무덤 중에는 독무덤(甕棺墓)도 있다. 청동기시대 송국리문화에서 확인되는 독무덤이 주로 항아리 하나를 세워 만든 것과 달리 초기철기시대의 독무덤은 2~3개의 항아리를 가로로 누워 맞대어 만들었다. 이러한 독무덤들은 요동의 대련 윤가촌(尹家村)유적부터 한반도의 신천 명사리유적, 광주 신창동유적, 대구 팔달동유적, 창원 다호리유적까지 너른 지역에서 확인된다. 독무덤은 상대적으로 늦은 시기에 확인된다.

적석목관묘와 목관묘, 독무덤은 등고선과 직교하는 방향, 즉 경사면 방향으로 장축방향을 선정하고 피장자는 머리가 지형상 위쪽으로 가도록 안치하였다. 전기와 중기에는 자연방위에 상관없이 지형만을 고려해서 무덤을 만들었지만 후기에는 지형을 고려하면서도 두향이 동쪽을 향하도록 무덤을 조영하였다. 그래서 후기 무덤들은 이러한 조건을 갖출 수 있는 서북쪽 사면에서 주로 확인된다. 원삼국시대에는 무덤의 장축방향이 등고선과 평행하면서도 피장자의 두향이 동쪽이나 동남쪽을 향하도록 해서 묘지의 위치가 구릉의 동남쪽 사면으로 바뀐다. 이러한 양상은 대구 팔달동유적이나 창원 다호리유적에 잘 나타나 있다. 따라서 초기철기시대 토광묘계 무덤들은 청동기시대 지석묘와 다른 매장관념을 가진 사람들에 의해 조영된 것으로 생각된다. 이러한 양상은 동서리유형의 세형동검문화가 남한지역 청동기문화를 계승한 것이 아니라는 것을 보여준다.

고조선의 형성과 발전

비파형동검문화의 발전과 고조선의 형성

우리 역사가 선사시대를 벗어나 원사시대로 진입하기 시작한 것은 중국 문헌에 있는 단편적인 기록들을 통해 알 수 있다. 기원전 1000년기에 들어서면 중국 문헌들에 우리 민족을 지칭하는 예, 맥, 한의 종족 명칭이 나타난다. 이어서 고조선을 시작으로 부여, 삼한, 옥저 등 초기국가들의 명칭도 등장한다. 이러한 모습은 비파형동검문화가 등장해서 세형동검문화로 전환되고, 이어서 철기문화가 유입되는 청동기·초기철기시대의 역동적인 모습과도 잘 어울린다.

우리 민족을 가리키는 예, 맥, 한과 청동기·초기철기문화의 연관성은 쉽게 설명하기 어렵다. 선진(先秦)시기의 문헌들을 보면, 서주(西周) 초에는 맥과 예가 모두 확인되다가 서주 중기 이후에는 맥만 확인되고, 전국 말~진·한대에 예가 다시 등장한다. 이를 보면 맥이 중국에 좀 더 가까운 곳에 살았고, 예는 좀 더 먼 곳에 살았으며, 어떤 이유로 융합과정을 거치면서 예맥의 세계를 형성한 것으로 생각된다. 역사학계에서는 '조선(朝鮮)'이라는 국호가 맥계 집단의 필요, 또는 배후에서 연(燕)나라를 견제하려는 제(齊)나라의 외교전략에 맞물려 만들어진 외교적 명호(名號)로 추정하기도 해서 고조선은 정치적으로 결합한 맥을 일컫는 국명일 가능성이 크다.

고조선은 기원전 7세기를 무대로 한 내용이 기록된 『관자(管子)』에 처음 등장한다. 『관자』는 전국시대 이후에 성책되었기 때문에 기원전 7세기에 고조선의 존재가 중국에 알려졌다고 단정할 수는 없다. 『삼국지(三國志)』에 인용된 『위략(魏略)』에는 기원전 323년경에 고조선과 연나라가 충돌 직전까지 가는 상황부터 연나라가 장군 진개(秦開)를 보내 고조선의 서방 2,000여 리를 공취하면서 고조선이 약해진 상황까지를 구체적으로 기록하고 있다. 『전국책(戰國策)』과 『사기(史記)』에는 소진(蘇秦)과 연문후(燕文候, 또는 燕昭王)의 대화가 기록되어 있는데, 소진은 연나라의 동쪽 경계에 "조선·요동"이 있다고 하였다. 이를 보면, 조선이 요동보다 연나라 가까이에 있었을 가능성이 있지만, 역사학계에서는 연나라 남쪽 경계로 언급된 "호타(嘑沱)·이수(易水)"의 방향성 때문에 부정적으로 이해한다. 하지만 소진이 연의 경계로 언급한 "운중(雲中)·구원(九原)"이나 "임호(林胡)·루번(樓煩)"의 순서가 당시 중원지역에서 일반적으로 사용하는 순서라는 점에서 "호타·이수"나 "조선·요동" 역시 연나라가 아니라 중원지역을 기준으로 원근(遠近)을 따져 언급한 것으로 생각해 볼 수도 있다. 그렇다면 조선은 요동보다 연나라에 가까운 요서에 있었을 가능성이 크다.

고조선의 중심지에 대하여 다양한 견해들이 제기되었다. 그 중심지가 시종 평양 일대에 있었거나, 반대로 요동이나 요서에 있었다고 보기도 하고, 요서나 요동에서 서북한 지역으로 이동한 것으로 보기도 한다. 그러므로 고조선은 요서·요동과 서북한지역 어디엔가 있었을 것이다. 중국 문헌들에서 고조선은 기원전 7세기, 적어도 기원전 4세기에는 존재가 분명하게 드러나므로 기원전 1000년기 전·중엽의 고조선은 요서·요동과 서북한 지역의 비파형동검문화에서 찾는 것이 순리이다. 이 시기의 비파형동검문화는 요서의 십이대영자문화, 요동반도의 강상유형, 요동 북부의 이도하자유형이 대표적이므로 고조선은 그중 하나, 또는 2~3개가 통합된 지역일 가능성이 크다. 이 가운데 가장 발달된 비파형 동검문화는 십이대영자문화이므로 이 시기의 고조선과 관련될 가능성이 가장 크다. 이는 맥이 예보다 중국 가까이 있었으며, 조선은 정치적으로 결합된 맥을 가리킨다는 역사학계의 이해와도 맥락을 같이한다. 또한 소진이 연의 동쪽으로 언급한 "조선·요동"의 순서와도 어긋나지 않는다.

『사기』와 『위략』에는 기원전 4세기 후엽부터 기원전 3세기 전엽까지 고조선과 관련된 사건들이 순차적으로 기록되어 있다. 기원전 323년경 고조선은 연과 충돌 직전상황을 원만하게 해결하고 나서도 발전을 거듭한 것으로 보인다. 그러나 기원전 284~280년경 연나라가 장군 진개를 보내 서방 2,000여 리를 공취하고, 여기에 요서군(遼西郡)과 요동군(遼東郡)을 설치하면서 고조선은 멸망 직전에 이르기도 한다. 이를 보면 기원전 3세기 초에 고조선은 서쪽의 넓은 영역을 상실하면서 크게 위축된 것이 틀림없다.

십이대영자문화에서는 이러한 긴박한 상황을 반영하고 있는 듯한 양상들이 확인된다. 기원전 4세기경 십이대영자문화는 건창 동대장자유적 등에서 보는 것처럼 중원문물을 적극 수용하면서 한층 더 발달한다. 하지만 기원전 3세기 전엽에 십이대영자문화가 갑작스럽게 붕괴하고 그 자리를 전국시대 연나라 문화가 대신한다. 이러한 갑작스런 변동은 동대장자유적뿐 아니라 대·소능하유역의 전역에서 확인된다. 서랍목륜하(西拉木倫河) 유역의 북방초원계인 정구자문화(井溝子文化)에서도 동일한 양상을 확인할 수 있다. 이러한 상황은 연나라가 동호(東胡)를 1,000여 리 밖으로 몰아내고 우북평군(右北平郡)을 설치했다는 기록이나, 고조선의 서방 2,000여 리를 빼앗아 요서군과 요동군을 설치했다는 기록과도 부합된다. 그래서 소진이 언급한 "조선·요동"은 각각 요서군과 요동군에 해당할 것이다. 이를 보면, 기원전 4세기~기원전 3세기 전엽의 고조선은 연나라에 의해 요서군과 요동군이 설치된 지역, 즉 십이대영자문화가 발달한 요서지역과 정가와자유형이 자리한 심양 일대의 요동지역을 가리키는 것으로 생각된다.

『사기』와 『위략』을 보면, 연나라의 침략을 당한 이후에도 고조선이 멸망하지 않은 것이 분명하다. 진(秦)나라가 중국을 통일했을 때 고조선은 부왕(否王)이 왕위에 있었으며, 진나라가 멸망할 무렵에는 준왕(準王)이 왕위를 계승하였다. 한(漢)나라가 건국한 혼란기에 위만(衛滿)은 왕위를 찬탈하였다. 이를 보면 기원전 3세기 후엽부터 기원전 2세기 전엽에도 고조선은 요동부터 서북한지역 어디엔가 있었던 것이 분명하다. 이 시기는 세형동검문화가 발전하고 철기문화가 등장하는 때이다.

요서·요동지역의 세형동검문화는 요동반도의 윤가촌유형, 요동 북부의 상보촌유형, 길림성 중부의 서황산둔유형으로 구분된다. 서황산둔유형은 지리적으로 보아 부여와 관련될 가능성이 크기 때문에 이 당시의 고조선은 윤가촌유형이나 상보촌유형의 공간에서 찾는 것이 순리적이다. 윤가촌유형은 요동반도에서 심양 일대까지를 중심으로 하면서 요서와 하북성 일부에서도 관련 유물들이 출토되고 있어서 고조선보다는 연나라의 요서군 및 요동군과 관련될 가능성이 크다. 반면에 상보촌유형은 요동 북부부터 서북한 지역에 걸쳐 분포하면서 재지적인 성격을 토대로 중원문물을 적극 수용하고 있어 이 당시 고조선이 자리할 가장 유력한 후보지로 생각된다. 물론 상보촌유형의 분포지역이 모두 고조선에 해당하는지 여부는 알 수 없다. 위만조선(衛滿朝鮮)은 전통적으로 평양을 중심으로 하는 서북한지역에 있었던 것으로 보는 견해가 다수이다. 그러나 위만이 준왕으로부터 왕위를 찬탈한 것을 생각하면 역시 상보촌유형의 분포권에 자리하였을 가능성도 생각해 볼 수 있다.

결론적으로 말하면 요서·요동 및 서북한 지역에서 비파형동검문화의 등장과 발전, 세형동검문화로의 전환과 철기문화의 유입은 고조선의 등장과 발전, 위만조선으로의 이행과정이 보여주는 역동적인 모습을 상당히 잘 반영하고 있다고 할 수 있다.

세형동검문화의 등장과 초기국가의 성장

기원전 4~3세기는 비파형동검문화가 세형동검문화로 전환되며, 이어서 철기문화가 유입되는 상당히 격동적인 시기여서 초기국가들이 성장하는 시대상과 잘 어울린다. 초기국가의 성장과정은 다뉴경을 통해서 논의된 바 있다. 조문경은 기원전 1000년기 전반에는 요서지역을 중심으로 해서 분포하다가 기원전 1000년기 중엽에는 요동지역으로 확산되고, 기원전 1000년기 후엽에는 요동지역과 한반도에서 발전한다. 한반도에서는 곧이어 정문경이 등장하였으며, 바다를 건너 일본열도로까지 파급된다.

남한지역에서 세형동검-점토대토기문화의 성격에 대한 의견은 다양하다. 점토대토기문화는 요령지역에서 이주해 온 집단의 소산으로, 지석묘문화는 토착 집단의 소산으로 상정해서 두 문화의 집단을 상호 갈등하는 주체로 상정하였다. 점토대토기문화 집단은 우월한 기술과 선진 사회의 정치적 경험을 토대로 지석묘문화 집단을 장악해서 새로운 사회질서를 형성하고, 이를 바탕으로 보다 광역적인 통합을 이루어냈으며, 나아가 본격적인 계급적 복합사회를 발전시켰다. 이러한 관점에서 보면, 남한지역에서는 세형동검문화의 등장과 더불어 청동기시대와 다른 사회정치체제가 들어서는 것으로 이해된다.

청동기·초기철기시대의 한국문화권은 요서·요동부터 한반도까지 넓은 지역에 걸쳐 있어서 이 지역 전체가 동일한 발전과정을 걸었다고 보기는 어렵다. 기원전 3세기 전엽에 십이대영자문화가 갑자기 붕괴하면서 요서지역에는 전국시대 연나라 문화가 깊숙하게 침투하며, 요동과 한반도에서는 세형동검문화가 등장한다. 이처럼 세형동검문화의 등장과 더불어 요서지역은 한국문화권에서 이탈하였으므로 기원전 3~2세기의 고조선과 위만조선은 요동과 서북한 지역에서 찾아야 한다. 이때 가장 유력한 후보가 상보촌유형이며, 길림 중부의 서황산둔유형은 부여와 관련될 가능성이 크다.

동서리유형은 청천강 이남의 한반도 전역은 물론 러시아 연해주와 일본열도까지 분포하고 있어 상당히 넓은 지역에 걸쳐 있다. 한반도 중서부지역에서 등장·발전한 동서리유형은 삼한 중에서도 마한의 토대가 되었을 것이다. 한반도 동남부지역에서는 중서부지역보다 약간 늦게 발달하기 시작하는데, 이 지역의 세형동검문화는 삼한 중에서도 진·변한의 토대가 되었을 것이다. 함흥 일대를 중심으로 하는 한반도 동북부지역의 세형동검문화는 동옥저의 성장 기반이 되고, 연해주 일대의 단결-크로우놉카문화는 북옥저의 성장 기반이 된 것으로 추정된다. 동서리유형은 바다를 건너 일본열도로도 파급되었으며, 곧이어 중국문헌에 왜(倭)가 등장하는 기반이 된다.

이처럼 비파형동검문화와 세형동검문화는 선사시대에서 원사시대로 전환되어가는 과정에서 남겨진 물질문화라고 할 수 있다. 또한 십이대영자문화의 붕괴와 세형동검문화의 등장은 십이대영자문화의 사회정치 체제가 동북아시아 전역으로 폭넓게 확산되는 계기가 되었을 가능성이 크다. 이러한 사회정치 체제의 확산은 다뉴경을 중심으로 하는 제의 체제로 표현되면서, 동북아시아 곳곳에 태동하는 초기국가들의 성장 배경이 되었을 수도 있다.

이러한 모습을 잘 보여주는 것 중의 하나가 무기체계의 변동이다. 무기는 쓰임새에 따라 원격전용(遠隔戰用)의 투사무기(投射武器)와 근접전용(近接戰用)의 충격무기(衝擊武器)로 구분할 수 있다. 활과 투창은 원격전용 투사무기를 대표한다. 검과 창은 근접전용 충격무기를 대표하는데, 검은 자루가 짧은 단병(短柄)이고, 창은 자루가 긴 장병(長柄)이다.

인류학적으로 보면, 이러한 무기들은 한꺼번에 등장한 것이 아니라 사회정치 체제의 발전과 연동해서 순차적으로 등장한다. 부족사회의 전쟁은 집단의 규모가 크지 않으며, 전쟁 방식이 단순해서 일정한 간격을 두고 활을 쏘거나 투창을 던지는 형태로 이루어진다. 서로 뒤엉켜 싸우는 백병전(근접전)은 전투원에게 위협적인 전투방식이어서 사람들이 기피하게 되는데, 부족사회에는 이를 강제할 수 있는 수장권이 형성되어 있지 않다. 부족사회가 좀 더 진전되면서 등장한 검은 원격전이 벌어진 이후에 부상당한 적을 살해하는 데 사용하였다. 전쟁 방식은 군장사회부터 크게 변화된다. 백병전을 강제할 수 있는 수장권이 형성된 군장사회와 국가사회에서는 근접전을 수행하는 데 가장 효과적인 창이 중요해진다. 이처럼 인류사회는 사회정치체제가 발전하면서 무기조합이 활(투사무기) → 활 + 검(단병충격무기) → 활 + 검 + 창(장병충격무기)으로 바뀌어간다**(표 2, 그림 21)**.

표 2 무기조합과 사회정치유형 사이의 상관관계

사회정치유형 \ 무기조합		원격전용 투사무기	근접전용 충격무기		수장권
			단병기	장병기	
부족사회	원시적	○			평등
	전사적	○	○		
군장사회		○	○	○	강제력 수반
국가사회		○	○	○	

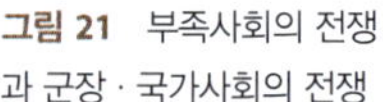
그림 21 부족사회의 전쟁과 군장 · 국가사회의 전쟁

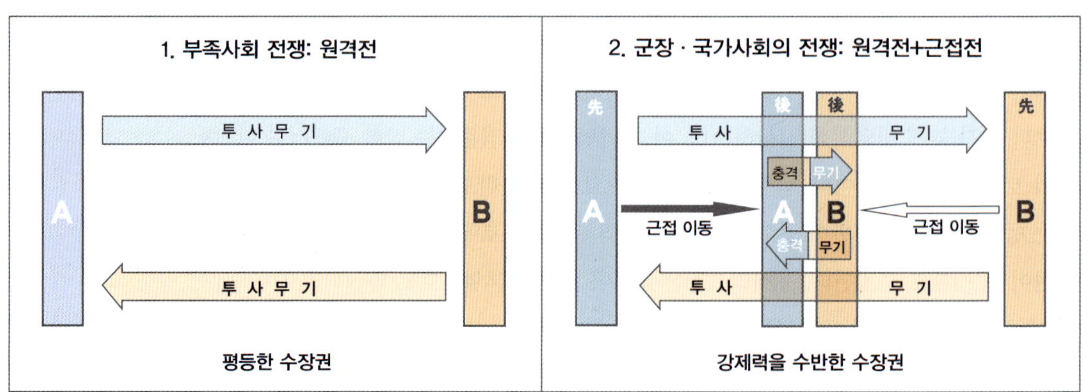

표 3 동북아시아 청동기~초기철기시대 무기조합의 변동과정

지역 \ 연대		BC1,000		BC500		AD1
중국 동북지역	요서		청동제 투사무기+단병충격무기	과도기 (비파형동모)	투사+단병충격 +장병충격 무기	한국고대문화권 이탈
	요동	마성 석촉 / 쌍타 석촉 석검 …	석제 투사무기+단병충격무기	청동제 투사무기+단병충격무기	과도기 (비파형동모)	투사+단병충격 +장병충격 무기
한 반 도		조기 석촉 / 전기 석촉 석검 …	식제 투사무기+단병충격무기	청동제 투사무기+단병충격무기	과도기 (비파형동모)	투사+단병충격 +장병충격 무기
일본열도			석제 투사무기		석제 투사+단병충격	청동제 투사+단병 +장병충격

한국문화권에서 신석기시대에는 기본적으로 화살촉만 확인되지만, 청동기시대가 되면 석검이 추가되고 이어서 동촉과 동검이 등장한다. 그러므로 청동기시대 전기부터 비파형동검문화가 등장한 중기의 어느 시기까지는 무기조합이 활+검이다. 기원전 6세기경 비파형동검문화에 비파형동모가 등장하면서 비로소 활+검+창의 무기조합이 등장한다. 이는 당시의 전쟁에서 원격전뿐 아니라 근접전이 수행되었음을 보여준다. 이러한 무기조합은 기원전 5~4세기의 십이대영자문화에서 더욱 발전한다. 기존의 화살촉, 비파형동검, 비파형동모 이외에도 중원식의 동검, 동모, 동과와 요령식동과가 새로 등장해서 근접전용무기, 특히 장병충격무기의 종류와 수량이 급증한다. 이러한 양상은 전쟁에서 근접전이 본격화되었음을 시사하며, 근접전을 강제할 수 있는 수장권이 발달된 군장사회나 국가사회로 진입했음을 나타낸다.

요동과 한반도에서는 기원전 3세기에 세형동검문화로 전환되면서 활+검+창의 무기조합이 본격적으로 등장한다. 요동지역의 부여, 한반도의 삼한이나 옥저 등이 문헌에 등장하는 시기와 대체로 일치한다. 일본열도에는 기원전 2세기 전엽에 동서리유형 세형동검문화가 파급되면서 활+검+창의 무기조합도 함께 파급되는데, 중국문헌에 왜(倭)가 등장하는 시기와 일치한다. 이를 보면, 십이대영자문화에서 완성된 "활+동검+동모·동과"의 무기조합은 세형동검문화를 통해 요동과 한반도로 확산되며, 이어서 일본열도로까지 파급되면서 동북아시아에서 초기국가들의 성장을 재촉한 것으로 생각된다(표 3).

주변지역과의 관계

한국 고대문화권은 기원전 2000년기의 청동기시대 전기부터 주변지역과 교류하였지만 기원전 1000년기의 비파형동검문화에서 교류관계가 좀 더 분명하게 드러난다. 북방초원지역의 하가점상층문화와 하북성 북부지역에서 출토되는 비파형동검이 이를 잘 보여준다. 비파형동검은 기원전 1000년기 중엽이 되면 내몽고 초원 깊숙이에 위치한 호륜패이시에서도 수습되었으며, 산동성 행가장(杏家莊) M2호묘에서도 출토된다. 물론 비파형동

검문화에서도 중원계나 북방초원계 청동기들이 출토되기 때문에 교류관계는 쌍방향으로 이루어졌음을 알 수 있다. 십이대영자문화 후기의 유적인 건창 동대장자유적에서는 다양한 종류의 중원계 청동기들이 더욱 증가해서 교류 양상이 갈수록 심화된 것을 알 수 있다.

한국문화권과 주변지역의 교류관계는 세형동검문화 단계에서도 지속된다. 연나라의 중심부에 해당하는 하북성 탁현(涿縣)이나 신성현(新城縣) 고비점(高碑店) 등에서 윤가촌식 세형동검이 확인되며, 반대로 윤가촌유형의 분포권인 요동반도 일대에서는 다수의 중원계 유물들이 출토된다. 산동성에서 출토된 동검 중에도 윤가촌식 세형동검으로 볼 수 있는 것들이 있다. 중원계 유물들은 상보촌유형이나 서황산둔유형에서도 확인된다. 상보촌유형에서 확인되는 중원식 동검·동모·동과와 승문호(繩文壺)가 대표적이다. 철기 역시 한국문화권과 중원문화권의 교류관계를 보여주는 유물이다. 철부와 철착 등 철제 농공구류를 중심으로 하는 주조철기는 중국 중원지역에서 기원전 5~4세기에 등장하였으며, 기원전 3세기에 요령지역으로 들어와서 기원전 2세기에는 한반도 중서부지역까지 확산된다.

중원식동검은 한반도 중남부에서도 출토되는데, 함평 초포리유적의 사례가 대표적이다. 그뿐 아니라 완주 상림리유적에서는 26점이 함께 발견되었다. 물론 남한지역에 처음으로 등장한 철기 역시 철부, 철착, 철사 같은 중원계 주조철기이다. 초기철기시대에서 원삼국시대로 전환되면서 양 지역 간의 관계는 더욱 활발해진다. 동서리유형 세형동검문화와 중원문화의 교류관계를 보여주는 대표적인 유물은 하북성 이현(易縣) 연하도(燕下都)의 신장두(辛莊頭) 30호묘에서 출토된 세형동과이다. 신장두 30호묘에서는 수많은 중원계 유물들과 함께 세형동과 1점이 출토되었다.

세형동검문화의 교류관계는 남쪽으로 바다를 건너 일본열도의 야요이문화로도 이어진다. 일본의 야요이문화는 한국 청동기문화, 즉 송국리문화가 일본열도로 파급되면서 형성되었다. 이어서 야요이시대 중기 초에는 동서리유형의 세형동검문화가 파급된다. 하지만 남한지역에 비해서 청동기의 종류와 수량은 한정되어 있다. 이형동기나 조문경 같은 세형동검문화 전기의 청동기들은 전혀 찾아볼 수 없다. 그뿐 아니라 청동방울도 거의 확인되지 않는다. 일본열도의 세형동검문화는 동검·동모·동과 같은 무기들이 중심을 이루며, 동부·동착·동삭도 같은 약간의 공구류와 10여 점의 정문경만 출토되었다.

이러한 청동기들은 이키섬(壹岐島)과 가라츠(唐津)에서 후쿠오카(福岡)에 이르는 북부 규슈(九州) 해안지역에서 주로 확인된다. 일본열도의 세형동검 형식은 한반도 세형동검문화의 중기에 유행한 것들이다. 일본열도의 세형동모는 투겁에 둥근 고리가 달려 있는 유이식(有耳式)이다. 한반도에서 세형동모는 중기 전반에 유공식(有孔式)이 먼저 등장하며, 중기 후반에 유이식도 출현한다. 일본열도에서 확인되는 정문경 역시 같은 시기에 유행하는 형식들이다.

이처럼 일본열도에 출현하는 청동기들은 한반도의 세형동검문화의 중기 후반에 중서부지역에서 주로 확인되는 것이다. 일본열도에서 유행하는 유이식 동모의 시원형이 완주 갈동, 부여 청송리, 공주 수촌리, 충주 호암동 유적 등에서 확인되고 있는 점을 고려하면, 일본열도 세형동검문화는 한반도 중서부지역에서 서남부지역을 거쳐 해로를 통해 북부 규슈 일대로 파급된 것으로 생각된다. 일본열도에 세형동검문화가 파급되면서 가라츠 일대의 마츠라코쿠(末盧國), 이토시마(糸島) 일대의 이토코쿠(伊都國), 후쿠오카 일대의 나코쿠(奴國) 등의 여러 소국(小國)이 등장하게 된다.

요약

한국문화권의 청동기·초기철기시대는 비파형－세형동검문화로 대표된다. 철기는 기원전 3~2세기경 세형동검문화의 발전과정에서 등장한다. 비파형동검문화를 대표하는 유물은 비파형동검이며, 세형동검문화를 대표하는 유물은 세형동검과 점토대토기이다. 이러한 유물들은 요서·요동과 한반도를 중심으로 해서 분포하며, 북동쪽으로는 두만강을 넘어 연해주 일대까지, 남동쪽으로는 바다를 건너 일본열도까지 확인된다. 그렇다고 이 모든 지역을 한국문화권으로 볼 수는 없다. 청동기시대의 한국문화권은 비파형동검문화가 분포하는 요서·요동과 한반도이다. 초기철기시대의 한국문화권은 요서지역이 이탈하면서 요동, 길림과 한반도로 축소되며, 세형동검의 형식과 점토대토기의 유무를 기준으로 요동반도의 윤가촌유형, 요동 북부의 상보촌유형, 길림성 중부의 서황산둔유형, 한반도를 중심으로 하는 동서리유형으로 구분할 수 있다.

청동기·초기철기시대는 한국사에서 고조선을 비롯한 초기국가들이 등장하는 때이다. 고조선의 중심지에 대해서는 다양한 학설들이 있지만, 고고학적으로 보면 기원전 1000년기 전·중엽에는 요서지역을 중심으로 하는 십이대영자문화권을 유력한 후보지로 검토해 볼 수 있다. 기원전 1000년기 후엽에는 요동과 서북한 지역에서 찾아야 할 것인데, 이때 가장 유력하게 검토해 볼 수 있는 지역이 상보촌유형의 분포권이다. 길림시 일대의 서황산둔유형은 부여와 관련될 것이다. 동서리유형 세형동검문화가 분포하는 지역에서 함흥 일대의 동북한 지역은 동옥저, 연해주 일대의 단결－크로우놉카문화는 북옥저와 관련될 가능성이 크다. 한반도 남부지역은 삼한과 관련될 것인데, 그중 중서부지역은 마한, 동남부지역은 진·변한과 관련될 것이다. 이로 보아 한국사에서 청동기·초기철기시대는 고조선을 비롯한 초기국가들이 등장해서 성장해 가는 시기이며, 선사시대에서 역사시대를 향해 가는 원사시대의 문턱을 넘어서고 있는 때라고 할 수 있다.

참고문헌

강인욱, 2020, 『옥저와 읍루－숨겨진 우리 역사 속의 북방민족 이야기』, 동북아역사재단.

고은별, 2012, 「경남서부지역 점토대토기문화의 생계경제 연구」, 『한국고고학보』82.

郭大順·張星德(김정열 역), 2008, 『동북문화와 유연문명』, 동북아역사재단.

국립중앙박물관·국립광주박물관, 1992, 『한국의 청동기문화』, 범우사.

국립청주박물관, 2020, 『한국의 청동기문화 2020』.

김주호, 2017, 「중국동북지역 철기의 유입과 발전」, 『호남고고학보』57.

노태돈, 1990, 「고조선 중심지의 변천에 대한 연구」, 『한국사론』23.

노혁진, 2001, 「점토대토기문화의 사회성격에 대한 일고찰－주거유적의 특색을 중심으로－」, 『한국고고학보』45.

동북아역사재단 북방사연구소, 2020, 『동북아시아 고고학 개설 I －선·원사시대 편』, 동북아역사재단.

박수진, 2016, 「쌍조형 촉각식검의 형식분류와 변천」, 『호남고고학보』52.

박준형, 2012, 「고조선의 성립과 발전에 대한 연구」, 연세대학교 대학원 박사학위논문.

배진영, 2005, 「연국의 오군 설치와 그 의미－전국시대 동북아시아의 세력관계－」, 『중국사연구』36.

송만영, 2011, 「중부지방 점토대토기 단계 취락 구조와 성격」, 『한국고고학보』80.

송호정, 2020, 『다시 쓰는 고조선사』, 서경문화사.

오강원, 2013,「청동기~철기시대 요령·서북한 지역 물질문화의 전개와 고조선」, 『동양학』53.

이성규, 2003, 「고대 중국인이 본 한민족의 원류」, 『한국사시민강좌』32, 일조각.

이종수, 2009, 『송화강유역 초기철기문화와 부여의 문화기원』, 주류성.

이청규, 2005, 「청동기를 통해 본 고조선과 주변사회」, 『북방사논총』6.

______, 2015, 『다뉴경과 고조선』, 단국대학교출판부.

이후석, 2015, 「요령식 세형동검문화와 고조선의 변천」, 숭실대학교 박사학위논문.

______, 2016, 「동대장자유형의 계층 분화와 그 의미」, 『한국상고사학보』94.

조진선, 2014, 「중국 동북지역의 청동기문화와 고조선의 위치 변동」, 『동양학』56.

______, 2016, 「세형동검문화의 일본열도 파급」, 『호남고고학보』53.

______, 2020, 「청동기~초기철기시대의 무기조합과 전쟁유형·사회유형」, 『한국고고학보』115.

천선행, 2018, 「한국 무문토기문화의 공간적 범위에 대하여」, 『한국청동기학보』22.

머리글

종족 · 정치체(政治體)와 고고학
고고학과 고대 민족
북방민족 연구의 의의

부여의 고고학적 문화
부여의 유적과 공간
부여의 형성과 발전
부여의 주요 유적과 유물
고고학이 전하는 부여의 모습

초기 고구려 문화
고구려는 언제 처음 나타났을까
압록강 중상류 초기 고구려 유적과 유물
교역으로 성장한 초기 고구려 세력

옥저의 문화
고고학이 밝혀낸 옥저
온돌을 도입하고 세형동검을 사용한 옥저인

읍루의 문화

다른 지역 집단과 관계
부여 · 고구려와 흉노 · 선비
부여 · 옥저와 한반도와의 관계

요약

05 부여 · 초기 고구려와 옥저 · 읍루의 문화

강인욱
경희대학교

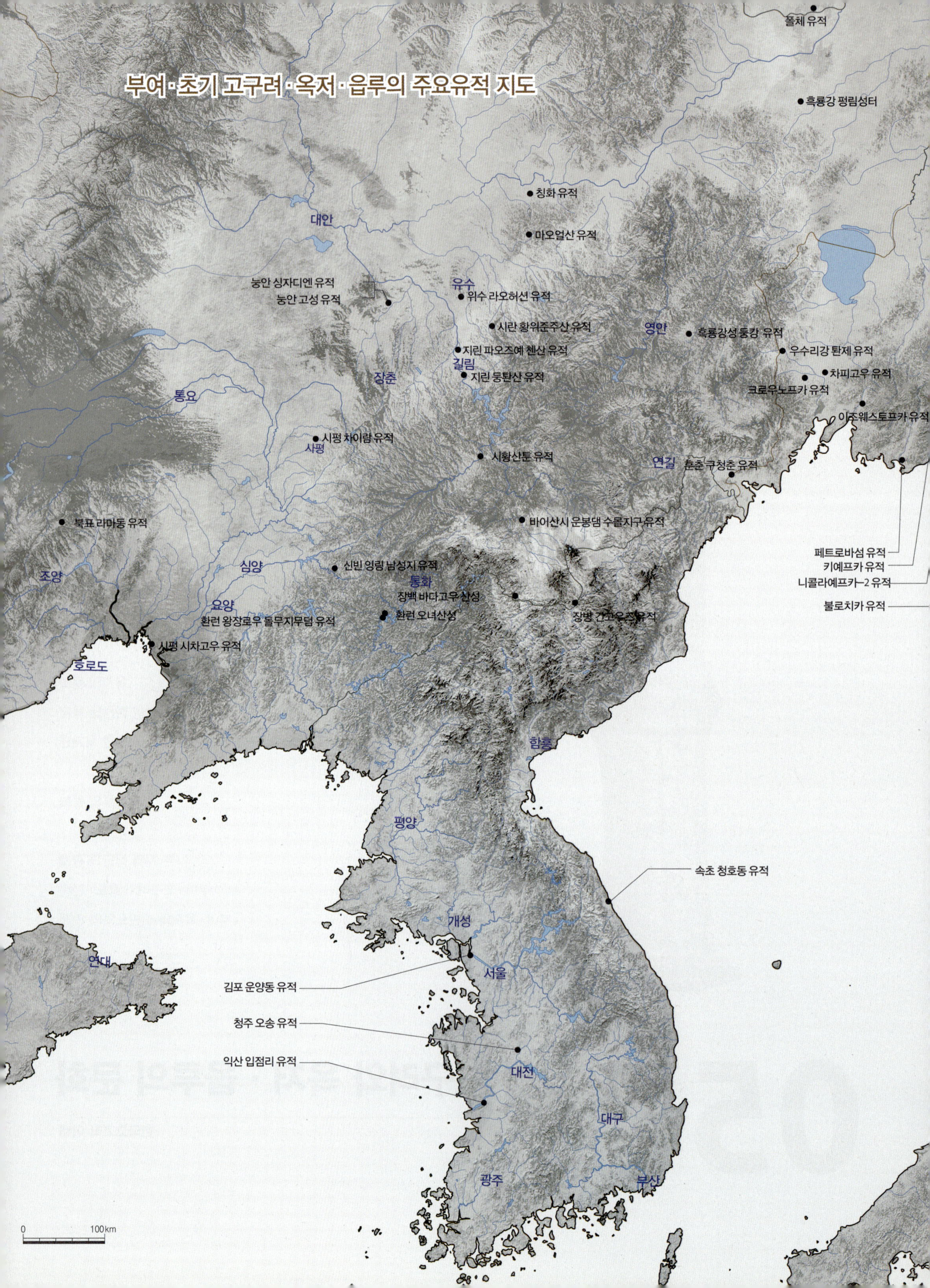

부여·초기 고구려·옥저·읍루의 주요유적 지도
폴체 유적
흑룡강 평림성터
칭화 유적
대안
마오얼산 유적
농안 싱자디엔 유적
농안 고성 유적
유수
위수 라오허션 유적
시란 황위준주산 유적
영안
흑룡강성 둥캉 유적
지린 파오즈예 첸산 유적
길림
지린 둥퇀산 유적
우수리강 퇸제 유적
차피고우 유적
크로우노프카 유적
장춘
통요
이즈웨스토프카 유적
시평 차이람 유적
사평
시황산툰 유적
연길
훈춘 구청춘 유적
북표 라마동 유적
바이산시 운봉댐 수몰지구 유적
페트로바섬 유적
키예프카 유적
니콜라예프카-2 유적
불로치카 유적
심양
신빈 영링 남성지 유적
조양
통화
장백 바다고우 산성
요양
환런 왕장로우 돌무지무덤 유적
환런 오녀산성
장방 간고우즈 유적
시평 시차고우 유적
호로도
함흥
평양
속초 청호동 유적
개성
연대
서울
김포 운양동 유적
청주 오송 유적
대전
익산 입점리 유적
대구
광주
부산
0
100km

부여·초기 고구려와 옥저·읍루의 문화

강인욱

경희대학교

머리글

비록 한국사람들은 남한에 살고 있지만, 그들의 역사는 여기에 한정되지 않는다. 고구려, 발해, 부여, 옥저, 읍루와 같이 수많은 우리의 역사는 북한과 만주일대이기 때문이다. 한국 고고학의 범위도 한반도와 만주 일대를 말한다. 우리 역사 최초의 국가였던 고조선이 성장하고, 멸망하는 과정에서 한반도와 만주 일대는 다양한 집단과 국가로 분리되었다. 한반도의 경우 삼한에서 백제, 신라, 가야 등으로 이어졌기 때문에 우리에게 너무나 잘 알려져 있다. 그런데, 더 북방으로 올라가면 이름만 알려졌고, 자세한 그들의 생활상은 잘 알려지지 않은 사람들의 역사가 많이 숨어 있다.

고구려의 시초가 된 북부여와 부여, 동해안에서 살았던 옥저와 동예, 발해의 기층민이었던 말갈과 읍루 같은 수많은 집단은 한국 고고학의 일부분임에도 불구하고, 거의 다루어지지 못한 잊힌 지역이었다. 그렇지만 문헌사 중심의 중국사에서는 '변방'으로 치부되었고, 한국사에서도 이에 관한 연구는 매우 소외되었다. 하지만 역사 자료에 구애받지 않는 고고학은 만주 일대의 다양한 자료를 발굴했고, 그 결과 막연했던 한국 고고학의 북방 지역 여러 집단에 대한 새로운 사실들이 밝혀졌다. 이 장에서는 고고학이 밝혀주는 우리나라 북방에서 살았던 대표적인 주민집단인 부여, 초기 고구려, 옥저, 읍루에 대한 고고학적 설명을 내용으로 한다.

한국고고학에 '북방지역'이란 어디인가 생각해보자. 북방이라는 뜻은 자기가 사는 지역보다 상대적으로 북쪽에 있는 사람들을 말한다. 그런데 이는 단순히 방위적으로 북쪽에 있다는 것을 의미하는 것이 아니다. 다양한 이름으로 불렸던 주민집단은 남한과는 완전히 다른 기후와 지형에서 사뭇 다른 생활을 하며 살았다. 같은 한국사에 포함되어 있지만, 북쪽과 남쪽의 기후환경은 극명하게 엇갈린다. 함경북도 개마고원 일대는 시베리아와 거의 비슷한 추위이며, 한반도 남해안 일대는 아열대에 가깝다. 이러한 극단적인 자연환경의 차이는 고대에도 비슷했을 것이다. 북방 지역의 주민들은 연교차가 심한 북쪽에서 적응하면서 문화를 일구었다. 단순한 역사기록의 비교를 넘어서서 유물을 중심으로 각 주민이 처해있던 자연지리 환경을 이해하는 것이 첫 번째 관건이 된다. 이들은 한반도의 북부지역과 중국 동북지역, 장성지대로 대표되는 중국 북방과 연해주와 시베리아지역을 포함한다. 이 지역들은 선사시대 이래 한반도와 밀접한 관계를 맺으면서 한국사, 나아가서 동아시아사의 한 축을 이루었다.

종족·정치체(政治體)와 고고학

고고학과 고대 민족

흔히 책이나 신문에서 고구려문화, 부여문화, 신라문화라는 말을 어렵지 않게 볼 수 있다. 과연 어떤 근거로 고고학자들은 유물을 발굴하면 그것이 어느 시대의 어느 국가나 민족에 해당한다고 할 수 있을까. 여기에는 단순한 삼국의 경우는 비교적 쉽다. 평양, 경주, 공주, 부여, 또는 김해와 같이 그 나라를 대표하는 수도가 있기 때문이다. 수도에서 발굴된 유물을 분석하여 그와 비슷한 유물은 같은 나라에서 만든 것으로 본다. 하지만 부여, 옥저, 동예, 읍루 등 우리 역사의 북방에 있는 민족들을 고고학적으로 밝히기에는 쉽지가 않다. 그들에 대한 역사 기록이 많지 않으며 글자가 출토되거나 수도가 발굴된 적이 없기 때문이다. 그러니 각 학자의 연구가 다양할 수밖에 없다.

그런데 고고학자가 역사에 등장하는 민족을 밝히는 것은 생각만큼 쉬운 과정이 아니다. 사실 고고학계에서 특정한 고고학적 유적 및 문화 유형을 민족 또는 종족집단에 비정하는 방법은 서구의 고고학계에서는 20세기 초반 인종주의의 영향을 떠올리기 때문이다. 또한, 근대적인 민족 연구가 시작된 곳은 서구 유럽이다. 그런데 유럽은 최근까지도 각 왕가는 서로 통혼 관계가 빈번한 인척들이 많았으며, 지금의 국가는 근대 이후에 등장했다. 반면에 동아시아는 쌀농사를 기반으로 하는 정착문화가 일찍부터 발달했다.

따라서 서구이론에 기반을 둔 민족의 등장과 형성은 최근에 만들어진 것이라고 보지만 동아시아의 경우 고대 중국의 역사기록에 나타나는 주민이 우리의 역사와 관련이 크다고 생각한다. 고고학과 민족의 비교가 활발한 이유가 여기에 있다. 또한, 다른 어떠한 나라와 비교할 수 없는 풍부한 문헌 기록도 그 원인이다. 잘 알다시피 중국 고대의 역사기록은 세계적으로 그 유례가 없을 정도로 풍부하다. 또한, 다양한 청동기나 갑골문 등 그 문헌의 양은 계속 증가한다. 그러니 고대의 문화를 풍부한 역사기록에 남아있는 실체들과 비교하는 연구방법이 발달하는 것은 당연하다. 하지만, 무턱대고 고고학 자료를 문헌과 비교할 수는 없다. 시간이 지나도 거의 차이가 없다. 예컨대 다산 정약용이 사용했던 한국사에 대한 역사기록과 21세기의 우리가 사용하는 역사기록은 거의 같다. 하지만 고고학의 경우는 사정이 다르다. 매년 엄청난 자료가 쏟아진다. 매년 고고학이 밝혀내는 과거의 모습은 바뀌어 있다. 그러니 계속 비교의 결과가 바뀔 가능성이 크다.

또한, 고고학의 목적은 역사기록에 나와 있는 사람들을 밝히는 것이 아니다. 고고학적 조사는 편년 및 사회상의 복원이라는 고고학적 맥락의 규명이 주요한 목적이며, 사서의 집단과 비교는 다양한 해석 중 하나이다. 사서의 비정은 추가되는 고고학적 자료 및 사료의 해석에 따라 달라질 수 있기 때문에 신중해야한다. 기본적으로 고고학적 문화는 '송국리(松菊里)문화' '중도식(中島式)토기문화' 등의 지역 명을 따른 고고학적 명칭을 더 선호하는 이유가 여기에 있다. 즉, 고고학 문화와 민족의 비교는 과거 사람을 이해하는 데에 아주 중요한 방법이다. 하지만, 그 비교가 고고학의 목적은 아니며, 고고학 자료를 해석하는 여러 방법의 하나일 뿐이다.

또한, 고고학 자료와 비교하는 대상이 되는 역사 기록속의 민족은 각각의 사서에 따라 다양한 상황에서 기록되며 상호모순되고 모호한 것도 많다. 고고학적 자료는 역시 그 자체로서 한계를 지닌다. 특정한 왕의 왕릉, 수도, 비석 등 분명한 명문 자료로 확인되는 특수한 경우를 제외하면 대부분의 고고학적 자료는 구제발굴, 지표조사 등의 과정을 통해서 무작위로 얻어진다. 비유하면, 광화문 근처를 발굴한다고 해서 반드시 세종대왕이 한글을 반포한 것과 관련된 유물을 얻을 수 없는 것과 같은 이치다. 고고학적 문화는 특정한 개인이나 외교 관계를 보여주기보다는 토기와 묘제로 대표되는 다양한 사람들이 남겨진 단편적인 물건들의 모음이다. 결론적으로 동아시아 고고학에서 사서의 비교는 매우 중요한 부분임은 분명하지만, 각각 고고학 및 문헌자료가 주는 한계를 고려하여 자료의 수준에 맞는 비교연구가 필요하다.

한편, 고고학 자료는 역사 기록과는 다르게 연대의 폭이 넓다. 예컨대 고고학자의 경우 부여, 옥저, 초기 고구려는 기원전 4~3세기에 이미 시작되었다고 본다. 하지만 역사 기록에는 이들 민족들이 고조선의 멸망 직후인 기원전 1세기대에 본격적으로 등장한다. 한편, 흉노의 경우 서기 1세기에 멸망하지만 몽골 초원 일대에 그들이 남긴 문화는 지속해서 유지된다. 즉, 고고학 문화는 문헌 기록과 정확히 일치하지 않으며 그 전후로 지속해서 이어진다. 고구려가 기원전 56년에 건국되었다고 해서 갑자기 그때를 기점으로 고구려의 물질문화가 등장하는 것이 아니다. 1910년 대한제국이 멸망하면서 조선시대의 생활문화가 갑자기 변하지 않는 것과 같은 이치이다. 따라서 '부여문화' '고구려문화'라는 이름은 역사 기록에 한정되지 않고 고구려나 부여로 대표되는 주민들이 그 이전부터 어떻게 형성되었고 전개되었는지를 밝히는 것이 주목적이다.

고고학은 기록을 남기지 않은 다양한 사람들의 삶의 방법, 사용하던 물건, 무덤, 집 등 남아있는 다양한 자료를 통해서 그 사람들의 살아가는 모습을 밝히는 것이 목적이다. 그러므로 북방지역에서 밝히고자 하는 것은 바로 추운 한반도 북방과 만주에서 주민들이 어떻게 적응하고 살아갔는가를 밝히는 것이 중요하지, 왕을 중심으로 하는 궁궐이나 귀족을 중심으로 하는 역사 기록을 증명하는 것이 목적이 아니다.

북방민족 연구의 의의

고구려 이외에도 부여, 동예, 옥저, 말갈 등의 이름은 우리에게 낯설지 않다. 중고등학교 시절에 역사 시간에 배우기 때문이다. 민며느리제, 데릴사위제 등 그들의 풍속에 대해서 약간의 역사에 관심이 있는 사람이라면 배운 내용도 기억이 날 것이다. 이들을 포함하는 만주 일대의 주민들은 크게 예맥계, 흉노계, 말갈계 등으로 나뉜다. 이들의 구분 기준은 생계경제로 밭농사를 중심으로 마을을 이루던 농경민(예맥계), 몽골에서 시작해서 호룬뻘 초원 등 만주의 서북쪽에 위치하며 초원에 기반하여서 목축을 주로 하던 유목민(흉노계), 그리고 수렵과 채집을 중심으로 산악지역과 동해안 일대에 살았던 수렵채집민(말갈계)로 크게 나닌다.

물론, 이러한 분류는 각 시대와 환경에 따라 다양하기 때문에 실제로는 매우 복잡하다. 분명한 점은 고대 중국에서 인식했던 3가지 계통의 민족집단은 한반도 북부와 만주 일대에서 혼재하는 3가지의 생계경제와 그에 따른 주민집단의 차이가 반영된 것이 고고학적인 발굴로 증명되고 있다. 유목문화를 주로 하던 집단들은 흉노의 발흥과 함께 만주 일대에서도 널리 확산하였다. 예컨대 오환·선비가 그러한 유목경제가 강했던 대표적인 집단이다. 한편 수렵과 채집은 읍루·숙신·물길·말갈·여진들의 세력으로 이어진다. 지금 연해주와 송화강 일대에 사는 나나이(Nanai), 니브흐(Nivkh), 울치(Ulchi)등은 이들의 후손이다. 한편, 밭농사를 중심으로 하는 예맥계는 한국사와 직접적인 관련이 있다. 부여, 고구려, 옥저, 동예 등이 이에 해당한다. 그 밖에도 부여의 세력이 더 북쪽으로 이동한 후예인 두막루(豆莫婁)도 이들에 해당한다.

이들중 우리 역사 속의 북방민족은 다시 예맥계와 고아시아계로 구분할 수 있는데, 예맥계는 잡곡농사를 주로 하는 부여/초기 고구려/옥저를 말한다. 한편, 고아시아계통(이 용어는 적절치 않다고 주장하는 학자들도 많다)은 농사보다는 수렵과 유목을 하는 사람들을 말한다. 고아시가계 중에서 처음 등장하는 사람들은 읍루라 불리었다. 이들은 이후에 발해의 기층민인 말갈로 이어졌다. 흔히 역사 드라마 속에서 등장하는 털모자를 쓰고 거친 무술을 구사하는 여진족이 바로 그들의 후손이다.

우리 역사 최초의 국가인 고조선이 요동~서북한 일대에 번성하는 동안에 만주와 한반도 일대에는 다양한 주민집단이 번성했다. 그들 중 동해안을 따라 연해주로 이어지는 환동해지역에 살았던 옥저와 읍루, 송화강 중류의 부여, 그리고 압록강 중상류의 초기 고구려가 있다. 남한과 달리 북방의 여러 민족들은 이름만 알려져 있을 뿐 제대로 그 실체를 파악하는 연구는 별로 없었다. 그러니 북방 여러 민족들의 고고학은 '변방'으로 치부되었고, 한국사와 한국 고고학계에서 매우 소외되었다. 하지만 역사 자료의 한계를 극복할 수 있는 고고학 연구 덕분에 만주와 연해주 일대의 다양한 자료를 발굴했고, 그 결과 북방지역의 여러 집단에 대한 새로운 사실들이 밝혀졌다. 그 북방민족 고고학의 의의는 다음과 같이 정리할 수 있다.

그 첫 번째 의의는 통일 고고학의 초석이 될 수 있다는 점이다. 수많은 우리의 역사에서 지금 잊혀진 북방민족의 고고학을 살피는 것은 단순히 한국 북방지역을 들추어보는 것을 의미하지 않는다. 이들 북방민족은 우리 고고학에서 소외된 역사인 동북한 지역, 나아가서 통일 고고학을 지향하는 우리의 연구에 기반이 되기 때문이다. 함경도와 강원도는 청동기시대 이래로 한반도의 척추에 해당하는 백두대간을 따라 북한을 거쳐 북방 유라시아와 이어지는 환동해 지역문화 교류의 주요루트이었다. 그리고 이 루트는 바로 유라시아 철도가 이어지는 길이기도 하다. 함경남북도를 거쳐서 러시아의 국경도시 하산을 통하여 우수리강과 아무르강을 따라 이어지는 철도는 바로 옥저, 읍루가 살던 그 지역을 지나간다. 21세기에 끊어진 우리의 대륙과의 길을 잇고자 하는 지금, 2천년 전부터 우리와 대륙을 이었던 옥저와 읍루의 이야기는 또 다른 의의를 준다.

두 번째로 중원 중심의 연구관을 탈피할 수 있다. 최근 21세기가 들어서면서 중국 중심의 역사해석은 갈수록 심해지고 있다. 중국, 특히 중원 중심의 역사관이 대두되면서 해석과 그 효과는 이제부터 시작되고 있다고 할 수 있다. 한국에서는 동북공정이라는 단일 문제로 이슈화가 되었지만, 사실 이 문제는 전 동북아시아의 역사인식과 관련되어 있다. 즉, 한국을 포함해 전 세계 학자들에게 "동북아시아=중국"이라는 인식을 은연중에 심어주고 있다. 이러한 상황에서 중국과는 별도로 존재했던 환동해로 이어지는 한국 고대문화의 흐름을 강조하면서 중국 중심의 역사관을 탈피할 수 있으며, 새로운 시각에서 동북아시아를 바라볼 수 있는 단초를 제공할 것으로 기대한다.

세 번째로 우리 역사의 잊혀진 부분을 통해 한국 고고학의 새로운 지평을 열 수 있다. 한국고고학은 독자적인 문화발전에 중점을 두지만 사실상 우리의 관심은 극히 일부에 편중되어 있다. 역사 고고학의 경우 대부분 백제, 신라와 가야에 집중되어 있다. 최근 고구려나 발해 관련 전공자들도 많이 늘었지만, 여전히 전체적으로 보면 극히 일부분이다. 하물며 옥저나 읍루, 부여와 같은 북방 민족의 역사는 더 말할 것도 없다. 왜 우리 스스로 우리의 역사를 제대로 연구하지 못하는가 생각해자. 사실 환동해의 옥저와 읍루가 우리 역사에서 소외된 이유는 우리도 부지불식간에 중국 중심의 역사 인식에 빠져들었기 때문이다. 모든 선진적인 문화를 한나라와 낙랑군으로 대표되는 중국 쪽에 찾는 전통적인 인식에서 환동해 지역과 강원도는 변방일 수밖에 없었기 때문이다.

네 번째로 북방지역 고고학은 한국과 유라시아를 연결하는 고리가 된다. 따지고 보면 우리의 역사 속에서 제대로 평가받지 못하는 북방민족은 많이 있다. 북방의 추운 지역에서 부여와 같은 거대한 성터와 집단을 이루었던 두막루, 함경남도의 동예, 그리고 강원도에 존재했던 예맥과 말갈 등이 있다. 우리 안에서 소외된 민족과 나라들이 유독 북방에 많은 이유는 그동안 우리 역사 속에서 흐르고 있던 남한 위주의 역사관에 그 원인이 있다. 그리고 더 깊게는 바로 분단이라는 현대사의 아픔, 그리고 러시아와 중국이라고 하는 국가적인 장벽도 큰 이유였다. 이제 다시 좁은 남한이라는 틀을 넘어서 유라시아와 조우하고 대륙과의 관계를 다시 논하는 시점이니, 우리의 북방 민족의 고고학을 논하는 것은 단순히 과거의 역사를 복원하는 것에 그치는 것이 아니다. 바로 거시적으로 우리의 역사를 보고 주변국과의 역사 갈등이라는 틀을 벗어 던지고 새로운 차원에서 우리의 역사를 조망하는 첫 단추가 될 것이다.

부여의 고고학적 문화

부여의 유적과 공간

역사적으로 부여는 길림성 중부 송화강유역을 중심으로 기원전 2세기~서기 4·5세기에 존재했었다. 그들이 정착한 곳은 송화강과 눈강의 주변에 형성된 넓은 평원이다. 흔히 한국 근대사나 대중문화에 '광활한 만주 벌판'이라는 말이 흔히 등장한다. 바로 이 송눈평원을 말하는 것이다. 송눈평원은 북쪽으로는 다싱안링 산맥과 후룬베이얼 초원 등으로 경계를 이룬다. 그리고 서쪽으로는 요하유역을 거쳐서 중원으로도 이어지며 남쪽으로는 한반도, 동쪽으로는 연해주로 이어지는 중심지이다. 게다가 너른 평야지대이기 때문에 주변의 다양한 문화를 교류하는 데에 편리하며 잡곡농사에도 유리한 조건을 갖추고 있다. 이러한 조건이 기반이 되었기 때문에 고조선 바로 다음으로 부여가 우리 역사에서 등장할 수 있었다. 그리고 중국 역사기록서에도 부여는 제법 규모가 큰 나라로 중국과의 외교적인 관계도 매우 밀접한 것으로 전한다.

그런데, 실제로 고고학 자료로 보면 부여라는 국가는 제대로 알려진 게 없다. 보통 국가의 모습을 제대로 밝히려면 경주, 공주, 평양같이 그 나라의 왕릉과 수도를 발굴해야 한다. 부여의 경우 수도로 추정되는 현재 지린성 지린시 일대에서 둥탄산(東團山), 마오얼산(帽兒山) 등의 수도를 둘러싼 산성과 귀족들의 고분도 조사가 되었다(그림 1). 하지만 이들 무덤에 대한 발굴조사자료는 극히 일부만 밝혀지고, 부여의 실체를 증명할 수 있는 글자도 발견된 적이 없다. 부여의 또 다른 문제로는 수도와 그 근처를 벗어나면 완전히 다른 유물들로 대표되는 다양한 문화가 나온다. 예컨대 흉노계통의 유목문화가 영향을 많이 준 위수 라오허션(楡樹 老河深)(그림 2·3), 시펑 시차고우(西豊 西岔溝)(그림 4·5), 지린 파오즈옌 첸산(吉林 泡子沿 前山) 등 중국의 영향이 강한 유물과 목곽묘가 조사된 둥탄산과 마오얼산 유적 등이 있다. 또한 부여의 바로 북쪽에는 특이하게 다양한 색깔을 칠한 토기가 출토한 칭화(慶華)유적도 있다. 학자 중에는 칭화 유적을 부여의 건국과 관련된 색리국(索離國)에 연결하기도 한다.

그림 1 마오얼산 부여 수도 고분 출토 유물

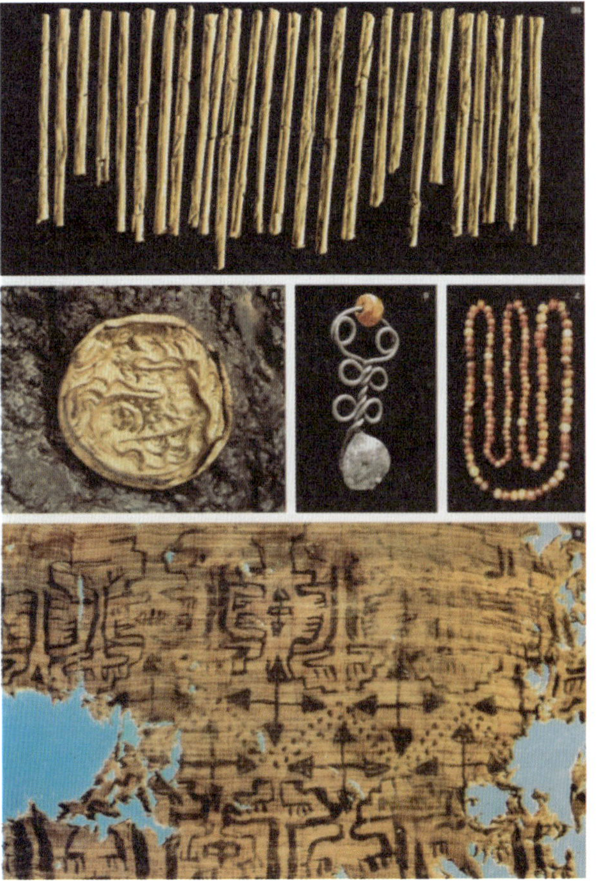

그림 2 라오허션 출토 동물장식 금동 허리띠 버클
그림 3 라오허션 출토 토기

그림 4 시차고우 출토 동복(구리솥)
그림 5 시차고우 출토 동병철검(테링박물관)

또한, 부여의 지리적 범위에 대해서도 학자들 간에 다양한 견해가 있다. 부여는 여러 문헌에서 북부여, 동부여 등으로 다양하게 기록되었다. 이들이 부여 안에서 서로 지역을 달리 해서 살았던 사람인지, 아니면 따로 살았던 사람인지에 대해서 다양한 견해가 대립한다. 대체로 북부여와 부여는 같은 부여로 보지만, 동부여에 대해서는 학자에 따라서 옥저와 같은 예맥계통의 집단이라고 한다. 부여의 영역은 고구려의 동북쪽이 되기 때문에 길림 일대의 송화강유역으로 동쪽은 한카호 이동의 장광재령 일대로 볼 수 있다. 서쪽과 북쪽은 다싱안링과 호룬뻴 초원으로 자연적인 경계를 이룬다. 다만, 이 모든 지역이 지금 생각하는 강력한 국력이 통치하는 영토라는 뜻은 아니다. 부여의 영향이 미치고 그들과 문화적으로나 혈연적으로 많은 관련이 있는 집단의 공간이라는 뜻이다.

부여의 형성과 발전

세상의 모든 국가가 그렇겠지만, 갑자기 허허벌판에서 국가가 만들어지지 않는다. 국가 이전부터 사람들은 모여서 자기들만의 사회를 형성해 왔다. 부여도 마찬가지로 국가 성립 이전부터 청동검을 사용하던 사람들이 송눈평원에서 계급사회를 형성했고, 그러한 사회

발전에 기반하여 사람들은 국가로 한걸음씩 나아갔다.

국가가 성립되기 이전시기를 포함하여서 부여의 멸망까지 거의 1천년 가까이되는 시간은 크게 네 단계로 나눈다. 첫 번째는 선부여기(先夫餘期)로 부여가 국가가 되기 전부터 발달하던 시기이다. 기원전 8~3세기 경으로 송화강 중류지역의 예맥계통 주민 사회가 발달되는 과정을 보여주는 시기이다. 이 시기에는 우리나라의 청동기시대에 많이 보이는 돌무덤(석관묘)과 비파형동검으로 대표되는 시투안산(西團山)문화, 송눈평원 북쪽에서 채색한 토기와 수렵 생계를 특징으로 한 바이진보(百金寶)문화, 유목의 성격이 강한 핑양(平洋)문화 등이 있다. 이렇게 각 지역에서 자신들의 문화를 독자적으로 발달시키던 사람들에게도 변화가 생긴다. 바로 철기를 본격적으로 도입하는 기원전 4세기경으로 이 때에 토광묘와 새로운 형태의 토기들이 넓게 확산된다. 이렇게 등장한 문화가 부여가 성립된 이후에도 지속되고, 일관되는 특성을 보여주므로, 기원전 4세기를 기점으로 선부여기는 본격적으로 부여라는 국가로 지향하는 것으로 이해된다. 이때의 유적으로는 농안 싱자디엔(農安 刑家店), 시란 황위준주산(舒蘭 黃魚圈珠山), 시황산툰(西荒山屯) 등이 있다.

두 번째 시기는 초기 부여국가가 본격적으로 등장하는 때이다. 기원전 2~1세기로 주요 문화로는 지린시의 마오얼산(冒兒山)유형과 파오즈옌(泡子沿)유형, 서북쪽의 라오허션(老河深)유형, 서북쪽 요령~길림 경계에 위치하여 흉노계통의 유목문화 성격이 아주 강한 시차고우(西岔溝)유형 등이 있다. 그리고 부여 주변에도 그와 비슷한 유물들이 많이 발견되는데, 지린성 동남부지역에도 부여와 유사한 사람들이 남긴 동캉(東康)유형이 있다. 아마도 이들은 부여계통의 주민들이 사방으로 확산된 것으로 보인다. 수도에 해당하는 지린 일대인 마오얼산, 둥탄산, 파오즈옌 등은 중국의 영향이 강한 토기와 철기가 출토되고, 중국과 돈독한 외교관계를 유지한 역사 기록에 전하는 곳으로 추정된다. 부여의 왕이 죽으면 옥갑(玉匣)을 써야하기 때문에 현토군에 그 관을 준비해두었다는 것이 그 예이다. 이 옥갑의 실체는 아직 밝혀지지는 않았지만, 한대에 금루옥의(金縷玉衣: 옥으로 마치 갑옷처럼 온몸을 감싸고 그 옥 판을 황금실로 서로 이은 수의)가 유행했으니, 그와 비슷할 것으로 생각한다.

부여 동북쪽은 너른 초원인 후룬베이얼 지역과 연결되기 때문에 초원지역의 문화(유목계)가 널리 퍼져 있다. 대표적으로 시차고우, 차이람과 라오허션 무덤 유적이 있다. 시펑 시차고우와 차이람(彩嵐)은 흉노의 전형적인 동물장식, 철기 등이 공반되기 때문에 흉노의 문화와도 깊은 관련이 있을 것으로 생각된다. 라오허션의 철기와 무기는 한반도 남쪽의 가야와 신라의 것과 많이 유사하다. 따라서 부여를 통해서 한반도로 전래한 기마문화의 기원을 밝히는 중요한 자료가 된다.

그렇다면 이 부여 안의 초원계 문화는 유목민이 밀려온 것일까 아니면 현지 주민이 유목문화를 배운 것일까? 현재까지의 자료를 보면 이들 사람들이 사용했던 토기**(그림 3)**는 유목문화보다는 현지 토착민들의 것에 더 가깝다. 그러니 초원지역에서 새로운 기마기술을 가지고 내려온 사람들이 부여의 안에서 자연스럽게 동화되어서 남긴 유적들이라고 생각한다.

그 밖에 부여 중심지 서북쪽에는 채색한 토기를 만들어 사용한 칭화(慶華)유적이 있다. 이 칭화 유적 이외에 이 일대에 대규모의 성지가 다수 확인되었기 때문에 학자에 따라서 색리국(索離國)으로도 본다. 하지만 조사가 거의 이루어지지 않았기 때문에 궁금증만 더한다. 동남쪽으로 확산된 부여의 세력으로는 동부여가 있는데, 그 대표적인 유물 유적은 둥캉(東康)유형에 속한다. 이 문화는 한카호의 동쪽인 흑룡강성 닝안(寧安)지역을 중심으로 분포한다. 특히 한반도 동북부와 연해주 일대에서 발견되는 옥저계통의 문화인 크로우노프카문화와 유사하다. 아마 부여 – 동부여 – 옥저와 같은 부여계통의 사람들이 사방으로 퍼져나간 증거라고 할 수 있다.

세 번째 단계는 서기 2~4세기로 부여의 중기이다. 역사 기록에도 부여가 자주 등장하지만 놀랍게도 이때를 대표하는 부여의 유적은 거의 없다. 부여의 수도인 지린시 마오얼산 일대를 제외하고는 그 이전까지 유적들이 많이 발견되던 지역에서 유적들은 갑자기 사라진다. 반면에 부여의 외곽에서는 다양한 흔적들이 발견된다. 부여 남부는 고구려가 성장하면서 고구려 일부로 편입되었다. 그리고 서쪽으로 랴오닝 서북쪽의 북표 라마동(北票 喇嘛洞)의 유목문화에 기반을 둔 모용선비 유적에서 부여계통의 흔적도 발견되었다. 더욱 놀라운 것은 부여의 영역에서 훨씬 북쪽으로 벗어난 러시아와 국경을 접한 흑룡강 싼장평원(三江平原)에서 번성한 펑린문화(鳳林文化)에서도 부여의 흔적이 확인되었다. 대표적인 유적인 펑린 성터는 남아있는 성벽의 높이가 4m, 둘레가 6.3km에 전체 면적이 11만㎡로 백제 풍납토성의 10배 크기를 보여 준다. 가운데의 궁궐을 중심으로 9개의 구역으로 나누어 성벽을 쌓았는데, 그 내부에서 부여계통의 토기와 온돌을 한 집자리가 발견되었다.

이렇게 정작 부여의 중심지에서는 부여계통의 유적이 사라지고 주변 지역에서만 발견되는 정확한 이유는 밝혀지지 않았다. 하지만 몇 가지 원인을 추정할 수 있다. 첫 번째로 고구려의 세력이 급격히 성장하면서 부여의 세력이 위축되었을 것이다. 두 번째로 2~4세기에 기후와 환경의 변화로 송눈평원에서 사람들이 살기 적합하지 않았기 때문에 인구가 감소하고 주변 지역으로 확산하였을 가능성도 있다. 이렇게 부여의 세력은 급격하게 사라지지만 오히려 그 영향력은 전체 만주와 그 주변으로 확대된다는 점에서 부여의 역할이 감소한 것은 아니다.

마지막으로 네 번째는 부여 후기(4세기 중반~494년)이다. 역사기록에 부여는 최종적으로 494년에 멸망한다고 되어 있다. 하지만 세 번째 시기부터 부여의 세력은 많이 약화가 되었다. 그리고 4세기 중반 이후에 부여의 주요 거점이었던 송눈평원은 고구려와 말갈의 문화로 재편된 상태였다. 따라서 이 시기에 부여의 고고학적 유적은 제대로 알려진 것이 없으며, 다만 부여가 멸망할 때의 수도로 추정되는 눙안 일대의 고성유적(農安古城)이 거의 유일한 흔적이다.

부여의 주요 유적과 유물

부여는 수도와 각 거점에 성을 건설했는데, 고구려와 마찬가지로 평시에 사는 평지성과 유사시에 적을 방어하는 산성을 짝을 이루어서 만들었다. 부여의 수도는 길림시 일대로 추정되며, 룽탄산산성(龍潭山山城) 및 둥탄산산성(东团山山城)이 가장 유력하다. 이 두 산성은 길림시 일대의 분지를 둘러싸는 산에 만들어져서 실제로 수도로서의 기능을 할 경우

왕성으로 쓰기에 적합하다. 평지성으로는 난청쯔성(南城子城)과 관디고성(官地古城) 등이 있다. 다만, 4변의 길이가 대략 1000m 내외로 그렇게 크지 않다. 후한서 기록에는 부여에 궁궐, 창고, 감옥 등이 있다고 기록되어 있다. 평지성의 내부에 대한 발굴조사는 거의 없지만, 이 역사 기록대로 다양한 시설들이 있었을 것이다.

부여의 무덤으로는 수도에 있는 마오얼산, 그리고 위수 라오션, 시펑 시차고우 등의 대형 묘지가 대표적이다. 이들 무덤은 돌을 쓰지 않고 나무로 목관을 만들거나, 아주 규모가 큰 경우는 부부를 같이 묻거나 나무로 곽을 만든 목곽묘도 발견된다.

마오얼산 유적의 경우 1960년대부터 꾸준히 조사되었지만 아직 그 자세한 상황을 밝혀진 바가 없다. 하지만 일부 공개된 유물로 볼 때 중국제 비단, 황금, 차마구, 칠기 등 화려한 위신재들이 다수 있다. 따라서 부여의 왕족들이 묻혀있는 것으로 볼 수 있다.

한편, 라오션과 시차고우 유적은 부여 중심부에서 떨어진 각 지역에 거주하는 집단의 유력자들 무덤이다. 그 유물은 철제 무기와 마구, 그리고 초원지역의 스타일이 잘 살아있는 여러 장식품들도 함께 발견되었다. 무덤의 양식은 목관과 목곽묘로서 라오션에서는 129기, 시차고우에서는 심한 도굴로 정확히는 모르지만 대략 500기 이상이 공동묘지를 이루고 있다. 마오얼산의 경우 학자들에 따라서는 1천여기 이상 있었다고 추정하기도 한다. 비록 겉으로 거대한 봉분을 쓰는 고구려의 무덤과는 다르지만 부여 역시 발달된 복합사회를 바탕으로 자신들의 무덤을 만들었음을 알 수 있다. 또한, 각 유적에서 수 백개의 무덤이 있다는 것은 각 지역에서 수백 년간 토착 세력이 살면서 자신들의 세력을 지속했다는 것을 의미한다. 이와 같이 부여는 문헌기록에 전하는 사출도(四出道)로 대표되는 각 지역의 독자적인 발전을 최대한 보장했고, 그것이 무덤에 잘 반영되어 있다. 또한, 출토유물로는 당시 흉노의 영향을 받은 무기와 마구, 그리고 중국에서 수입된 다양한 위신재들도 함께 발견된다.

부여의 주요유물을 살펴 보면, 먼저 토기는 크게 재지계와 한식(漢式)계통으로 나뉜다. 위수 라오허션을 중심으로 알려진 재지계의 토기는 항아리(壺)와 단지(罐) 위주로 양이(兩耳)가 부착된 수제 토기이다. 기벽에는 문양이 없으며 전의 시퇀산문화와 기형상 많은 유사성을 가진다. 특히 쌍이호와 두형(豆形)토기는 공통으로 부여의 대표적인 기형으로 간주된다.

철기는 크게 농기구, 무기, 마구 등으로 나뉜다. 철제 농기구의 경우 삽과 같은 굴지구와 철도끼가 집중적으로 발견되어서 당시 활발했던 농경을 방증한다. 무기로는 철검, 철모, 철도 등이 대다수이며 유수 라오허션에서는 철제찰갑(鐵製札甲)도 발견된 바 있다(그림 6). 마구로는 마차의 부속을 비롯하여 재갈멈치와 재갈 등이 있는데, 한나라(漢)의 영향을 많이 받은 것이다.

청동기로는 한경(漢鏡)이 많이 발견되어서 편년에 주요한 자료를 제공하며, 그밖에 흉노계통의 동물장식 허리띠장식(帶鉤), 구리솥(銅鍑)(그림 4) 등이 있다. 그 외에도 황금으로 만든 귀걸이, 팔찌 등이 발견되어서 부여문화가 주변의 초원문화 및 중국문화와 활발히 교류하였음을 보여준다.

그림 6 라오허션 찰갑(札甲) 복원도 – 지린성박물원

테글 1

부여인의 얼굴

고대 사람들이 어떻게 생겼을지는 무척 흥미로운 주제 중 하나이다. 고고학이 밝히는 것은 고대인들의 삶이기 때문에 그들의 외모 또한 중요한 주제 중 하나가 된다. 부여를 대표하는 얼굴로는 일제강점기에 부여의 수도라고 추정되는 길림 마오얼산에서 출토된 금동제 인면상이 있다. 실제 얼굴보다 약간 작은 크기의 이 금동제 인면상은 상투 또는 쪽진 머리, 역삼각형의 얼굴 비율, 강조된 광대뼈, 낮고 넓은 코, 그리고 이빨을 드러낸 채로 입을 벌리고 있는 모습 등으로 다소 기괴하게 보인다(그림 7). 아마 악귀를 쫓는 벽사의 의미로 어딘가에 부착되었던 것으로 추정된다. 비슷한 마오얼산 출토 인면상은 같은 유적의 마차의 부속으로 출토된 적이 있다. 아마 당시 부여의 귀족들 사이에서 널리 유행하던 스타일이었던 것으로 보인다.

그림 7 부여인의 얼굴(마오얼산 출토)

광대뼈가 튀어나오고 인상은 지금 이 지역에서 흔히 보이는 몽골로이드계의 사람들과 그 모습이 유사하다. 그래서 학계에서는 이 장식을 부여를 대표하는 "부여의 얼굴"로 본다. 더욱이 마오얼산 유적은 부여 중심부의 왕족 또는 귀족급의 무덤이기 때문에 부여인들의 가장 숭배하는 모습이라고 할 수 있다. 그런데 더욱 흥미로운 점은 이와 거의 비슷한 형태의 얼굴이 기원전 6~5세기의 고조선을 대표하는 유적에서도 나온다는 데에 있다. 중국 요동지역에서 고조선을 대표하는 선양 정자워쯔(鄭家窪子)와 유사한 시기의 것으로 인근 지역인 랴오양 타완춘(塔灣村)에서 비파형동검과 함께 청동도끼를 만드는 거푸집이 발견되었다.

그런데 유사함은 여기에서 그치지 않는다. 고조선 시기에 가장 우수한 청동기문화를 발달시켰던 내몽골 중남부와 랴오닝 서부지역의 샤자뎬상층문화(夏家店上層文化)에서도 비슷한 인물들이 다수 발견된다. 타완춘의 유물은 거푸집에서 발견된 것이니, 아마 청동기를 만드는 상층부 사람이었다. 청동기의 제작기술을 매개로 이러한 인물상은 샤자뎬상층문화에서 고조선을 거쳐서 부여로까지 전래된 것이다. 한편, 이러한 험악한 표정의 인물상은 동쪽으로 더욱 나아가서는 하바로프스크 지역 아무르강 중류의 대표적인 암각화인 사카치 알리안 유적에서도 보인다.

그렇다면 타완춘 및 마오얼산의 인면상에 보이는 특징은 특정한 국가에 속한다기보다 시공적으로 더 넓으며 이데올로기적으로 서로 많은 점을 공유한 집단일 가능성이 크다. 이것을 '예맥계통의 주민들이 남긴 것'으로 볼 수 있다. 다만, 시카치(Sikachi)-알리안(Alian)의 인면상은 마오얼산이나 타완춘에서 지나치게 멀리 떨어진 지역에 있다. 따라서 직접 예맥인들이 거주한 지역이라기보다 마치 통일신라시대의 처용처럼 벽사의 의미로 붙여놓은 것일 가능성이 있다. 실제로 수 천점의 인물상 중에서 마오얼산과 비슷한 인물상은 단 1개인데, 그것은 이 암각화가 시작되는 지점에 새겨졌기 때문이다.

그렇다면 실제로 고조선과 부여인들의 얼굴과 이 인면상들은 비슷할까. 일부는 맞지만 전적으로 똑같다고 볼 수는 없다. 고고학 유적에서 발견되는 인면상은 실제 사람들 베낀 '초상화'가 아니기 때문이다. 마치 지금 TV나 유튜브에 등장하는 연예인들의 얼굴에 비유할 수 있다. 연예인들의 외모는 한국인들의 평균적인 모습이라기보다는 이상적으로 생각하는 일종의 '워너비'이기 때문이다. 같은 이야기를 부여의 사례에 적용해본다면 개별 예술품은 그를 사용하는 사람들의 개인적인 경험이 포함되며, 당시의 관념 및 종교와 같은 심성의 표상이다. 그런 이상적인 모습은 실제와도 일정 정도 유사할 것이다. 다만, 각 인물상이 만들어진 맥락과 용도에 따라 실제의 모습과 달리 변형된다. 즉, 각 인물상은 실제 인물을 충실하게 모방한 것이 아니라 과거 사람들이 드러내고 싶은 여러 상징적인 표현들의 조합이다. 즉, 인물상의 분석은 과거 인간들의 형질적인 특징을 충실히 반영한 것이 아니다. 또한, 유물의 개별성과 상징성은 각 유물이 놓인 고고학적 맥락(context)에 따라 달라진다. 마지막으로 고고학적 유물은 순수예술품이 아니라 실용적인 유물에 표현된 것이므로 유물의 재질, 표현할 수 있는 공간 등에 제약받는다.

실제 사람들의 모습은 출토된 인골을 복원하는 형질인류학적인 연구로 실현된다. 예술품에 발견된 인물상은 그와는 또 다른 과거인들이 생각하는 이상적인 모습이 무엇인지를 알아내는 단서를 제공한다.

고고학이 전하는 부여의 모습

역사기록에 부여는 사출도라는 독특한 체제를 운영하였다고 되어 있다. 이 사출도는 4개의 하위 지역권을 간접적으로 통치했음을 의미한다. 흔히 고대에 국가가 발달하면 할수록 강력한 중앙집권을 이룬다고 생각한다. 하지만 부여는 다른 삼국시대의 나라들과 달리 강력하게 통합을 하기보다는 서로 다른 집단이 독자성을 유지하는 식으로 나라를 유지했다. 그러한 연맹이 중앙에 있는 중앙권력의 중심으로 국가를 이루었기 때문에 고고학적으로 부여는 다양한 문화가 서로 섞여 있는 것처럼 보이게 되었다.

또한, 부여 중기(서기 2~4세기대)에 부여 지역에 유적의 수가 급감하지만 주변 지역에서는 평린(鳳林)문화와 말갈문화가 발달한다는 점도 주목된다. 이는 부여권역 내에서 상대적으로 인구밀도가 적은 유목경제로 재편된 결과이다. 반면에 산장평원을 중심으로 부여의 동북부지역에서는 대규모 성지가 발달해서 부여 계통의 문화를 계승 발전하였음이 확인된다. 부여의 서북쪽은 유목에 기반을 두고 흉노의 영향을 받은 사람들이 살았다. 이렇게 고고학적으로 보면 부여는 농경, 유목, 수렵채집의 성격이 모두 나타나는 복합경제의 특징이 보인다. 한편 부여 세력이 약화하면서 고구려가 등장하고, 그에 복속되어 있던 말갈이 독자적인 세력들로 성장할 수 있었다.

부여 동쪽에서는 동부여와 옥저의 발달로 대표되는 부여계 문화의 확산이 있었다. 이렇듯 부여는 고조선의 뒤를 이어서 송눈평원을 중심으로 가장 먼저 국가를 발달시켰다. 그들은 강력한 중앙집권 대신에 연맹체 국가를 유지하여, 그 결과 존속기간은 길지만, 고고학적으로 아주 뚜렷한 흔적을 남기지는 않았다. 하지만 부여인들은 멀리 중원이나 한반도 남부와 교류하며 내부적으로는 잡곡농사를 하는 예맥문화, 유목하는 초원문화, 수렵과 채집을 하는 말갈계통의 문화가 공존했다. 이렇게 교류와 다양성을 추구하였기에 그들의 영향은 만주 전체와 한반도 일대로 확산되었다. 부여는 산장(三江)평원이나 연해주 일대에는 정착한 농경 문화권을 확산시켰을 뿐만 아니라 한반도 남부에 북방계 문화의 유입을 촉진하는 가교역할을 하였던 것이다.

초기 고구려 문화

고구려는 언제 처음 나타났을까

삼국사기에 고구려의 건국은 기원전 54년으로 되어 있다. 하지만 앞 장의 부여와 마찬가지로 고구려는 갑자기 등장한 것이 아니다. 삼국사기에는 주몽이 건국하는 과정에서 압록강의 상류 비류국(沸流國)의 송양왕과 경쟁하는 장면이 등장한다. 이것은 주몽이 건국하기 이전에 이미 고구려의 주변에는 많은 나라가 서로 경쟁하고 있었다는 것을 의미한다. 삼국사기에 기록된 고구려의 건국연대는 그들이 정식으로 건국한 시기를 말한다. 하지만 국가의 형성이 단기간에 되는 것이 아니라, 다양한 사회·정치적인 발전으로 이루어짐을 고려할 때 고구려는 그 이전부터 그 지역에 성장했던 사람들에 의해 세워졌을 것이다. 따라서 고구려의 건국을 전후한 시기의 고고학 자료의 분석을 통해서 문헌에는 기록되지 않은 고구려의 형성과정을 짐작할 수 있다.

실제로 고구려 초기의 수도인 졸본성이라고 생각되는 랴오닝 환런의 오녀산성(五女

그림 8 하고성자에서 바라 본 오녀산성 전경

그림 9 간고우즈 묘지

山城)을 발굴한 결과 신석기시대 말기(약 4천년전)부터 청동기시대를 거쳐서 초기 고구려, 고구려 시기에 지속적으로 사람들이 살았음이 밝혀졌다(**그림 8**). 물론, 그들이 모두 고구려와 관련된 것은 아니다. 대신에 고구려를 대표하는 돌무지무덤(적석총)이 압록강 중상류 지역을 중심으로 적어도 기원전 5~4세기 경부터 대규모로 만들어지기 시작한다. 이 때 강의 계곡을 따라서 사람들이 모여서 복합사회를 만들었고, 통합과 갈등을 거치면서 이후 고구려로 이어졌다. 예컨대 기원전 2~서기 1세기대의 중국계 동전과 다양한 유물들이 발견된 압록강 중류의 장바이 간고우즈(長白 干溝子)(**그림 9**) 유적을 비롯하여 수많은 돌무지무덤 유적은 바로 고구려가 건국되는 과정의 중요한 정보들을 담고 있다.

압록강 중상류 초기 고구려 유적과 유물

현재 중국과 북한의 국경을 이루는 압록강 유역에는 고구려 계통의 돌무지무덤이 산 계곡마다 존재한다는 것만 알려져 있었다. 하지만 산세가 험난하고 접근이 쉽지 않아서 그 유적을 제대로 조사할 수 없었다. 2000년대 이후 이 지역에 대한 개발에 따른 구제발굴이 이루어져 초기 고구려에 대한 정보를 주는 간고우즈 고분군을 비롯한 600여기 이상의 무덤이 보고되었다. 또한, 2006년에 보고된 바이산(白山)의 운봉(云峰) 댐 수몰지구에서도 80여기의 고분이 조사되었다. 이 지역은 비록 육로로 가기에는 아주 험한 지역이지만 압록강과 그 지류를 따라서 서로 왕래하며 교역을 할 수 있어서 교통의 요지에는 인구가 밀집하고 상인들의 왕래가 빈번하였다.

이 초기 고구려 사람들이 교역했던 범위는 우리의 상상을 초월하는데, 예컨대 장백 바다고우(八道溝)에서 1981년에 발견된 인상여(藺相如)[1]의 이름이 새겨진 동과가 발견된

1 '完璧'이라는 고사로 유명한 조나라의 환관. 진나라와의 외교를 비롯한 다양한 활동을 한 것으로 유명하다.

바 있다. 인상여는 기원전 3세기 초반 진시황의 중국 통일에 맞서던 조나라의 사람이었고, 이 꺽창은 조(趙)나라 혜문왕 20년인 기원전 279년 전후에 만들어진 것이다. 이렇듯 산간오지로만 생각했던 압록강 중상류에서는 기원전 3세기에 이미 중원의 여러 나라와 교역을 했었다. 삼국사기 기록에 나오는 주몽과 대립하며 겨루던 소수맥(小水貊)과 같은 여러 나라들이 바로 이 압록강 중류의 돌무지 무덤을 만들던 사람이라고 할 수 있다.

교역으로 성장한 초기 고구려 세력

압록강 중상류는 넓은 농지가 거의 없는 험난한 산악지역이다. 하지만 이런 환경의 악조건을 딛고 초기 고구려가 성장할 수 있는 배경은 어디에 있었을까. 비옥한 농지가 부족한 상황에서 독자적인 생계를 꾸려나갈 수 있는 경제적 토대를 마련하기 위해서 그들은 압록강이라는 천혜의 교통로를 이용하여 교역을 하면서 재부를 쌓았다. 그 교역의 주요한 물품으로는 험난한 산악지역에서 부가가치가 높은 인삼과 같은 약초 및 모피가 있었을 것이다. 그리고 반대급부로 수입하는 주요한 물건으로는 험난한 지역에서 농사를 짓기 위한 철제농기구와 사냥도구들이 있었다. 후한서와 그 이후에 중국에서 나온 역사서에는 공통으로 고구려를 비롯한 예맥족의 모피가 특산품임을 기록하고 있다.

삼국지를 비롯한 여러 사서에서는 부여와 숙신에서는 담비가 생산되며 동옥저 사람들은 담비가죽으로 조세를 납부했다는 기록이 있다. 북부여지역에 '녹산(鹿山)'이라는 지명이 있었으며, 고구려와 백제 지역에서도 사슴이 풍부했다고 기록되었다. 즉, 당시 중원국가에 중국 동북지방 특산품의 정보가 직접 입수되었다는 것을 의미한다. 고조선이라는 중계무역 집단이 해체되면서 각 지역의 집단은 중국과 직접 교역할 수 있었고, 이러한 교역은 결국 각 지역의 사회발전에도 이바지했다. 험난한 산지라는 불리함을 딛고 부가가치가 높은 교역을 통해서 압록강 중상류지역에서는 다양한 세력이 급격히 성장했고, 그들은 향후 고구려 국가의 배경이 되었다. 급격하게 국가로 성장하는 과정을 잘 보여주는 예로 랴오닝 환런(桓仁) 왕장로우(望江樓) 돌무지무덤유적(그림 10)이 있다. 왕장로우의 유물은 대체로 부여문화와 유사한 금제 귀걸이와 같은 귀중품과 철제 무기류 등으로 국가로 성장해 나아가는 초기 고구려의 문화상을 잘 보여 준다.

전한대가 되면 중국의 변방에는 군현들이 설치되었다. 특히 동북지역에는 고조선의 멸망 이후 그 옛 땅에는 한4군이 설치되었다. 실제로 4군들은 이 지역을 실제로 지배하는 대신에 중계무역의 거점으로 역할을 했다. 특히 성장하는 고구려 세력에 그 중심지를 3번이나 옮겼던 현토군의 경우 그 안에 '고구려현'이 있다. 최근 현토군과 고구려현이 있었던 것으로 추정되는 신빈 잉링 남성지(永陵 南城址)의 발굴 성과가 공개되었고, 다수의 온돌 주거지가 확인되었다(그림 11). 이러한 상황은 한군현이 초기 고구려와 중국을 잇는 중계무역지의 역할을 했던 것과 관계있다. 이렇듯 간고우즈를 비롯해서 압록강 중류에 소수맥으로 크게 나뉘는 정치집단이 이때에 본격적으로 발흥하기 시작한다. 압록강 중류라는 불리한 지리적 환경에서 고도의 정치적 집단이 발달할 수 있었다는 점은 흔치 않다. 너른 경지 대신에 고부가가치의 교역을 통하여 경제적 토대를 마련했던 초기 고구려였다. 그리고 그들의 이러한 경험은 향후 고구려가 동아시아의 거대한 나라로 성장하는 기반이 되었다.

그림 10 왕장로우 무덤과 출토유물(초기 고구려유적 항공사진 1, 출토유물 2)

1
2

그림 11 신빈 잉링 남성지의 7호 온돌주거지

테글 2

백두산에서 발견된 '완벽'한 조나라 재상의 꺽창

'흠이 없는 구슬'이라는 뜻의 한자성어 '완벽(完璧)'과 목숨을 걸고 지킬 수 있는 우정이라는 뜻의 '문경지교(刎頸之交)'는 중국 전국시대 말기 조나라의 재상이었던 인상여(藺相如)의 이야기에서 유래한다. 기원전 3세기 급격히 팽창하고 있던 진나라는 조나라를 침략할 구실을 얻기 위해 조나라의 혜문왕(惠文王)이 가지고 있는 초나라에서 만든 국보급 옥(玉)인 '화씨의 벽'을 진나라의 성 열다섯 개와 바꾸자는 황당한 제안을 했다. 물론 성을 준다는 것은 옥을 빼앗기 위한 계략이었다. 이에 인상여는 직접 사신으로 가서 진나라와 담판을 지었다는 데에서 이 고사가 유래한다.

완벽이라는 이야기를 고고학 책에서 하는 이유는 바로 백두산 산자락에 있는 초기 고구려의 적석총에서 인상여의 이름이 새겨진 꺽창이 나왔기 때문이다. 1980년도 중국 지린성에서 가장 후미진 창바이현의 바다고우(八道溝) 마을에서 고구려식 적석총 속에서 사람 뼈, 세형동검, 청동방울 등과 함께 중국식의 꺽창이 나왔는데, 여기에서 '조 혜문왕 20년 승상 인상여'라는 명문이라고 판명되었다. '조 혜문왕 20년(기원전 279년)'은 바로 인상여가 영토 문제를 두고 진나라와 담판을 지었던 '민지회맹(澠池會盟)'이라는 사건이 일어난 시기다. 우연한 유물의 출토라기보다는 당시 중국을 뒤흔들었던 인상여의 사건을 기념하여 만든 꺽창일 가능성이 크다. 이 인상여의 꺽창이 발견된 시기는 기원전 3~2세기대에 해당할 것이다. 이 꺽창이 발견된 압록강 중상류는 당시 초기 고구려의 유적들이 널리 분포하니, 이미 당시에 중원지역과 교류하며 여러 가지 위신재들을 서로 교환하며 살았다고 충분히 짐작할 수 있다.

그림 12 백두산 출토 인상여 꺽창 명문

사실 전국 시대의 유명한 사람들이 쓰던 무기가 만주 일대에서 발견된 경우는 이것이 처음은 아니다. 진시황의 아버지인 여불위(呂不韋)의 창을 비롯하여 연나라, 제나라, 조나라의 위인들이 쓰던 물건들이 나온 바 있다. 그리고 러시아 연해주의 니콜라예프카에서는 안테나식 동검과 함께 전국시대 위나라의 동전도 발견된 적이 있다. 지금 생각하면 변방의 산악지역으로 치부할 법한 압록강 중상류와 연해주 일대의 산악지역은 결코 고립된 지역이 아니었다. 초기 고구려, 부여, 옥저 세력들은 중원일대와 다양한 교류를 했다.

중국 역사에는 진나라가 천하 통일을 하자 졸지에 나라를 잃은 유이민이 고조선 지역으로 유입되었다고 기록돼 있다. 그들이 고조선, 나아가 백두산 일대로 이주한 이유는 모피와 인삼 때문일 것이다. 고조선 시절부터 이 지역은 얼룩무늬 가죽, 즉 호피로 유명했다. 당시 중국 귀족들은 깔개로 얼룩무늬 가죽을 사용함으로써 위엄을 세우려 했지만, 중원에는 얼룩무늬를 가진 동물이 없었다. 당연히 여러 나라는 앞다퉈 백두산의 모피를 얻고자 했다. 중국을 떠나 백두산 일대로 이주한 백성들은 중원과 백두산을 연결하는 무역에 종사하며 생계를 이어갔고, 이 과정에서 중국인들이 고구려인들의 환심을 사기 위해 인상여의 창을 주었던 것으로 추측된다.

단순한 중국계의 위신재가 아니라 인상여라고 하는 당대 최고의 인물의 사건을 기념한 꺽창이 백두산 자락에서 출토되었음은 막연히 한나라의 진출로만 중원지역과 교류를 생각하는 우리의 통념을 바꾼다. 기원전 4~3세기부터 이미 고조선을 매개로 주변의 세력들은 중원과 원거리의 교역관계를 형성했다. 그리고 이러한 자체적인 국력의 성장은 고조선의 멸망 후 각자의 나라를 세우는 이 지역 나라들의 국력의 기반이 되었다.

옥저의 문화

고고학이 밝혀낸 옥저

국사 시간에 빠짐없이 등장하는 옥저, 동예, 읍루 같은 한반도 북부의 사람들은 이름만 어렴풋이 알려졌을 뿐이다. 다만 책화(責禍), 민며느리제와 같은 역사에 기록된 몇 가지 사실만이 기억될 정도이다. 이렇게 그 실체가 애매하던 옥저에 대한 중국, 러시아, 북한 등의 고고학 자료가 알려진 것은 2000년대 이후이다. 이미 1950년대부터 한러 국경지역인 두만강 유역을 조사한 소련의 고고학자들은 우수리강 근처의 차피고우라는 고려인 마을 근

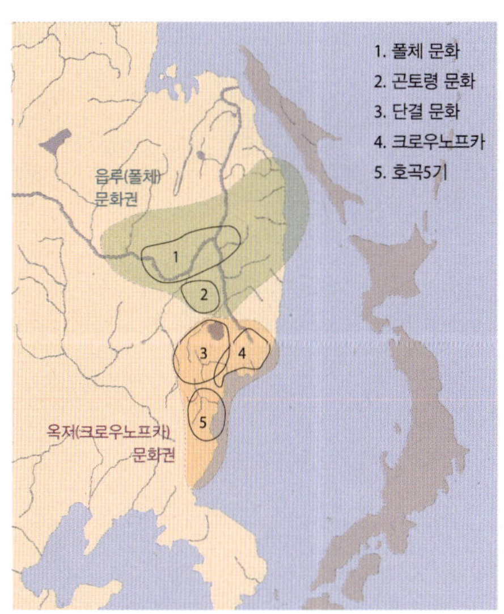

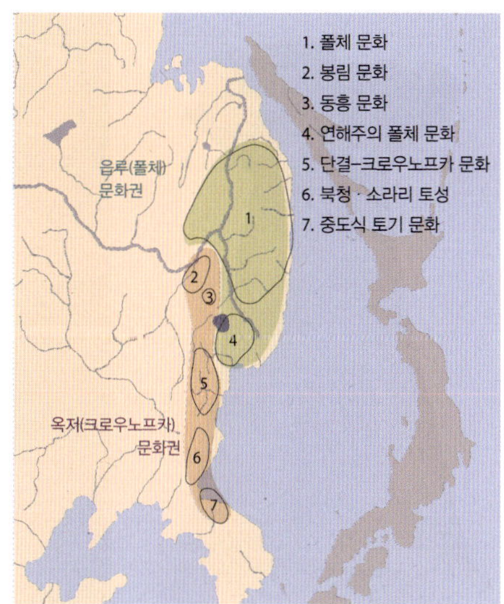

그림 13 옥저와 읍루 분포지도

처에서 초기 철기시대 유적을 발견했다. 후에 그 유적 유물을 '크로우노프카'문화라고 명명했다. 그리고 1970년대에 중국에서도 우수리강 근처의 유적을 발굴하고 '퇀제(團結)문화'라고 명명했다. 같은 시기에 북한에서도 회령 오동에서 비슷한 문화에 속하는 유적을 발굴했다. 이들은 모두 같은 문화로, 하나의 옥저에 속하는 것으로 3개국이 각자 조사했기 때문에 뒤늦게 그 실체가 알려졌다.

이렇듯 옥저(沃沮)를 대표하는 단결-크로우노프카 문화는 한반도 동북부, 연해주 남부, 중국 흑룡강성 동남부, 길림성 동부 등 한카이호(興凱湖)와 수이푼하(綏芬河)를 중심으로 분포하는 연해주의 초기철기시대문화이다. 기원전 4세기 경에 두만강과 우수리강 유역의 강가 평야지대를 중심으로 잡곡농사를 하는 예맥 계통의 주민들이 거대한 마을을 이루며 이들 문화가 시작되었다. 옥저의 북쪽 산악 지역에는 읍루(폴체문화)가 있었는데, 기원전후한 시기에 기후 한랭화 등 여러 요인으로 남하하였고, 연동하여서 옥저의 세력도 남하했다**(그림 13)**.

또한 한반도식의 세형동검이 포함된 옥저문화는 한국과 러시아가 집중적으로 공동연구하는 주제이기도 하다. 2002~2004년에 한국의 문화재연구소와 러시아과학원은 공동으로 불로치카(Bulochka)유적을 조사했다. 이즈웨스토프카(Izvestovka)를 비롯한 여러 유적에서 한반도식 세형동검이 10여건 이상 발견되었다. 또한, 한국을 대표하는 난방시설인 온돌의 기원지로서 이 지역에서는 가장 빠른 온돌이 발견된 지역이기도 하다. 이와 같이 그동안 어렴풋하게만 알고 있던 옥저 문화는 고고학 연구를 통하여 그 실체가 빠르게 확인되고 있다. 나아가서 한국·러시아·중국 등 다양한 나라로 나뉘어진 탓에 국제 공동연구의 모범적인 사례가 되면서 한국 고고학의 국제화를 이루는 가장 좋은 주제가 되고 있다.

온돌을 도입하고 세형동검을 사용한 옥저인

옥저문화의 주거지는 바닥에 'Г'자 형태로 돌을 쌓아 만든 온돌(坑)이 대표적이다. 페트로

그림 14 옥저계통의 토기(불로치카유적)

그림 15 니콜라예프카 출토 촉각식 동검

바(Petrov)섬, 므노고우도브노예(Mnogoudovnoye), 키예프카(Kievka), 불로치카 등에서 발견되었다. 무덤으로 세형동검과 다뉴기하학문경 등을 묻은 석관묘가 있다. 또한, 옥저인의 토기는 남한에서는 한강 중하류를 중심으로 널리 발견되는 중도식토기와 아주 유사하다. 겉에 무늬는 없고 모래가 많이 섞여서 얼핏 보면 우리나라 청동기시대의 무문토기와 유사해 보인다(그림 14). 하지만 자세히 보면 바탕흙이 아주 곱고 높은 온도로 구워서 그릇의 벽도 아주 단단하다.

석기는 주로 농사와 관련된 것들이다. 특히 랴오닝 지역에서 널리 사용하는 유견석부(有肩石斧)는 밭을 갈던 도구였다. 금속기로는 철기와 청동기가 있다. 철기는 주로 농사와 관련된 도끼, 칼, 화살촉, 낚시바늘 등이 있다. 청동기로는 한반도계 세형동검, 다뉴세문경, 화살촉 등이 있다. 옥저문화 유적에서는 직접 청동기를 제련한 흔적이 발견된 바가 있으며, 그 세부적인 성분도 한반도와 차이가 있다. 여기에 송눈평원 지역에서 유입된 것으로 보이는 안테나식 세형동검도 발견되었다. 따라서 청동기는 한반도에서 일방적으로 건너간 것이 아니라 한반도 이외 여러 지역에서 유입된 전통을 바탕으로 옥저인들이 창조한 것이다.

단결－크로우노프카문화의 연대는 대체로 기원전 4~서기 1세기이다. 특히 최근에 니콜라예프카2유적에서는 안테나식(칼의 끝에 두 마리의 새가 서로 마주보는 듯한 형상의 장식으로 옛 안테나와 모양이 비슷하다고 하여 붙여진 이름) 세형동검(그림 15)과 함께 전국시대 위(魏)나라 동전인 '칠원일근(桼垣一釿)'이 발견되었다. 이 동전은 기원전 350년경에 만들어져서 기원전 3세기에 위나라가 멸망할 때까지 사용된 것이다. 따라서 기원전 4~3세기부터 이미 옥저 세력은 중원을 비롯한 여러 지역과 교류하며 꽤 크게 성장하였다.

표 1 삼국지위지동이전 동옥저전과 고고학자료의 비교

	기록	크로우노프카문화	부합유무
위치	큰 바다 근처에 서 산다 (濱大海而居)	흥개호~두만강유역	부합
주거규모	집은 약 5천호에 이른다 (戶五千)	8헥타르 이상의 주거유적도 분포	부합
지도자	큰 군왕은 없지만 대신에 장수들이 있다 (無大君王各 有長帥)	고분은 몇 기 없으나 대형은 부재하며 주거지에서도 계층차이는 거의 없음	부합
고구려와 관계	그 언어는 고구려와 크게보면 같다 (其言語與句麗大同)	간고우즈와 같은 초기 고구려의 유물과 유사성이 보임	??(언어는 확인할 수 없음)
특산물	그들에게 세금으로 맥포, 물고기, 세금과 각종 해산물을 부과한다 (責其租稅, 貊布、魚、鹽、海中食物)	크로우노프카문화는 해양성경제가 부재하나 해안지역으로 확산된 증거가 보임	일부 부합
지세	토지는 비옥한데 뒤로는 산이, 앞으로는 바다를 향한다 (其土地肥美, 背山向海)	뒤에 산이 있는 넓은 강가충적대지에 분포함	부합
곡물	오곡을 키우기에 적당하다 (宜五穀)	주거지 내부에서 대량의 조, 수수 등 발견	부합
무덤	큰 목곽을 만들어서 장례를 지낸다 (其葬作大木槨)	무덤의 예는 적으나 석곽묘이며 단인장임	불일치
무덤	죽은 사람의 숫자대로 살아 있을 때와 같은 모습으로 나무로써 모양을 새긴다. (刻木如生形, 隨死者爲數)	옥저의 유적에서 나무와 같은 유기물질은 발견된 적이 없지만, 이 지역의 원주민들은 '옹곤'이라고 하는 나무 장승을 무덤근처에 죽은 사람을 대신해서 놓는 풍습이 최근까지도 있었음	일부 부합

크로우노프카문화는 옥저의 것인가?

북방 지역 같이 역사기록이 많이 없는 지역에서 고고학 자료와 문헌에 기록된 민족집단을 비교하기는 쉽지가 않다. 하지만 놀랍게도 옥저에 대한 대표적인 기록인 삼국지 위지 동이전(三國志 魏志 東夷傳)의 옥저 기록은 고고학적으로 밝혀진 크로우노프카문화는 많은 점에서 유사하다. 위의 표에서 보는 것처럼 언어와 같이 고고학적 자료로 밝힐 수 없는 것을 제외하면 대부분이 일치한다.

또한, 단결-크로우노프카문화는 한반도 중부지방의 중도식토기문화의 발원지로 지목되고 있다. 실제 경질무문토기 외반구연호(外反口緣壺) 위주의 토기와 철기, '여(呂)'자형 주거지와 온돌시설 등 많은 유사성이 보고되었다. 그 전파의 동인으로는 기후의 한랭화에 따른 주민집단의 확산으로 본다. 옥저와 남한의 관계는 앞으로도 많은 연구가 필요하다. 무엇보다 그 중간 고리인 함경도와 원산만 등 북한 지역에 대해서 아는 바가 거의 없기 때문이다. 새로운 통일의 시대에 옥저는 우리 고고학의 새로운 연구 주제가 될 것이다.

읍루의 문화

옥저의 북쪽에 접하여서 침략을 일삼았던 거칠고 야만적인 이미지가 강한 읍루(挹婁)에 대해서는 옥저보다도 더 알려진 것이 없다. 중등 국사교과서의 지도에 그들은 동북쪽 끝에 표시는 되어 있지만, 실제 한국사의 범주에서 제대로 서술되지는 않았다. 물론, 읍루를 단순하게 한국사 또는 중국사로 둘 수는 없으며, 과거의 역사를 현대사의 관점에서 볼 수만은 없다. 읍루는 옥저 및 부여와 밀접하게 관계를 맺었으며, 후에 말갈로 이어져서 일부 고구려와 발해에 복속당하기도 했다. 고대 삼국지, 한서, 후한서 등 중국의 정사 기록에서 이들 역시 동이족의 일파로 기록되고 있다. 따라서 한국 고고학의 거시적인 흐름을 파악하기 위해서는 읍루도 함께 볼 필요가 있다.

읍루의 기원은 기원전 10세기 경부터 중국의 역사기록에 등장하는 숙신(肅愼)이라고 한다. 숙신은 '사기(史記)' 공자가어(孔子家語)'에서 공자가 진(陳)나라에 머물 때의 일을 기록하면서 돌화살촉(石砮)의 기원지로 숙신을 언급한 적이 있다. 공자가 직접 얘기할 정도로 당시 중국에서 숙신이 알려졌다는 뜻이다. 하지만 공자의 숙신과 관련된 기사를 직접 이후 읍루의 기록과 연계시키는 것에는 회의적인 견해가 많다. 오히려 숙신은 가장 머나먼 북쪽에 있는 사람들을 상징하는 것이고, 그것이 한나라 때에 동이와 관련된 기록이 수록되면서 가장 멀리 있는 읍루를 숙신의 후예로 보았을 가능성이 더 크다. 여하튼 역사에서는 읍루가 고구려 및 부여에 복속되었다가 3세기 이후에 독립했으며, 향후 물길(勿吉)과 말갈(靺鞨)로 확대 발전했다고 한다. 하지만 고고학 자료로 본다면 이들은 옥저의 북쪽에 있는 폴체문화와 연결된다.

폴체문화라는 것은 1960년대에 아무르강 유역의 폴체라는 유적을 조사한 소련학자들이 붙인 명칭이다**(그림 16)**. 이들의 주요한 생업경제는 어업과 농업이며, 철제 무기를 주로 썼다. 이 폴체문화인들은 우수리강을 따라서 남쪽으로 내려왔고, 옥저인들을 점진적으로 물리치고 연해주와 두만강 유역까지 진출했다.

이 폴체문화가 읍루에 비교될 수 있는 이유는 밑의 표에서 보듯이 삼국지 위지 동이전의 읍루조에 나오는 그들의 생태풍습과 잘 맞기 때문이다. 큰 바다에 접한다는 기록, 해양활동, 석기의 사용 등 일부 증명이 안 된 것도 있지만 대부분은 정확히 들어맞는다. 역사기록에는 이들은 화장실을 집안에 두고 몸에 돼지기름을 바르는 등 미개한 모습들만 강조되었다. 하지만 고고학적 연구를 통하여 매우 깊은 수혈주거지, 높은 비중을 차지하는 잡곡농사, 가축, 고지성 취락, 호전적인 철제 무기 등이 확인되어서 이들은 비교적 추운 지역에서 오랜 기간 정착하며 살았던 주민집단임이 확인되었다.

이러한 읍루문화를 고고학적으로 규명한 것은 한국사에서 공백으로 남았던 북방의 이웃을 밝힌다는 데에 그 의의가 있다. 역사기록은 전통적으로 읍루에서 물길, 말갈, 그리고 여진으로 이어지는 계승 관계를 상정한다. 여진은 고려 말에 함경도에 거주하였으며 이성계를 도와서 조선의 건국에도 참여했다. 이렇듯 읍루인을 고고학적으로 밝히는 것은 단순히 머나먼 오랑캐를 말하는 것이 아니다. 그동안 우리가 멀리했던 사냥에 종사하며 산에 거주하던 북쪽의 이웃을 연구하는 중요한 열쇠가 된다.

그림 16 폴체유적 출토토기(러시아과학원 시베리아 분소 고고민족학연구소)

표 2 삼국지위지동이전 읍루조와 폴체문화권의 비교

	읍루	폴체문화	부합유무
위치	큰 바다를 끼고 산다 (濱大海)	해안가에는 늦은 단계에 등장, 대해를 흑룡강이나 우수리강으로 볼 경우 적용가능	불일치
위치	그들의 북쪽 경계는 어디까지 가는지 모른다 (未知其北 所極)	폴체는 아무르강하류까지 매우 넓은 지역에 분포함	부합
생계경제	오곡과 소, 말, 삼베 등이 있다 (有五穀牛馬麻布)	폴체1 유적의 발굴시에 탄화된 수수가 대형의 토기들 안에서 발견됨. 또한 주거지내에 염소, 가축화된 돼지와 말뼈 등이 확인됨	부합
습속	사람들은 용감하고 힘이 세다 (人多勇力)	크로우노프카문화와 비교해서 다량의 무기출토	부합
위치	산속 숲 사이에 산다 (處山林之閒)	평지위주의 크로우노프카와 비교해서 고지성취락 영위	부합
사회구조	군장이 없다 (無君長)	명백한 계층화의 증거는 없으나 폴체유적의 24호와 7호 주거지에서는 장신구류, 철제품, 완형토기가 집중출토됨	부합
주거	구덩이를 파고 사는데, 큰 집은 아홉 계단을 타고 내려간다 (常穴居大 家深九梯)	폴체유적의 경우 깊이 1~1.5m의 수혈이나 출입구가 없어서 지붕으로 출입했을 것으로 추정됨	부합
기후	기후는 춥다 (土氣寒)	한랭한 기후인 아무르강유역에 위치	부합
주거	집의 가운데에 변소를 두고 사람들은 그 주변에 둘러앉아 산다 (作溷在中 央人圍其 表居)	온돌시설이 부재함(단결문화와 접촉한 이후 2~3세기의 동흥문화에서는 나타남)	부합
무기	청석으로 화살촉을 만든다 (靑石為鏃)	석촉은 소멸되고 철촉이 대체함	불일치
산물	적옥과 좋은 담비가 나온다 (出赤玉好貂)	분포상 모피의 산지와 인접함	일부 부합
무기	주변 사람들은 이들의 활과 화살을 두려워한다 (鄰國人畏 其弓矢)	크로우노프카문화권 쪽으로 남하하며 철기 중에 무기가 다수를 차지함	일부 부합
토기	받침이 있는 토기는 오로지 읍루만 쓰지 않는다 (皆用俎豆 唯挹婁不)	정확히 부합함. 폴체문화에서만 두형토기가 없음	부합
해양활동	배를 타고 도적질을 한다 (便乘船寇盜)	해양활동에 대한 증거는 없음	불일치

다른 지역 집단과 관계

부여·고구려와 흉노·선비

이제까지 한국사에서 부여 및 고구려를 설명하는데 '반농반목'이라는 용어를 써왔다. 하지만 이 경우 국가의 체계가 '정착'이 아닌 '농업'과 '목축'이라는 두 축으로 설명한다는 한계에 있다. 그런데 이러한 정착과 목축을 하나의 나라에서 같이 하는 것은 흉노에서 처음 시도되었던 국가체계이다. '반농반목' 보다는 정착-유목의 복합사회(sedentary-nomad complex society)라는 용어가 적합하다. 원래 흉노는 초원에서 이동하면서 영역의 개념이 모호했다. 하지만 기원전 4세기 이후 진나라 만리장성의 건축으로 대표되는 중국과의 충돌이 일어났다. 만리장성의 축조는 중국 북방을 하나의 '영역'으로 지배하겠다는 중국의 의지를 의미한다. 이에 흉노는 중국과 대항하면서 영역 중심의 국가로 나아갔다. 흉노는 중국 한나라의 대형고분을 모방하여 자신의 지배계급을 상징하는 고분을 만들었다. 그리고 흉노는 자신의 영역 내에 중국을 비롯한 여러 나라의 다양한 이민을 받아들여서 자체적으로 자신들에게 필요한 물품을 직접 조달하게 되었다. 그 결과 자바이칼, 몽골지역에는 성지를 비롯한 정착 주거지가 많이 남아있으며, 건축지, 공방터 등에서 중국에서 이주한 주민의 존재가 확인되고 있다.

흉노의 사례처럼 정착과 유목을 하는 사람이 같이 공존하는 예는 기존에 '반농반목'의 사회라고 표현했던 부여와 고구려에서도 보인다. 부여의 경우 그 통치체계를 흔히 '사출도'라고 한다. 각 지역의 부족 또는 집단들은 각각의 다양한 생계경제를 그대로 유지하며 연맹체의 방식으로 부여로 통합되었다. 고구려 역시 국가가 성장하면서 말갈을 복속시키고 목축과 농사를 같이 하던 생활방식을 보였다. 한 대에 동북아시아 국가 기본을 이루는 정착-유목 복합경제체제는 바로 흉노에서 처음 발달하였고, 이후 부여와 고구려로 대표되는 동이(東夷)지역의 북방지역으로 유입되었다. 이는 바로 단순하게 일부 유물들이

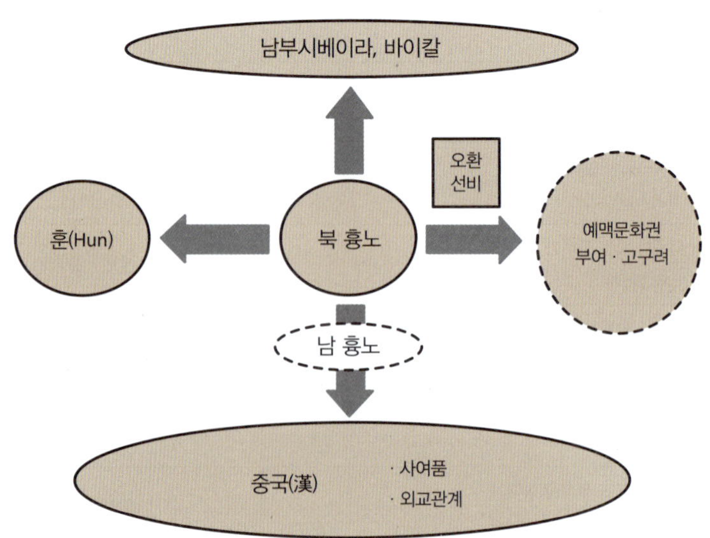

그림 17 고고학적으로 본 匈奴와 주변지역의 관계(남흉노의 경우 고고학적 문화가 미미한 관계로 점선 처리)

교류되는 상황이 아니라 흉노에서 시작된 유목경제가 부여와 고구려에도 영향을 미쳤음을 의미한다.

이러한 흉노와의 관계는 소략하지만 문헌기록에도 나와 있다. 후한서 동이열전 고구려조에 "왕망(王莽) 초에 구려(句驪)의 군사를 징발하여서 흉노를 정벌하게 하였으나 그들이 [흉노를 정벌하러] 가지 않으려 하여 강압적으로 보냈더니, 모두 국경 너머로 도망한 뒤 [중국의 군현을] 노략질하였다."라는 구절이 있다. 이것은 중국이 현도군(玄菟郡)을 통해서 흉노의 정벌에 고구려를 동원했지만, 사실 고구려는 이미 흉노와 통했다는 뜻이다. 실제로 옥저에서 기원한 온돌이 이때를 전후하여서 흉노의 성지에서 대규모로 발견된다. 흉노의 온돌은 옥저보다 고구려의 온돌과 더 유사하다. 흉노 유적인 이볼가 성지에서 발견된 온돌들과 가장 유사한 형태는 고구려 유적 노남리에서도 보이며, 'ㄱ'자형으로 온돌을 돌리는 주거지의 구조 또한 흡사하다(그림 18). 즉, 흉노 온돌은 고구려와의 인적교류에 의한 온돌제작 기술의 도입, 그리고 규격화를 거쳐서 각 성지에 보급되었을 가능성이 크다.

그림 18 흉노 이볼가유적 출토의 온돌

그림 19 훈춘 구청춘 출토 선비문화계통의 기와

부여는 서쪽의 선비와도 전쟁을 비롯한 일정한 교류가 있었다. 예컨대 285년에 선비족 모용씨가 부여를 침략하여 부여왕족이 급히 옥저로 피신했다는 기록이 있다. 그리고 훈춘의 구청춘(古城村)유적에서는 전연(前燕: 랴오닝 서쪽에서 허베이 일대에 서기 337~370년간 있었던 모용선비의 나라)계통의 기와가 발견된 바가 있다(그림 19). 이 기와의 유입은 346년에 전연이 부여를 침략하여 부여왕 현(玄)과 5만 여명의 사람을 포로로 잡아서 요서지역으로 끌고 갔다는 기록과 관련되었을 가능성이 크다.

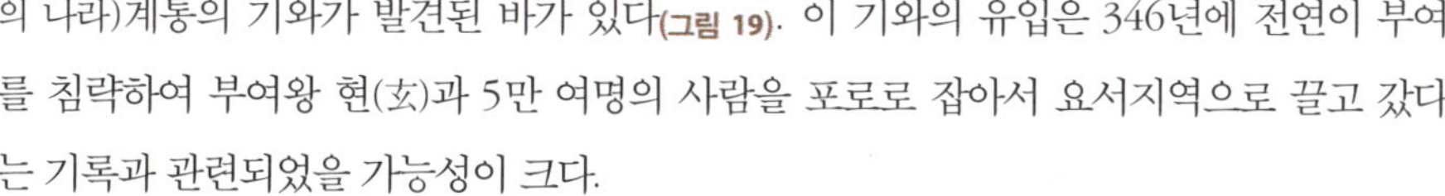

부여·옥저와 한반도와의 관계

부여문화는 한국고고학에서 한반도 남부지방에서 발견되는 북방계 유물의 기원으로 지목된 바 있다. 즉, 김해 대성동, 예안리, 양동리 등에서 발견되는 외래계 유물을 '부여계'로 규정하고, 북표 라마동이나 유수 라오허션에서 일련의 주민집단이 남하했다고 규정했다. 그 대표적인 유물로 구리솥(동복)을 든다. 이는 에가미 나미오(江上波夫)의 기마민족설의 틀을 유지한 채 그 주체를 부여계로 규정한 것이다. 또한 유수 라오허션이나 서풍 시차고우와 같은 흉노계의 유목적 성격이 강한 문화를 부여의 중심 문화로 규정한다면 사서에 기록된 부여가 예맥계통이라는 점과도 불일치하게 된다는 문제가 있다. 이와 관련하여 시차고우와 차이란 유적을 요동오환(遼東烏桓)으로 보는 견해도 있다. 여러 견해를 종합하면 대체로 한반도 남부 삼국시대 초기에 등장하는 다양한 마구 및 무기는 부여계통과 관계가 크다고 볼 수 있다.

또한, 부여의 라오허션에서 발견된 동검과 똑같은 유물이 초기 백제의 무덤인 청주 오송유적에서도 출토되었다(그림 20·21). 이 동검은 손잡이를 돌기로 장식한 청동 손잡이에 철검(길이 62cm)을 끼운 것이다. 라오허션 출토품과 비교해서 마모가 심하고 검을 바꾸어

그림 20 청주 오송 출토 부여식 동병철검

그림 21 라오허선 출토 동병철검

서 장착하는 등 매우 장기간 사용한 것이다. 실제 이 유적이 출토된 오송 15지점 17호 무덤은 서기 2세기 후반대이기 때문에 라오허션의 출토품과 비교해서 적어도 200년 이상의 차이가 있다. 즉, 오송에서 출토된 부여의 동병철검은 해당 지역 사회에서 200년 가까이 장기간 반복적으로 사용된 것이다. 부여의 동병철검은 마한(또는 백제 초기) 사회에서 지속적으로 사용되었지만 정작 이 검이 발견된 무덤의 형태와 출토 유물은 다른 토착사회의 무덤과 전혀 차이가 없다. 따라서 이 부여계 동병철검은 피장자가 당시 사회에서 신분의 상징물이 아니라 개인의 정체성을 나타내는 기물로 사용된 것이다. 즉, '부여계 유이민의 후손'이거나, 직접적으로 부여 계통이 아닐지라도 '부여 계통임을 표방하는 인물'들이 백제의 지역사회에서 존속했다는 증거가 된다. 또한 부여계통의 동병철검이 해당 지역의 토착집단에서 용인되고 거부감없이 사용되었다는 의미도 된다. 이와 같이 오송 출토의 동병철검을 곧바로 부여계를 자처한 백제인의 건국신화와 선민의식을 증명한다고 보기는 어렵다.

청주 오송 출토품 이외에도 많은 부여계 유물이 초기 백제(또는 마한)에서 확인되고 있다. 김포 운양동유적의 철제장검 1건과 나선형 금제이식 2건 3점이 대표적이다. 그 밖에 서울 풍납토성에서 출토된 은제달개 1건과 은제이식 1건, 익산 입점리 유적에서 출토된 금제 이식도 부여계 유물로 추정된다(그림 22).

문헌기록에 나오는 백제의 부여 계통 신화는 3세기 후반 이후에 백제가 급격히 국가가 성장하며 도입되었는 것처럼 보인다. 하지만 맥락이 없이 갑자기 부여계통의 남하와 같은 이주민 세력을 갑자기 상정한다면 토착 세력들은 그러한 새로운 거버넌스를 위한 신화를 쉽게 용인할 수 없다. 석촌동의 예에서 보듯이 백제의 초기 지배세력은 그 내부의 묘제는 토착적인 형태를 따랐지만, 외형상 고구려 계통의 거대한 적석총과 동일한 기념물을

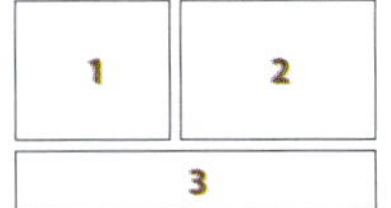

그림 22 남한 출토 부여계 유물(김포 운양동유적 1·2·3)

축조했다. 그리고 라오허션 – 시차고우계의 유물들이 김포 운양동과 청주 오송 등 중부지역에서 집중적으로 출토가 된다는 점은 '십제(十濟)'로 대표되는 백제를 형성한 다양한 집단 중 일정 집단이 부여 계통, 또는 부여에서의 정통성을 자신들의 아이덴티티를 보여주는 징표이다. 오송의 예로 볼 때, 일정 정도 북방에서 내려온 개별집단의 기억은 꽤 구체적이었으며 장기간 존속되었고, 이후 백제가 표방하던 '부여 정통성'의 단초가 되었을 가능성이 있다. 따라서 백제와 부여 계통의 건국 신화는 완전한 허구로 만들어졌다고 단언할 수 없다.

한편, 옥저의 경우도 고고학자료를 통하여 다양한 교류상이 밝혀지고 있다**(그림 22)**. 특히 옥저의 토기는 한반도 중부지역의 중도식토기 제작기법, 기형과 놀라울 정도로 유사하다**(그림 23)**. 이를 들어서 기원 전후한 시기에 기후의 한랭화 및 북방 읍루지역 사람들의 남하, 한사군의 설치 등의 변동으로 옥저계의 문화가 남하한 것으로 볼 수 있다. 다만, 북한의 동해안 일대의 고고학 자료, 동예와 관련된 문헌 자료가 거의 없어서 양자간의 정확한 관련성은 여전히 이견이 많다. 옥저가 주변 지역에 영향을 끼친 대표적인 유물로는 온돌이 있다. 러시아 연해주 일대에서 기원전 4세기경에 처음 등장한 외구들식 주거지는 기원전 1세기경에 서쪽으로는 자바이칼의 흉노, 고구려, 그리고 남쪽으로는 한반도로 널리 확산되었다**(그림 24)**.

아울러, 한반도의 세형동검문화가 옥저로 확산된 증거도 뚜렷하게 보이는데, 이즈웨스토프카 유적의 동검과 다뉴경이 대표적이다**(그림 25·26)**.

한편, 옥저와 중원 지역간의 관계를 밝혀주는 자료도 있다. 앞서 소개한 것처럼 러시아 연해주 니콜라예프카(Nikolaevka) 유적에서 발견된 안테나식 동검과 '칠원일근'이라는

그림 23 불로치카(1)와 청호동유적(2·3)

그림 24 기원전 4~3세기 초기 옥저문화권의 성장과 대외교류

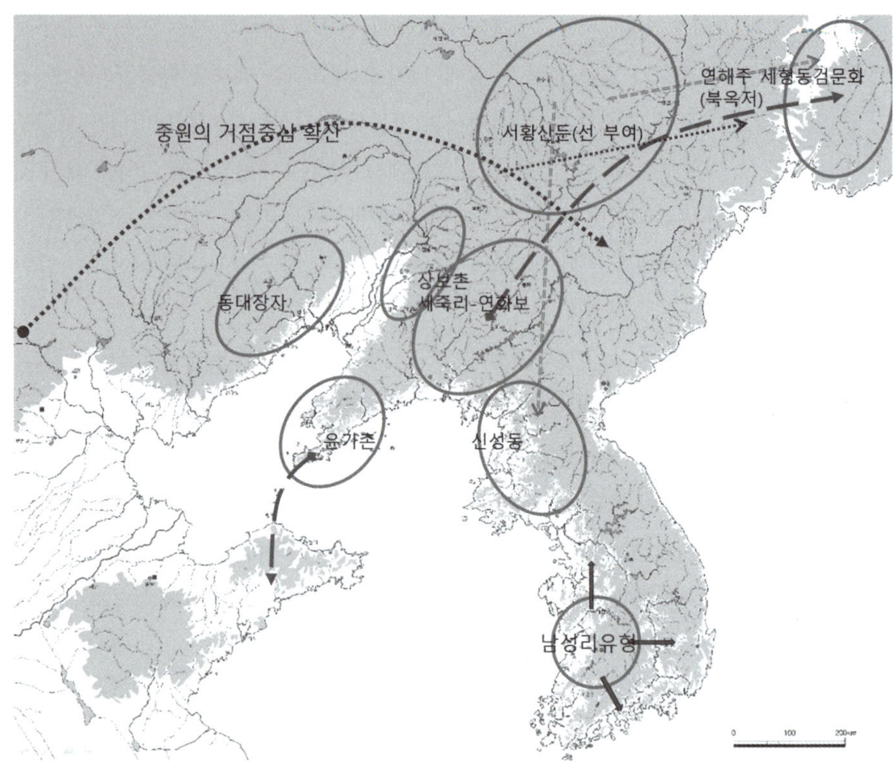

그림 25 이즈웨스토프카 출토 세형동검

그림 26 이즈웨스토프카 출토 동경

위나라 화폐는 옥저 지역 집단이 실체를 갖추기 전인 기원전 4세기경부터 세형동검을 기반으로 등장하여 한반도, 부여문화권, 그리고 중원지역과 교류했음을 실증한다.

옥저가 단순하게 연해주와 두만강 일대에서 있었던 작은 세력이 아니었다는 뜻이다. 이것을 극동지역의 모피를 중심으로 하는 특산물들이 중원일대로 널리 알려졌기 때문이라고 할 수 있다. 이와 관련하여 기원전 4세기를 기점으로 고조선이 중국 동북지방과 한반도, 연해주 등의 내륙지역과 네트워크를 잇던 후기 고조선의 성장과도 관련이 있다는 견해도 있다.

요약

우리는 비록 남한에 살고 있지만, 한국 고고학의 범위는 남한에만 한정되지 않는다. 본 장에서는 부여, 초기 고구려, 옥저, 읍루 등의 북방 지역의 고고학적 유적을 살펴보았다. 각각의 고고학적 유적은 한국 고고학계에서 본격적으로 연구된지 20년이 채 되지 않으며, 연구자 또한 극히 적다. 하지만 그들이 한국 고고학에서 차지하는 비중은 결코 작지 않다. 극동과 만주의 평원을 중심으로 그들은 중국, 초원들과 한국의 고대문화를 연결해주는 가교역할을 하기 때문이다. 초원의 유목문화, 부여–고구려의 잡곡 농사에 기반을 둔 예맥계문화, 그리고 수렵과 채집을 주로 했던 읍루–말갈계 문화 등 큰 세가지 흐름이 있었고, 이들은 한국사를 움직이는 원동력이 되었다. 북방민족의 역사는 생소해 보이지만 한국 고대사의 흐름과 계통을 이해하는 데에 꼭 필요한 지역이다.

역사 기록에 따르면 부여는 길림성 중부 송화강유역을 중심으로 기원전 2세기~서기 4·5세기에 존재했었다. 그런데 고고학적으로 이들은 청동기시대 이래로 이 지역에서 거주하던 주민들이 고조선의 멸망 전후한 시기에 본격적으로 국가 세력으로 성장할 수 있었다. 다만, 그들의 중심지인 길림성 일대의 발굴 자료가 소략하지만, 문헌에서 보이는 사출도와 같이 서로 이질적인 문화가 부여라는 이름하에 공존했음을 알 수 있다. 바로 부여가 자리잡은 송눈평원은 북쪽으로는 다싱안링 산맥과 후룬베이얼 초원을 경계로 초원지역과 접한다. 서쪽으로는 요하유역을 거쳐서 중원과 이어진다. 남쪽으로는 한반도, 동쪽으로는 연해주로 이어지는 중심지이다. 이러한 지리환경적 조건이 기반되었기 때문에 고조선 바로 다음으로 부여가 우리 역사에서 등장할 수 있었다.

부여 다음으로 이번 장에서는 우리의 고대사에는 이름만 알려진 동해안을 따라 살던 옥저와 읍루를 다루었다. 지난 20여년간 연해주를 조사한 필자는 북한, 중국, 러시아 등에 위치하였던 옥저와 읍루에 대하여 최신 자료를 이용하여 그 모습을 구체적으로 밝혀냈다. 이들은 환동해라고 하는 백두대간으로 자연적으로 막혀있으며 동해안을 따라 거주하는 두 이질적인 생계경제에 기반한 집단에서 유래했다.

부여, 옥저, 읍루 등은 그동안 한국 고고학에서 소외된 지역으로 중국과의 관련만을 강조하는 한국 고대문화의 연구 흐름을 탈피하여 동해안을 따라 존재했던 새로운 우리의 역사를 찾는다는 의의가 있다. 아울러 발해로만 집중된 우리의 북방사에 대한 인식을 바꿀 수 있다. 옥저와 읍루의 주요 무대는 현대 러시아의 극동 지역이다. 이 지역에 대한 우리의 관심은 오로지 발해에만 집중되어 있다. 하지만 부여, 옥저와 읍루를 통하여 동북한 일대에서 면면히 이어지는 우리의 고대 사회를 고고학적 자료를 통해 다시 볼 수 있다. 이와같이 남한 중심의 고고학 연구를 탈피하고 우리 북방사에 대한 지평을 넓히는 데에 큰 도움이 된다는 데에 이번 장의 또 다른 의의가 있다.

참고문헌

강인욱 외, 2008, 『고고학으로 본 옥저문화』, 동북아역사재단.

강인욱, 2020, 『옥저와 읍루』동북아역사재단 교양총서 10.

_____, 2018, 「기원전 4~3세기 초기 옥저문화권의 성장과 대외교류: 최신 연해주 남부 세형동검 관련자료를 중심으로」, 『한국상고사학보』제99호.

김재윤, 2016, 「한중러 접경지역 철기시대 단결－크로우노프카 문화범위에 대한 검토」. 『한국상고사학보』, pp.109－141.

박양진, 1998a, 「묘장자료의 사회적 분석과 유수노하심묘지의 일고찰」, 『한국상고사학보』29.

브로잔스끼(정석배역), 1997, 『연해주의 고고학』, 학연문화사.

송기호, 2019, 『한국 온돌의 역사: 최초의 온돌 통사』, 서울대학교출판문화원.

송호정, 2015, 『처음 읽는 부여사』, 사계절.

심재연, 2018, 「토기로 본 고대 북방과 한국 문화－폴체·원말갈·말갈계 토기를 중심으로－」, 『인문학연구』37, 경희대학교 인문학연구원.

유은식, 2018, 「고고학자료로 본 옥저와 읍루」, 『한국상고사학보』100, pp.77－108.

윤정하, 2020, 「토기와 위신재로 본 부여의 성립과 교류 네트워크」, 『한국상고사학보』108, pp.5－36.

이승호, 2019, 「부여의 국가구조와 사출도」, 『한국고대사연구』96호, pp.207－248.

이승호 외, 2020, 『백제는 부여를 계승하였나』백제학연구총서 쟁점백제사 17, 한성백제박물관.

홍형우, 2014, 「극동지역 초기철기시대 지역별 토기문화의 양상과 전개」. 『한국상고사학보』84.

환동해고고학연구회, 2009, 『철기시대의 한국과 연해주』, 주류성.

吉林省文物考古研究所, 1987, 『榆樹 老河深』, 文物出版社.

林沄, 1986, 「肃慎、挹娄和沃沮」, 『辽海文物学刊』1.

黑龍江省文物考古研究所 編著, 2004, 『七星河－三江平原古代遺址調查與勘測報告』, 科學出版社.

머리글

낙랑 유적의 발굴과 인식의 변화

낙랑무덤의 변천과 성격

단장(單葬) 목곽묘(기원전 2세기~기원전 1세기 전엽)

합장 목곽묘(귀틀무덤, 기원전 1세기 후엽~기원후 2세기)

벽돌무덤(기원후 2~3세기)

낙랑 토성의 성격

수입된 중원계 문물

금속 예기와 무기류

칠기류

장신구와 생활소품

낙랑 · 대방의 성격과 주변지역에 대한 영향

요약

06 낙랑 · 대방의 문화

이재현

백두문화재연구원

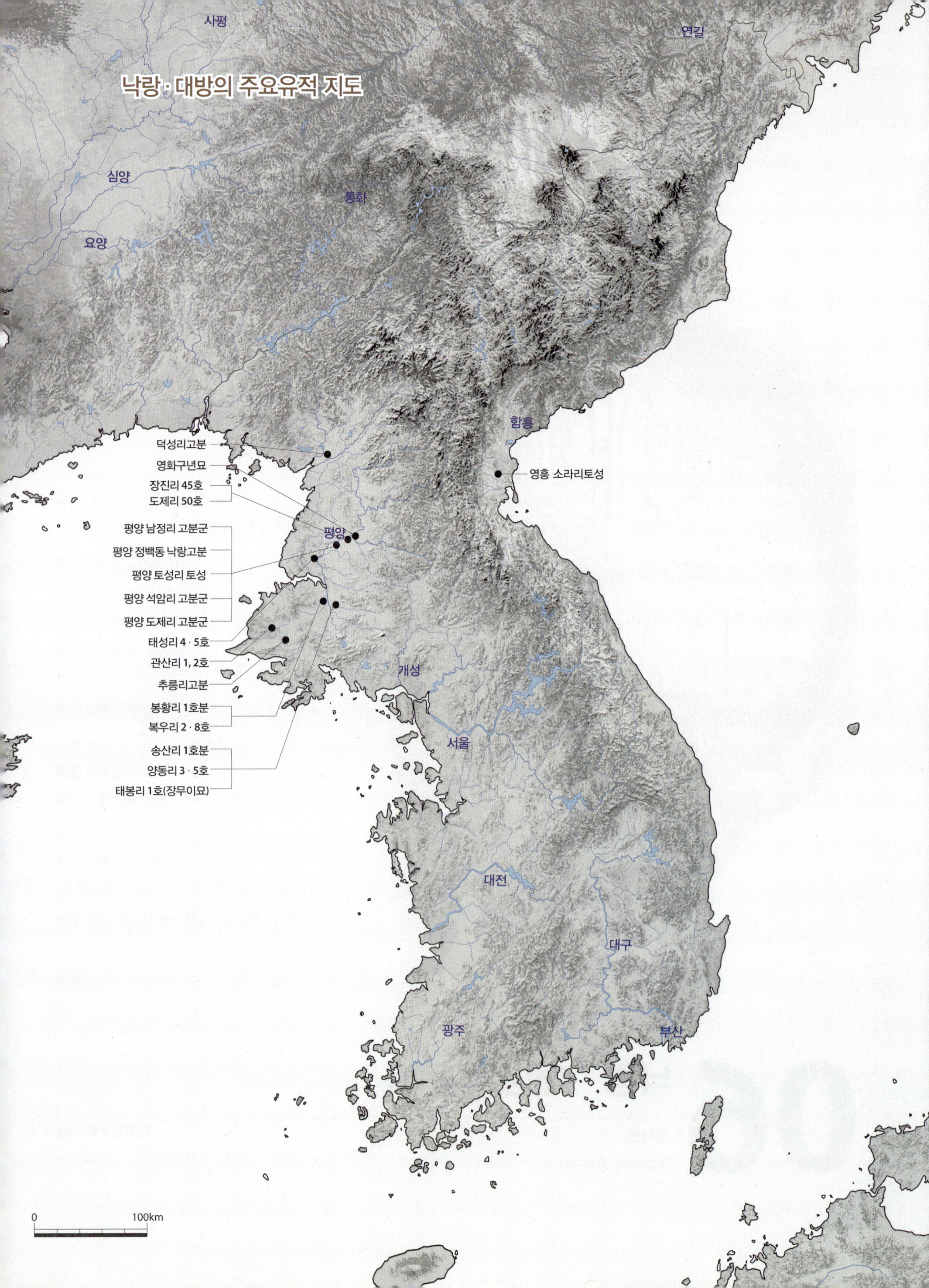
낙랑 · 대방의 주요유적 지도
사평
연길
심양
통화
요양
함흥
덕성리고분
영화구년묘
장진리 45호
도제리 50호
영흥 소라리토성
평양
평양 남정리 고분군
평양 정백동 낙랑고분
평양 토성리 토성
평양 석암리 고분군
평양 도제리 고분군
태성리 4 · 5호
관산리 1, 2호
추릉리고분
봉황리 1호분
복우리 2 · 8호
송산리 1호분
양동리 3 · 5호
태봉리 1호(장무이묘)
개성
서울
대전
대구
광주
부산
0
100km

낙랑·대방의 문화

이재현

백두문화재연구원

머리글

철기문화를 바탕으로 한반도 북부와 만주지역에서 성장한 고조선은 중국과의 사이에서 중계무역을 통해 경제적인 이익을 얻어 세력을 키웠지만, 한(漢)과 대항하다가 멸망하였고, 그 영토에는 한의 군현이 설치되었다. 한나라 군현의 하나인 낙랑군은 한반도 서북부에서 약 400년간 존속하면서 중국대륙과 한반도 및 왜를 연결하는 동북아시아의 정치와 경제적 거점 역할을 하였다. 반면에 한반도 북부와 만주의 고구려 및 주변의 토착세력으로부터는 끊임없는 항거의 대상이 되었다. 낙랑군은 한의 조정에서 지방관을 파견한 변군(邊郡)이었지만, 토착세력의 기반을 어느 정도 인정해주는 통치체제를 유지하였고, 고조선보다 더욱 활발한 중계무역을 통해 경제적 성장을 이룩하였다.

낙랑에는 한의 선진문물이 직접적으로 이입되었는데, 그러한 상황은 평양일대에서 발굴된 무덤의 구조와 부장품에서 잘 드러난다. 즉, 낙랑지역의 무덤, 특히 목곽묘에서는 나무와 유기질 기물이 썩지 않은 채 잘 남아 있었다. 그 구조와 수준이 내군(內郡)의 상위계층 무덤과 비교해도 차이가 없을 정도이다. 이러한 상황에 대해 과거에는 정치적 식민지성을 강조하기도 하였고, 북한에서는 평양지역에 낙랑군 설치 자체를 부정하는 입장을 취하였다. 남한의 문헌사학과 고고학에서도 최근에 이르러서야 토착 호족에 의한 경제적 성장과 지배구조, 선진문화를 향유할 수 있는 경제적 기반, 내군과의 비교를 통한 낙랑 사회구조의 특징 등에 대한 연구를 적극적으로 진행하고 있다.

낙랑 유적의 발굴과 인식의 변화

중국 한(漢)나라의 7대 황제로 즉위한 무제(武帝)는 흉노의 위협을 물리치고 영토를 넓혀 중앙집권적 통치를 강화하고자 하였다. 특히 북방의 위협 세력인 흉노에 대해 고조선을 외신(外臣)으로 삼아 간접 지배하면서 경계하고자 하였다. 그러나 고조선의 왕은 한이 요구하는 외신의 의무를 거부하였고, 오히려 주변의 소국들이 한과 직접 통교하는 것을 막았다. 그것은 한반도 중부 이남의 여러 세력 집단들과 한과의 사이에서 중계무역으로 이

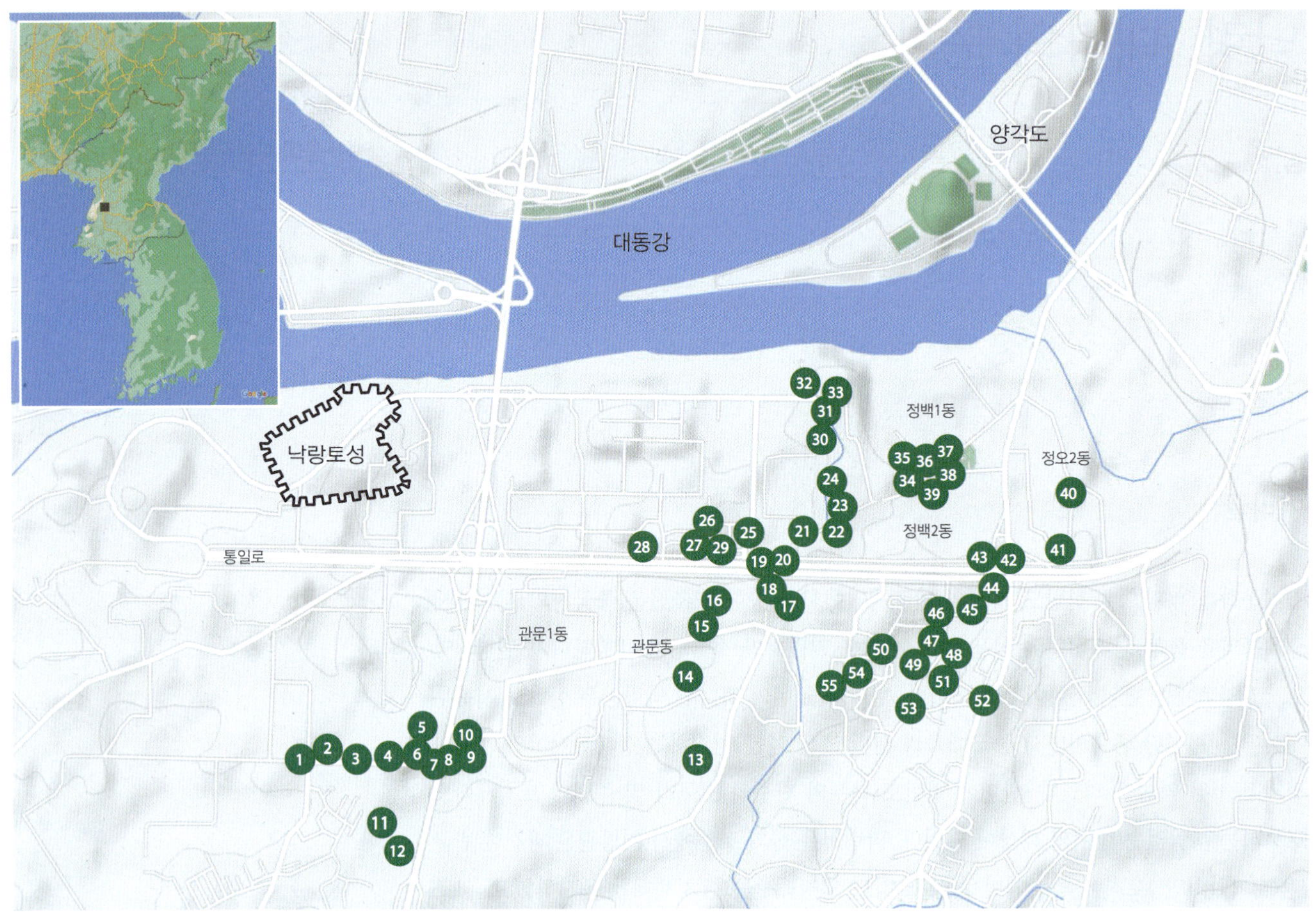

1.석암리219호, 2.석암리215호, 3.석암리212호, 4.석암리9호, 5.석암리257호, 6.석암리205호, 7.석암리201호, 8.석암리200호, 9.낙랑리85호, 10.석암리94호, 11.석암리119호, 12.남정리116호, 13.남사리1호, 14.석암리52호, 15.석암리6호, 16.석암리20호, 17.정백리19호, 18.정백리17호, 19.정백리13호, 20.정백동7호, 21.정백동9호, 22.정백동8호, 23.정백동6호, 24.정백동5호, 25.정백동8호, 26.정백리2호, 27.정백리4호, 28.토성리4호, 29.정백리3호, 30.정백동4호, 31.오야리20호, 32.오야리18호, 33.오야리19호, 34.정백동11호, 35.정백동1호, 36.정백동2호, 37.정백동10호, 38.정백동12호, 39.정백동3호, 40.정백동12호, 41.장진리30호, 42.정백동4호, 43.정백동3호, 44.정백동6호, 45.정백동10호, 46.정백동11호, 47.정백동2호, 48.정백동1호, 49.정백동5호, 50.정백동59호, 51.정백동8호, 52.정백동7호, 53.정백동9호, 54.정백리122호, 55.정백리127호

그림 1 낙랑유적 분포도

익을 취하기 위함이었다. 그리면서 흉노와 밀착하여 한에 반목하는 행태를 취하자 무제는 기원전 109년 수군과 육군을 동원하여 고조선을 공격하였다. 고조선은 수개월 동안 격렬하게 접전하였으나 지도층의 내부 분열로 인해 결국 항복하여 멸망하였다.

한은 고조선의 영토에 낙랑, 진번, 임둔, 현도의 4군현을 설치하여 직접 지배하고자 하였다. 그러나 지역민의 저항으로 낙랑군을 제외한 나머지 군현은 일찌감치 폐지되었고, 낙랑군만 400년 가까이 존속하였다. 3세기 초에는 요동의 군벌 세력인 공손씨(公孫氏) 정권이 대방군을 설치하여 낙랑군의 기능 일부를 분담하였다.

고조선의 영토는 요동과 한반도의 북부, 남만주지역 일대로 추정되고 있으나 중심지에 대해서는 여러 학설이 있다. 조선시대까지는 평양에 왕검성이 있었다고 인식하였고, 단군과 기자관련 시설들도 평양에 전승되고 있었다. 그러한 고조선의 중심지는 낙랑군의 위치 비정과도 연결된다. 이에 대한 본격적인 연구는 일본 제국주의 침략을 도모하는 관점에서 일본인에 의해 이루어졌다. 즉, 메이지유신(明治維新)을 통해 근대화와 국가체제를 정비한 일본제국은 조선에 대하여 1876년에 개항을 강요하고, 식민지 지배를 위한 기초

조사의 일환으로 한반도와 만주 등지에서 역사, 관습, 제도 등에 대한 광범위한 조사를 진행하였다.

그러한 과정에서 평양지역의 전실묘(磚室墓)와 목곽묘(木槨墓), 토성 등도 1909년 무렵부터 조사가 이루어졌다. 철로와 비행장 등의 여러 시설을 건립하면서 유물이 출토되기도 했다. 1909~1910년에는 세키노타다시(關野貞), 도리이류조(鳥居龍藏) 등이 평양의 전실묘를 발굴하고, 낙랑군 유적임을 처음으로 주장하였다. 그 후 1916년부터 조선총독부(朝鮮總督府)는 본격적으로 목곽묘와 전축분 등의 낙랑고분을 조사하였다. 낙랑고분이 밀집되어 있는 평안남도 대동군 일대는 평안누층군(平安累層群)의 퇴적암지대로서 지하수의 침출이 많고, 물빠짐이 좋지 않은 지질구조를 갖추고 있다. 그 때문에 지하에 조성된 목곽묘에는 물이 가득 고여 있어서 나무와 유기질로 된 유물들이 양호한 채로 남아 있었다.

당시 중국 본토에서도 확인된 적이 없는 온전한 목곽묘에서 명문 칠기를 비롯한 많은 한대유물이 쏟아져 나왔다. 그 결과로 평양에 한의 낙랑군이 설치되었고, 당연히 고조선의 중심지도 평양일 것으로 인식하게 되었다. 더욱이 한식물품에 대해 지나친 평가와 의의를 부여하여 중국 군현에 의한 식민지 지배가 한반도의 역사발전에 중요한 계기가 되었다는 논리가 형성되고, 일본제국의 한반도 지배를 합리화시키는 식민사관 타율성론이 제기되었다.

해방 이후 북한에서는 일본의 식민지 사학을 극복하고 민족사를 체계적으로 정리한다는 기치를 내걸고 고조선에 대한 집중적인 연구를 진행하였다. 고조선의 중심지에 대해서는 1963년까지는 평양설과 요동설이 치열하게 논쟁하다가 1963년 리지린의 『고조선 연구』가 발간되면서 요동설이 정설로 채택되어 1990년대까지 유지되었다. 고조선의 중심지가 요동에 있었으므로 낙랑군의 중심지도 당연히 요동에 있었다고 인식하였다.

그 와중에 1968년에는 일제강점기에 낙랑군 치소가 있었던 곳으로 알려진 평양 토성리 토성에 대한 간단한 발굴조사를 실시하였고, 1970년대와 1980년대에는 대동강 구역의 도시개발을 진행하면서 대규모로 발굴조사를 하여 목곽묘와 전실묘에 대한 보고서를 간행하였다. 이때는 고조선의 중심지가 요동에 있었다고 인식하였으므로, 평양 일대에서 발견되는 중원계통의 무덤과 문물은 고조선의 유민들이 세운 낙랑국(고구려의 호동왕자와 낙랑공주의 사랑 때문에 멸망한 최리[崔理]의 낙랑국)의 문화라고 하였다. 그러다가 1990년대에 들어오면서 단군릉의 재건을 계기로 고조선의 영역은 종전과 같이 만주와 한반도 북부이지만 왕검성은 평양에 있었다는 고조선 평양 중심설을 정론으로 채택하였다.

또 1993년에는 평양의 '정백동 364호분' 발굴에서 기원전 45년에 낙랑군 소속 25개 현의 호구수와 증감치를 기록한 '낙랑군 초원4년 현별 호구부(樂浪郡初元四年縣別戶口簿)'의 목간이 출토되었다. 이 목간에 대해 남한의 주류 사학자들은 낙랑군이 평양에 있었다는 결정적인 증거로 인식하는 반면에 북한에서는 요동에 있던 낙랑군의 관리가 평양으로 도망 오면서 가져온 것이라 하였다. 현재 북한에서는 고조선의 중심지와 달리 낙랑군은 요동에 설치되어 있었다는 견해를 정론으로 채택하고 있다.

남한에서는 낙랑과 대방에 대하여 우리 역사로 받아들이기를 주저하다가 1980년대 이후에야 인식이 변화하면서 연구가 이루어지기 시작하였다. 북한 자료에 대한 접근 허용과 중국의 한대 고분 발굴자료의 증가, 국립중앙박물관의 일제강점기 자료에 대한 재정리 등에 힘입어 고고학과 역사학에서의 본격적인 비교연구가 있게 된다. 고고학에서는 낙랑군이 평양에 있었다는 설을 인정하는 입장에서 낙랑고분의 구조와 변천과정, 유물의 성격, 사회구조, 주변지역과의 비교 등에 대한 연구가 이루어졌다. 낙랑의 사회구조에 대해서는 일제강점기에는 한나라에서 이주해 온 한족(土着漢人)이 지배층, 고조선 유민인 원주민이 피지배층을 구성했다는 논리가 우세하였으나, 남한의 최근 연구는 토착 세력의 존재를 중시하는 방향으로 진행되었다.

테글 1

낙랑 인구 센서스 공문 '낙랑군 초원4년 현별 호구부(樂浪郡初元四年縣別戶口簿)' 목간

2006년 북한의 역사관련 학술잡지인 『력사과학』198호에는 북한의 역사학자 손영종이 쓴 「낙랑군 남부지역의 위치 – '낙랑군 초원4년 현별호구다소□□' 통계자료를 중심으로」 논문이 수록되었다. 여기에서 1993년 평양의 '정백동 364호' 고분에서 발굴된 '낙랑군 초원4년 현별 호구부(樂浪郡初元四年縣別戶口簿)'의 목간이 소개되었다. 이 목간은 전한 원제(元帝) 초원(初元) 4년(BC 45)에 집계된 낙랑군 25개현의 현별 호구수의 증감을 기재한 통계표라 하였다. 2007년에 손영종이 다시 쓴 논문에 실린 호구부의 내용이 남한의 역사학계에 소개되었고, 이후 한국목간학회와 여러 연구자들이 목간의 진위와 내용을 검토하였다. 목간은 세로 23cm, 가로 5cm 크기의 판재 3매로 구성되었는데, 전체 710자를 기록한 『樂浪郡初元四年縣別戶口多少□簿』로 최종 판독되었다.

내용은 낙랑군 25개 현의 호수와 인구를 조사하여, 이전과 비교하여 증감을 기록한 것이다. 현별의 내용을 기록한 후 마지막에 전체 합계를 기록하였다. 낙랑군의 전체 호(가구)수는 43,835호, 인구는 28만361명이다. 가장 규모가 큰 조선현은 9,678호(5만6,890명)이고, 인구가 가장 적은 제해(提奚)현(황해북도 인산군)은 173호(1303명)이다. 2천호 이상은 조선(朝鮮), 남한(誹邯), 둔유(屯有), 대방(帶方), 수성(遂成), 누방(鏤方)의 6개 현이고, 임둔군 지역의 현에서 가장 규모가 큰 불이(不而)현은 1,564호이다. 1,000호 미만의 현이 옛 진번군 지역에 6개현, 임둔군 지역에 3개현으로 전체의 1/4에 달한다. 조선현을 비롯한 낙랑군 직할지에 인구가 밀집되어 있었고, 진번군 지역은 교통의 거점에, 임둔군 지역은 원산만의 비옥한 지대에 인구 밀도가 높은 것으로 나타난다. 현의 가구와 인구수는 규모에 따라 약 40배의 차이에 이른다.

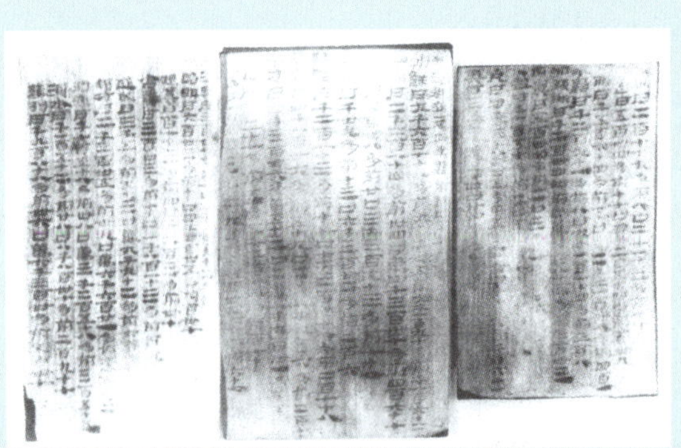

그림 2 '낙랑군 초원4년 현별 호구부(樂浪郡初元四年縣別戶口簿)' 목간

목간이 출토된 정백동 364호 무덤은 2중곽 안에 1인의 남성이 매장된 단장 목곽묘로서 환두도자, 철장검, 철모 등의 무기류와 거마구, 농공구, 장신구, 토기, 각종 칠기가 부장되었는데, 특히 논어 죽간과 다른 공문서 목간도 함께 출토되었다고 한다.

이 목간에 대해 자료를 소개한 손영종은 '목간의 호구 통계가 얼핏 서북한에 낙랑군이 있던 것처럼 보이나 자세히 검토하면 통계자료는 요동반도 남단의 지리 · 경제적 조건과 걸맞는 것이므로 낙랑군은 요동반도 남단의 천산산맥일대에 위치했다는 확고한 증거이다. 목간이 평양에 있는 무덤에서 출토된 것은 요동에 있던 낙랑군의 관리가 목간을 들고 도망해왔기 때문'이라 하면서 낙랑군 재평양설을 부정하였다.

한편 남한의 주류 학계는 낙랑군의 지배체제 · 주민구성 이해에 중요한 자료, 고조선의 재지세력이 낙랑군(樂浪郡)의 '속리'로 편입된 것을 알 수 있는 자료, 낙랑군의 위치를 확정짓는 자료 등으로 평가하였다. 그리고 같은 현의 조직이지만, 극심한 인구 편차가 나타나는 것은 한의 지배력이 약하여 고조선의 세력을 그대로 인정해 현을 구성했기 때문이라는 해석, 그리고 인구조사는 세역(稅役) 징수 및 치안 유지를 위한 기초적 작업으로 한의 군현지배 속성이 변군(邊郡)인 낙랑군에도 그대로 적용된 증거라는 해석도 제시되었다. 반면에 낙랑군 재평양설을 부정하는 일각에서는 목간의 규격이나 서체, 부장품의 동반관계 등에 불합리한 면이 있다고 지적하면서 일제강점기에 조작된 것으로 간주하기도 한다.

또 고조선 시기에도 중국식 성(姓)을 사용한 유이민이 다수 있었으므로 성씨로 한인과 고조선인을 구분하는 것은 무리이며, '초원 4년 현별 호구부'에서도 낙랑인의 86%가 고조선 유민인 점을 근거로 낙랑사회는 고조선의 전통이 강하게 유지되었다고 한다. 고고학계에서는 평양지역에서 발견되는 한식유물 출토의 목곽묘를 대부분 낙랑설치 이후로 보는 기존의 편년 안에 대한 문제 제기가 있었고, 토성동 486호, 상리, 동대원리 허산 등의 초기 목곽묘는 낙랑 설치 이전의 위만조선 시기에 해당될 수 있다는 가능성이 제시되기도 했다.

낙랑무덤의 변천과 성격

낙랑지역에서 발견된 한식의 무덤은 본토에서 파견된 통치 관리의 무덤은 아니다. 왜냐하

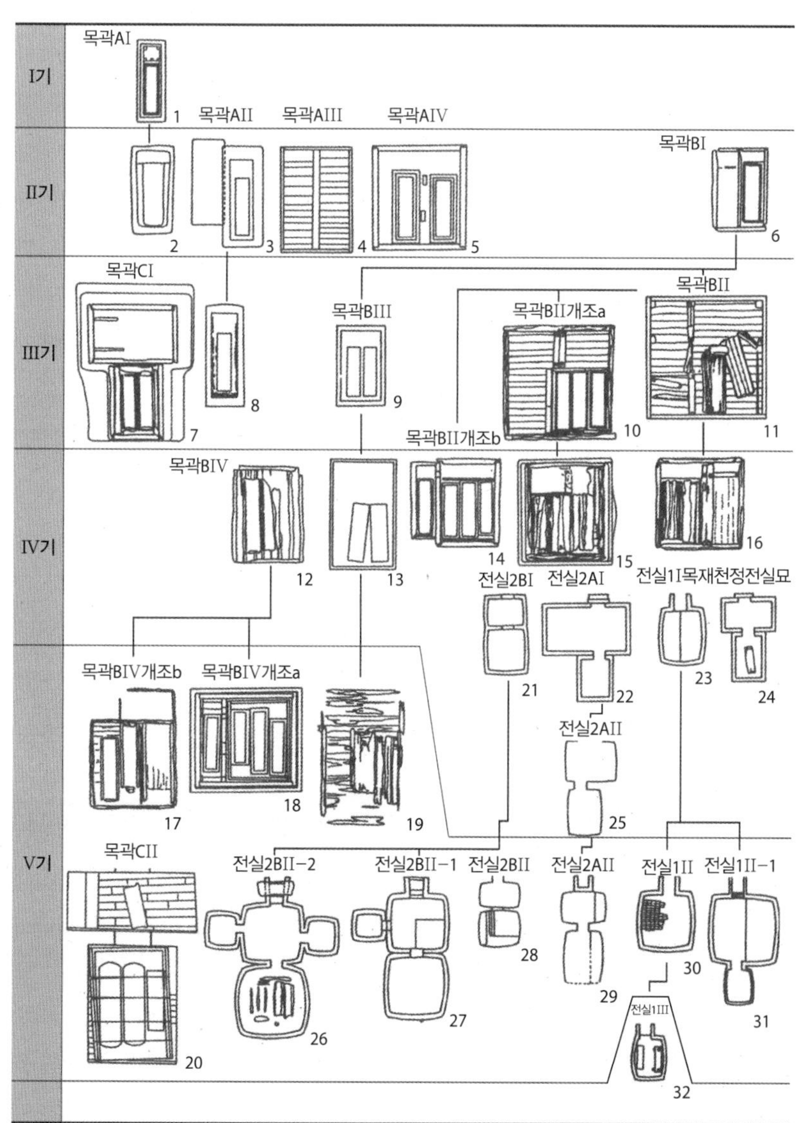

그림 3 낙랑무덤의 변천도

면 고대의 중국에서는 타지에서 죽었을 때 고향으로 시신을 옮겨서 장사를 지내는 귀장(歸葬) 풍습이 시행되었기 때문이다. 따라서 낙랑에 파견된 한의 관리가 현지에서 죽었다 하더라도 고향으로 옮겨서 장례를 지냈으므로, 낙랑에서 발견된 화려한 부장품을 가진 중국식의 무덤 주인공은 그 지역에서 살았던 토착의 호족이거나 토착인 출신의 관리와 같은 상위계층 사람이라 할 수 있다. 그런데 무덤 자체가 보수성이 강함에도 불구하고 낙랑의 무덤은 시기적인 변화가 심한 편이다. 그 이유는 낙랑을 관할한 중원지역의 정세변화가 심하였고, 그를 상대한 토착세력의 대응과 성장이 서로 밀접하게 연관되어 있었기 때문이다.

단장(單葬) 목곽묘(기원전 2세기~기원전 1세기 전엽)

평양지역의 고대 무덤은 지석묘와 석관묘, 목관묘, 단장 목곽묘, 합장(合葬) 목곽묘(귀틀무덤), 전실묘, 석실묘 등으로 구분할 수 있다. 지석묘와 석관묘는 기원전 10세기~기원전 4세기 무렵의 청동기시대 무덤이고, 기원전 4세기~기원전 2세기의 초기철기시대에는 적석목관묘와 토광(목관)묘가 주로 사용되었다. 토광(목관)묘와 적석목관묘에서는 세형동검을 비롯한 청동 무기류와 세문경, 주조철부(괭이) 등이 출토되는데, 한반도 서남부지역의 한국식동검문화의 사례와도 유사성을 보인다. 이러한 유물은 위만조선 시기의 것과도 일정 정도 겹치는데, 낙랑군 설치 이전에 고조선과 한(韓) 또는 진국(辰國) 간에 긴밀한 문화적 관계가 있었음을 알 수 있는 자료이다. 그런데 아직까지 위만조선 시기의 주된 무덤과 문화적 양상은 뚜렷하게 드러나지 않은 상태에 있다. 토성동 486호나 정백동 97호와 같이 전국시대와 전한 초기의 거울을 비롯한 한식 기물과 고조선계 기물을 함께 부장한 무덤을 위만조선 시기의 무덤으로 볼 수 있다는 견해가 제시되기도 했지만, 낙랑군 설치 이후의 무덤으로 보기도 한다.

어쨌든 기원전 2세기부터 기원전 1세기 전엽의 고조선 또는 낙랑초기의 상위계층 무덤은 단장 목곽묘가 대부분이다. 단장 목곽묘는 목관의 외부에 목곽을 설치하고, 관과 곽의 사이에 부장품을 부장한 1인용 무덤을 말한다. 상위 계층에서는 이중으로 만든 관을 사용한 것도 있다. 관과 곽의 형태는 피장자의 지위를 상징하는 것으로서 중원지역의 전국시대 관곽제도에 영향을 받았다고 볼 수 있다. 그리고 이들 목곽묘는 부부의 묘를 나란하게 설치한 것이 많다. 이 시기의 부장품은 고조선계의 청동기와 철기 외에 전국 또는 전한 초기양식의 청동 거울과 그릇, 마구와 수레 장식, 차마구, 철제 및 청동제 무기류, 흉노 또는 북방 유목민족과 관련된 청동기와 금동 또는 은제 장식구 등이 있다. 고조선 말기에서 낙랑 초기의 고조선과 한, 흉노 등과의 관계가 무덤의 구조와 부장품에 반영된 것이다.

합장 목곽묘(귀틀무덤, 기원전 1세기 후엽~기원후 2세기)

기원전 1세기 후엽부터 기원후 1세기에는 부부를 하나의 나무 곽에 합장하는 목곽묘가 등장하였다. 먼저 죽은 사람의 장사를 치를 때 미리 합장할 것을 고려하여 목곽을 제작하고, 뒤에 죽은 사람을 장사 지낼 때에는 목곽의 뚜껑을 열어 합장하는 방식이 있다. 목관은 통상 2~3개가 대부분이지만, 4개인 경우도 더러 있다. 이러한 합장 목곽묘는 평면 방형이 특징이며, 중국 산동지역과 강남(江南)지역의 목곽묘와 구조적으로 유사하다.

부장품은 재지적인 전통의 청동기 및 철기와 함께 한에서 수입한 거울, 마구, 허리띠 장식, 수레 장식, 칠기류 등이 부장되었다. 기원전 1세기에는 전한 후기의 이체자명대경(異體字銘帶鏡)이 표지적인 유물이며, 칠기와 한식기물의 부장품이 증가했다. 특히 정백동 1호묘에서는 「부조예군(夫租薉君)」이 새겨진 은제 도장, 정백동 2호묘에서는 「부조장인(夫租長印)」의 청동도장과 「고상현인(高常賢印)」의 은제 도장이 출토되었다. 낙랑의 유력한 목곽묘 피장자가 지역 출신의 호족임을 알 수 있는 자료이다.

기원후 1세기는 전한이 망하고 왕망(王莽)의 신(新)과 후한이 낙랑군을 지배하던 시기이다. 사신(四神)이나 신선, 상서로운 동물 등이 장식된 거울이 표지적인 기물로써 부장되며, 상위계층의 무덤에서는 한에서 수입한 칠기와 청동 용기가 주류를 이루는 대신에 토착적인 세형동검과 청동 무기류는 감소한다. 낙랑고분의 최성기에 해당하며, 한(漢)의 관영공장에서 제작연도와 제작지를 기록한 칠기와 화려한 청동 예기(禮器)들이 무덤에 대량으로 부장되었다.

기원후 2세기에는 벽돌무덤이 유행하여 목곽묘가 쇠퇴하지만, 최고위층의 무덤은 여전히 목곽묘를 유지하였다. 낙랑 목곽묘의 곽재(槨材)는 주로 참나무나 밤나무 등을 사용하였지만, 관재는 중국의 강남에서 수입하여 사용하기도 했다. 정백리 4호묘의 관재는 넓은잎 삼나무(廣葉杉)를 사용하였는데, 이 나무는 중국의 양쯔강 이남에서 산출되는 고급목재이다. 그 외에도 녹나무(정백리 3호 관), 측백나무(석암리 210호 관, 정백리 6호 동관), 편백나무(채협총 내곽 및 관) 등의 고급목재도 사용되기도 했는데 이것들도 중국의 강남에서 수입한 것으로 추정된다. 채협총은 목곽의 구조에서도 한의 제후나 왕급에서 쓰는 요소를 채용하였다.

그리고 낙랑의 최고위층 무덤에 부장된 청동 예기는 당시 최고의 고급 기물이었지

그림 4 합장 목곽묘(석암리 205호)

그림 5 낙랑 목곽묘 출토 청동예기

구분			
식기	정(鼎)	부(釜)	
주기	준(尊)	종(鍾)	형(鋞)
기타	향로(香爐)		

그림 6 칠상차림 복원

만, 화려하게 장식된 칠기는 같은 형태의 청동기보다 10배나 더 비싼 가격에 해당하였다고 하니 낙랑 목곽묘 피장자의 부의 정도나 성향을 짐작할 수 있다. 이러한 경향에 대해 일제강점기 시기에는 한화(漢化) 현상으로 표현하여 식민지성을 강조하였지만, 한의 내군에서도 쉽게 보기 힘든 목곽묘의 규모와 부장품은 토착 호족들의 경제력과 정치적인 힘을 과시적으로 드러내는 자료라 할 수 있다. 후한시기에 중국의 강남을 중심으로 이루어진 상공업의 발전과 이를 상대한 낙랑 호족들의 경제력, 후한 말기의 혼란한 정치적 상황이 이 시기의 무덤에 잘 반영되어 있다.

테글 2

낙랑 채협총(彩篋塚: 남정리 116호)

평양의 대동강 남쪽에는 낙랑군의 치소였던 토성이 있고, 그 주변으로는 낙랑시기의 무덤이 밀집되어 있었다. 그중 목곽묘는 기원전 1세기부터 기원후 3세기까지 오랜 기간 동안 조성되었고, 완전한 상태로 발굴된 자료가 많아 낙랑 문화의 변화 모습을 잘 보여준다. 특히 남정리 116호 목곽묘(채협총)는 특이한 구조와 화려한 부장품으로 주목을 끈 무덤이다. 이 무덤은 석암리 일대에서 가장 큰 봉분을 가지고 있어 1920년대에 이미 도굴 시도의 대상이 되었다. 그러나 무덤 내에 지하수가 침출하여 물이 가득 차 있었고, 그 때문에 목곽의 나무가 썩지 않은 채 거의 완전하게 남아 있었을 뿐만 아니라 무덤의 천정을 두꺼운 각재로 3겹으로 겹쳐 조성되어서 도굴은 실패하였다. 이후 1931년에 일본 학자에 의해 발굴되었고, 방대한 보고서가 발간되었다. 이 무덤에서는 많은 칠기와 목제유물이 양호하게 남아 있었는데, 그 중에서도 화려한 그림이 장식된 대나무 상자가 발견되어 '채협총'으로 불리게 되었다.

그런데 보다 주목되는 것은 이 목곽묘의 구조이다. 전실(前室)과 후실(後室)의 두 개의 방을 갖추고 출입구와 문으로 연결한 횡혈식목곽묘로서 목곽묘에서 전실묘로 변화하는 과도기적 특징을 갖추고 있다는 점은 이미 잘 알려져 있다. 중국의 한나라에서는 신분에 따라 무덤의 규모와 구조가 엄격하게 규제되었는데, 채협총이 만들어진 2~3세기에 들어서는 그 규제가 거의 유명무실해졌다. 그리하여 낙랑의 목곽묘도 주인공의 신분보다 높은 등급의 형식으로 무덤이 만들어졌는데, 채협총이 그 대표적인 예이다.

즉, 채협총은 제후급 이상의 무덤에서만 사용한 '황장제주(黃腸題奏)'와 전실과 후실의 2실 구조, 3중관 등의 요소를 채용하였다. 그런데 '황장제주'의 요소는 전형적인 형태가 아니라 각재를 가로와 세로로 교차하여 쌓는 등의 변형된 형태로서 황장제주의 외형적인 모습만 채용하였다. 목관도 실제는 단관(單棺)이지만, 뚜껑을 열었을 때 3중관처럼 보이도록 만들었다. 따라서 전한시대에 제후급 무덤에서 사용된 특권적 구조를 채용하였지만, 실제로는 외관상의 모방에 불과하다. 어쨌든 채협총 무덤의 구조에서는 실제의 신분보다도 훨씬 높은 독립된 제후 정도의 신분을 표방하고자 하는 의도를 볼 수 있다.

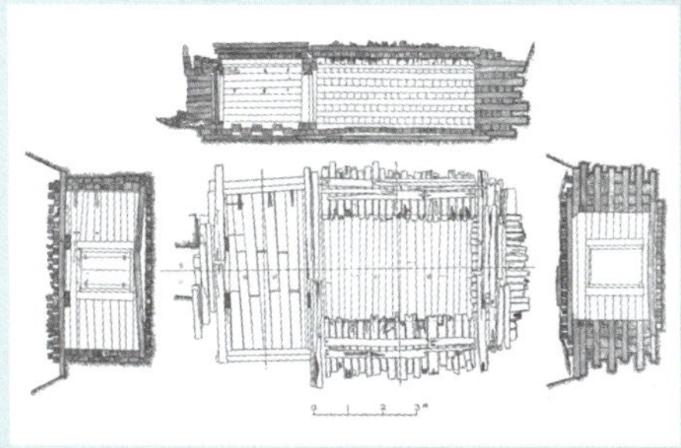

그림 7 채협총(평면도 1, 뚜껑제거 시 내부에 물이 차 있는 모습 2, 내부 3)

이러한 경향은 기원 25년에 낙랑의 토착인인 왕조(王調)가 낙랑태수를 죽이고 독립을 표방하면서 시작되었지만, 광무제에 의해 실패로 끝을 맺으면서 중단된다. 기원 2~3세기에 이르러 낙랑에 대한 중원세력의 장악력이 약해지고, 낙랑은 강남지역과의 무역을 통해 경제적으로 번창하면서 다시 독립의식이 높아진 것으로 보인다. 그리하여 주된 무역의 대상이었던 강남지역에 필적하는 호화로운 무덤을 조영하였고, 당시 중원지역에서 유행한 최고급 생활용품을 사용하는 등의 소비생활을 향유하였다. 이러한 모습을 기존에는 한화(漢化) 현상으로 폄훼하고, 중국의 식민지 지배 결과로 인식하는 경향이 있었지만, 내군에서도 이 정도의 문화수준을 나타내는 곳은 많지 않다. 당시 최고 수준의 문화를 향유할 수 있었던 경제적 배경과 그러한 낙랑문화의 수체세력에 대해 재인식할 필요가 있다.

벽돌무덤(기원후 2~3세기)

기원후 1세기의 일부 합장목곽묘에서는 목곽의 외부를 보강하는 재료로 벽돌을 처음으로 무덤에 사용하였다. 그렇지만 어디까지나 목곽이 주체이고, 벽돌은 보조적인 재료였다. 그러다가 무덤의 벽체를 벽돌로 쌓고, 천정은 나무로 만든 과도기의 단계를 거쳐 벽체와 천정은 물론 출입문까지 벽돌로써 만든 전실묘로 발전하였다. 당시에는 고급

1. 낙랑구역, 2. 장진리 45호, 3. 도제리 50호, 4. 영화구년묘 5. 태성리 4 · 5호, 6. 덕성리고분, 7. 봉황리 1호분(王鄕墓), 8. 복우리 2. 8호, 9. 관산리 1,2호, 10. 추릉리고분, 11. 송산리 1호, 12. 양동리 3 · 5호, 13. 태봉리 1호(장무이묘)

그림 8 전실묘 분포도

의 나무가 벽돌보다 훨씬 귀하고 고가였기 때문에 일부의 최상위 계층에서만 목곽묘를 사용하였고, 전실묘는 다른 상위계층의 무덤 형태로 자리 잡았다. 또 전실묘는 합장을 쉽게 할 수 있도록 입구와 길을 만든 것이 목곽묘와 다른 특징이다. 3세기 초에는 대방군이 설치되면서 전실묘의 중심지가 대방군지역(황해도 일대)으로 확대되었다. 전실묘에도 거울이나 칠기류, 다양한 명기류 등이 부장되었지만, 도굴의 피해를 입은 것이 많다.

최상위 계층에서는 전실과 후실을 갖춘 2실묘가 사용되기도 했지만, 대부분의 나머지는 단실묘이고, 주실(主室) 곁에 작은 이실(耳室)을 덧붙은 것이 많다. 2실 규모의 전실묘를 축조하기 위해서는 1만 매 이상의 벽돌이 소요되었다고 하니 벽돌무덤을 만들 수 있는 세력은 상당한 경제력을 갖춘 세력이라고 할 수 있다. 벽돌무덤은 모양에 따라 요동계와 산동계로 구분되는데 대방군을 설치한 공손씨 정권이 요동에 근거를 두고 있었지만, 상공업의 중심지는 여전히 강남지역이었기 때문에 양 지역의 요소가 동시에 수용된 것으로 보인다.

낙랑 토성의 성격

평양의 대동강 남쪽 강가에는 지명이 토성리라는 곳이 있고, 거기에는 토성이 있다. 전체 길이가 약 1.5km 정도의 부정형으로, 자연 구릉을 적절하게 이용하여 흙으로 쌓은 성이다. 북쪽은 대동강에 붙어 있고, 동벽과 남벽도 대동강의 작은 지류가 감싸고 있어 방어와 수로 교통이 용이한 곳에 위치한다. 지금은 아파트 건설로 대부분 파괴되고 북쪽 성벽의 일부만이 잔존해 있다.

이 토성에서는 1910년 무렵부터 중국 한대의 벽돌과 기와류가 발견되면서 골동품 수집가들의 채집과 도굴의 대상이 되었다. 그러다가 1935년부터 1937년까지 조선총독부의 외곽단체인 조선고적연구회가 3차에 걸쳐 발굴하였다. 발굴에서는 벽돌을 깔아서 보도를 마련한 중심 건물지와 벽돌로 만든 집수시설(변소?), 우물, 청동기와 유리를 만든 공방시설 등이 확인되었고, 반량전(半兩錢)의 거푸집, 주조철부와 철제 공구류 등도 출토되었다. 특히 낙랑예관(樂浪禮官), 낙랑부귀(樂浪富貴) 등의 명문와당과 낙랑태수장(樂浪太守章) 등의 봉니(封泥)도 출토되었다.

봉니는 죽간(竹簡) · 목간(木簡) 등의 공문서나 중요한 물품을 보관하는 상자를 묶은 노끈의 이음매에 점토 덩어리를 붙이고 도장을 찍어 봉인(封印)한 것을 말한다. 공문서나 중요 물품의 전달 과정에서 물건이 바뀌거나 정보가 새는 것을 막기 위해 고안된 것으로,

그림 9 토성리 토성

도착지에서 발신자의 봉니가 발견되는 것이 일반적이다. 이러한 발굴 결과와 인근의 석암리와 정백리 등지에 같은 시기의 고분이 밀집되어 있어 이 토성은 낙랑군의 치소(治所)로 알려지게 되었다. 다만 토성의 면적이 좁아 한(漢) 무제 때에 설치한 치소가 아니라 토착민의 저항으로 진번이 폐지되고, 낙랑, 임둔, 현도를 통폐합한 대낙랑군(大樂浪郡) 시기에 대동강의 북쪽에서 남쪽으로 옮겨온 것이라 하였다.

이후 1968년에 북한에서도 낙랑토성에 대하여, 일제 강점기에 봉니가 집중적으로 출토된 곳을 중심으로 다시 발굴하였으나 단 한 점의 봉니도 확인하지 못했다고 한다. 게다가 일제 강점기에 수집되거나 발굴된 봉니가 규격이나 관직명이 당시 제도에 맞지 않은 점이나 낙랑군에 한정된 도착지의 명칭 등을 이유로 위조된 것이라고 주장하였다. 토성의 연대도 기원후 1~3세기에 해당한다고 하여, 일제 강점기의 발굴 성과와 해석을 부정하고 있다. 현재 남한과 일본의 주류학계에서는 낙랑군의 치소로 인정하는 반면에 낙랑군의 평양 존재를 부정하는 북한과 여기에 동조하는 일부 학자들은 일제강점기에 출토된 봉니와 와당 등이 조작된 것이라 주장하고 있는 상황이다.

수입된 중원계 문물

낙랑과 대방에는 한의 내지(內地)에서 수입하거나 영향을 받은 문물이 많다. 고가의 위세품과 일상의 생활용품은 물론 목재나 건축자재와 같은 원자재도 있고, 기술이나 관념과 같은 무형의 요소도 있었을 것이다. 고가의 사치품은 구체적으로 원산지를 알 수 있는 경우도 있고, 내지와의 비교를 통해서도 그 성격을 어느 정도 파악할 수 있다. 수입된 사치품은 시기에 따라 수준과 양에서 일정한 차이가 있다. 즉, 군현의 설치 직후에 수입품이 많은 것이 아니라 오히려 일정한 시기가 지나 사회가 안정되면서 토착세력의 정치적 위상이 높아지고, 동시에 내지에서의 상품경제 발전과 연동하여 수입품이 증가하고 질적 수준이 높아진 양상을 보여준다.

금속 예기와 무기류

청동기는 고가에 해당하는 금속으로 주로 고급 사치품을 만드는데 사용되었다. 낙랑에도 내지에서 제작된 고급의 청동기 또는 철제품이 수입되어 사용되었다. 주로 제사에 사용된 예기류와 거울 등의 사치품, 동전류, 무기류가 있다. 석암리 219호 무덤(왕근묘, 王根墓)과 석암리 9호 무덤에서는 청동제 예기가 세트로 부장되어 있었다.

예기는 종묘나 사당과 같은 신성한 공간에서 제례를 올릴 때 사용하거나 무덤에서 제사 또는 부장품으로 사용한 기물로서 자신이나 가계의 정치적 권위를 상징하는 도구로 사용하였다. 고기를 삶거나 조리한 음식을 올리는 조리 도구와 식기류, 술을 담거나 따르는 주기류(酒器類), 향로와 촛대 등의 기타 물품으로 용도에 맞는 기종이 규정되어 있었다. 전한 후기 이후에는 부장품이 토제 명기(明器)로 상황이 바뀌었는데, 이와 같이 여러 기종의 예기를 세트로 부장하는 경우는 고위급 무덤을 제외하면 그다지 많지 않다. 따라서 낙랑의 무덤에 부장된 청동 예기는 내지에서도 최고급에 해당하는 제품이고, 최고위급의 장례를 따른 것이다.

낙랑의 무덤에서 가장 일반적으로 사용된 수입 물품은 청동제 거울이다. 거울은 화장도구이면서 벽사(辟邪) 기능을 가지고 있다고 믿었기 때문에 상위계층의 사람들은 보편적으로 거울을 사용하였고, 무덤에 부장하였다. 동전은 일상생활의 거래에서 사용되는 것이지만, 장례에서 저승길의 노잣돈으로도 활용되어 무덤에 부장되는 경우가 많았다. 전한과 후한의 반량전(半兩錢)과 오수전(五銖錢)을 비롯하여 왕망시기의 화천(貨泉), 화포(貨布), 대천오십(大泉五十), 소천직일(小泉直一) 등이 있다. 이들은 내지에서 유통된 것과 같은 형태이어서 제작지를 알 수 없지만, 낙랑토성에서 반량전의 틀(鑄范)이 출토되기도 하여 낙랑 현지에서 직접 동전을 주조했을 가능성도 있다. 그 밖에 고위 계층에서는 옥으로 장식된 철제장검이나 청동 또는 도금된 노기(弩器)나 수레 부속도 수입하여 사용하였다.

칠기류

한(漢)은 칠기산업을 국가의 기간산업으로 육성하였으며, 중앙은 물론 지방의 촉군(蜀郡)과 광한군(廣漢郡)에도 관영 공장을 설치하여 칠기를 생산하였다. 칠기는 식기나 가구 등의 생활용구는 물론 무기, 수레, 오락 용구, 장례용품, 의복 장식구 등에 광범위한 용도로 사용되었다. 낙랑에서 출토된 칠기의 바탕 재료는 나무(木胎), 섬유(夾紵胎), 바구니(藍胎), 나무와 섬유복합품(木心夾紵胎) 등이 많지만, 금속이나 토기에 옻칠한 제품도 많다. 표면에는 화려한 채색으로 그림을 그리거나 문양을 새긴 것도 있고, 테두리에 금동 또는 은과 같은 금속으로 장식하거나 손잡이를 만든 경우, 유리나 금속을 감입하여 장식한 것들이 있다. 제작지가 새겨진 명문칠기는 촉군과 광한군의 지방공관에서 제작된 것이 많지만, 고공(考工)과 공공(拱工)의 중앙공관에서 생산된 것도 있고, 민간에서 생산된 것도 있다. 촉군과 광한군의 지방공관에서 생산된 칠기는 주로 황실의 공납용으로 제조된 것으로 품질이 최고급에 해당하며, 어용품임을 나타내는 '승여(乘輿)'가 표기된 것도 있다.

장신구와 생활소품

그림 10 '낙랑예관'이 새겨진 수막새

한반도에서 금과 은이 귀금속으로 사용된 것은 낙랑군 설치되면서부터이다. 다만 한의 내지에서도 금제품의 사용이 성행한 것은 아니었기에 수입된 그 수량은 그다지 많지 않다. 금제품은 석암리 9호 출토의 허리띠 장식(鉸具)이 가장 대표적이다. 이 제품은 금판을 타출하여 큰 용 1마리와 작은 용 6마리를 배치한 문양으로 전체적인 모양을 잡고 금알갱이와 금실을 누금(鏤金)기법으로 붙이고 곳곳에 푸른 옥(터키석)을 박아 화려하게 장식하였다. 푸른 옥은 원래 41곳에 감입하였으나 탈락하고 7곳만 남아 있다. 비슷한 형태의 은제교구가 석암리 219호와 정백동 92호, 정백동 37호에서 출토되기도 했다.

석암리 9호 출토의 금제교구에 대해서는 한의 중앙공방에서 제작하여 변방의 세력자에게 정치적으로 사여(賜與)한 제품이라는 설도 있으나 그러한 제품이 한의 중심지에서는 매우 드물고, 오히려 몽골이나 변방지역에서 유사한 제품이 출토되므로 흉노와 관련된 제품일 가능성도 제시되고 있다. 또 채협총에서는 금제와 은제의 네모난 교구가 출토되기도 했지만, 가장 널리 사용된 것은 새나 짐승의 머리 모양으로 만든 청동제의 곡봉형(曲棒形) 대구(帶鉤)이다. 이러한 대구는 의복의 부속품이므로 당연히 의복 자체도 광범위하게 수입하여 사용하였을 것이다. 그 밖에도 금이나 은, 금동제품은 반지나 마구, 무기, 칠기 등에도 다양하게 사용되고, 옥도 장식구나 패옥(佩玉), 무기의 장식구, 장송용품 등으로 사용되었는데, 고급품은 한의 공방에서 제작된 것을 수입하였을 가능성이 크다.

낙랑·대방의 성격과 주변지역에 대한 영향

낙랑군은 고조선을 멸망시키고 옛 고조선 지역에 세운 한의 군현임은 분명하다. 다만 내지의 군현과 달리 외군(外郡) 또는 변군(邊郡)이라 칭하여, 내군(內郡)과는 통치방식에서 일정한 차이가 있었다. 외군의 경우, 외형적으로는 수령과 같은 지방관을 파견하여 군주(郡主)가 직접 인민을 지배하는 군현제를 표방하였지만, 고유의 정치·사회질서를 인정한 상태로 원주민의 지도자들을 통치에 활용하였다. 한의 중심지로부터 지방관이 파견되고, 통치행정의 직접적인 대상이 되면서 토지와 인구에 기반한 조세와 부역 등의 의무가 강제되었고, 군사적인 강압과 위협도 가해졌다. 이러한 행정은 문자를 통해 이루어져 한자가 보급되었고, 논어와 같은 지식도 전파되었다. 새로운 행정체계와 지배질서의 구축을 위해 기존의 토착적인 사회질서는 일정한 해체와 재편이 불가피했다.

낙랑의 중심지에는 한의 중심지로부터 고도로 발전된 문화가 그대로 전래되었고, 상위계층에서는 그러한 문화를 향유하고자 했다. 낙랑군 초기에는 한의 중심문화보다는 오히려 고조선이나 흉노 등의 북방유목 민족 계통의 문화가 주류를 이루었다. 그러다가 기원전 1세기 후엽부터 중국 강남지역의 문화요소가 대거 유입되었다. 낙랑지역 대형 목곽묘의 구조나 부장품은 일반적인 군현의 아무 데서나 볼 수 있는 것 아니라, 한(漢) 사회에서도 제후나 대부(大夫)와 같은 상위계층에서나 향유할 수 있는 것들로서 한의 신분질서를 뛰어넘는 현상이다.

또 칠기와 청동기와 같은 고가의 기물은 한의 관영공장에서 제작된 것이고, 상위층에서 사용한 관의 재목은 양자강 유역의 강남지역에서 수입한 것일 뿐만 아니라, 무덤의 형태도 정치적인 관할을 받은 요동지역보다도 당시 상업의 중심지역인 산동이나 강남지역의 사례와 유사하다. 그리고 낙랑지역에서 호화분묘가 조성된 시기도 한 정권의 통제력이 어느 정도 약화되고, 내지의 상공업과 국제무역이 융성한 시기와 일치한다. 그러한 점에서 낙랑의 고급 한식문화는 낙랑의 지배세력들이 중국 상공업의 중심지인 강남지역과 밀접하게 연결되면서 경제적 기반을 다진 결과라고 볼 수 있다.

대방군은 요동의 군벌세력인 공손씨 정권이 군현지배로부터 이탈하는 한(韓)과 예(濊)를 통제하기 위해 3세기 초에 황해도 일대에 새로운 군을 설치하여 낙랑군과 역할을 분담한 조직이다. 주로 한과 예에 대한 정치, 군사, 경제적인 통제의 역할을 주로 담당하였다. 고고학적 유적으로는 20여 곳의 전실묘와 운성리, 지탑리, 청산리 토성 등이 알려져 있지만, 발굴자료는 전실묘 10여 기에 불과하며 그것도 도굴이 심하게 이루어진 상태라서 문화적 양상을 살피는 데 한계가 있다. 또 3세기 이후에는 낙랑지역과 마찬가지로 횡혈식의 전실묘가 유행하면서 박장(薄葬)으로 장례습속이 변하였지만, 문화적 양상은 서로 비슷하다. 낙랑과 대방이 고구려에 복속된 이후에도 양 지역 토착세력의 지배력은 어느 정도 지속되었는데, 그것은 고구려 복속 이후에도 조성된 전실묘나 석실묘를 통해 알 수 있다.

낙랑과 대방은 동북아시아의 정치·경제적 거점이었다. 낙랑군의 설치로 고조선의 국가발전은 좌절되었지만, 한반도 북부와 만주에서는 고조선의 유민세력들이 새로운 정치체를 결성하여 낙랑과 치열하게 투쟁함으로써 고대국가로 발전해가는 촉매 역할을 하였다. 한반도 남부지역의 정치 세력에게는 고조선에 의해 차단되었던 대륙 문명에 접근할 수 있는 기회가 되었고, 고조선 유민의 이주로 새로운 철기문화가 발전하게 되었다. 무엇보다 대륙의 선진문화와 직접적인 관계를 갖게 됨으로써, 새로운 동아시아 세계가 형성되었고, 그 속에서 정치·경제적 발전을 능동적으로 도모할 수 있게 되었다.

요약

낙랑에 대한 연구는 일본 제국주의의 한반도 침략과 더불어 진행되었고, 평양과 주변지역에서 많은 한식의 유적과 유물이 발굴되었다. 여기에 대한 해석은 시기와 정치적 입장에 따라 매우 달랐다. 일본은 낙랑군 관련 자료로 인식하여 한반도 침략을 정당화하는 '식민지 타율성론'의 정치적 도구로 활용하였다. 여기에 대한 반발로 북한은 1960년대 이후 고조선 연구를 활발하게 진행하면서 평양 일대에서 출토된 한식의 자료와 낙랑군과의 관련성을 부정하거나 조작된 것으로 간주하였다.

또 1970년대 이후 대동강구역 도시개발에 따라 많은 수의 한식 무덤을 발굴하였는데, 평양일대에서 출토된 한식의 유구와 유물은 『삼국사기』에 등장하는 최리(崔理)의 낙랑국과 관련된 것이라 주장하고 있다. 일본이나 북한보다 늦게 연구가 시작된 남한 학계에서는 낙랑군 관련 유적과 유물로 인식하지만, 일본의 식민지 역사관을 비판하면서 토착세력의 역할, 고조선 사회와의 계기적 관계, 선진문화 이입의 사회·경제적 배경 등에 관해 연구를 수행하고 있다.

낙랑군은 한의 변군으로 조정에서 지방관을 파견하였으나, 실질적인 통치는 토착호족의 도움을 받아 이루어졌다. 당시 파견된 지방관은 임지에서 사망하더라도 귀장(歸葬)하였으므로, 평양 일대의 한식무덤은 낙랑의 토착호족 무덤이다. 낙랑은 고조선이 행하던 한반도 주변 세력과 대륙 문명과의 접촉을 중계하면서 경제적 번영을 유지하였고, 상위계층은 한의 고급문화를 직접적으로 수입하여 향유하였다. 이러한 현상을 식민지 문화, 한화(漢化)현상 등으로 폄훼하여 평가하기도 했지만, 고조선 유민 또는 토착 호족인 낙랑인들이 축적된 경제력을 기반으로 향유한 문화 행태이다. 대방군은 3세기 초에 낙랑군의 역할 일부를 분담하고, 삼한과 왜와의 정치·경제적 거점 역할을 하기 위해 설치된 군현이지만, 대방군과 관련된 고고학 자료는 발굴된 예가 매우 적고, 그나마 무덤에서는 박장이 보편화된 시기여서 관련된 연구가 거의 없다. 그렇지만 낙랑과 대방의 성격과 문화 내용은 거의 같다고 보아도 무방하다.

낙랑군의 설치로 고조선의 성장은 좌절되었지만, 만주 일대에서는 고구려가 중원세력에 치열하게 저항하면서 국가로 발전하였다. 한반도 남부지역에서는 고조선으로 인해 대륙문명과의 접근이 차단되었는데, 고조선의 멸망으로 유민이 이주하면서 고조선의 문화가 확산되는 계기가 되었다. 또 낙랑군의 설치로 인해 문명의 중심지와 직접적으로 연결되면서 새로운 문화와 접하는 계기가 되었다.

낙랑이 이민족을 통치하기 위해 행사한 군사·행정의 수단과 문자, 지식체계는 주변지역의 국가성장에도 영향을 미쳤다. 철기문명이 한반도 남부지역까지 확산되었고, 대륙과 직접적인 정치·경제·문화적 관계를 맺음으로써 지역을 기반으로 하는 정치조직인 국(國)이 형성되었다. 다양한 전문화와 분업화로 생산 활동과 생산력이 증대되었고, 혈연조직에 기반하여 유지되던 공동체 사회는 계층적 사회로 변화하였다. 지역 단위의 정치체 형성은 생활과 문화에도 영향을 미쳐 지역 단위의 문화권을 형성하도록 하였다.

참고문헌

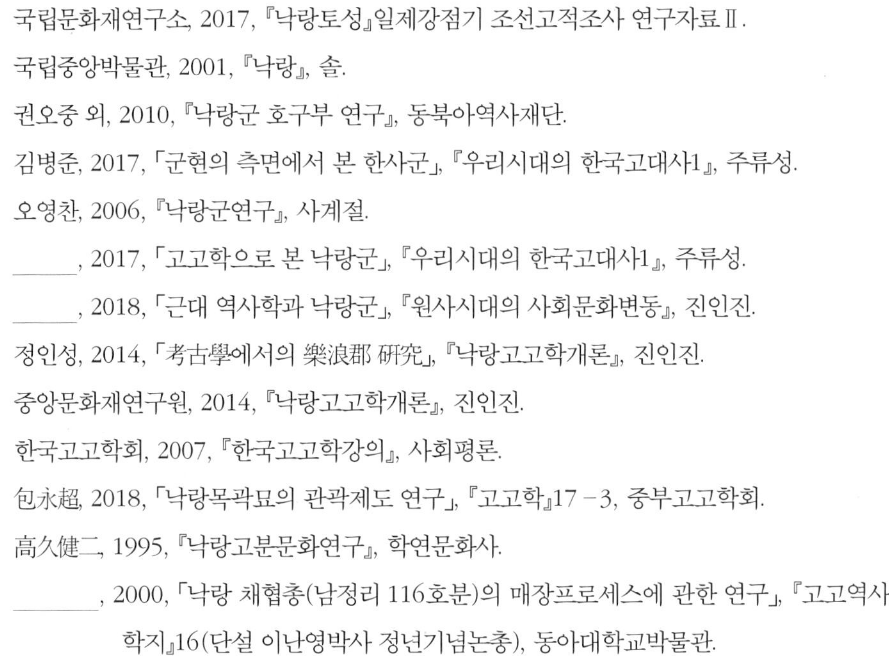

국립문화재연구소, 2017, 『낙랑토성』일제강점기 조선고적조사 연구자료Ⅱ.

국립중앙박물관, 2001, 『낙랑』, 솔.

권오중 외, 2010, 『낙랑군 호구부 연구』, 동북아역사재단.

김병준, 2017, 「군현의 측면에서 본 한사군」, 『우리시대의 한국고대사1』, 주류성.

오영찬, 2006, 『낙랑군연구』, 사계절.

______, 2017, 「고고학으로 본 낙랑군」, 『우리시대의 한국고대사1』, 주류성.

______, 2018, 「근대 역사학과 낙랑군」, 『원사시대의 사회문화변동』, 진인진.

정인성, 2014, 「考古學에서의 樂浪郡 硏究」, 『낙랑고고학개론』, 진인진.

중앙문화재연구원, 2014, 『낙랑고고학개론』, 진인진.

한국고고학회, 2007, 『한국고고학강의』, 사회평론.

包永超, 2018, 「낙랑목곽묘의 관곽제도 연구」, 『고고학』17-3, 중부고고학회.

高久健二, 1995, 『낙랑고분문화연구』, 학연문화사.

________, 2000, 「낙랑 채협총(남정리 116호분)의 매장프로세스에 관한 연구」, 『고고역사학지』16(단설 이난영박사 정년기념논총), 동아대학교박물관.

머리글

한 · 예 문화의 지리적 구분

예의 마을과 무덤(한강유역과 영동지역)

주거지와 마을

무덤

마한의 마을과 무덤

주거지와 마을

무덤

진 · 변한의 마을과 무덤

주거지와 마을

무덤

한 · 예의 철기 발전

철기의 효용과 한반도로의 전래

한반도 남부지역으로의 전래

변 · 진한 철기의 발전

한 · 예의 토기와 분포권

예의 토기

마한의 토기

진 · 변한의 토기

요약

07 한 · 예의 문화

이재현

백두문화재연구원

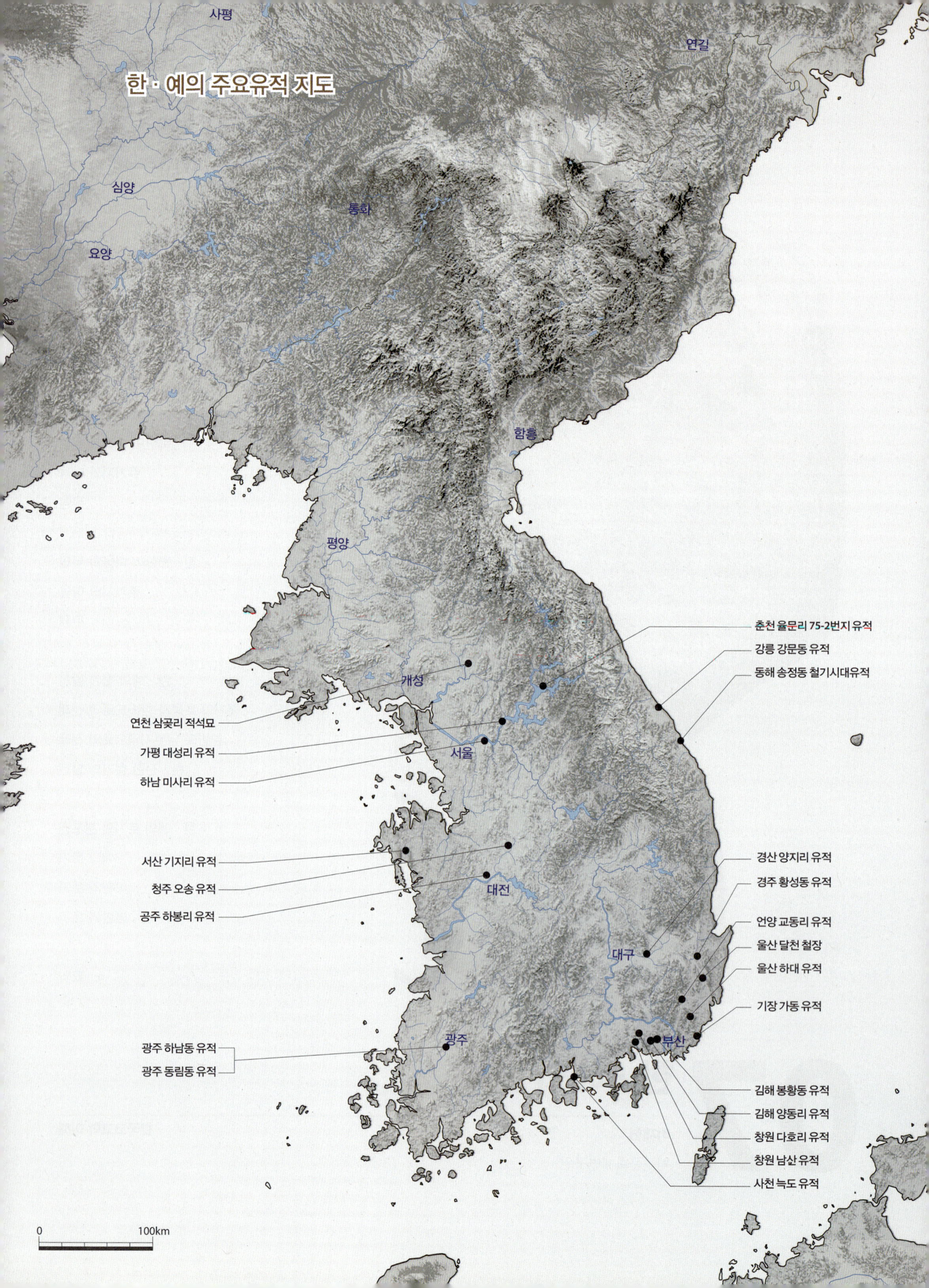

한 · 예의 주요유적 지도
사평
연길
심양
통화
요양
함흥
평양
개성
서울
대전
대구
광주
부산
춘천 율문리 75-2번지 유적
강릉 강문동 유적
동해 송정동 철기시대유적
연천 삼곶리 적석묘
가평 대성리 유적
하남 미사리 유적
서산 기지리 유적
청주 오송 유적
공주 하봉리 유적
경산 양지리 유적
경주 황성동 유적
언양 교동리 유적
울산 달천 철장
울산 하대 유적
기장 가동 유적
광주 하남동 유적
광주 동림동 유적
김해 봉황동 유적
김해 양동리 유적
창원 다호리 유적
창원 남산 유적
사천 늑도 유적
0
100km

한·예의 문화

이재현
백두문화재연구원

머리글

고조선의 멸망과 한의 낙랑군 설치는 한반도 남부지역 사회에 큰 변화를 일으켰다. 고조선의 유민들이 진·변한지역으로 대거 이주하면서 고조선의 발전된 문화가 한반도 동남부지역까지 전래되었다. 그에 따라 청동기와 철기문화가 진·변한지역에서 발전하였고, 한과 낙랑의 문화가 직접적으로 이입되었다. 기원전 2세기 무렵에 전래된 진·변한의 철기는 3세기에는 낙랑과 대방의 2군과 마한과 동예, 왜에까지 수출할 정도로 발전하였다.

낙랑군의 설치 이후 진한과 변한이 발전의 전기를 맞게 된 것과는 달리 마한은 이전에 발전했던 청동기와 철기문화가 더 이상 발전하지 못한 채 지체되었고, 그 중심도 한강 하류지역으로 옮겨갔다. 그 이유는 군현과의 적대적 관계 때문인데, 2세기 이후에는 군현에서 주민들이 이탈하여 마한으로 대거 유입되었고, 245년에는 낙랑 및 대방과 전쟁을 벌일 정도로 강성해졌다.

북한강 유역과 동해안에 근거를 둔 예는 북으로는 고구려, 옥저 등과 관계를 가졌고, 서북지역의 낙랑과는 지리적으로 가까이 있어 문화적 영향을 강하게 받았다. 한강 하류의 마한과도 문화가 서로 유사할 정도로 밀접하게 연결되어 2세기 이후에 급속히 성장하였다.

중국 대륙과의 직접적인 관계망 형성으로 한반도 남부의 각 지역에서는 독립적인 소지역 단위의 정치체가 형성되어 삼한의 국(國)으로 발전하였고, 이후 백제와 신라, 가야의 고대국가로 발전하는 모태가 되었다.

이와 같이 기원전 2세기부터 기원후 3세기까지의 한반도 남부지역은 삼한과 예가 소지역 단위의 정치체인 국을 형성하였고, 그보다 광역적인 몇 개의 지역 단위로 정치적인 연맹체와 문화권을 형성하였는데, 그 문화권은 이후에도 유지되어 행정구획의 기본이 되었다.

한·예 문화의 지리적 구분

예(穢)는 함경남도와 강원도 등지에 거주한 주민집단으로 개마고원(單單大嶺) 이동에 거주

그림 1 원삼국시대의 문화권

하는 주민에 대해서는 동예라고도 불렀다. 옥저의 전신인 부조(夫租)도 예족이었다는 사실은 평양 정백동 1호분에서 출토된 '부조예군(夫租濊君)'의 인장을 통해서 알 수 있고, '진솔선예백장(晉率善穢伯長)'의 청동 도장이 발견된 포항일대까지 예족이 분포하였다고 보기도 한다. 고조선 멸망 후에는 임둔군과 낙랑군 동부도위(東部都尉)의 관할을 받다가 2세기 후엽에 고구려에 복속되었다. 주거지와 토기 등의 기층 생활문화는 연해주나 함경도지역의 옥저문화에 원류를 두고 있지만, 서북한지역의 고조선과 낙랑의 선진문화를 직접적으로 수용하거나 영향을 받아 형성되었다.

마한은 한반도 중서부와 서남부지역에 근거를 둔 많은 소국들의 총칭이다. 이미 기원전 4세기~기원전 2세기 무렵에 한국식동검 문화가 발전하면서 본격적인 정치체가 형성되었다. 이 문화에 대해서는 마한 이전의 진국(辰國) 문화로 보는 입장도 있지만, 마한 문화의 시원적 형태인 것은 분명하다. 마한의 초기문화는 한국식동검 문화의 기반 위에 중국의 전국식(戰國式) 철기문화가 융합되어 형성되었다. 점도대토기의 부뚜막을 가진 주거지, 적석목관묘(積石木棺墓) 또는 목관묘를 사용한 점에서는 요령지역의 문화를 계승한 것이지만, 새로운 요소도 많다. 즉, 밀납을 사용하여 정교한 문양과 다양한 형태의 청동기를 주조하는 제작 방식이라든지, 마디를 가진 동검의 독특한 형태, 방울이 달린 팔주령과 쌍두령, 간두령과 같은 의기류, 조각칼(銅鐁)·꺾창(銅戈)·투겁창(銅鉾) 등의 새로운 무기와 도구, 태양을 상징하는 다양한 문양, 같은 시기에 수입된 중국계의 납 유리와 동주식(東周式)검, 전국 또는 서한초기 양식의 청동거울 등이 그러하다.

기원 전후한 시기에는 일시적으로 진·변한과 공통된 문화요소를 가지기도 했지만 2세기 이후가 되면서 지역색이 강하게 나타났다. 즉, 호서지역을 중심으로 부뚜막이나 외줄고래가 시설된 장방형 주거지를 사용하였고, 무덤은 목관 또는 목곽묘의 주위에 도랑을 판 주구묘와 분구묘가 일반적으로 사용되었다. 영산강유역에서는 독특한 옹관묘를 매장시설로 사용한 분구묘가 발전하였다. 철기도 초기에는 낙랑이나 진·변한의 외부에 의존하다가 3~4세기의 어느 시점부터는 중부지역을 중심으로 대규모의 제철산업이 발전하였고, 점차 백제로 통합되어 갔다.

진·변한은 소백산맥 이남의 동남부지역에서 성장한 소국들의 총칭이다. 진한은 경상북도의 내륙지역, 변한은 남해안과 서부 경남지역에 기반을 두었다고 추정하고 있지만, 문화나 지리적 경계가 뚜렷하지 않고 공통적인 요소도 많다. 고조선의 멸망 무렵에 유민이 대거 이주하면서 철기를 비롯한 고조선 문화가 이입되었고, 낙랑군의 설치로 한의 선진문화를 적극 수용함으로써 급성장하게 되었다. 기원전 1세기 무렵부터 자체적으로 청동기와 철기문화를 발전시켰고, 이를 기반으로 낙랑·왜 등의 주변지역과 활발한 대외교역을 전개하면서 신라와 가야로 발전하였다.

예의 마을과 무덤(한강유역과 영동지역)

주거지와 마을

강원도 동해안과 영서지역, 임진강과 북한강 유역에서는 기원 전후부터 기원후 4세기까지 고고학적으로 '중도유형(中島類型)'으로 분류되는 문화가 공통적으로 확인된다. 이 문화의 집단에 대하여 마한으로 이해하는 의견도 있지만, 대체로 예(濊)를 중심으로 인식하고 있다. 이 문화는 아가리가 밖으로 바라지고, 바닥이 평평한 경질(硬質)무문토기와 출입구가 있는 여(呂)자 또는 철(凸)자 모양의 주거지와 온돌시설, 냇돌을 쌓아 석곽을 만들고 돌을 덮은 즙석식(葺石式)적석묘 혹은 적석분구묘(積石墳丘墓) 등을 특징으로 한다.

'여(呂)'자 모양은 큰 방과 작은 방이 서로 연결된 집이고, '철(凸)'자 모양은 큰 방에 출입구가 달린 집이다. 주거지의 내부에는 점토로써 둘레를 돌린 화덕과 'ㄱ'자 또는 'I'자 형태의 온돌, 부뚜막 등의 시설을 갖추었다. 이러한 형태의 가옥구조는 두만강 유역이나 연해주 지역, 압록강 중류지역, 강원 영서와 영동, 경기 동부와 북부지역에 주로 분포하며, 소백산맥 이남의 문경과 영주에서도 일부가 확인되었다. 초기에는 장방형이었던 집의 모양은 점차 다양하게 변화하여 원삼국시대 후기에는 오각형 또는 육각형을 띠기도 한다.

영동지역에서는 주로 해안가의 모래 언덕에 마을을 형성하였다. 1990년대 초 강릉 안인리유적에서 주거지 40여 기가 발굴되면서 '여'자 모양과 '철'자 모양이 시기를 달리하는 가옥구조가 확인되었다. 그렇지만 큰 차이가 있는 것은 아니다. 동해시 송정동에서 발굴된 1호 주거지는 길이 10.9m, 너비 5.9m의 '철'자형으로 면적은 약 64.3㎡(19.5평)에 이르는 대형이다. 바닥에는 진흙을 펴서 다졌고, 벽체는 판재를 이용하였다. 내부에는 화덕을 갖추었고, 주변에는 작은 부속 건물이 배치되어 있었다. 불에 탄 주거지의 내부에서는 여러 생활용 토기와 철기류, 은제 귀고리와 구슬류 등이 출토되었다. 2호 집자리에서는 송풍관, 철기, 쇠찌꺼기 등이 발견되어 단조철기를 제조한 공방임이 확인되었다.

북한강이나 임진강, 한강 유역에서는 주로 강 주변의 충적지나 낮은 언덕에 마을을 형성하였다. 경기도 가평군의 가평역 건설부지에서 발굴된 대성리유적의 주거지는 '여'자 모양 또는 '철'자 모양이 대부분인데, 내부 시설로는 화덕자리만 있는 것이 많았지만, 'ㄱ'자 모양의 온돌과 부뚜막이 갖추어져 있는 것도 있었다. 바닥에는 공통적으로 점토를 깔았다. 여기서는 낙랑과 중국의 산동반도, 왜 등지에서 이입된 토기와 다양한 철기, 철기 제작관련 유물 등이 출토되었다. 인근 달전리유적의 무덤에서는 낙랑계의 철기와 토기, 청동기 등이 출토되었다. 그 밖의 북한강과 임진강 유역의 유적에서도 낙랑관련 유물들이 많이 출토되고 있어 당시 낙랑과의 교류가 빈번했고, 중요한 교통로로 활용되었다고 평가할 수 있다. 그리고 이 시기의 마을은 유난히 불에 탄 것들이 많은데, 빈번한 무력충돌의

그림 2 예의 주거지와 온돌(강릉 강문동 3호 주거지 1, 동해 송정동 주거지 2, 춘천 율문리 1호 주거지 구들 3, 가평 대성리 원31호 주거지 4)

결과로 해석하기도 하지만, 역병 등에 따른 의도적인 소각일 수도 있다.

출입구가 달린 주거지의 기원과 관련하여서는 연해주와 두만강 유역의 단결(團結)－크로우노프카(Krounovka)－문화와의 관련성이 거론되고 있다. 이 문화는 중심연대가 기원전 5세기~기원후 2세기이며, 러시아와 중국의 국경에 있는 싱카이 호수(興凱湖) 부근의 북쪽에서 점차 남쪽지역으로 확산되었다고 한다. 이 문화를 영위한 주민집단을 북옥저로 보는 것이 대체적인 견해이지만, 이들이 기원전 2세기 무렵에 함흥 일대에 진출하여 남옥저 또는 동옥저를 이루었고, 남쪽의 예에도 영향을 주었을 것으로 보고 있다. 하지만 중도유형문화의 유적들은 지리적으로 서북한지역(고조선 및 낙랑)과 접하여 그 영향도 강하게 받았는데, 화분형 토기와 회도(灰陶), 환두도(環頭刀), 철경동촉(鐵莖銅鏃), 철부(鐵斧: 괭이 및 도끼), 중국식 동검, 오수전(五銖錢), 청동방울, 거울 등의 고조선 및 낙랑유물이 함께 출토되는 경우가 많다.

무덤

북한강 유역과 함흥 일대에서는 기원전 1세기부터 기원후 2세기 무렵까지 목관묘와 목곽묘가 조성된 것이 확인되었다. 또 북한강과 임진강 유역에서는 2세기 이후 하천 변의 모래 언덕에 강돌을 얕게 쌓고, 여러 기의 석곽을 만든 즙석식적석묘 혹은 적석분구묘가 확인되었다.

연천 삼곶리 적석묘는 임진강의 충적대지상에 조성되어 있는데, 2개의 무덤을 연접시킨 쌍분이다. 계단식의 적석부와 그 북쪽에 딸려 있는 부석(敷石) 시설, 남쪽 경사면을 따라 설치된 보호 시설로 이루어져 있다. 적석부의 크기는 동서 장축 28m, 남북 단축 11m, 잔존 높이 1.3m 정도이다. 석곽은 각각 길이 2.6m, 너비 1.4m, 깊이 1.1m이다. 부

테글 1

중부지역 원삼국 문화 연구의 산실 '중도유적'

춘천 중도에 레고랜드 건설을 반대하고 중도유적을 지켜야 한다는 시민단체의 활동이 뜨거웠다. 레고랜드 건설의 결정은 2011년에 이루어진 것이지만, 중도유적의 중요성은 1970년대 후반부터 인지되어 1980년대에 국립중앙박물관과 강원대학교박물관이 6차례에 걸쳐 발굴조사를 진행하였다. 이때 출토된 경질무문토기를 '중도식토기'라 명명하였고, 이후 발굴자료가 축적되면서 경기도 북부와 강원도지역의 원삼국시대 문화명으로 '중도식문화' '중도문화유형' 등으로 불리게 되었다.

중도는 북한강과 소양강이 합류하는 지점에 위치한 넓은 충적지인 하중도였다. 1967년 의암댐이 건설되기 전에는 하중도 상태임에도 걸어서 육지로 드나들 수 있었다. 그러다가 의암댐의 건설로 중도는 육지와 완전히 분리되었고, 하중도에서 상중도가 떨어져 나갔다. 의암호의 수위로 인해 호안이 깎여나가면서 단애면에 유물과 주거지가 드러나게 되어 국립중앙박물관에서 5년에 걸친 연차적인 발굴조사를 진행하여 상세한 보고서를 간행하게 되었다. 이때 발굴된 주거지와 토기를 대략 기원 1~2세기로 학계는 편년하였고, 중부지역 원삼국시대의 문화로 파악하였다. 이후 강원도와 영서, 경기도 등지에서 출입구가 달린 여지형 · 철자형 주거지와 함께 온돌 · 부뚜막 · 화덕자리 등의 취사와 난방시설, 단야(鍛冶)시설 등이 확인되고, 다양한 규모의 마을유적이 발굴됨에 따라 중도식 문화의 기원, 종족, 대외관계, 국가로의 발전과정 등 다양한 분야에 활발한 연구가 이루어지고 있다. 이러한 중부지역 원삼국문화 연구의 모태가 중도에서 탄생했다고 해도 과언이 아닐 것이다.

의암호 속의 조용한 섬마을인 중도에 변화의 바람이 불어 닥친 것은 2008년 시행된 4대강 사업부터이다. 수자원의 효과적 이용과 관리를 위한 개발이라는 명분이었지만 하천유역의 개발사업이 목적이었다. 2010년부터 2011년에 걸쳐 중도에도 친수공간확보와 제방보강 공사를 위해 발굴조사가 이루어져 신석기시대부터 청동기시대, 원삼국시대, 삼국시대에 걸친 대규모의 유적지임이 드러났다. 그럼에도 불구하고 레고랜드라고 하는 관광리조트시설을 건설하기로 중앙정부와 지방자치단체, 사업자 간에 협약이 이루어졌고, 그를 위한 발굴조사가 2013년부터 2017년까지 7개 기관이 투입되어 대대적으로 시행되었다.

그 결과는 놀라웠다. 특히 청동기시대의 방어시설인 방형 환호와 열을 지어 나열된 주거지, 적석 묘역을 갖춘 지석묘, 요령식 동검과 경작유구 등은 청동기시대의 문화 수준을 재인식하는 계기가 되었다. 원삼국시대와 삼국시대의 층위에서도 다양한 주거지와 방어시설인 환호, 고구려와 신라 · 말갈계의 무덤과 유물 등 엄청난 고고유산이 발견되었다. 이에 대하여 고조선의 도시유적, 고인돌 백화점, 배달국과 고조선의 최대 규모 선사유적지 등이라고 주장하는 시민단체의 보존 요구가 높았지만, 결국은 부분적인 보존과 이전복원 등의 조치가 이루어지고 레고랜드의 건설이 허가되었다. 국토개발과 문화유산 보존 사이의 어려운 문제에 직면하여 어쩔 수 없는 현실에 맞춰 내려진 결정이겠지만, 중부지역 원삼국 문화 연구의 상징적 장소이자 우리 시대에 발견한 최대의 중요 유적지를 보존하지 못한 것은 영원한 고고학계의 흉터로 남을 것 같다.

그림 3 중도유적(A3 · G1 · G2구역 원삼국시대 유구 1, A4구역 원삼국시대 주거지 2, A5구역 9호 주거지 3, 원삼국시대 경질무문토기 4)

그림 4 예(穢)의 무덤(정선 아우라지 적석총)

장품은 목걸이 2개체분과 철촉 2점, 토기, 숫돌 편 등으로 빈약한 편이다.

연천 학곡리 적석묘는 삼곶리 적석묘와 비슷하지만, 최소 5개 이상의 석곽을 연결하여 하나의 봉분을 조성한 다곽식(多槨式) 묘이다. 경기도 광주 곤지암과 강원도 정선 아우라지에서는 벌집모양의 다곽식적석묘가 확인되었다. 곤지암 유적의 적석묘는 길이 55m, 너비 34m의 타원형 적석분구 내부에 80기의 석곽이 갖추어져 있는데, 석곽은 냇돌을 쌓아 만들고, 바깥에는 큰 돌을 세워 지지하였다. 중앙에서 점차 사방으로 잇대어 확장하였고, 바깥둘레와 상부에는 돌을 채워 분구를 조성하였다. 내부에서는 유리구슬과 다날문토기, 철촉, 동물뼈, 화장인골 등이 출토되었다. 정선의 아우라지 적석총도 곤지암 적석총과 거의 같은 구조이며, 내부에서 석곽은 51개가 확인되었다.

마한의 마을과 무덤

마한은 한강 이남의 경기도와 호서, 호남지역에 54국을 이루면서 분산되어 있었다. 북으로는 대방과 이웃하면서 교류와 긴장 관계를 유지하였고, 혼란기에는 낙랑·대방의 주민들이 유입되기도 하였다. 북쪽으로 경기도와 영서 지역에서는 예의 문화와 뒤섞여 복잡한 양상을 보여준다. 마한의 가옥은 방형 집터의 네 모서리에 기둥을 세워 만든 움집이 대부분이다. 무덤은 땅을 파고 관이나 나무 곽을 묻은 후 봉분의 주위에 도랑을 돌린 주구토광묘(周溝土壙墓)가 특징적이다. 기원전 2세기부터 기원후 4~5세기까지의 마한 문화는 크게 경기권, 호서권, 호남 서부권, 호남 동부권 등으로 문화권역이 구분된다.

주거지와 마을

경기 지역에 분포하는 마한의 주거지는 크게 출입시설이 있는 것과 출입시설이 없이 네모난 집터의 모서리에 네 기둥이 있는 것, 타원형의 주거지로 구분된다. 이 가운데 네 기둥이 있는 움집은 마한의 대표적인 가옥 형태이지만, 경기도 지역에서는 그렇게 많지 않고,

주로 경기남부 이남지역에 분포한다. 출입시설이 있는 주거지는 초기에 장방형이었다가 원삼국시대 후기가 되면서 육각형으로 바뀌었다. 타원형 주거지는 원삼국시대 후기에 출현하여 한성백제기까지 계속 조성되며 경기 지역에 넓게 분포한다.

3~5세기의 호서와 호남 서부지역에서는 움집 안에 주로 네 기둥을 세운 장방형 가옥이 조성되었다. 이러한 형태의 가옥은 기둥을 세우기 위한 기둥구멍과 바닥의 습기를 제거하기 위해 벽을 따라 두른 작은 배수 도랑, 점토를 이겨 만든 부뚜막 시설이 세트를 이룬 것이 특징인데, 일부는 온돌(쪽구들)을 만든 경우도 있다.

호남 동부지역(금강 상류, 섬진강 상류)에서는 기둥구멍이 없는 원형의 주거지가 주류를 이루어 다른 마한 지역과는 지역적인 차이가 있다. 내부에는 별다른 시설이 없는 화덕자리가 있는데, 이러한 형태의 주거지는 경남 서부지역의 주거지와 유사하다.

마을은 강이나 냇가 주변의 평지나 낮은 언덕에 위치하였다. 외부의 적이나 맹수로부터 방어하기 위해 도랑을 두르거나 나무 울타리가 세워지기도 했다. 강가의 모래흙에 집을 지을 때는 바닥에 진흙을 깔거나 불다짐을 하여 단단하게 처리하였다. 취사 및 난방시설로 초기에는 간단한 화덕만 있다가 점차 부뚜막과 'ㄱ'자 모양의 쪽구들로 발전하였다.

한편 지하에 동굴을 파서 거주하는 혈거(穴居) 시설도 확인되었는데, 고대 문헌에 전하는 토실(土室)로 이해되기도 한다. 공주 장선리유적으로 대표되는 이러한 주거지는 땅속에 굴을 파서 만든 방을 갖추고 있는데, 여러 개의 방이 통로로 연결된 것도 있다. 일부에서는 불을 피우기도 했고, 가구시설도 있어서 실제 주거용도로 사용된 것은 분명하다. 그러나 이러한 집의 형태가 일반적인 것이라고 하기는 어렵고, 앞에서 말한 네 개의 기둥을 세운 네모난 움집이 가장 일반적인 가옥 형태였다. 그리고 『삼국지』 위서 동이전 한조에 전하는 "거처는 초가에 토실을 만들어 사는데, 그 모양은 마치 무덤과 같고, 문은 윗부분에 있다"는 기록도 네 기둥을 세운 움집의 지붕을 풀로 덮은 초가집을 표현한 내용으로 이해하는 것이 일반적이다.

또 같은 문헌에는 "여러 나라에 각각 별읍(別邑)이 있으니 그것을 소도(蘇塗)라 한다. 큰 나무를 세우고, 방울과 북을 매달아 놓고 귀신을 섬긴다"는 내용이 있다. 땅을 파고 큰 기둥을 세운 솟대 또는 입대목(立大木) 유구는 청동기시대의 유적에서 확인된 바 있다. 또 산 정상부에 2~3겹으로 도랑을 파서 두른 유적이 곳곳에서 확인되었는데, 이를 소도로 보기도 한다. 광주 신창동유적에서는 토제방울과 동탁(銅鐸)형 토제품, 방울의 설(舌), 토제북 등이 현악기, 찰음(擦音)악기, 새 모양 목기 등과 함께 발굴되었는데, 이러한 유물을 소도에서 이루어진 농경 제사의례의 증거로 볼 수 있다.

3세기 무렵부터는 제철과 제강산업이 마한에서도 본격적으로 발전하였다. 그것을 보여주는 대표적인 마을유적이 화성 기안리유적이다. 이 유적은 해발 30m 내외의 완만하게 형성된 구릉에서 단야로와 공방지, 숯가마, 제련로 등이 발굴되었다. 능선 정상부에는 숯을 생산한 가마가 있고, 그 아래의 경사면에는 3중 환호 안에 도랑을 돌린 공방이 여러 차례 반복 축조되어 있었다. 유구 내부에서는 각종 쇠 찌꺼기와 철 덩어리, 철광석, 대·소구경 송풍관 등이 출토되었다. 전체면적이 약 60만㎡에 달하는 대규모의 제철 마을유적으로 평가되고 있는데, 2세기 후엽의 혼란기에 낙랑지역으로부터 선진적인 제철기술을 가

그림 5 마한의 주거지와 취락(광주 동림동 39호 주거지 1, 하남 미사리 A지구 1호 주거지 2)

1	2

진 기술집단이 이주해 조성한 마을유적으로 보기도 한다.

무덤

마한 무덤의 형태는 목관묘와 주구(분구)묘로 대별할 수 있다. 기원전 3세기부터 기원전후 무렵까지는 주로 목관묘가 사용되었다. 목관묘는 목관의 외부와 상부에 돌을 채운 적석목관묘와 흙을 채운 토광목관묘로 구분된다. 아산만과 금강, 만경강, 영산강 유역의 목관묘에는 청동기로 검, 창, 꺽창 등의 무기, 도끼, 끌 등의 공구, 거울, 간두령(竿頭鈴)·쌍두령(雙頭鈴)·팔주령(八珠鈴) 등의 방울, 방패형·검파형(劍把形)·나팔형의 이형동기(異形銅器) 등의 의기(儀器)와 유리구슬, 철제 도끼와 끌 등의 유물이 다량으로 부장하기도 한다. 목관은 무덤의 토층을 통해 구유형의 통나무 목관과 판재의 상자형 목관이 함께 사용되었을 것으로 추정되고 있다. 이들은 구릉의 정상부나 사면에 단독 또는 3기 미만으로 발견되는 것이 보통이지만, 수십 기가 군집을 이루는 경우도 있다.

기원후 1세기부터 3세기까지는 주구묘가 특징적이다. 주구묘는 구릉의 사면에 위치하면서 경사면의 위쪽에 눈썹모양 또는 'ㄷ'자 모양의 도랑을 돌린 것과 평탄한 구릉 위나 평지에 위치하면서 사방에 방형, 장방형, 마제(馬蹄)형, 제(梯)형, 원형의 도랑을 돌린 형태가 있다. 주구묘는 흙을 성토하여 분구를 만든 다음 땅을 파서 매장시설을 조성하기도 한다. 김포 운양동의 주구묘는 방형의 주구를 파고 성토하여 분구를 만들고, 내부를 굴착하여 목관을 묻어 조성하였다. 주구묘의 내부에서는 다량의 철제 무기와 농공구류, 구슬류, 낙랑토기 등과 드물게 부여계의 금제 이식이 출토되었다.

주구묘의 매장시설은 2세기까지는 목관이 대부분이나 3세기부터는 대형묘의 경우 목곽으로 바뀌었다. 목곽묘는 관과 곽을 모두 갖춘 경우가 많고, 부부의 무덤을 나란하게 합장하거나 가족묘로 여러 매장시설을 조성하기도 하였다. 또 주구묘끼리 연접하거나 중첩하여 집단의 공동묘지를 구성하기도 했다. 충청과 전북지역에서는 방형과 마제형의 주구가 유행하였고, 영산강유역에서는 제형의 주구가 유행하다가 대형 옹관을 매장시설로 사용하면서 원형과 방형으로 변하였다. 주구가 없는 일반적인 토광묘도 사용되었는데, 내

그림 6 마한의 무덤(공주 하봉리 8호묘 1, 서산 기지리 유적 2, 청주 오송 유적 3)

1	2	3

부시설의 차이에 따라 직장묘, 목관묘와 목곽묘로 구분할 수 있다. 충청 내륙지역에서는 부부의 묘를 나란히 합장한 병혈합장묘(竝穴合葬墓)도 유행하였다.

진·변한의 마을과 무덤

주거지와 마을

진한과 변한의 영역은 소백산맥 이남의 영남지역에 해당한다. 초기철기시대에는 점토대토기가 표지적인 토기로 사용되었다. 가옥은 네모 또는 둥근 모양의 움집이었다. 청동기시대의 가옥과 비교하면 크기가 작고 정형성이 없어 기술적인 퇴보처럼 보이기도 한다. 그렇지만 내부에는 바닥의 중앙이나 벽 쪽에 불을 지필 수 있는 부뚜막 또는 외줄의 고래가 연결된 쪽구들을 설치하여 취사와 난방에서 발전된 모습을 보여준다.

기원전후 1세기에는 와질토기가 사용되었지만 생활유적에서는 여전히 점토대토기나 연질토기가 사용된 경우가 많다. 주거지의 평면 형태는 원형계가 주류를 이루고, 면적은 대체로 10~24㎡미만인 중·소형 주거지가 다수를 차지한다. 이 시기에 이르러 부뚜막과 구들시설이 보급 확산 되었는데, 구들 재료는 돌을 이용하다가 점차 주변에서 구하기 쉬운 점토로 대체되었다. 쪽구들은 주거지의 형태에 따라 '일(一)'자 또는 호상(弧狀)의 형태를 띤다.

2세기 이후에는 전반적으로 취락의 규모가 확대되며, 대규모 중심취락과 함께 전문적인 생산, 방어, 교역 등의 특정한 기능을 담당하던 취락이 형성되는 특징을 보여준다.

경산 임당동유적은 압독국의 중심 읍락이 위치하는 곳으로 주거지, 분묘, 지상식 건물지, 환호, 저습지 등이 발굴되었다. 울산 언양의 교동리유적에서는 능선의 평지에서 대규모 지상식 건물지군과 잔존하는 길이만 40m가 넘는 대형 건물지가 확인되었다. 경주 황성동유적과 울산 중산동유적에서는 주거지 및 분묘와 함께 철 생산과 관련된 단야로, 제련로, 용해로, 폐기장 등이 확인되었는데, 당시 전문적인 철 생산을 위해 형성되었던 특수기능의 취락에 해당하는 것으로 추정된다. 양산 평산리와 창원 남산유적은 마을의 방어를 위해 환호와 목책을 설치한 예이고, 김해 봉황동유적은 취락과 항만, 물류 저장, 종교, 생산 시설 등이 복합적으로 구성된 구야국(狗邪國, 가락국)의 국읍유적이다.

3세기 무렵에는 주거문화의 지역적 차이가 확인된다. 즉, 낙동강 이동의 동남부지역

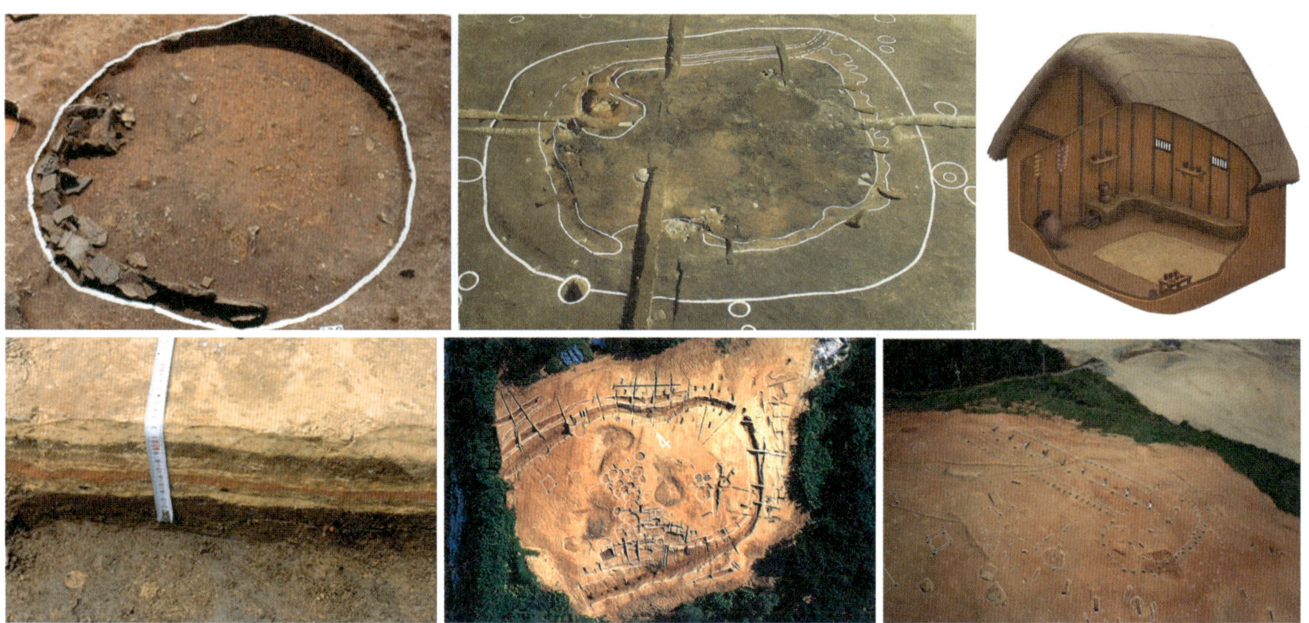

그림 7 진 · 변한의 주거지와 취락(사천 늑도 가-30호 1, 기장 가동 78호 주거지 2, 온돌주거지 복원모습 3, 김해 봉황동 주거지의 바닥 4, 창원 남산유적 5, 언양 교동 대형건물 6)

1	2	3
4	5	6

권, 남해안지역권, 그리고 낙동강 이서의 서부 내륙권별로 차이가 있다. 동남부지역권은 방형주거지가 주류를 이루는 반면에 서부내륙권에서는 원형계 주거지가 주류를 이룬다. 남해안지역권에서는 양 지역의 요소가 혼합된 양상을 보여준다. 이 시기 주거지의 가장 큰 변화는 지상화 현상과 부뚜막과 구들시설의 발달이라 할 수 있는데 동남부지역의 방형계 주거지에서 뚜렷하다. 주거지의 지상화는 벽체의 발달을 전제로 하는데, 목재를 이용하여 뼈대를 만들고, 짚이나 풀, 나무 잔가지 등을 섞은 점토를 발라 벽체가 기둥과 함께 지붕을 받쳤던 내력벽(耐力壁)을 기본으로 한다. 벽체의 발달과 함께 구들이 벽체 안쪽으로 이동하였고, 다양한 형태를 갖추게 된다. 이러한 변화는 주거지 내부의 난방과 열효율을 높이기 위함이었다. 그렇지만 서부 내륙과 남해안지역의 원형계 주거지는 여전히 반지하식의 움집에 부뚜막과 구들을 시설한 형태를 취하고 있다. 주거지의 크기는 30 m^2 내외의 중 · 소형이 일반적이지만, 40~50 m^2 이상의 대형과 초대형이 확인되기도 한다. 경산 임당동 I지구 35호 주거지는 면적이 112 m^2 달하는 초대형 주거지로 내부에서 노형(爐形)토기, 4족토기, 파수부호(把手附壺) 등 많은 양의 유물이 출토되었는데, 신분이 높은 수장층과 관련된 가옥으로 보고 있다.

무덤

기원전 2세기부터 기원후 2세기까지는 목관묘가 유행하다가 이후 목곽묘로 변화하는데, 마한지역과 달리 주구(周溝)가 없는 경우가 많다. 목관의 형태는 통나무의 구유형 목관과 판재를 조립한 상자형 목관으로 구분되고, 목관의 아래에 부장갱(요갱, 凹坑)을 파고 귀중품을 묻은 것이 다른 지역에서 볼 수 없는 진 · 변한 지역의 특징이다.

창원 다호리 1호 목관묘는 깊이 약 2m의 묘광을 파고 지름 80cm의 통나무를 반으

1	3	5
2	4	

그림 8 진 · 변한의 무덤(창원 다호리 1호 목관묘와 목관 1 · 2, 경산 양지리 Ⅱ-5구역 1호 목관 3, 김해 양동리 162호 목곽묘 4, 울산 하대 44호 목곽묘 5)

로 쪼개 구유처럼 파서 만든 목관을 안치하였는데, 상태가 양호한 채로 발견되었다. 목관의 아래에는 요갱을 파고 청동기와 철기, 중국에서 수입한 귀중품 등을 부장했다. 경산 양지리 Ⅱ-5구역 1호묘에서는 판상철부(板狀鐵斧)를 목관 바닥에 열을 지어 배열하였고, 관의 측벽에도 일정한 간격으로 세워두었다. 목관 내부에서는 중국 한에서 수입한 지름 9.6cm의 성운문경(星雲文鏡), 지름 10.2cm의 소명경(昭明鏡)과 지름 17.4cm의 군망망경(君忘忘鏡)이 출토되었는데, 군망망경은 중국에서도 유례가 드문 거울이다. 요갱 내에서는 칼집을 가진 창과 동검, 오수전 26여 점을 평탈(平脫)기법의 칠기로 만든 꺾창 집도 출토되었다. 이 시기의 목관묘는 군집을 이루는 경우가 많지만, 청동기와 철기, 수입한 위세품을 다량으로 부장한 수장의 무덤은 단독으로 조영되거나, 집단묘 내에서 연속되어 조성되지 않는 경우가 많다. 따라서 목관묘 시기에는 수장 권력의 계승에 일정한 한계가 있었던 것으로 해석할 수 있다.

이후 1세기 무렵에는 대구 신서동유적의 예와 같이 관과 곽을 갖춘 소형 목곽묘가 부분적으로 사용되다가, 2세기 중엽 무렵부터 김해, 울산, 포항 등지에서 대형 목곽묘가 축조되었다. 대형묘는 길이가 5~10m, 너비 3~5m에 이르지만, 목곽의 높이는 60cm 내외로 낮은 편이다. 주로 구릉의 높은 쪽의 능선부를 차지하여 낮은 곳에 있는 소형묘와는 입지상의 차이를 보이며, 세대를 달리하여 연속하여 조영되었다. 토기와 철기, 칠기 등의 기물을 대량으로 부장하였는데, 대부분 단장묘(單葬墓)이다. 이러한 대형묘는 김해 양동리, 울산 하대, 포항 옥성리 등지에서 확인되었는데, 권력의 기반이 어느 정도 확고한 당시 국읍의 수장 무덤으로 평가할 수 있다.

3~4세기 무렵에는 평면 형태나 부곽의 모양, 시상의 형태 등에서 지역적인 차이가 나타난다. 토기의 부장량이 많아지면서 부장 공간을 늘렸고, 거기에 따라 무덤의 크기와 길이가 점점 커지고 길어졌다. 더 나아가 대형묘에는 별도의 부곽을 만들기도 했다. 또한 목곽의 높이도 커졌고, 목곽 상부를 점토로써 밀봉하거나 목곽의 외부를 판축, 돌채움 등으로 견고하게 구축하기도 하였다. 그리고 사람과 동물을 순장하기도 하였고, 새로운 문화 요소인 철제 갑주(甲冑)와 마구, 무기, 장신구를 부장하는 현상도 나타났다.

한·예의 철기 발전

철기의 효용과 한반도로의 전래

철기의 사용은 인류사의 발전과정에서 가장 큰 사회적 변화를 야기한 발명품이라고 해도 과언이 아니며, 특히 고대사회에서는 문명과 집권적 국가 발전의 결정적인 계기가 되었다. 철로 만든 무기나 공구, 농기구, 기타 생활 도구는 다른 재질과는 비교할 수 없는 효용 가치를 지녔다. 철제 농기구는 경작지의 개간과 땅을 일구는데 매우 효율적이어서 농경의 발전을 가져왔고, 철제 공구는 건축과 목제 농기구, 여러 가지 생활 용구를 개선하는데 큰 역할을 하였다. 철제 무기는 청동 무기와는 비교할 수 없을 정도로 대량 생산이 가능했고 우수한 효용으로 군사적 발전의 직접적인 동기가 되었다. 따라서 철기는 생활의 필수자원

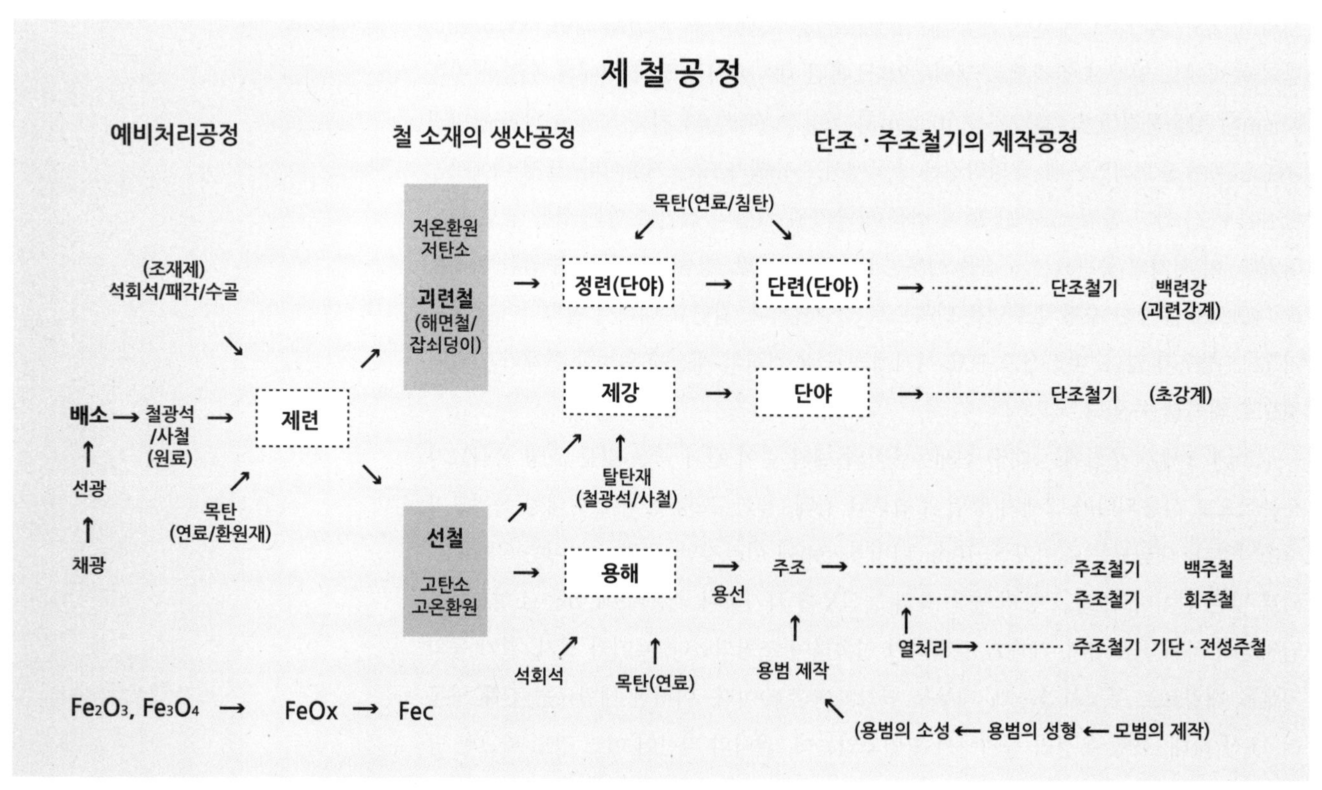

그림 9 철기의 제작 공정

그림 10 연나라계통의 금속유물

이 되어 다양한 분야의 전문화와 사회 분화를 가져왔고, 철기의 생산과 유통을 장악한 세력이 권력을 집중하는 계기가 되었다.

철기는 자연 상태로 존재하는 산화철을 숯(탄소)으로 환원 처리하여 생활에 필요한 기물을 만든 것이다. 구리와 달리 원료의 획득이 쉽고, 합금을 필요로 하지 않아 기술의 습득이 비교적 용이하다. 철기는 탄소의 함량을 통해 강도를 조절한다. 탄소의 함량이 높으면 단단하지만 쉽게 깨지고, 탄소의 함량이 낮으면 부드럽지만 약해 담금질을 통해 탄소의 양을 조절한다. 철기를 만드는 방법은 철광석이나 사철(沙鐵)을 녹여 1차 원료를 만드는 제련과정과 제련에서 나온 선철(銑鐵)이나 괴련철(塊鍊鐵)을 이용하여 도구를 만드는 주조(鑄造)와 단조(鍛造) 공정이 있다. 주조는 선철을 완전히 녹여 거푸집에 부어 찍어내는 과정으로 주로 솥이나 쟁기, 괭이 등을 만드는데 사용한다. 탄소함량이 높아 쉽게 닳지는 않지만 깨어지기 쉽다. 단조는 선철이나 괴련철을 불에 달구고 망치로 두드려서 도구를 만드는 과정으로 칼이나 철판, 재갈 등과 같은 많은 도구가 이 과정을 통해 만들어진다. 철기가 제조되는 과정에서는 광석의 채취와 운송, 광석의 불순물 제거, 숯의 제조, 제련과 정련, 주조와 단조, 생산 물품의 판매와 유통 등 관련된 부수 산업의 전문화와 발전을 가져왔다.

철기는 기원전 1500년 무렵에 서아시아지역에서 처음으로 개발되었다가 기원전 8~5세기 동안에 중국에서 기술의 발전을 거쳐 한반도로 전래되었다. 한반도에 철기가 전래된 경로에 대해서는 주로 전국시대 연(燕)나라의 영향으로 보는 견해가 대부분이지만, 일부에서는 시베리아를 통해 전래되었을 가능성도 제기하고 있다. 한반도 북부지역에는 기원전 5~4세기 무렵에 연의 철기가 전래되었고, 기원전 3~2세기 무렵의 전국 말~한초의 혼란기에 위만으로 대표되는 중국계 유이민이 대거 고조선으로 이입되면서 고조선의 철기가 발전했을 것으로 보고 있다. 고조선의 철기문화는 영변 세죽리유적과 무순 연화보(蓮花堡)유적으로 대표되는 세죽리－연화보유형의 철기문화가 해당되는데, 호미·괭이·삽·낫·반월형철도(반달칼)·도끼 등의 농구와 자귀·끌·손칼·송곳 등의 공구, 창끝·검·

칼·꺾창 등의 무기가 있다. 농구는 주조품이 많고, 공구와 무기류는 단조도 있다. 연의 철기문화와 거의 같지만, 단조로 제작된 무기류는 연의 중심지에 비해서는 빈약한 편이다. 낙랑 초기의 철기문화는 새로운 한대 철기를 수용하여 단조로 제조한 무기와 공구류가 증가하지만, 고조선의 철기문화를 계승하여 비한식의 독창적인 요소가 강하다.

한반도 남부지역으로의 전래

한반도 남부지역으로 철기가 전래된 것은 마한의 고지인 서남부지역에서 먼저 이루어졌다. 기원전 3세기~기원전 2세기 무렵에 한국식동검문화의 발전과 함께 처음으로 철기가 사용되었지만 주로 주조품으로 괭이와 끌, 조각칼(鑣), 낫 등에 한정되었다. 이 시기는 한반도 특유의 동검과 동과(銅戈) 등의 무기류와 다뉴세문경 등의 의기류, 기타 장식품 등의 청동기가 발전한 시기로서 철기는 청동기에 비해 종류가 한정되어 부수적인 존재였다. 중국 연나라의 철기 영향을 받았지만 일부 제품은 연나라의 철기에서 보이지 않는 형태도 있어 자체 생산품인지, 다른 지역에서 수입한 것인지에 대해서도 분명하지 않다. 이 철기문화는 이후에 그다지 발전하지 못하였는데, 그 이유가 철광산의 부재와 같은 자연여건 때문인지, 아니면 낙랑군의 정치적 영향 때문인지는 알 수 없다.

남부지역에서의 철기발전은 진한과 변한에 의해 이루어졌다. 진한과 변한의 고지인 영남지역에는 울산, 양산, 김해, 밀양, 창원 일대에 철광상이 발달되어 있고, 울산 달천과 양산 물금, 김해 상동 등지의 광산은 노두(露頭)광산이어서 철광을 채취하기 쉬운 여건을 가졌다.

진·변한의 철기문화에 대해서는 낙랑군 설치 이전에 중국의 연나라 또는 고조선의 철기문화가 유입되어 이루어졌다고 보는 견해가 있지만, 고조선 멸망과 낙랑군 설치 이후에야 비로소 영남지역에 철기문화가 유입될 수 있었다고 보는 견해도 있다. 가장 시기가 이른 철기는 경산 임당 FⅡ-34호 목관묘에서 출토된 자루구멍(銎部)에 2조의 돌대(突帶)를 돌린 괭이(주조철부)와 대구 팔달동과 울산 중대유적 등에서 출토된 장방형의 괭이, 창원 다호리와 밀양 교동, 경주 황성동에서 출토된 호미 등이다. 이들 괭이는 중국의 전국~전한 초기에 걸쳐 한반도 북부와 중국 동북지역에서 사용된 것과 같은 형태이다. 또 기원전 2세기로 추정되는 부산 내성유적의 주거지에서 철기조각이 출토되어 이러한 주장의 근거가 되었다. 이들 철기는 고조선을 통해 수입되거나 기술적 영향을 받아 제작되었지만, 본격적으로 철기가 생산되고 사용된 것은 기원전 1세기 무렵부터이다. 즉, 고조선의 멸망기에 유민이 대규모로 이주하고, 낙랑을 통해 한(漢)의 철기기술이 전래되면서 크게 발전하게 되었다. 진한과 변한의 철기는 서남부지역과 달리 대부분 단조로 만들었다.

그림 11 마한의 초기철기(완주 갈동유적)

기원전 1세기부터 기원후 1세기까지의 진한과 변한의 철기는 검, 모(창), 낫, 착(鑿: 끌), 사(鑣: 조각칼)과 철부(도끼), 판상철부(납짝도끼), 철촉, 재갈 등이 대표적인 기종인데 무기와 공구의 생활용품이 많고, 주조품은 괭이(주조철부)에 한정되었다. 이러한 철기류는 대부분이 무덤에서 부장품으로 발견되는데, 이 시기에는 부장품도 매우 실용적인 형태를 갖추고 있는 점이 특징이다. 그리고 울산 달천철장에서는 기원전 1세기 무렵에 채광을 했고, 왜인들과 교역이 있었음이 발굴에서 밝혀졌다. 달천철장의 광석에서 뽑은 선철을 원

그림 12 변 · 진한의 기원전후 철기(무기류 1, 농공구류 2 · 3)

료로 경주 황성동유적에서는 괭이를 대규모로 주조하였다.

이러한 광산의 개발과 철기 기술의 보급에는 고조선 유민의 역할이 컸을 것으로 생각할 수 있다. 고조선 유민의 이주는 주로 사로국(斯盧國)을 비롯한 진한 지역에 이루어진 것으로 『삼국사기』에는 기록되어 있지만, 변한지역도 비슷한 사정이었을 것이다. 창원 다호리유적에서도 기원후 1세기 무렵의 무덤에 가공되지 않은 철광석을 부장한 경우도 있고, 기원전 1세기의 무덤에는 자체에서 생산한 대량의 철기가 부장되어 있었다.

경주 황성동유적에서는 1~2세기 마을의 주거지에서 단조를 행한 흔적이 확인되었다. 아직까지 제련과 관련한 유적은 확인되지 않았지만, 달천광산 인근에서 제련한 선철이나 괴련철을 가지고 전문공인이 철기로 만들었고, 각 마을에서는 간단한 수리나 날을 벼리는 정도의 대장간을 운영했을 것으로 보인다. 지금까지의 자료로는 철광상이 발달한 동남부지역의 진한과 변한에서는 거의 동시에 철기산업이 발전했다고 볼 수 있다.

변 · 진한 철기의 발전

3세기 중엽에 저술된 중국의 역사서인 『삼국지』위서동이전에는 변진의 철에 대해 아래와 같이 특별히 기록해 두었다.

> "나라에서는 철이 생산되는데, 한 · 예 · 왜인들이 모두 와서 사 간다. 시장에서의 모든 매매는 철로 이루어져서 마치 중국에서 돈을 쓰는 것과 같으며, 또 〔낙랑과 대방〕의 두 군에도 공급하였다"

위의 내용은 3세기 중엽 이전에는 변진에서 생산된 철이 한반도 전역과 왜에까지 공급되었다는 것으로, 변진의 철기생산기술이 우수했음을 말하는 동시에 다른 지역에서는 아직 철기생산이 본격화되지 않았음을 말해준다. 변진의 철이 개발되기 이전에 고조선은 중국 연나라의 철기기술을 가지고 이주한 위만이 정권을 찬탈한 만큼 이미 높은 수준의 철 생산능력을 갖추었고, 그를 바탕으로 한 무제의 수륙양면에서의 공격에도 수 개월 동안이나 항전할 수 있었다. 그런데 주변에 철산지도 풍부하고, 고조선과 한의 수준 높은 철기기술을 수용하기 용이했던 낙랑과 대방의 군현에서는 왜 변진에서 철을 공급받아 사용했을까 하는 점이 의아하다.

실제로 기원전 1세기에 해당하는 초기의 낙랑고분에서는 내군에서 수입된 철기보다는 고조선 계통의 재지적 성격의 철기가 대부분이고, 수레부속품이나 용기류 등은 고도의 주조기술로 제작된 것도 있어 철기 생산기술이 없었다고 보기는 어렵다. 다만, 한반도 북부와 만주지역의 주요 철광산지가 고구려에 의해 점령되었고, 고조선의 주요 공인집단들이 진한과 변한으로 이주함으로써 생산의 기반이 붕괴되었을 가능성은 고려해 볼 수 있다. 또 한 무제가 주요 전략무기의 해외수출을 금지하는 정책을 시행함에 따라 내군(內郡)에서의 수입도 원활하지 못했을 가능성이 있다. 그러한 사정으로 군현이나 상위계층에서 필요로 하는 고급철기는 내군의 관영공장이나 자체에서 생산한 제품으로 수요를 충당하였지만, 광범위한 일반의 수요까지는 감당할 수 없어 부족한 철을 변진에서 공급받았을 것으로 추측된다.

또 『삼국지』한전에는 기원후 1세기 전엽에 한(漢)의 유민 천오백명이 벌목을 하다 한인(韓人)에게 붙잡혀 3년간 노예가 된 것을 염사치(廉斯鑡)가 구하는 내용이 있다. 이를 통해 보면 기원후 1세기 무렵에 한(韓) 지역에는 중국계 유민들이 많았음을 알 수 있다. 이들이 대규모로 벌목작업에 동원된 한 사실을 제철에 필요한 목탄생산과 관련시켜 해석하기도 한다. 따라서 변한과 진한의 철기산업 발전에는 중국계 유민도 일정한 역할을 했을 것으로 보인다. 결국 한반도 북부지역에서 이루어진 정치적 변동과 지리정보에 익숙하고, 중국어에 능통한 세력이 있는 진한과 변한의 일부 세력들은 낙랑 및 한(漢)과의 교류를 통해 선진문물을 수입하고자 적극적으로 대처하였다. 그리고 낙랑에서도 진한 및 변한과의 우호적인 관계를 통해 부족한 철기를 안정적으로 공급받고자 하였던 것으로 보인다.

『삼국지』의 기록은 변진(변한) 조항에서 철 생산을 언급하고 있어 변진의 철에 대한 내용을 기록한 것으로 이해하는 것이 대세이지만, 일부학자는 진한의 철기생산을 기록한 것으로 보기도 한다. 그러나 직선거리 60km 정도 떨어져 있는 변한(김해)과 진한(울산)의 철기 생산을 구분할 수 있을 정도로 3세기 무렵의 중국에서 한반도 남부지역의 지리정보에 밝지는 않았을 것이다. 따라서 사서에 기록된 내용은 진한과 변한의 철 생산을 통틀어서 기록한 것으로 이해하는 것이 좋을 것이다. 고고학적으로도 기원전 1세기부터 기원후 3세기 사이의 진한과 변한은 문화적 유사성도 크고, 무덤에 부장된 철기의 양과 질에서도 서로 차이가 없다는 것이 확인되었다.

2세기~3세기 무렵에는 목곽묘가 조성되면서 무덤의 규모가 커지고, 부장품의 양도 많아지게 되었다. 목곽묘에 부장된 철기에는 환두대도(環頭大刀), 장검, 쇠스랑, 삽날 등의 새로운 기종이 추가되었고, 철촉은 형태가 다양해지면서 부장 수량이 많아졌다. 특히 무기류는 실용성보다 크기나 장식성을 강조하였다. 철모는 신부(身部)를 매우 크게 만들었고, 철검이나 재갈, 유자이기(有刺利器) 등에는 고사리 문양을 부착했다. 이것은 무덤의 부장용으로 만들었기 때문에 일부러 실용성을 없애고 장식을 강조한 것이다. 고사리 문양은 새 문양과 상통하는데, 태양을 상징하는 문양으로 사자의 승천을 기원하는 장식문양이다. 창원 다호리유적에서 출토된 재갈에는 화려하게 고사리무늬를 장식하였는데, 마구는 재력을 상징할 뿐더러 죽은 사람을 저승으로 인도하는 운반도구로서 사자의 승천을 기원하

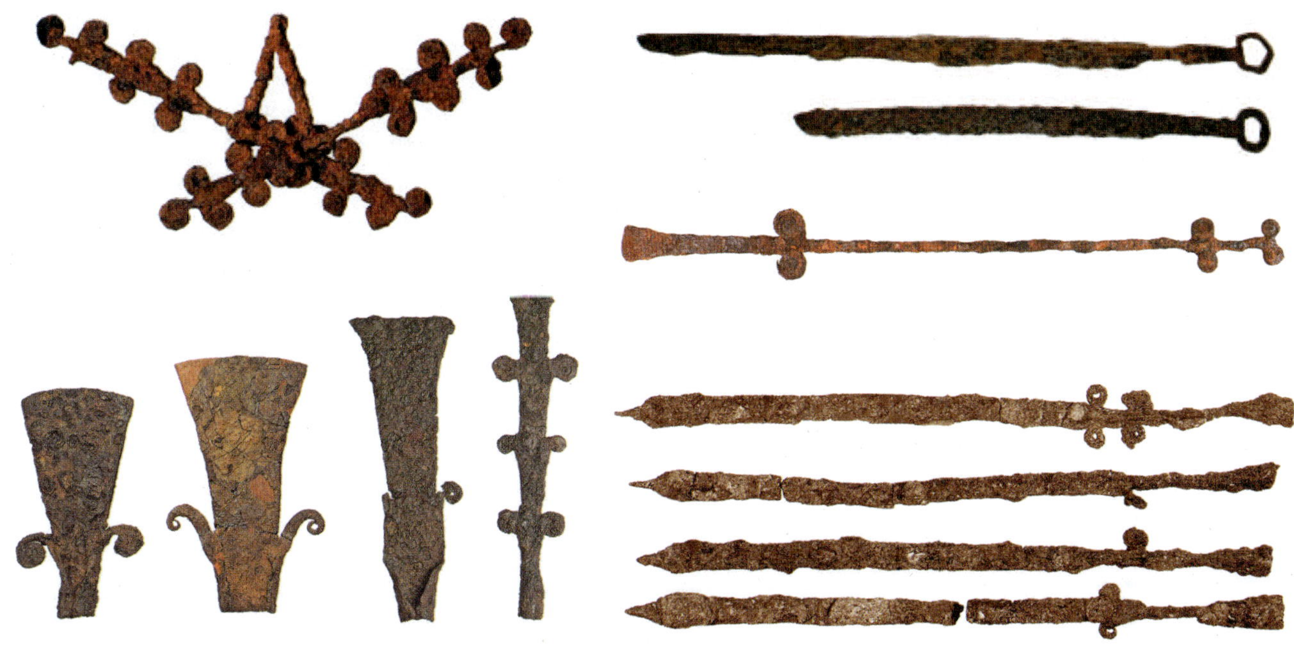

그림 13 변 · 진한의 2-3세기 철기(재갈 1, 환두대도 2, 유자이기 3, 이형철기 4, 철모 5)

1	2
	4
3	5

는 의미를 갖는 물품이라 할 수 있다.

또 후장(厚葬)을 하여 조상의 승천을 기원하고, 그를 통해 후손들에게 복이 미치기를 바라는 조상숭배 사상은 철기를 비롯한 대량의 기물소비를 유발하였다. 그 결과로 그러한 기물의 생산과 유통을 장악하고 있던 세력에게 경제력을 집중시키는 중요한 계기가 되었다. 철자원이 풍부하고 철기생산을 주도한 김해와 경주의 정치체가 삼한의 소국단계를 거치면서 주변지역의 제 세력보다 우월하게 성장한 것은 당연한 결과이다.

한 · 예의 토기와 분포권

예의 토기

새로운 철기문화의 영향으로 한과 예의 생활문화는 크게 바뀌었는데, 그 중에서 식생활과 관련된 토기에서도 변화가 나타났다. 청동기시대까지는 한반도 전체가 비슷한 양식의 무문토기를 사용하였지만, 철기시대가 되면서 예와 마한, 진 · 변한지역이 독특한 지역색의 토기문화를 형성하였다.

강원도와 경기도 북부지역을 중심으로 하는 예 지역의 토기는 크게 3유형으로 구분된다. 첫째는 무문토기 계열로 중도식 토기 또는 경질무문토기로 불리는 산화염소성 토기이다. 편평한 바닥과 밖으로 벌어진 구연이 특징이다. 크기가 큰 독에서부터 작은 단지에 이르기까지 기형이 다양하다. 재래의 무문토기보다는 고화도로 소성되어 토기의 질이 단

테글 2

울산 달천철장과 경주 황성동유적

한반도 남부지역에서 2000년간 운영된 철광산이 있다면 쉽게 믿기지 않을 것이다. 실제 그 광산이 바로 울산광역시 북구에 있는 달천광산이다. 지금은 대규모 아파트 단지로 변하여 옛 모습을 볼 수 없지만, 광산의 일부인 6만8천여㎡가 울산시기념물 제40호로 지정되어 공원으로 조성되어 있다.

달천광산은 황비철(黃砒鐵) 성분이 섞인 자철광(磁鐵鑛)으로 광석이 땅 위로 드러난 노두광산이다. 때문에 이곳의 철광석을 주워 도구로 사용한 것이 청동기시대의 주거지에서 발견되기도 하였다. 이 광산을 본격적으로 채광한 것은 진한의 철기문화가 발전하는 기원전 1세기 무렵부터이다. 당시의 채광은 노두에 드러난 철광석을 채굴하는 방식이었는데, 정도의 차이는 있지만 1974년까지 이러한 방식을 유지하다가 이후에 지하 315m까지 이르는 수직갱도를 개설해 1993년까지 20년간 채굴을 계속하였다. 신라와 고려시대에는 철 생산을 기반으로 울산이 상공업의 중심지로 기능하였고, 조선 세종 때에는 전국에서 가장 많은 철을 세공(稅貢)으로 바쳤다.

일제강점기에는 이곳의 철광석을 일본의 제철소까지 실어갔고, 울산에 제철소 건설을 계획하기도 했다. 해방이후 1960년대에는 울산에 중화학공업단지를 건설할 때 제철소 건립도 타진되었으나 결국에는 포항으로 부지가 확정되어 포항제철소가 건립되었다. 따지고 보면 포항에 제철소가 건립된 것도 달천광산 때문이라 할 수 있다. 이곳의 철광석은 1993년까지 포항 제철에 납품되었고, 철의 제련에 필요한 사문석은 2002년까지 계속해서 채광하여 포항 제철소에서 용융제로 사용되었다.

달천광산의 철에는 비소성분이 포함되어 있는 것이 특징이다. 이 성분은 달천광산만의 특유의 성분이기 때문에 철기의 성분에서 비소가 검출되면, 달천광산의 철광석을 사용한 증거가 된다. 달천광산의 철광석은 인근지역에서 1차로 제련의 과정을 거치고, 거기서 생산된 선철과 괴련철을 원료로 주조와 단조과정을 거쳐 철기제품으로 생산되었다.

경주 황성동에서는 원삼국시대와 삼국시대에 달천의 철광석을 사용한 선철을 이용하여 대규모로 주조괭이를 생산하던 조업단지가 확인되었다. 유적은 형산강변의 충적지이자 경주 선상지의 선단에 해당하는 약 10만㎡의 면적에서 확인되었다. 여기서는 용해로와 정련로, 초강로 등과 단야로, 단야 주거지 등이 확인되었고, 다량의 철 찌꺼기와 송풍관 편, 거푸집 등이 수습되었다. 황성동유적 이외에도 울산 중산동와 천상리, 경주 덕천리 등의 제철유적에서 비소가 검출되어 달천 철광석을 이용하여 제철조업이 이루어졌음이 확인되었다. 또 김해 대성동 Ⅴ-27호 목곽묘출토의 주조괭이와 일본의 나라시 야마토(大和) 6호분출토 철정(鐵鋌), 군마현 이세사키시(伊勢崎市) 아카보리촌(赤堀村) 4호분 출토의 살포, 이치하라시(市原市) 이나리다이(稻荷台) 1호분 출토 '왕사(王賜)'명 철검 등에서도 비소가 검출되어 달천 철광석을 이용하여 만든 철제품이 광범위하게 유통되었음을 말해주고 있다.

이와 같이 달천철장은 우리나라에서 가장 먼저 개발되고 가장 오랫동안 운영된 철광산이었지만, 해외에서 원료를 수입하면서 사양길로 접어들어 폐광되었다. 우리나라의 철기 발전사를 대변하는 유적이고, 1급 발암물질인 비소성분이 광석에 포함되어 있음에도 불구하고 폐광된 광산부지는 대규모의 택지로 개발되었다. 그 결과로 달천광산의 상표적인 비소성분은 한때 지역주민의 건강을 위협하는 경계의 대상이 되었던 적이 있다.

그림 14 달천철장 삼한시대 채광 5·6호 수혈과 출토 철광석(1), 황성동유적 분포도(2), 황성동유적 출토 용범(3), 황성동유적 3호 용해로(4)

그림 15 한·예의 토기(예의 토기1, 마한의 토기 2, 진변한의 토기 3)

1	2
3	

단하다고 하여 경질무문토기로 불리고 있다. 그러나 일부에서는 토기의 질이 단단해 보이는 것은 토기가 보존된 환경의 차이에 따른 것일 뿐 섭씨 1,000도 이하에서 소성된 토기 사이에서는 질적인 차이가 없다는 주장도 있다. 이 토기는 원삼국시대 예의 문화를 대표하는 기종의 토기로서 주로 입구가 달린 '여'자형, 또는 '철'자형 주거지에서 출토된다. 기원에 대해서는 연해주와 두만강유역의 단결 – 크로노프카문화(옥저문화)와 관련성이 크다는 주장이 있고, 한편에서는 재지 무문토기의 요소와 서북한지역의 요소도 강하다고 한다. 분포권은 강원도 영동지역과 영서지역, 경기도 북부지역, 서울이 중심이지만, 경기도 남부와 경상북도의 일부까지에도 분포하여 그 범위가 넓다. 기원전후한 시기부터 사용되어 지역에 따라서는 4~5세기까지 지속되었다.

둘째는 철기문화와 함께 등장한 환원염소성 계통의 타날문(打捺文)토기이다. 주로 항아리 형태가 많은데, 중원지역의 회도 영향을 받아 회색을 띠며, 표면에는 승문(繩文) 또는 격자문의 타날문양이 있다. 이 토기의 기원에 대해서는 중국의 전국시대 토기가 철기문화와 함께 전래되었다는 견해와 낙랑군 설치로 인해 고조선 유민의 이주나 낙랑과의 교류의 결과라고 보는 견해가 있다. 기형의 차이는 있지만 마한과 진·변한에서도 비슷한 시기에 전래되어 사용되었다. 이른 시기에는 승문타날이 사용되다가 시기가 늦을수록 격자

타날의 비중이 높아진다.

셋째는 회색 또는 흑색의 환원염 소성 토기로이지만, 표면에 타날문이 없는 무문양의 토기이다. 기형은 작은 단지 형태가 많은데, 낙랑토기의 영향을 받아 제작되었다. 낙랑과 지리적으로 가까운 강원도 동해안과 임진강, 북한강 상류의 영서지역에서 주로 발견되고 있다.

마한의 토기

한강하류의 인천과 경기도 서해안에서부터 전라남도에 이르는 지역에서는 철기의 사용과 맞물려 원형점토대토기와 삼각형점토대토기가 사용되었다. 원형점토대토기는 구연(口緣)에 단면 원형의 점토띠를 돌린 소옹(小甕)이 표지적인 토기로서, 조합우각형파수부호(組合牛角形把手附壺)·두형토기(豆形土器)·흑도장경호(黑陶長頸壺) 등이 조합양상을 보인다. 중국 동북지역에서는 요령식동검문화와 결부된 토기이지만, 한반도 남부지역에서는 한국식동검문화와 조합된다. 삼각형점토대토기는 재지의 송국리형토기와 원형점토대토기가 결합하고, 요동지역의 철기문화 요소가 이입되어 생성된 토기로 인식되고 있다. 토기의 구연에 단면 삼각형의 점토띠를 돌린 옹이 표지적인 토기이지만, 장란형호(長卵形壺), 봉상파수부호(棒狀把手附壺), 두형토기, 흑도장경호 등 다양한 기종이 공반한다. 삼각형점토대토기는 기원전 2세기부터 기원후 1세기 무렵까지 사용되었다. 이들 토기는 무문토기의 전통을 이은 산화염 소성품으로 기원후 1세기 이후에는 삼각형의 점토띠가 홑구연으로 바뀌고, 평저(平底)는 환저(丸底)로 변화한다. 옹(甕)과 호(壺)의 동체(胴體)는 계란모양으로 변화하며 표면에는 빗질 또는 타날문을 시문하였다. 전라남도 해남의 군곡리패총에서 출토된 토기를 표지로 명명된 '군곡리식 토기'가 있지만, 이것은 주로 전라남도 해안지역에 분포한다. 경기도 지역에서는 삼각형점토대토기와 중도식토기가 사용되다가 적갈색의 연질토기로 변화하였다. 밖으로 벌어진 구연과 장란형의 동체, 둥근 바닥을 가진 옹이 특징적인 기형이지만, 시루, 소형옹, 평저발(平底鉢) 등 기형이 다양하다. 환원염 소성 토기는 주로 저장용 토기로 사용되었다. 목이 있는 호형토기가 대표적인 기형인데, 대형과 소형 등 크기가 다양하다. 의례 시에 토기를 올려놓기 위한 기대(器臺)도 있다. 경기지역과 호서지역, 호남지역에 따라 약간의 지역적인 차이가 있다.

진·변한의 토기

진·변한지역도 기원전 2세기부터 기원후 1세기까지는 마한지역과 마찬가지로 원형점토대토기를 계승하여 삼각형점토대토기가 생활용 토기로 사용되었다. 기원후 1세기 이후가 되면, 삼각형점토대토기의 옹은 굽과 점토띠가 없어져 홑구연과 둥근 바닥, 장란형 동체의 연질토기로 변화하였다. 생활용 토기인 연질토기는 산화염으로 소성하여 붉은색을 띠고, 태토에는 모래의 혼입이 많다. 시루, 발, 소옹, 호 등의 기형이 있다. 기원전 1세기 무렵에는 목관묘의 부장용 토기로 환원염 소성의 새로운 토기가 출현하였다. 이 토기는 기와와 같이 회색이면서 무른 것이 특징이어서 '와질토기(瓦質土器)'라고 부른다.

와질토기는 전통적인 흑도 제작 기술과 도태칠기(陶胎漆器) 기법, 중원의 회도 제작기법 등이 융합되어 창출된 토기이다. 질이 고운 점토의 사용, 흑색 또는 회색의 발색, 마연을 통한 정교한 표면 마무리, 승문 타날의 도입, 물레의 사용과 밀폐된 실요(室窯)에서 환원염 소성 등을 특징으로 한다. 기원전 1세기부터 기원후 2세기 전엽까지 목관묘의 부장품으로 사용된 와질토기를 전기와질토기라 한다. 주머니호, 조합우각형파수부호, 타날문단경호(打捺文短頸壺), 양이부호(兩耳附壺) 등이 주된 기형이다. 기원후 2세기 이후에는 목곽묘의 등장과 함께 토기의 기형과 기종이 변화하였는데, 이를 후기와질토기라고 한다. 대부장경호(臺附長頸壺), 노형토기(爐形土器) 등의 새로운 기형이 나타났고, 단경호는 표면의 타날이 격자문으로 바뀌었다. 전기와질토기는 영남의 전역에서 같은 양식으로 분포하지만, 후기와질토기는 대구와 창원 이동의 영남 동남부지역에 주로 분포한다.

요약

고조선의 멸망과 낙랑군의 설치로 한강이남 지역은 철기문화가 확산되고 대륙의 선진 문명을 직접적으로 접할 수 있는 기회가 마련되면서 한과 예가 성장하게 되었다. 강원도와 경기 북부의 예(濊), 서남부지역의 마한, 영남지역의 진한과 변한으로 지리적 경계와 자연환경에 따라 정치세력과 문화권이 구분되었다. 예는 '여'자형과 '철'자형의 출입구가 달린 주거지를 특징으로 하면서 내부에는 온돌과 화덕의 난방 및 취사시설을 갖추었다. 토기는 산화염 소성의 중도식무문토기와 환원염으로 소성한 타날문토기를 사용하였다. 무덤은 영서와 한강유역에서는 다곽식의 적석총을 사용하였지만, 영동지역에서는 무덤자료가 뚜렷하지 않다.

서남부지역의 마한은 네모난 집터의 네모서리에 기둥을 세운 사주식(四柱式) 가옥이 대표적인 형태이지만, 경기도 지역에서는 출입구가 있는 장방형과 육각형이 많고, 호남동부지역에서는 원형이 주로 분포한다. 호서지역을 중심으로 혈거시설도 확인되었다. 주거지 내부에는 난방과 취사를 위한 온돌(쪽구들), 부뚜막, 화덕을 갖추었다. 무덤은 목관묘와 주구(분구묘)가 대표적인데, 기원전후 무렵까지는 청동의기를 다량으로 부장한 목관묘가 유행하다가, 1세기 이후에는 주구(분구)묘가 유행하면서 철기와 토기, 구슬 등의 장신구가 주로 부장되었다. 3세기 이후에는 목곽묘와 대형 옹관을 매장시설로 하는 무덤도 추가되었다. 토기는 산화염으로 소성한 연질토기와 환원염으로 소성한 타날문토기로 구분되는데, 연질토기는 주로 취사용, 타날문토기는 저장용기로 사용되었다.

동남부지역의 변한과 진한도 장방형과 원형의 주거지 내부에 온돌과 부뚜막 시설을 갖추었고, 환호와 목책과 같은 방어시설을 갖추거나 철 생산이나 종교적 의례를 위한 특수취락도 나타났다. 또한 각 국의 중심지에는 물류저장과 생산시설을 복합적으로 갖춘 국읍도 나타났다. 기원전 2세기 무렵부터 철기가 보급되었고, 기원후 3세기에는 낙랑과 대방, 마한과 예, 왜 등지에 수출할 정도로 철기 생산이 발전하였다.

무덤은 기원 2세기까지는 목관묘가 유행하였는데, 목관묘 중에는 중국의 한에서 수입한 사치품과 재지에서 생산한 청동기와 철기, 칠기, 토기 등을 다량으로 부장한 유력자의 무덤도 나타났다. 이들 유력자의 무덤은 단독으로 조성되거나 집단의 공동묘지 내에서도 소수만 존재하여 권력의 세습에 일정한 한계가 있었음을 보여준다. 반면에 2세기 이후에는 목곽묘로 발전하면서 부장품의 양이 더욱 많아지는데, 유력자의 무덤은 규모가 클 뿐만 아니라 입지에서도 구릉의 능선부에 열상으로 배치하여 일반 구성원의 무덤과는 차별적인 모습을 보여준다.

토기는 산화염 소성의 연질토기와 환원염 소성의 와질토기가 사용되었다. 연질토기는 주로 생활용 토기로, 와질토기는 부장용으로 사용되었는데, 와질토기는 전통적인 무문토기 제도술에 중원의 회도기술과 도태칠기 제작기술이 융합되어 창출된 새로운 토기이다. 목관묘에 부장된 전기와질토기와 목곽묘에 부장된 후기와질토기로 구분되며, 시기에 따른 기종과 형태 차이가 있다.

원삼국시대는 이전 시기와 달리 한반도 남부지역이 지리적 경계와 자연환경에 따라 여러 정치세력과 문화권으로 구분되는 점이 특징적인 현상이다. 외부적으로는 중국 대륙의 선진문명과 직접적인 관계망을 형성하였고, 내부적으로는 소지역 단위의 정치체인 다수의 국(國)이 형성되었다. 또 지역에 따라 문화권을 형성하고, 광역적인 지역 연맹체를 형성하여 고대국가로 발전하는 기초를 갖추었다. 현재의 행정구역과도 일정한 관련성이 있는 지역 문화권의 형성이 초기철기시대부터 원삼국 시기에 이루어졌다는 점은 주목할 만하다.

참고문헌

경상북도 · 계명대학교 한국학연구원, 2002, 『진 · 변한사연구』

국립문화재연구소, 2012, 『동아시아 고대 철기문화연구 – 연국 철기문화의 형성과 확산』.

김권일, 2020, 『한국 고대 제철기술의 고고학적 연구』, 학연문화사.

김승옥, 2000, 「호남지역 마한주거지의 편년」, 『호남고고학보』11.

박경신, 2012, 「중부지역 원삼국시대 취락구조」, 『고고학』11 – 2호.

서현주, 2016, 「마한토기의 지역성과 그 의미」, 『선사와 고대』50.

손명조, 2012, 『한국 고대 철기문화 연구』, 진인진.

송기호, 2019, 『한국 온돌의 역사』, 서울대학교출판문화원.

송만영, 2013, 『중부지방 취락고고학 연구』, 서경문화사.

영남고고학회, 2015, 『영남의 고고학』, 사회평론.

울산박물관, 2013, 『울산 철문화』.

유은식, 2015, 「동북아시아 초기 쪽구들의 발생과 전개」, 『고고학』14 – 3호.

이성주 외, 2018, 『원사시대의 사회문화 변동』, 진인진.

이성주, 2017, 『토기제작의 기술혁신과 생산체계』, 학연문화사.

정인성 외, 2012, 『영남지역 원삼국시대의 목관묘』, 학연문화사.

중앙문화재연구원, 2013, 『마한백제의 분묘문화 1, 2』, 진인진.

________________, 2018, 『마한고고학개론』, 진인진.

최성락, 1995, 『한국 원삼국문화의 연구』, 학연문화사.

한국문화재조사연구기관협회, 2012, 『한반도의 제철유적』.

머리글 – 한국고고학과 시대구분론

원삼국시대인가 삼한시대인가?

삼한시대론의 문제점

철기시대론의 문제점

고고학에서 본 삼국시대의 성립

신라와 가야의 구분

진변한과 신라, 가야의 관계

신라의 성장과 발전

가야 여러 정치체의 성장

고대 국가 형성에 대한 고고학적 지표

요약

08 원삼국시대와 삼국시대

권오영

서울대학교

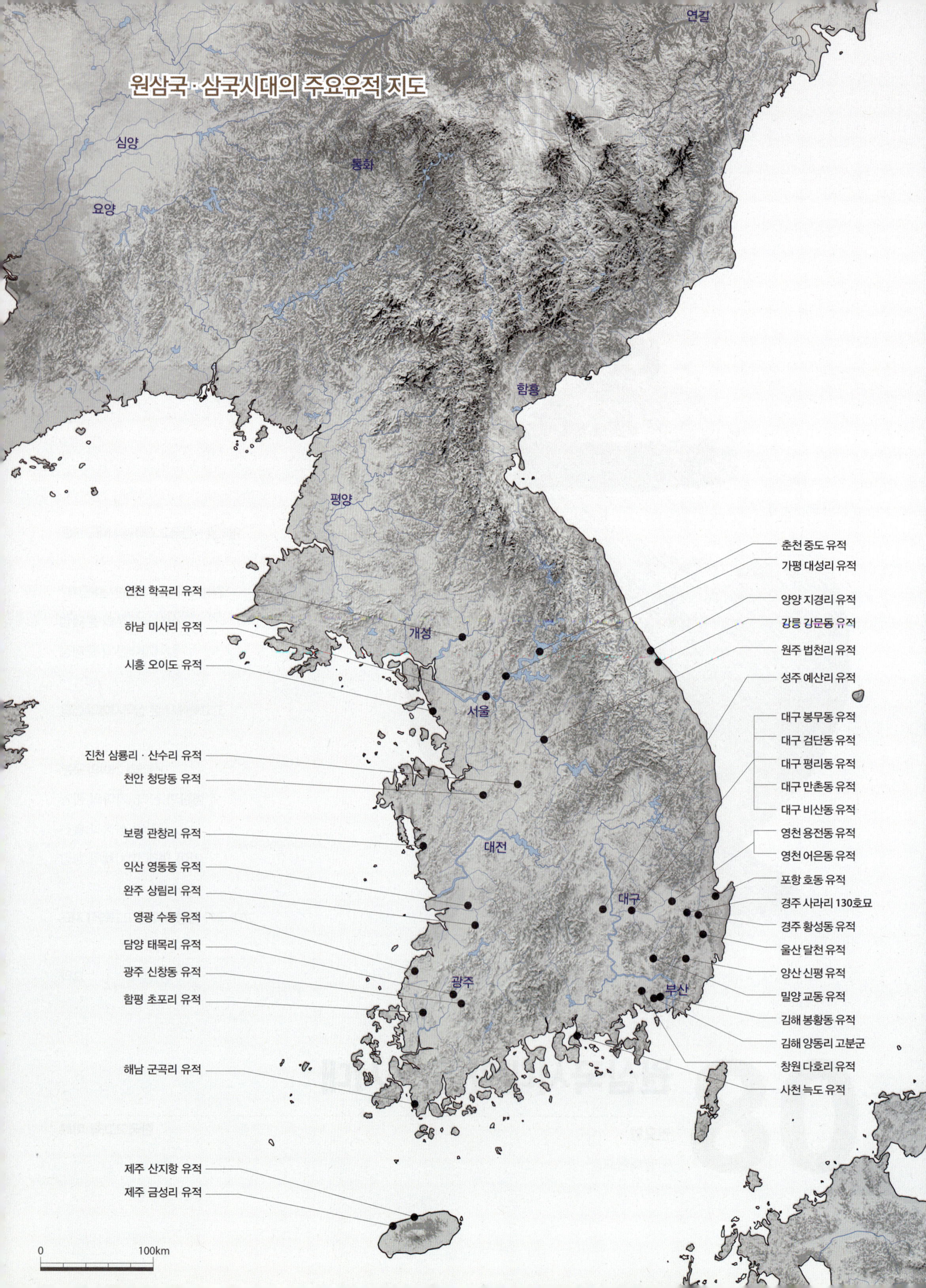
원삼국·삼국시대의 주요유적 지도
연길
심양
통화
요양
함흥
평양
개성
서울
대전
대구
광주
부산
연천 학곡리 유적
하남 미사리 유적
시흥 오이도 유적
진천 삼룡리 · 산수리 유적
천안 청당동 유적
보령 관창리 유적
익산 영동동 유적
완주 상림리 유적
영광 수동 유적
담양 태목리 유적
광주 신창동 유적
함평 초포리 유적
해남 군곡리 유적
제주 산지항 유적
제주 금성리 유적
춘천 중도 유적
가평 대성리 유적
양양 지경리 유적
강릉 강문동 유적
원주 법천리 유적
성주 예산리 유적
대구 봉무동 유적
대구 검단동 유적
대구 평리동 유적
대구 만촌동 유적
대구 비산동 유적
영천 용전동 유적
영천 어은동 유적
포항 호동 유적
경주 사라리 130호묘
경주 황성동 유적
울산 달천 유적
양산 신평 유적
밀양 교동 유적
김해 봉황동 유적
김해 양동리 고분군
창원 다호리 유적
사천 늑도 유적
0
100km

원삼국시대와 삼국시대

권오영
서울대학교

머리글 – 한국고고학과 시대구분론

현재 통용되는 한국 고고학의 다양한 시대구분론에서 가장 포괄적인 구분 방법은 선사시대와 역사시대로 양분하는 것이다. 대부분의 대학교 교육과정에서 선사고고학과 역사고고학이라는 양분론을 기초로 교육이 이루어지고 있으며, 교수의 공채 분야와 강의도 선사고고학과 역사고고학이라는 두 단위로 나뉘어 진행되고 있다. 역사고고학은 다시 고대고고학과 중세고고학으로 나뉘지만, 앞으로는 중세고고학의 독자성이 커질 것은 물론이고, 근대고고학, 현대고고학이 독립하는 날도 올 것이다.[1] 선사고고학은 도구의 재질에 따라 구석기시대[2], 신석기시대, 청동기시대 등으로 세분되며 (초기)철기시대가 포함되기도 한다.

이러한 구분론에 학계 전체가 동의하는 것은 아니다. 특히 선사와 역사의 사이에 해당하는 시대를 무어라고 부를 것이며, 그 내용은 무엇으로 채울 것인지가 최대 쟁점이다. 이와 관련하여 제기된 주장이 원삼국시대론(原三國時代論)이다. 한국 선사~고대의 시간적인 흐름을 "구석기시대 – 신석기시대 – 청동기시대 – 초기철기시대 – 원삼국시대 – 삼국시대"로 연결하는 체계가 1986년에 김원용 교수에 의해 제기된 이후, 한국 고고학계의 정설로 자리잡게 되었다. 그러나 원삼국시대의 상한을 언제로 잡을 것인지, 이 단위에 고구려와 낙랑을 포함한 것인지, 그것도 아니라면 마한, 진한, 변한만을 지칭하는 것인지 등 세부적인 문제에 대해서는 후학들의 견해가 갈리게 되었다. 원삼국시대론을 좁게 해석하여 마한, 진한, 변한의 삼한만을 대상으로 고려한 결과 원삼국시대라는 용어 대신 삼한시대라는 용어를 사용하는 연구자들이 점차 늘어나고 있다.

한편으로는 강원지역이나 전남지역의 특수성을 강조하면서 원삼국시대나 삼한시대가 아닌 철기시대라는 용어를 사용하는 연구자도 나타나게 되었다. 심지어 마한시대라는 용어가 시대구분 명칭으로 사용되면서 기원전 300년 무렵부터 기원후 300년 무렵까지 대략 600년 정도의 시간대를 어떻게 명명할 것인지에 대해서도 혼란이 야기되고 있다. 이 시기는 한국사에서 많은 고대 국가들이 형성된 시점이란 점에서 고대사의 연구 성과와 결부되어 문제를 더욱 어렵게 하고 있다. 역사학계에서는 원삼국시대는 물론이고 철기시대, 삼한시대라는 용어에 대해서도 수용할 의지가 없어 보이기 때문이다. 그 결과 동일한 시기와 대상을 다루면서도 역사학계와 고고학계의 차이가 나타났을 뿐만 아니라, 고고학계

1 현재 한국사학계에서 중세와 근대 사이에 근세라는 시대명을 사용하는 경우가 있는데, 이 경우 고려왕조를 중세, 조선왕조를 근세로 부르는 셈이다. 이 구분을 따른다면 중세고고학, 근세고고학, 근대고고학, 현대고고학이란 명명법이 주창될지도 모르겠다.

2 한국에서도 중석기시대의 존재 가능성이 논의된 적이 있었지만 근래에는 소멸되었다.

내에서도 의견이 분분한 실정이다.

원삼국시대인가 삼한시대인가?

삼한시대론의 문제점

원삼국시대의 시작은 애초 기원전 1세기 낙랑군 설치 이후로 보는 것이었지만, 철기와 와질토기(瓦質土器)의 출현 시점이 이보다 올라갈 가능성에 주목하여 기원전 2세기 위만조선 존속기로 상향시키자는 주장이 나타났다. 다른 한편으로는 삼각형 점토대토기의 출현, 혹은 세형동검 문화와 철기의 출현 등에 주목하여 기원전 4~3세기로 소급시키는 입장도 있다. 이 경우에는 원삼국시대라는 용어보다는 삼한시대라는 용어를 사용하는 경향이 강하다. 문제는 삼한이라는 명칭이 과연 기원전 4~3세기까지 소급되느냐의 의문, 그리고 기원전 4~3세기 사회와 기원후 2~3세기 사회를 동일한 단위로 볼 수 있는가 하는 점이다.

삼한시대**(그림 1)**라는 용어는 영남지역에서, 마한시대라는 용어는 호남지역에서, 그리고 철기시대라는 용어는 호남과 강원지역, 혹은 그 지역 출신 연구자들에 의해 사용되고 있다. 그런데 삼한시대와 철기시대가 대략 기원후 3세기 무렵을 하한으로 삼고 있는 데에 비하여, 마한시대의 경우는 연구자에 따라 기원후 4~5세기, 심지어 6세기 전반을 하한으로 삼는 경우가 있다. 이 시기는 고대 국가 백제가 출현하고 국가로서 삼국이 정립(鼎立)한 이후이다. 따라서 이 명명법은 한국고고학 전체를 대상으로 하는 명칭으로는 사용할 수 없다. 마한시대라는 명칭이 인정받으려면 진한시대, 변한시대라는 명칭도 용납되어야 하지만[3] 이런 명명법을 사용하는 연구자는 별로 없다.

영남에서는 그 대신 와질토기시대, 도질토기(陶質土器)시대라는 용어가 사용되는 경우도 있으나**(그림 2)**, 한국고고학 시대구분명으로는 부적절하다. 이 용어를 따를 경우 한반도 북부와 중국 동북지역이 제외된다는 점, 토기의 경도가 시대구분의 가장 중요한 기준이 될 수 없다는 점이 문제이다. 와질토기시대라 불리는 시대상은 불분명한 점이 많으나 일견 이해되는 부분도 있으며, 빗살무늬토기시대니 무문토기시대니 하는 시대명도 나름 설득력이 있다. 그러나 4세기 이후를 도질토기시대로 명명하게 되면 삼국시대의 역사적

3 기원후 4세기에 접어들어서도 영남 곳곳에는 아직 신라라고 부를 수 없는 지역 정치체가 다수 존재하였다. 이들은 진한의 후신이므로 영산강유역 마한 잔여 세력과 유사한 면모를 가지고 있으나, 진한시대라는 용어는 사용하지 않고 있다.

그림 1 삼한시대라는 용어의 다양한 사용법(복천박물관의 사례)

연구자 \ 연대 (300 BC · 100 · 1 · 100 · 200 · 300 AD)				
藤田亮策 1940	석기시대의 금석병용기			
水野清一 1953		김해식회도(김해시대)		
김원용 1964	청동2기	김해시대	삼국시대	
김원용 1972	초기철기시대 I	초기철기시대 II(원삼국시대)	삼국시대	
김원용 1977	청동기시대 후기	원삼국시대(김해시대)	삼국시대	
김원용 1986~	초기철기시대	원삼국시대	삼국시대	
박순발 1998~	세형동검기	원삼국시대	삼국시대	
이희준 2000~	초기철기시대	원삼국시대	삼국시대	
최몽룡 1987~	철기시대 전기	철기시대 후기(삼국시대 전기)	삼국시대	
최종규 1983b		삼한시대(원삼국기)	고분시대	
최종규 1991~	무문토기시대	삼한시대	삼국시대	
신경철 1991		와질토기시대	도질토기시대	
신경철 1995~	무문토기시대 후기 삼한시대 전기	와질토기시대: 삼한시대 후기전반	후기후반	도질토기시대
	(초기)철기시대			
안재호 1994	삼한시대 전기	삼한시대 중기	삼한시대 후기	삼국시대

그림 2 백가쟁명식의 다양한 시대구분 명칭(김성남 · 김경택, 2013에서)

의미가 퇴색하게 된다.

마한, 특히 영산강유역의 정치체가 기존 고대사 연구 성과와는 달리 5세기 단계에도 여전히 나름의 독자성을 지니고 있었음은 인정된다. 묘제와 주거 양식 등에서 백제 중앙(서울, 공주)과는 다른 물질문화를 발전시켰음도 인정된다(**그림 3**). 그렇지만 이러한 특수성은 유독 영산강유역에서만 드러나는 것은 아니다. 삼국시대의 다른 국가, 다른 지역으로 눈을 넓혀보면 이런 양상은 유별난 것이 아님을 알 수 있다.

예를 들어 고구려의 경우, 환인(桓仁), 집안(集安), 평양 이외의 지방에서 전개된 물질문화는 도성 지역과 큰 차이를 갖고 있음이 분명하다. 압록강 상류의 장백 간구자(長白 干溝子), 임강 동전자(臨江 東甸子) 등과 지류의 초산 운평리에 분포하는 적석총은 구조와 연접 원리에서 환인, 집안과 다른 면모를 많이 갖고 있다. 연구자들이 주목하지 않았을 뿐이지 고구려 지방문화는 중앙과 상당히 다른 면모를 보여준다. 길림시(吉林市)와 장춘시(長春市)일대, 연변지역이나 옥저 옛 땅이 고구려의 영역으로 편입된 이후의 물질문화에 대한 정보는 매우 부족한 형편인데 중앙과의 차이가 결코 백제의 경우보다 덜하지는 않았을 것이다.

발해의 경우는 더 말할 필요가 없다. 변경지역, 혹은 연해주 지역의 발해 유적, 유물의 양상이 도성 지역과 크게 다르지만 어떠한 발해 고고학 개설서에서도 연해주의 발해

그림 3 나주 반남고분군 원경

문화를 발해와 별도의 장에서 취급하지 않는다. 이런 점에서 한국고고학회의 『한국고고학강의』를 볼 때, 삼국시대 아래 백제 편에서 영산강유역을 별도의 항목으로 취급한 것은 재고할 필요가 있다.

그렇다고 신라 편에서 경주와는 다른 지방문화를 별도의 항목으로 다루지 않는 것이 꼭 바람직한 것은 아니다. 이 경우는 경주만을 주요 대상으로 삼다 보니 지방, 혹은 지역 단위 물질문화의 변화를 소홀히 다룬 결과이기 때문이다. 결국 영산강유역의 경우에는 지나치게 백제(중앙)와의 차별성이 강조되었고, 신라 지방의 경우는 지나치게 그 독자성이 무시된 결과 『한국고고학강의』는 현재와 같은 편제를 보이게 된 것이다.

5세기 중엽~6세기 전반, 호남지역 수장(首長)이 백제 중앙양식 금동 관(冠)이나 금동 식리(飾履)를 착장하거나 소유한 채 묻혀 있는 무덤(고흥 길두리 안동, 고창 봉덕리 1호분, 나주 정촌, 신촌리 9호분, 영암 내동리 쌍무덤, 함평 신덕리 1호분)을 마한의 무덤이라고 간주한다면, 출자형(出字形) 금동관을 부장한 경주 이외 지역의 고총(高塚) 역시 진한과 변한의 무덤이라고 불러야 한다. 적석석곽묘(積石石槨墓)라는 이질적인 묘제(대구 구암동), 고구려식의 벽화(영주 순흥)나 석실구조(포항 냉수리), 백제식 금동관(의성 대리), 고구려식 금동관(의성 탑리)이 출토되는 무덤을 모조리 신라 지방 고분으로 보면서 유독 영산강유역만 독자성을 강조하는 것은 균형을 잃은 시각이다. 6세기로 내려오는 전방후원형(前方後圓形) 고분이나 옹관(甕棺)고분이 백제 고분과 다르다는 의미를 강조한 나머지 마한의 무덤으로 간주하는 것도 지나치다.

학계 일각에서는 영산강유역 정치체의 독자성을 강조하려다가 『송서』(宋書)의 왜오왕(倭五王) 기사에 나오는 모한(慕韓)을 영산강유역에 대응시키는 시도에 동조하는 모습도 보인다. 그렇다면 이 기사에 모한과 함께 등장하는 진한은 영남지역 북부, 소백산맥 일대의 정치체로 비정할 수밖에 없게 된다. 국내에서 이러한 주장을 펴는 고고학 연구자는 없다. 소백산맥 일대의 세력을 신라와 구분되는 진한으로 부르고 도래인 하타(秦)씨와 연결 짓는 일본 고대사학계의 견해가 있기는 하다. 이 문제는 왜오왕 기사의 신빙성 문제를 징검다리 삼아 고대 한일관계사 전반으로 확산될 수밖에 없으므로 더 이상의 행론은 자제하려고 한다. 다만 영산강유역의 정치체가 6세기까지 엄존하면서 고유의 독자성을 지녔기 때문에 마한시대라는 용어를 사용하여야 한다는 학계 일각의 주장은 균형감각을 상실한 견해이며 심각한 문제점을 내포하고 있다는 점만 지적하여 둔다.

철기시대론의 문제점

고대 국가로의 전환이 지체되었던 일부 지역은 삼국시대에 접어들어서도 국가체제 안에 편입되지 못하였다. 이러한 지역을 대상으로 삼아 원삼국시대 – 삼국시대라는 틀 대신에 철기시대 – 삼국시대라는 틀이 주장되기에 이르렀다. 이때의 철기시대는 한반도 중부 이남을 대상으로 볼 경우, 초기철기시대와 원삼국시대를 합친 시기를 의미하게 된다.

이때 고려할 사항은 지역 간 발전의 불균형과 낙차라는 현상을 어떻게 이해할 것인가 하는 점이다. 예를 들어 청동기나 철기가 보급되던 시점에도 일부 지역은 이런 금속기가 보급되지 못하거나 늦게 나타나는 경우가 있다. 이럴 경우 선진적인 지역이 기준이 되어야 함은 당연하다. 고대 국가의 사회경제구조가 뿌리내리는 시점에 아직도 원시적인 사회관계가 유지되는 오지가 있을 경우, 그 오지를 기준으로 삼아 당시 사회가 원시사회라고 주장할 수는 없는 노릇이다. 따라서 한국사, 한국고고학 전체의 큰 틀 안에서 일부 낙후된 지역이 있더라도 일차적인 고려 대상이 되기는 힘들다.

예를 들어 큐슈와 서일본이 야요이(彌生)시대에 접어든 이후에도 동일본 일부 지역은 여전히 죠몽(繩文)문화가 잔존하였지만 그 시기를 죠몽시대라고 부르지는 않는다. 물론 일본의 경우 원거리에 위치하면서 이질적인 문화를 영위하던 지역에 대해서는 별도의 시대구분 명칭을 부여하긴 하였다. 오키나와의 경우 "구석기시대 – 패총시대 – 구스쿠(城)시대 – 삼산(三山)시대 – 류큐왕국"으로 정리되었으며, 홋카이도는 "구석기 – 죠몽 – 오호츠크(속죠몽) – 중세 아이누문화"로 정리되고 있다. 큐슈와 시코쿠, 혼슈 등 일본열도 대부분 지역을 대상으로 한 "야요이 – 고훈(古墳) – 아스카 – 나라시대"의 시대구분론을 그대로 적용할 수 없기 때문이다.

한국고고학의 경우 제주도 지역이라면 약간의 독자성을 인정한 시대구분론이 용납될 만하지만, 전라남도와 강원도는 사정이 다르다. 강원도의 경우도 영서와 영동의 세부적인 차이를 고려할 때 영서지역의 기원전 1세기 – 기원후 3세기 물질문화가 경기, 충북과 완전히 구분되는 독자성을 보인다고 주장하기에는 무리가 따른다. 경기 동부와 강원 영서의 물질문화에서 근본적인 차이를 발견하기 어려운 현실에서 영서 예(濊), 예계문화, 혹은 중도(中島)유형문화라는 개념이 만들어졌다.

이른바 중도유형문화 권역은 강원 영서, 경기, 충청 일부 지역을 포괄하는데 나름의 공통성을 지니고 있다. 예를 들어 무기단식(無基壇式) 적석총 혹은 적석분구묘(積石墳丘墓)의 분포권은 강원 정선, 춘천 등 영서지역과 제천 등 충북 동부지역, 그리고 용인, 광주, 연

그림 4 강원지역의 이른바 철기시대 토기 (국립춘천박물관)

천 등 경기지역을 포함한다. 이 범위는 학계에서 통용되는 마한권역과 일부 중첩된다. 따라서 강원 영서와 영동을 하나의 단위로 설정하여 철기시대라는 독자적 시대명을 사용하여야 한다는 주장에 대한 반론으로 경기-충청지역과 영서지역의 공통성이 제기될 수 있다. 게다가 중도유형문화권의 설정과 관련된 중도식 토기(그림 4)가 강원지역만이 아니라 한반도 중부지역에 광범위하게 분포하는 양상을 볼 때, 강원지역의 독자성을 지나치게 강조하는 것은 불합리하다.

여기에서 비교, 참고할 만한 대상이 동남아시아의 선사, 원사시대이다. 광범위한 동남아시아의 문화발달 과정을 하나의 틀로 설명할 수는 없으나 베트남 중남부, 캄보디아, 태국 등 동남아시아 내륙부에서는 기원전 5세기에서 기원후 5세기까지를 초기 역사시대로 부르고, 앞의 절반 정도를 철기시대로 부른다. 지역에 따라서는 철기시대를 1, 2, 3기로 구분하는 경우도 있으며 구체적인 상한과 하한에서는 차이를 보인다. 그러나 철기시대 다음에 참파, 푸난 등 고대 국가를 배치하는 점은 공통적이다. 참파와 푸난 등의 고대 국가는 기원후 1~2세기 무렵에 발흥한 점에서 우리와 유사하다. 그렇다면 우리도 철기시대 다음에 삼국시대를 배치하는 구도를 고려할 만하다. 하지만 우리가 동남아시아와 근본적으로 다른 점은 고조선의 존재이다. "철기시대-삼국시대"의 틀을 설정할 경우, 청동기문화를 배경으로 성장하여 철기문화의 세례를 받은 고조선이 자리할 공간이 사라져버리는 것이다. 그런데 역사학계에서는 고조선이 한국사 최초의 고대 국가라는 입장에서 한치의 양보도 없다.

이렇듯 기원전 3세기부터 기원후 3세기까지를 지칭하는 시대명칭은 매우 혼란스러운 상태이다. 이 시기가 고대 국가의 출현 및 발전기에 해당되며, 압록강유역에서 이미 고구려가 고대 국가 체제를 갖춘 것으로 간주하는 역사학계의 분위기로 인하여 이러한 혼란은 더욱 가중된다.

테글 1

전기론(前期論)과 전사론(前史論)

『삼국사기』는 기원전 1세기에 신라, 고구려, 백제의 순서로 고대국가가 성립되었다고 서술하고 있다. 그리고 이 시기는 한반도 서북부를 중심으로 삼았던 위만조선이 멸망하고, 그 자리에 낙랑군을 비롯한 군현이 설치된 시점이기도 하다.

그런데 고고학적 양상을 고려할 때, 서력 기원 이후에도 한반도 중부 이남에서 백제와 신라가 광대한 영역을 확보한 고대국가라는 증거는 없다. 기원후 3세기 후반 이전에는 한반도 중부 이남에서 여러 정치체가 우후죽순처럼 성장하는 모습이 보일 뿐이다. 『삼국지』 한조에 의하면 기원전 1세기부터 기원후 3세기까지 존속한 한반도 중부 이남의 여러 정치체 중에는 진한의 사로국(斯盧國), 변한의 구야국(狗邪國), 마한의 백제국(伯濟國) 등 훗날 고대국가, 혹은 이와 유사한 수준의 정치체로 성장할 핵심집단들이 모두 보이지만, 이외에도 수십 개의 작은 집단들이 엄연히 존재한다.

결국 『삼국사기』와 『삼국지』가 그리고 있는 한반도 중부 이남의 정치적 지형은 크게 다른 것이다. 여기에서 고고학적 자료를 중시할 경우 『삼국지』가 그리고 있는 모습이 현실에 더 가깝다고 볼 수밖에 없다.

문제는 진한의 사로국, 변한의 구야국, 마한의 목지국, 백제국이 각축을 벌이는 3세기 이전의 역사와 신라, 가야, 백제가 모습을 나타내는 4세기 이후의 역사를 어떻게 관련지을 것인가 하는 점이다. 연구자마다 백가쟁명식의 의견이 나왔지만 이를 크게 정리하면 전기론과 전사론으로 양분할 수 있다.

전기론의 입장에서 변한과 가야를 볼 경우, 기원전 1세기 이후 등장하는 변한 구야국과 4세기 이후의 가야는 기본적으로 연속성이 강하여서 그 사이에 엄정한 획기를 둘 수 없다는 주장이다. 이럴 경우 변한사회는 가야 전기로 자리매김된다. 반면 전사론의 입장에서는 3세기 후반 내지 말에 불어닥친 낙동강 하류역의 대변화(김해식 목곽묘의 등장, 진정한 왕묘의 출현 등)는 그 앞과 뒤를 구분할 정도로 현격한 것이어서 변한과 가야는 구분되어야 한다는 입장이다.

전기론과 전사론은 진한 사로국과 신라의 관련성에 대한 연구로 확산되었다. 전기론자의 입장은 사로국과 신라의 연속성을 인정하는 것이고, 그럴 경우 신라사의 시작이 기원전 1세기 무렵까지 소급된다. 그렇지만 경주 이외 지역에서 발전한 수많은 정치체의 모습이 사라지기 때문에 전사론의 반론이 제기되었다. 그런데 반드시 전사론적 입장을 취해야만 경주 이외의 지역 정치체의 모습이 포착되는 것은 아니며, 전사론에서는 2세기 중엽 경의 변화를 포착하기 어려워지므로 전기론이 합리적이라는 주장도 나오는 것이다.

변한과 가야, 진한과 신라의 관계에 대한 이러한 입장 차이는 마한과 백제에 대해서도 동일하게 적용된다. 3세기 이전의 마한 일원으로서의 백제국과 4세기 이후의 고대 국가 백제를 엄격히 구분하려는 견해가 제기된 적이 있는데 이 경우에는 기마민족이 북에서 내려와 새로운 왕조를 건설하였다는 정복왕조설의 형태를 취하고 있다.

전기론과 전사론을 지지하는 입장의 차이는 문헌을 중시하는 고대사 연구자, 물질자료를 중시하는 고고학 연구자 사이에서 매우 복잡한 양상을 보인다. 전기론을 주장하는 연구자 중에는 문헌 위주의 고대사 연구자가 많지만, 그 중에는 전사론의 입장을 취한 경우도 있다. 고고학 연구자들은 전기론자와 전사론자로 양분된 상태이다. 와질토기론을 지지하는 연구자건 비판적인 연구자건 무관하게 전기론자와 전사론자가 섞여 있다.

전기론과 전사론의 의견 차이가 발생하는 배경에는 고대 국가에 대한 개념의 차이 및 국가 출현의 고고학적 기준, 국가 발생의 내부적 요인과 외부적 요인을 어떻게 자리매김할 것인가 등이 서로 연결되어 있다. 전기론과 전사론 중 어느 하나만이 정답은 아닐 것이다. 양자의 합리적인 부분을 종합하여 새로운 틀을 만들 필요가 있다.

삼한시대와 철기시대는 고구려를 고려하지 않은 시대명이므로, 결코 한국 고고학 전체를 아우르는 명칭이 될 수 없다. 원삼국시대란 용어도 완벽하지 않다. 그 대상이 마한, 진한, 변한만을 대상으로 하면 동일한 문제점을 노출하게 된다. 비록 가야가 제외되지만 고구려, 백제, 신라와 가야가 공존하던 시기를 삼국시대라고 부르는 현실을 고려하면 원삼국시대라는 명칭은 당연히 고구려를 포함하는 내용이어야 한다. 고대 국가로 진입한 고구려, 그 도중에 있는 삼한의 여러 소규모 정치체, 낙랑 등 한군현, 옥저와 동예로 불리는 많은 지역 정치체 들이 공존하던 시대에 대한 명칭으로 정의하는 것이 바람직해 보인다.

고고학에서 본 삼국시대의 성립

고구려와 백제, 신라, 가야 등의 정치체가 고대 국가 단계에 진입한 시점은 같지 않다. 『삼국사기』 초기 기사를 액면 그대로 믿어서, 신라 – 고구려 – 백제의 순서로 국가가 형성되었으며 그 시점을 기원전 1세기로 보는 고고학 연구자는 거의 없다. 고구려의 국가 형성이 상대적으로 이른 시기에 이루어졌다는 주장에는 역사학계와 고고학계 모두 동의하고 있으므로, 삼국시대의 시작은 가장 선진적인 고구려가 기준이 될 수밖에 없다.

그런데 앞에서 원삼국시대를 초기 고구려와 삼한이 공존하는 시대로 보자고 제안하였는데 여기에 고고학계에서 모두 동의해도 또 다른 문제가 발행한다. 이때의 원삼국시대를 역사학계에서는 삼국시대의 한 부분으로 보고 있기 때문이다. 고고학계에서 기원후 3세기 후반 무렵을 원삼국에서 삼국으로의 이행기로 보는 데에 비하여, 역사학계에서는 고구려의 등장 시점인 기원전 1세기부터를 삼국시대라고 지칭한다. 고구려의 국가 형성 또는 집권체제 구축 시점을 고대의 시작으로 잡더라도 그 시기는 태조왕 대보다 내려오지 않는다. 즉 기원후 2세기보다 늦지 않은 것이다. 이렇듯 역사학계와 고고학계는 삼국시대의 개시 시점에 대해서도 서로 다른 견해를 보인다.

그런데 고구려의 국가 형성 시점에 대한 나름의 논리를 갖춘 역사학계와 달리, 고고학계에서는 그 과정과 시점에 대한 구체적인 설명을 하지 못하고 있다. 고구려의 국가 형성은 왕성의 출현에 맞추어야 하는가? 왕릉의 출현에 맞추어야 하는가? 구체적으로 그 시기는 언제로 볼 수 있는가?

현재의 주류적 설명은 고구려 사회에서 적석총의 출현은 늦어도 기원전 2세기부터이며, 수혈식 장법(葬法)에서 횡혈식 장법으로의 전환은 기원후 3세기 말부터인데, 이때가 중앙집권적 국가체제가 정비된 시기라는 것이다. 이러한 구도는 역사학계의 국가 형성 시점을 다분히 의식한 것으로 판단된다. 한편으로는 고구려 왕권에 대한 고고학적 논의에서 단골로 등장하는 왕릉, 즉 초대형 적석총(그림 5)은 대개 4세기 이후의 것들이다. 그렇다면 왕릉의 등장 이전 고구려 사회의 국가적 성격은 어떻게, 무엇으로 설명할 것인가?

도성 문제는 환인지역에서 최초의 왕성 위치 문제, 환인에서 집안으로의 천도 시기,

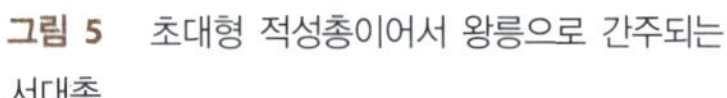
그림 5 초대형 적성총이어서 왕릉으로 간주되는 서대총

국내성과 환도(丸都) 산성의 관계에 관한 연구는 많지만, 왕권의 성장이란 측면에서 왕성, 도성을 다룬 고고학적 연구는 찾아보기 힘들다. 고구려의 국가 형성에 대해서는 역사학계의 논의를 의식하였음에도 불구하고 실제 그 시점에 대해서는 불분명한 것이다. 이렇듯 비교적 문제가 적을 것으로 예상되던 고구려의 경우도 여전히 3~4세기에 대한 설명이 어려울 수 있다.

여기에 부여를 포함하면 문제는 더욱 복잡해진다. 현행 고고학 관련 강의나 개설서에서 부여에 대한 논의는 매우 소략하다. 부여의 조기 문화라는 서난산(西團山)문화를 청동기시대, 혹은 고조선을 다룰 때 잠깐 언급하거나 북방계, 중원계 민족과의 교류에서 금속기나 토기를 비교하는 정도이다. 기원 이후에 발전한 길림시 일원의 포자연(泡子沿)문화를 대상으로 부여의 왕권이나 고대 국가 성장의 징후를 추적하는 연구는 매우 드물다. 고조선과 비파형동검문화를 대상으로 하는 방법론을 사용할 것인지, 고구려를 포함한 삼국시대 국가형성론의 방법론을 사용할 것인지에 대한 고민도 찾아보기 힘들다. 삼국시대를 가야와 부여를 포함한 오국(五國)시대, 혹은 열국(列國)시대로 명명하여야 한다는 일부의 주장도 있으나, 부여의 국가형성론에 대한 고민이 없는 상태에서 이런 주장은 시기상조이다.

이상의 문제점을 고고학계와 고대사학계가 효과적으로 공동 대응하지 못하면서 불똥은 중등 역사교육으로 튀었다. 현행 중등 역사 교과서에서는 삼한과 삼국에 대한 큰 혼란이 발생한 상태이다. 삼한과 삼국을 시간적 선후 관계로 전제하고, 삼국의 시작을 『삼국사기』 연대관을 따라 기원전 1세기라고 인정하면 어떤 문제가 발생하는가? 삼한은 삼국에 선행하여 존재하던 정치체로 여겨지므로, 삼한이 기원전 1세기 이전에 이미 존재하다가 이 시점에 삼국으로 전환되었다는 기묘한 틀이 만들어진다. 남한의 고고학계와 역사학계에 큰 영향을 끼쳤고, 일반 시민들에게도 널리 알려진 북한 김석형의 최대 역작인 『초기조일관계연구』가 "삼한, 삼국의 일본열도 분국설(分國說)"로 요약되면서 삼한과 삼국의 시간적 계기성을 기정사실화 해버리는 경향이 팽배해 있다.

물론 한국 고대사학계에서 일정 부분 지지를 받는 이른바 전사론도 삼한을 삼국의 앞에 배치하는 점에서는 공통적이다. 하지만 전사론자들은 고대 국가로서의 백제, 신라와 가야의 등장을 기원후 3세기 이후로 보기 때문에 삼한에서 삼국으로의 전환 시점은 기원후 3~4세기 언저리가 된다. 전사론은 마한, 진한, 변한과 백제, 신라, 가야의 계기성에 의문을 품으며 질적인 차이에 주목하고 있는 것이지 삼한을 기원전 1세기 이전으로 올리려는 시도는 결코 아니다. 하지만 이러한 학계 내부의 속사정을 상세히 알 리 없는 교과서 편찬진, 매스컴, 일반 시민들이 전사론을 접하게 되면 삼한의 시간적 위치를 기원전 1세기 이전에 위치시켜야 한다고 오판하게 된다. 현재 상황에서는 그 어떤 중등 역사 교사도 이 시대를 일목요연하게 정리할 수 없으며, 어떤 학생도 체계적으로 이해할 수 없게 된다. 삼한이란 것이 『삼국사기』에서 이야기하는 삼국시대 초기에 해당한다는 점을 분명히 할 필요가 있다.

삼한과 삼국을 상호 계승적인 관계로 보는 것이 문제이듯이, 삼한과 삼국을 병렬적으로 보는 견해도 심각한 문제를 일으킨다. 대표적인 것이 "백제와 마한의 대립"이란 구도이다. 예를 들어 백제문화권(혹은 백제세력권)과 마한문화권(마한세력권)을 경기 남부나 충청

북부 어디에서 선을 그으려는 시도는 몰역사적이다. 마한과 백제는 동일한 차원에서 비교할 수 있는 대상이 아니다. 3세기 중엽까지 서울 강남의 백제국(伯濟國)[4]은 마한의 일원이었을 뿐이다. 4세기 이후 마한의 여러 지역 정치체들이 백제국을 중심으로 통합된 하나의 단위(백제) 대(對) 그 통합에 참여하지 않은 여러 지역 정치체들(마한 잔여세력)의 관계가 지속되면서 4~6세기 역사가 진행된다. 4세기에는 마한 잔여세력이었던 어떤 지역 정치체가 5세기에는 백제의 지방으로 등장하는 과정이 여러 번 반복, 중첩되는 것이 이 시기의 실상이다.

마한이 온전하게 백제로 이행된 것도 아니고, 마한과 백제가 처음부터 별개의 정치체였던 것도 아니다. 현재의 행정구역상 서울, 경기, 충청, 전라, 강원 영서가 모두 마한이었던 것도 아니다. 이 지역에서 성장하던 정치체 중 일부가 마한으로 불린 것은 맞지만 마한이나 진·변한 어디에도 속하지 않았던 정치체도 존재하였다. 충청이나 호남에 소재한 정치체를 모조리 마한으로 간주하는 것도 어렵다. 예를 들어 여수, 순천, 광양 등 전남 동부 및 해안지대의 정치체가 마한의 일부였다는 근거가 없기 때문이다. 오히려 고고학적 물질문화만을 기준으로 보면 서부 경남과 상통하는 점이 많다. 『삼국지』 위서 동이전(魏書東夷傳) 한조(韓條) 에 등장하는 마한 50여 국이 서울, 경기, 충청, 전라, 강원 영서에 규칙적으로 배열되어 있었을 것이란 근거 없는 추정에서 벗어나야 한다.

고고학적 물질문화의 특징은 마한이라고 불러 손색이 없지만 『삼국지』의 마한 50여 국에 이름을 올리지 못한 지역도 비일비재하였다. 대표적인 경우가 청주지역이다. 송절동과 봉명동, 테크노폴리스 부지에 집중 분포하는 주거지와 분묘는 원삼국 – 삼국으로 이어지는 충청 내륙지역 물질문화의 변화양상을 일목요연하게 반영하고 있으며, 이러한 문화가 마한의 한 부분이라는 주장에는 누구도 반대하지 않을 것이다. 그러나 이 지역 정치체의 명칭이 무엇인지는 알 수 없으며 『삼국지』 한조(韓條)에 등장하는 것 같지도 않다.

이러한 상황은 영남의 진변한도 마찬가지이다. 진한 12국, 변한 12국을 지금의 경상북도, 대구와 경상남도, 부산, 울산에 규칙적으로 배열하려는 시도는 무의미하다. 중국인들과의 접촉이 덜하던 내륙의 정치체, 또는 집단은 『삼국지』에 이름을 못 남겼을 가능성이 농후하다. 『삼국지』에 이름을 남긴 집단 중에도 3세기에는 이미 소멸하여 존재하지 않고 이름만 전해지는 경우도 있었을 것이다. 국(國)과 국 사이에는 넓은 공백지대도 존재하였을 것이다. 경기 – 충청 – 전라지역은 마한, 영남지역은 진변한이란 도식은 연구자들의 머리속에만 존재할 뿐 실제와는 괴리가 많다.

마한 정치체의 하나에 불과하였던 백제국(伯濟國)이 고대 국가 백제(百濟)로 전환되는 시점에 대해서는 3세기 후반~4세기 중엽의 어느 시점으로 보는 것이 일반적이다. 진한의 한 구성 분자였던 사로국이 고대 국가 신라로 전환되는 시점, 변한의 한 구성 분자였던 구야국이 금관국(금관가야)으로 전환되는 시점 역시 비슷한 시점으로 보고 있다. 문제는 그 근거와 기준이다.

4 이 글에서 伯濟國이라고 명명할 때는 고대 집권국가 百濟와 구분되며 마한의 한 구성분자로서 한강 하류역에서 발전하던 정치체를 의미한다.

테글 2

와질토기 논쟁

1920년에 발굴조사된 김해 회현리 패총에 대한 연구가 진전되면서 출토된 토기를 김해식 회도(灰陶), 김해식 토기 등으로 명명하게 된다. 1970년대 이후에는 그 시기를 김해문화기라고 부르게 되고 이러한 인식은 원삼국시대론으로 이어지게 되었다.

그런데 1970년대 후반에 진행된 경주 조양동 분묘군의 조사를 계기로 영남지역의 관련 자료에 대한 재검토가 진행되면서 새로운 주장이 제기되었다. 1980년대부터 제기된 주장의 핵심은 김해식토기라고 불리던 토기군 중 회청색 경질토기는 사실은 기원후 300년 이후의 토기이며, 그 이전의 토기는 회색조의 색조, 연질 소성, 정선된 태도 등의 특징을 지닌 와질토기라는 것이다. 결국 종전에 김해식 토기군에 포함되어 있던 회청색 경질토기가 4세기 이후의 삼국시대 토기로 자리잡게 되고 도질토기라고 명명되면서 기원후 1~3세기의 와질토기에서 4세기 이후 도질토기로 이행하는 큰 그림이 갖추어지게 되었다.

이에 대한 반론도 즉각적으로 제기되었다. 와질토기라고 불리는 일군의 토기는 무덤 부장용 등의 특수목적을 띤 토기이거나(기능), 여성들에 의해 제작되었을 것이고(제작주체), 공간적으로는 영남에 국한(공간적 분포)되었다는 것이다. 나아가 와질토기에서 도질토기로의 이행이 시간적 경계를 선명히 하는 것이 아니라, 한동안 양자가 공존하였다는 주장(도질토기 조기 등장)도 제기되었다.

이후 이른바 와질토기 논쟁은 1980년대 이후 한국 고고학의 최대 쟁점으로 부상하면서 많은 연구자가 이 논쟁에 뛰어들었다. 그 결과 한반도 중부 이남의 토기상, 물질문화의 변천 양상, 편년, 외부의 영향, 토기를 굽던 가마의 형태, 생산체제와 유통망 등 다양한 분야로 연구 주제가 확산되고 방법론의 모색이 진행되었다.

이 과정을 거치면서 아직 완전한 합의에 이르지는 못하였으나 많은 부분에서 의견의 접점을 찾고 있다. 우선 기원전 2~1세기에는 아직 도질토기라 불릴 만한 경질토기는 등장하지 않았고, 전국, 혹은 한의 회도 제작술의 영향을 받아서 회색조의 경질, 연질의 토기가 나타나게 되었다. 공간적으로는 낙동강유역을 중심으로 하는 영남지역에서 전형적인 와질토기문화가 발전하며, 진천 등 충청도 일부 지역에서도 영남의 와질토기문화와 맥을 함께 하는 토기가 기원후 2세기 무렵까지 보인다.

하지만 영남 이외의 지역에서 기원후 1~3세기에 걸쳐 발전한 토기는 전형적인 영남의 와질토기와는 사뭇 달라서 무문토기를 계승한 갈색조의 경질무문토기, 회색조의 타날문(打捺文)토기, 그리고 타날문이 남아 있는 적갈색의 연질토기가 공존하는 양상을 보인다. 도질토기라고 부를 정도의 경도를 지닌 토기는 석기(炻器, stoneware)에 속하는데 한반도 중부 이남에서 이러한 토기의 본격적인 생산, 사용 시점은 3세기 이전으로 올라갈 수 없다.

결국 진변한과 마한의 토기 문화는 북방의 고구려에 비해서는 공통점이 많지만 이에 못지 않게 지역적인 차이점도 지니고 있음을 인정하게 되었다. 따라서 삼한의 토기 전체를 와질토기라고 부르기보다는 전형적인 와질토기는 기원전 2~1세기부터 3세기 중엽, 혹은 후반 정도까지 영남지역을 중심으로 발전하였던 것으로 보는 데에 대략적인 의견의 일치를 보았다.

와질토기 논쟁은 원삼국기의 진정한 토기문화의 양상을 규명하였다는 점, 삼한 문화의 공통점과 차이점에 대한 깊은 이해를 가능하게 하였다는 점, 와질토기와 도질토기, 나아가 신라, 가야토기로 발전하는 과정을 그려내었다는 점에서 20세기 한국고고학의 최대 성과 중 하나라고 평가할 수 있다.

신라와 가야의 구분

진변한과 신라, 가야의 관계

『삼국지』 진변한 24개 국에 등장하지 않는 음즙벌국(音汁伐國), 실직곡국(悉直谷國), 압독국(押督國), 이서국(伊西國), 다벌국(多伐國) 등의 국명이 『삼국사기』 신라본기에 등장한다. 양자의 괴리를 해결하기 위하여 다양한 견해가 제기되었으나 무리한 해석을 하기보다는 『삼국지』의 24개 국보다 더 많은 정치체가 영남지역에 존재하였다고 보는 것이 순리이다. 경북 서부–북부–동부, 예를 들어 상주, 영주, 울진에도 엄연히 지역 정치체가 존재하였

그림 6 경주 일원의 와질토기

지만 『삼국지』에서 국명을 남기지 못하였을 뿐이다. 심지어 상주지역의 경우 낙동강 하류역의 와질토기 분포권과 관련되는 한편, 대전 등 호서지역의 묘제, 원저단경호(圓底短頸壺)와 심발형토기(深鉢形土器)의 유물 조합과도 공통점을 보인다. 이런 복잡함은 『삼국지』의 진변한 24개 국만으로 영남 전역이 꽉 찬다는 도그마에서 벗어나면 쉽게 풀릴 문제이다.

『삼국지』의 진한 여러 정치체는 고스란히 신라로, 변한 정치체는 모두 가야로 연결되었다는 주장도 근거가 별로 없다. 전기론과 전사론 모두 진한과 신라, 변한과 가야의 관계를 고정적으로 생각하지만 3세기 무렵 진변한 24개 국에 포함되지 않은 수많은 지역 정치체가 영남 곳곳에 산재하였음을 고려한다면 이러한 단순 논리가 성립하기 어려움을 알 수 있다.

3세기 무렵 진한과 변한을 엄격히 구별하여 그 지역적 경계를 분명히 하는 것도 쉬운 일이 아니다. 사로국을 진한의, 안야국(安邪國) · 구야국 · 독로국(瀆盧國)을 변한의 구성분자로 보는 것에는 문제가 없다. 하지만 울진으로 추정되는 우유국(優由國) 혹은 우추국(于抽國)을 진한으로 보기에는 예(濊)의 하한 문제가 걸린다. 그 진위에 대한 의문이 최근에 제기되기는 하였으나, 영일 마조리(현재 포항 흥곡리)에서 출토된 것으로 전해지는 '진솔선예백장인'(晋率善濊伯長印)의 존재는 포항까지 예족이 분포하였다는 주장의 유력한 근거가 되었다. 경주의 지근인 포항이 예인의 활동 범위라면 훨씬 북쪽인 울진이 진한이라는 기사와 모순되지 않는가? 물론 포항에서 성장하던 정치체가 북방의 예족의 일파라는 주장에는 동의할 수 없다. 물질문화의 양상을 보면 경주와 가까운 모습을 보이기 때문이다(**그림 6**).

한편 김천으로 추정되는 감로국(甘路國)이 변진감로국으로 표현된 이상 변한의 일부로 보아야 하지만 경상북도 김천이 변한이었다는 주장에는 누구도 동조하지 않을 것이다. 진한과 변한의 구분이 무엇을 기준으로 삼았는지에 대해서는 이미 다양한 견해가 제기되었는데, 여기에서 강조하고 싶은 사실은 훗날 신라 – 가야의 구분과 진한 – 변한의 구분이 반드시 일치하는 것은 아니란 점이다.

신라의 성장과 발전

신라와 가야를 구분하는 것은 언제부터 가능할까? 일단 6세기 전반의 영남지역은 신라와 가야 여러 세력의 병립 양상이라고 정의할 수 있다. 이 시점이면 강원 영동지역과 충청, 전라 일부 지역은 이미 신라의 영역에 편입되었기 때문에 신라의 영역이 영남에 국한된 것은 아니지만, 일단 영남지역만을 대상으로 삼을 때 신라와 여기에 포함되지 않은 여러 정치체로 나뉜 것임은 분명하다. 후자의 일부가 가야로 인식되는 것도 사실이다. 3세기의 진변한 단계 이후 어떠한 변화를 거쳐 이러한 구도가 성립되었는가?

신라 국가의 성장과 발전과정을 설명하는 대부분의 연구는 경주의 사로국을 중심에 놓고 논의를 전개한다. 『삼국사기』 신라본기를 대상으로 신라 초기사(상고기)를 설명하는 것이 당연시되는 고대사학계의 논리가 은연중에 스며들었는지도 모른다.

경주에서 적석목곽분이 출현하고 영남의 도질토기가 낙동강 이동양식과 이서양식으로 구분되기 시작하는 시점이 4세기 후반이라는 학계 통설은 인정되지만, 이를 신라전기양식과 가야양식으로 명명하는 순간 문제가 발생한다. 4세기 후반부터 영남지역이 낙동강을 경계로 신라와 가야로 이분되었다는 논리로 오도되기 때문이다. 신라전기양식을 경주양식, 창녕양식, 성주양식, 의성양식 등 지역양식으로 세분하는 시도는 4세기 후반 이후 낙동강 이동 전체를 신라의 영역으로 간주하는 것이 무리라는 현실을 인정하였기 때문일 것이다. 게다가 창녕을 신라가 아닌 가야의 일원으로 포함하여야 한다는 학계 일각의 주장도 무시하기 어려웠을 것이다.

그런데 고고학 연구에서 하나의 중핵을 설정하고, 그 중핵이 동심원상으로 확산하는 과정을 통하여 국가 형성을 설명하는 것이 과연 유일한 방법론일까? 이 과정에서 경주 이외의 수많은 정치체는 모두 통합의 대상이자 객체로 전락하고, 그 이전의 자체적인 발전의 모습은 대부분 사라지게 된다.

3세기 후반 이후 경주와 그 주변에서는 긴 묘광(墓壙) 내부를 칸막이로 구분하여 주부곽(主副槨)을 갖춘 이른바 경주식, 혹은 신라식 목곽묘가 등장하여 주변으로 확산된다. 그 범위는 포항 옥성리, 울산 중산동과 다운동, 경산 조영동, 대구 비산동과 서변동, 칠곡 심천리, 양산 소토리 등지로서 이 분포권 내부를 신라의 영역으로 간주하는 것이 일반적이다.

이 견해를 따르면 몇 가지 문제가 발생한다. 우선 신라식 목곽묘가 등장하지 않는 지역은 아직 신라의 영역에 편입되지 않았다는 논리인데 그렇다면 이 지역의 정치체는 무어라고 불러야 하는가? 둘째, 경주에는 신라식 목곽묘 이외에도 구어리와 쪽샘에서 나타났듯이 주곽과 부곽이 분리된 이른바 김해식 목곽묘가 분포하며 규모 면에서 신라식 목곽묘를 월등히 능가한다. 그렇다면 이 목곽묘는 비 신라식이 되는 것인가? 주부곽이 분리된 이른바 김해식 목곽묘와 세장방형의 묘광 내에 칸막이가 부설된 경주식(신라식) 목곽묘라는 양분론으로 김해, 혹은 금관가야와 신라의 영역을 구분하는 것은 유효한가? 경주식=신라식이란 도식이 안고 있는 문제점도 만만치 않아 보인다. 최근에는 이른바 신라식 목곽묘가 고령 등 영남 곳곳에 분포하는 것으로 확인되면서 기존의 단순 명쾌한 주장에 균열이 생기고 있다.

4~5세기 영남지역에 존재한 수많은 정치체를 신라와 가야로 이분하는 논리는 인정할 수 없다. 아직 신라의 영역에 포함되지 않은 정치체들이 영남 북부, 소백산맥 일대에

산재하였다. 이들은 속속 신라의 지방으로 편제되고 신라의 일부가 되지만 그것은 결과론일 뿐, 이 정치체들이 당연히 신라의 지방으로 편제될 운명은 아니었다. 이 정치체들의 이름은 사서에 나타나는 경우도 있고 그렇지 못한 경우도 있다. 이름을 드러내지 못하였을 뿐, 당시에 이름이 없었던 것은 아니다. 이름을 드러내지 못하였다고 실체가 없었던 것도 아니다.

4세기 이후 낙동강 이서지역에서 함안양식, 고성－진주양식, 고령양식 등 지역양식의 특색이 강화되고 이것이 안라국(安羅國, 함안), 고자국(古自國, 고성－진주), 가라국(加羅國, 고령)이라는 정치체의 성장과 직접 관련된다는 사실은 인정된다. 그러나 이 3개의 정치체에 포함되지 않은 정치체들도 얼마든지 있다.

그렇다면 낙동강 이동과 이서를 포함하여 영남지역 4~5세기의 양상은 신라(사로국이 중핵이 되고 주변 정치체 일부가 흡수된), 금관국(金官國, 김해), 비자벌국(比子伐國, 창녕), 안라국(함안), 다라국(多羅國, 합천), 고자국(고성－진주), 가라국(고령), 그리고 이름을 남기지 못한 수많은 정치체가 병립한 것으로 보는 것이 실상에 가까울 것이다.

다벌국(대구), 압독국(경산), 조문국(召文國, 의성), 감문국(甘文國, 김천) 등 훗날 신라의 지방으로 편제된 정치체들의 사정은 제각각이어서 비교적 이른 시기부터 신라의 영향권에 들어간 정치체, 늦은 시기까지 독자성을 유지한 정치체 등 다양한 스펙트럼을 보인다. 3세기 무렵 진한과 변한으로 불리던 여러 정치체의 운명은 4세기 이후 신라의 지방으로 편제된 경우, 그 영향을 강하게 받던 경우, 비교적 오랜 기간 독자성을 유지하던 경우(금관국 등 이른바 가야 세력도 여기에 포함) 등으로 세분할 수 있는 것이며 여기에서 낙동강은 그리 결정적인 구분선이 아니다.

가야 여러 정치체의 성장

낙동강 이서지역에서 4세기 이후 가야라는 하나의 단일 정치체가 성립한 것이 아니었음은 모든 연구자가 인정한다. 신라와 달리 가야 사회의 분립을 인정하는 것이다. 그렇다고 하여 이 지역에 금관가야, 소가야, 아라가야, 대가야만이 존재한 것도 아니었다. 김해의 금관국**(그림 7·8)**에 포함된 경우(창원과 진해 일부 지역), 함안의 안라에 포함된 경우(창원, 마산, 의령의 일부), 고령의 가라 영향권에 편입된 경우(합천, 산청, 함양) 등 다양한 면모를 보인다. 소가야라고 표현된 대상은 하나의 정치체이기보다는 진주, 고성, 사천, 산청과 합천

그림 7 김해 일원의 와질토기

그림 8 김해 일원의 도질토기

일부 지역에서 보이는 공통적 물질문화권이 실상일 가능성이 크다. 여기에 영남은 아니지만 6세기 전반 무렵 백제와 가라의 병합 경쟁 대상이 된 남강 상류 및 호남 동부의 섬진강 유역까지 추가하게 되면 가야라고 통칭된 정치체들의 사정은 매우 복잡하다.

그 결과 『일본서기』 계체(繼體) – 흠명기(欽明紀) 및 중국 양나라 『양직공도(梁職貢圖)』에 이름을 남긴 정치체도 있으나, 이미 독자성을 상실한 경우도 여럿 있었을 것이다. 고구려, 백제, 신라로 한정된 삼국시대론의 극복 방안으로 가야를 포함한 사국시대론이 대두되었지만 가야 자체가 하나의 정치체, 하나의 단위가 아닌 이상 이 용어로도 당시 현실을 제대로 반영하기는 어렵다.

가야의 여러 세력을 6개 혹은 12개로 고정하는 것이 현실에 맞지 않음은 더 이상 논의할 필요가 없다. 『삼국유사』에서 말하는 오가야는 아라가야, 고녕(古寧)가야, 대가야, 성산(星山)가야, 소가야이다. 이 중 상주의 고녕가야를 가야로 인정할 수 없듯이, 성주의 성산가야도 가야로 인정할 필요가 없다. 오가야 중 대가야를 제외한 나머지는 원래 모모(某某)가야라는 국명으로 불린 것이 아니며, 신라 말 호족의 흥기로 인하여 생긴 새로운 명칭이란 주장을 참조하면 가야라는 명칭을 마치 돌림자처럼 국명에 사용하는 복수의 정치체들이 삼국시대에 병존하였던 것은 아니다. 아라가야의 실체는 아시량국(阿尸良國), 혹은 안라이고 소가야는 고자국 혹은 고차국(古嵯國)일 뿐이다. 합천이 다라가야가 아닌 다라국이듯이 창녕 비화(非火)가야의 실체는 비자벌이었을 것이다.

창녕이 신라냐 가야냐 하는 논의도 무의미하다. 창녕지역 정치체는 일찍이 『삼국지』에서 진한의 불사국(不斯國)으로, 『일본서기』 신공기(神功紀)에 비자발(比子鉢)로, 진흥왕 북한산순수비에 비자벌(比子伐)로 불린 독자적인 정치체였다. 묘제에서는 경주와의 차별성이 보이며, 토기는 낙동강 이동양식에 포함되지만 나름의 특색을 지니고 있다. 고령이나 대구 등 주변 지역의 정치체와 교섭하다가 6세기 중엽 신라의 지방으로 편입된 것이 분명한 팩트이다. 이 정치체가 신라에 속하느냐, 가야에 속하느냐 하는 논쟁은 당시의 실상과는 무관하다.

이러한 주장은 『일본서기』 흠명기에 기재된 대가야 멸망기의 여러 국명을 통해 뒷받침된다. 그 내용은 가라국, 안라국, 사이기국(斯二岐國), 다라국, 졸마국(卒麻國), 고차국, 자타국(子他國), 산반하국(散半下國), 걸손국(乞飡國), 임례국(稔禮國) 등이다. 모모(某某)가야의 형태를 취하지 않는 이 국명들이 오히려 원상에 가까울 것이다. 현재의 모든 연구자가 "가야 여러 나라" 즉 "가야제국"이란 용어를 사용하고 있으나 김해(금관국, 가락국)와 고령(가라, 대가야)을 제외한 어떤 지역 세력도 그 국명에 가야라는 이름이 붙은 적이 없다. 『일본서기』의 임나 관련 기사 및 『송서』 왜오왕 관련 기사에 나타나는 "임나"만이 이른바 "가야의 여러 세력"을 하나의 단위로 통칭할 뿐이다. 신라·백제와 공존, 대립하던 영남의 여러 정치체가 "가야제국"이라는 단위로 묶인 적도 없고, 그렇게 불린 적도 없다.

그렇다면 가야란 무엇인가? 특정한 인간집단인가? 지역인가? 정치체인가? 전북 동부가 가야화되었다는 주장을 하는 논자 중에는 이동하는 주민집단을 상정하는 경우가 있는 것 같다. 지역으로 인식하는 논자는 낙동강 이서를 상정하며, 정치체로 인식하는 논자는 변한의 후신이란 점을 강조한다.

하지만 앞에서 누차 논하였듯이 변한이 고스란히 "가야의 여러 나라"로 전환된 것은 아니었다. 6세기 중엽의 신라는 가야라는 단일한 정치체를 병합한 것이 아니라 금관국, 가라국(대가야)을 비롯한 영남 각지의 정치체를 병합한 것이다. 이 정치체 중 일부가 『삼국지』 한조에 진한과 변한의 구성분자로 등장한 적이 있을 뿐이다.

고대 국가 형성에 대한 고고학적 지표

백제의 국가 형성 과정에 대한 설명에서 등장하였던 고대 국가 형성의 고고학적 지표(대형 분묘의 출현, 성의 등장, 토기 양식의 성립)는 삼국시대 다른 국가에도 고르게 적용될 수 있을까?

고구려에 대해서는 조금 다른 방식의 설명이 이루어지고 있다. 앞에서도 언급하였듯이 왕성의 위치 비정과 천도 과정, 초대형 적석총을 왕릉으로 인식하고 『삼국사기』에 등장하는 역대 고구려 왕들과 어떻게 연결시킬 것인가가 고구려 초기 고고학의 주요 관심사인 것 같다. 신라, 백제, 가야보다 상대적으로 문헌자료가 많고, 초기 기사의 신빙성에서 높은 점수를 받는 고구려의 경우는 역사학의 연구 성과에 많이 기대고 있다.

그 결과 적석총의 대형화 과정을 추적하면서 국가 형성의 시점을 논의하는 동적인 연구는 그다지 활발하지 않고, 왕릉의 비정에 무게 중심이 가 있는 정적인 연구가 주류를 이룬다. 고구려 고분에 관한 연구 역시 중앙에 집중된 결과, 중앙과 지방 묘제의 차이점, 그리고 고분을 통한 지방 세력 장악 과정 등의 논의는 보이지 않는다. 성에 관한 연구 역시 중국과의 항쟁 과정에서 관방적인 성격은 강조되지만, 지방지배라는 문제의식과 결합한 모습은 보이지 않는다. 고구려 토기가 어떠한 특징을 지니는지는 규명되고 있으나 고구려 토기 양식의 성립은 언제 어떻게 이루어졌고 지방에는 어떤 방식으로 파급되었는지 찾아보기도 힘들다.

신라와 가야의 경우에는 다양한 시도가 있다. 우선 무덤을 대상으로 삼아 매장 주체부가 확대되는 시점, 순장(殉葬)과 후장(厚葬)의 실시, 막대한 부장품의 존재, 봉토의 대형화 등의 현상을 주목하였다. 참고로 일본의 경우는 전방후원분의 출현과 함께 나타난 외관의 대형화와 공통적 분형(墳形), 그리고 통일된 제식(祭式)의 실행을 중시한다.

토기를 통한 국가 형성사 연구도 활발히 진행되었다. 도질토기의 발생과 신라 토기, 가야 토기의 분화과정을 통한 국가 형성사 연구가 대표적이다. 특히 가야의 경우는 지역별로 나타난 특정 토기 양식의 성립을 여러 가야 세력의 분립으로 설명하거나 고령 대가야의 세력이 확산하는 중요한 지표로 삼았다.

그런데 공교롭게도 신라와 가야에서는 왕성의 출현을 왕권의 성립, 고대 국가 체제의 정비와 연결지으려는 연구가 거의 없다. 경주 월성이나 대구 달성의 축조 연대가 기원후 3세기 이전으로 소급되지 못하는 상황, 그리고 가야지역에서 왕성의 분명한 사례를 찾지 못한 사정과 관련될 것이다. 그러나 월성 발굴조사가 진행되면서 4세기 이후 국가 권력과 지배구조를 설명하는 데에 월성의 축조, 해자(垓子)에서 출토된 목간 등의 유물을 통한 연구가 활발히 진행될 것으로 예상된다. 왕성의 출현을 통해 국가 형성을 다루려는 시도가 없었던 점에서는 가야와 왜가 공통적이다.

그런데 최근 김해와 함안, 합천, 고령, 고성 등 곳곳에서 가야 성의 존재가 속속 밝혀지고 있다**(그림 9)**. 산 위에 입지한 석성이 아니라 평지나 구릉에 입지한 토성의 존재는 왕성으로 간주할 만하기 때문에 가야 왕성의 존재가 뜨거운 이슈로 부각되었다. 앞으로 가야 여러 세력의 국가 형성 과정이 고분과 토기만이 아니라 왕성을 통해서도 논의될 수 있을 것이란 점에서 희망적이다. 이러한 성들이 가야 사회에서 국가 발생 시점을 반영하는지, 국가 이후의 출현물인지에 대한 본격적인 논의가 진행될 것이다.

앞에서 논의되었던 3가지 지표가 모두 발현되어야 고대 국가라고 인정할 수 있을까? 꼭 그렇지는 않다. 우선 금관이나 외래기성품 등 고가의 위세품을 나누어 주면서 주변 세력과 느슨한 상하관계를 맺어 나가던 백제와 신라의 사례가 추가되어야 할 것이다. 보

그림 9 아라가야 추정 왕성터

다 근본적으로는 고대 국가 형성 과정이 단일하지 않고 이를 추적하는 방법론이 다양하다는 점을 인정하여야 한다. 세계사적으로 볼 때 고대 문명의 발전 양상도 마찬가지이다. 관개 시설과 도시의 발전이란 현상이 뚜렷하지만, 거대한 신전이나 궁전이 존재하지 않는 경우 등 환경과 역사적 조건에 의해 얼마든지 다르게 나타날 수 있다. 이웃한 일본에서 왕성을 통한 왕권과 국가 권력에 대한 논의는 7세기 이후에나 가능하다는 점이 참고 된다.

시야를 돌려 동남아시아의 고대 국가들을 살펴보면 흥미로운 현상이 나타난다. 해양성이 강한 항시(港市)의 연합에 의해 등장한 베트남의 임읍(林邑), 부남(扶南), 말레이시아의 낭아수(狼牙脩) 등의 항시국가와 내륙에 입지하여 관개농업에 의지한 앙코르 수리국가의 양상은 완전히 다르다. 그렇다면 내륙에 입지한 부여, 고구려와 해양성이 강한 가야의 국가 형성의 과정과 그 지표를 동일시하려는 노력은 침대 길이에 맞지 않는 사람을 처단한 그리스 신화의 프로크루스테스(Procrustes)의 침대를 연상시킨다. 단선진화론적인 입장에서 벗어나 동북아시아 여러 정치체의 다양한 국가 형성의 경로를 인정해야 할 때가 온 것 같다.

요약

현재 한국 고고학계에서는 원삼국시대와 삼국시대에 대한 활발한 논의를 통하여 다양한 견해가 제기되어 있는 상태이다. 여기에 고조선, 혹은 위만조선을 더하게 되면 문제는 더욱 복잡해진다. 고조선의 준왕이 남으로 이주하면서 마한의 역사가 시작되었다는 식의 전근대적 계승론이 아직도 버젓이 남아 있는 것이 학계의 현실이다. 마한이 하나의 왕조가 아니라, 여러 정치체에 대한 통칭이란 주장은 이미 오래전부터 제기되었지만, 여전히 마한의 위치가 어디인지, 어디에서 비롯되어 어디로 갔는지 등의 문제에 집착하는 연구자가 너무 많다. 특히 지방자치단체 차원의 유적 활용 및 홍보 문제가 결부되면서 실체를 벗어난 논의가 이루어질 위험성이 있다.

한국 고고학에서 원시와 고대라는 시대구분, 그리고 각각의 시대 안에서 세부적인 단계의 설정이라는 어렵고도 복잡한 문제를 말끔하게 정리할 쾌도난마식의 해결책은 존재하지 않을 것이다. 아무리 정교한 논리체계를 만들더라도 곧 누수가 발생할 것이다. 그렇다면 현실적인 대안은 무엇일까?

일단은 거시적인 안목에서 선사와 역사로 구분하는 것이다. 그 다음은 원시와 고대, 혹은 그 중간에 원사라는 개념을 삽입해 본다. 도구의 재질에 따른 구분(구석기－신석기－청동기－철기시대), 왕조에 의한 구분(고조선－삼국)은 모두 이 구분을 전제로 진행되어야 한다.

그 다음은 주변 학계의 고민을 살펴볼 필요가 있다. 우리와는 비교할 수 없을 정도로 광대한 공간, 현저한 환경 차이, 다양한 역사 전통을 가진 수많은 문화를 하나의 체계로 묶기 위한 중국 학계의 고민은 매우 컸을 것이다. 비록 왕조 중심의 시대구분이라는 한계를 보이기는 하지만, 한국 고고학계가 장차 고조선과 발해에 대한 고민을 깊게 한다면 어떤 결과가 나올지는 알 수 없다. 아직은 한국 고고학계에서 생경하게 느껴질 고조선시대, 남북국시대를 사용할 수밖에 없는 시점이 올 수도 있다.

일본의 경우는 오키나와, 홋카이도처럼 죠몽－야요이－고훈－아스카의 순서로 정연하게 이어지는 시대 틀에 넣기 곤란한 지역이 엄존한다. 제주도처럼 물질문화 변화양상이 반도와는 달랐던 지역에 관한 연구에서는 이를 참고할 수 있다. 하지만 중국에 비해 좁은 한반도를 대상으로 하면서 지역별 특수성을 지나치게 강조하여 철기시대나 마한시대, 삼한시대 등의 용어를 사용하는 것은 곤란하다. 지역마다 고유한 사정을 인정하면서도 이를 포괄하는 거대하고 느슨한 시대구분명, 예컨대 선사－원사－고대를 설정하고 초기철기문화, 원삼국문화, 고조선과 부여, 삼한 등을 어떻게 배치할 것인지를 고민하는 것이 생산적일 것이다.

참고문헌

권용대, 2015, 「신라·가야의 묘제 분화와 상호관계 검토」, 『신라와 가야의 분화와 비교』, 제14회 정기학술발표외, 영남고고학회.

김성남·김경택, 2013, 『와질토기 논쟁고 – 지난 세기 한국 원삼국시대 토기 연구의 성찰』, 진인진.

김수태, 2003, 「신라의 국가형성」, 『신라문화』21, 동국대학교 신라문화연구소.

김용성, 2014, 「신라고고학 서설」, 『신라고고학개론』상, 중앙문화재연구원학술총서16, 진인진.

김원용, 1967, 「삼국시대의 개시에 관한 일고찰 – 삼국사기와 낙랑에 대한 재검토」, 『동아문화』7, 서울대 동아문화연구소.

_____, 1986, 『한국고고학 개설』3판, 일지사.

김태식, 1993, 『가야연맹사』, 일조각.

미야자키 마사카츠(김진연 옮김), 2019, 『처음부터 다시 읽는 친절한 세계사』, 제3의 공간.

복천박물관, 2020, 『변한 그시대 부산을 담다』, 복천박물관 특별기획전.

신경철, 1982, 「부산·경남출토 와질계토기」, 『한국고고학보』12, 한국고고학회.

_____, 1989, 「삼한·삼국·통일신라시대의 부산」, 『부산시사』제1권, 부산시.

이기동, 1982, 「백제 왕실교대론에 대하여」, 『백제연구』13, 충남대학교 백제연구소.

이동희, 2019, 「고고자료로 본 변한과 가야의 구분」, 『한국고고학보』112, 한국고고학회.

이청규, 2007, 「선사에서 역사로의 전환」, 『한국고대사연구』46, 한국고대사학회.

이현혜, 1993, 「원삼국시대론 검토」, 『한국고대사논총』5, 한국고대사회연구소.

이희준, 2004, 「초기철기시대·원삼국시대 재론」, 『한국고고학보』52, 한국고고학회.

_____, 2007, 『신라고고학연구』, 사회평론.

전라남도·전남문화재연구소, 2019, 『전남의 마한유적』.

주보돈, 1995, 「서설: 가야사의 새로운 정립을 위하여」, 『가야사연구』, 경상북도.

_____, 2018, 『가야사 이해의 기초』, 주류성.

최병현, 2021, 『신라 6부의 고분 연구』, 사회평론아카데미.

최종규, 1982, 「도질토기 성립전야와 전개」, 『한국고고학보』12, 한국고고학회.

최종규, 1995, 『삼한고고학연구』, 서경문화사.

충북대학교박물관, 2018, 『청주 마한 백제를 품다』, 청주 테크노폴리스 조성사업부지 내 송절동유적 연합전.

한국고고학회, 2007, 『한국 고고학 강의』, 사회평론.

한국고고학회 편, 2007, 『계층 사회와 지배자의 출현』, 한국고고학회 학술총서3, 사회평론.

__________, 2008, 『국가 형성의 고고학』, 한국고고학회 학술총서4, 사회평론.

홍보식, 2017, 「전기가야의 고고학적 연구쟁점과 전망」, 『한국고대사연구』85, 한국고대사학회.

藤本强, 1988, 『もう二つの日本文化 – 北海道と南島の文化 –』, 東京大學出版會.

머리글

고구려의 도읍과 방어체계

졸본 도읍과 방어 체계

국내 도읍과 방어 체계

평양 도읍과 방어 체계

적석총과 왕릉

적석총

국내성 시기의 왕릉

고구려 고분벽화의 세계

벽화고분의 구조

고분벽화의 전개

고구려 토기의 변천

삼연과의 문물 교류

요약

09 고구려의 사회와 문화

양시은

충북대학교

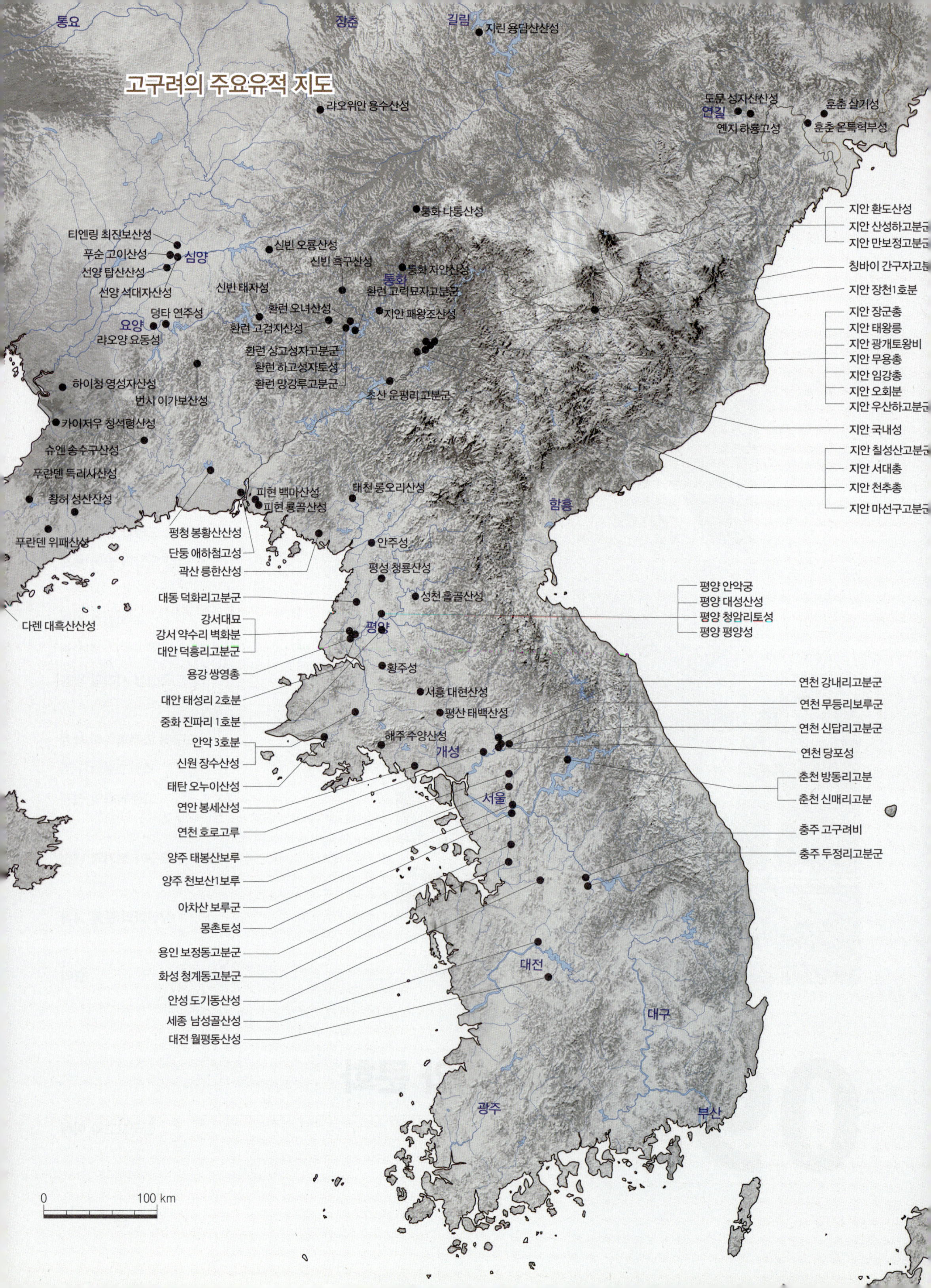

고구려의 주요유적 지도

통요
장춘
길림
지린 용담산산성
랴오위안 용수산성
도문 성자산산성
연길
엔지 하룡고성
훈춘 살기성
훈춘 온특혁부성
통화 나통산성
지안 환도산성
지안 산성하고분군
지안 만보정고분군
티엔링 최진보산성
푸순 고이산성
심양
선양 탑산산성
선양 석대자산성
신빈 오룡산성
신빈 흑구산성
통화 자안산성
통화
환런 고력묘자고분군
신빈 태자성
환런 오녀산성
환런 고검지산성
지안 패왕조산성
덩타 연주성
요양
랴오양 요동성
칭바이 간구자고분
지안 장천1호분
지안 장군총
지안 태왕릉
지안 광개토왕비
지안 무용총
지안 임강총
지안 오회분
지안 우산하고분군
지안 국내성
환런 상고성자고분군
환런 하고성자토성
환런 망강루고분군
하이청 영성자산성
번시 이가보산성
초산 운평리고분군
카이저우 청석령산성
슈엔 송수구산성
푸란뎬 득리사산성
좡허 성산산성
피현 백마산성
피현 룡골산성
태천 룡오리산성
지안 칠성산고분군
지안 서대총
지안 천추총
지안 마선구고분군
함흥
푸란뎬 위패산성
평청 봉황산산성
단둥 애하첨고성
곽산 릉한산성
안주성
평성 청룡산성
성천 흘골산성
다롄 대흑산산성
대동 덕화리고분군
강서대묘
강서 약수리 벽화분
대안 덕흥리고분군
평양
평양 안학궁
평양 대성산성
평양 청암리토성
평양 평양성
황주성
용강 쌍영총
대안 태성리 2호분
서흥 대현산성
평산 태백산성
중화 진파리 1호분
안악 3호분
해주 수양산성
개성
신원 장수산성
연천 강내리고분군
연천 무등리보루군
연천 신답리고분군
연천 당포성
태탄 오누이산성
춘천 방동리고분
춘천 신매리고분
연안 봉세산성
서울
연천 호로고루
양주 태봉산보루
충주 고구려비
충주 두정리고분군
양주 천보산1보루
아차산 보루군
몽촌토성
용인 보정동고분군
화성 청계동고분군
대전
안성 도기동산성
세종 남성골산성
대전 월평동산성
대구
광주
부산

0 100 km

고구려의 사회와 문화

양시은

충북대학교

머리글

'고구려'라는 나라 이름은 성을 의미하는 '구려(句麗)'와 높고 크다는 '고(高)'가 합쳐진 '큰 고을' 또는 '큰 성'이라는 뜻에서 유래한 것으로 알려져 있으며, 5세기 이후에는 '고려(高麗)'라고도 하였다. 『삼국사기(三國史記)』에 따르면, 고구려는 기원전 37년 졸본에서 건국하여, 기원후 3년에 국내성으로, 427년에는 평양성으로, 586년에는 다시 장안성으로 수도를 옮겼다가, 668년에 신라와 당나라의 연합군에 의해 멸망한 것으로 전한다.

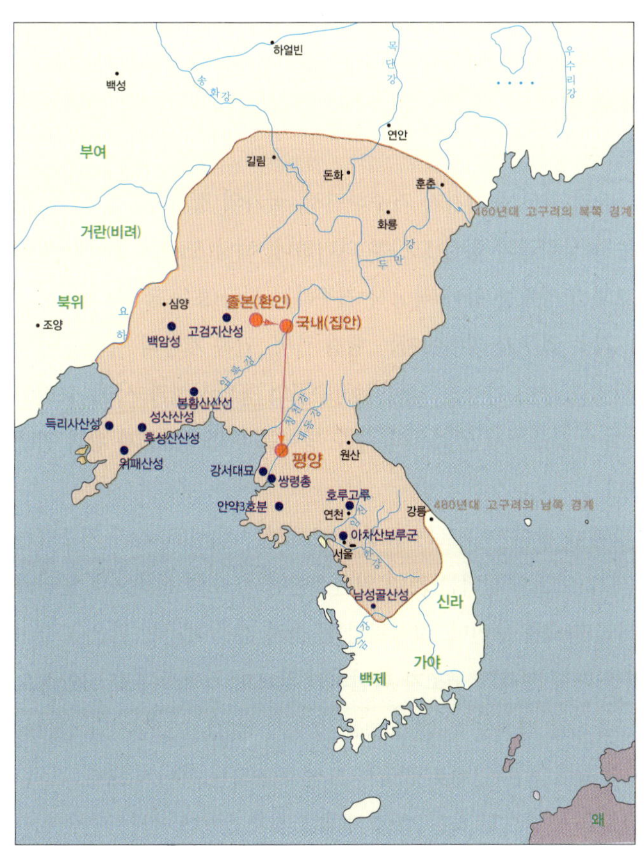

그림 1 고구려 전성기 영역도

고구려 미천왕은 313년에는 낙랑을, 314년에는 대방을 멸망시켜 한반도의 남쪽으로 진출할 발판을 마련하였다. 광개토왕은 396년 백제 한성(漢城)을 포위하고 아신왕의 항복을 받아내며 백제의 58성 700촌을 획득하였으며, 400년에는 5만의 군사를 경주로 보내 신라를 구원하였다. 이후 장수왕은 475년 백제의 한성을 점령한 뒤 충청지역까지 영역으로 삼았다.

최대 전성기였던 5세기 말 고구려의 영역은 북으로는 중국 지린성(吉林省) 일대의 쑹화강(松花江) 유역에서 남으로는 대전의 금강 유역까지, 서로는 중국 랴오닝성(遼寧省)의 랴오허(遼河) 유역에서 동으로는 두만강 너머까지였다. 이처럼 넓은 영토를 바탕으로 고구려는 고대 동북 아시아의 강국으로 자리 매김 할 수 있었다.

지정학적인 위치로 인해 한(漢)을 비롯한 중원의 고대 왕조 및 북방의 여러 세력들과 끊임없이 경쟁하였던 고구려는 한반도의 다른 고대 국가보다 사회문화적 기반이 넓었으며, 이로 인해 고구려 문화는 일찍부터 독자적이면서도 국제성을 갖추게 되었다. 또한 역동적이고 실용적이었던 고구려 문화는 백제, 신라, 가야를 비롯한 주변 국가에도 영향을 미쳤는데, 통일신라와 발해를 거쳐 오늘날까지도 그 문화적 전통이 이어지고 있다.

고구려 문화는 옛 수도를 중심으로 한 많은 유적과 유물에 잘 드러나 있다. 2004년에는 역사·문화적 독창성과 그 가치를 인정받아 세계문화유산으로 지정되었는데, 중국은 '고구려의 왕성, 왕릉과 귀족무덤(Capital Cities and Tombs of the Ancient Koguryo Kingdom)'이, 북한은 '고구려 무덤군(Complex of Koguryo Tombs)'이 각각 등재되었다.

고구려의 도읍과 방어체계

일반적으로 도성(都城)은 나라의 최고 통치자가 거주하면서, 국가의 정치, 경제, 사회, 문화 등에서 가장 중심이 되는 최상위급의 행정 도시를 의미하나, 해당 도시를 둘러싼 성곽 자체를 지칭하기도 한다. 고대 도성에는 왕이 평상시 거주하는 왕궁(또는 궁성), 제의시설인 종묘(宗廟)와 사직(社稷), 각종 업무가 이루어지는 행정 관청, 귀족 계층의 저택과 일반 주민의 거주 구역, 도시로서의 기능이 가능하도록 각종 수공업 공방시설과 시장, 그리고 도로를 비롯한 각종 기반시설이 갖추어져 있었으며, 수도 방어를 위한 성(城)과 왕과 귀족 계층의 무덤 등이 존재하였다.

중국의 고대 도성은 황제나 왕이 머무르는 궁궐을 보호하는 내성(內城)과 거주민들의 취락 등을 둘러싼 외곽(外郭)으로 구성되는 것이 일반적이어서, 토축 성벽으로 둘러싸인 방형 평면의 큰 성곽도시의 형태를 보인다. 그렇지만 큰 산과 깊은 계곡이 많은 고구려는 중기까지도 도읍을 둘러싼 대형 성곽의 구조가 확인되지 않으며, 6세기 후반 장안성으로 천도한 이후에야 비로소 도시를 감싸는 외성(外城)을 갖추게 되었다. 그렇지만 장안성 역시 석축 성벽을 자연지형에 맞춰 쌓은 관계로 중국의 도성 구조와는 차이가 크다.

고구려는 일찍부터 산성을 중심으로 하는 방어 체계를 갖추었는데, 이는 평지 토성을 중심으로 한 고대 중국의 양상과는 뚜렷하게 대비되는 것이다. 군사방어를 위해 구축

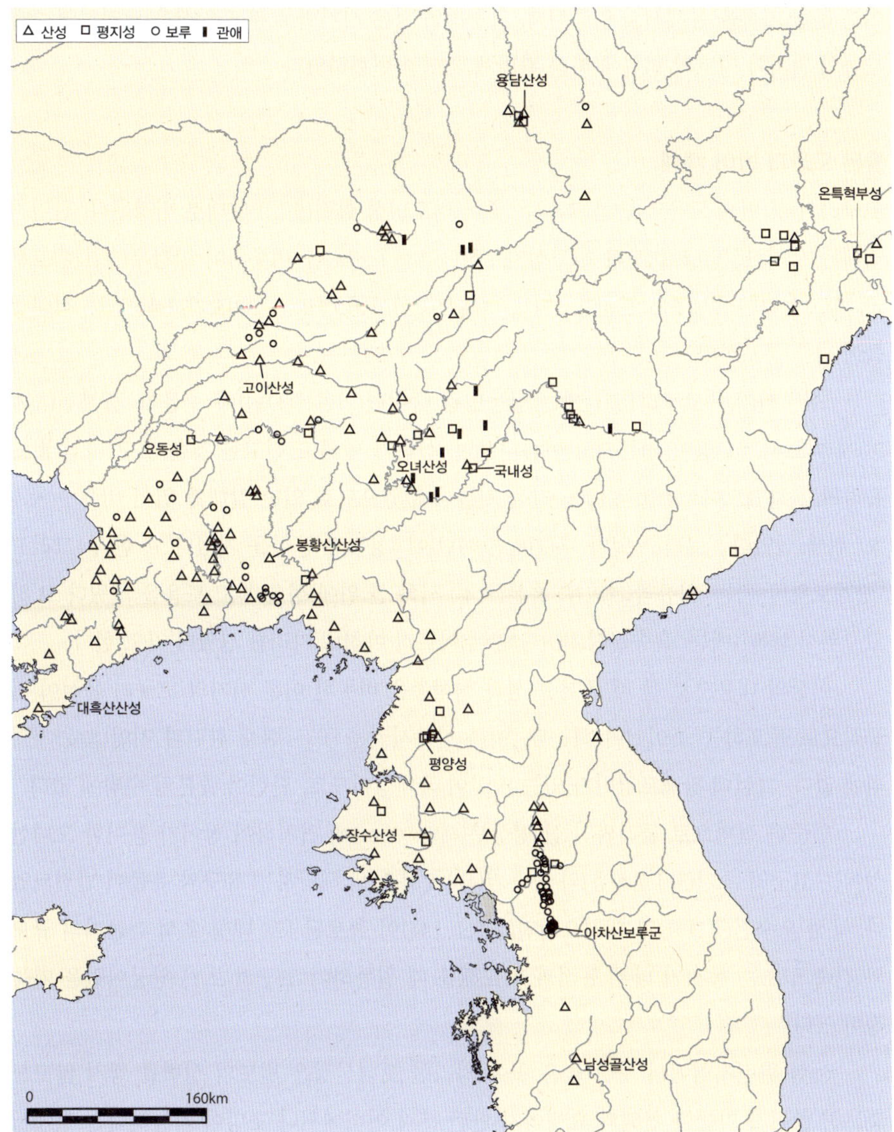

그림 2 고구려 성곽 분포도

된 대부분의 성은 수도로 향하는 주요 길목을 통제할 수 있는 전략적 요충지에 쌓았다. 영토가 크게 확장된 중기 이후부터는 군사 방어 목적 외에도 효율적으로 지방을 지배하기 위해 중요 거점에는 치소성(治所城)을 축조하였다. 『구당서(舊唐書)』에는 고구려가 멸망할 당시 5부(部) 176성(城) 69만 7천호(戶)였고, 『북사(北史)』에 요동(遼東)이나 현도(玄菟) 등 수십 성에 모두 관청(官司)를 설치하여 통치하였다는 기록이 있어 이를 뒷받침한다. 또 치소성으로 활용되었을 가능성이 큰 중대형의 포곡식(包谷式)산성에는 기와가 출토되는 경우가 많은데, 고구려에는 오직 불사(佛寺), 신묘(神廟) 및 왕궁, 관부(官府)만이 기와를 썼다는 『구당서』의 기록으로 볼 때 이들 성에는 기와를 올린 행정관청이 들어서있었음을 짐작해볼 수 있다.

산성을 활용한 고구려의 다중 방어체계는 중국과의 전투에서 매우 효과적이었으며,

이는 문헌 기록을 통해서도 입증된다. 고구려의 성은 시기별로 분포 양상을 달리하였는데, 도읍의 위치와 영토의 범위에 따라 관방체계 또한 변화하였다.

졸본 도읍과 방어 체계

고구려의 첫 번째 도읍인 졸본(卒本)은 중국 랴오닝성 환런(桓仁) 일대로 비정된다. 환런지역에는 오녀산성(五女山城)과 하고성자토성(下古城子土城)을 비롯하여 망강루(望江樓)고분군, 상고성자(上古城子)고분군, 고력묘자(高力墓子)고분군(또는 고려묘자고분군) 등 적석총들이 다수 분포한다.

『삼국사기』「고구려본기」에는 삼동명왕 즉위년(기원전 37년)에 주몽이 '졸본천(卒本川)에 이르러, 그 땅이 기름지고 아름다우며, 산하가 험하고 견고한 것을 보고 마침내 도읍하려고 하였으나, 궁실(宮室)을 지을 겨를이 없었으므로 일단 갈대를 엮어 비류수(沸流水) 위에 살았다', 그리고 얼마 후(기원전 34년)에 '성곽과 궁실을 지었다'고 한다. 그리고 「광개토왕비」에는 '비류곡(沸流谷) 홀본(忽本) 서쪽 산 위에 성을 쌓고 도읍을 세웠다'고 하고, 『위서(魏書)』에는 '흘승골성(紇升骨城)에 이르러 마침내 자리를 잡았다'라고 한다.

이상의 내용으로 볼 때 졸본은 성과 적석총을 비롯한 이른 시기의 고구려 유적이 집중적으로 분포하는 곳이어야 하는데, 이를 만족시키는 곳은 현재 환런과 지안(集安)지역밖에 없다. 그런데 광개토왕비가 있는 지안이 국내성이므로, 환런이 졸본일 수밖에 없다.

험준한 절벽으로 둘러싸인 산 정상부(해발 806m)에 위치하여 방어가 용이한 오녀산성에는 고구려 초기(3기 문화층)와 중후기(4기 문화층)에 해당하는 유구와 유물이 발견되었다. 특히 오수전(五銖錢)과 대천오십전(大泉五十錢)이 출토된 1호 대형 초석 건물지의 규모와 건축 구조는 동시기 다른 유적과 비교해볼 때 월등하여 고구려 초기 왕궁이었을 가능성이 크다.

사실 환런지역에서 가장 높은 곳에 자리한 오녀산성은 별도의 성벽을 쌓지 않고도 충분히 방어가 가능한 천혜의 요새이자 환런 분지 어디에서나 조망이 가능하다는 점에서

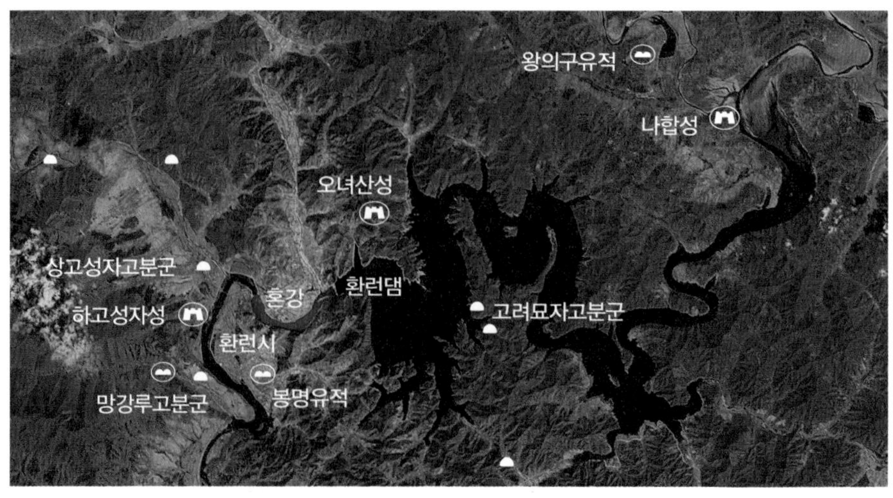

그림 3 환런 일대의 주요 고구려 유적

그림 4 환런 오녀산성 전경

고구려 초기 왕성으로 상징성을 갖기에 충분하다. 더구나 발굴조사를 통해 고구려 초기에 활용되었음이 밝혀진 만큼, 건국 당시 산 위에 성을 쌓아 도읍으로 삼았다는 흘승골성으로 보는데 무리가 없다.

그렇지만 오녀산성은 험준한 산 정상부에 위치해 있어 접근이 쉽지 않을 뿐만 아니라 겨울에는 눈과 추위로 인해 산 위에서의 상시 거주가 사실상 불가능하기 때문에, 평상시 왕이 거처하며 정무를 보는 곳이 평지에 따로 있었을 가능성이 크다. 이러한 이유로 고구려 중기 이후 오녀산성은 치소성이 아닌 방어성으로만 기능하였다.

환런지역의 평지성은 하고성자토성 밖에 없는데, 성벽을 쌓기 이전에 만들어진 구덩이에서 고구려의 이른 시기의 토기가 출토된 점, 토성이 오녀산성의 서쪽에 위치하고 있어 「광개토왕릉비」의 기록과 배치되는 점, 그리고 토성 거주민들의 묘역으로 추정되는 상고성자고분군은 기단 적석총 위주이고 부장유물 또한 다소 시기가 늦다는 점에서 중국의 주장과는 달리 초기 궁성으로 활용되지는 않은 것으로 보인다.

현재 환런 일대에 다른 평지성은 확인되지 않으므로, 오녀산성 단독으로 초기 도읍을 구성하였을 가능성이 크다. 다만 산성 내부에서 발견된 고구려 초기 건물지의 수가 많지 않고 앞서 언급한 바와 같이 일상생활이 쉽지 않았을 것이라는 점에서 환런댐으로 인해 지금은 수몰되어 있는 고력묘자 고분군 일대가 평상시 왕이 거주하고 있었던 평지 성의 유력한 후보지로 거론되고 있다.

한편, 환런의 외곽에는 졸본으로 향하는 주요 길목을 통제할 수 있는 지점에 여러 개의 성이 분포하고 있다. 이들 성은 모두 험준한 산 정상부에 축조된 석축산성으로, 절벽이나 험준한 자연 지형을 천연 성벽으로 활용하면서 필요한 일부 구간에만 석축 성벽을 쌓았다는 공통점을 지닌다. 고구려가 이른 시기부터 산성을 이용한 방어전략을 구축하였음은 『삼국사기』 고구려본기의 대무신왕 11년(28년)과 신대왕 8년(172년) 기사 등을 통해서도 확인된다. 신대왕 8년에 한나라가 공격해오자 명림답부(明臨荅夫)는 왕에게 '도랑을 깊이 파고 보루를 높이며 들을 비워서 대비하면, 그들은 반드시 한 달을 넘기지 못하고 굶주

테글 1

아차산 고구려 보루군의 성격과 역사적 의미

서울지역에는 아차산 일원을 중심으로 30여 개소의 보루가 분포하고 있는데, 그 중 상당수가 고구려에 의해 축조된 것이다. 아차산 보루군에서는 한강 이남과 아차산 일원의 평야지대에 대한 감시가 가능하며, 임진강 유역에서 양주와 의정부를 거쳐 한강으로 남하하거나 또는 한강 이남에서 경기 북부지역으로 북상하는 교통로를 통제할 수 있다.

1990년대 후반부터 최근까지 비교적 짧은 시간에 많은 발굴조사가 이루어진 이들 고구려 보루 유적은 백제와 신라에 비해 상대적으로 자료가 빈약한 남한의 고구려 고고학 연구에 기본 자료를 제공해주었을 뿐만 아니라, 고구려가 한성을 점령한 475년부터 신라와 백제의 연합군이 한강을 탈환한 551년까지의 특정 시기에 축조되어 사용된 것이어서 중국과 북한을 포함한 전체 고구려 고고학 편년 연구의 기준을 제공하고 있다는 점에서 매우 중요한 의미를 가지고 있다.

아차산 보루군은 기본적으로 산 봉우리의 정상부를 둘러싸고 원형 또는 장타원형의 석축 성벽을 쌓아 방어시설을 구축하였다. 백제나 신라의 축성법과 구별되는 고구려의 토심석축공법(土芯石築工法)은 견고하게 세운 목주를 활용하여 안쪽의 토축부를 먼저 조성한 다음 바깥쪽에 1~2겹의 성돌을 대어 성벽을 마감한 방식이다. 기존에 논의되었던 목책이나 토성의 존재는 축성 과정에 대한 오해에서 비롯된 것으로, 보루는 처음부터 석축성벽을 조성하여 축조되었다.

그리고 성벽에 설치된 장방형의 치(雉)는 방어적인 목적 외에도 체성(體城)을 지지하는 보축(補築)의 기능도 수행하였던 것으로 보인다. 다만 2중 구조의 특이한 형태의 치는 보루 내 출입시설로 사용되었을 가능성도 배제할 수 없다. 또한 홍련봉 2보루와 시루봉 보루에서는 성벽 바깥쪽에 적의 접근을 막는 외황(外隍) 시설도 발견되었다.

성벽은 정상부의 높이에 맞춰 조성되었으며, 성 안쪽으로는 기본 지형의 높낮이에 따라 낮은 석축 담장 시설 내지는 축대가 설치되었다. 축대나 담장 안쪽에는 주로 건물지와 저수시설, 저장시설 등이, 바깥쪽에는 온돌 건물지가 배치되었다. 건물지 대부분은 방형이나 장방형의 지상 건물지로, 석축으로 벽체의 기초를 만든 다음 그 위에 점토와 볏집 등을 섞어 담장식 벽체를 쌓아 올렸다. 기와 건물지는 아차산 보루군에서는 홍련봉 1보루에서만 확인되었는데, 연화문 와당도 여러 점 출토되었다. 이 밖에도 보루에서는 간이대장간이나 공방시설 등도 발견되었다. 그리고 건물지 축조 이전에 조성된 성 전체의 배수시설로 볼 때, 보루는 철저한 사전 계획을 가지고 만들어졌음을 알 수 있다.

한편, 아차산 보루군에서는 6세기대 고구려 토기와 철기가 다량으로 출토되었다. 토기는 호, 장동호(長胴壺), 옹, 직구옹(直口甕), 동이, 시루, 접시, 완(盌), 뚜껑 등 다양한 생활용기로, 유사한 제작기법과 정형화된 형태적 특징을 보여주고 있어 대량 생산되었음을 알 수 있다. 철기는 갑주(甲冑)를 비롯하여 대도(大刀), 창, 화살촉, 도끼 등과 같은 무구류와 재갈, 등자(鐙子) 등의 마구류, 호미, 낫, 끌, 보습 등의 농공구류, 철솥과 철호(鐵壺)와 같은 철제 용기 등이 출토되었다.

아차산 보루군은 기본적으로는 한강 유역을 통제하는 군사적인 거점의 성격을 띠고 있다. 다만 보루군이 백제의 도성이었던 몽촌토성과 풍납토성을 잘 관측할 수 있는 곳에 입지해 있다는 기존의 설명은 마치 고구려 군대가 475년 이전부터 아차산에 주둔하고 있었던 것처럼 오인될 소지가 다분하므로, 각별한 주의가 요구된다. 보루군의 축조 연대는 6세기 전반이므로, 보루군이 기능하고 있을 때 한강 이남은 고구려의 지배 영역이었기 때문이다. 능선을 통해 서로 유기적으로 연결되어 있는 아차산 보루군은 방어적인 목적 외에도 한강 유역을 지배하기 위해 조성되었으며, 그 중에서도 대민기능을 담당하는 행정 관청은 홍련봉 1보루에 설치되었던 것으로 추정된다.

그림 5 아차산 보루군과 홍련봉 1보루

리고 궁핍해져서 돌아갈 것입니다. 이후 우리가 날랜 군사로 공격하면 뜻을 이룰 수 있을 것'이라고 조언하여, 고구려 군의 승리를 이끈 바 있다.

국내 도읍과 방어 체계

고구려의 두 번째 수도였던 국내 도읍은 중국 지린성의 지안지역으로, 국내성과 환도산성을 비롯하여 태왕릉과 장군총 등과 같은 초대형 적석총, 그리고 광개토왕비와 최근 새로 발견된 지안고구려비 등이 분포해 있다. 북쪽의 노령산맥에서 뻗어 내린 용산(龍山), 우산(禹山), 칠성산(七星山) 등이 지안 분지를 병풍처럼 감싸고 있고, 남쪽은 압록강이 흐르고 있어 자연 방어벽을 형성하고 있다.

『삼국사기』 고구려본기에는 유리왕 22년(기원후 3년)에 '국내로 천도하고, 위나암성(尉那巖城)을 쌓았다'는 기록이 있다. 현재 지안에서 확인되는 고구려 성은 국내성과 환도산성 뿐인데, 지금까지의 발굴조사 결과만 놓고 보면 이들 두 성은 유리왕대 국내 천도와 관련되어 있다고 보기 어렵다.

국내성(國內城)은 전체 성벽 둘레가 2.74km에 달하는 평면 방형의 석축 평지성이다. 성벽 아래에서 토축 다짐층의 흔적을 발견하였다는 1970년대의 시굴조사 결과를 바탕으로 이를 한나라의 고구려현성(高句麗縣城)으로 봐야 한다는 주장도 있었다. 그렇지만 2000년대에 실시된 발굴조사에서 토루의 흔적을 발견할 수 없었고, 조사단 역시 기초부와 석축성벽의 축조 시기를 4세기 이후로 판단하였다. 해당 토축 다짐층은 한대 토성의 흔적이 아니라 고구려가 성벽 축조를 위해 조성한 기초 성토층이며, 이러한 다짐층은 연천의 호

그림 6 지안 일대의 주요 고구려유적

로고루나 당포성 등에서도 확인된다.

현재의 국내성은 성벽 내부에서 고구려 중기로 편년되는 토기가 출토되었고, 성 내부에서도 4세기 이전의 건물지는 발견되지 않고 있어, 고국원왕 12년(342년)의 축성 기사를 고려해 볼 때, 4세기대에 축조된 것으로 봐야 한다.

환도산성(丸都山城)은 국내성에서 북쪽으로 2.5km 가량 떨어져 있는데, 산성자산성(山城子山城)으로도 불린다. 남쪽 계곡 입구를 정문으로 삼고 주변의 험준한 산 능선을 따라 석축 성벽을 쌓아 전체 둘레가 7km인 전형적인 포곡식산성이다. 『삼국사기』에는 산상왕 2년(198년)에 환도성을 쌓았다는 기록이 있으나, 발굴조사에서 5세기대 이후의 유물만 출토되었을 뿐 이보다 이른 시기의 유물이나 유구는 아직까지 확인되지 않았다. 성 내부에는 남북 95m, 동서 62m 범위의 3단으로 구성된 대지에 조성된 초석 기와건물지가 여러 동 발견되었다. 온돌 시설은 갖추어져 있지 않았으며, 와당과 기와를 포함한 다수의 유물이 출토되었다. 중국에서는 342년 전연(前燕)의 침입으로 환도성이 함락되었을 때 소실되어 폐기된 궁전터로 보고 있으나, 해당 건물지에서 출토된 연화문와당이나 양이부호(兩耳附壺) 등은 5~6세기대 남한의 고구려 유적에서 발견되고 있고, 6세기대 문헌에도 여전히 환도성의 명칭이 등장한다는 점에서 4세기대 폐기설은 문제가 있다.

국내성과 환도산성의 축조 시점이 유리왕대 국내 천도 기사와 맞지 않는다고 하더라도, 244년 고구려의 환도성을 공격한 관구검이 남긴 「관구검기공비(毌丘儉紀功碑)」와 167년 신대왕이 졸본에 가서 시조묘에 제사를 지냈다는 『삼국사기』 기록, 그리고 2세기 전반경으로 편년되는 초대형 무기단 적석총인 마선구(麻線溝) 2378호분 등으로 볼 때, 적어도

그림 7 환도산성 전경

2세기대에는 지안지역이 고구려의 왕도였음이 분명하다. 그렇다면 당시의 왕성 유적은 어디에서 찾을 수 있을까? 일부 연구자들은 졸본과 마찬가지로 국내 천도 직후에 평지성이 축조되지 않았을 가능성도 있으므로, 이른 시기의 초대형 적석총이 있는 마선구 일대 혹은 국내성 인근에 평지 거점이 있었을 것으로 추정하기도 한다.

한편, 지안지역은 외곽의 노령산맥으로 인해 외부에서 들어올 수 있는 길이 제한되어 있어, 고구려는 왕도로의 진입이 가능한 주요 길목마다 협곡을 막고 관애(關隘)를 축조하였다. 4세기 초반 랴오둥(遼東)과 평양지역까지 그 영토를 확장하게 된 고구려는 주요 교통로에 산정식(山頂式)산성을 축조하여 방어하던 이전 시기와는 달리 추가적인 관방 체계가 필요하게 되었다. 그 결과 ①랴오둥 평원에서 수도로 진입이 가능한 쑤쯔허(蘇子河)와 타이쯔허(太子河)를 따라 새로운 성들을 축조함으로써 1차 방어선을 새롭게 구축하였고, ②환런 외곽에 이미 축조되어 있던 산정식산성과 오녀산성을 이용한 2차 방어, ③지안으로 진입이 가능한 협곡에 설치된 관애를 활용한 3차 방어, ④도읍 내 환도산성을 이용한 최종 방어 등으로 다중 방어체계를 구축하였다. 쑤쯔허와 타이쯔허 유역에 새롭게 쌓은 산성들은 험준한 산 정상부에 조성된 기존의 성들과는 달리 계곡을 낀 포곡식(包谷式) 산성을 축조함으로써 보다 많은 병사가 장기간 주둔하며 방어할 수 있게끔 규모가 확대되었다.

평양 도읍과 방어 체계

고구려는 장수왕 15년(427년)에 남진정책을 추진하기 위해 평양으로 도읍을 옮겼다.『주서(周書)』「고려전」에는 '치소(治所)는 평양성(平壤城)이다. 그 성은 동서가 6리이며 남쪽으로는 패수(浿水)에 닿아 있다. 성 내에는 오직 군량과 무기를 비축하여 두었다가, 적(寇賊)이 침입하면 모두 들어가 굳게 지킨다. 왕은 그 곁에 별도의 집(宅)을 지었는데, 항상 거기에 머무르지 않는다.' 라는 기록이 전한다. 해당 기사는 고구려의 도성제가 평상시의 평지성과 방어용 산성으로 이루어져 있음을 보여주는 주요 근거 자료로 이용되어 왔는데, 앞서 살펴본 바와 같이 고구려 중기까지도 이러한 주장을 뒷받침할 만한 고고학적인 증거는 확인되지 않았다.

평양 천도 당시의 평양성으로는 대성산성, 청암동토성, 안학궁이 거론되고 있다. 북한은 안학궁과 대성산성을 전기 평양성으로 비정하고 있는데, 우리 학계는 청암동토성과 대성산성을 전기 평양성으로 보거나 대성산성만을 왕성으로 비정하기도 한다.

대성산성은 평양시 대성구역 대성산(해발 274m)에 있는 6개의 봉우리와 그 능선에 쌓은 석성으로, 둘레가 7km에 달하는 대형 포곡식산성이다. 주작봉과 소문봉 사이 계곡에 위치한 남문이 정문인데, 문지 주변에서 와당을 비롯한 고구려의 적갈색 기와편이 다량으로 출토되어 문루가 있었음을 알 수 있다. 이 밖에도 성 내에서 기와 건물지 20여 동을 비롯한 다수의 고구려 건물지가 발견되었다.

대성산성과 청암동토성에는 국내성 시기의 왕릉인 천추총과 태왕릉 등에서 출토된 것과 유사한 양식의 와당이 확인되어 두 유적 모두 평양 천도 이전에 축조되었음을 알 수 있다. 청암동토성은 반달모양의 평면 형태를 띤 평지성으로 성벽의 전체 둘레는 3.5km

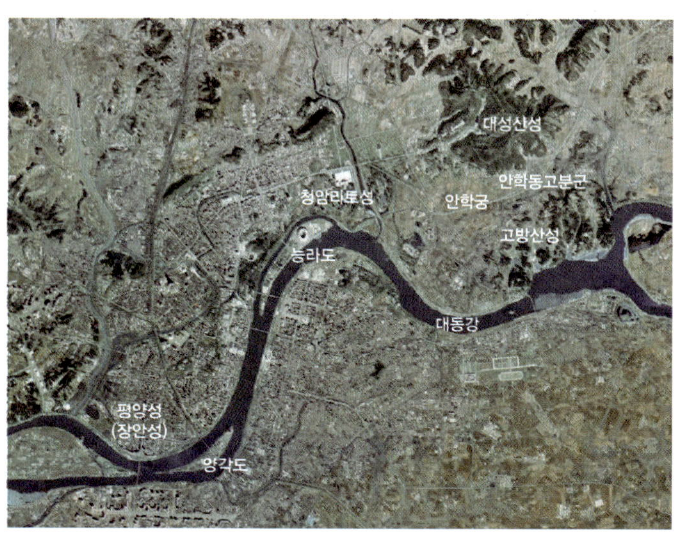

그림 8 평양 일대의 주요 고구려유적(위성지도 1, 고적조사 특별보고 5 지도 2)

1	2

이다. 1938년 왕궁지로 추정되던 토성의 중앙부를 발굴조사 한 결과 8각탑을 비롯한 1탑 3금당식의 사찰 건물지가 발견되었다. 1990년대 후반에는 토성 내 서쪽 구역에서 길이 50m, 너비 20m 규모의 초석 건물지가 발견되었는데, 연화문, 원문 등의 다양한 문양을 표현한 채색 벽화편과 금가루가 입혀진 벽화편 등이 출토되었다.

북한에서 전기 평양성으로 판단하고 있는 안학궁은 평면 형태가 마름모꼴에 가까운 방형 토성으로, 전체 둘레는 2.5km 가량이다. 내부에는 남북 중심축을 중심으로 5개의 건축군이 배치되어 있는데, 각 건물지들은 회랑으로 서로 연결되어 있다. 전체 21기의 건물터와 31기의 회랑터가 발견되었으며, 그 외에도 정원과 연못, 우물 등이 확인되었다. 안학궁의 축조 시기에 대해서는 지금까지도 논란이 있는데, 고구려 석실분을 파괴하고 궁이 들어섰다는 점과 토기와 와당 등의 출토 유물이 통일신라시대 이후의 것이 주를 이룬다는 점에서 문제가 있다. 그렇지만 안학궁에서는 소량이기는 하나 고구려 시기의 유물도 확인되고 있으므로, 고구려 후기에 축조되었을 가능성도 배제할 수 없다.

한편, 고구려의 도읍은 6세기 후반 장안성으로 천도하면서 기존의 도읍과는 전혀 다른 새로운 모습으로 변화하였다. 도시를 감싸는 외성의 축조와 도로를 기반으로 거주민을 통제하는데 적합한 방리제(方里制)의 실시 등이 그것인데, 장안성에 반영된 중국식 도성제의 영향은 무시할 수 없겠으나 고구려만의 특징 또한 분명히 확인된다.

『삼국사기』에는 양원왕 8년(552년)에 장안성(長安城)을 쌓기 시작하여, 평원왕 28년(586년)에 장안성으로 도읍을 옮겼다는 기록이 있다. 축성 관련 내용이 기록된 성돌과 그 연대가 일치하는 현재의 평양성이 바로 당시 고구려의 장안성이다. 전기 평양성과의 구분을 위해 후기 평양성으로 지칭하기도 한다. 평양성은 북쪽의 모란봉(해발 96.1m)과 을밀대, 만수대의 험준한 지형을 이용하였으며, 나머지 3면은 대동강과 그 지류인 보통강을 자연 해자로 활용하면서 자연 절벽과 능선에 성벽을 쌓았다.

평양성은 북성, 내성, 중성, 외성으로 구성되어 있는데, 성벽 외곽의 전체 둘레는

16km, 안쪽 성벽까지 포함한 성벽의 총 연장 길이는 23km이다. 산성과 평지성이 합쳐진 평산성 구조로, 기존의 고구려 도성과는 달리 주민의 거주지역이 포함된 도시를 방어할 수 있도록 하였다는 점에서 획기적이라 할 수 있다.

고구려는 광개토왕의 활발한 정복활동으로 영토가 비약적으로 확장된 데다가 427년 평양 천도로 인해 왕도의 위치가 바뀌게 되면서, 평양 도읍기에는 국내성 시기와는 다른 새로운 방어 체계가 필요하게 되었다.

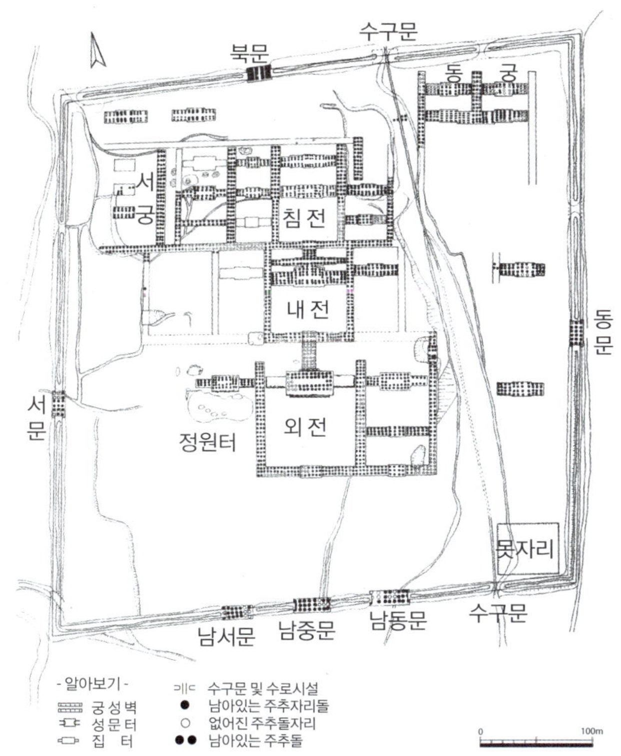

그림 9 안학궁 평면도

특히 수(隋)와 당(唐)의 침략에 대비하기 위해 고구려는 서부 국경인 랴오허를 경계로 그 동쪽에 산성들을 축조하였다. 주요 거점에는 고려성(高麗城)산성, 영성자(營城子)산성, 탑산(塔山)산성, 석대자(石臺子)산성, 고이(古爾)산성, 최진보(崔眞堡)산성 등 중대형의 포곡식산성을 축조하여 적이 쉽게 랴오허를 넘어올 수 없게 하였다. 영류왕 때 동북의 부여성에서 서남쪽 바다에 이르기까지 천리에 걸쳐 축조하였다는 천리장성 역시 중국의 위협을 막기 위한 고구려 국경 방어 전략의 일환으로 쌓았다. 그리고 랴오둥에서 압록강을 거쳐 평양으로 이어지는 주요 교통로에도 다수의 산성을 축조하여 새로운 방어선을 구축하였다. 랴오둥지역 역시 서부 국경과 마찬가지로 각 지역별로 중요한 지점에는 중대형의 포곡식산성을, 그 외에는 중소

그림 10 봉황산산성의 북쪽 성벽

테글 2

광개토왕비(廣開土王碑)

그림 11 광개토왕비

광개토왕비는 고구려의 두 번째 도성이었던 중국 지안에 있다. 비의 서남쪽으로 400m 떨어진 곳에는 태왕릉이, 동북쪽으로 1,700m 가량 떨어진 곳에는 장군총이 위치한다.

비는 고구려 제19대 광개토왕의 사후 2년 뒤인 414년 9월 29일에 아들인 장수왕(長壽王)이 세웠다. 비문에 따르면 광개토왕(391~412년)의 정식시호는 '국강상광개토경평안호태왕(國岡上廣開土境平安好太王)'으로, '영락(永樂)'이란 연호를 사용하였다. 중국 학계에서는 '호태왕비(好太王碑)'라고도 부른다.

비는 받침돌과 비신(碑身) 두 부분으로 구성되어 있는데, 비는 높이 6.39m, 너비 1.3~2.0m 가량인 거대한 4면비이다. 글자는 비신의 동남쪽에서 시작하여 순차적으로 4면 전체에 새겨졌다. 전체 글자 수는 1,775자였을 것으로 추정되나, 그 중 150여 자가 판독이 불가능하다. 서체는 예서(隷書)를 기본으로 한다.

비문의 내용은 크게 3부분으로 구성되어 있다. 제1부는 고구려의 건국신화와 왕계, 비의 건립 경위 등이 간략하게 기술되어 있다. 제2부는 비문의 핵심을 이루는 부분으로 광개토왕이 즉위 후 수행했던 정복활동과 그 성과가 연대순으로 기술되어 있다. 제3부는 능을 지키는 수묘인연호(守墓人烟戶)의 명단과 수묘 지침, 수묘인 관리 규정이 기술되어 있다.

광개토왕비는 고구려 멸망 이후 어느 순간부터 역사 속에서 사라졌다가 조선 초에는 금나라의 비로 인식되기도 하였다. 청나라가 자신들의 발상지인 백두산 일대를 봉금(封禁)하였다가 19세기 후반에 이르러 해제할 즈음에, 광개토왕비 역시 1880년대에 재발견되면서 탁본이 중국 학계에 소개되었다. 1883년에는 비의 탁본(墨水廓塡本)이 일본에도 전해져, 1889년에는 요코이 다다나오(横井忠植)가 광개토왕비와 장군총에 대한 내용을 「고구려비출토기(高句麗碑出土記)」라는 제목으로 학술지에 소개하면서 비문에 대한 본격적인 연구가 시작되었다. 당시 일본 학계는 비문의 신묘년조 기사인 '왜이신묘년내도□파백잔□□신라이위신민(倭以辛卯年來渡□破百殘□□新羅以爲臣民)'에 주목하여 일본의 조선 침략과 지배를 합리화하기 위한 역사적인 명분으로 강조되고 있던 임나일본부설(任那日本府說)을 뒷받침하는 결정적 증거라고 보았다. 우리나라에서 광개토왕비에 대한 연구가 처음 이루어진 것은 1930년대 이후로, 정인보는 신묘년조의 기사에서 '도해파(渡海破)'의 주어를 '왜(倭)'가 아닌 고구려로 봄으로써 4세기대에 왜가 한반도로 건너와 백제, 가야, 신라를 신민(臣民)으로 삼았다고 해석한 일본 학계의 주장을 반박하였다.

근래에는 신묘년조의 자구 해석에만 치중하던 기존의 연구 경향에서 벗어나 각 탁본의 조성 시기와 조작여부, 판독과 해석의 문제, 비문 전체에 대한 포괄적인 검토와 구조분석, 비문의 사회사적인 측면과 건국신화와 왕계 등 다양한 연구가 진행되었다. 특히 2012년에 새로 발견된 지안고구려비(集安高句麗碑)로 인해 광개토왕비와의 비교 연구가 가능해지면서 앞으로의 연구 결과가 주목된다.

형의 산정식산성을 축조하였다. 서북방 국경 방어의 중심은 랴오양(遼陽)의 요동성(遼東城)이었고, 랴오둥 일대 방어의 중심은 펑청(鳳城)의 봉황산(鳳凰山)산성이었다. 고구려의 지방관 중 가장 높은 등급인 욕살(褥薩)이 성주로 거주하였던 오골성(烏骨城)으로 비정되는 봉황산산성은 둘레가 16km나 되는 고구려의 최대급 산성이다.

이후 랴오둥에서 압록강을 지나 평양으로 가기 위해서는 서해안을 따라 남하하거나 내륙 교통로를 이용해야 하는데, 고구려는 이들 교통로를 통제할 수 있는 곳에도 중대형 산성들을 축조하였다. 그리고 왕도의 외곽 역시 네 방향에 모두 산성을 축조하여 평양성을 방어할 수 있도록 하였고, 최종적인 방어는 평양 내 성곽들을 활용하였다. 이처럼 고구려는 당시 가장 큰 위협세력이었던 중국의 침략에 대비하여 다중의 성곽 방어 체계를 구축하였는데, 실제로 수당과의 전쟁에서도 고구려의 관방체계가 매우 효과적이었음은 문헌 기록을 통해서도 입증된다.

적석총과 왕릉

적석총

적석총은 지상에 돌을 깔고 묘곽을 만들어 주검을 안치한 후 그 위에 다시 돌을 덮어 매장을 마감한 고구려의 특징적인 무덤 양식이다. 『후한서(後漢書)』「동이열전」 고구려조에는 '금과 은, 재물을 모두 써 후하게 장례를 치르며, 돌을 쌓아 봉분을 만들고 소나무와 잣나무를 심는다'라고 전하고 있어, 주변 국가에서도 적석총을 고구려의 전통 묘제로 인식하고 있었음이 확인된다.

적석총은 수도였던 환런과 지안지역을 중심으로 동으로는 중국 지린성 창바이(長白), 서로는 중국 랴오닝성 콴뎬(寬甸), 남으로는 북한 황해도 신원, 북으로는 지린성 통화(通化)에 이르는 넓은 범위에 분포하고 있다. 적석총은 보통 수 기에서 수 백기가 모여 군집을 이루고 있는데, 주로 강변 대지나 구릉 사면에 열 지어 분포한다.

적석총은 분구의 형태와 축조 방식에 따라 무기단(무단, 無壇), 기단(방단, 方壇), 계단(방단계제, 方壇階梯) 혹은 계대(階臺)식으로 나누어지며, 매장주체부를 기준으로 하면 석곽(석광, 石壙), 석실, 전실(磚室) 등으로 구분할 수 있다.

무기단적석총은 강돌이나 가공하지 않은 할석(割石)을 쌓아 올린 것으로, 평면형태가 정형화되어 있지 않다. 기원전 3세기경으로 편년되는 창바이 간구자(干溝子) 고분군을 통해 볼 때, 고구려 건국 이전부터 압록강 일대에서 무기단적석총이 유행하고 있었음을 알 수 있다. 간구자 고분군은 지면에 커다란 돌로 일정 범위의 묘역을 조성한 후 그 안에 강돌과 할석을 깔아 무덤의 기단을 만든 후에 그 위에 단을 쌓아 여러 기의 무덤이 연접·중첩하도록 만들었다. 매장방식은 무덤 밖에서 화장을 한 뒤 수습한 인골을 매장한 2차장이다. 철기와 함께 반량전(半兩錢)과 일화전(一化錢) 등이 출토되었으나 오수전(五銖錢)은 확인되지 않아 무덤의 하한은 서한(西漢)시기로 비정된다.

대표적인 무기단적석총으로는 고구려 초기 도읍이 있었던 환런지역의 망강루 고분군을 들 수 있다. 적석총 6기가 나란히 배치되어 있으며, 강돌과 할석을 쌓아 올려 타원형 분구를 조성하였다. 여기서 출토된 여러 부장품 중 유리구슬 목걸이, 청동방울 그리고 금제 귀걸이 등은 부여에서 유행하였던 것으로, 고구려를 건국한 주몽이 부여에서 내려왔다는 건국신화 기록과 맞물려 당시 고구려와 부여의 관계를 짐작해 볼 수 있다. 다만 부여의 전통 묘제는 토광목곽묘로 고구려의 적석총과는 차이가 있다.

기단적석총은 커다란 돌을 네 모서리에 배치하여 방형 평면이 되도록 둘레돌을 돌린 후, 그 안에 작은 돌을 채워 기단 상면을 고른 후 그 위에 석곽 등의 묘곽을 만들어 주검을 안치하고 다시 돌을 덮어 매장을 마감한 무덤이다. 매장주체부의 구조로는 목곽, 목실(木室), 석실이 있는데, 목곽이나 목실은 남아있지 않으므로 중국에서는 함몰부의 크기에 따라 석광과 광실(壙室)로 구분하고 있다. 기단광실 적석총의 경우 관못과 꺾쇠, 장막 걸이쇠

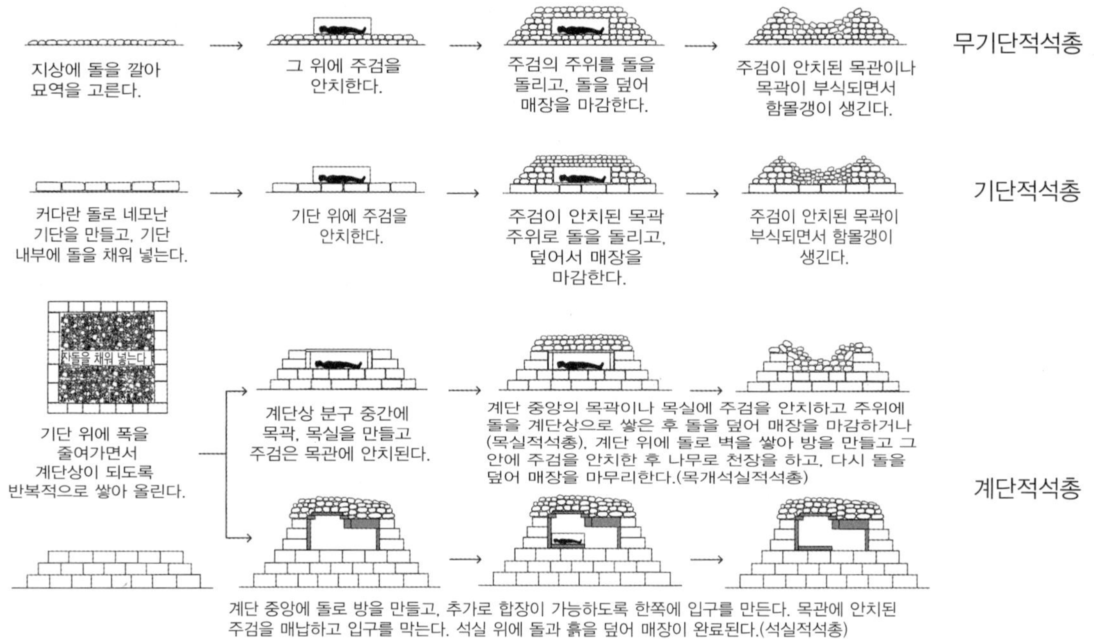

그림 12 적석총의 축조방식과 구조

등이 내부에서 출토되고 있어, 목실 내에 목관이 안치되었음을 알 수 있다. 기단석실적석총은 그 사례가 많지는 않은데, 북한 자강도의 초산 운평리 4지구 10호분 등이 대표적이다.

계단적석총은 커다란 돌로 방형 평면의 기단을 만든 후에 몇 개의 단을 지어 안으로 들여쌓은 계단 형식으로 안정감을 추구하였는데, 바깥면은 전면 가공 내지는 부분 가공한 석재를 사용하고 안쪽은 강돌이나 할석을 채워 넣었다. 그리고 대형분의 경우 분구의 아랫면에 커다란 호석 여러 매를 받쳐놓음으로써 무덤이 붕괴되지 않도록 하였다. 매장주체부의 구조로는 목실과 석실이 있는데, 석실은 천장 시설에 따라 목개석실과 석실로 세분할 수 있다. 계단적석총의 중심 시기는 형식에 따라 세부적인 차이는 있지만 대체로 4~5세기대이다. 분구의 높이가 대개 5m 이상이므로, 무기단이나 기단적석총과는 달리 발달된 석공기술을 바탕으로 의도적으로 높고 큰 무덤을 조성한 것이 분명하다.

현존하는 적석총 중 가장 발전된 형식의 무덤은 지안 우산하 고분군에서 가장 동북쪽에 위치한 장군총(將軍塚)이다. 동방의 금자탑이라는 별칭을 가지고 있는 장군총은 한 변의 길이 30~31m, 높이 13m, 7층의 계단으로 쌓은 계단석실 적석총이다. 계단석은 잘 다듬어진 화강암의 장대석을 이용하였으며, 가장자리에는 턱을 만들어 바깥으로 밀려 나가지 않도록 하였다. 각 변에는 3개의 대형 보호석을 세워놓았다. 고분의 정상부는 백회를 섞은 흙으로 봉하였는데, 정상부 가장자리 계단석의 윗면에는 둥근 홈이 일정한 간격으로 파여 있어 무덤 위에 목조구조물이 설치되어 있었음을 알 수 있다. 석실은 3층 계단 위에 조성되어 있는데, 현실의 한 변은 5.5m 내외로 정방형이며, 높이는 5.1m이다. 천정은 평행고임을 한 다음 거대한 천장석 1매로 상부를 덮었다. 석실의 바닥에는 판석을 깔고 관대를 2개 놓았는데, 석실의 입구는 5층 계단에 위치해 있다. 고분 주변에는 담장시

그림 13 산성하고분군 전경

설과 배총, 제대로 추정되는 적석시설 등이 확인되었다. 장군총에서 연화문와당을 비롯한 각종 기와와 금동제 머리장식, 철제 연결고리 등이, 배총(陪塚)에서 연화문와당, 기와 및 각종 철기(끌, 집게, 정, 칼, 말편자)가, 제대(祭臺)에서 순금제 귀걸이와 금동제 신발, 고리 등이 출토되었다. 이 밖에도 중국 연구자들이 동실묘(洞室墓)라고 하는 소형의 무기단석실적석총도 확인된다. 일반적인 석실과는 달리 커다란 괴석이나 가공하지 않은 석재를 이용하여 연도를 갖춘 석실을 만들었지만, 그 크기가 작아 연도를 통해 추가장을 하기는 어려운 구조이다. 매장주체부는 일반적인 석실적석총과는 달리 지표면에 위치한다. 봉석묘(封石墓)로도 불리며, 횡혈식 장법(葬法)과 봉토분이 등장한 4세기 이후에 축조되기 시작하여, 고구려 멸망 이후까지도 지속된 것으로 추정된다.

한편, 적석총의 분구(墳丘) 중에는 계장식(階墻式)으로 축조한 것도 있다. 계장식이란 평면상으로는 안쪽에서 바깥쪽으로 가면서 울타리를 쌓듯이 돌을 쌓고 그 내부를 채움으로써 무덤의 평면적을 확대하는 방식을 말한다. 계장식 축조 방식은 무기단이나 기단적석총에 비해 분구를 높게 쌓을 수 있어 계단식처럼 보일 수 있으나, 가공하지 않은 돌로 축조하고 각 변의 높이에 차이가 있어 네 모서리가 서로 맞지 않는다는 점에서 계단적석총과는 차이가 있다.

국내성 시기의 왕릉

문헌에 기록된 고구려 왕의 이름(王號)은 상당수가 왕이 죽은 뒤에 묻힌 곳의 이름을 따서 지은 시호이다. 실례로 고국천왕(故國川王), 동천왕(東川王), 서천왕(西川王), 미천왕(美川王) 등은 강변에 장지를 정한 왕들이다. 그렇지만 지금까지 알려진 고구려 무덤 중 왕릉이 확실한 것은 '원태왕릉안여산고여악(願太王陵安如山固如岳)'이라는 명문 벽돌이 출토된 태왕릉 밖에 없는데, 그 피장자가 누구인지에 대해서는 지금까지도 논란이 있다.

고구려의 두 번째 도읍이었던 지안지역에는 그 규모와 형태, 입지 등에서 다른 적석총에 비해 배타적 우월성을 가지고 있는 초대형 적석총이 분포해 있다. 이들 적석총은 한 변의 길이가 30~70m 가량으로 동시기의 다른 무덤과 비교하였을 때 규모면에서 압도적이다. 그리고 독립된 묘역을 가지고 있어 주변으로 배장묘를 제외한 다른 적석총은 확인되지 않으며, 능원(陵園)의 담장 시설이나 능침(陵寢) 등의 건물지나 제대(祭臺)로 추정되는 장방형의 석축시설이 갖춰져 있기도 하다. 또한 계단식 적석총의 경우에는 와당을 비롯한 각종 기와 또는 전돌이 다량으로 발견되고 있어, 무덤 상부에 기와 구조물이 있었음을 추정해 볼 수 있다.

고구려의 초대형 적석총에 대한 왕릉 비정과 그 주인공에 대한 본격적인 관심은 1990년대 부터 2000년대 초반까지 지안지역에 소재한 초대형 적석총을 조사한 내용을 담은 『집안고구려왕릉(集安高句麗王陵)』 발굴조사 보고서가 발간되면서부터 촉발되었다. 보고서에서는 지안지역의 대형 적석총 중 13기를 왕릉으로 판단하고, 적석총의 구조 변천과 기년명 와당을 포함한 출토 유물을 근거로 상대편년 한 순서대로 서술하였다. 그리고

표 1 지안지역의 초대형 적석총 현황(ⓒ임기환)

고분명	입지	형식	규모 (길이×너비×높이)	고분구성		주요시설					와당,전			기와		금제장식
				매장부	호석	배장묘	제대	담장	포석층	건물지	권운문	연화문	전	명문	지두문	
마선구 2378	높은 언덕정상 낭떠러지 변	전원후방형 계장(階墻)	46×30×4m			○										
산성하 전창36	높은 언덕 급경사지	전원후방형 계장	28~37.7×4.5m			○										
마선구 626	높은 언덕 경사지	전원후방형 계장	41~48×?m			?	○									
칠성산 871	산기슭 경사지	방형계장	40~48×3.6~9.7m			?	○	○								
임강총	높은 언덕 정상	방형 계단석곽	76×71×10m	석곽			○									○
우산하 2110	완만한 경사지	장방형 계단석곽	66.5×45×3.05~5.5m	석곽(2)			○									
칠성산 211	산기슭 완만한 경사지	방형 계단석곽	66×55×6.39-14.52m	석곽			○								○	
서대총	산기슭 경사지	계단석곽	53.5-62.5×11m	석곽	○		○	○			○ 329	○ (1)		○	○	
우산하 992	완만한 경사지	계단석곽	36~38×6.5m	석곽	○		○				○ 338	○ (1)		○	○	○
마선구 2100	낮은 구릉 평탄지	계단석곽	29.6~33×5.6~6.0m	석곽	○		?	○	○		○				○	○
천추총	낮은 구릉 평탄지	계단석실	63×63×11m	석실 집모양 석곽	○		?	○	○	○	○	○	○	○	○	○
태왕릉	낮은 구릉 평탄지	계단석실	62×62×14m	석실 집모양 석곽	○		○	○	○	○		○	○	○	○	○
장군총	산기슭 구릉 평탄지	계단석실	30.15~31.25×13.07m	석실	○	○	○	○	○	○		○			○	

죽기 전에 먼저 무덤을 만들어 두는 수릉제(壽陵制)의 시행을 기본 전제로 하면서 그간 출토된 명문 자료와 문헌 기록을 바탕으로 봉상왕을 제외한 서천왕부터 장수왕까지 7개 무덤의 무덤 주인공을 비정하였다.

중국에서는 광개토왕비에서 가장 가깝고, '태왕릉'이라는 명문이 찍힌 전돌과 '신묘년호태왕(辛卯年好太王)'이라는 명문이 새겨진 청동방울을 근거로, 태왕릉을 광개토왕의 무덤으로 비정하고 이를 공식화하였다. 그리고 무덤의 구조에서 태왕릉보다 더 발전된 형식인 장군총은 장수왕의 수릉으로 비정하고, 현지에서는 장수왕릉으로 부르고 있다. 『삼국지』 「위서동이전」에 "남녀가 결혼하면 곧 죽어서 입고갈 수의(壽衣)를 미리 조금씩 만들

표 2 고구려 왕릉 비정안(ⓒ강현숙)

왕호	재위기간	장지	왕릉비정					
			吉林省文物考古研究所 2004	東潮 2006	여호규 2008	張福有 2007	魏存成 2007	임기환 2009
동명왕	37BC~19BC	龍山				망강루4		
유리명왕	19BC~AD18	豆谷東原						
대무신왕	18~44	大獸林原				마선구626		
민중왕	44~48	閔中原石窟						
모본왕	48~53	慕本原						
태조대왕	53~146					칠성산871		
차대왕	146~165					마선구2378		
신대왕	165~179	故國谷				산성하전창36		칠성산871
고국천왕	179~197	故國川原				우산하2110		칠성산871
산상왕	197~227	山上陵				임강총	칠성산871	마선구626
동천왕	227~248	柴原			임강총		임강총	임강총
중천왕	227~248	中川之原					우산하2110	우산하2110
서천왕	270~292	西川之原(故國原)	칠성산211		칠성산211	칠성산211	칠성산211	칠성산211
봉상왕	292~300	烽山之原				마선구2100		
미천왕	300~331	美川之原	서대총	서대총 마선구 2100(개장)		서대총	서대총	서대총
고국원왕	331~371	故國之原	우산하992	우산하992		우산하992	우산하992	우산하992
소수림왕	371~384	小獸林	마선구2100	태왕릉		천추총	마선구2100	천추총
고국양왕	384~391	故國壤	천추총	천추총	태왕릉		천추총	태왕릉
광개토왕	391~412	山陵	광개토왕	장군총	장군총	태왕릉	태왕릉	장군총
장수왕	412~491		장군총			장군총	장군총 한왕묘(실묘)	

그림 14 태왕릉

그림 15 장군총

어 둔다"라는 기록을 근거로 장수왕이 살아 있을 때 미리 자신의 무덤을 만들어 놓았다고 본 것이다. 다만 장수왕은 천도 이후 평양에서 세상을 떠났으므로, 이 경우 장군총은 실제 매장이 이루어지지 않은 허릉(虛陵)이었을 가능성도 있다.

그렇지만 고구려에서 수릉제가 실시되었다는 명확한 증거는 발견되지 않고 있으며, 수의를 만드는 것과 무덤을 미리 조성한다는 것은 다른 차원의 문제이다. 오히려 『수서(隋書)』「고구려전」에는 "사람이 죽으면 집 안에 안치하여 두었다가, 3년이 지난 뒤에 좋은 날을 가려 장사를 지낸다" 라는 빈장(殯葬)의 기록이 전하고 있고, 「광개토왕릉비」에도 갑인년(414년) 9월에 산릉(山陵)으로 이장하고 비석을 세웠다고 새겨져 있어, 왕의 사후에 빈(殯)전 기간동안 왕릉이 조성되었을 가능성이 더 크다. 백제의 무령왕 역시 묘지석에 523년 5월에 죽어 525년 8월에 왕릉에 안치되었음을 기록하고 있어 참고가 된다.

따라서 고구려 왕릉에 대한 묘주 비정 문제는 수릉제 시행이라는 가정 없이 일반적인 고고학 방법론을 이용하여 관련 자료들을 분석하는 것이 중요하다. 우선 지안지역의 초대형 적석총에서는 와당을 비롯한 기와가 다량으로 출토되고 있어 무덤 정상부에 기와를 올린 건축물이 존재하는지가 매장주체부의 구조와 관련하여 중요할 수 있다. 우산하 2110호분의 경우 분구 위에서 암키와와 수키와가 가지런히 놓인 상태로 발견되어, 무덤 정상부에 기와 건축이 세워져 있기 보다는 기와로 계단과 적석부를 직접 덮는 구조였을 가능성이 높다. 매장주체부가 석곽 구조인 이들 적석총의 경우에는 시신을 안치하고 돌로 봉분을 완성한 뒤 상면을 기와로 덮었을 것이기에, 여기에서 출토된 기년명 기와들의 제작 시점은 모두 매장행위 시점을 하한으로 하되 이보다 크게 앞서기 어렵다.

그렇다면 무술(戊戌)명 권운문(卷雲文) 와당이 출토된 우산하 992호분은 338년 전후에, 정이(丁巳)명 권운문 와당이 출토된 우산하 3319호분은 357년 전후에 매장이 완료되었을 가능성이 있다. 중국에서는 우산하 992호분을 고국원왕(331~371년 재위)의 능으로 비정하고 있지만, 우선 규모면에서 왕릉으로 보기 어렵고, 무덤에서 출토된 기축(己丑, 329년)명과 무술(戊戌, 338년)명 와당의 경우에도 석곽적석총의 구조상 매장 후에 조성되었을 것이기에 고국원왕릉으로 추정하기에는 문제가 있다.

한편, 무덤방으로의 출입이 가능한 횡혈식석실 구조인 천추총과 태왕릉, 장군총은 무덤의 구조와 권운문 와당보다 늦게 등장한 연화문 와당이 주를 이루고 있다는 점에서 지안의 다른 초대형 적석총보다 조성 시기가 늦다. 천장까지 치석(治石)된 돌로 잘 쌓은 이들 석실계단 적석총에는 무덤 위로 기와건축물이 존재하였을 가능성이 있다. 특히 장군총의 경우에는 7층 계단석 주위를 돌아가며 난간이 설치된 흔적이 확인되고 있어, 무덤 정상부의 난간 안쪽에 구조물이 있었던 것으로 추정된다.

출토유물과 구조로 볼 때, 이들 무덤의 축조 순서는 천추총 – 태왕릉 – 장군총이다. 특히 태왕릉의 묘주 비정과 관련하여 지안 모두루총에서 확인된 묘지명에는 고국원왕을 '국강상성태왕(國岡上聖太王)'으로 지칭하고 있어 태왕이 광개토왕만을 의미하는 것은 아님을 알 수 있다. 그리고 태왕릉에서 출토된 청동방울에 새겨진 신묘년(辛卯年)의 경우 여러 정황상 광개토왕의 즉위년인 391년에 해당할 수밖에 없어 광개토왕이 선왕이었던 고국양왕의 장례를 위해 만든 물품으로 이해하는 것이 가장 자연스럽기 때문에, 중국 학계의 주장과는 달리 태왕릉의 묘주는 광개토왕이 아닌 고국양왕일 가능성이 크다. 그 경우 지안지역에서 가장 발전된 형식의 왕릉급 적석총인 장군총이 자연스럽게 광개토왕의 능이 된다.

고구려 고분벽화의 세계

무덤 내부에 그림을 그려 장식한 고구려의 고분벽화는 영역 확장이 본격적으로 이루어진 4세기를 전후한 시점에 중국 동북지역을 통해 도입된 새로운 장의(葬儀)예술이었다. 고구려 고분벽화는 벽화 자체의 예술적인 아름다움은 물론이고 문헌 기록이나 고고 자료로서 확인하기 힘든 당대의 생활상과 문화상을 생생하게 보여주고 있을 뿐만 아니라, 고구려인들의 죽음과 내세관까지도 파악이 가능하다는 점에서 매우 귀중한 문화유산이라 할 수 있다. 벽화는 돌방에 흙을 쌓아올린 석실봉토분에서 주로 확인되고 있으나, 석실 적석총이나 벽돌과 돌을 함께 사용한 적석총 또는 봉토분에서도 발견된 사례가 있다. 벽화고분은 현재 중국의 랴오닝성 환런과 지린성 지안 그리고 평양과 안악 등 서북한 지역에 110여 기가 분포하고 있다.

고구려 고분벽화의 주제로는 크게 생활풍속, 장식도안, 사신(四神)이 있으며, 벽면에 회를 바른 뒤 그림을 그리거나 잘 다듬은 돌 위에 직접 그림을 그리는 방식이 모두 확인된다. 처음에는 주인공의 삶을 묘사한 생활풍속을 주제로 한 벽화가 유행하였으나, 점차 죽은 자의 세계를 지키는 신수(神獸)로서의 사신이 벽화의 전면을 차지하게 된다. 이처럼 고분벽화에서 유일한 제재로 등장하는 사신은 동아시아의 다른 지역에서는 찾아볼 수 없는 것으로, 고구려만의 독특한 현상이자 정신세계의 표상이라고 할 수 있다.

벽화고분의 구조

벽화가 그려진 고구려 고분의 매장주체부는 다양한 평면 구조가 특징이다. 일반적인 석실봉토분은 현실(玄室)과 연도(羨道)로 이루어진 단칸 구조가 대부분이지만, 벽화 고분에는 여러 칸의 복잡한 구조도 다수 확인된다.

단칸 구조는 사신도 계열의 벽화 고분에서 주로 발견된다. 방형 현실에 중앙 연도를 갖춘 무덤이 다수를 차지하며(강서대묘), 횡장방형 현실(오회분 5호묘)이나 장방형 현실(진파리 1호분)에도 중앙 연도가 확인된다. 물론 한쪽 벽면으로 치우친 연도를 가진 단칸 구조의 벽화 고분(태성리 2호분)도 존재한다.

두칸 구조와 유사한 구조의 벽화 고분은 현실과 연도를 기본으로 하는 단실묘이지만, 연도의 양쪽에 작은 측실이 달려 마치 두칸 구조처럼 보인다(복사리 벽화분). 그렇지만 연도와 측실이 통로 없이 바로 연결되고, 측실의 천장이 전실처럼 높지 않다는 점에서 두칸 구조의 벽화 고분과는 구분된다. 이러한 구조는 중국 지안지역의 적석총(절천정총)과 석실봉토분(산성하 983호분)에서 주로 확인된다.

두칸 구조의 벽화 고분은 현실 2개가 횡으로 연결된 우산하 2174호분을 제외하면, 기본적으로는 현실, 전실, 연도가 종방향으로 배치되어 있다(덕흥리 고분). 서북한 지역에는 현실과 전실의 크기가 비슷한 벽화 고분이 가장 많은 비중을 차지한다(약수리 벽화분). 그렇지만 현실에 비해 전실의 규모가 상대적으로 작은 벽화 고분도 발견되는데, 그 경우에는 전실 좌우에 측실이 갖추어져 있는 것이 일반적이다(고산동 7호분, 무용총: 그림 16 예시).

예외적인 두칸 구조의 벽화 고분으로는 안악 3호분과 태성리 1·3호분 등이 있다. 357년(영화 13년, 永和十三年)에 죽은 동수(冬壽)의 묵서명이 남아 있는 안악 3호분은 방형 현실, 전실과 전실 좌우에 통로로 연결된 측실, 연도와 연실(羨室) 및 회랑 등으로 매우 복잡한 구성을 갖추고 있다. 이 밖에도 방형의 현실 3개가 'ㄱ'자 모양으로 연결된 삼실총이나 4개의 관실(棺室)이 1개의 세장방형 전실(前室)을 공유하고 2개의 연도가 있는 요동성총과 같이 이질적인 평면 구조를 가진 벽화 고분도 있다.

한편, 벽화 고분에서는 다양한 천장 구조가 확인된다. 그러나 석실의 벽체 위로 장방형의 큰 돌 몇 매를 나란히 올리거나, 커다란 돌 한 매로 전체를 덮는 방식의 평천장(平天障)은 주로 소형분에서 확인되지만, 벽화고분에서는 확인되지 않는다. 벽화고분은 궁륭상(穹窿狀) 천장, 고임식 천장과 같이 천장을 높게 쌓아 올리는 방식을 택함으로써 내부 공간을 확대시켰을 뿐만 아니라 분구의 압력이 분산되도록 하였다. 또한 천장부에는 해와 달, 별자리, 구름 등과 함께 선인, 기린, 삼족오 등과 같이 신화나 상서로운 상상 속의 존재들이 노니는 천상 세계를 표현하여 석실 벽면의 현실 세계와는 구분하였다.

궁륭상 천장은 네 벽의 모서리를 죽이면서 조금씩 안으로 들여가며 쌓다가 마지막에는 뚜껑돌 1매를 덮어 마무리하는 방식으로, 천장부를 둥글게 좁혀가는 것이 특징이다(마선구 1호분). 궁륭상 천장과는 달리 네 모서리의 선이 살아 있는 경우에는 사아천장(四阿天障)으로(만보정 1368호분), 사아식으로 쌓아 올라가다가 중간에 꺾어 천장을 마무리하는 경우에는 절천장(折天障)으로 구분하기도 한다(절천정총).

고임식 천장은 벽면 윗부분에 돌을 한단 씩 들여가며 쌓다가 마지막에 뚜껑돌을 덮어 마무리하는 방식인데, 천장을 올려다볼 때의 모양에 따라 세분이 가능하다. 평행고임

유적명	덕흥리고분	무용총	강서대묘
단면도 평면도	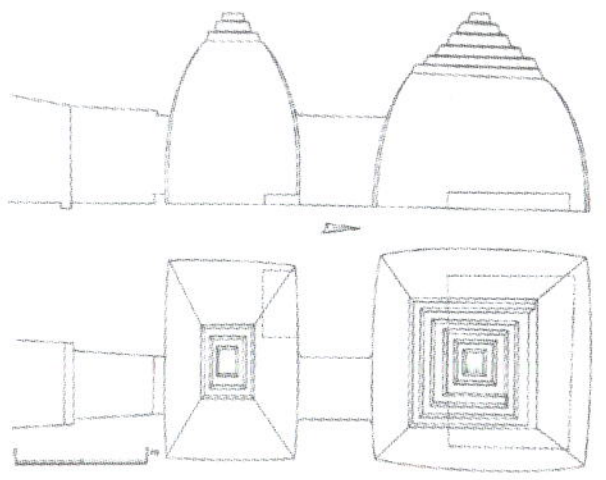	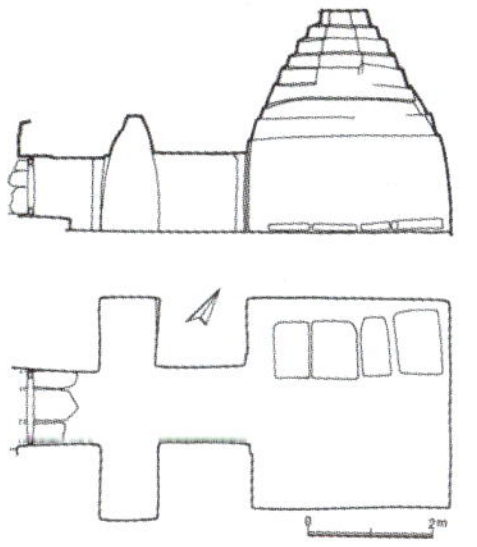	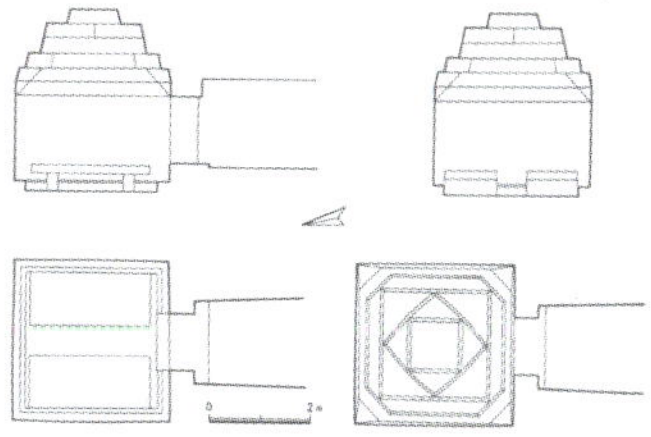
투시도	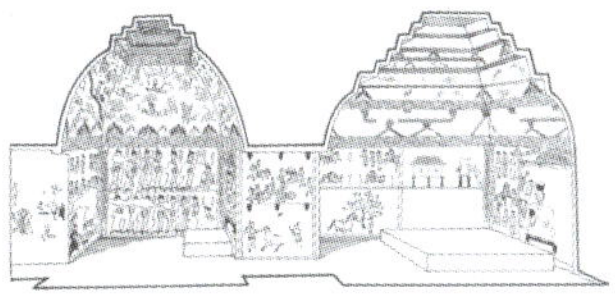		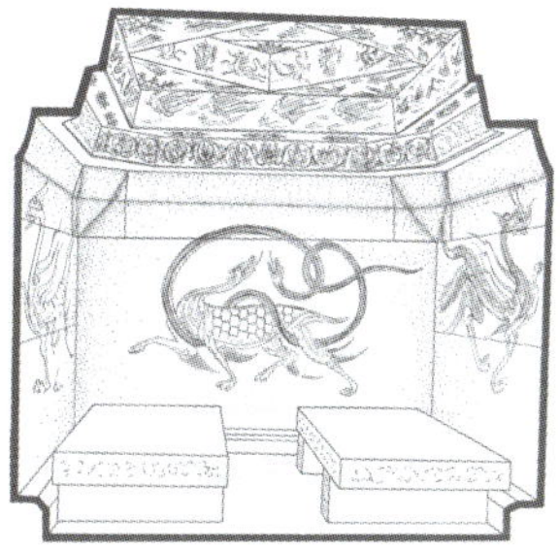
구조	두칸구조(현실+전실+연도) 전실: 궁륭 평행고임 천장 현실: 궁륭 평행고임 천장	두칸구조(현실+전실+측칸+연도) 전실: 궁륭식 천장 현실: 평행 팔각고임 천장	단칸구조(현실+연도) 평행 삼각고임 천장

그림 16 고구려 벽화분의 구조

은 석실의 네 벽면과 평행하게 단을 들여쌓는 것이고(장천 1호분), 삼각고임은 귀접이 하듯이 네 변의 모서리에 비스듬하게 돌을 고인 것이며, 팔각고임은 삼각고임과 비슷한 방식으로 천장 평면이 팔각형이 되도록 고여서 쌓은 것이다(덕화리 1호분). 다만 고구려에서는 2~3단의 평행고임 위에 1~2단의 삼각고임을 하여 천장을 1매의 돌로 막음한 평행 삼각고임 천장이 가장 많이 발견된다(강서대묘).

고분벽화의 전개

고분벽화는 중국 한대에 유행하였던 장의(葬儀) 예술 중 하나이다. 그렇지만 일찍이 한의 낙랑군과 대방군이 설치되었던 평양을 비롯한 서북한 지역에서는 한대의 벽화묘가 발견된 사례가 없다. 오히려 중국 동북의 랴오양(遼陽)지역에서 후한에서 위진대(魏晉代)에 해당하는 시기에 돌로 축조한 벽화분이 생활 풍속을 주 내용으로 하고 있어, 고구려 벽화고분의 기원으로 이해되기도 한다. 그렇지만 랴오양 일대의 벽화분은 관실이 병렬 배치된 다실(多室) 구조가 특징으로, 고구려에서는 요동성총을 제외하면 이러한 구조를 찾아보기 어렵다. 또한 고구려의 초기 벽화 고분에서 발견되는 생활 풍속의 모습이나 주인공 초상화의 구도 등은 전연(前燕, 337~370년)의 차오양(朝陽) 원대자(袁台子) 무덤이나 다롄(大連)의 한대 영성자(營城子) 전실묘(塼室墓)에서도 찾아볼 수 있다.

고구려에서 가장 이른 시기의 벽화분으로는 4세기 중엽경으로 편년되는 만보정 1368호분, 태성리 1호분, 안악 3호분(이상 석실봉토분), 우산하 3319호분(전실계단 적석총),

평양역전 2실분(전석혼축 봉토분) 등이 있다. 이처럼 비슷한 시기에 조성된 벽화분들이 지역에 따라 무덤의 축조 방식이나 구조가 통일되지 않고 차이가 있다는 점에서 고구려의 고분벽화가 비록 중국에서 도입되었다고 하더라도 그 등장은 단선적이고 획일적이지 않았음을 보여준다고 하겠다.

한편, 고구려 고분벽화는 고분의 구조와 벽화의 주제를 함께 고려해볼 때, 크게 3단계로 나누어볼 수 있다. 제1기는 고구려에 고분벽화가 도입되는 4세기경부터 5세기 초로, 고분의 구조가 아직 정형화되지 않은 시기로 다실묘(多室墓)가 주를 이루고 있으며, 벽화의 중심 주제는 생활풍속이다. 이 시기의 고분벽화는 주로 벽면에 회칠을 한 다음 회가 마르기 전에 밑그림을 그리고 채색을 하는 방식으로 그려진다. 벽화의 제작 도중에 안료가 백회에 스며들기 때문에, 안료의 산화와 퇴색이 덜하여 오랜 시일이 흘러도 처음의 명도와 채도가 유지된다.

생활풍속이 주제인 벽화는 무덤의 구조와 벽화의 내용을 무덤 주인공의 생활 모습을 재현하는데 중점을 두고 있다. 무덤 칸의 모서리와 벽면 윗부분에는 갈색 안료로 기둥과 들보 등을 그려 넣어 무덤방을 마치 목조 가옥의 내부처럼 꾸며놓고, 벽면에는 무덤 주인공의 현실 생활에서의 여러 장면들을, 천장에는 하늘과 천상 세계를 표현하였다. 일상생활의 여러 장면들이 사실적이면서도 구체적으로 묘사되고 있어, 당대의 생활상을 복원하는 데 중요한 자료가 된다. 무덤 주인공의 초상화, 출행도(出行圖), 빈객도(賓客圖) 등과 같이 사회적 지위를 보여주는 장면 외에도 부엌, 방앗간, 푸줏간 등과 같이 풍족한 삶을 볼 수 있는 부속 건물들의 모습, 무용이나 씨름, 사냥 등과 같이 여가 생활의 장면들이 잘 나타나 있다. 천장에는 해와 달, 별자리를 비롯하여 각종 선인들과 길상 동물들을 그려 넣음으로써 이상적인 천상 세계를 묘사하고 있다.

제2기는 5세기 중엽에서 6세기 초로, 무덤의 구조는 두칸과 단칸 형식이 혼재되어

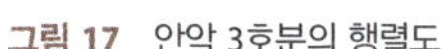
그림 17 안악 3호분의 행렬도

그림 18 쌍영총 현실 천장

있다. 여전히 회벽이 마르기 전에 그림을 그리는 방식이 지속되나, 회가 마른 다음 그리는 방식도 사용된다. 이러한 방식으로 제작된 벽화는 선명도가 매우 높지만, 빛과 공기, 습기 등에 장기간 노출되면 안료의 특정 성분이 산화되어서 벽화가 변색되거나 탈색되기 쉽다.

5세기 중엽이 되면 고분벽화의 구조와 주제, 제재 구성 전반에 변화가 발생하게 된다. 생활풍속이 벽화의 중심 주제에서 밀려나면서 사신이나 장식도안이 생활풍속과 함께 등장하거나 장식도안만 단독으로 나타나기도 한다. 평양과 안악지역에서는 생활풍속과 사신이 공통의 벽화 주제로 등장하지만, 환런과 지안지역에서는 생활풍속과 장식무늬 내지는 장식무늬가 단독으로 등장하는 경향을 보인다.

장식도안으로는 불교의 영향으로 연꽃무늬가 많으며 왕(王)자 내지는 동심원 무늬 등도 그려졌다. 인물의 묘사는 매우 세련된 수준에 도달하였으나, 산수의 묘사는 여전히 초보적인 단계에 머물러 있다. 장식무늬 가운데 구름무늬나 불꽃무늬류는 점차 단순해지는 반면, 연꽃무늬와 인동당초 무늬는 좀 더 복잡해지고 화려해진다. 사신과 상서로운 동물들에 대한 묘사 기법 또한 점차 세련된다.

제3기는 6세기 중엽부터 고구려 멸망기인 7세기 중엽까지이다. 사신이 벽화의 중심 주제가 되는데, 청룡, 백호, 주작, 현무로 구성된 사신은 동서남북의 네 방위를 지키는 수호신이다. 사신도가 그려진 고분벽화는 방형 현실과 중앙 연도, 평행 삼각고임 구조의 단칸 무덤으로 정형화되며, 벽화는 대체로 석실의 벽면과 천장 고임의 석면을 잘 다듬은 뒤 그 위에 직접 그림을 그리는 방식이 채택되었다. 이러한 방식으로 그려진 벽화는 그림 속

그림 19 강서대묘의 현무

사신이 마치 살아 움직이는 것처럼 생생한 느낌을 주게 되며, 회벽 위에 그려진 벽화에 비해 비교적 오랫동안 제 모습을 유지할 수 있다.

이 시기의 사신은 현실 벽면 전체를 장식하게 되는데, 평양지역에서는 별다른 장식 없이 사신만 전면에 그려지지만, 지안지역에서는 날아가는 구름, 연꽃, 화염무늬 등이 사신의 배경으로 나타나면서 보다 화려해진다는 점에서 차이를 보인다. 현실의 고임과 천장에는 여러 장식무늬, 해와 달, 별자리, 연꽃, 선인, 황룡 등을 그려 넣어 하늘 세계를 표현하였다.

고구려 토기의 변천

고구려의 영토 내에서 고구려 사람에 의해 제작 사용된 고구려 토기는 대체로 전기(3세기 이전), 중기(4~5세기), 후기(6세기 이후)로 구분된다.

전기의 토기는 태토에 굵은 사립이 섞인 조질태토(粗質胎土)에 회전대를 사용하지 않고 손으로 직접 빚은 토기(手製土器)가 대다수를 차지한다. 이 시기에 확인되는 기종으로는 심발(深鉢), 장경호(長頸壺), 호(壺), 동이, 시루, 접시, 합(盒), 잔, 뚜껑 등이 있는데, 모두 평저(平底)를 기본으로 한다. 그리고 심발과 장경호, 호에는 띠 모양 손잡이(대상파수, 帶狀把手)가 부착되는 경우가 많다.

고구려 토기는 일반적으로 고구려가 발원한 훈강(渾江) 유역과 압록강 유역 일대에서 청동기시대부터 이어지는 토기 제작 전통 위에 선국말~한내 회도(灰陶)의 영향이 기미되어 창출된 것으로 알려져 있다. 구체적으로 토기의 표면을 마연하는 방식이나 대상파수의 부착 등은 청동기시대 이래의 전통이고, 니질태토(泥質胎土)와 회색도기(灰色陶器) 등의 속성은 새롭게 유입된 것으로 본 것이다.

그렇지만 고구려의 첫 번째 도읍이었던 환런 오녀산성이나 망강루 고분군에서 출토된 토기에는 니질태토와 마연기법이 확인되지 않는다. 오히려 이런 특징은 마성자 동굴유적을 시작으로 랴오둥지역 전체에 널리 퍼진 청동기시대 토기에서 관찰되며, 초기철기시대나 고구려 초기의 토기는 가는 석립(石粒)이 혼입된 태토로 제작되고 있어 재지적 전통의 계승이라고 보기 어렵다. 뿐만 아니라 철기문화의 도입과 함께 한반도에 전해진 니질화된 태토, 타날기법, 가마의 사용 등과 같은 새로운 기술적 요소 역시 고구려 초기 토기에는 확인되지 않으므로 이 역시 직접적인 영향 관계를 상정하기 어렵다. 그럼에도 불구하고 청동기시대 후기에서 초기철기시대로 이어지는 토기의 일부 기형과 파수가 고구려 초기 토기에서 확인된다. 따라서 고구려 토기는 훈강과 압록강 중상류 일대에 거주하고 있던 집단이 청동기시대 후기의 토기 제작 전통을 일부 계승하고, 부여를 비롯한 외부의 영향을 받아 형성된 것으로 이해하는 것이 합리적이다.

이처럼 이른 시기의 고구려 토기는 조질태토에 손으로 제작한 것이 일반적이지만, 4세기 이후가 되면 잘 알려진 바와 같이 고운 점토질의 니질태토, 회전대(돌림판)를 사용한 성형기법, 평저 기형, 횡위(橫位) 대상(帶狀)파수, 일부 기종의 시유(施釉), 특정한 문양의 시문과 암문(暗文) 기법 등이 나타나게 된다.

고구려 중기부터는 거의 모든 기종이 등장한다. 옹(甕)과 직구옹(直口甕) 등과 같은 대형 토기는 중기 후반에, 광구호(廣口壺)와 대부완(臺附盌)은 후기에 나타난다. 동체부는 테쌓기와 함께 회전대를 보조적으로 이용하는 방식으로 제작되었다. 5세기대 중후반대 남한의 고구려 유적 출토품을 제외하고는 토기 겉면에서 타날(打捺) 흔적이 관찰되지 않는데, 이는 고구려의 일반적인 토기 제작 과정에 타날기법은 사용되지 않았기 때문으로

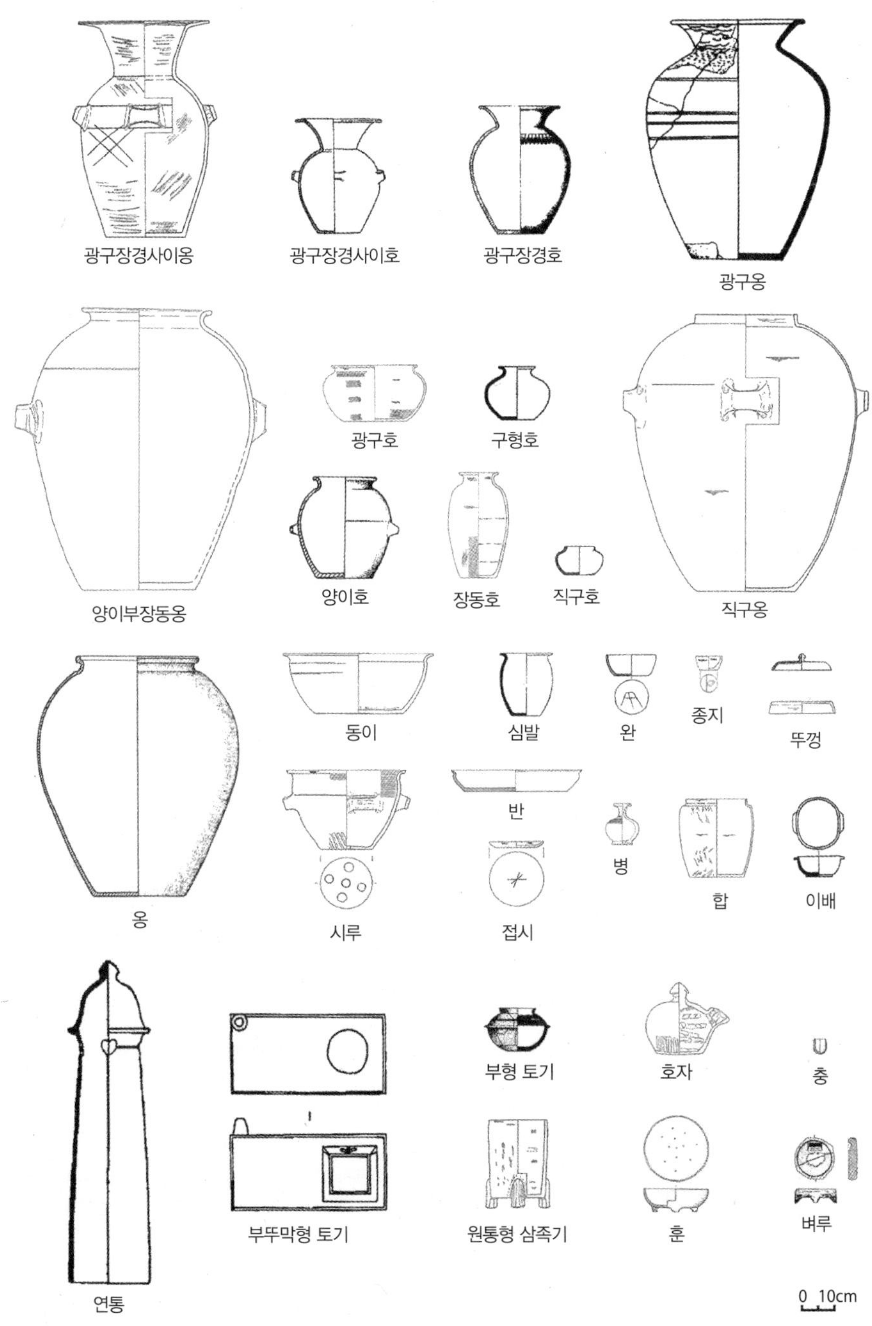

그림 20 고구려 토기 기종 구성도

이해된다.

이 밖에도, 표면을 마연하는 기법은 고구려 토기의 특징적인 요소로 알려져 있으나, 실제로 토기 전체를 마연한 경우는 그리 많지 않다. 고구려 중기 이후 태토가 니질화 되다 보니 기벽을 정면하는 과정에서 자연스럽게 부분적인 마연 효과가 나타나게 된 것이다.

고구려 토기에서 문양 시문은 큰 비중을 차지하지 않는다. 문양은 중기 이후부터 확인되는데, 그 기종 역시 매우 제한적이며 종류도 단순하다. 주로 병이나 호의 어깨 부위에 중호문(重弧文)이나 파상문, 점열문 등이 횡침선대(橫沈線帶) 구획 안에 시문된다.

그리고 중기 이후에는 암문(暗文)기법도 확인된다. 암문이란 토기의 표면을 단단한 도구로 문질러 시문하는 일종의 마연기법에 의한 문양 장식을 말하는데, 종방향이나 횡방향의 암문 외에도 연속 고리문이나 격자문 등이 있다. 암문은 니질화된 태토로 제작된 토기에서만 관찰되지만, 호, 옹, 시루, 동이 등 다양한 기종에 폭넓게 관찰된다. 암문은 고대 동북아시아 지역에서 시기를 달리하며 확인되는 매우 특징적인 시문기법으로, 흉노, 삼연, 북위, 거란 등의 토기를 비롯하여 고구려 토기의 영향을 받은 사비양식 백제 토기와 발해 토기에서도 발견된다. 3세기 말, 늦어도 4세기 초에는 저화도 녹갈유가 시유된 토기가 사용되었다. 그렇지만 시유(施釉) 토기는 그 출토량이 많지 않은데 주로 무덤에서 발견되었다.

한편, 한강 유역 출토 고구려 토기를 통해 6세기를 전후하여 토기의 형태에 약간의 변화가 있음이 확인된다. 5세기대 토기는 아가리 끝이 둥글거나 직선으로 마무리되는 비중이 높은 반면, 6세기 이후의 토기는 아가리 끝을 밖으로 말아 접은 구연(口緣)의 비중이 높아진다. 또한 5세기대 토기는 동체 상단부에 횡침선과 함께 점열문, 파상문, 중호문 등의 문양이 새겨진 경우가 있지만, 6세기대 토기에서는 문양이 시문된 토기는 거의 찾아볼

그림 21 한강유역 출토 고구려 토기 각종

수 없다.

그리고 남한의 5세기대 토기 중에는 동체부 성형 과정에서 점토띠의 접합을 위해 타날을 실시하고 회전대를 이용하여 물손질함으로써 표면의 타날 흔적을 지운 경우가 일부 있다. 그렇지만 475년 백제 수도 한성 점령 당시 고구려 군대가 본토에서 가져왔을 것으로 추정되는 몽촌토성 출토 토기와 6세기 전반 아차산 보루군 출토 토기에는 타날 흔적이 남아있는 토기가 거의 발견되지 않는다. 이처럼 남한에서만 확인되는 타날 기법의 고구려 토기들은 제작 과정에서 현지의 백제 장인이 참여한 결과로 추정된다.

이상에서 살펴본 고구려 토기는 30여개의 기종 분류가 가능하다. 기능상으로 보면 저장용, 조리용, 배식용(配食用), 운반용 등으로 사용된 실용기와 부장용이나 의례용으로 사용된 비실용기로 대별된다. 시유토기와 같이 고분에서 주로 확인되는 부장전용 토기를 제외하면 비실용기의 식별은 쉽지 않다.

고구려 토기는 실용성이 강하다. 동이는 조리용, 저장용, 운반용 등 다용도로 활용되었을 것이다. 심발은 기벽에 그을음이 남아있거나 표면이 박락된 것이 많아 직접적으로 불에 닿는 조리용기로 추정된다. 시루 역시 그 형태적인 특징이 오늘날의 찜기와 같아 조리용기로 구분할 수 있다. 완, 대부완, 종지, 접시, 이배(耳杯), 구절판 등은 크기와 형태상 개인용 배식용기로 구분이 가능하다. 이들 토기는 쪽구들의 아궁이 주변에서 주로 발견되어 이곳에 간단한 형태의 부엌을 마련하여 비치해 두고 사용되었음을 알 수 있다. 토기의 바닥이나 내면에는 다양한 부호가 새겨져 있는데, 대부분 소성 후에 새겨진 것들이라는 점에서 식별을 위한 것으로 보인다. 이 밖에도 대형 옹이나 직구옹은 토기의 용량으로 볼 때 저장용기로 판단된다.

동시기의 백제나 신라·가야 토기에 비해 실용성이 강조된 고구려 토기는 바닥이 평저인 사례가 많다. 이러한 속성은 사비기 백제 토기에 큰 영향을 주었을 뿐만 아니라, 지금까지도 우리 실생활에 사용되는 옹기가 고구려 토기에서 기원하였다는 주장의 근거가 되고 있다.

삼연과의 문물 교류

모용선비(慕容鮮卑)는 중국의 5호16국 시기에 중국의 중원과 동북 지역에 전연(前燕), 후연(後燕), 남연(南燕), 서연(西燕), 북연(北燕)의 5개국을 건립하였는데, 이 중 랴오시(遼西) 지역을 중심으로 한 전연(337~370년), 후연(384~409년), 북연(409~436년)을 편의상 삼연(三燕)이라 지칭한다.

고구려와 인접한 삼연은 4세기부터 5세기 중엽까지 고구려와 랴오둥지역의 지배권을 놓고 끊임없이 경쟁하였다. 4세기 전반부터 고구려는 모용씨의 정권 다툼 과정에서 망명을 요청한 여러 사람들을 받아들였으나, 342년에는 모용황(慕容皝)이 당시의 왕도였던 국내성과 환도성을 함락시키면서 5만에 이르는 고구려의 귀족과 백성이 포로로 전연에 잡혀가기도 하였다. 후연의 건국 이후에도 여러 차례 충돌이 있었는데, 402년부터는 고구려가 확실한 군사적 우위를 점하게 되었다. 북연의 성립 이후에는 모용운(慕容雲)이 성을 고쳐 고운(高雲)이라 칭하자 광개토왕은 사신을 보내 종족의 예를 베풀었으며, 436년 북연 멸망 시에는 북연 수도 용성(龍城)의 왕족과 백성 및 물자를 고구려로 이송해오기도 하였다. 전쟁과 외교를 통한 당시의 인적·물적 교류는 양국의 문화에도 상당한 영향을 끼치게 되었다.

삼연문화와의 관계가 있는 고구려의 대표적인 물질문화로는 벽화고분, 마구, 보요(步搖) 장식, 대금구(帶金具), 토기 등이 있다.

삼연의 벽화고분은 중국 랴오시의 차오양과 베이파오(北票)지역에서 발견되었는데, 차오양에서는 횡혈식석실분이, 베이파오에서는 수혈식석곽묘가 확인되었다. 이들 묘실의 평면 형태는 사다리꼴이고, 천장은 평천장이라는 점에서 기본 구조는 선비족의 석곽묘 전통을 계승하고 있으며, 벽화는 행렬, 사냥, 상차림 등이 포함된 생활풍속을 주제로 하고 있어 랴오양지역의 위진시기(魏晉時期) 고분벽화의 영향을 받았음을 알 수 있다.

고구려에서도 생활풍속을 주제로 하는 벽화고분이 유행하였다. 북한 남포의 강서구역과 안악지역의 다실묘는 구조와 벽화 내용면에서 랴오양 일대의 위진시기 벽화고분과 연결되며, 단실묘(單室墓)는 구조적으로는 낙랑 및 대방지역의 전축분의 전통을 잇고 벽화 구성상으로는 랴오양의 위진시기 벽화고분과 연결된다.

삼연과 고구려 모두 랴오양지역의 위진시기 벽화고분의 영향을 받았다고 하더라도 고구려 벽화고분은 벽화 제재의 선택적 수용과 재구성이라는 특징을 보이고 있어 삼연과는 차이를 보인다. 즉, 생활풍속을 공통의 주제로 삼으면서도 행렬이나 사냥, 놀이 장면에 등장하는 인물의 복식이나 기물에 고구려적인 색채가 가미되고 있고, 천장부의 제재와 구성 방식이 매우 다양하다는 점에서 해, 달, 별자리 위주의 비교적 단순한 구성을 보이는 삼연 벽화와는 차이를 보인다. 그리고 삼연의 벽화는 생활풍속에 국한되어 있으나, 고구려는 4세기 중엽부터 생활풍속에 연꽃을 비롯한 불교적 회화 제재가 등장하다가 5세기 중엽이 되면 연꽃 장식무늬가 중심 주제가 되는 등의 변화를 보인다.

모용선비의 4세기 무덤에서는 중장기병이 무장한 갑주와 마구가 일반적으로 출토되는데, 일부 유물은 고구려 것보다 이르다. 안교(鞍橋)나 재갈(馬銜), 등자(鐙子) 등에서 확인되는 마구의 변화 양상이나 마구 부장의 조합상 등은 두 나라가 유사하다. 이로 인해 전연–고구려–신라로 이어지는 마구(또는 중장기병술)의 전파 과정이 상정되기도 하였다. 그렇지만 일부에서는 고구려의 중장기병술을 전연을 견제하기 위한 목적으로 후조(後趙)에서 도입된 것으로 보기도 한다.

한편, 삼연에서는 찰랑찰랑 흔들리는 보요(步搖) 장식이 일찍부터 유행하였는데, 고구려에서도 지안지역을 중심으로 금제 보요 장식이 확인된다. 고구려의 보요장식은 삼연의 수지형(樹枝形)과는 달리 수엽형(樹葉形) 장식을 금실로 부착하고 금제 또는 마노 구슬을 연결하는 등 고구려만의 특징을 보인다. 보요장식에 삼연문화가 일정한 영향을 미친 것으로 여겨지나, 고구려 건국기의 망강루 적석총에서 출토된 금실을 꼬아 만든 금제 귀걸이 장식은 부여의 위수(楡樹) 노하심(老河深) 고분군이나 시펑(西豊) 서차구(西岔溝) 고분군 출토품과 같은 계통이어서, 고구려의 보요 이식(耳飾)은 부여와의 관계를 통해 성립되

그림 22 고구려와 삼연의 벽화 비교(고구려 안악 3호분 1, 삼연 원대자벽화묘 2)

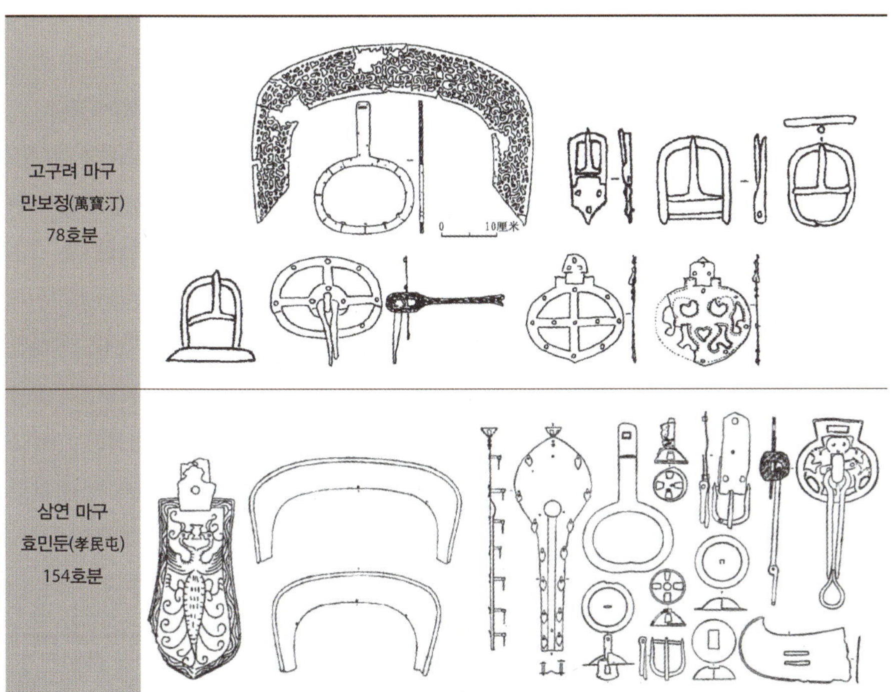

그림 23 고구려와 삼연의 마구 비교

었음을 알 수 있다.

위진시기에 중원에서 고안된 허리띠 장식인 대금구(帶金具)는 삼연과 고구려에서도 널리 유행하였다. 고구려의 경우 3세기 말~4세기 초부터 대금구가 고분에서 출토되는데, 초기에는 서진(西晉)의 제품이 유입되다가 4세기 중엽부터는 고구려 자체의 번안이 이루어진 것으로 알려져 있다. 그 과정에서 중원식 대금구에서는 보이지 않는 독특한 도상을 가진 삼연(랴오닝식) 대금구의 영향을 받았을 가능성도 있다.

마지막으로 고구려 암문(暗文) 토기의 등장 또한 삼연과의 문물 교류 과정에서 나타났다. 앞서 설명한 것처럼 암문은 토기의 표면을 단단한 도구로 문질러 시문하는 문양 장식으로, 흉노의 토기 제작 전통을 이어받은 삼연 토기에서도 쉽게 찾아볼 수 있다. 고구려에서 암문 토기는 태토가 니질화되는 중기 이후에 등장하고 있어, 삼연과의 교류에 따른 것으로 이해된다.

요약

이상에서는 고구려의 여러 문화유산 중 도읍과 성곽, 적석총과 벽화분, 토기를 중심으로 그간의 고고학 연구 성과들을 간략하게 살펴보았다.

주몽이 고구려를 건국한 졸본은 중국 랴오닝성 환런지역으로, 발굴조사 내용과 「광개토왕릉비」의 기록 등을 통해 오녀산성이 초기 도읍이었던 것으로 보인다. 고구려의 두 번째 수도였던 국내 도읍은 중국 지린성의 지안지역으로, 국내성과 환도산성이 있다. 그렇지만 발굴조사 결과 국내성은 4세기 이후에 축조되었음이 밝혀졌고, 198년 축조 기사가 있는 환도산성은 5세기대 이후의 유물만 출토되고 있다. 따라서 고구려의 도성이 평지성과 방어용 산성으로 이루어졌을 것이라는 기존의 인식은 잘못되었을 가능성이 높다.

전기 평양성으로는 대성산성, 청암동토성, 안학궁이 거론되고 있지만, 고구려 석실분을 파괴하고 들어선 안학궁이나 토성 내 중앙부에 사찰 건물지가 확인된 청암동토성 모두 평지 도성에 대하여 논란이 있는 상황이다. 이후 고구려는 장안성으로 천도하였는데, 기존과는 달리 도시를 방어할 수 있는 대형 성곽으로 내부에는 방리제(坊里制)가 실시되었다.

고구려는 국가성립 당시부터 적석총이라는 특유의 돌무덤을 사용하였는데, 거대한 크기와 빼어난 조형미를 갖추고 있어 '동방의 금자탑'으로도 불리는 장군총으로 그 정점에 이르렀다. 고구려의 영역 확장이 본격적으로 시작된 4세기경에는 고분벽화라는 새로운 장의예술이 도입되었는데, 무덤방 내에 재현된 주인공 삶의 모습과 천상세계, 사신도 등은 벽화 자체의 예술적인 미는 물론이고, 당시 고구려인들의 삶과 문화, 그리고 정신세계를 이해하는데 매우 중요한 자료가 되고 있다.

또한 고구려는 고대 중원과는 달리 일찍부터 산성을 중심으로 하는 독특한 방어체계를 갖추었는데, 발전된 축성 기술로 인해 아직까지도 많은 성들이 양호한 상태로 남아 있다. 이 밖에도 고구려의 뛰어난 제철 기술은 동북아시아를 호령할 수 있는 원동력이 되었으며, 실용성이 강한 고구려 토기는 지금까지도 우리가 사용하고 있는 옹기의 기원이 되었다.

참고문헌

강현숙, 2013, 『고구려 고분 연구』, 진인진.

강현숙·양시은·최종택, 2020, 『고구려 고고학』, 진인진.

권순홍, 2019, 「고구려 도성 연구」, 성균관대학교 박사학위논문.

기경량, 2017, 「고구려 왕도 연구」, 서울대학교 박사학위논문.

김일성종합대학출판사, 1973, 『대성산의 고구려 유적』(고고학 및 민속학강좌).

심광주, 2018, 「임진강유역 고구려 성곽의 발굴조사 성과와 축성법」, 『고구려발해연구』 62.

여호규, 2019, 「고구려 국내성기의 도성 경관과 토지 이용」, 『고구려발해연구』65.

양시은, 2016, 『고구려 성 연구』, 진인진.

______, 2021, 「고구려 도성제 재고」, 『한국상고사학보』112.

______, 2021, 「통화 만발발자 유적을 통해 본 고구려 토기의 기원과 형성」, 『동북아역사논총』71.

이희준, 2006, 「태왕릉의 묘주는 누구인가?」, 『한국고고학보』59.

임기환 외, 2009, 『고구려 왕릉 연구』, 동북아역사재단.

전호태, 2016, 『고구려 벽화고분』, 돌베개.

______, 2016, 『고구려 생활문화사 연구』, 서울대학교출판문화원.

조윤재, 2015, 「고고자료를 통해 본 삼연과 고구려의 문화적 교류」, 『선사와 고대』43.

최종택, 1999, 「고구려 토기 연구」, 서울대학교 박사학위논문.

______, 2013, 『아차산 보루와 고구려 남진경영』, 서경문화사.

吉林省文物考古研究所·集安市博物館 編, 2004, 『國內城』, 文物出版社.

______, 2004, 『丸都山城』, 文物出版社.

吉林省文物考古研究所·集安市博物館, 2004, 『集安高句麗王陵』, 文物出版社.

遼寧省文物考古研究所 編, 2004, 『五女山城』, 文物出版社.

머리글

마한과 백제의 건국

백제 도성의 구조와 변천

백제 지배층의 무덤

영산강유역 무덤

부장유물과 금공 위세품

토기, 기와의 생산과 사용

백제 사찰과 불교유물

왜와의 교류

요약

10 백제 · 마한의 사회와 문화

서현주

한국전통문화대학교

백제·마한의 주요유적 지도
사평
연길
심양
통화
요양
함흥
평양
대련
개성
서울
대전
대구
광주
부산
포천 자작리유적
서울 풍납토성
서울 몽촌토성
서울 방이동고분군
서울 석촌동고분군
서울 가락동고분군
성남 판교동고분군
용인 구갈리유적
시흥 오이도패총
화성 왕림리유적
화성 마하리고분군
서산 마애삼존불
서산 부장리고분군
예산 화전리 사면석불
홍성 석택리유적
공주 수촌리고분군
세종 한솔동고분군
세종 나성동유적
공주 단지리유적
보령 성주사지
익산 입점리고분군
완주 둔산리고분
완주 상운리고분군
부안 죽막동유적
정읍 고부읍성
고창 칠암리고분
광주 월계동고분군
광주 동림동유적
신안 도창리고분
영암 옥야리 방대형고분
영암 내동리 초분골고분군
영암 만수리고분군
나주 송제리고분군
해남 월송리 조산고분
해남 장고봉고분
고흥 야막고분
고흥 길두리 안동고분
공주 정지산유적
공주 무령왕릉과 왕릉원
공주 공산성
공주 대통사지
공주 금학동고분군
익산 미륵사지
익산 쌍릉
익산 왕궁리유적
익산 제석사지
장성 학성리고분군
함평 월계리 석계고분군
함평 신덕고분군
나주 복암리고분군
나주 복암리 정촌고분
나주 신촌리고분군
나주 덕산리고분군
나주 대안리고분군
0
100 km
부여 나성
부여 부소산성
부여 궁남지
부여 왕흥사지
부여 정림사지
부여 동남리사지
부여 군수리사지
부여 용정리사지
부여 임강사지
부여 능산리사지
부여 왕릉원
부여 능안골고분군
부여 염창리고분군
부여 화지산유적
부여 관북리유적
부여 쌍북리 525-1번지유적
하남 감일동고분군
원주 법천리고분군
아산 갈매리유적
천안 용원리고분군
천안 구도리고분
천안 장산리유적
청주 주성리유적
청주 신봉동유적
청주 부모산성
세종 부강리고분군
청양 왕진리요지
대전 월평동유적
논산 표정리고분군
논산 모촌리고분군
논산 육곡리고분군
금산 백령산성
남원 척문리고분군
광양 석정유적
남해 남치리 1호분

백제·마한의 사회와 문화

서현주

한국전통문화대학교

머리글

백제는 삼국사기(三國史記)에 의하면 기원전 18년 온조와 비류가 세운 십제(十濟)를 바탕으로 온조왕 27년(9년)에 마한을 병합했다고 한다. 한강유역에서 고대국가의 기틀을 마련한 백제는 475년 고구려의 남침으로 공주(웅진)로 천도하게 되고, 538년 성왕대에 부여(사비)로 천도하였다. 그런데 중국 사서인 삼국지(三國志)나 후한서(後漢書) 동이전(東夷傳)에는 3세기대까지 삼한에 대한 기록이 남아 있다. 이를 바탕으로 문헌사학계에서는 백제의 고대국가 성립을 고이왕대(234~286년)로 보고 있으며, 고고자료도 3세기대까지 이어졌던 마한의 존재를 뒷받침해주고 있어서 고고학계에서도 비슷하게 3세기 중·후엽경으로 추정하고 있다.

백제는 고고자료를 통해 한성기 이래 중국이나 고구려 문물을 수용하여 변화·발전시켰으며, 왜와도 지속적으로 교류했음을 알 수 있다. 특히, 영산강유역에는 다른 지역과 달리 웅진기까지도 큰 분구(墳丘)를 갖는 옹관고분이 조영되어 토착세력의 성장과 활동이 두드러진 사실이 확인된다. 이 집단은 백제와 관계를 가졌을 뿐 아니라 왜나 가야, 신라와도 교류하였음을 고분에 부장된 유물을 통해서 알 수 있다.

마한과 백제의 건국

서울·경기, 호서와 호남 지역에는 50여개의 마한 소국이 있었고 백제국도 이에 포함되어 있었다. 백제가 고대국가로 부상하면서 마한 소국의 맹주였던 목지국이 병합되었고 다른 마한 소국들도 단계적으로 백제 영역에 속하게 되었던 것으로 이해된다.

그렇다면, 마한은 언제 시작되었고 어떤 모습이었을까? 마한은 한(韓)에서 이어졌고 준왕(準王)이 남쪽으로 내려오기 전에도 존재하여 그 시작을 기원전 3세기까지 올려보는 보는 의견도 있다. 그런데 마한은 진한, 변한과 구별되면서 본격적으로 시작되므로 대체로 기원전 1세기경에 시작된다고 볼 수 있을 것이다. 이즈음의 마한에 대해서는 아직까지 유적이 많이 발견되지 않아 그 양상을 설명하기 어렵다. 최근 2세기대 유적들이 늘어나면서 진·변한과 구별되는 마한의 특징이 뚜렷해지고 있다. 이 때부터 마한의 여러 지역에서 유적이 늘어나고 있는데, 무덤으로 주구(周溝)를 갖춘 소위 분구묘(墳丘墓)가 새롭게 나타나고, 주거로 방형계의 수혈주거지가 확인되며 그 중에는 4주식(四柱式)도 포함되어 있다. 이 때부터 지역별 차이도 나타나는데, 경기남부~호서북부지역의 단순목관묘와 타날문(打捺文) 원저심발형(圓底深鉢形)토기문화권, 경기 서해안, 호서 서남부와 호남 지역의 분구묘와 경질(硬質)무문토기문화권으로 크게 구분된다.

그중 경기남부~호서북부지역의 토광묘에서 보이는 특징적인 원저심발형토기와 유개대부호(有蓋臺附壺) 등이 어떻게 나타났는지에 대해서는 의견이 분분하다. 토기 형식이 비슷한 점에서 영남지역에서 유입된 것으로 보는 의견도 많지만, 서해안인 시흥 오이도패총에서도 나타나고 호서북부지역에서도 상당히 성행하는 점에서 낙랑이나 중국 산둥(山東)지역 등의 외래계로 보는 의견도 있다. 그 유입 시기는 대체로 환령지말(桓靈之末, 2세기 중·후엽)이라는 중국의 역사적 상황과 관련되는 것으로 추정된다.

그리고 경기 서해안지역, 호서 서해안~서남부지역, 호남서부지역에서는 이 시기에 지상에 위치한 목관묘나 목곽묘 외곽에 주구가 둘러진 무덤인 소위 분구묘가 나타나기 시작한다. 분구묘가 언제, 어느 지역에서 등장하는지 의견이 다양하다. 그 기원에 대해서는 청동기시대 송국리문화나 지석묘문화 등 토착문화와 연관되거나, 주구나 분구의 요소에서 중국 진국(秦國)의 위구묘(圍溝墓), 중국 강남(江南)지역 토돈묘(土墩墓), 낙랑의 성토(盛土)분묘 등과 관련될 가능성이 제기되었다. 분구묘는 중국 강남의 토돈묘와 통하는 부분도 있어서 이와 관련될 가능성도 있지만, 주구 등을 제외하면 앞 시기의 무덤들과 유물 형식 등이 다르지 않아 청동기시대 주구가 둘러진 석관묘나 토광묘 등 토착문화와 관련될 가능성도 있다. 그런 점에서 호남(또는 호서) 서해안지역에서 처음 등장했을 가능성이 더 크다고 판단된다.

마을유적에서도 확인되는 4주식(四柱式) 주거(특히 방형계)는 천안 장산리유적의 사례를 들어 2세기대에 호서북부지역에서 나타났고 마한의 여러 지역으로 확산된 것으로 주장된다. 그러나 4주식 주거는 외래적인 것으로만 보기 어려우며 청동기시대 송국리식 주거지의 일부 요소(주공 등)를 수용하였을 가능성이 있다. 그런 점에서 4주식 주거는 송국리문화권의 주변(천안 등)보다 중심이었던 호남지역에서 등장했을 가능성이 크다. 그 등장 계기에 대해서는 명쾌하게 설명하기 어렵지만, 이 주거문화의 확산도 분구묘와 함께 종족적, 문화적 공통 성향을 지닌 마한권역에서 약간의 시차를 두고 이루어지는 것으로 볼 수 있다. 이러한 분구묘(주구묘)나 4주식 주거가 외래계 문물의 영향 아래 기존 토착 요소들을 수용하면서 변·진한과 구별되는 마한의 정체성을 잘 보여준다 하겠다.

3세기 이후 마한 소국들은 무덤과 마을 유적 모두 동일 지점에서 상당히 성행하는 모습을 보여준다. 유적의 수가 많아지고 규모도 커지고 있는데 주거는 개축되지만, 무덤의 경우 앞 시기의 유구를 파괴하지 않고 확장되는 모습을 보여주고 있다. 단순목관묘가 조영되던 경기남부~호서북부지역까지도 주구목관(곽)가 확산될 뿐만 아니라, 4주식 주거도 호서북부지역은 물론 분구묘와 마찬가지로 호서와 호남의 동부지역으로도 확산되고 있다.

이와 함께 타날문토기가 경질무문토기보다 성행하고 있으며 마한의 특징적인 개별 토기 종류들도 지역별로 새롭게 나타나고 있다. 예를 들면, 마한 토기 중 양이부호(兩耳附

그림 1 마한의 분구묘(함평 예덕리 만가촌고분군)

그림 2 마한의 4주식 주거지(영광 마전유적)

그림 3 3세기대 마한 소국의 모습(홍성 석택리유적)

壺)나 이중구연호(二重口緣壺), 평저호(平底壺), 기대형(器臺形)토기 · 원통형토기 · 분주(墳周)토기 등 의례용 토기의 분포나 성행 정도가 지역별로 차이를 보여준다. 이는 앞에서 언급한 것처럼 3세기대의 상황을 기록했다고 볼 수 있는 중국 문헌인 삼국지나 후한서의 50여 개에 달하는 많은 마한 소국들이 존재했던 모습을 어느 정도 보여주는 것이 아닌가 판단된다. 소국마다 차이가 드러날 정도는 아니지만, 앞 시기보다 지역적인 차이가 뚜렷해지고 있어서 이 시기의 특징은 마한 소국들의 확산과 발전으로 정리할 수 있겠다.

마한 소국 중 하나였던 백제국이 고대국가로 성장하면서 백제의 고고자료에서도 변화가 나타난다. 크고 작은 소국들이 병립하면서 어느 정도 차별화가 나타나는 마한단계와 달리 백제는 중앙과 지방이 비교적 통일된 모습을 보여주고, 규모나 내용 면에서 뚜렷한 차이도 나타나기 시작한다. 백제의 고대국가 성립을 보여주는 구체적인 고고학적 현상으로서 중앙에 거대한 도성의 축조, 왕릉을 포함한 지배층의 고총(高塚)고분의 조영, 특징적인 토기양식의 성립이 거론되고 있다.

고대국가 체제를 갖춘 백제는 남쪽으로 세력을 확장하고 마한을 단계적으로 영역화하면서 마한지역의 양상은 다양하게 나타난다. 문헌사학계에서도 일본서기(日本書紀) 신공황후(神功王后) 49년조에 나오는 호남지역에 대한 정벌의 주체를 백제로 이해하고, 근초고왕대의 활발한 중국과의 교섭과 영토 확장의 정황으로 보아 근초고왕 때(4세기 중엽)에 마한의 영역화가 완료된 것으로 보는 견해가 주류이지만, 왕후제(王侯制) 시행 등을 들어 5세기 후반으로 좀 더 늦춰보는 견해도 있다. 고고학적으로는 마한의 물질문화가 거의 사라지고 백제와 관련되는 중요 유구나 유물이 나타날 때, 백제의 영역화가 이루어진 것으로 볼 수 있을 것이다. 사비기가 되면 호남지역까지 백제의 직접지배가 이루어졌지만, 한성기~웅진기에는 백제 중앙에서의 거리, 토착세력의 성향 등에 따라 차이가 나는 것으로 보고 있다.

먼저 경기지역은 4세기를 전후한 시기부터 마한의 물질자료가 사라진다. 그리고 분구묘나 주구묘를 사용하던 지역이라도 주구는 사라지고 목관(곽)묘가 조영되며, 상당한 규모의 육각형주거지, 흑색마연토기 등 백제의 특징적인 문화가 나타난다. 목지국이 있었던 곳으로 비정되고 있는 아산, 천안 등의 호서북부 지역도 4세기 중엽에는 마한의 분묘인 주구목관(곽)가 사라지고 주로 목관묘나 목곽묘 등이 조영된다. 수혈주거도 4주식이 점차 사라지고 중요 지점에 백제의 특징적인 육각형 수혈주거지가 등장하고 있다. 금동신발이 출토된 세종 나성동의 목곽묘, 공주 수촌리의 목곽묘, 아산 갈매리의 수혈주거지가 대표적이다.

이에 비해 호서 서해안이나 서남부지역은 조금 늦은 4~5세기대가 되어야 위의 변화가 나타나는데, 그중 토착세력이 강한 지역은 분구묘가 그대로 이어지면서 유물에서 변화가 먼저 나타나기도 한다. 토기 중에는 지방 특색을 보여주는 것도 있지만 백제토기 종류인 직구호(直口壺)나 삼족배(三足杯)도 나타나며 금동관모, 중국제로 추정되는 이동용 솥인 철제 초호(鐎壺)도 보이는데, 서산 부장리유적의 사례가 대표적이다. 전북지역에서도 대체로 이와 비슷한 양상을 보인다. 다만, 토착세력이 강한 지역은 조금 늦게 변화가 나타나서 5세기 전·중엽의 석실묘에서 금동관모, 금동신발과 함께 백제 토기들이 보이기도 하는데, 공주 수촌리고분군과 익산 입점리고분군이 이에 해당한다.

백제 도성의 구조와 변천

고대국가는 왕이 거주하는 궁궐이나 관청 등을 둘러싼 도성을 세우고 이를 중심으로 통치하였다. 백제도 도읍마다 도성을 세웠는데 이는 문헌 사료나 유적으로 확인되고 있다. 삼국사기나 일본서기 등에는 백제 한성기의 도성 관련 명칭이 위례성, 하남위례성, 한성, 한산, 북성과 남성, 대성과 왕성 등 다양하게 나타난다. 문헌 사료에 의하면, 한성기 도성은

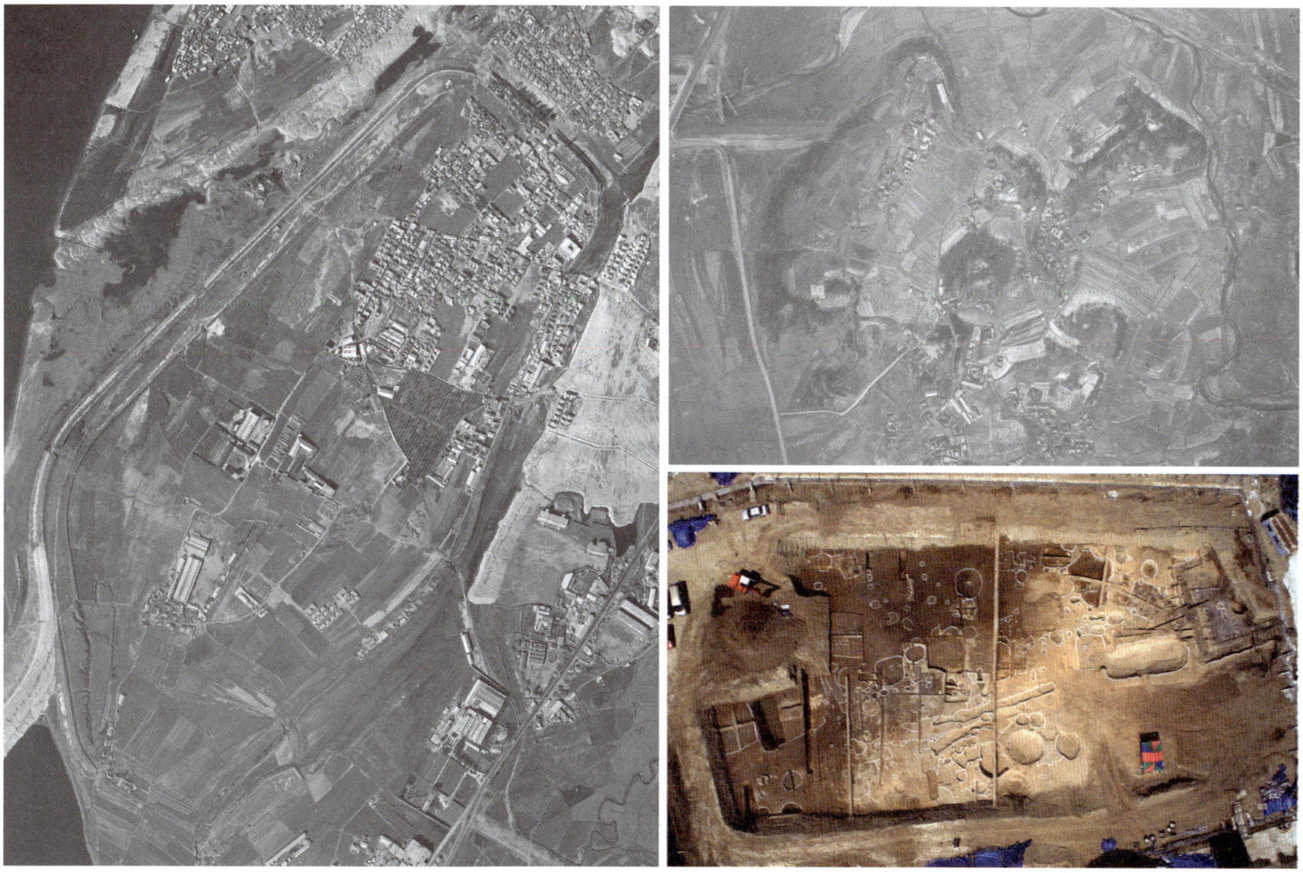

그림 4 서울 풍납토성 항공사진(1), 서울 몽촌토성 항공사진(2), 풍납토성 경당지구 전경(3)

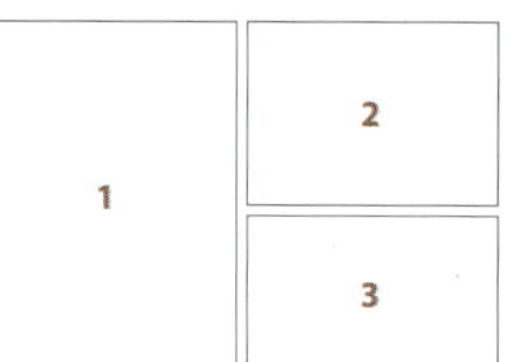

하북위례성에서 하남위례성(한성)으로 옮겨진 후 한산, 마지막에는 한성이었던 것으로 볼 수 있다. 이러한 도성들이 어디에 있었는지에 대해서는 다양한 의견이 있지만, 하남위례성 또는 한성은 서울 송파구에 있는 풍납토성과 몽촌토성으로 보는 의견이 많다. 하북위례성은 한강 이북의 어느 지점이라는 것 외에 아직 실체를 알 수 없으며, 한산에 대해서도 잘 알 수 없는 상황이다.

고구려에 의한 한성 함락을 기록한 삼국사기(북성, 남성)와 일본서기(대성, 왕성)를 참조하면, 백제의 도성인 한성, 즉 하남위례성에는 북성(대성), 남성(왕성)이라고 하는 두 개의 성이 존재한 것으로 볼 수 있는데, 대체로 북성은 풍납토성, 남성은 몽촌토성이라 보고 있다. 두 성곽은 한강의 남쪽에 위치하며, 강에 인접한 풍납토성에서 동남쪽으로 약 1km 떨어진 곳에 몽촌토성이 위치한다. 풍납토성이 성곽으로서 세워진 시기는 2세기대까지 올리기도 하지만 대체로 3세기 중·후엽경으로 보고 있으며, 몽촌토성은 이와 비슷하거나 약간 늦게 축조되어 두 성곽은 한성기 상당기간 동안 공존한 것으로 보고 있다. 성곽 내에서는 백제의 중요 주거인 육각형 수혈주거지뿐 아니라 점차 생활면이 지상인 건물들도 나타난다. 특히, 풍납토성에서는 경당지구나 미래마을부지에서 여자형(呂字形)의 기단을 갖는 (장)방형의 건물지(44호 건물지), 굴립주초석(掘立柱 礎石)과 기단 또는 초석 하부 보강 시설인 적심토(積心土)시설을 갖춘 확인되는 중요 건물지들(마-1호와 라-1호 건물지 등)이 확인되고 있다.

웅진기 도성이나 왕궁에 대해서는 문주왕 때(477년)나 동성왕 때(486년) 궁실을 고쳐 지은 기록, 성왕 때(526년) 웅진성을 고친 기록이 있을 뿐이다. 현재 도성의 정확한 위치나 전반적인 구조를 파악하기 어려운데 금강의 남안인 공주 공산성이 도성에 포함될 것으로 보고 있다. 다만, 공산성은 산성이고 왕이 평상시 머무르던 왕궁이 별도로 있었는지에 대해서는 견해 차이가 있어서 왕궁이 공산성 안 또는 밖에 있었는지 의견이 분분하다. 공산성 내부설은 쌍수정(雙樹亭) 앞 광장에 왕궁지가 있다고 보는데, 왕궁으로 본 건물지가 좁고 축조 시기도 백제보다 후대로 볼 수 있어서 의문이 제기된 상황이다. 공산성 외부설은 공산성이 배후산성이라고 보면서 공산성 밖 남쪽 기슭이나 평지에 왕궁지가 있을 것으로 추정하는데 아직까지 왕궁지나 도성 내 기반시설 관련 유적이 발견되지 않아 확실하게 말하기 어렵다. 따라서 지금까지 웅진기 도성은 공산성을 중심으로 파악할 수 밖에 없는 상황이다. 최근 실시되고 있는 공산성 발굴조사에서는 동쪽 성벽 구간에서 백제 때 축조된 내탁식(內托式)의 성벽이 확인되기도 하고, 왕궁이 있다고 추정되는 쌍수정 일대의 동쪽 사면부에서 웅진기로 올려볼 수 있는 성토대지와 출입시설, 회랑으로 볼 수 있는 기둥구멍열이 확인되어 앞으로 그 실체를 밝힐 수 있을 것이다.

사비기의 도성은 앞선 시기의 사례보다 체계적인 배치를 갖추었음이 발굴조사를 통해 밝혀지고 있다. 도성은 부여읍을 감싸고도는 금강의 남안에 위치하는데, 가장 북쪽에 배후산성인 부소산성이 있다. 그 남쪽 평지에 왕궁이 위치하며, 더 남쪽에 관청 등 도성 내 시설들이 조성되면서 점차 남쪽으로 확장된 것으로 보고 있다. 부소산성의 바로 남쪽 평지에 해당하는 관북리 일대에서 대형의 건물지를 포함한 왕궁 부속시설(공방 등), 큰 도로로 구획된 공간이 확인되었는데, 이는 사비기의 후반기에 해당하는 것이어서 더 이른 왕궁지는 더 남쪽인 관북리나 구아리 일대에서 확인될 것으로 추정되어 왔다. 그런데 최근 부소산 남쪽 능선의 말단부인 쌍북리 525-1번지 유적(현 부여여고 동쪽)에서 독특한 역품(品)자형 건물지, 장랑형(長廊形) 건물지, 대가야 토기, 중국제 자기 등이 확인되었다. 이 유구들은 그 성격은 잘 알 수 없었지만, 구조와 유물로 보아 사비천도 초 왕궁과 연계된 중요 유구로 볼 수 있어서 관북리와 그 서쪽 일대에 사비기 전반기의 왕궁지가 있을 가능성도 커졌다.

사비도성은 앞 시기 도성들과 달리 도읍의 외곽에 성곽을 축조하여 도성의 경계와 동시에 방어의 역할을 하도록 하였다. 사비 도읍의 외곽성(나성, 羅城)은 부소산성에서 시작하여 동쪽의 청산성 구간을 거쳐 석목리 일대까지 이어지는 북나성, 남쪽으로 꺾어 능산리 산의 서쪽을 타고 내려와 필서봉을 거쳐 염창리까지 이어지는 동나성이 확인되었다. 서나성과 남나성은 따로 세우지 않고 금강이 자연 해자의 역할을 하거나 제방 같은 것이 존재할 가능성이 있어서 사비나성은 6.6km에 달하는 북나성과 동나성을 가리킨다. 저지대와 구릉을 이어가면서 세워진 외곽성은 저지대의 성벽 하부에는 나뭇잎이나 나뭇가지 등을 깔아 기초를 만드는 부엽공법(敷葉工法)으로 축조되었다. 부소산성이 판축한 토축성인 것과 달리 외곽성은 안쪽 부분은 토축, 바깥쪽 부분은 석축한 편축성(片築城)이다. 동나성은 토축 후 석축하였고, 북나성은 토축과 석축을 동시에 한 점에서 차이도 보인다. 문지

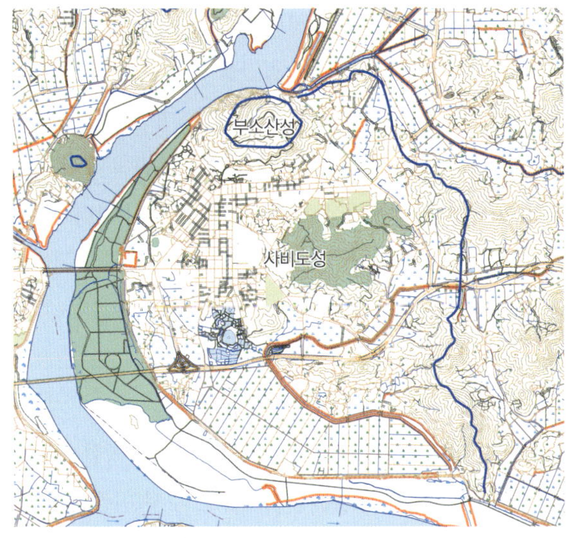

그림 5 부여 사비도성의 외곽성(나성)

그림 6 부여 사비도성의 외곽성(동나성 2문지)

(門址)는 북나성에서 1개소, 동나성에서 5개소가 확인되었고, 장대지(將臺地)는 동나성 부근에서 3개소가 확인되었다.

사비도성은 부소산성에서 대통(大通)명 기와가 나오고, 북나성이 웅진기에 축조된 가림성으로 추정하는 성흥산성과 축조기법이 비슷한 점에서 도읍을 옮기기 전부터 축조가 시작되었을 것으로 보고 있다. 동나성은 사비기 왕릉인 부여 왕릉원(능산리고분군)과 왕실의 원찰인 능산리사지에 가까이 있어서 늦어도 성왕릉이 만들어지는 554년(성왕 전사시기), 또는 능산리사지 사리감 연대인 567년 이전에는 축조되었을 것으로 본다. 따라서 도읍을 옮기기 전에 완전하게 세워졌는지는 알 수 없지만 538년 천도를 전후한 때에는 외곽성이 거의 완성되었을 것으로 이해되고 있다. 그리고 삼국사기에 무왕 때(634년) 궁남지를 축조하여 왕비와 함께 뱃놀이했다는 기록, 의자왕 때(655년) 왕궁 남쪽에 망해정(望海亭)을 세웠다는 기록 등이 있어서 외곽성으로 둘러진 사비도성은 점차 남쪽으로 확장되었을 것으로 추정된다. 궁남지의 서쪽에서는 이궁(離宮)이 있었다고 전해지는 화지산유적이 발굴조사를 통해 확인되었는데 사비기 건물지들과 팔각우물 등이 확인되어 주목된다.

도성 내부는 자연 지형에 맞추어 저지대의 경우 성토를 하기도 하면서 정비되었다. 상·하·전·중·후의 5부(部), 다시 5항(巷)으로 나누었다고 전하지만, 이를 뚜렷하게 구분하기는 어렵다. 도성 내부의 구획은 도로를 통해 어느 정도 밝힐 수 있는데 방향이나 배치가 정연한 것은 아니지만 큰 도로는 너비 9m 정도, 작은 도로는 3~5m에 해당한다.

사비도성과는 별도로 사비기 후반기 왕궁의 모습을 확인할 수 있는 유적이 바로 익산 왕궁리유적이다. 삼국사기나 삼국유사 등의 문헌에는 나오지 않지만, 김정호의 대동지지(大東地志)에 별도(別都)를 두었다는 기록이 있고 일본에서 발견된 중국 육조대 불교 관련 문헌인 관세음응험기(觀世音應驗記)에 제석사를 언급하면서 천도했다는 기록이 나와 익산으로의 천도 또는 별도설도 나오게 되었다. 이와 관련되는 대표적인 유적이 바로 무왕 때 조성된 왕궁으로 추정되고 있는 익산 왕궁리유적이다. 왕궁리유적의 궁성은 대규모로 성토하여 대지를 조성한 후 외곽에 길이 490m, 너비 240m에 가까운 장방형의 궁장(宮牆)을 둘러 조성하였다. 그 내부에는 전반부에 석축시설로 공간을 나누고 대형 초석건물지 등의 건물들과 정원시설을, 후반부에 후원공간, 공방 등 생산공간, 대형 화장실유구 등을 배치하였다. 이 궁성은 중국 도성제의 영향을 잘 보여주지만, 궁성 주변에서 아직까지 도성 관련 시설들이 확인되지 않아 이궁(離宮)이나 별궁 등으로 보는 의견이 많다.

백제 지배층의 무덤

백제 한성기 지배층의 무덤은 기단식(基壇式)적석총, 즙석봉토분(葺石封土墳), 횡혈식석실묘, 석곽묘, 목관묘나 목곽묘, 옹관묘 등으로 다양하게 나타난다. 그 중 도성 인근에 조성된 서울 석촌동·가락동고분군의 기단식적석총과 즙석봉토분은 마한단계나 지방의 무덤에 비해 상당히 큰 규모의 분(墳)이 조성된 것이다. 이 무덤들은 고대국가 성립 이후 왕릉을 비롯한 지배층의 무덤이 차별화되기 시작하는 양상을 잘 보여주며, 평지나 낮은 구릉에 큰 무덤들이 만들어지는 것은 동시기 고구려, 신라의 지배층 무덤과 비슷하다. 석촌동고분군의 왕릉급 무덤은 3단 정도의 기단을 갖춘 적석총이 대표적인데, 이 일대에는 1910년대까지만 해도 60기가 넘는 적석총이 분포하고 있었다고 한다.

백제의 적석총은 분구 내부 기저부(基底部)에서부터 적석이 이루어져 고구려 적석총과 유사한 소위 고구려식 적석총, 그리고 매장시설은 목관(곽)으로 추정되고 외부로 노출되는 부분만 적석을 하고 그 내부는 점토를 채운 백제식 적석총으로 구분된다. 이러한 차이를 계통적인 것이 아니라 노동력의 차이로 보면서 전자는 한강유역에 처음 등장하는 형식으로 투입 노동력이 많은 왕릉급이고, 후자는 더 늦게 나타난 형식으로 투입 노동력이 적은 하위 계층의 무덤으로 해석하기도 한다. 고구려식 적석총은 서울 석촌동 1호분 남분과 2호분, 3호분 등이 대표적이며, 백제식 적석총은 1호분 북분, 4호분 등이다.

적석총의 피장자를 묻었던 매장주체부는 지상에 존재하여 잘 남아있지 않은데, 주로 석곽이나 석실이었을 것으로 추정된다. 백제의 적석총이 고구려의 적석총과 관련되며, 무덤의 주인공이 최고 지배층이라는 점에서는 연구자들의 견해가 일치하고 있다. 그런데 백제에 고구려식 적석총이 나타난 시기와 배경에 대해서는 견해 차이가 있다. 백제의 고대국가 성립 시점과 연결시키는 통설적인 입장에 따라 임진강 유역에 자리 잡았던 고구려계 이주민이 늦어도 3세기 중엽경에는 서울지역으로 옮겨 와서 한강유역의 주도권을 장악하게 되면서 조영된 것으로 보기도 한다.

이와 달리 백제의 국력이 가장 왕성하던 근초고왕(4세기 중엽)때에 고구려와의 경쟁의식 속에서 도입되어 한 변이 50m를 넘는 최대 규모의 석촌동 3호분이 축조된 후 왕실묘제로 자리 잡았다는 견해도 있다. 최근에는 석촌동 1호분과 같이 4세기 전엽까지 올려 볼 수 있는 적석총도 있다는 의견이 제시되었으며, 조사가 진행되면서 고구려식과 백제식 적석총들이 서로 연접해서 나타나는 양상도 드러나고 있어서 앞으로 시기와 구조에 대한 검토가 세밀하게 이루어질 필요가 있다.

그림 7 서울 석촌동고분군의 연접식적석총

그리고 석촌동·가락동고분군에는 상당한 규모의 봉분 위에 즙석이 이루어진 즙석봉토분도 포함되어 있는데, 가락동 2호분, 석촌동 3호분 동쪽, 석촌동 파괴분, 석촌동 5호분이 이에 해당한다. 그중 가락동 2호분을 보면 하나의 고분에 토광(목관)묘 3기, 옹관묘 1기가 조영된 다장묘(多葬墓)로, 무덤에는 평저호, 이중구연호(二重口緣壺) 외에 흑색마연의 직구광견호(直口廣肩壺) 등이 부장되었다. 즙석봉토분은 매장시설에서 초기 백제 토기의 중요 종류들이 보이므로 축조시점을 3세기 중·후엽경으로 볼 수 있고, 다장이기는 하지만 거대한 봉토에 주목할 때 서울지역에서 탁월한 점에서 백제의 고대국가 성립과 연결시켜 보기도 한다. 이 무덤이 백제 초기의 왕릉인지는 알 수 없지만 적석총과 함께 지배층의 무덤일 가능성이 있다.

한성기 후반인 5세기 이후부터 백제 지배층의 무덤은 점차 횡혈식석실묘로 변화되고 있다. 횡혈식석실묘는 무덤의 입지가 구릉 경사면이고 추가 매장이 가능하다는 점에서 기존의 무덤과 다르다. 한성기 도성 일대에 횡혈식석실묘가 조영되었는지에 대해서는 서울 가락동·방이동고분군을 중심으로 이전부터 논란이 있어 왔다. 최근 성남 판교동, 하남 감일동, 광암동 유적 등 석실묘가 속속 확인되면서 한성기 도성 인근의 귀족 무덤으로 채용되었음이 분명하게 되었다. 한성기 횡혈식석실묘는 연도(羨道)와 묘도(墓道), 현실(玄室)로 이루어졌으며, 지하식의 묘광, 납작하게 다듬은 할석 등을 눕혀쌓아 벽을 축조한 석실, 관못이나 꺾쇠로 결구한 목관이 사용되는 특징을 보여준다. 현실 평면으로 방형과 장방형이 있으며, 각각 궁륭상(穹窿狀)과 조임 천장과 조합된다. 현실과 연도 사이의 현문(玄門) 시설은 입구만 나 있는 개구식(開口式)이다.

한성기 석실묘의 기원에 대해서는 낙랑 지역 고분뿐 아니라 고구려 석실묘, 중국 남조 전실묘(塼室墓)를 비롯하여 여러 계통으로 보는 의견이 제시된 바 있다. 평면 장방형의 현실은 성남 판교동이나 하남 감일동 고분군 등에서 보이며, 웅진기 공주 금학동고분군으로 이어지는데 평양 남정리 119호분 등 낙랑 고지의 석실묘와 관련되는 것으로 볼 수 있

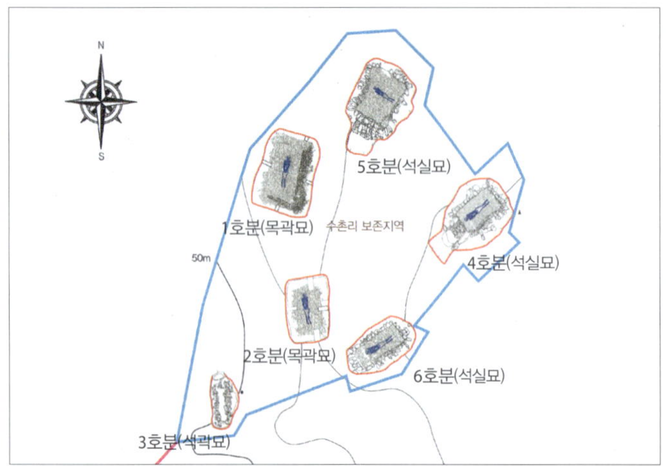

그림 8 공주 수촌리고분군의 무덤 배치(1), 1호분 목곽묘(2), 4호분 석실묘(3)

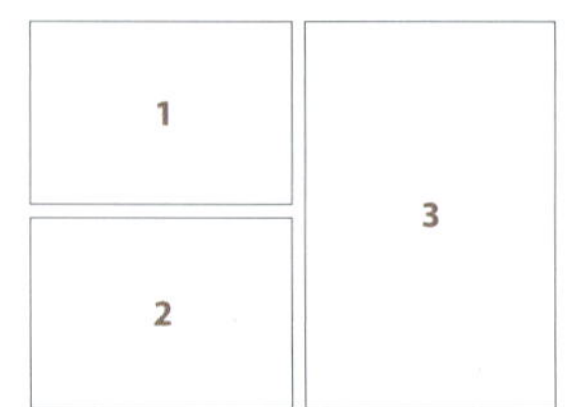

다. 평면 방형 계통은 화성 마하리와 왕림리, 청주 주성리 고분에서 확인되며, 웅진기 공주 송산리고분군으로도 이어지는데 낙랑·대방군의 전실묘와 관련되는 것으로 보고 있다. 세종 한솔동고분군의 횡혈식석실묘 중에는 부푼 동장(胴長)의 현실과 궁륭상의 천장, 경사식 묘도, 묘표석, 연도 입구의 상부 석축, 현실 바닥 중앙부의 주공 등의 구조적 특징에서 중국 북조의 석실묘와 유사한 것도 있다. 한성기 석실묘는 지방인 화성 마하리, 청주 신봉동과 주성리, 세종 나성동과 부강리, 원주 법천리, 공주 수촌리 고분군 등에서 확인되므로 토착세력 수장층의 무덤으로 볼 수 있다. 또한 지방의 중요 거점에 토광묘나 석곽묘와 같은 기존의 고분들과 공존하지 않는 사례들도 있어 중앙에서 파견된 지배층의 무덤일 가능성도 있다. 어떻든 이러한 석실묘를 통해서 백제가 지방의 수장층을 통해 토착사회를 지배하려는 의도를 엿볼 수가 있다 하겠다.

웅진기가 되면 횡혈식석실묘는 왕릉에 본격적으로 채용되어 사비기까지 이어지고 있다. 이를 잘 보여주는 자료가 웅진기의 공주 왕릉원(송산리고분군), 사비기의 부여 왕릉원(능산리고분군)이다. 웅진기의 횡혈식석실묘는 공주 왕릉원뿐 아니라 도성 일대인 공주와 지방에서 많이 조영되었다. 기본적으로 한성기의 전통을 이어받았지만 현실 평면은 방형

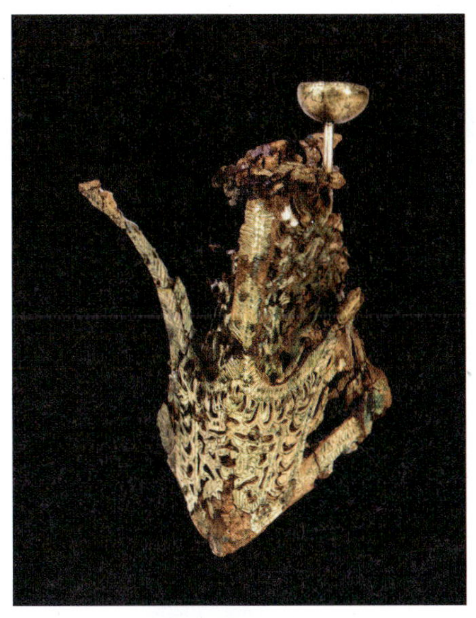

그림 9 공주 수촌리 4호분 출토 금동관모(1)와 1호분 출토 금동신발(2 · 3)

에서 점차 장방형이 되고 연도는 편재식(偏在式)에서 중앙식으로 옮겨가며 천장은 궁륭상뿐 아니라 조임식이 늘어나고 있다.

횡혈식석실묘와 함께 웅진기의 대표적인 지배층 무덤으로 전실묘가 있다. 전실묘는 무령왕릉과 공주 왕릉원 6호분을 들 수 있으며, 교촌리 3호분에서도 확인되었다. 특히 무령왕릉은 무덤 내에서 묘지(墓誌)와 매지권(買地券)을 겸한 묘지석이 발견되어 백제 무령왕과 왕비의 무덤임이 밝혀졌는데, 나란히 합장된 목관과 함께 금제관식, 금동신발, 용봉문 환두대도(環頭大刀), 청동거울, 중국 도자기 등 많은 유물들이 출토되었다. 백제의 전실묘는 중국 남조의 양나라 지배층의 무덤을 수용한 것인데 무덤의 구조, 무덤 안에 부장된 중국과 일본 등의 외래계 유물로 보아 백제 사회의 국제성을 엿볼 수 있는 자료이다. 특히 공주 왕릉원 6호분에는 현실 벽에 사신도가 그려져 있는데 이는 전실묘 구조와 함께 중국 남조와의 관계를 보여주는 것이다.

사비기의 횡혈식석실묘는 부여 왕릉원뿐 아니라 부여 능안골, 염창리, 논산 육곡리, 완주 둔산리, 나주 복암리, 익산 쌍릉, 신안 도창리 고분군 등 중요 지방들에서 확인된다. 석실묘는 구조에서 상당한 변화를 보여주는데, 현실은 평면 장방형이며 규모가 줄어들었고, 석실 벽은 할석을 눕혀 쌓은 것도 있지만 점차 판석(또는 판상석)을 세워 축조되었다. 그로 인해 천장은 평사천장(平斜天障), 평천장, 사천장 등이 나타난다. 사비기의 중요 석실묘는 판석을 세워 축조한 평사천장인 것이 많은데, 이를 능산리형 석실 또는 백제후기형 석실로 부르기도 한다.

현문시설도 판석을 세워 문주석(門柱石), 문지방석(門地枋石)을 만들고 문비석(門扉石)으로 막아 문틀구조를 만든 문틀식이 주류가 되고 있다. 사비기 후반으로 갈수록 횡혈식석실묘의 규모는 더 줄어들고, 한편으로는 횡구식(橫口式)석실묘도 나타나는데, 1인장이 주류가 되는 것과도 연관된다. 사비기 석실묘에서는 현실의 규모에서 규격성(250×

1
2
3

그림 10 공주 무령왕릉(전실묘 복원도 1, 금제관식 2, 용봉문환두대도 3)

그림 11 부여 왕릉원의 석실묘(1호분 내부벽화 1, 은화관식 2)

125cm)을 확인할 수 있는데 중앙인 부여나 이와 가까운 지역에서는 엄격하게 적용되어 율령제가 실시된 것으로 해석된다.

그리고 현실의 횡단면이 방형이어서 평천장인 석실도 확인되는데, 부여 왕릉원 1호분(동하총, 東下塚), 서고분군 1·2호분, 논산 육곡리 6호분, 나주 복암리 3호분 7호묘 등이 이에 해당한다. 이러한 석실은 규모가 작은 편이어서 비교적 사비기 후반에 유행하던 것으로 이해되고 있지만, 왕릉원 1호분으로 볼 때 6세기 후엽경에는 나타난 것으로 추정된다. 능산리 1호분에도 현실 벽과 천장에 사신도와 연화문, 비운문(飛雲文) 등의 벽화가 그려져 있는데, 이는 석실묘의 구조와 함께 평양 진파리고분군 등 고구려 벽화고분과 관련되는 것으로 볼 수 있다.

영산강유역 무덤

한성기 말인 5세기 이후에도 전북 고창과 전남 서부지역, 즉 영산강유역에서는 고고자료에서 다른 양상이 나타나 이 지역에 대한 백제의 지배 양상에 대해 다양한 견해들이 제기되고 있다. 영산강유역은 백제가 고대국가 단계로 진입할 즈음인 서기 3세기 후반부터 이 지역에 대한 백제의 직접지배가 완료되는 6세기 중엽 직전까지 백제의 중앙과는 구별되는 문화상을 보여준다. 특히 무덤은 큰 분구에 여러 시기에 걸쳐 매장한 다장(多葬)의 전통이 남아 있으며, 매장주체부로 대형옹관을 이용하기도 하고, 분구가 거대한 고총으로 발전하는 모습을 보이고 있다.

영산강유역에서는 3~4세기대에 분구 중앙에 목관을 안치하던 분구묘가 주로 평면 방형에서 제형(梯形)으로 변화하고, 매장시설로 중앙의 목관 외에 분구 가장자리나 주구에 옹관이 부가되기 시작하였다. 점차 더욱 크고 긴 제형이 되는 분구 내에 여러 기의 목관과 옹관이 안치되어 다장화되다가, 목관보다는 옹관 중심으로 바뀌면서 이 지역의 특징적인 옹관고분이 성립되었다. 이러한 저분구의 제형 고분으로 함평 예덕리 만가촌고분군, 영암 만수리고분군, 내동리 초분골고분군 등이 있다.

5세기 이후 영산강유역과 서남해안지역에서는 고총고분이 축조되기 시작하였다. 영암 옥야리 방대형(方臺形) 고분이나 고흥 야막과 길두리 안동고분 등이 이에 해당하는데, 매장주체부인 수혈식석곽묘는 왜계나 가야 석곽묘의 영향을 받은 것이다. 5세기 중·후엽부터 옹관고분도 그 중심지역이 나주 반남면 일대로 바뀌고 이 지역에도 고총고분이 축조되었다. 분구는 방대형과 원대형(圓臺形) 등으로 다양하며 분구 가장자리에 일본 고분의 하니와(埴輪)처럼 원통형토기를 세워 두기도 하였다. 이 토기는 분주(墳周)토기라고도 부른다.

분구(墳丘) 상부에 여러 기의 옹관을 안치하는 다장 전통은 계속해서 유지되었는데, 옹관은 전체적으로 'U'자형을 이루는 대형의 전용 옹(甕)들이 사용되었다. 분구 주위에 둘러진 주구(周溝)에서는 많은 토기와 동물뼈 등이 출토되기도 하는데 이는 고분 축조 과정이나 그 이후 이루어진 제의(祭儀)와 관련된 것으로 볼 수 있다. 대표적인 유적은 반남면 일대에 위치한 나주 신촌리, 덕산리, 대안리 고분군 등이다. 그중 신촌리 9호분에서는 금

그림 12 영산강유역의 고총고분(나주 신촌리 9호분 분구 1, 대형옹관묘들 2)

1 2

1 2

그림 13 나주 신촌리 9호분 금동관(1)과 원통형토기(2)

동관과 금동신발 등 백제계 위세품이 출토되었는데, 토착성향이 강한 옹관고분이라는 점에서 백제의 간접지배 양상을 보여준 것으로 이해하기도 한다. 이와 달리 이 때까지 영산강유역에는 백제와 차별되는 독자적인 정치체가 있었다는 견해도 제기되었다. 근초고왕대 영산강유역의 군사적 진출에 대해서는 대체로 인정되지만, 백제는 이 곳에 교두보적인 거점을 마련했고 이 시기에 중앙의 지배력이 전면적으로 행사되지는 않은 것으로 보기도 한다.

이와 비슷한 시기에 옹관고분이 분포하지 않는 외곽지역에는 분구 외형이 전방후원형(前方後圓形)을 이루는 고총고분인 소위 장고분(長鼓墳)이 축조되었는데, 고창의 칠암리 고분부터 해남 장고봉고분까지 10여 기가 확인되었다. 이 고분들의 분구 가장자리에는 원통형토기를 둘러 세운 것도 많다. 매장주체부는 후원부에 횡혈식석실묘가 축조되었는데, 석실묘는 대형으로 현실이 평면 장방형이고 중앙에 연도가 배치되었으며, 주로 할석으로 쌓거나 하단에 장대석(長臺石)을 놓기도 하고 문틀식 현문시설이 특징이다. 이러한 횡혈식석실묘는 해남 월송리 조산고분과 같은 원대형 고분에서도 조사된 사례가 있어 월송리형

그림 14 영산강유역의 고총고분(광주 월계동고분군(장고분) 1, 1호분 출토 원통형토기 2)

또는 영산강식 석실묘로 부르고 있다. 이러한 영산강유역의 초기 대형 석실묘는 그 구조가 백제 중앙의 석실묘와는 다른 점이 많아, 일본 북부큐슈(北部九州) 지역에서 그 계보를 찾기도 한다. 옹관고분 분포지역에 위치한 나주 복암리 3호분(방대형 고분)에도 영산강식 석실묘(96석실묘)가 축조되었는데 석실 내에 옹관이 매납되고 금동신발도 부장된다는 점에서 백제와의 관계가 주목되기도 하였다. 나주 다시면 일대의 또 다른 고분인 복암리 정촌고분에도 대형의 영산강식 석실묘(1호 석실묘)에 금동신발이 부장되기도 하였다.

그림 15 대형 영산강식 석실묘(광주 월계동 1호분)

사비기가 되면 영산강유역에도 백제 중앙과 유사한 중소형의 석실묘가 축조되었다. 앞에서 언급한 나주 복암리 3호분과 같은 분구묘 전통의 고분에 조영되기도 하고, 함평 월계리 석계고분군, 장성 학성리고분군 등과 같은 소형의 반구형(半球形) 봉분 내에 조영되기도 하였다. 이 시기의 중소형 석실묘는 현실 단면이 사비기 중앙과 비슷한 육각형과 방형으로 평사천장과 평천장의 구조가 많지만, 앞 시기 영산강식 석실묘의 특징인 단면 제형의 조임천장의 속성도 이어진다. 그중 은화관식(銀花冠飾), 금제관식, 규두대도(圭頭大刀) 등이 부장된 나주 복암리고분군의 석실묘는 비교적 위계가 높으며 관료화된 토착세력의 무덤으로 이해된다.

테글 1

나주 복암리고분군과 영산강유역

복암리고분군은 나주시 다시면 다시벌에 위치하는데, 지금은 4기의 고분이 남아있지만 원래는 2~3기가 더 있었다고 한다. 복암리 3호분은 원래 긴 제형 분구에 중복하여 방대형의 분구(한변 길이 40m 내외)를 조성하고, 41기에 달하는 옹관묘, 대형과 중소형의 석실묘, 석곽묘를 4~7세기대에 걸쳐 조영한 고분임이 밝혀졌다. 그중 1996년 조사된 96석실묘는 일본 북부큐슈(北部九州)와 관련되는 영산강식 석실묘로, 96석실 내부에는 옹관 4기에 8명이 넘는 사람들이 묻혔던 것으로 추정되었다. 석실 내에서 발견된 금동신발과 장식대도, 마구, 철제대도, 철모, 철촉, 토기들은 백제뿐 아니라 신라, 왜 등 다양한 계통의 유물이어서 웅진기 다시면 일대 고대 토착세력의 독자적인 모습을 보여주는 것으로 평가되기도 하였다.

이후 2014년 복암리고분군에서 600m 정도 떨어진 구릉의 남서사면에서 정촌고분 1호 석실묘가 조사되었다. 정촌고분도 분구가 방대형(한변 길이 30m 내외)이며, 가장자리에서는 분구의 유실을 막기 위한 석축시설도 확인되었다. 매장시설은 대형 옹관묘, 대형과 중소형 석실묘 등 14기가 확인되었는데, 가장 먼저 조성된 1호 석실묘는 대형의 영산강식 석실묘(길이 483cm, 너비 355.8cm)로 지금까지 발견된 영산강유역 석실묘 중 규모가 가장 크다. 석실 내부에는 관못 등으로 보아 3기의 목관(금송 추정)이 놓여 있었고, 그 내부에서 확인된 인골 2구는 모두 40대 중후반의 여성으로 추정되었다. 이 석실에서 금동신발이 나왔는데, 용머리 장식이 덧대어져 있고 정교하고 화려하게 문양이 새겨진 것이다.

복암리 정촌고분 1호 석실묘는 복암리 3호분 96석실묘보다 더 이른 5세기 후엽에 조영되기 시작한 무덤으로 추정되며, 목관 등으로 보아 백제와 관련되는 요소는 더 많아졌다고 할 수 있다. 따라서 복암리 3호분과 정촌고분은 웅진기 다시면 일대 토착세력의 위상과 함께 백제가 복암리 세력을 교두보로 영산강유역을 영역화하는 과정을 보여주는 유적으로 볼 수 있다.

그림 16 나주 복암리 3호분 96석실묘

그림 17 나주 복암리 정촌고분 1호 석실묘 출토 금동신발

부장유물과 금공 위세품

고분의 시대라고 불릴 만큼 삼국시대에는 큰 무덤이 조영되고 부장유물도 화려한 편이다. 한성기의 왕릉군인 석촌동고분군에서는 금제이식(耳飾) 등의 장신구는 보이지만 매장주

체부가 훼손되거나 분명하지 않아 부장유물이 많지 않다. 이에 비해 한성기 지방의 중요 토광묘(목관, 목곽묘), 수혈식(竪穴式)석곽묘, 소수의 횡혈식(橫穴式)석실묘 중에는 많은 토기들과 함께 금동 관모(冠帽)과 금동신발, 금동허리띠장식, 장식대도, 계수호(鷄首壺)나 반구병(盤口甁) 등의 중국 도자기, 흑색마연직구호(直口壺) 등이 부장되기도 하였다. 한성기 금동관모나 금동신발은 화성 요리 목곽묘, 원주 법천리 1호분, 천안 용원리 1호와 9호 석곽묘, 공주 수촌리 1호분(목곽묘)과 4호분(석실묘), 익산 입점리 86-1호분(석실묘), 고흥 길두리 안동고분의 출토품이 대표적이다. 이러한 부장유물은 백제 중앙에서 토착세력의 수장층에게 사여(賜與)한 위세품으로, 수장층을 통해 지방을 지배하고자 했던 간접지배의 양상을 보여주는 유물로 볼 수 있다. 웅진기에도 위세품으로 볼 수 있는 부장유물이 이어지지만, 영산강유역의 나주 신촌리 9호분, 복암리 정촌고분, 복암리 3호분 96석실묘 등에 한정되어 나타난다.

백제의 금동관모는 반원형 고깔 모양으로 상부에 긴 대롱과 반구형(半球形) 장식이 달려있다는 점이 특징이다. 관모를 만든 금동판에는 투조, 타출(打出), 축조(蹴彫) 등 다양한 기법으로 용문과 봉황문, 초화문 등의 문양이 시문되기도 하였다. 한성기의 금동관모는 지금까지 백제 중앙에서 확인된 자료가 없으며, 지방의 중요 무덤들에 금동신발과 함께 부장되기도 하였다. 웅진기에도 금동관모는 지방 무덤에서만 확인되는데 영산강유역의 나주 신촌리 9호분 을관 출토품이 대표적이다. 이는 반구형 장식이 달린 금동관모 바깥으로 대관(帶冠)이 결합되어 있으며, 관모와 결합된 대관은 관테 위로 초화형의 세움장식을 올려붙여 장식하였다. 웅진기 금속제 관 중 무령왕릉에서 나온 왕과 왕비의 관장식은 금제여서 재질과 형태에서 차이가 난다. 무령왕릉에서 나온 왕과 왕비의 관식은 전체적으로 화염형이며 인동문과 연화문이 표현되어 있다.

백제의 금동신발은 굵은 못이 박힌 바닥판 위에 얇은 금판으로 만든 좌우 측판이 연결되어 있는데, 측판은 발등과 발꿈치의 가운데에서 결합하였고 전체적으로 발등 쪽은 경사를 이루고 있는 모습이다. 좌우 측판과 바닥판에는 투조나 타출 등으로 문양을 장식하였는데, 한성기에는 주로 철(凸)자형 투조문과 사격자문이 확인되며 화염문과 용문 등도 표현되었다. 웅진기에는 한성기와 제작방식은 유사하지만, 좌우 측판에 투조된 문양들에서 철(凸)자형 외에도 귀갑문(龜甲文) 등이 새롭게 나타난다는 점이 특징이다. 무령왕릉 출토품은 귀갑문 내에 봉황문을 투조하여 장식하였고, 고창 봉덕리 1호분과 나주 복암리 정촌고분 출토품은 발목 쪽에 덧댄 판(목깃)이 확인되며 귀갑문 내에 쌍조문(雙鳥文), 용봉문과 인면조신(人面鳥身) 등 여러 종류의 문양을 투조하였다. 복암리 정촌고분의 금동신발에는 발등 가운데부분에 용머리 장식이 덧대어져 있다.

이와 함께 칼자루와 칼집을 금·은 등의 귀금속과 여러 문양으로 장식한 장식대도(도자 포함)도 부장되었다. 4세기 후반부터 보이는 장식대도는 주로 환두대도로서 손잡이 끝에 금(은)실로 상감 문양이 감입(嵌入)되고 삼엽문(三葉文), 용봉문의 장식이 베풀어져 있다. 한성기 장식대도는 천안 용원리, 청주 신봉동, 공주 수촌리, 완주 상운리 등의 고분군에서 확인되었다. 웅진기에도 한성기의 장식대도가 이어지며, 새롭게 원두(圓頭)대도도 나타난다. 웅진기 장식대도는 무령왕릉, 논산 모촌리고분군, 나주 신촌리 9호분 을관, 복암리 3호분 96석실묘 등에서 확인된다. 이와 별도로 칼자루의 손잡이에 반구형 장식이 달린 꼰 환두대도는 장고분인 함평 신덕고분 1호분에서 나왔는데, 이는 일본에서 비슷한 유물이 확인되어 왜와 관련된 것으로 판단된다.

이와 달리 사비기가 되면 무덤 부장품이 박장화(薄葬化)되고 있어서 귀족의 무덤으로 추정되는 중요 석실묘에서도 은화관식(銀花冠飾)이나 은제나 동제의 허리띠장식 등 관복의 일부인 금공품이 발견될 뿐이다. 이들 유물은 부여 능안골 36호분, 염창리 Ⅲ-72호분, 논산 육곡리 7호분, 나주 복암리 3호분 5호와 16호묘, 남원 척문리(수습), 남해 남치리 1호분 등 도성 가까운 곳과 5방성(方城)의 치소 등으로 비정되는 중요 지방의 무덤들(석실묘)에서 출토되었다. 익산 미륵사지 서석탑 공양품에서도 은화관식 2점이 확인된다.

중국 주서(周書)나 삼국사기 등에 나온 것처럼 6품 이상은 은꽃으로 관을 장식한다고 기록되어 있어서 이를 착용한 사람은 지방관 성격을 띠는 것으로 보고 있다. 금속제의 허리띠장식은 함께 나오기도 하고 따로 나오기도 하는 은화관식과 마찬가지로 관등제에 따른 신분을 나타내주는 유물로 볼 수 있다.

사비기의 허리띠장식은 역심엽형(逆心葉形)의 과판(銙板)이 특징적이며, 평면 말각제형(抹角梯形)에 가까운 교구(鉸具), 끝부분인 대단금구(帶端金具)가 결합된 모습이다. 사비기 전반에는 은제의 단조품이, 후반에는 동제의 주조품이 많은 편이다. 부여 능안골 36호분, 논산 표정리 13호분, 나주 복암리 3호분 5호묘, 남해 남치리 1호분 등 중요 무덤에서 나온 사례가 많으며, 부여 능산리사지 목탑지의 공양품, 대전 월평동유적 E11호 저장공에서도 나왔다. 최근 발견된 나주 송제리 1호분 출토품은 역심엽형 과판에 버섯형 교구가 결합되어 있는 것이어서 웅진기에서 사비기 허리띠장식의 변화 모습을 잘 보여준다.

토기, 기와의 생산과 사용

백제 토기는 종류나 제작기법에서 마한 토기의 전통을 이으면서 중국 금속기나 도자기의 영향을 받아 새롭게 고배(高杯), 삼족배(三足杯), 직구호 등으로 제작된다. 완(盌)과 반(盤, 접시)의 기종도 풍납토성 등 도성 일대에서 보인다. 한성기 말인 5세기 이후에는 소형 기종으로 개배(蓋杯: 편평바닥에서 둥근바닥으로 변화)가 나타나 주류가 된다. 이 때 함께 나타나는 토기로는 병, 횡병(橫甁) 등이 있다. 웅진기에는 정형화된 개배, 삼족배, 고배, 직구호, 병이 조합되며, 사비기에도 신부나 다리가 더 낮아진 개배나 삼족배, 직구호, 병 등이 이어진다.

일상용 토기는 웅진기까지 마한 토기의 전통을 이은 적갈색계의 타날문 장란형토기와 심발형토기가 크고 작은 솥으로 사용되며, 우각형이나 봉상(棒狀)의 손잡이 달린 시루가 조합된다. 사비기에는 도성이나 지방의 중요 거점에서 철솥(鐵釜)과 함께 대상파수(帶狀把手)가 달린 시루를 비롯하여, 일상용 토기로 대상파수가 달린 자배기나 호, 직구호 등도 사용되는데 이는 고구려 토기의 영향을 받은 것이다.

그리고 백제는 한성기부터 초두(鐎斗)나 초호(鐎壺) 등의 금속제 용기나 반구호(盤口

壺), 계수호, 대부완(臺附盌) 등의 중국 도자기가 상당수 확인된다. 이로 보아 한성기부터 음주나 음다(飮茶)등의 음식문화가 지배층에 수용되었을 것으로 추정된다. 또한 웅진기나 사비기에는 중국 기물(器物)을 모방한 토기도 늘어나는데, 웅진기에는 대부완이 소수이지만 사비기에는 보주형(寶珠形) 꼭지가 달린 개(蓋)와 조합되어 주류가 되고 대부반(접시)도 많아지고 있다. 웅진기에 대부완은 개가 없이 보이는 경우가 많아 중국 도자기나 금속기의 영향을, 사비기에는 중국 금속기뿐 아니라 일상용 토기와 마찬가지로 비슷한 토기가 존재했던 고구려의 영향도 고려되고 있다.

그림 18 백제 한성기 토기들(서울 풍납토성 나-10호 주거지)

1	
2	3

그림 19 백제 사비기 토기들(부여 각지 1·2, 청양 왕진리요지 3)

백제의 식기는 목제품도 있었을 것이지만 다수의 소형 토기를 중심으로 크게 두 획기로 구분한 연구를 참고하면, 한성기에는 완이 대표적인 배식기이고, 배(杯)류와 함께 완, 접시(반) 등이 있어 기존 토착문화 속에 중국의 식기문화가, 사비기에는 고급 식기인 대부완을 중심으로 중국과 고구려의 식기문화가 들어와 지배층을 중심으로 좌식(坐食)의 반상(盤床)문화가 형성되었던 것으로 추정되고 있다.

백제 한성기부터 기와는 건물 지붕에 사용되었다. 서울 풍납토성 101호 유구 등에서 평기와가 나와서 3세기 후반에는 제작된 것으로 보고 있다. 한성기에는 암키와, 수키와의 평기와뿐 아니라 4세기경부터 수막새도 함께 사용되었다. 한성기의 수막새는 소형이고 주연부(周緣部)가 높은 편인데, 문양으로 구획된 동전문이 주류를 이루다가 점차 수면문(獸面文), 연화문으로 이어진다. 한성기의 기와는 제작기술상 토기와도 관련되는데 낙

1

2

그림 20 서울 풍납토성 미래마을부지 건물지(1)와 백제 한성기 기와들(2)

랑의 영향을 받았으며, 문양은 중국 육조(六朝)와 관련되는 것으로 보고 있다. 서울 몽촌토성, 풍납토성, 석촌동고분군 등 주로 도성 일대에서 확인되었으며, 포천 자작리, 용인 구갈리 유적, 세종 나성동 유적 등 지방 거점에서도 발견된다. 특히, 5세기대로 추정되는 풍납토성의 미래마을부지 마-1호 건물지에서는 수 천점에 달하는 평기와와 동전문, 수면문, 무문, 방사문(放射文) 등 다양한 문양의 수막새가 40여점 정도 발견되어 이 시기에 기와의 사용이 늘었음을 알 수 있다.

웅진기의 기와로 중국 남조, 특히 양나라의 영향을 받아 연화문 수막새가 본격적으로 나타나며 주류를 이룬다. 연화문 수막새는 공주 공산성, 정지산유적, 대통사지와 그 외곽인 반죽동 일대 등에서 출토되었는데, 주로 둥근 연판(蓮瓣)이 솟아오른 융기형, 연판 끝에 원형 돌기가 있는 것이다. 대통사지 등에서 출토된 연화문은 8엽의 둥근 연판 끝에 돌기를 표현한 것이 특징이며 가운데 자방(子房)은 작고 낮은 편이다. 이러한 기와는 대통사 건립을 계기로 양나라로부터 도입된 제작기술로 만들어진 것으로 추정된다.

사비기에는 기와의 수량이 더욱 많아지고 문양도 다양해지는데, 수막새의 문양은 연화문이 주류이며 늦게 파문(波文)이나 문양을 지운 소문(素文)도 나타난다. 연화문 수막새는 웅진기의 연판 끝에 원형 돌기가 있는 것뿐 아니라 삼각형 돌기가 있는 것, 연판이 솟아오른 융기형, 연판 끝이 뾰족한 첨형, 꺾인 곡절형 등 다양하다. 사비기 후반이 되면 연화문 수막새는 연판 내부가 인동문 등으로 장식되기도 하고 자방도 크고 장식되는 경향을

그림 21 백제 사비기 기와들(부여 각지)

보인다. 사비기에는 수막새 외에도 여러 종류의 장식기와들이 나타나는데 암막새, 서까래, 마루끝 장식기와, 치미(鴟尾) 등이 보인다. 암막새는 암키와에 드림새 부분이 있고 인동당초문이 장식된 것이 익산 제석사지에서 나와 사비기 말에는 전형적인 암막새도 사용했음을 알 수 있다.

그리고 사비기 후반에는 특징적인 인장와(印章瓦)도 상당히 많이 보인다. 평기와의 표면에 작은 원형이나 사각형의 테두리 내에 글자를 넣어 찍은 것으로, 글자는 갑, 을, 병이나 을축 등의 간지, 행정구역인 5부 명칭인 전부갑(前部甲) 등이다. 인장와는 부여 관북리유적, 부소산성, 정림사지 등 도성 일대의 유적들이나 익산 왕궁리유적과 미륵사지, 금산 백령산성, 청주 부모산성, 정읍 고부읍성 등 지방의 중요 산성에서 발견된다. 이러한 인장와는 기와를 제작하는 과정에서 찍힌 것으로, 대량생산에 따른 체계적인 제작시스템의 정립과 관련된다. 또한 사비기에는 기와가마도 상당수 발견되는데, 주로 도성 일대에서 확인되며 부여 정암리나 왕흥사지 동편, 청양 왕진리 등의 가마유적이 대표적이다. 기와가마는 사비기 초 토기가마와 마찬가지로 소성부 바닥이 경사져 올라가는 횡염식(橫焰式)의 등요(登窯)가 이어지다가 6세기 후엽에 중국 북조(北朝)와의 교류로 소성부 바닥이 완만한 경사를 이루는 반도염식(半倒焰式)의 평요(平窯)가 등장하고 이의 영향을 받은 반도염식의 등요도 등장한다. 이러한 가마의 변화는 기와의 효율적인 생산을 위해 기와 제작의 변화에 이어서 나타난 것으로 볼 수 있다.

백제 사찰과 불교유물

삼국유사에 의하면 백제에는 침류왕 때(384년) 동진에서 온 호승(胡僧)인 마라난타(摩羅難陀)가 불교를 전래했고, 그 이듬해인 385년에 한산주에 사찰을 창건한 것으로 기록되어 있다. 이러한 한성기 불교 자료에 대해서는 별로 알려진 것이 없다. 웅진기에는 대통사, 서혈사 등의 사찰이 있었다고 하는데 그 위치나 양상이 그다지 알려져 있지 않다. 다만, 대통사는 대통원년(527년) 웅천주(熊川州)에 양나라 황제를 위해 세워졌다는 삼국유사의 기록, 대통명 등의 명문 기와가 나와서 공주 반죽동 일대에 사찰이 있을 것으로 비정되어 왔다. 그럼에도 백제 사찰의 존재는 명확하지 않았는데, 최근 사찰의 외곽으로 추정되는 지점에서 많은 기와가 발굴조사되어 그 존재와 위치를 추정할 수 있게 되었다.

사비기의 사찰은 도성 일대와 지방의 중요 거점에서 상당수 확인되고 있는데, 부여의 정림사지, 군수리사지, 동남리사지, 능산리사지, 왕흥사지, 용정리사지, 부소산사지, 임강사지, 익산의 미륵사지, 제석사지, 보령 성주사지(혹은 오합사지) 등이 있다. 사비도성 내에 위치한 사찰로는 정림사지가 대표적이며, 바로 바깥에는 능산리사지와 왕흥사지, 지방거점의 사찰로는 익산 미륵사지, 제석사지 등이 있다. 이 사찰들은 모두 국가나 왕실이 주도하여 세워 운영하였는데, 발굴조사를 통해 사찰의 건물 모습뿐 아니라 사찰의 건립 시기와 목적이 파악된 사지로 능산리사지, 왕흥사지, 미륵사지 등이 대표적이다.

부여 왕릉원의 인근에 있는 능산리사지에서는 목탑의 심초석 위에서 석조 사리감(舍

利龕)이 발견되었다. 사리감 내에서 사리용기는 발견되지 않지만 사리감 좌우에 남겨진 명문을 통해 위덕왕 때(567년) 공주(위덕왕의 누이)가 성왕의 명복을 빌기 위해 세운 능사 성격의 사찰임을 알게 되었다. 왕흥사지는 도성의 서북쪽, 금강 너머에 위치한 사찰로, 고려시대 명문 기와 등으로 보아 왕흥사 터임이 밝혀졌다. 목탑지 심초석 내에서 사리용기가 나왔는데 내함인 청동합의 몸통에 남겨진 명문을 통해 위덕왕 때(577년) 죽은 왕자를 위해 세운 사찰임을 알 수 있게 되었다. 그런데 삼국사기와 삼국유사에 의하면 왕흥사는 600년에 창건되었다거나 634년에 낙성되었고 왕이 배를 타고 건너 다녔다고 나와 있어서 발굴조사된 왕흥사지와 어떻게 보아야 할지 논란이 되었다.

미륵사지는 익산 용화산 남쪽 기슭에 위치한 상당히 큰 규모의 사찰터이다. 삼국유사에 의하면 미륵사는 무왕이 부인과 함께 사자사에 가는 도중 연못에서 나타난 미륵 삼존불을 예배하기 위해 세웠으며, 무왕은 서동설화의 주인공으로 그동안 무왕의 부인은 서동과 혼인한 신라의 선화공주일 것으로 추정되어 왔다. 미륵사지 서탑 해체과정에서 심주석(心柱石)에 판 사리공에 사리용기가 있었고 함께 들어있던 금제사리봉안기(金製舍利奉安記)의 명문에 의하면 백제의 좌평 사택적덕(沙宅積德)의 딸인 무왕의 왕비가 639년에 사찰 세울 것을 발원(發願)한 것으로 나와 있어서 기존의 인식과 차이가 크다.

발굴조사된 유적들로 보아 백제 사비기의 사찰은 대부분 남북 축선을 따라 남쪽에서부터 중문, 탑, 금당, 강당 등의 건물을 배치하는 일탑일금당(一塔一金堂)의 가람 배치를 보여주고 있으며, 드물지만 미륵사지처럼 일탑일금당의 가람 3개가 나란하게 있는 3원식(三

그림 22 부여 왕흥사지 전경(1) 및 출토 사리용기(2)

1

2

그림 23 익산 미륵사지 전경(1) 및 출토 사리용기(2)

院式) 구조도 보인다. 사찰 외곽에는 대부분 회랑이 둘러졌고, 회랑과 이어져서 강당 양쪽에 부속건물들이 배치되는 점은 백제 가람 배치의 특징이라 할 수 있다. 이 부속건물들은 승방 등 다양한 기능을 하였던 것으로 추정되는데, 사비기 후반이 되면 강당 양쪽의 부속건물들은 장방형으로 길어지며, 강당 뒤쪽에 큰 규모로 별도의 승방지가 추가되기도 하였다. 사찰 건물의 중앙에 높게 만들어진 탑은 주로 평면 방형의 목탑이지만, 미륵사지 서탑이나 동탑, 정림사지 5층 석탑처럼 사비기 말이 되면 목탑 모습이 남아 있는 석탑도 만들어졌다.

탑에서는 사리를 모시는 사리용기나 공양구들이 나왔는데 왕흥사지와 미륵사지 자료가 대표적이다. 왕흥사지에서는 탑 사리공에 청동합-은제호-금제병의 3중의 사리용기를 넣고 그 주변에는 금제와 흑옥제 장신구, 금실, 은제고리, 동제젓가락과 운모로 만든 연화장식과 철제관모틀(테) 등이 공양구로 들어있었다. 미륵사지 서탑은 금동외호-금제

테글 2

금동대향로와 사비백제

금동대향로는 1993년 부여 능산리사지의 강당 서쪽의 부속건물지(공방지 I)의 구덩이 내에서 진흙에 쌓인 채로 발견된 대형의 박산향로(博山香爐)이다. 박산향로는 중국 한(漢)나라 때 가장 많이 제작되었고 한반도에도 평양 석암리 9호분이나 219호분 등 낙랑의 중요 무덤에서 출토된 청동제품이 있다. 지금까지 발견된 동아시아 금속제향로 중 가장 크고 화려하여 백제의 금속공예 기술을 잘 보여주는 유물이라 할 수 있다.

금동대향로의 받침에는 용, 꼭대기에는 봉황, 몸체에는 연꽃을 중심으로 수중생물들을, 뚜껑에는 산악과 나무, 지상의 동물들, 인물상, 신선 등을 표현하였다. 용을 표현한 받침은 특징적이지만 중국 한나라의 박산향로를 바탕으로, 남조의 허난(河南)성 등현 학장촌(鄧縣 學莊村) 화상전묘(畵像塼墓)에 그려진 박산향로와 비슷하여 중국 남조의 것을 조형으로 제작된 것으로 추정된다. 남조 화상전묘의 행렬도에 의하면 앞에 있는 두 사람이 뚜껑이 반쯤 열린 상태의 박산향로를 들고 가고 있어서 능산리사지의 금동대향로도 이와 비슷하게 의식행렬용으로 사용되었던 것이 아닌가 추정된다.

금동대향로는 표현된 도상으로 보아 7세기대에 제작된 것으로 보는 의견이 많지만, 불교 의식과 행사에 사용되고 성왕과 위덕왕 때의 정치적인 상황으로 보아 사찰이 세워진 위덕왕 14년(567년)과 거의 같은 시기 또는 그보다 더 이른 사비로 도읍을 옮긴 시점에 제작한 것으로 보기도 한다. 중국 남조의 박산향로를 조형으로 한 점, 능산리사지가 동쪽에 위치한 왕릉원의 명복을 빌었던 백제 사비기 원찰(願刹)이었던 점을 고려한다면 그 제작 시기는 능산리사지 사찰 창건 시점과 멀지않아 7세기로 넘어가지는 않을 것으로 추정된다.

그림 24 부여 능산리사지 금동대향로와 뚜껑 세부(1·2), 평양 석암리 219호묘 출토 청동박산향로(3)

호-유리병의 3중의 사리용기가 확인되었는데 금제호 안에 깨진 유리병과 함께 12과의 사리가 들어있었다. 사리공 내에는 금제사리 봉안기 외에도 공양구로 은화관식 등 금·은제 장신구, 구슬 등 많은 유물들이 있었다.

지금 남아 있는 불상 자료도 거의 사비기에 속하는 것이다. 부여 능산리사지의 대형 금동광배편으로 보아 대형 불상도 제작되었을 것으로 추정되지만, 주로 금동제의 소불상이 남아있으며 소조불(塑造佛), 납석제 등의 석제 불상 이외에, 마애불, 사면석불의 사례도 확인되고 있다. 불상의 도상은 선정인(禪定印) 여래좌상이 가장 먼저 유행하였는데 군수리사지 납석제여래좌상과 규암면 신리 출토 금동여래좌상이 이에 속한다. 시무외인(施無畏印)·여원인(與願印) 여래입상도 단독불이나 삼존불로 나타나는데, 7세기 전후로 추정되는 예산 화전리 사면석불의 동면과 북면 입상, 서산 마애삼존불의 본존불상 등에서도 확인된다.

보살상은 X형 천의(天衣) 형식의 시무외인·여원인 보살입상이나 봉보주(奉寶珠) 보살입상이 많은 편인데, 부여 규암면 신리 출토 금동보살입상, 태안 마애삼존불의 본존보살상과 서산 마애삼존불의 우협시(右脇侍) 보살상 등이 있다. 이러한 백제의 불상들은 중국 남조 불상의 영향을 강하게 받았다. 7세기 이후 수·당문화의 영향으로 신체 비율이 길어지고 굴곡을 표현하는 조각 기법이 보이는 관세음보살입상도 나타나는데 부여 규암면 출토 금동관세음보살입상 등이 대표적이다. 소조불은 부여 정림사지를 비롯하여, 능산리사지, 부소산사지, 임강사지, 제석사지에서도 발견되며, 불상, 보살상, 나한상 뿐 아니라 인물상이나 동물상도 제작되었다.

이외에도 불교 관련 유물로 부여 능산리사지의 강당 서쪽의 부속건물지(공방지 I)의 구덩이내에서 나온 금동대향로가 있다. 금동대향로는 뚜껑과 몸체, 받침으로 이루어졌으며, 뚜껑에 연기 구멍들이 나 있어서 불교 의식에 사용된 것으로 추정된다. 중국 남조의 박산향로(博山香爐)를 조형으로 제작된 것으로 전체 높이가 61.8cm로 대형이고 조형성이나 회화적 구도로 보아 화려하고 예술성과 독창성이 돋보이며, 연화문 등 불교뿐 아니라 신선의 표현 등에서 도교적 성향도 지닌다.

왜와의 교류

백제는 한성기부터 사비기까지 중국을 비롯하여 왜, 신라, 가야 등 주변국가들과 교류를 하였고 이를 보여주는 고고자료들도 많이 확인되고 있다. 특히, 백제에는 왜와의 교류를 보여주는 고고자료가 많은 편이다. 이를 보여주는 비교적 이른 자료로 칠지도(七支刀)를 들 수 있다. 칠지도는 일본서기 신공기(神功記)에 관련 기록으로 확인되고, 현재 일본 나라(奈良)현 텐리(天理)시 이소노가미신궁(石上神宮)에 소장되어 있다. 백제 왕세자의 명령으로 만들었다는 명문이 있어서 4세기 후반 근초고왕 때 백제에서 만들어 왜왕에게 하사했다고 보는 견해가 유력하다.

5세기경부터 영산강유역과 서남해안지역에는 무덤뿐 아니라 토기나 갑옷(판갑) 등 왜계 자료가 많이 보이고 서해안지역에서도 확인된다. 일본 고분시대 스에키(須惠器, 경질토기)나 하지키(土師器, 연질토기)계 토기가 광주 동림동, 광양 석정 등 마을유적에서 확인된다. 고흥 길두리 안동고분과 야막고분 등 왜계 석곽묘가 조영되고 그 무덤에서 대금계(帶金系) 판갑(板甲)이 백제의 위세품(금동관모, 금동신발)과 함께 부장되었다. 서해안에서 가까운 천안 구도리고분에서도 왜계 수혈식석곽묘와 대금계 판갑이 흑색마연토기와 함께 부장되었다. 특히, 서울 풍납토성에서는 스에키 개배나 토제하니와(埴輪) 파편이 나와서 한성기에 백제와 왜의 교류를 추정할 수 있다. 그리고 해양제사가 이루어졌던 부안 죽막동유적에서는 거울, 낫 모양의 모형석제품이 확인되는데 이러한 왜계 제사유물은 백제의 국가제사에 왜도 함께 참여했던 것으로 추정해볼 수 있는 자료이다.

비슷한 시기에 일본의 나라(奈良)현 난고(南向)유적의 벽주(壁柱)건물지, 오사카(大阪)부 다키이다야마(高井田山)고분의 한성기 횡혈식석실묘, 기나이(畿內)지역의 주거지 내부 부뚜막에 사용되는 아궁이틀(테)와 조족문(鳥足文) 등이 타날된 한식(韓式)계토기(취사용기) 등은 왕족을 포함한 백제인들이 이주하여 선진 기술이나 문화를 전해주었던 것으로 볼 수 있다. 그에 따라 백제와 왜의 교류가 활발해져서 영산강유역이나 남해안지역 등 백제 여러 지역에 왜계 무덤이나 유물이 나타나게 되었던 것이 아닌가 추정된다.

웅진기에는 도성 내 무령왕릉의 목관 관재로 사용된 일본의 금송(金松)이 대표적인 왜와의 교류 자료이다. 도성 외곽인 공주 단지리유적 등에서 보이는 횡혈묘도 일본의 북부큐슈(北部九州)에 비슷한 무덤이 많아 사람의 이동을 포함한 왜와의 교류를 보여준다. 이를 제외한 왜와의 교류 관련 자료들은 영산강유역에 집중되고 있다. 영산강유역에는 5세기 후엽부터 장고분(전방후원분)이 옹관고분의 외곽 지역에 넓게 분포한다. 횡혈식석실묘도 벽의 하단에 큰 장대석을 놓고 그 위로 할석을 쌓은 점, 문틀식 현문시설과 주칠 흔적 등에서 북부큐슈계로 밝혀지고 있다. 광주 월계동고분군, 함평 신덕 1호분, 해남 장고봉고분 등이 대표적인 고분이며, 이를 포함한 고총고분들에서 목제와 토제 하니와(원통, 형상)를 모방한 원통형토기들, 꼰 환두대도나 동경(중국 방제경), 유공광구소호(有孔廣口小壺)나 자라병 등의 스에키계 토기가 확인된다.

신덕 1호분은 무령왕릉과 마찬가지로 목관의 관재가 금송으로 제작되었다는 점에서 왜와의 밀접한 관계를 확인할 수 있다. 고고자료에서 드러난 영산강유역과 왜와의 관계는 문헌 사료에 전하지 않은 것이어서 이에 대해서는 다양한 해석이 이루어지고 있다. 영산강유역과 왜와의 독자적인 관계로 보기도 하지만, 이 시기에 문헌 사료로 볼 때 백제와 왜의 교류(왕족 외교 등)가 활발하였다는 점에서 이를 그 배경으로 보기도 한다. 일본 각지의 중요 고분들에서도 백제의 금동 관모와 신발, 용봉문 환두대도 등 장신구나 토기 등이 확인되는데 구마모토(熊本)현 에타후네야마(江田船山)고분의 금동 관모와 신발 등이 대표적인 자료이다. 사비기에도 영산강유역에는 나주 복암리 3호분 5호 석실묘의 규두대도(圭頭大刀), 7호 석실묘의 귀면문 삼환두대도 등 왜와 관련되는 장식대도가 부장되었다. 이 지역 세력들이 웅진기의 교류나 관계를 바탕으로 이 때까지도 왜와의 교류에서 주도적 역할을 맡았음을 알 수 있다.

한성기 말인 5세기경부터 웅진기까지 영산강유역에 고분을 포함하여 왜계 문물이 많이 보이는 것에 대해서는 그 주체를 영산강유역의 토착세력 또는 왜인, 왜인이라 하더라도 백제 왕실에 의해 들어온 군사집단 등 다양한 주장이 제시되고 있다. 이를 단일하지 않지만 대부분 토착세력에 의해 들어온 것으로 볼 수 있는데, 이 때부터 백제가 왜와의 교섭을 본격적으로 했던 시기이기 때문이다. 이 지역의 무덤이나 토기 등에서 왜계 문물의 영향이 나타나는 것은 백제 중앙보다 지정학적으로 가까운 위치와 마한단계부터 활발했던 왜와의 관계 등으로 인해 백제와 왜의 교섭에서 이 지역의 역할이 컸던 결과에서 연유한 것이 아닌가 추정된다. 이와 같이 백제가 고대국가 성립 이후 마한을 점차 병합, 통합하는 과정은 시기나 지역에 따라 다양하게 나타나고 있다. 이에 대한 문헌 사료의 기록이 워낙 소략하다보니 고고자료가 연구의 중요한 부분을 차지하고 있다. 고대에 있어서 문헌 기록과 배치되는 고고자료에 대한 해석은 결코 간단한 문제가 아닌데 백제처럼 다양성이나 포용성, 개방성의 특징을 갖는 국가에서는 더욱 그러하다고 판단된다.

요약

백제는 3세기 중·후엽부터 고대국가체제를 확립하고 단계적으로 마한을 병합해간 것으로 추정되고 있는데, 고고자료도 이에 어느 정도 부합되는 모습을 보여주고 있다. 백제 한성기 초 고대국가의 성립에 맞추어 풍납토성이나 몽촌토성의 도성체계, 기단식적석총과 즙석봉토분 등 왕릉을 포함한 지배층 무덤, 마한 토기를 바탕으로 새롭게 형성된 양식의 토기 등이 보이기 때문이다.

한성기와 웅진기 지배층의 무덤에는 다른 고대국가들의 무덤처럼 금동관(모), 금동신발, 금제이식 등 금공품이 위세품으로 부장되었는데, 중앙의 무령왕릉을 비롯하여 지방의 많은 사례에서 확인되고 있다. 지배층의 무덤으로 한성기 말부터 횡혈식석실묘가 나타나고 점차 무덤의 규모가 줄어들거나 간략화되고 부장유물도 점차 줄어드는 박장화 현상이 확인된다. 이러한 지배층 무덤뿐 아니라 건물지, 토기, 기와의 등장과 변천에는 교섭이 많았던 중국 문물의 영향이 컸지만, 당시 정세에 따라 낙랑이나 고구려의 영향도 있었던 것으로 이해된다.

백제는 도성과 지방 거점에 사찰도 많이 세웠는데, 대통사지를 제외하면 대부분 사비기에 속하는 것으로 확인되었다. 특히, 사비기의 사찰유적에서는 건립 연대와 목적을 알 수 있는 자료도 있어서 당시 정황을 파악하는데 도움이 되고 있다. 백제는 중국과 왜, 가야, 신라와 교류가 활발하였고 이를 고분이나 자기, 금속제품 등 다양한 고고자료로 확인할 수 있다. 왜와의 교류를 알 수 있는 자료는 일본 큐슈(九州)나 기나이(畿內) 지역과 영산강유역에 많은 편이다. 이러한 고고자료는 소략한 고대의 문헌 사료를 보완하는 좋은 연구 자료로서, 다양성이나 포용성, 개방성으로 규정할 수 있는 백제의 성격을 잘 보여준다고 할 수 있다.

참고문헌

권오영, 2005, 『무령왕릉』, 돌베개.

권오영 · 이형원, 2006, 「삼국시대 벽주건물 연구」, 『한국고고학보』60.

김낙중, 2009, 『영산강유역 고분 연구』, 학연문화사.

_____, 2013, 「5~6세기 남해안 지역 왜계고분의 특성과 의미」, 『호남고고학보』45.

김무중, 2005, 「토기를 통해 본 백제 한성기의 중앙과 지방」, 『고고학』4－1.

김성남, 2004, 「백제한성양식토기의 형성과 변천에 대하여」, 『고고학』3－1.

김승옥, 2007, 「금강 유역 원삼국~삼국시대 취락의 전개과정 연구」, 『한국고고학보』65.

김종만, 2007, 『백제토기의 신연구』, 서경.

박순발, 2006, 『백제토기 탐구』, 주류성.

_____, 2010, 『백제의 도성』, 충남대학교출판부.

_____, 2017, 「백제 도성 묘역의 비교 고찰」, 『백제연구』66.

山本孝文, 2002, 「백제 사비기 석실분의 계층성과 정치제도」, 『한국고고학보』47.

_______, 2006, 「백제 사비기 토기양식의 성립과 전개」, 『백제 사비시기 문화의 재조명』, 춘추각.

서현주, 2006, 『영산강 유역 고분 토기 연구』, 학연문화사.

_____, 2020, 「능산리고분군과 백제 사비기 능묘, 능원」, 『백제학보』33.

성정용, 2003, 「백제와 중국의 무역도자」, 『백제연구』38.

_____, 2006, 「중서부지역 원삼국시대 토기 양상」, 『한국고고학보』60.

송만영, 2016, 「한강 하류 마한 취락의 편년과 전개 과정」, 『숭실사학』36.

신희권, 2017, 「중국 도성과의 비교를 통한 한성백제 도성의 형성과 발달」, 『백제학보』20.

심상육, 2020, 「발굴자료를 통해 본 사비도성의 변천과 경관」, 『백제문화』62.

오동선, 2017, 「5~6세기 영산강역권의 동향과 왜계고분의 의미」, 『백제학보』20.

이남석, 2016, 『유적과 유물로 본 웅진시대의 백제』, 서경문화사.

이병호, 2014, 「백제 도성의 수공업 생산체계:사비기를 중심으로」, 『역사문화연구』52.

_____, 2014, 『백제 불교사원의 성립과 전개』, 사회평론.

이솔언, 2021, 「백제 사비도성의 기와 생산과 가마 운영, 『한국고고학보』119.

이한상, 2009, 『장신구 사여체제로 본 백제의 지방지배』, 서경문화사.

이현숙, 2020, 「백제 웅진왕도 내 횡혈식석실묘의 조영전통과 변천」, 『한국고대사탐구』34.

이 훈, 2012, 「백제의 지방과 대외교류: 김동관을 통해 본 백제의 지방통치와 대외교류」, 『백제연구』66.

임영진, 2000, 「영산강유역 석실봉토분의 성격」, 『지방사와 지방문화』3－1.

_____, 2014, 「전남지역 마한 제국의 사회 성격과 백제」, 『백제학보』11.

정수옥, 2015, 「백제 식기(食器)의 양상과 식사문화」, 『중앙고고연구 』17.

정치영, 2009, 「백제 한성기 와당의 형성과 계통」, 『한국상고사학보』64.

土田純子, 2009, 「사비양식토기에서 보이는 고구려토기의 영향에 대한 검토」, 『한국고고학보』72.

머리글

도성과 산성
월성과 해자
산성

신라 분묘의 변천
목곽묘
적석목곽묘
횡혈식 석실묘

분묘 자료로 본 신라의 중앙과 지역 사회
마립간기의 적석목곽묘로 본 중앙
영남지방 각지 신라 고총의 특성

금공품의 분여와 지역 사회

신라양식토기의 생산과 유통

요약

11 신라의 사회와 문화

김대환
국립경주박물관

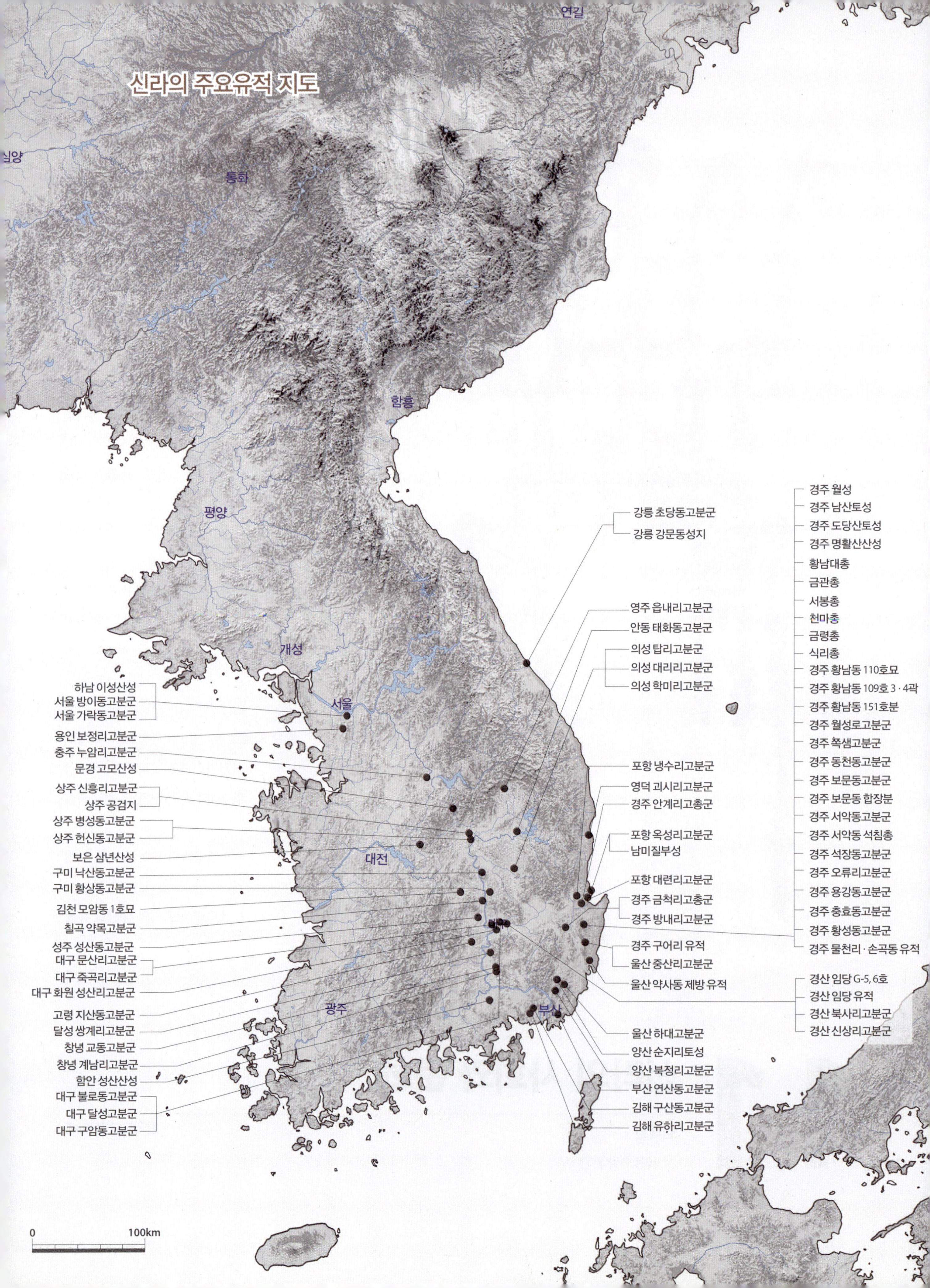
신라의 주요유적 지도
연길
심양
통화
함흥
평양
개성
서울
대전
광주
부산
하남 이성산성
서울 방이동고분군
서울 가락동고분군
용인 보정리고분군
충주 누암리고분군
문경 고모산성
상주 신흥리고분군
상주 공검지
상주 병성동고분군
상주 헌신동고분군
보은 삼년산성
구미 낙산동고분군
구미 황상동고분군
김천 모암동 1호묘
칠곡 약목고분군
성주 성산동고분군
대구 문산리고분군
대구 죽곡리고분군
대구 화원 성산리고분군
고령 지산동고분군
달성 쌍계리고분군
창녕 교동고분군
창녕 계남리고분군
함안 성산산성
대구 불로동고분군
대구 달성고분군
대구 구암동고분군
강릉 초당동고분군
강릉 강문동성지
영주 읍내리고분군
안동 태화동고분군
의성 탑리고분군
의성 대리리고분군
의성 학미리고분군
포항 냉수리고분군
영덕 괴시리고분군
경주 안계리고총군
포항 옥성리고분군
남미질부성
포항 대련리고분군
경주 금척리고총군
경주 방내리고분군
경주 구어리 유적
울산 중산리고분군
울산 약사동 제방 유적
울산 하대고분군
양산 순지리토성
양산 북정리고분군
부산 연산동고분군
김해 구산동고분군
김해 유하리고분군
경주 월성
경주 남산토성
경주 도당산토성
경주 명활산산성
황남대총
금관총
서봉총
천마총
금령총
식리총
경주 황남동 110호묘
경주 황남동 109호 3·4곽
경주 황남동 151호분
경주 월성로고분군
경주 쪽샘고분군
경주 동천동고분군
경주 보문동고분군
경주 보문동 합장분
경주 서악동고분군
경주 서악동 석침총
경주 석장동고분군
경주 오류리고분군
경주 용강동고분군
경주 충효동고분군
경주 황성동고분군
경주 물천리·손곡동 유적
경산 임당 G-5, 6호
경산 임당 유적
경산 북사리고분군
경산 신상리고분군
0
100km

신라의 사회와 문화

김대환

국립경주박물관

머리글

신라는 『삼국사기』를 따른다면 서기전 57년부터 935년까지 56대 992년간 한반도에 존재했던 고대국가 중 하나로 경주에 있었다고 전하는 사로국(斯盧國)을 모태로 성립해 주변 소국을 복속한 후 신라로 성립하였다. 7세기 중엽에 백제와 고구려를 평정하였으며, 698년 발해의 건국과 더불어 한국 역사상 이른바 남북국시대를 열었다. 신라는 대략 4세기를 전후해 영남지방 정치체(政治體)에서 두드러진 성장을 보인다. 5세기가 되면 대형 봉분의 고총(高塚)과 왕릉이 등장하고 신라식 금공품(金工品)과 신라양식토기가 정형화되어 신라의 물질문화가 확립된다. 또 이것들은 영남 지방 각지로 확산되어 중앙과 지역 사회라는 관계가 만들어지게 된다. 6세기 중엽에는 가야 지역을 완전히 병합하고 고구려, 백제와 경쟁하게 된다. 이러한 신라의 성장 과정은 도성과 산성, 분묘와 부장품에 아주 잘 반영되어 있다. 따라서 여기에서는 신라의 성장과 발전 과정을 도성과 산성, 분묘의 변천에서 찾으면서 최근 가장 괄목할 만한 성과를 낸 마립간(麻立干) 시기 신라의 성장을 고총이라는 고고 자료로 설명하고자 한다. 특히 신라식 금공품과 신라양식토기의 확산은 신라의 성장과 발전 과정을 잘 보여주는 물질자료이므로 좀 더 자세하게 연구 성과를 설명하고자 한다.

도성과 산성

월성과 해자

『삼국사기』에는 '혁거세 21년(기원전 39년)에 처음 궁성을 쌓아 이름을 금성으로 하였고, 파사왕 22년(101년)에 금성 동남쪽에 성을 쌓아 월성 혹은 재성이라 불렀는데, (중략) 신월성 북쪽에 만월성이 있는데 둘레가 1천 8백 38보였다. (중략) 시조 이래로 금성에 거처하다가, 후세에 이르러서는 두 월성에 많이 거쳤다'는 기록이 있다. 처음에는 금성이 궁성이었다가 나중에 월성을 쌓아 궁성, 즉 왕궁으로 삼았다는 것이다. 지금까지 연구에 따르면 금성의 실체인 신월성과 만월성의 관계는 논란이 있지만 월성 혹은 신월성은 현재의 경주 월성으로 추정된다. 월성은 현재 경주 시가지의 남쪽에 위치하는데 남천이 북류하다가 서쪽으로 꺾어져 흐르는 지형을 그대로 이용한 토성으로 반달 모양이므로 반월성이라고도

그림 1 월성

불렀다.

신라의 왕궁인 월성은 일제강점기부터 조사되었다. 조선총독부 촉탁이었던 도리이 류조(鳥居龍藏)는 1914년과 1917년에 월성 남벽 서쪽의 한 지점을 발굴한 바 있다. 그는 성벽 아래 토층 하부에서 선사시대 문화층을 확인하고, 상부에서 고배(高杯)를 비롯한 삼국시대 유물을 조사했다. 광복 후에는 1980년부터 월성 동문지 발굴을 시작으로 주로 성벽 외곽을 발굴해 월성 북쪽 성벽 기저부(基底部)를 따라 축조된 해자와 월성 북편, 계림, 첨성대 일대 삼국시대 수혈주거지, 굴립주 건물지와 통일신라시대 적심(積心) 건물지군을 조사했다. 2000년대 이후부터는 월성 내부를 조사하기 시작했다. 우선 내부 평탄면의 정밀지표조사와 지하 레이다(GPR) 탐사로 유구의 존재 및 분포 양상을 파악하였다. 현재까지 월성 발굴 조사를 통해 성벽과 해자(垓子)의 축조 시기 및 변화 양상, 내부 건물지의 배치 상태 및 성격 규명을 근거로 시기별 월성의 변천 과정과 성격이 밝혀지고 있다.

지금까지 발굴 성과를 종합하면, 월성은 4세기에 수혈과 굴립주(掘立柱) 건물 등으로 구성된 취락이 형성되었고, 5세기부터는 그 내부를 성토해 대지가 조성되었으며, 북편에 기반층을 굴착해 해자를 조성하고 구릉지 가장자리를 따라 성벽을 축조해 궁성으로 사용되었다. 6세기 중반에는 월성 동북쪽에 대규모 대지를 조성한 후 황룡사를 창건하고 방리제(坊里制)의 신도시가 조성되었고, 삼국이 통일된 7세기 후반에는 월성 및 주변으로 궁성의 영역이 확장된 것으로 판단된다. 발굴 성과에서 가장 논쟁적인 것은 성벽 기저부에서 황남대총 단계의 토기들이 출토된 것을 근거로 월성의 축조 연대를 5세기 이후로 추정하는 점이다.

이는 문헌 기록에 나오는 연대와는 다소 차이가 있어 논쟁이 된다. 문헌 기록의 연대를 그대로 믿기는 어렵지만 기록에 따르면 월성은 대체로 3세기 말이나 4세기 초에는 축조된 것으로 볼 수 있기 때문이다. 발굴로 드러난 월성의 축조 연대는 오히려 487년 소지

마립간 때의 수리 기사와 연결시킬 수 있을 정도이다. 월성의 축조 연대 논쟁은 앞으로의 발굴 성과를 기대해 보아야 할 것이다.

또 다른 문제는 월성 내부 왕궁의 중심 건물, 즉 정전(正殿)의 위치이다. 본격적인 내부 조사 전까지는 월성 내부의 C지구가 입지도 가장 좋고 레이다 탐사에서도 여기에 중심 건물이 있을 것으로 추정되었다. 그러나 발굴 결과 기대했던 것과는 다소 거리가 있다는 사실이 밝혀졌다. 그렇다면 왕궁의 정전은 어디에서 찾아야 할 것인지가 문제이다. 다른 지점에 있을 수도 있고, 이 시기 신라의 왕궁이 우리가 기대하는 모습과는 다른 입지나 경관을 하고 있었을 가능성도 있다. 이러한 문제도 앞으로 체계적인 발굴로 해결해야 할 과제라고 생각된다.

해자는 월성 자체에 비해 상대적으로 많이 조사되었다. 월성 해자는 성벽 외곽의 방어 시설로 북쪽은 성벽 기저부를 따라 땅을 파서 인공으로 도랑을 만들고 내부에 물을 담수하였고, 남쪽은 자연 하천인 문천(蚊川, 또는 남천)을 활용해 축조했다. 1979~1980년 동문지 발굴에서 북편에 위치한 석축해자가 조사되었고, 1984년 월성 성벽 방향에 따라 가·나·다·라 구역으로 구획해 조사한 이후, 나구역 석축해자와 다구역 1~5호 해자의 규모와 성격을 확인하였다.

과거에는 해자를 석축해자와 연못형해자로 구분하거나 석축해자, 연못형해자, 수혈해자로 구분했으나 최근에는 해자의 호안(湖岸) 축조 시 석재의 사용 유무를 기준으로 석재를 사용하지 않고 기반층을 굴착한 수혈해자와 석재를 이용해 조성한 석축해자로만 구분하고 있다.

그림 2 월성 해자

수혈해자는 월성 북편에 구(溝)의 형태로 굴착하여 조성한 것으로, 단축(남북 너비) 폭은 월성 북벽 성벽에 접하여 약 50m 내외로 확인된다. 기반층인 명갈색 역석층을 완만한 'U'자형으로 약 1~1.5m 깊이로 굴착하여 축조하였다. 바닥면은 대체로 편평하지만 일부 구간에서 의도적으로 해자벽이 볼록하게 조성된 흔적이 확인되는데, 이는 유수의 흐름과 관련이 있을 것으로 판단된다. 수혈해자의 북편 경계 남쪽에는 목주(木柱)와 판자를 사용해 설치한 판자벽 시설이 80m 정도 길이로 확인되고 있다.

석축해자는 수혈해자의 내부퇴적토인 뻘층 상부에 석재를 이용하여 조성하였다. 물이 고이는 담수부, 물이 유입되는 입수구, 물이 배출되는 출수구로 구성되어 있고, 개별 독립 형태인 각각의 석축해자는 입·출수구 시설로 연결되어 있다. 담수부의 북측 호안은 대체로 직선 형태로 축조하고, 남쪽 호안은 성벽 기저부를 따라 곡선으로 축조했으며, 담수부는 초축 이후 여러 차례 개축하면서 규모가 축소된 것으로 추정된다. 호안 석축은 초축에는 주로 자연석을 이용하였으며, 개축 시 가공석 또는 자연석과 가공석을 혼용하여 축조했다. 북측 호안은 대체로 2~5단 정도 잔존하며, 그 높이는 80cm 내외이다. 석축 기저석은 30cm 크기의 석재를 놓고 15~20cm 크기 석재를 가로 방향으로 편평하게 쌓았다. 유물은 층위별로 살펴보면 수혈해자 내부에서 이단투창(二段透窓) 고배, 단각(短脚) 고배, 단판(單瓣) 연화문 수막새 등 삼국시대 유물들이 출토되었고, 석축해자 내부에서는 대부완(臺附盌), 중판(重瓣) 연화문 수막새 등 통일신라시대 유물이 출토되고 있다.

지금까지 발굴 성과를 근거로 하면 월성 해자는 삼국시대 월성 북편에 인공시설인 수혈해자를 축조하여 사용하다가 신라가 삼국을 통일하기 전후한 시점부터 석축해자로 변경하여 9세기 이후까지 사용되었다.

산성

신라 왕궁 주변의 산성으로는 명활산산성, 남산토성, 도당산토성 등이 있다. 명활산산성은 왕경을 방어하기 위한 산성으로 현재 경주 보문호 남쪽에 위치하는 명활산의 정상부를 둘러싸는 길이 약 4.5km의 포곡식(包谷式) 석성과 남쪽 산정을 감싸면서 석성 안쪽까지 둘러싼 길이 5.6km의 테뫼식 토성으로 이루어져 있다. 현재 석성 내에는 문지 7개소, 수구문지(水口門址) 4개소, 건물지로 보이는 곳이 6개소 있으나 문지와 수구문지는 성벽이 붕괴되면서 원형을 알 수 없으며 초석(礎石)이 확인되는 건물지는 1개소이다. 1988년에 북쪽 성벽의 집수(集水)시설에서 석성을 최초로 쌓았을 때 기록인 명활산성작성비(明活山城作城碑)가 발견되었다.

남산토성은 경주시 인왕동의 남산 정창곡에서 북쪽으로 250m 지점에 위치하며, 월성과 마주 보는 남산의 북면에 축조되었다. 남산토성은 월성과 긴밀한 관계를 맺고 있다가 591년 남산에 석성을 크게 쌓고 기존의 남산성과 구분하기 위해 남산신성이라 불렀던 것으로 추정된다. 남산토성은 적어도 남산신성이 축성된 591년 이전까지 도당산토성과 함께 신라 초기의 중요한 성곽이었을 것이다.

도당산토성은 남산 한 지맥의 최북단에 위치하며 남산토성과도 인접한다. 지형은 산지라기보다 구릉에 가깝다. 성벽의 보존 상태가 양호한 동남쪽 성벽은 바깥 높이 4m, 안

그림 3 명활산산성

그림 4 보은 삼년산성

쪽 높이 1.2m, 상부 너비 4.5m 정도이고, 전체 길이는 1km 정도이다. 성내 시설물은 문지가 서쪽과 남쪽에 각각 2개소, 동쪽에 1개소, 모두 5개소가 있고, 북쪽과 남서쪽에 각 1개소의 건물지가 있다. 그 중 북쪽 건물지에서는 삼국시대 와편과 토기편이 주로 출토되고 있으며, 남서쪽 건물지에서는 통일신라시대 와편이 많이 채집된다. 2015년 성벽 절개 등을 실시한 시굴에서 마립간 시기 초에 해당하는 자료가 확인된 바 있다.

신라의 지방 산성으로는 보은 삼년산성, 문경 고모산성, 양산 순지리토성, 포항 남미질부성, 강릉 강문동성지, 함안 성산산성, 하남 이성산성 등이 있다. 이 중 삼년산성은 『삼국사기』에 따르면 자비왕 13년(470년)에 축조되고 소지왕 8년(486년)년에 개축되었다고 한다. 성벽은 오정산 능선을 따라 이어지며, 문지 4개소, 옹성(甕城) 7개소, 우물터 5개소와 각종 시설들이 확인된다. 평면 형태는 장방형에 가깝고 서쪽으로 흐르는 계곡을 에워싼 포곡식 산성이다. 둘레 1,680m, 상부 너비 8m, 서벽의 하부 너비 11.2~11.5m, 남벽의 상부 너비 5m, 동벽의 상부 너비 5~7m이다. 삼년산성의 성벽은 아주 양호한 상태로 남아있어 5세기 후반 신라 산성의 축조 기술을 연구하는 중요한 자료이며, 신라가 한강 유역을 진출하는 교두보 역할을 했던 거점 산성으로 볼 수 있다.

성산산성은 함안군 가야읍 소재지에서 남동 방향으로 약 2.5km 떨어진 조남산 정상부에 위치한 테뫼식 산성이다. 북쪽 1km 지점에는 아라가야의 중심 고분군인 함안 말이산고분군이 위치한다. 산성은 성벽 둘레가 1,400m로 국립가야문화재연구소가 1991년부터 2009년까지 연차 발굴하여 남문지와 동문지의 위치, 인공저수지 등을 확인하였다. 산성의 체성(體城) 축조에 관한 여러 가지 사실이 확인되었고, 특히 6세기 신라계 유물을 근거로 가야 산성이 아니라 신라 산성이라는 점이 밝혀졌다. 뿐만 아니라 저수지 등에서 출토된 목간(木簡)은 당시 신라 중고기 촌(村)과 성(城)을 연구하는 중요한 자료를 제공하고 있다.

이성산성은 1986년부터 2004년까지 총 11차례 발굴된 신라 중고기 산성이다. 6세기 중엽인 진흥왕 14년(553년)을 전후한 시점에 축성되었다. 발굴 결과 1차 성벽과 2차 성

그림 5 하남 이성산성

벽, 저수지 및 부대시설, 다양한 건물지 등이 조사되었는데, 축성 이후 한 차례의 대대적인 개축이 이루어진 것으로 보인다. 개축 시기는 1차 저수지의 상층에서 나타나는 인화문토기와 벼루, 그리고 건물지의 용척(用尺) 변화를 통해 대략 삼국 및 통일 시기 무렵으로 추정할 수 있다. 출토 유물로는 식생활과 관련되는 토기류와 목기류가 많은데, 당대 생활상을 복원하는 중요한 자료들이다. 이 산성은 축성 시기나 위치로 볼 때 신라의 한강 진출과 긴밀한 관련을 가진 거점 산성으로 추정된다.

신라 분묘의 변천

목곽묘

신라 목곽묘의 시공적 범주는 간단한 문제가 아니지만 여기에서는 대략 신라가 성립하는 4세기부터 적석목곽묘(積石木槨墓)가 출현하기 전까지 경주와 가까운 주변 지역으로 한다. 주요 유적으로는 경주 황성동고분군, 포항 옥성리고분군, 울산 중산리고분군, 경주 구어리유적 등이 있다. 과거에는 구정동 3호묘를 대표로 하는 세장방형 평면에 동혈(同穴)주부곽식의 소위 '경주식 목곽묘'가 신라의 목곽묘로 주목을 받았다. 경주식 목곽묘는 매장시설이나 부장품 등에서 초기 신라, 즉 사로국의 전통이 이어지는 것으로 이해되어 왔다.

그러나 경주 구어리 1호묘처럼 경주에서도 이혈(異穴)주부곽식의 소위 '김해식 목곽묘'가 확인되기 시작하면서, 신라에서는 장방형의 이혈주부곽식이 상위 계층의 무덤이고 세장방형 동혈주부곽식의 경주식 목곽묘는 그보다 낮은 계층의 무덤으로 해석되고 있다. 그렇다면 기왕에 제기된 4세기 목곽묘의 지역 구분은 의미가 없는 셈이고, 4세기 신라 상위 계층은 장방형의 이혈주부곽식 목곽묘를 축조하고 있었던 것이 된다. 2020년 공개된 쪽샘 L17호묘는 바로 이러한 주장을 뒷받침하는 결정적인 증거이다. 따라서 신라의 4세기 목곽묘는 2세기 후반부터 축조된 초기 목곽묘의 평면형태를 그대로 이어 받아 부곽이 추가되는 양상으로 변화한 것이다. 다만 현재 김해나 다른 지역과 달리 4세기 목곽묘의 구체적인 변천 과정을 논의한 적은 없다. 예를 들어 황성동의 초기 대형 목곽묘와 쪽샘 L17호묘와의 관계나 변천 과정이 논의되어야 4세기 신라 목곽묘의 실상을 제대로 설명할 수 있을 것이다.

그림 6 경주 구정동 2·3호 목곽묘

신라 목곽묘로 논의할 수 있는 또 다른 이슈는 신라 중심지의 부상과 관련된 것이다. 지금까지 4세기 대형 목곽묘의 존재가 분명하지 않았기 때문에 경주 지역은 부산

그림 7 경주 중심부 목곽묘(구어리 1호묘 1, 황성동목곽묘 2, 쪽샘 L17호묘 3)

이나 김해 지역보다 중심지의 출현이 늦었다고 보는 입장이 많았다. 3세기의 대형 목곽묘들을 비교할 때 경주 지역에는 포항 옥성리 78호묘나 울산 중산리의 대형 목곽묘, 하대 43호묘와 같은 수준의 무덤을 찾아 볼 수 없고, 4세기에도 주변 지역을 압도하는 대형 무덤이 없다. 그렇기 때문에 5세기 이전까지 신라는 아직 중심지로 부상하지 못했다는 견해가 많았다. 그러나 앞에서 언급한 쪽샘 L17호묘는 경주 지역이 4세기에는 중심지로 부상했음을 알려주는 자료이다. 다만 아직도 4세기 경주 지역 최고 계층 대형묘의 구체적인 실상은 분명하지 않다. 물론 문헌 기록을 토대로 보면 기원 전후부터 사로국의 출현 동시에 신라 중심지의 등장을 주장할 수 있지만 고고 자료는 그렇지 않다는 것을 보여준다. 따라서 문헌 기록과 고고 자료가 불일치하는 현상을 과연 어떻게 이해해야 할지 중요한 과제 중 하나이다. 그러한 의미에서 목곽을 매장시설로 하는 4세기 대형급 무덤이 경주 분지에서 추가적으로 발견되길 기대한다.

적석목곽묘

적석목곽묘에서 가장 큰 이슈는 개념 규정과 범주의 문제이다. 어디까지 적석목곽묘로 인정할 것인가에 따라 논의 자체가 달라지기 때문이다. 1990년대 후반 적석목곽묘를 사방(四方)적석식과 상부적석식, 지상적석식으로 범주화한 주장이 제시된 이래 사방적석식을 적석목곽묘의 범주에 넣을 것인가 아닌가에 따라 논의는 크게 달라졌다. 사방적석식을 적석목곽묘의 범주에 포함시킨다면 그 범주를 가장 넓게 이해하고 4세기부터 적석목곽묘가 출현한다는 관점에 서게 되며, 영남 지방의 각 지역에서 발견되는 석재 충전 목곽묘도 적석목곽묘의 범주에 포함되게 된다. 이와는 달리 상부적석식과 지상적석식만을 적석목곽묘로 한다면 5세기 이후 적석목곽묘가 출현하고 앞의 그것과는 전혀 다른 이해에 이르게 된다. 현재에는 두 가지 입장이 모두 공존하고 연구자마다 범주를 다르게 적용하고 있어 적석목곽묘의 이해에 큰 혼란이 있다. 이러한 혼란을 해결하기 위해서는 적석목곽묘의 범주에 대한 검토가 다시 필요하다고 생각된다.

상부적석식 적석목곽묘는 묘광을 파고 목곽을 설치한 후 목곽과 묘광 사이뿐만 아니라 목곽 상부에도 적석을 한 것을 가리킨다. 많은 사례가 조사되었는데, 황남동 110호묘, 금령총과 식리총 등이 대표적이다. 이에 비해 지상적석식 적석목곽묘는 독특한 측벽부적석이 확인되며, 경주에서도 황남대총 남분과 북분, 금관총, 천마총, 서봉총 북분, 쪽샘 44호분이 전부이다. 이로 볼 때 매우 한정적인 무덤에만 채용된 구조로 볼 수 있다. 최근 금관총과 서봉총의 재발굴, 쪽샘 44호분의 발굴 성과, 황남대총과 천마총에 대한 새로운 해석을 통해 지상적석식 적석목곽묘에 대한 이해가 크게 바뀌었다. 모든 내용을 소개할 수 없지만 지상적석식은 목조가구(木造架構)로 제어된 지상식의 측벽부적석과 지상식 목곽을 갖춘 것으로 규정할 수 있다. 뿐만 아니라 매장시설과 1차 봉토의 축조과정, 호석 주변에서 시행된 제사 등이 크게 주목받고 있는데, 이는 앞으로의 연구가 기대되는 부분이다.

적석목곽묘의 기원은 오랜 학사를 가지는데 북방기원론, 이원적 계통론, 자체발생론 등으로 정리되었다. 각각 장점과 단점이 있지만 기원과 계통에 대한 논의는 일제강점기 일본인 연구자의 관점을 그대로 답습한 것에 지나지 않고, 순수한 고고학적 문제 제기도 아닐뿐더러, 사실 고고학적으로도 해결하기 어려운 과제이다. 최근에는 이러한 관점에서 벗어나 축조 공정과 매장 프로세스를 꼼꼼히 복원한 연구가 큰 성과를 거두고 있다. 이러한 연구에서는 목곽과 적석부, 봉토의 축조공정을 자세히 복원하고 각각의 단위에서 매장의례를 복원하고 있다. 그 결과 목곽 내부에서는 아주 복잡한 의례가 시행되었다는 것을 알 수 있었다. 뿐만 아니라 적석부의 기능 역시 고총화(高塚化)를 위한 1차 봉토로 이해하기도 하고, 매장의례를 거행하는 장소나 시설로 추정하기도 한다. 이러한 연구 경향은 기원과 편년 위주의 연구에서 탈피해 순수한 고고학적 문제 제기를 토대로 한 점에서, 또

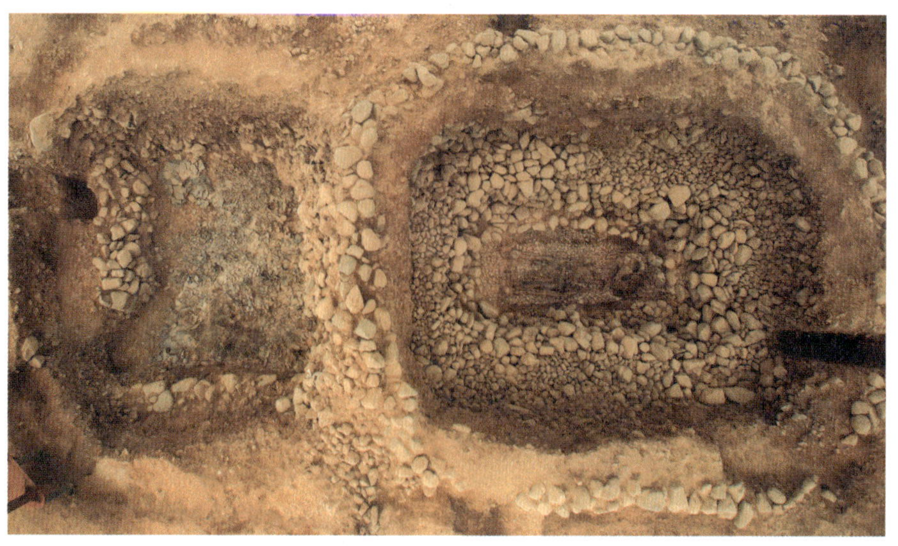

그림 8 쪽샘 41호분

그 문제를 발굴을 근거로 풀어간다는 점에서 큰 의미가 있다.

경주 이외의 지역에서도 적석목곽묘와 유사한 매장시설이 확인되고 있다. 이러한 매장시설을 사방적석식 적석목곽묘의 범주에 넣을지 말지에 따라 고고학적 해석이 달라지기도 한다. 이렇게 경주 이외의 지역에서 확인되는 적석목곽묘는 그것이 신라 중심 세력의 배타적인 매장시설이라는 관점에서 중요하게 해석되고 있다. 특히 경산이나 의성 지역의 적석목곽묘는 경주에 일정하게 머무른 사람이 다시 돌아와 만든 무덤으로 이해하기도 한다. 또 창녕 교동고분군의 적석목곽묘도 피장자를 여성으로 보고 혼인 등을 매개로 경주에서 이주한 사람의 무덤으로 해석했다. 그러나 특정 매장시설을 사람의 이주 결과로 이해하는 것은 고고 자료를 너무 단순하게 역사적 사건과 연결하여 이해하는 관점이다. 오히려 지역 사회 유력자가 경주 지역과의 네트워크를 위해 적석목곽묘를 능동적으로 채용했다고 볼 수 있고, 이념적인 상호작용의 결과로 이해하기도 하는데, 앞으로 좀 더 다양한 해석이 요구되는 부분이다. 뿐만 아니라 경주 주변부의 적석목곽묘를 경주의 영향만으로 보기보다 전통적인 것이 유지된 부분과 경주의 영향을 받은 부분으로 구분해 설명할 필요도 있다.

그림 9 황남대총(남분 1, 북분 2)

1	2

마지막으로 적석목곽묘에서 가장 주목되는 연구 주제는 마립간기의 왕릉 비정이다. 전체가 발굴되지 않은 상황에서 한계가 있지만 황남대총 남분의 주인공을 내물, 실성, 눌

그림 10 금관총 재발굴에서 확인된 매장시설의 하부 구조

지 등으로 추정하고 이를 기준으로 왕릉급 무덤을 가려내서 역대 마립간릉을 비정해 가는 방식은 연구자마다 독특한 고고학적 논리를 갖고 있다. 이러한 연구가 문헌사학의 신라 6부 연구와 연계된다면 흥미로운 성과가 기대될 것이다.

그림 11 경산 지역의 적석목곽묘(임당 G5·6호)

횡혈식 석실묘

신라 횡혈식 석실묘는 경주에서 대체로 6세기 중엽에 출현하여, 후엽 무렵 신라식이라고 할 수 있는 방형 현실(玄室)에 중앙 연도(羨道) 또는 장방형 및 방형 현실에 우편 연도의 석실로 정형화된다. 지금까지 알려진 것 중 가장 이른 석실의 사례는 보문동 부부총(합장분)과 황남동 151호분이고 정형화된 신라식 석실은 충효리 석실묘가 대표적이다. 신라 중앙에서 확인된 횡혈식 석실을 주체로 한 고분군은 경주 서악동, 충효동, 용강동, 동천동, 석장동, 보문동, 그리고 현곡 오류리고분군 등이 있으며, 분지를 약간 벗어난 곳에는 건천 방내리고분군, 포항 대련리 및 냉수리고분군이 있다.

신라 횡혈식 석실묘 연구에서 가장 중요한 이슈 중 하나는 중앙에서 석실의 출현이다. 이 문제는 신라에서 곽묘에서 실묘 또는 적석목곽묘에서 석실묘로의 전환을 의미한다. 언제 그러한 전환이 이루어졌는지를 다룬 실증적인 연구는 아직 없다. 그 이유는 왕릉과 같은 최상위층에서 언제 석실을 도입했는가를 알려주는 자료가 전혀 확인되지 않았기 때문이다. 지금까지 적석목곽묘에만 관심이 많았고 그 이후 단계의 분묘에는 크게 관심이 없었기 때문에 생긴 문제이기도 하다. 앞으로 왕릉급 석실에 대한 조사가 기대되는 이유가 바로 여기에 있다. 이러한 관점에서 중고기에 석실을 채용한 왕릉으로 추정되는 서악동 무열왕릉 뒤편의 대형분들이 주목된다. 현재 대부분의 연구자들은 이 4기 중에 법흥왕릉과 진흥왕릉, 진지왕릉이 있을 것으로 추정하고 있다. 앞으로 체계적인 학술 발굴이 기대되는 곳이다.

신라는 중앙보다 주변부 지역 사회에서 석실이 오히려 더 일찍 등장한다. 대표적인 사례가 경산 임당동, 의성 학미리, 달성 쌍계리, 상주 신흥리고분군의 초기 석실이다. 이러한 초기 석실들은 마립간기 신라 주변부의 유력자들이 고총의 매장시설로 도입한 것이다. 내부에 목관을 사용하는 점, 후장(厚葬)을 하고 있는 점, 금공품을 부장하고 있는 점 등에서 고총 단계의 장송의례 전통을 많이 유지하고 있다고 볼 수 있다. 이는 앞 시기의 전통을 유지하면서 다양한 방식으로 횡혈식 매장시설을 받아들인 것을 알려준다.

초기 석실이 축조된 이후 6세기 후반~7세기가 되면 신라의 영역 확장과 함께 신라식 석실이 주변 거점에서 등장하기 시작한다. 뿐만 아니라 마립간기 지방으로 추정되는 곳 이외의 지역에 신라식 석실을 주체로 하는 대형분들이 군집되는 고분군이 새로 등장한다. 대표적인 사례가 가야 고지(故地)에 출현하는 고분군과 신라의 북방 진출 지역에 등장하는 고분군이다. 이는 문헌 기록상의 신라 영역 확장과 신라식 석실의 확장이 거의 일치하는 점에서 의미가 깊다. 전자의 대표적인 사례로는 가야의 고지인 고령 지산동과 김해

그림 12　경주 서악동고분군

그림 13　경주 방내리고분군(1호 석실분)

그림 14　의성 학미리고분군(1호분)

구산동 및 유하리 고분군의 신라 석실들이며, 후자는 충주 누암리와 서울 방이동 및 가락동, 그리고 용인 보정리고분군이다. 전형적 신라식 석실에서 단각고배와 부가구연(附加口緣) 대부장경호(臺附長頸壺)를 표지로 하는 후기양식의 신라토기가 출토되며, 문헌에 나타난 신라의 영역 확장에 따른 물질문화의 확산을 보여주는 아주 좋은 사례이다.

분묘 자료로 본 신라의 중앙과 지역 사회

마립간기의 적석목곽묘로 본 중앙

마립간기 적석목곽묘는 경주를 중심으로 하며 경주 내에서도 복잡한 양상을 띠고 있다. 4세기부터 대형의 매장시설과 많은 부장품을 가진 분묘가 등장하고 늦어도 5세기부터는 대형 봉분을 가진 고총이 등장하는데, 그 내부의 적석목곽묘는 신라 중심 세력만이 축조할 수 있는 배타적인 매장시설이다. 고총의 출현으로 경주 지역은 중심지로서의 지위가 한층 강화된다. 고총 출현 이전 3~4세기의 경주와 인접 지역은 대형 분묘로 볼 때 세력이 불균등한 유력 집단이 여럿 공존하였으나 고총 출현 이후 인접 지역은 경주 중심부로 통합되어 새로운 의미에서 신라의 중앙이 되었다고 볼 수 있다. 신라 중앙은 경주를 중추로 하고 인접하는 울산, 포항, 영천 지역의 일부를 포함한다. 중앙은 통합의 범위가 영남 지방의 다른 지역 정치체(소국)보다 넓다는 것이 특징이다. 다시 말해 하나의 분지 정도에 하나의 중심 읍락과 복수의 주변 읍락들이 분포하는 영남 지방의 지역 정치체와는 달리 신라 중심부는 3~4개 지역 크기 정도의 범위에 단 하나의 중심 읍락이 존재하고 가까이에 복수의 주변 읍락으로 배치되는 양상이다.

통합의 범위도 넓지만 그 수준도 다른 지역과는 비교할 수 없을 정도로 높다고 생각된다. 이 공간에서는 분묘의 매장시설이 적석목곽묘로 통일되고 부장용 토기 역시 경주의 전업 공방에서 생산된 토기가 광역으로 유통되어 부장된다. 이로 보아 신라 중앙에는 의례와 정치, 경제적인 하부조직들이 매우 긴밀한 관계망을 형성하고 있었고 그것을 토대로 하는 통합의 수준도 매우 탁월했던 것이다.

한편으로 신라 중앙의 유력 집단들의 계층화도 심해진다. 고총이 출현하면서 초대형 봉분의 왕릉이 등장하고, 왕릉을 중심으로 하는 군집도 출현한다. 왕릉 주변의 고총 역시 규모가 더 커지고, 고총군 사이에도 서열이 구분되는 특징이 나타난다. 특히 경주 분지 고총군의 봉분 직경만을 비교해 봐도 잘 알 수 있다. 봉분 규모로 볼 때 고총들은 크게 몇 개의 그룹으로 차등화된다. 무엇보다도 80m급의 초대형분의 출현이 주목되는데, 이는 유력 집단 내부에서 특히 상층부의 위계화가 타지역과 달리 매우 심화된 결과이다.

이와 더불어 신라 중앙에는 경주 분지 이외에도 새로운 고총군이 출현하는데, 강동 안계리와 건천 금척리고총군이 대표적인 사례이다. 이 고총군은 분묘군 간의 위계화로 볼 때 중앙에서 새로운 중심 읍락의 출현으로 보기보다는 유력 집단 내부의 위계화 결과, 분화된 유력 집단의 묘지로 볼 수 있다. 중심읍락 내에서 위계화로 인해 갈등이 심화되는 과정 중 기왕의 유력 집단에서 새로 갈라져 나온 집단의 고총군으로 이해하는 것이 가능하다. 또 이렇게 분화된 고총군의 등장은 신라 중앙에 다수의 유력 집단들이 존재했었고, 유력 집단들의 권력 수준이 매우 다양하였다는 것을 알려준다.

영남지방 각지 신라 고총의 특성

신라 중앙에서는 대형 봉분과 묘역을 가진 적석목곽묘를 매장시설로 하는 고총이 출현하며, 내부에는 신라식 금공품과 신라양식토기가 부장된다. 이와 약간의 시차를 두고 영남

테글 1

황남대총의 피장자 논쟁

경주 대릉원 안에 위치하는 황남대총은 황남동의 큰 무덤이라는 뜻이다. 일제강점기 경주 시가지 무덤의 분포도를 작성하면서 붙여진 번호는 98호이기 때문에 98호분이라고 부르기도 한다. 1973년부터 1975년까지 당시 문화재관리국 발굴조사단이 발굴했고, 황남대총이라는 이름은 발굴 직후 1976년 문화재위원회에서 결정되었다. 황남대총은 먼저 축조된 남분에 북분이 연접된 쌍분이다. 연구자 대부분은 봉토의 크기, 부장품의 질과 양으로 그 주인공을 마립간기 왕으로 믿고 있다. 그러나 실제 피장자가 누구인가라는 문제는 1990년대 이래 신라고고학에서 핵심 논쟁 중 하나가 되었고, 논쟁은 여전히 진행 중이다.

현재 황남대총 남분의 피장자 논쟁은 크게 눌지왕으로 보는 설, 내물왕으로 보는 설, 실성왕으로 보는 설로 나누어진다. 눌지왕릉으로 보는 입장은 일본인 연구자들이 처음 제기한 것이었지만, 1990년대 이후부터는 발간된 보고서를 토대로 한국인 연구자들이 기존 주장을 좀 더 체계화한 것이다. 눌지왕릉설은 신라 토기의 변천 과정에서 황남대총 출토 토기의 상대적인 위치를 결정한 후 절대연대를 부여하면 5세기 3/4분기에 해당하므로 왕릉으로 본다면 458년에 죽은 눌지왕의 무덤으로 볼 수 있다는 입장이다. 눌지왕릉설은 신라 토기 편년을 근거로 한 것이지만 마구 편년이나 탄소연대측정법의 연대측정결과와도 정합성이 있어 그동안 많은 지지를 받아 왔다.

내물왕릉설은 눌지왕릉설을 부정하는 입장에서 제기된 주장이다. 그렇다보니 눌지왕릉설의 토대가 된 근거를 하나하나 비판하고 있다. 눌지왕릉설이 토기 편년을 근거로 하고 있으나 절대연대는 등자의 변천를 핵심으로 하는 점을 들고, 등자 편년의 문제점을 적확하게 비판하면서 새로운 등자 변천 과정을 제안하고 황남대총 남분은 5세기 전엽의 이른 시기로 추정한 후 남분이 왕릉이라면 내물왕릉일 가능성이 크다고 했다. 이 설은 눌지왕릉설이 지닌 절대연대를 부여하는 근거의 문제점을 적절하게 비판하고 있는 점도 의미가 있을 뿐만 아니라 내물왕릉설이라는 하나의 가설 또는 해석의 틀이 매우 큰 설명력을 가지고 있다는 점에서 의의가 있다. 왜냐하면 황남대총이 내물왕릉이라면 문헌기록의 연구성과와 접목해 신라의 성장과 발전을 매우 구체적으로 서술할 수 있기 때문이다. 실제 내물왕릉설을 토대로 한 연구는 신라의 지방 지배의 특성과 변천 과정을 매우 역동적으로 설명하고 있다.

마지막으로 실성왕릉설은 황남대총을 둘러싼 논쟁에서 또 하나의 가능성이라는 시각에서 제안된 것이다. 이 설은 부장품의 편년도 중요하게 보았지만 마립간기 대외관계와 부장품이 관련있다는 관점에서 제기된 특징이 있다. 다시 말해 황남대총의 부장품은 절대다수가 고구려 문물의 영향을 받았다는 점을 강조하고, 일부 금공품의 신라화와 수지형대관의 변천 과정을 고려하면 417년 죽은 실성왕의 무덤으로 보아야 한다는 것이다. 실성왕릉설은 기왕의 부장품 편년을 비판하고 마립간기 대외관계와 부장품의 관련성을 중요시 한 점에서 매우 흥미롭다. 뿐만 아니라 대부분의 연구자가 살해당한 왕이라서 황남대총의 피장자 후보로 제외되어야 한다고 했으나 죽음의 고고학이라는 관점에서 눌지마립간이 자신의 즉위 의례를 성대하게 마련하기 위해 실성왕릉의 크기를 키웠을 것이라고 본 점도 독특한 시각으로 주목된다.

이처럼 황남대총의 피장자 비정은 크게 3개의 설로 구분되지만 각각의 주장은 장점과 단점을 모두 지니고 있다. 이외에도 왕릉으로 보지 않는 설, 쌍분을 왕과 왕비로 보지 않는 설 등 다양한 주장이 있다. 지면 관계상 모든 논쟁을 소개할 수 없지만 황남대총의 피장자 논쟁은 5세기를 중심으로 하는 동아시아 제지역의 분묘 편년과 밀접한 관련이 있기 때문에 신라고고학 연구자라면 반드시 주목해야 하는 매우 중요한 논쟁이다.

그림 15 경주 황남대총(남분과 북분)

지방 각지에도 고총이 출현하기 시작하는데, 이들은 신라 중앙에서 확산되어 각지에서 수용된 것으로 이해된다. 여기에는 신라식 금공품과 신라양식토기가 부장되기 때문에, 영남지방 각지의 고총은 신라 중앙과 긴밀한 관계를 맺은 지역 사회 유력자의 무덤으로 이해되며, 문헌사학에서 규정한 '간접지배'를 반영한 것으로 해석된다. 그러나 각지 고총의 매장시설은 지역별로 매우 다양하고 경주와 차이가 있다. 그 이유는 아직 분명하게 설명되고 않고 있는데, 간접지배라는 정치적 상황 아래 나타난 지역 사회의 특수성이라 생각된다. 매장시설의 다양성은 지역의 전통이자 신라 중심 세력에 대한 차별성으로 나타난 것으로, 비록 지역 사회가 신라의 간접지배 하에 있더라도 그들의 주체성과 자율성을 알려주는 고고 자료로 평가할 수 있다.

·부산·양산·창녕 지역의 신라 고총

복천동고분군은 엄격한 의미의 고총으로 보지 않는 연구자도 있지만 21·22호묘와 10·11호묘 출토 신라양식토기나 금공품으로 볼 때 신라 고총의 요소가 유입된 것이다. 부산 지역의 대표적인 고총군은 연산동고분군으로, 매장시설은 세장방형 동혈'일(日)'자형과 이혈'일(日)'자형 주부곽식 수혈식석곽묘이다. 석곽은 복천동고분군처럼 지하 깊숙이 축조되는 완전 지하식이라는 점이 특징이다. 연산동고분군에서 출토되는 왜계 갑주(甲胄)는 이 집단이 오랫동안 대왜 교섭을 수행하였음을 알려준다.

양산 북정리고분군에서는 평면 형태 방형과 장방형의 고시상대(高屍床臺)를 가진 횡구식(横口式)석곽과 석실을 매장시설로 하는 고총이 조사되었다. 매장시설은 대부분 지상식으로 추정되고, 석곽과 석실의 단벽(短壁) 일부를 횡구부로 이용하였다. 북정리 집단은 고총과 부장품의 수준으로 볼 때 5세기 후반 이후 성장한 세력으로 추정된다.

창녕 지역은 다양한 지구별로 고총군이 존재하며 각각의 특성이 있다. 교동고분군에서는 단곽식의 횡구식 석곽을 매장시설로 하는 고총이 조사되었다. 장방형의 석곽에 한쪽 단벽을 틔운 것으로 추가장이 행해진 것도 있으나 그렇지 않은 것들도 있다. 교동고분군과 달리 계남리고분군에서는 '일'자형 주부곽식을 가진 수혈식석곽이 조사되었다. 수혈식석곽은 대형의 꺾쇠로 보아 내부에 목곽을 설치하고 석곽을 부가한 구조로 상부는 나무로 덮은 후 그 상면에 판상석(板狀石)으로 덮은 형태이다. 계남리 1호묘는 주곽과 부곽의 폭이 동일한 '일(日)'자형이나 4호묘는 주곽보다 부곽의 폭이 상대적으로 넓은 형태이다.

·경산·대구·성주 지역의 고총

경산 지역은 임당 지구, 북사리 지구, 신상리 지구에 고총군이 조영되었다. 이 중 중심 읍락인 임당유적에서는 적석목곽과 암광목곽, 석실이 매장시설로 축조되었다. 4세기부터 적석목곽(임당동 G-5·6호묘)이 축조되고 고총으로 이어지다(조영동 CⅡ-2호묘) 곧 암광(岩壙)목곽으로 변화하는데, 이 매장시설은 적석목곽묘가 변형된 지역성으로 해석하기도 한다. 주부곽의 배치를 보면 고총 단계 직전에는 주부곽의 폭이 같은 이혈'일(日)'자형이다가 조영동 CⅡ-2호묘에서는 주곽의 폭이 좁아지다가 그 다음 단계인 암광목곽에서는 이혈'창(昌)'자형으로 변화한다. 이 형태는 경주 지역의 '창(昌)'자형보다 주곽의 폭이 부곽에

그림 16 경주 대릉원 일원 고총군

그림 17 창녕 송현동고분군(7호분)

그림 18 경산 임당유적 고분군(조영 EⅢ－2호)

비해 훨씬 더 좁다는 것이 특징이다.

대구 지역 역시 여러 지구에 고총군이 조영되었다. 불로 지구에는 해안 1·2호묘와 불로동고분군 91·93호분이 잘 알려져 있다. 매장시설은 세장방형의 평적조(平積造) 수혈식 석곽, 주부곽 배치는 동혈'일(日)'자형이다. 평적조의 수혈식 석곽에 격벽을 둔 동혈'일(日)'자형 주부곽 배치는 부산 연산동고분군과 강릉 초당동고분군 등에서도 확인되지만 각각 세부적인 차이는 있다. 일제강점기 조사된 달성고분군(비산동·내당동고분군)은 대구 지역의 중심 고분군이다. 매장시설은 횡구식 석곽이고, 주부곽 배치는 이혈'정(丁)'자형인 것이 전형이다. 그런데 달성고분군의 묘제를 수혈식으로 규정하고 미조사된 부곽의 존재와 순장(殉葬) 존재를 주장하기도 한다. 그러나 비산동 37호분 제2곽의 경우 한쪽 장벽 중앙에 추가장 당시 이동된 것으로 추정되는 토기군이 있고, 그 아래에 있는 대도들과 금동환이 주피장자(主被葬者)에서 떨어진 왼쪽에서 확인된다. 또 37호분 제2곽과 제1곽에서 출토된 등잔 받침은 사전 추가장을 염두에 둔 부장품이다. 따라서 달성고분군은 횡구식 석곽을 갖추고, 추가장이 실시된 것으로 파악된다.

칠곡 지구 구암동 56호분은 수혈식 석곽의 매장시설이며, 이혈'11'자형의 주부곽 배치를 취하고 있다. 56호묘의 주부곽 배치가 11자형이라는 점에서 의성 대리 3호분 1·2곽과 유사하나 전자는 석곽이고 후자는 적석목곽이라는 점이 다르다. 또, 구암동고분군의 봉분은 적석봉토로, 이러한 형태는 주변 칠곡 다부동, 군위 고곡리고분군에서 확인되는 이 지역만의 특성이다. 이와 동일한 지역적 특징을 가지는 고총으로 다사 문산리와 죽곡리고분군이 있다. 모두 주곽과 부곽이 세장(細長)한 석곽이고, 이혈'11'자형의 주부곽 배치인 점에서 유사하다.

다사 지구의 문산리고분군의 매장 시설은 수혈식 석곽이고, 주부곽 배치가 이혈'11'자형을 취하고 있어 구암동 56호분과 같은 유형에 속한다. 1호분과 2호분은 석곽의 축조에 서로 차이점이 있음이 확인되었다. 1호분은 분구의 성토와 동시에 석곽을 조성하였는데, 주부곽을 감싸고 있는 보강석이 특이하다. 2호분은 1호분과 달리 생토면에서 약 1m 이상의 높이로 성토하여 정지한 다음 이를 되파기하여 묘광을 조성하고 축조하였다. 칠곡 죽곡리고분군은 이혈'11'자형 주부곽식에 세장한 수혈식 석곽이므로 구암동 56호분, 문산리고분군과 같은 유형에 속한다.

화원 지구 성산리 1호분에서는 이혈'ㅏ'자형 주부곽식으로 배치된 수혈식 석곽이 조사되었다. 주곽과 부곽은 모두 세장방형의 평적조 석곽이며, 부곽은 남북 장축 석곽 내에 남향을 한 주피장자의 오른쪽에 위치한다. 주피장자의 발치에 부곽이 배치되는 달성고분군의 '정(丁)'자형 주부곽식과는 차이가 있다.

성주 성산동고분군에서는 이혈'명(明)'자형으로 주부곽이 배치된 수혈식 석곽이 조사되었다. 석곽은 판석조와 평적조 모두 확인된다. 판석조의 경우 넓은 묘광 안에 대형 판석으로 네 벽을 세우고 판석 뒷면을 깬 돌로 보강하였다. 평적조도 넓은 묘광에 둥근 자연석으로 네 벽을 쌓아 올리면서 뒷면을 넓게 보강한 점이 특징이다. 이와 유사한 매장

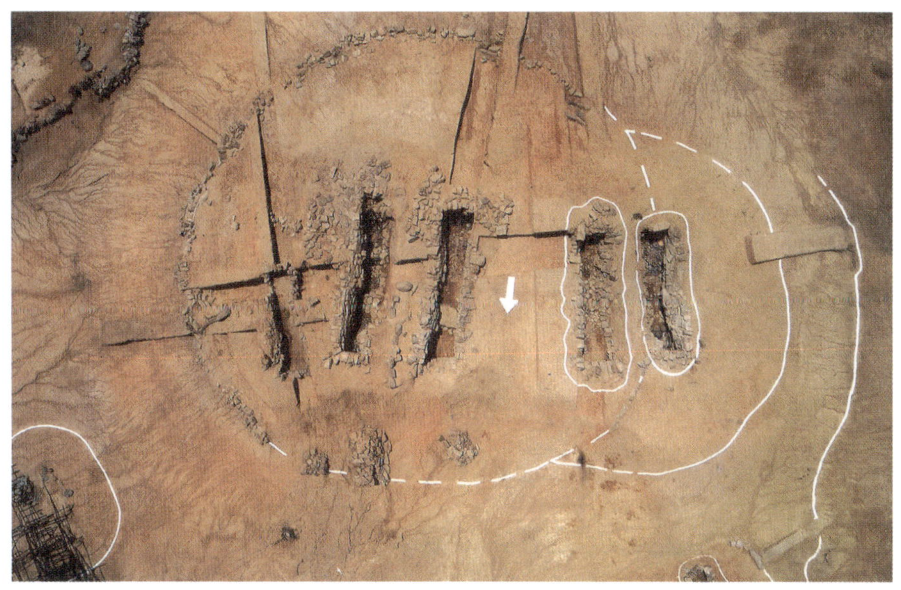

그림 19 대구 문산리고분군(3호분)

시설 구조는 칠곡 약목 복성리 고분(대옹총)과 구미 황상동고분군에서 조사되었는데, 주부곽 배치는 단곽식으로 차이가 있으나 일단 같은 유형에 속하는 것으로 보인다.

그림 20 성주 성산동고분군(58호분)

·구미·김천·상주 지역의 고총

구미 황상동고분군에서도 단곽식의 수혈식 석곽묘가 조사되었는데, 평적조와 판석조 모두 확인되었다. 세장방형의 석곽 중앙에 시신을 안치하기 위한 시상이 마련되어 있는데, 고시상이 특징이다. 유물이 부장된 양 단벽 공간은 벽석을 약간 안으로 들여 쌓아 중앙보다 좁게 만든 것이 특징이다.

김천 모암동 1호묘에서는 이혈'명(明)'자형 주부곽식으로 배치된 횡구식 석곽과 횡혈식 석실이 조사되었다. 횡구식 석곽은 판석조가 많고 횡구식 석실은 평적조가 대부분이다. 판석조 석곽의 벽석 축조기법은 구미 황상동, 칠곡 약목 복성동고분군의 사례와 유사하다. 그러나 횡구식이란 점과 판석과 묘광 사이에 보강석이 확인되지 않은 점은 차이가 있다.

상주 병성동·헌신동고분군과 구미 낙산동고분군에서 단곽식의 세장방형 횡구식 석곽이 조사되었다. 병성동고분군의 매장시설은 석곽의 평면형태가 다른 지역보다 매우 세장하고, 추가장을 할 때 이미 축조된 석곽을 장축 방향으로 길게 연장하는 점이 독특하다. 이러한 매장시설은 상주 성동리고분군에서도 확인된다. 낙산동고분군은 단곽식에 매우 세장한 형태의 횡구식 석곽이 특징으로 병성동고분군과 유사하다. 상주 신흥리고분군에서는 세장방형의 횡혈(구)식 석실이 조사되었다. 연도와 연도부 개석이 있어 횡혈식으로 볼 수 있으나 현실·연도 수평 천정에 유단식(有段式) 연도이기 때문에 안동 조탑리고분군과 같은 횡구식 석실로도 볼 수 있다. 장방형의 라-28호의 경우는 연도가 확인되지 않는 횡구식 석실이다.

· 의성 · 안동 · 영주 지역의 고총

의성 지역의 중심 고총군은 탑리, 대리, 학미리 지점으로 구분되나 금성산 지구 고분군으로 총칭한다. 매장시설로 전형과 변형의 적석목곽이 조사되었으며, 묘형은 단곽식과 주부곽식으로 구분된다. 조사된 주부곽 배치는 대리 1·2곽의 예로 보아 이혈'11'자형으로, 낙동강 중류역의 칠곡 구암동, 대구 문산리, 죽곡리고분군 등에서 조사된 사례와 유사하다. 탑리 I~V곽과 대리 3호분 등으로 볼 때 하나의 봉분에 여러 기의 곽을 배치하는 다곽식의 전통 또한 이곳의 특징이다.

안동 태화동고분군에서는 단곽식의 변형 적석목곽이 조사되었다. 매장시설은 수혈식 석곽으로 보고 되었으나 변형 적석목곽일 가능성이 있다. 영주 읍내리에서 조사된 횡혈식 석실은 평면이 횡장방형이고, 좌편재(左偏在)의 유단식 연도, 벽면에 회칠이 있고 벽화가 있다는 점에서 고구려의 영향을 받았을 가능성이 있다. 석실의 평면 형태는 김천 서부동, 경산 임당동에서 확인된 횡장방형 석실과 유사하고, 신라 주변부의 고총들이 축조될 시기에 처음 축조된 정황으로 미루어 신라 고총의 범주로 볼 수 있다.

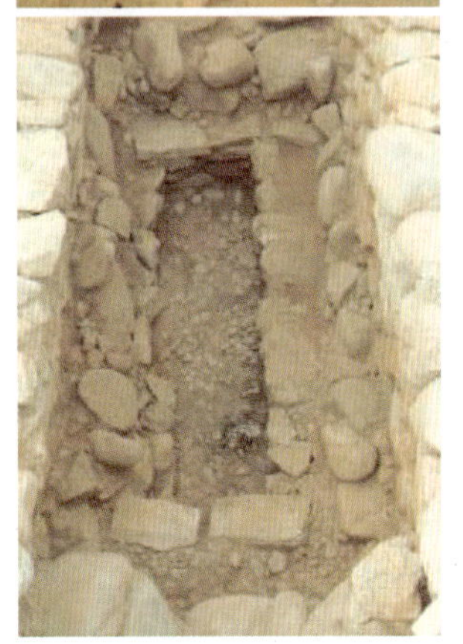

그림 21 강릉 초당동 A-1호 고분 전경 및 석관 전경

· 영덕 · 강릉 지역의 고총

영덕 괴시리 16호분의 매장시설은 장방형의 묘광에 내곽과 외곽을 설치한 이중곽의 적석목곽으로 단곽식 묘형을 갖추고 있다. 특히 내곽의 상단과 하단에는 횡으로 적석단을 설치하였는데, 적어도 2인 이상을 순장한 것으로 추정된다.

강릉 초당동 A지구 1호분은 세장방형의 수혈식 석곽을 매장시설로 하는 고총이다. 크고 작은 할석으로 네 벽을 만들고, 바닥의 약 2/3 가량은 자갈과 회를 다져 깔았다. 그리고 석곽은 평적조 수혈식에 동혈'일(日)'자형 주부곽식으로, 중간에 격벽을 구축하였다. 조금 넓은 한쪽 공간에 바닥보다 더 낮게 할석으로 네 벽을 조성한 후 판석으로 개석을 덮은 석관을 마련한 매우 특징적인 구조이다.

금공품의 분여와 지역 사회

위에서 살펴본 영남 지방 각지의 고총은 신라의 간접지배 아래 있는 지역 사회 유력자의 무덤으로 이해되고 있다. 그것은 고총에 부장된 금공품의 해석을 근거로 한 것이다. 이 금공품은 금은의 귀금속으로 만들어진 관과 장신구들을 총칭하며 크게 관(冠), 이식(耳飾), 경식(頸飾), 대장식(帶裝飾), 장식대도, 팔찌와 반지, 식리(飾履) 등으로 구성된다.

관은 크게 대관(帶冠)과 모관(帽冠)으로 구분된다. 대관은 띠 모양의 대륜(臺輪)에 나뭇가지 모양의 장식과 사슴뿔 모양의 장식을 세운 것이 전형적인 형태이다. 이 형태는 수

지형(樹枝形) 대관으로 부르는데 금관에는 곡옥과 달개가 화려하게 달려있다. 또 표면에는 점타(点打)와 축조(蹴彫) 기법으로 파상문 등을 시문했다. 모관은 꼬깔 모양의 관으로 금속제와 유기물제로 구분된다. 대관과 모관은 그 기능과 용도가 달랐을 것으로 추정된다. 이식은 주환의 형태를 따져 세환이식과 태환이식으로 구분하는데, 중간식과 수하식의 조합에 따라 매우 다양한 디자인이 나타난다. 허리띠를 장식하는 금속 대장식은 방형의 과판(銙板)에 역심엽형(逆心葉形) 수하식(垂下飾)을 매단 것으로 과판의 문양 구성이 다양하다. 6세기 이후 다른 금공품이 쇠퇴하여도 대장식은 지속되기 때문에, 허리띠가 신라의 착장형 금공품 또는 복식의 핵심 구성품이었던 것 같다. 장식대도는 손잡이 환두부(環頭部)의 장식이 삼엽문, 용문, 봉황문, 삼루문 등으로 구분되며, 피장자가 직접 착장한 것도 있지만, 주변에 부장된 것도 있다. 식리는 실제 사용한 것이라기보다 부장용으로 추정되는데 앞판과 뒷판을 만드는 제작 기법이 백제와 구별된다.

착장형 금공품은 신라 중심 세력과 주변 세력을 정치적 상하 관계로 규정하는 결정적인 근거가 되고 있는데, 이러한 인식이 정립되는 데에는 아래와 같은 연구들이 토대가 되었다.

A "금공품은 한 유력 단위집단 – 경주 – 이 자기와 연맹 관계를 맺고 있는 타 단위집단 – 동래 · 창녕 – 에게 연맹의 표지로 분배한 것으로 생각하고 싶다."(최종규 1982)

B "허리띠 장식과 귀걸이는 신체의 일부분을 장식하는 일반적인 장식품이 아니며 특수한 의미를 가지고 있는 복식의 일요소로 보아야 한다. (중략) 신라의 지배층은 변경 지역에 위치한 세력들로 하여금 공납을 바치도록 하고 그 답례로 복식을 만들어 분여한 것으로 생각된다. 지방에서 확인되는 복식은 각 지역 집단이 중앙 세력에 복속된 징표가 되거나 그 지역에서 중앙의 인정을 받는 대표자로서의 지위를 보장받는 의미가 내포되어 있을 것으로 생각된다."(이한상 1993)

C "신라 장신구들은 각각이 독립적으로 착용자의 몸을 꾸미거나 위세를 강조하는 물품이 아니라 유기적으로 한 데 합쳐져 일정한 규칙에 따라 그러한 역할을 하고 있다고 여겨진다. (중략) 지금 신라 장신구를 보는 관점에서 무엇보다 긴요한 점은 그것을 복식의 장식품, 즉 복식품으로 인식하는 일이라고 본다. 즉 관이나 대장식구는 물론이고 귀걸이나 대도 같은 것도 복식의 한 요소로서 기능하고 있었다고 보는 것이다. (중략) 이제까지 신라의 지방지배와 관련하여 중앙으로부터 장신구의 하사 또는 위세품의 사여 등의 표현을 쓴 것은 적절하지 못하다는 얘기가 된다."(이희준 2002)

이상의 인식들은 기본적으로 위세품 시스템을 토대로 한 것이다. 위세품 시스템이란 원래 특정 사회 '단계' 또는 사회 '유형'에서 재화가 친족 관계나 사회 편성을 결정하는 과정에 초점을 맞춘 논의였는데, 구체적으로는 유럽의 고고학자와 인류학자가 정치 '단위'의 하나로 모델화한 '위세품 시스템 단계'를 의미한다. 위세품 시스템 단계는 위세품을 기반으로 하는 경제가 친족 관계와 연결되어 사회적 재생산의 기본 축을 이루고 있다는 것을 근거로 독립된 하나의 '단계'로 설정되었다. 특정 종류의 고급품, 즉 위세품을 관리해 정치 동맹으로 이용하는 중심지가 생기고, 지역 집단이 이러한 필수품에 접근할 수 있는지 없는지는 중심지와의 동맹에 관계되어있다. 중심지에서 대량 생산된 특정 종류의 재화(위세품)가 하위 계층에 전해져 결혼 동맹으로 맺어진 위세품-공물의 교환에 의해 정치적 동맹 관계(상하 관계)가 유지·재생산되는 것이 원래의 위세품 시스템의 일반적인 이해이다.

이러한 이해를 근거로 하면 착장형 금공품에 대한 해석 중 A의 경우 연맹의 표식으로 분배하였다는 점에서 위의 위세품 시스템에 가장 가깝고, B는 금공품을 복식으로 환치했지만 공납의 답례라고 한 점에서 같은 입장에 서 있다고 볼 수 있다. C는 금공품을 초기에는 위세품 시스템에 입각해 논의를 전개하였으나 최종적으로는 복식으로 인식을 전환

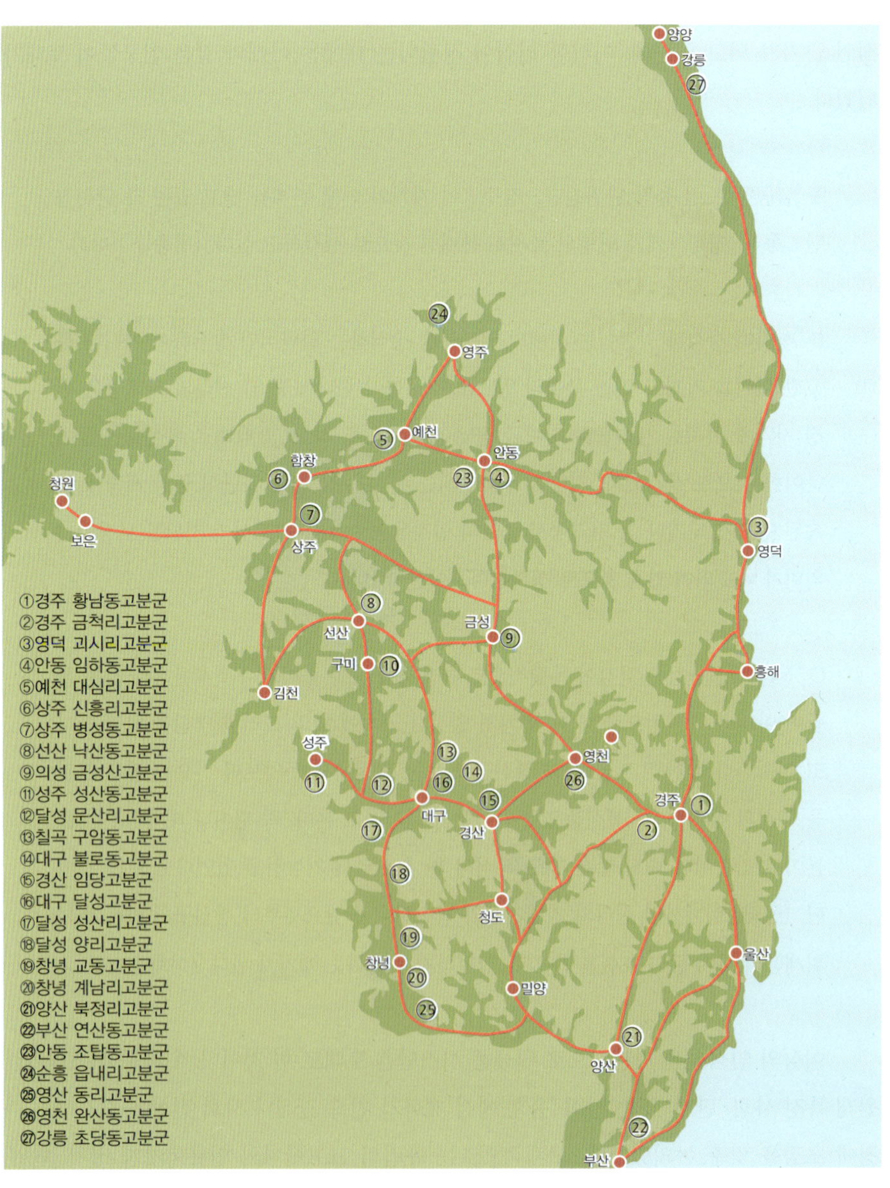

그림 22 마립간시기 고총 분포도

한 듯하다. 마지막에 위세품의 사여(賜與)라는 표현이 적절하지 못하다는 것은 결국 복식 제도로 이해해야 한다는 의미로 해석된다.

금공품이 위세품인지 복식품인지도 중요하겠지만, 실은 그러한 구분보다 당대 사회에서 그것이 어떠한 역할을 하고 있었는지를 추구하는 것도 중요한 의미가 있다. 이러한 입장에서 보면 금공품은 신라 중심지에서 유력자 간의 차별화를 위한 기물인 것은 분명하다. 금공품이 유행하는 시기는 김씨 집단이 마립간위를 단독으로 독점하는 시기였고, 그

그림 23 황남대총 출토 금공품

들은 지배력 강화를 위해 자기 집단 내부의 기존 서열 체계를 유지하면서 신분과 위계를 재정립하는 작업을 추진하였다. 그 기준은 무엇보다 집단 자체의 혈연계승 원리였다. 이러한 과정에서 금공품은 신라 중심지에서 신분과 위계를 드러내고, 유력 집단 내부를 차별화하는 역할을 하고 있었다.

당시 신라 중심지에서는 유력자끼리 상대적인 서열을 일원화하는 과정이 진행되고 있었는데, 고총에 부장된 금공품은 그러한 서열을 구분하는 표상으로서의 역할을 담당했던 기물로 볼 수 있다. 다만 그것이 구체적으로 무엇을 차별화하려고 한 것인지는 알 수 없지만 당대 고총의 대형 봉분과 묘역, 지상식 적석목곽묘와 같은 매장시설의 규모나 시설 등으로 드러낸 차별화와는 달랐을 것으로 생각된다.

이러한 역할을 하던 착장형 금공품이 주변부 유력자에게 전해지면서 기왕의 그것이 하고 있던 역할과 같게 중심과 주변 세력을 위계화하는 역할을 했을 것으로 추정된다. 그리고 공납을 매개로 정치적 상하 관계를 맺었을 가능성이 크다. 그러한 의미에서 금공품의 분여(分與)는 중심과 주변 세력의 정치적 관계를 설정하는 기물로써 중요한 역할을 했을 것이고, 간접지배의 표상이라고 할 수 있다.

이러한 인식의 이면에는 금공품이 신라 중심에서 제작되어 재분배되었다는 것이 전제되어 있다. 그런데 지방에서 제작된 금공품의 존재가 확인되었는데, 이 사례는 당시 사회를 금공품의 분여만으로 이해할 수 없다는 것을 알려준다. 특히 창녕 지역에서는 이곳에서 제작된 금공품이 인정되고 있고 백제, 가야, 왜로부터 입수한 기물도 많이 확인되기 때문에 기왕의 해석과는 다른 관점에서 논의할 필요가 있다. 일반적으로 신라 마립간기의 금공품은 중앙과 지역 사회의 정치적 관계를 매개하는 기물이지만 분여 과정만 아니라 모방 과정도 고려한다면 다른 이해도 필요하다.

신라양식토기의 생산과 유통

신라양식토기란 경주를 중심으로 400년 전후부터 유행하는 고배와 장경호(長頸壺)를 주요 기종으로 하는 토기군을 말한다. 고배는 바닥에서 위로 경사지게 올라가는 다리에 2단 투창이 있고, 반구형의 잔이 달린 형태인데, 시간이 지날수록 다리가 짧아지고 투창의 수가 줄어든다. 장경호는 둥근 동체(胴體)에 경사지게 밖으로 벌어지는 경부(頸部)가 달린 것으로 동체 아래에 받침이 달린 대부장경호도 많다. 이 두 기종을 중심으로 완, 배, 발, 기대(器臺), 호 등이 조합되어 구성되는 토기군은 경주와 주변 지역에 분포하는데 낙동강 이동 지방에 분포하기 때문에 지리적 기준으로 낙동강이동양식으로 부른다. 또 경주를 중심으로 양식이 성립되어 주변으로 확산되었기 때문에 기원지를 기준으로 하면 경주양식토기이다.

초창기 신라양식토기의 관심 주제는 편년과 지역성이었다. 그 결과 절대편년은 다르지만 상대편년은 어느 정도 일치를 보게 되었고, 지역성 역시 소지역양식이 구체적으로 설정되면서 지역별 토기의 특성이 드러나게 되었다. 또 가마 유적들이 적지 않게 조사되어 신라양식토기의 확산을 생산과 유통이라는 측면에서 논의할 수 있게 되었다. 최근에는 장송 의례의 부장(副葬) 용기라는 측면에서 신라양식토기의 확산 과정을 구체적으로 설명하기도 한다. 신라 분묘에서 출토되는 토기들은 기본적으로 부장용 토기이고, 장송 의례의 입장에서 보면 제기(祭器)임이 분명하다. 그러한 의미에서 신라양식토기의 확산은 신라 분묘 제사법과도 긴밀한 관련이 있을 것이다.

그림 24 경주 손곡동 가마유적

신라양식토기의 성립 과정은 경주에서 5세기 전반 최고 계층 대형묘가 제대로 조사되지 않았고, 생산 공방의 자료도 없어 전 과정을 자세히 설명하기 어렵다. 그러나 지금까지 분묘 부장품의 양상으로 볼 때 초기 단계에 기형이 정형화되고 점차 변화하는 과정에서 기종이 다양해지는 것으로 이해된다. 기형은 황남동 109호 3·4곽과 월성로 가-13호묘에서 초기 고배와 장경호의 형태로 시작되고, 기종은 시간이 지남에 따라 점점 다양해지다가 황남대총 남분 단계에 이르러 절정에 이른다. 그러다가 북분 단계부터 부장 기종은 줄어들고 금속용기로 대체되는 등 신라양식토기는 통시적으로 기형과 기종에 큰 변화를 보여준다.

경주에서 성립된 신라양식토기는 영남지방 각지에서도 확인되는데, 이 현상은 어떻게 해석되어 왔을까? 기왕의 연구는 주변부 신라 고총에서 출토되는 신라양식토기를 중심부로부터의 확산으로 이해하고 신라의 정치적 확대 결과로 해석했다. 뿐만 아니라 그것의 분포를 신라의 영역으로 이해하는 경향이 강하다. 이러한 이해는 신라양식토기의 성립기부터 경주양식토기가 확산되면서 각지 토기에 '양식적 선택압(selective pressure)'이 작용했다는 인식을 근거로 한다. 한편 이와는 달리 신라 토기의 확산을 각지에서 경주 토기 제사법의 수용으로 보는 입장이 있는데, 이는 신라양식토기의 수용을 장송 의례라는 측면에서 이해하고자 하는 인식이다. 현재 이 두 가지 가설 모두 각각의 단점은 있지만 신라양식토기의 영남 지방 각지로의 확산을 가장 설득력 있게 설명하는 모델이다.

그래서 양자를 절충하면 영남지방의 각지 신라 고총에서 확인되는 신라양식토기의 정형성은 신라 중심부에서 성립한 토기제사법을 각지에서 수용한 결과이다. 양식적 선택압도 토기제사법을 수용하여 각지에서 신라양식토기를 제작하는 과정에서 발생했던 것으로 생각된다. 각지 고총에서 출토되는 신라양식토기가 신라 중심부에서 일방적으로 확산되는 것이 아니라 토기제사법을 수용하면서 각 지역 사회가 주체적으로 선택한 결과라는 것이다. 즉 그것은 신라 중심 세력의 일방적인 정치적 압력보다 주변부 토착 세력의 의도나 전략에 따른 것임을 의미한다. 그러나 신라양식토기의 분포는 신라식 금공품과 궤를 함께하고 신라의 정치적 영역과 거의 같기 때문에 정치적 확산과도 긴밀한 관련이 있는 것은 부정할 수 없다. 다만 신라의 정치적 확대와 신라양식토기의 확산을 생산과 유통, 의례의 관점에서 논리정연하게 설명하는 것이 앞으로의 과제라고 하겠다.

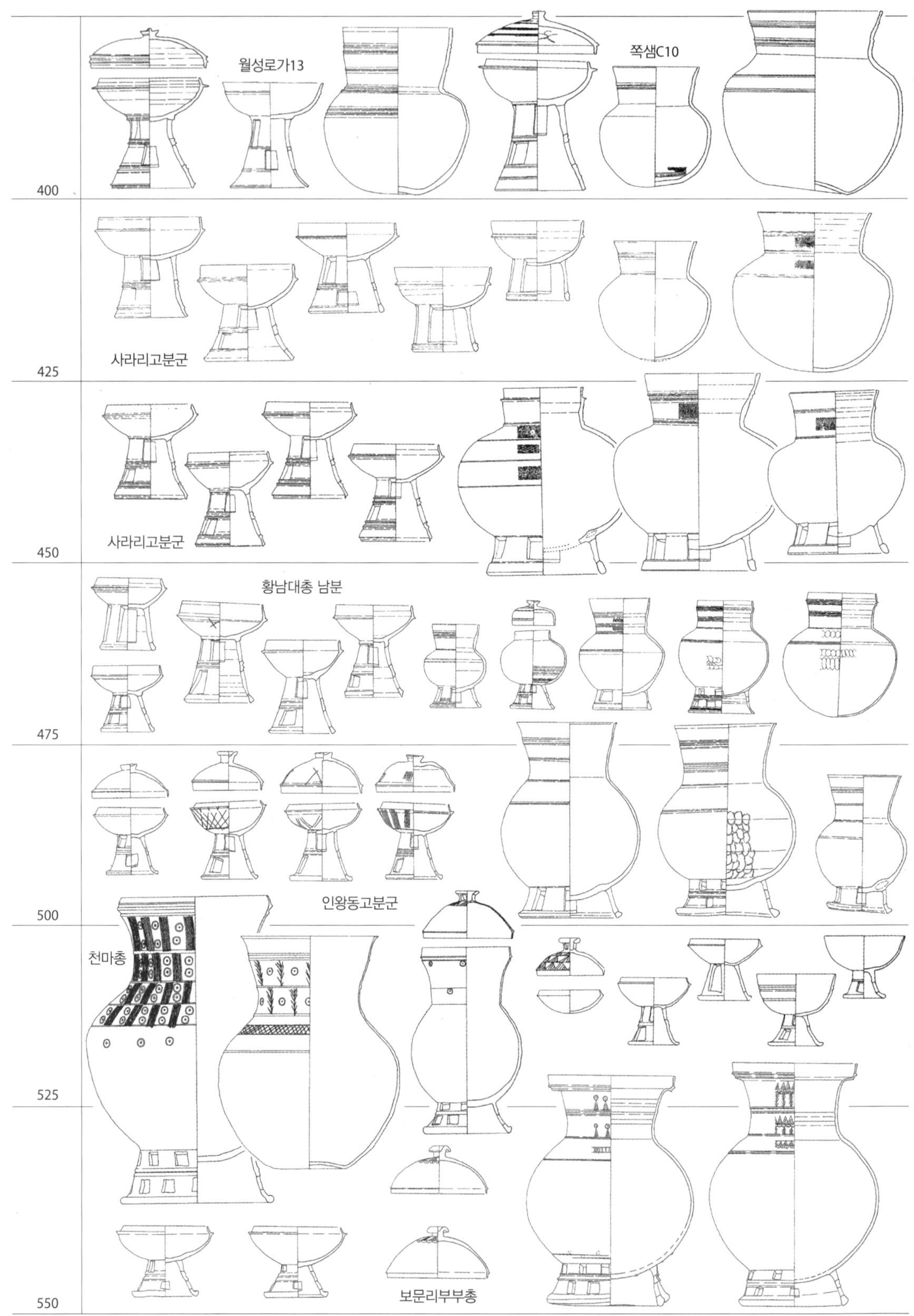

그림 25 신라토기의 변천과 편년(필자안)

테글 2

신라의 수리시설 유적

신라 고고학의 조사는 광복부터 1990년대까지 분묘 조사가 대부분이었다. 그러나 최근에는 다양한 성격의 유적이 발굴되어 문헌기록이 전하지 않는 신라사를 이해하는 계기가 되었다. 그런 의미에서 주목받고 있는 유적이 수리시설이다. 수리시설 유적은 당대 신라의 농업생산력이나 토목기술을 엿볼 수 있다는 점에서 매우 흥미로운 고고 자료이다. 여기서는 최근 발굴된 상주 공검지와 울산 약사동 제방유적을 통해 신라 저수시설의 특성과 토목기술의 수준에 대해 알아본다.

상주 공검지는 문헌기록에 따르면 우리나라에서 가장 규모가 큰 저수지로 알려져 있는데 2005년부터 2011년까지 총 4차례 발굴조사되었다. 초축 연대는 2009년도 조사에서 출토된 목제품의 방사성연대측정 결과가 6세기까지 올라가는 것이 나와 신라시대까지 거슬러 올라갈 수 있을 가능성을 보여준다. 공검지 유구의 특징은 제방을 축조할 때 부엽공법을 채택하였으며, 잎이 많이 달린 나뭇가지를 상하층 사이에 깔았으며 또한 상하층이 고정되도록 말목을 지그재그 방식으로 촘촘히 박아 구조를 보강한 점이다. 이러한 부엽공법은 함안 성산산성, 다음에 서술할 울산 약사동 제방유적에서 확인되었고, 일본 오사카 사이야마이케(狭山池) 제방유적에서도 조사되어 당시 토목기술의 교류를 보여준다. 그러나 말목을 이용한 보강공법은 공검지에서 처음 사용된 것으로 추정된다. 또 다른 후대의 공법으로는 목재시설층으로 나뭇가지 부설층과 연결하여 단부(端部)에 시설한 사례가 있다. 제방의 외단(外端)에 직경 20~30cm, 길이 70~90cm의 통나무 2단을 엇물리게 하여 빈틈없이 깔아 제방의 둑을 높이고 저수량을 늘리면서 제방의 붕괴를 방지하는 최적의 공법으로 타 저수지 제방에서는 볼 수 없는 선진적인 기술이 적용되었다고 볼 수 있다.

울산 약사동 제방유적은 태화강과 합류하는 동천 하류역의 우안에 접한 저구릉 단구면(段丘面)에 흐르는 약사천으로 형성된 중류역 곡저부(谷底部)에 위치한다. 제방은 개석곡(開析谷) 양안의 가장 가까운 두 구릉을 연결해 수량이 풍부한 하천을 가로막는 형태로 축조되었다. 제방의 길이는 약 155m로 추정되며, 단면은 사다리꼴이다. 축조 공정은 기초지반 가공 – 지반 투수대책 – 심의 조성 – 성토 · 차수대책 시설 설치 및 피복 마감 단계 등의 4단계로 구성되었다. 제방의 축조 시점은 층 내부 및 기저부에서 출토된 신라토기로 볼 때 신라 말까지 올라갈 가능성이 있다. 약사동 제방유적의 조사는 저수지 제방의 전체 단면을 기반토까지 완전히 절토한 발굴을 통하여 삼국시대까지 거슬러 올라가는 제방 축조방법을 파악하여 다양한 공법을 사용한 고대의 토목 및 관개 자료를 축적한 데 큰 의의가 있다.

그림 26 울산 약사동 제방유적

상주 공검지와 울산 약사동 제방은 초축 연대가 신라시대까지 올라갈 가능성이 있다는 점에서 토목기술과 당대의 농업생산력, 지방에 대한 직접 통치를 이해하는 중요한 고고학 자료라고 판단되며, 앞으로 이러한 수리시설에 대한 연구가 진전되기를 바란다.

요약

월성이 언제 축성되었는가는 신라 국가형성의 중요한 고고학적 주제 중 하나이다. 문헌기록으로 보면 이른 시기에 축성되었지만 발굴 성과는 5세기 이전으로 거슬러 올라가기 어렵다는 것을 알려준다. 앞으로 월성의 축조 시기와 관련된 새로운 성과를 기대해야 할 것이다. 뿐만 아니라 정전의 위치도 아직 확인되지 않았는데, 이 역시 발굴로 해결해야 할 과제이다. 해자는 체계적인 발굴로 수혈해자와 석축해자로 크게 구분되고, 삼국시대에 월성 북편에 인공시설인 수혈해자를 축조하여 사용하다가 신라가 삼국통일하기 전후한 시점에 석축해자로 변경하여 9세기 이후까지 사용한 것으로 보인다.

신라 중앙의 산성들은 왕궁을 방어하기 위해 축성된 것이지만 아직까지 제대로 발굴된 것이 적어 그 성격을 자세히 알 수 없다. 이에 비해 지방의 산성들은 발굴이 꽤 이루어졌고, 그 성과로 볼 때 신라의 영역 확대와 지방 수취를 위해 축성된 거점이라는 것이 밝혀졌다. 뿐만 아니라 여기에서 출토된 목간은 당시 신라 지방의 존재 양태를 파악하는데 매우 중요한 정보를 제공하고 있다.

신라의 분묘는 4세기 목곽묘를 거쳐 5세기 적석목곽묘로 변화하고, 6세기 중엽 무렵에는 석실묘가 등장한다. 목곽묘는 과거 경주식 목곽묘를 주목했으나 최근에는 쪽샘 L17호와 같은 이혈주부곽식의 장방형 목곽이 대형묘로 주목받고 있다. 적석목곽묘는 그 범주를 어떻게 설정하는가에 따라 출현 시기와 분포 등이 다르게 이해된다. 사방적석식을 적석목곽묘의 범주에 넣는다면 4세기부터 출현하고, 그 분포도 영남지방 각지에 꽤 넓게 분포하는 것이 된다. 그러나 상부적석식과 지상적석식만을 적석목곽묘의 범주로 이해하면 5세기 이후 출현하는 것이 되고 분포 범위도 매우 좁게 이해될 것이다. 최근 적석목곽묘와 관련해서는 지상적석식에 대한 논의가 많다. 주로 축조 공정과 매장 프로세스의 복원을 토대로 목곽 구조와 1차 봉토나 적석부의 역할과 기능 연구가 많이 이루어지고 있다.

횡혈식 석실은 신라 중앙에서 출현한 시점이 중요하지만 왕릉급 석실이 조사되지 않은 탓에 구체적인 논의가 진행된 바 없다. 지방에서 석실의 채용이 더 이른 것이 특징인데, 백제처럼 지방에서 먼저 채용하고 난 후 중앙에서 수용했을 가능성도 있을 것 같다.

5~6세기 고총과 관련한 연구가 1990년대 이후 활발하게 전개되었다. '신라고총론'이라고도 부를 수 있는 이러한 연구들은 고총에서 확인되는 신라식 금공품과 신라양식토기의 정형성이 나타나는 지역을 신라의 간접지배를 받고 있던 지역 사회로 이해한 점에서 큰 성과를 거두었다. 이에 따르면 신라 중앙에서는 적석목곽묘를 주체로 하는 고총으로 볼 때 다른 지역의 정치체와는 달리 최상위층의 위계화가 복잡하게 진행되었다. 같은 시기에 영남의 각지에서 고총이 출현하는데 금공품의 분여로 볼 때 중앙과 지역 사회는 간접지배를 토대로 한 정치적 상하 관계로 이해할 수 있다. 다만 신라양식토기의 확산은 단순히 신라의 정치적 확대와 결부된 것이기보다 신라 토기제사법과 같은 제사의 수용과도 밀접하게 관련이 있고, 그것을 수용하는 지역 사회의 입장도 중요하게 작용한 것으로 보인다. 고총의 매장시설에 지역성이 나타나고, 신라양식토기에도 소지역성이 보이는 점은 신라의 간접지배 하에 있던 각지의 유력집단이 신라에 복속하고 있으면서도 어느 정도 독자성과 주체성을 가지고 있었다고 이해된다. 그러한 양면성의 이중 구조는 마립간 사회를 규정하는 특성이라 할 수 있다.

참고문헌

국립중앙박물관, 2010, 『황금의 나라 신라의 왕릉 황남대총』.

김대환, 2017, 「신라 마립간기 왕릉의 새로운 성과와 해석」, 『한국고대사연구』88, 한국고대사학회.

김두철, 2009, 「적석목곽묘의 구조에 대한 비판」, 『고문화』73, 한국대학박물관협회.

김용성, 1998, 『신라의 고총과 지역집단』, 춘추각.

박형열, 2021, 『고신라 고분군 연구』, 학연문화사.

심현철, 2020, 「신라 적석목곽묘 연구」, 부산대학교 대학원 박사학위논문.

이성주, 1998, 『신라 가야 사회의 기원과 성장』, 학연문화사.

______, 2006, 「신라·가야 토기양식의 생성」, 『한국고고학보』72, 한국고고학회.

이재현, 2003, 「변·진한사회의 고고학적 연구」, 부산대학교 대학원 박사학위논문.

이한상, 1995, 「5~6세기 신라의 변경지배방식」, 『한국사론』33, 서울대학교 국사학과.

______, 2022, 『신라의 성장 과정과 복식사여체제』, 서경문화사.

이희준, 1996, 「경주 월성로 가-13호 적석목곽묘의 년대와 의의」, 『석오윤용진교수정년퇴임기념논총』.

______, 2002, 「4~5세기 신라 고분 피장자의 복식품 착장 정형」, 『한국고고학보』47, 한국고고학회.

______, 2007, 『신라고고학연구』, 사회평론.

주보돈, 1998, 『신라 지방통치체제의 정비과정과 촌락』, 신서원.

최병현, 1992, 『신라고분연구』, 일지사.

______, 2021, 『신라6부의 고분 연구』, 사회평론아카데미.

최종규, 1983, 「중기고분의 성격에 대한 약간의 고찰」, 『부대사학』7, 부산대학교 사학회.

홍보식, 2003, 『신라후기 고분문화 연구』, 춘추각.

머리글

고고학으로 본 가야

가야, 다시 우리 역사 속으로

여러 나라로 이루어진 가야

가야의 시작과 전개

고고학으로 밝혀 낸 가야의 문화

가야의 토기문화

가야의 철 문화와 금공품 문화

가야인의 무덤과 매장의례

가야의 토성과 산성

삼국시대 국제 교역의 중심, 가야

가야 역사의 뒤안길로

신라문화의 확산

가야 멸망 그 이후

요약

12 가야의 사회와 문화

조성원

전 부경대학교박물관

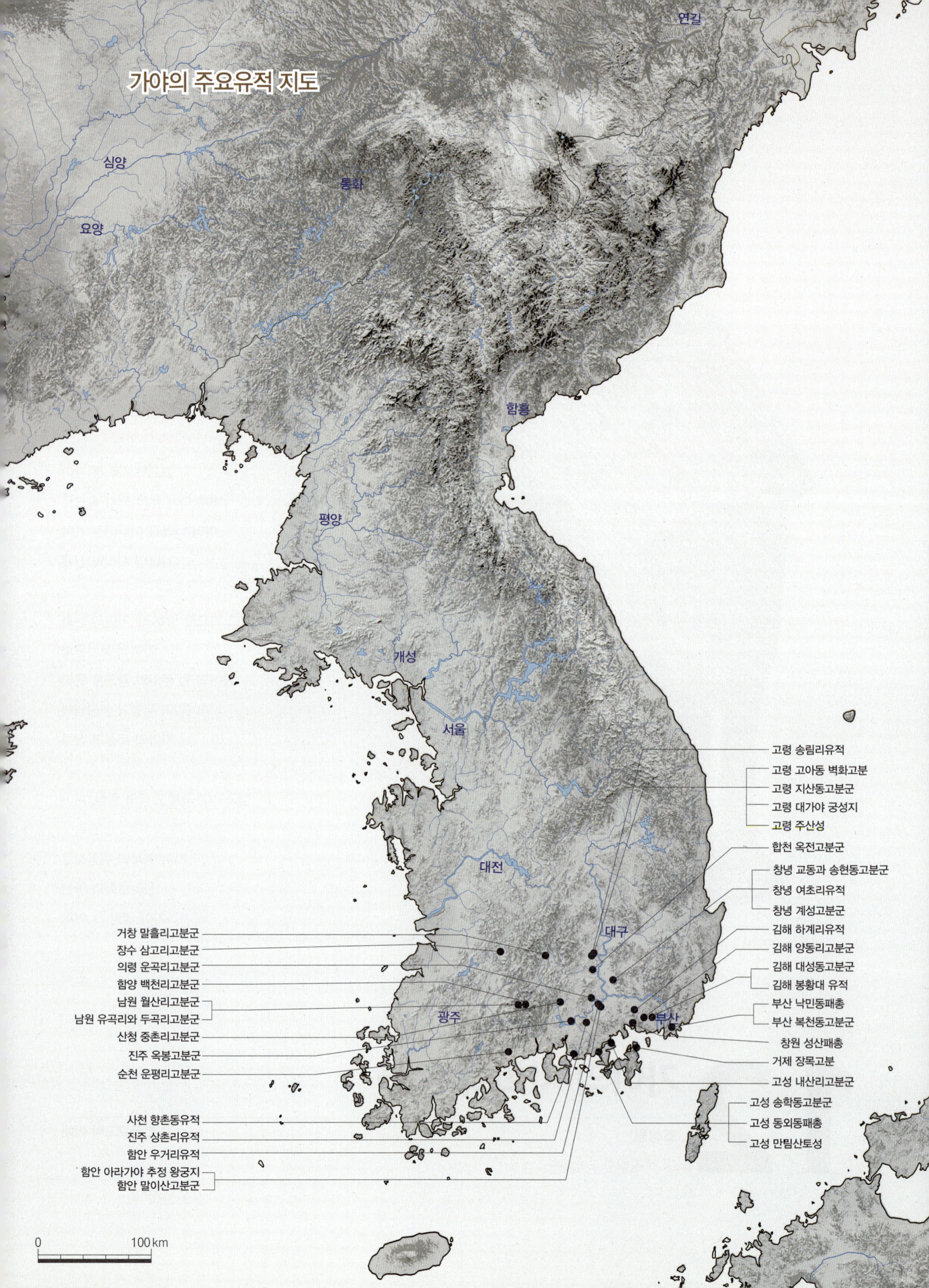

가야의 주요유적 지도
연길
심양
통화
요양
함흥
평양
개성
서울
대전
대구
광주
부산
고령 송림리유적
고령 고아동 벽화고분
고령 지산동고분군
고령 대가야 궁성지
고령 주산성
합천 옥전고분군
창녕 교동과 송현동고분군
창녕 여초리유적
창녕 계성고분군
김해 하계리유적
김해 양동리고분군
김해 대성동고분군
김해 봉황대 유적
부산 낙민동패총
부산 복천동고분군
창원 성산패총
거제 장목고분
고성 내산리고분군
고성 송학동고분군
고성 동외동패총
고성 만림산토성
거창 말흘리고분군
장수 삼고리고분군
의령 운곡리고분군
함양 백천리고분군
남원 월산리고분군
남원 유곡리와 두곡리고분군
산청 중촌리고분군
진주 옥봉고분군
순천 운평리고분군
사천 향촌동유적
진주 상촌리유적
함안 우거리유적
함안 아라가야 추정 왕궁지
함안 말이산고분군
0
100 km

가야의 사회와 문화

조성원

전 부경대학교박물관

머리글

일반적으로 삼국시대는 고구려·백제·신라가 한반도의 패권을 차지하기 위해 치열하게 경쟁했던 시기라고 알려져 있다. 하지만 당시 한반도에는 삼국 이외에 우리에게 잘 알려지지 않은 여러 정치체가 존재하고 있었음이 여러 연구를 통해 밝혀지고 있다. 그중에서도 경상남도를 중심으로 경상북도 일부와 전라도 동부 일대에 걸쳐 자리 잡고 있던 가야의 여러 나라는 삼국과 경쟁하면서 그들에 버금가는 문화를 누리고 있었다. 하지만 다른 삼국과 달리 하나로 통합된 고대국가로 발전하지 못하고 일찍이 신라에 흡수되면서 단편적인 기록만 남긴 채 역사의 저편으로 사라져 버렸다.

오랫동안 잊혀졌던 가야가 다시 주목받기 시작한 것은 일제강점기 때부터이지만, 일본인 학자들은 그들의 한반도 지배를 정당화시키려는 야욕에 가야의 역사를 왜곡시키고 이용했을 뿐 가야 그 자체에 대해서는 주목하지 않았다. 이후 우리 역사학자들은 왜곡된 가야의 역사를 올바르게 복원하기 위해서 국내외에 남겨진 각종 기록을 비판적으로 검토·연구하였으나, 여타 삼국에 비해 부족한 문헌기록으로 인해 한계가 있을 수밖에 없었다.

그런데 고령 지산동고분군을 시작으로 1970년대부터 가야 각지의 여러 유적들이 본격적으로 발굴 조사되기 시작하면서 이전에는 상상할 수 없었던 다양하고 화려한 가야의 물질자료가 확보되었다. 물론 이 때 확보된 물질자료도 고분군이라는 한정된 유적과 특정 지역에서 출토된 것이 대부분으로 가야의 모든 문화를 밝혀내기에는 어려움이 없지 않았다. 그러나 이것만으로도 가야문화의 우수성과 역사성을 재평가할 수 있는 계기가 마련되었다는 점은 틀림없는 사실이다.

특히 가야가 당시 최고 수준의 철 생산 기술을 보유한 '철의 왕국'이었으며, 이를 매개로 한반도 내 여러 나라는 물론 중국·일본과도 교역하는 '국제무역의 중심지'였음을 알려주었다. 이는 우리 역사학계를 넘어 동북아시아 고대사 연구에도 큰 반향을 불러일으켰다. 게다가 국내에서는 더 이상 '삼국시대'가 아닌 가야를 포함한 '사국시대'라고 불러야 된다는 의견도 제시되었으며, 동북아시아적 관점에서 가야를 보려는 연구도 진행되었다.

최근에는 새로운 발굴조사 성과를 통해 지금까지 알지 못한 가야 여러 나라의 왕궁이나 산성, 마을, 생산 유적 등 보다 입체적으로 가야의 역사에 접근하려는 연구가 진행되고 있으며, 나아가 가야문화의 우수성과 국제성을 인정받기 위해 가야고분군의 유네스코 세계유산 등재도 추진되고 있다. 이처럼 우리의 역사에서 잊혀져 버렸던 가야는 다양한 고고학 성과를 통해 삼국시대 한반도의 주인공 중 하나로 인정받기 시작했다.

고고학으로 본 가야

가야, 다시 우리 역사 속으로

가야의 여러 나라에 대한 기록은 『광개토대왕비(廣開土王碑)』를 시작으로, 중국과 일본의 오래된 사서에서도 등장하고 있다. 그러나 그 내용이 단편적이고 왜곡된 내용이 많아서, 이를 통해 가야의 모습을 복원하는 것에는 많은 어려움이 따른다. 그나마 고려시대 일연의 『삼국유사(三國遺事)』에서는 가장 많은 양의 가야 역사를 삼국과 나란히 기록하고 있지만, 설화적인 내용이 적지 않다는 한계가 있다. 이후 조선시대 후기의 정약용이나 한백겸으로 대표되는 실학자들이 가야의 위치나 지명에 대해서 관심을 가지고 연구를 진행했지만, 가야사에 대한 전반적인 이해에는 이르지 못했다. 이처럼 가야에 대한 기록과 관심은 다른 삼국과 비교하면 매우 빈약하였기 때문에 오랫동안 한반도의 역사에 제대로 포함되지 못했던 것이 사실이다.

아이러니하게도 가야가 본격적으로 다시 등장한 것은 일제강점기 때 일본인 학자들에 의해서 이다. 하지만 그들은 한반도 고대사의 복원이 아니라, 한반도 지배의 정당성을 마련하기 위해 다양한 방법 중 하나로 가야를 이용하려 했다. 즉 『일본서기(日本書紀)』에 기록된 '임나일본부(任那日本府)'의 증명이 바로 그것이었다. 그 일환으로 '임나일본부'가 존재했다고 생각했던 가야의 여러 유적들을 발굴조사라는 미명하에 파헤치고, 거기서 출토된 수많은 유물을 일본으로 반출하기도 하였다. 그러나 당시 조사된 가야 각지의 왕릉급 무덤과 그 유물은 '임나일본부'를 증명하기는커녕, 가야가 다른 삼국 못지않은 화려한 문화를 누리고 있었음을 보여줄 뿐이었다. 게다가 역으로 가야의 선진 문화가 일본 고대국가 형성에 큰 영향을 끼쳤다는 것이 증명되기도 하였다.

가야의 역사를 우리 손으로 직접 발굴하여 재구성하기 시작한 것은 1970년대부터이다. 그 중에서도 김해 대성동고분군·부산 복천동고분군·고령 지산동고분군·합천 옥전고분군·고성 송학동고분군·함안 말이산고분군 등 가야 여러 나라의 지배층 고분의 발굴조사는 가야가 신라에 병합되기 이전부터 우수한 문화를 누리고 있었음을 분명히 보여주었다. 나아가 한반도 동남부에 자리 잡은 가야가 삼국뿐만 아니라, 중국과 일본을 잇는 국제 허브의 역할을 담당했던 것도 알려지게 되었다. 이와 같이 고고학에서의 여러 성과는 이전의 문헌사학 연구와 연결되어, 가야가 다시 우리 역사 속으로 들어오게 하였다. 이를 반영하듯 경상남도 김해에는 가야를 전문적으로 다루는 국립김해박물관이 설립되고, 국립중앙박물관에는 '가야실'이 별도로 설치되기도 하였다.

여러 나라로 이루어진 가야

그런데 '가야'라는 명칭은 신라·고구려·백제처럼 하나의 통합된 정치체를 가리키는 것이 아니라, 한반도 동남부의 넓은 지역에 자리 잡은 여러 나라를 한꺼번에 부르는 호칭이다. 그래서 가야 내 특정 지역 혹은 특정 나라를 부를 때는 '○○가야'라고 부르기도 한다. 이처럼 가야가 여러 나라로 구성되어 있었다는 인식은 『삼국유사』에서 '금관가야·대가야·소가야·아라가야·성산가야·고녕가야·비화가야' 등으로, 『일본서기』에서 '비자발·남가라·탁국·안라·다라·탁순·가라' 등을 '가야 7국'(일본서기)이라고 표현한 것에서도 알 수 있다. 하지만 이들 나라는 가야 내에서도 비교적 규모가 큰 것이고, 이외에도 가야를 구성했다고 추정되는 여러 이름이 역사서에 등장하고 있다.

가야는 어디에 위치하고 있었을까? 『삼국유사』에는 금관가야－김해, 대가야－고령, 소가야－고성, 아라가야－함안, 성산가야－성주, 고녕가야－상주 함창, 비화가야－창녕 등으로 기록되어 있지만, 금관가야·대가야·소가야·아라가야·비화가야 등과 같은 가야의 중심 나라들을 제외하면 학자들 간에 위치 비정에 치열한 논쟁이 계속되고 있다. 그러나 가야의 여러 나라가 주로 낙동강의 서쪽과 남해안 일대에 자리 잡고 있었다는 점에 대해서는 큰 이견이 없으며, 최근에는 전라남도 남해안 일대와 전라북도 동부 일부도 가야라고 보는 견해도 제시되고 있다.

그렇다면 고고학 연구를 통해서 본 가야의 구성과 위치는 어떠할까? 가야고고학에서는 일반적으로 지배자들의 무덤과 그곳에서 출토된 각종 유물을 중심으로 그 분포에 따라 하나의 문화권을 설정하고, 그 문화권의 범위를 하나의 정치체로 취급하고 있다. 그래서 낙동강 서쪽에 자리 잡은 수많은 삼국시대 무덤 중에서도 왕릉급 무덤이 확인되는 김해 대성동고분군·함안 말이산고분군·고령 지산동고분군·고성 송학동고분군 등을 각 지역 가야의 중심지로 보고 있으며, 이를 역사기록과 대조해보면 각각 금관가야·아라가야·대가야·소가야에 해당된다.

하지만 역사기록과 일치하지 않는 지역도 다수 확인된다. 특히 낙동강 동쪽에 위치한 몇몇 지역은 가야인지 신라인지에 대한 논쟁이 계속되고 있다. 대표적인 예로 교동과 송현동고분군·계성고분군·영산고분군 등의 고총들이 분포하는 창녕지역은 『삼국유사』에 비화가야로 기록되어 있지만, 다른 여러 가야에 비해서 일찍부터 신라와 유사한 물질문화가 확인된다. 또한 복천동고분군과 연산동고분군이 있는 부산은 오랫동안 가야와 신라의 문화가 섞여 있어, 어느 쪽으로 볼 것인지에 대한 논쟁이 끊이지 않고 있다. 반면 '고녕가야'처럼 가야라고 기록되어 있지만, 발굴조사에서 확인되는 유적과 유물은 신라에 가까운 지역도 있다.

이외에도 고고학 발굴 성과에 의해 가야의 구성원임을 인정받은 경우도 적지 않다. 대표적으로 합천 지역은 왕릉급 무덤이 모여 있는 옥전고분군의 발굴성과를 토대로 '다라국'으로 비정되고 있으며, 함양의 백천리고분군, 거창 말흘리고분군, 산청 중촌리고분군, 고성 내산리고분군, 진주 옥봉고분군 등도 가야 내 여러 정치체 중 하나로 거론되고 있다. 한편 일반적으로 마한 혹은 백제라고 인식하고 있지만, 가야와 인접하고 있는 전북 동쪽과 전남 남해안 일대에서도 가야 문화의 영향이 뚜렷하게 나타난다. 특히 남원 아영지역의 지배자 무덤인 월산리고분군과 유곡리와 두락리고분군, 장수의 삼고리고분군, 전라남도 순천의 운평리고분군 등에서는 발굴조사를 통해 각각 대가야와 소가야의 문화권에 속해있음이

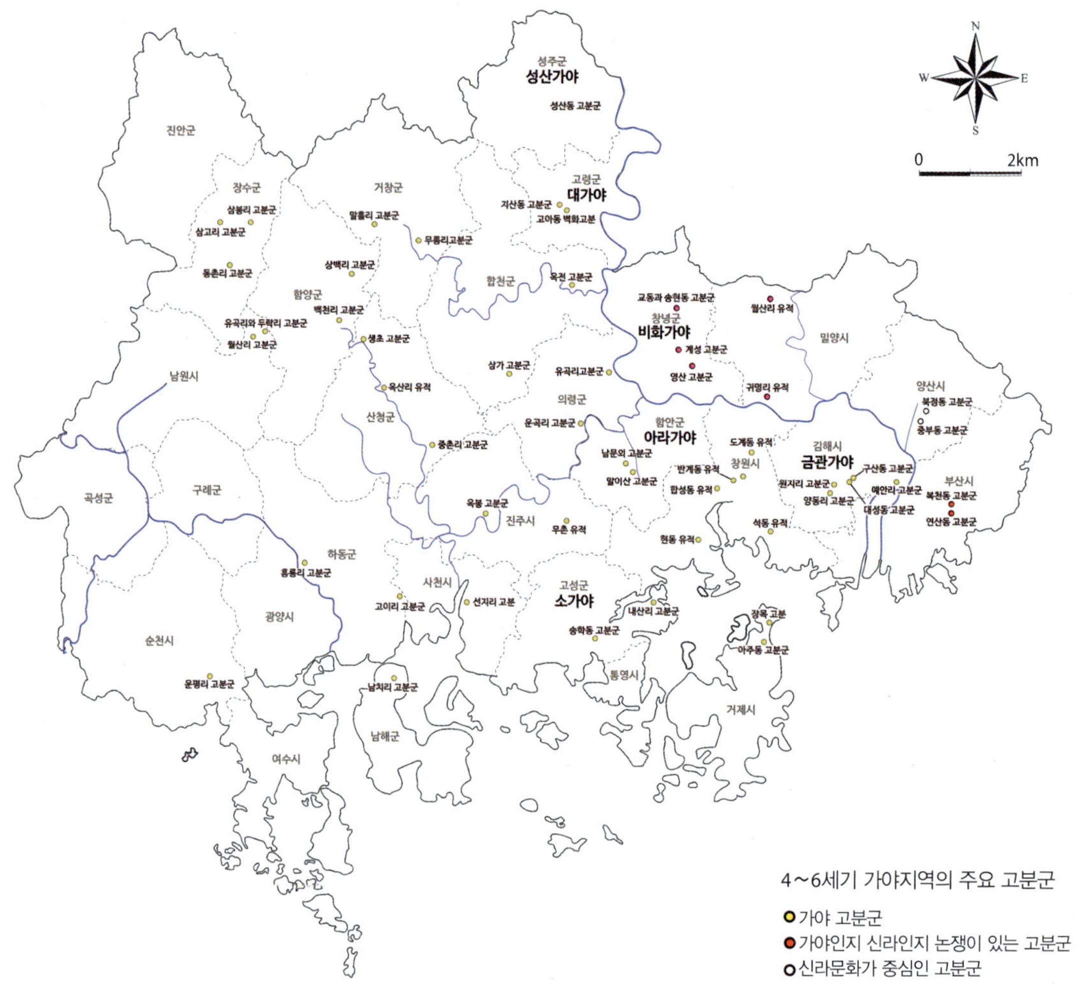

그림 1 가야의 범위와 주요 고분군의 분포

밝혀졌다. 이처럼 고고자료를 통해서 보면 가야는 일반적으로 알려진 금관가야, 대가야, 소가야, 아라가야를 중심으로 주변의 크고 작은 다양한 집단이 나름의 세력을 형성하고 있었음을 알 수 있다.

다른 삼국과 달리 여러 소국(小國)으로 구성된 가야는 어떠한 형태로 서로 관계를 맺고 있었을까? 이에 대해서는 크게 세 가지 견해가 있다. 첫째 4세기에는 금관가야를, 5~6세기에는 대가야를 맹주로 여러 가야가 하나의 연맹을 이루고 있었다는 설, 둘째 하나의 연맹체가 아닌 금관가야·대가야·소가야·아라가야 등과 같은 큰 세력이 각각 주변의 작은 세력과 연맹을 맺고 있었다는 설, 셋째 연맹은 존재하지 않고 모두 독자적으로 존재했다는 설 등이 그것이다. 지금까지 조사된 고고학 자료를 토대로 살펴보면, 여러 가야 중에서도 4세기대에는 금관가야가, 5~6세기는 대가야가 탁월한 세력을 가지고 있었던 것은 분명하다. 하지만 이 두 가야를 중심으로 모든 가야가 하나의 연맹체를 이루고 있었는가에 대해서는 쉽게 답변하기 어렵다. 왜냐하면 뒤에 살펴볼 각 가야의 무덤에서 출토된 각종 물질문화가 금관가야와 대가야를 중심으로 통합되어 있다기보다는, 각기 독자성을 유지하면서 일정한 분포영역을 가지고 있기 때문이다.

테글 1

왜곡으로 얼룩진 역사 – 임나일본부

일제강점기 때 일본은 한반도 침략과 정복에 대한 정당성을 여러 방면에서 찾으려 노력했다. 특히 과거 역사 속에서 조선인들의 미개함과 정복당할 수밖에 없는 이유를 학문적으로 밝히려고 노력했는데, 그중 하나가 일본의 역사서인 『일본서기(日本書紀)』에 기록된 '임나일본부'이다. 임나일본부는 고대 일본의 야마토(大和) 정권이 한반도 남부 – 가야, 신라, 백제 – 를 지배하기 위해 세운 기관을 말한다. 즉, 이를 통해 한반도는 고대부터 일본의 지배를 받아왔기 때문에 마땅히 일제 치하에 있어야 된다는 논리를 내세운 것이다.

그러나 이러한 기록을 실제로 증명해줄 만한 물질자료가 존재하지 않았기 때문에, '임나'라는 명칭에 주목하여 가야에 많은 관심을 기울이게 된다. 조선총독부의 체계적인 계획 하에 일본인 학자들은 '임나일본부'의 증거를 찾기 위해 가야 각지의 유적들을 본격적으로 조사하기 시작하였다. 특히 도굴에 가까운 대형 고분의 발굴조사를 통해서 가야가 야마토 정권의 지배하에 있었던 것을 증명하려 했다.

하지만 각지에서 확인된 가야 문화는 고대 야마토 정권의 그것과는 판이한 것이며, 오히려 가야의 선진적인 문화가 일본 고대문화에 영향을 주었던 것이 밝혀지기 시작하였다. 이후 발굴조사에서 그들이 원했던 성과를 올리지 못했지만, 문헌 연구를 중심으로 지속적으로 '임나일본부'를 주장하였다.

그런데 1990년 이후 김해 대성동고분군의 발굴조사에서 일본열도계 유물과 중국계 유물이 대량으로 발굴되면서, 그들이 주장하는 '임나일본부'설은 설 자리를 잃게 된다. 즉 가야는 우수한 철기문화를 토대로 중국과 일본열도를 잇는 동북아시아의 국제무역 국가와 같은 역할을 했으며, 일본열도의 고대문화 형성에 중요한 역할을 했다 것이 다시한번 밝혀지게 된 것이다.

이후 가야지역을 중심으로 한반도 남부 곳곳에서는 지속적으로 일본열도와 관련되는 유물이나 유적이 확인되고 있지만, 더 이상 왜곡된 '임나일본부'설이 아니라 한반도의 우수한 문화를 받아들이기 위해 바다를 건너온 왜인의 흔적으로 보는 것이 일반화되고 있다.

그림 2 일제강점기 때 파헤쳐진 고령 지산동고분군 18호분(1)과 함안 가야리고분군(추정 말이산고분군)(2)

그렇다고 해서 가야의 여러 나라들이 완전히 개별적으로 존재했던가 하면 그렇지도 않다. 마찬가지로 무덤에서 출토되는 각종 유물을 살펴보면 큰 세력을 중심으로 형성된 물질문화가 주변의 많은 중소세력으로 확산되어 공유하고 있기 때문이다. 따라서 가야는 금관가야·대가야·소가야·아라가야 등과 같은 규모가 큰 중심 세력과 그 주위에 자리 잡은 중소 세력이 서로 정치·경제·문화적 친밀성을 보이면서 가야를 구성하고 있었고, 여러 가지 상황에 따라서 상호관계가 변화했다고 보는 것이 타당할 것이다. 가야의 이러한 모습은 다른 삼국과 차별되는 중요한 특징이기도 하지만, 강력한 왕권으로 주변 지역을 차례로 통합해서 고대국가로 발전한 신라에 비교적 일찍 병합될 수밖에 없는 약점이기도 하였다.

가야의 시작과 전개

가야는 언제 역사 무대에 등장했을까? 여러 의견이 있지만, 대표적으로 세 가지 견해로 정리할 수 있다. 첫째는 『삼국유사』에 기록된 금관국의 시조 김수로왕이 즉위한 기원 42년을 그대로 인정하는 것이다. 하지만 잘 알려진 것처럼, 이는 『삼국유사』의 설화 중심의 서술방식으로 인해 그대로 받아들이기에는 문제가 있다. 둘째는 『삼국지(三國志)』「위지동이전(魏志東夷傳)」에 기록된 '구야국'·'안야국' 등의 변한 12국과 목곽묘(木槨墓)라고 하는 새로운 무덤 형태가 등장하는 2세기 후반~3세기 전반으로 보는 견해이다. 그런데 고고학적으로 보면 이 시기에 처음 나타나는 목곽묘는 이전 시기의 무덤에 비해 구조가 다르고 위치나 규모에서 큰 차이를 보이지만, 부장되는 유물에서 큰 차이를 보이지 않으므로 고고학자들은 진정한 가야의 시작으로 보지 않는다.

마지막 견해는 대체로 고고학에서 인정하는 견해로, 3세기 후반을 가야의 시작으로 보는 것이다. 이 견해는 절대적인 권력자의 등장을 보여주는 '왕묘' 혹은 '고분'의 출현이라는 물질문화의 변화를 근거로 한다. 학자들 간에 의견 차이는 있지만, 일반적으로 '왕묘'란 일반인의 무덤과 구별되는 탁월한 규모와 위치·각종 생산물과 무기를 다량으로 묻는후장(厚葬)·무덤 주인공을 위해 다른 사람을 희생시켜 함께 묻는 순장(殉葬) 등이 특징이다. 이러한 조건을 갖춘 무덤 중 가야에서 가장 이른 시기의 것이 김해 대성동고분군에서 확인되었다. 대성동고분군은 금관가야의 지배자들이 묻힌 무덤군으로, 출토된 유물 구성이나 형식으로 보아 이른 시기 가야지배자의 모습을 엿볼 수 있는 무덤이 다수 조사되었다.

그 중에서도 29호분으로 명명된 3세기 후반의 무덤에서는 다량의 철제 무기류와 농·공구류, 금동관, 동복(銅鍑) 등과 같은 이전 시기에는 볼 수 없던 고급물품을 독점적으로 껴묻고 있었다. 이는 29호분에 묻힌 사람이 당시 사회에서 생산도구와 물품을 개별적으로 독점 소유하고, 강력한 군사력까지 행사했음을 보여준다. 그리고 바로 다음 시기인 4세기 전반의 91호분에서는 무덤 주인을 위한 인신 공양인 순장도 확인되고 있다. 이처럼

1	2

그림 3 가야 최초의 왕묘(김해 대성동 29호분 1, 대성동 91호분에서 확인된 3인의 순장자 2)

3세기 후반에는 이전과 달리 정치·사회·경제적 우월성을 가진 절대적인 지배자인 왕 혹은 수장을 위한 무덤이 만들어졌으며, 장송 의례에서도 그들의 권력을 본격적으로 표현하기 시작했음을 알 수 있다. 따라서 3세기 후반 왕묘의 등장은 이전과는 다른 사회 변화를 말하고 있으며, 이것이 바로 가야의 출발을 알리는 것이라고 할 수 있겠다.

하지만 왕 혹은 수장의 무덤이 모든 가야 지역에서 동시에 나타난 것은 아니다. 지금까지 발굴 조사된 가야 각지의 무덤 중에는 3세기 후반에 해당하는 것이 거의 없을 뿐만 아니라, 4세기 후반까지 김해 대성동고분군과 양동리고분군, 부산 복천동고분군 등 금관가야 고분군들과 비견할 만한 무덤이 조사된 바 없다. 향후 발굴조사를 통해 확인될 가능성도 있지만, 현재까지의 상황으로 볼 때 가야가 출발하는 3세기 후반부터 4세기 전반까지는 금관가야를 제외한 다른 가야 세력의 정치 발전은 아직 미미했던 것으로 보인다. 그래서 금관가야 이외에 다른 가야 세력의 정치적 성장이 뚜렷하지 않은 이 시기를 '전기가야(前期加耶)'라고 부르기도 한다.

하지만 전기가야의 상황은 『광개토대왕비』에 기록된 400년(경자년, 庚子年) 고구려의 군사 파병 등이 계기가 되어 급변한다. 비문에 따르면 왜의 공격을 받은 신라의 구원요청을 받아 들인 광개토왕이 보병과 기병 5만을 출병시켜, 신라에서 왜를 몰아내고 뒤쫓아서 그 배후에 있던 금관가야까지 공격하게 된다. 이 시기를 전후해서 김해 대성동고분군에서는 왕묘가 축조되지 않는 등 금관가야가 쇠퇴하고, 고구려를 배후에 둔 신라가 급격하게 성장한다. 한편 이전까지 정치적 성장이 뚜렷하지 않았던 가야의 여러 나라는 이러한 정치·사회적 긴장 상태를 통해 성장했던 것으로 보인다. 이것이 5세기 중반 이후 고령 지산동고분군·합천 옥전고분군·함안 말이산고분군·고성 송학동고분군·내산리고분군 등에서 왕묘가 출현하는 하나의 원인이었던 것으로 보인다. 그런데 이 때 만들어지는 왕묘는 생산물을 독점하고 순장을 채용하는 등 전기가야의 수장묘와 유사성도 있지만, 이전에 보이지 않던 큰 봉분을 가지고 있는 것이 특징이다. 이는 무덤을 제작하기 위한 노동력의 동원은 물론 당시 최고 수준의 토목 기술까지 지배자 계층에 의해서 구현될 수 있었던 것을 보여준다. 이처럼 금관가야가 쇠퇴하고, 가야의 여러 지역에서 정치체가 성장하는 5세기

1	2

그림 4 후기가야의 왕묘군(고령 지산동고분군 1, 고성 송학동고분군 2)

테글 2

가야의 왕이 잠들다 – 김해 대성동고분군과 고령 지산동고분군

가야의 가장 큰 특징 중 하나는 집단마다 고분군을 조성하는 것이다. 그리고 당시 왕과 상위계층의 무덤은 다른 것에 비해 규모를 크게 만들고, 내세를 위한 다양한 물건을 부장하기도 하였다. 가야 각지의 여러 고분군 중에도 전기가야의 맹주인 금관가야의 김해 대성동고분군과 후기가야의 맹주인 대가야의 고령 지산동고분군은 300여 년에 이르는 가야 문화의 정수를 보여주는 대표 유적이라고 할 수 있다.

김해 대성동고분군은 '애꾸지'라 불리는 나지막한 동산에 자리 잡고 있다. 유적 주위로는 김해 봉황대 유적, 수로왕릉, 구지봉 등 금관가야 왕도와 관련된 여러 유적들이 분포하고 있다. 1990년부터 최근까지 수차례의 발굴조사를 통해 다른 가야에서는 볼 수 없는 4세기대 상위계층의 무덤이 대규모로 확인되었다. 무덤에서 확인된 철제 무기와 무구, 마구류, 각종 장식구류 등의 유물과 순장 행위 등은 당시 금관가야의 상당히 발달된 계층사회였음을 보여준다. 또 하나 주목되는 것은 수장급 무덤에서는 중국 동북 지역과 일본열도에서 유입된 각종 유물도 다수 출토되고 있다는 점인데, 이는 4세기대 금관가야가 철을 매개로 동북아시아의 국제 교역의 메카로 성장하고 있었음을 말해주고 있다. 하지만 5세기 이후 대성동고분군의 규모는 급격히 줄어들면서 쇠퇴하고, 대신 가야 각지의 수장급 무덤이 본격적으로 등장하기 시작한다.

고령 지산동고분군은 5세기 이후 각 가야에서 나타나는 왕의 무덤 중 가장 탁월한 규모를 자랑한다. 대가야의 왕도인 고령군 고령읍의 주산에 수 백 여기가 분포하고 있으며, 특히 상위계층의 무덤은 산의 주 능선과 가지 능선에 열을 지어 위치하고 있다. 또한, 대성동고분군과는 달리 큰 봉토를 가지고 있기 때문에 어느 곳에서나 조망이 가능하다. 일제강점기 이후 지속적인 발굴조사를 통해서 금동관을 비롯해 왕을 상징하는 다수의 장신구와 마구류가 출토되었고, 44호분으로 명명된 무덤에서는 35명 이상이 순장된 점에서 강력한 대가야 왕의 권력을 엿볼 수 있다. 또한 일본열도에서 가져온 야광조개 국자, 백제에서 가져온 동완(銅盌), 중국과의 교류 기록 등에서 대가야 역시 강력한 왕권을 바탕으로 국제무대에서 활발한 움직임을 보였다는 것을 알 수 있다.

그림 5 김해 대성동고분군 108호분(1)과 고령 지산동 75호분(2)

이후를 '후기가야(後期加耶)'라고도 한다.

고고학으로 밝혀 낸 가야의 문화

가야에 대한 기록은 다른 삼국에 비해서 극히 적기 때문에 가야의 역사·문화를 복원하는 데 있어서 고고학이 차지하는 비중이 매우 크다. 특히 가야 각지에서 발굴 조사된 무덤·주거지·공방·성곽 등에서는 가야인들의 삶과 문화를 엿볼 수 있는 다양한 물질자료가 출토되었으며, 이를 통해 여러 가야의 변천과 주변 세력과의 관계 등 정치·사회·문화 등에 관해 살펴볼 수 있다.

가야의 토기문화

화려한 가야의 물질문화 중에서도 다른 삼국에 뒤처지지 않은 우수성과 다양성을 잘 보여주는 것 중 하나가 토기 문화이다. 토기는 지금도 일상생활에서 흔하게 볼 수 있기 때문에 고대국기에서 무슨 중요한 의미를 지닐까라는 의문을 가실 수 있다. 하지만 가야의 시작을 알리는 여러 지표 중에는 당시 새롭게 등장하는 도질토기(陶質土器)라는 것이 있고, 이후 가야의 여러 나라들은 자신들만의 독특한 토기문화를 형성하고 있기 때문에 가야 각국, 나아가 가야와 다른 삼국을 구분 짓는 중요한 지표 중 하나라고 할 수 있다.

가야 이전의 영남지역에서는 연질토기(軟質土器)와 와질토기(瓦質土器)가 주로 사용되고 있었다. 연질토기는 신석기시대 이후 천정을 별도로 만들지 않은 가마에서 낮은 온도로 구워지던 것으로, 붉은 색을 띠고 무른 일상생활용 토기이다. 반면 와질토기는 천정이 있는 가마에서 800~1,000℃로 굽힌 회백색의 토기로, 주로 무덤이나 제사용으로 사용되던 토기이다. 그런데 가야가 시작되는 3세기 후반을 기점으로 도질토기라는 것이 와질토기를 대체해 가기 시작한다. 도질토기는 이전 시기의 어떤 토기보다도 단단하고 표면에 자연적으로 유약이 형성될 정도로 높은 온도(1,100℃ 이상)에서 구워진 것이다. 가마도 이전에 볼 수 없었던 굴가마로 천정을 만들고, 경사도를 이용한 수준 높은 것이었다. 이처럼 새로운 기술로 생산된 도질토기의 등장에 대해서 자체적 기술발전이라고 보는 견해와 외부에서의 기술유입이라고 보는 견해가 대립하고 있지만, 어쨌든 도질토기가 4세기 동안 영남 각지로 퍼져나가 가야를 대표하는 토기문화를 이루었다는 점에 대해서는 이견이 없다.

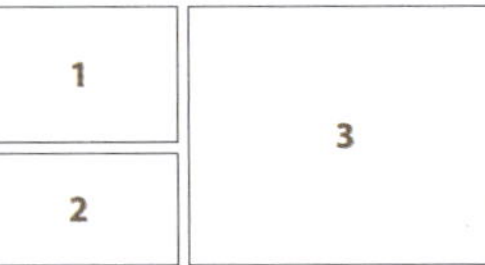

그림 6 가야의 도질토기 가마(창녕 퇴천리유적 1. 고령 송림리유적 2. 복원 상상도 3)

그림 7 공통양식 토기문화(낙동강하구양식 1, 내륙양식 – 함안양식 2)

1	2

가야의 도질토기문화는 3세기 후반부터 4세기까지의 '공통양식토기문화'(혹은 고식도질토기양식)와 5세기부터 6세기까지의 '지역양식토기문화'(혹은 신식도질토기양식) 등 크게 두 시기로 나누어 살펴 볼 수 있다. 먼저 공통양식토기문화는 아가리 부분이 밖으로 꺾어진 외절구연고배(外折口緣高杯)와 손잡이가 달린 화로모양의 그릇받침인 파수부노형기대(把手附爐形器臺) 등으로 구성된 '낙동강하구양식'과 굽이 길고 좁은 통형고배(筒形高杯), 손잡이가 없고 상대적으로 대각(臺脚)이 긴 노형토기, 돗자리 문양이 새겨진 승석문단경호(繩蓆文短頸壺) 등으로 대표되는 '내륙양식' 토기문화로 구분된다.

낙동강하구양식은 주로 김해와 부산 즉, 금관가야를 중심으로 출토되기 때문에 토기문화의 분포를 금관가야의 정치권역으로 보기도 한다. 내륙양식은 낙동강하구를 제외한 영남 전역의 토기문화가 유사하다는 견해와 이 시기의 토기 가마가 많이 발굴된 함안에서 생산된 토기들이 영남각지로 퍼져나갔다는 견해로 나누어지고 있는데, 후자는 함안의 역할을 강조해서 '함안양식'이라고 부르기도 한다. 최근에는 함양·산청·하동 등 경남 서부지역에도 독자적인 토기문화가 존재했음이 밝혀지고 있어, 4세기 가야의 토기문화는 더욱 나눠질 가능성도 있다.

4세기 후반이 되면 도질토기문화가 가야 각지로 퍼져 나가면서, 의령·창녕 등에서는 도질토기를 직접 생산하는 가마유적이 확인된다. 또한 뚜껑을 가지고 좁고 긴 구멍을 2단으로 뚫은 유개식이단투창고배(有蓋式二段透窓高杯)·유개식장경호(有蓋式長頸壺)·발형기대(鉢形器臺) 등 공통양식토기문화에서는 볼 수 없던 새로운 토기가 김해·부산에서 등장하고, 이것이 가야 각 지역으로 퍼져나간다. 이는 금관가야와 다른 가야지역과의 교류가 활발해지고, 400년 고구려군의 남정(南征)으로 인해 타격을 받은 금관가야의 문화가 주변으로 확산되는 것과 연관된다고 보는 견해가 유력하다. 확산된 도질토기문화는 5세기 전반 무렵 가야 각지에서 토착화 과정을 거쳐, 대가야양식·아라가야양식·소가야양식 등 후기가야 토기양식으로 발전한다. 이 때의 토기문화를 지역양식토기문화(혹은 신식도질토기양식)라고 부른다.

대가야양식토기는 이단일렬투창(二段一列透窓)이나 일단투창을 가진 유개식(有蓋式)

고배와 발형기대(鉢形器臺), 통형기대, 유개식 장경호(長頸壺), 개배 등을 특징으로 한다. 각 토기에는 다양한 문양이 새겨지는데, 유개식장경호의 목에 새겨진 밀집파상문(密集波狀文), 발형기대의 삼각거치문, 통형기대에 붙여진 뱀 모양 띠 등은 대가야양식토기를 대표하는 문양이라고 할 수 있다. 대가야양식토기는 성립 초기에 고령을 중심으로 분포하지만, 5세기 후반부터는 합천·산청·거창·함양 등지로 퍼져나가고, 6세기에 들어서면 남원·장수·순천·여수·창원 등 상당히 넓은 지역까지 분포가 확대된다. 이러한 양상을 대가야의 대외교역 루트 확보나 정치적 목적에 의한 것으로 보고, 이 때의 토기분포 범위를 대가야영역으로 보는 견해도 있다.

소가야양식토기는 삼각형이나 장방형 투창을 가진 다양한 고배·개배·장경호·발형기대 등으로 구성되어 있다. 형태적으로 고배나 호·발형기대 등의 아가리 부분을 평평하

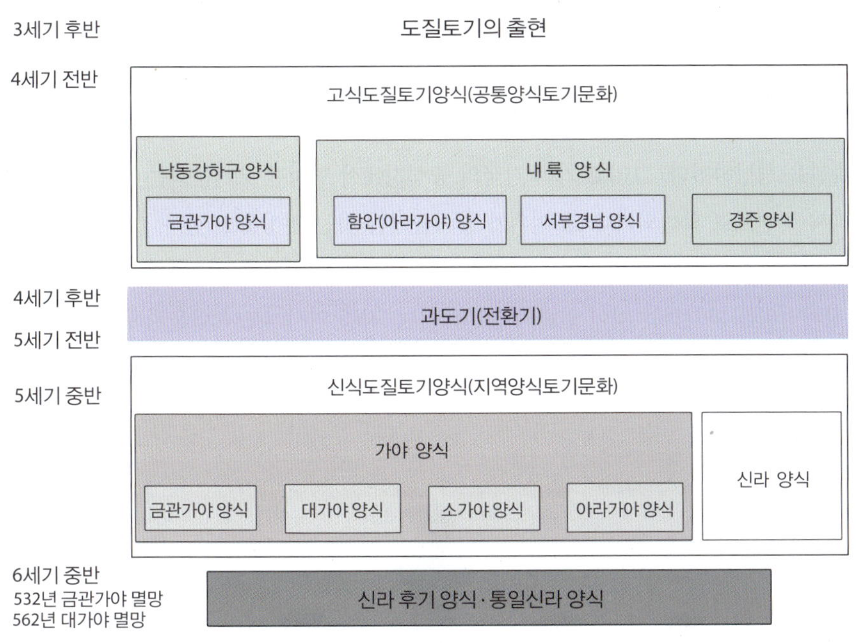

그림 8 4~6세기 가야의 토기문화 변천도

그림 9 대가야토기(고령 지산동고분군 1)과 소가야토기(산청 생초고분군 2)

게 마무리하는 방식, 호나 기대의 아래 부분에 타날문(打捺文)을 남기거나 나무판을 이용해서 조정하는 것은 소가야양식토기의 독특한 특징이라고 할 수 있다. 소가야양식토기는 5세기 전반 산청 남부에서 진주, 고성에 걸친 경호강－남강－남해안 일대를 중심으로 분포하고 있는데, 등장 초기부터 대가야나 아라가야에 비해 넓은 범위에 걸쳐 토기문화를 공유하고 있다. 이후 순천·창원 등 남해안을 따라서 가야 여러 지역으로 퍼져나가고, 6세기 무렵부터는 경남 고성 일대가 소가야토기양식의 중심지로 자리 잡는다.

아라가야양식토기는 화염 모양의 투창을 가진 고배, 좁고 긴 목을 가진 장경호, 그릇받침 부분이 강조된 발형기대 등으로 구성되어 있다. 특히 고배와 발형기대 등에 새겨지는 화염모양의 투창은 아라가야양식토기 등장 초기부터 쇠퇴할 때까지 지속적으로 확인되는 대표적인 모양이다. 5세기 전반까지 함안을 중심으로 마산·의령 일대에 주로 분포하고 있으며, 이후에도 분포범위가 크게 변함없는 것이 특징이다. 최근 발굴조사 성과를 통해 살펴보면 아라가야양식토기가 다른 가야토기와 가장 큰 차이를 보이는 것은 집이나 배, 수레바퀴, 동물 등의 모양을 본떠 만든 상형(象形)토기를 제작하고 껴묻었다는 점이다. 이를 통해 아라가야인만의 뛰어난 토기제작기술과 생사관을 엿볼 수 있다.

이처럼 지역양식토기는 가야 각 지역마다 독특한 특징을 가지고, 일정범위에서 토기문화권을 형성하였다. 그리고 가야 각국의 중심지에서 형성된 토기문화는 시간의 흐름에 따라서 주변으로 확산되거나 그 범위가 줄어들거나 하는 양상을 보인다. 그래서 각 가야의 토기문화가 어떻게 분포하고 변해 가는가를 정치적 문제와 연관시켜 각 가야의 영역이나 정치범위를 파악하는 것이 일반적인 견해이며, 각종 역사지도나 박물관에서 보는 가야의 영역표시도 당시의 토기문화 분포를 기준으로 삼고 있다.

그림 10 아라가야의 토기문화(함안 말이산 45호분 출토토기 1, 함안 말이산 45호분 상형토기 2)

1
2

가야의 철 문화와 금공품 문화

지금은 철로 만든 제품을 누구나 가질 수 있을 만큼 흔한 것이지만, 철광석을 녹일 수 있는 높은 온도와 용도에 맞는 양질의 철기를 만들어 내는 기술은 삼국시대 최첨단 기술 중 하나였다. 그래서 철을 가질 수 있는 계층은 제한적일 수밖에 없었고, 철을 소유한 계층은 그것을 이용해 자신의 권력을 강화하고 나아가 주변지역을 정복해서 고대국가를 형성·발전시키기도 하였다. 가야 역시 다른 삼국과 마찬가지로 우수한 철 문화를 누리고 있었지만, 유독 '철의 왕국'이라는 별칭이 붙을 만큼 특별하였던 것 같다. 이는 중국의 역사서인 『삼국지』「위서동이전」에 기록된 '진·변한에서 좋은 철이 나고 그것을 여러 나라에서 구입해서 쓴다'라는 내용에서도 알 수 있다.

이 기록은 비록 가야 이전의 진·변한에 대한 것이지만, 실제 발굴조사에서도 가야가 상당한 수준의 철과 철기 생산 기술을 보유하고 있었음이 밝혀지고 있다. 특히 가야 여러 나라의 지배층 무덤에서는 부장품으로 이용된 다양한 철제 도구와 각종 무기·무구(武具) 등이 대량으로 출토되고 있다. 이로 보아 가야에서는 철로 제작된 각종 제품이 지배층을 중심으로 일반화되어 있었으며, 철제품 종류와 소유에 따라 피지배층 혹은 다른 지역 지배층과의 차이를 드러내고자 했음을 알 수 있다. 따라서 가야도 이전 시기와 마찬가지로 양질의 철이 생산되었고, 그것을 이용해 다양한 제품을 생산, 수출했다고 볼 수 있다.

그런데, 가야가 어떤 방식으로 철을 생산했는지에 대해서는 아직 의문이 많다. 게다가 철의 원료가 되는 철광석이 가야 지역 내 어디에서 산출되는지, 그리고 그것을 어떤 방식으로 입수했는지도 명확치 않다. 지금까지 가야 지역 내에서 알려진 철광산은 양산 물금지역과 합천 야로일대가 대표적이며, 최근에는 전북 장수일대도 철광산과 철 생산지가 존재하는 것으로 보고되고 있다. 하지만 양산지역은 가야로 볼 수 있을지에 대한 논쟁이 지속되고 있고, 합천과 장수 일대에 분포하는 것도 고려~조선시대의 것이 대부분이기 때문에 향후 새로운 자료를 기다릴 수밖에 없다.

철제품을 생산하기 위해서는 철광석에서 불순물을 제거하여 철을 뽑아내는 제련, 이를 녹여서 제품을 만드는 주조나 두드려서 제품을 만드는 단조 등 다양한 과정을 거쳐야 한다. 가야지역에서 지금까지 알려진 제련을 위한 용광로는 김해 하계리유적·부산 지사

그림 11 가야의 철 생산유적(창원 봉림동유적 1, 김해 하계리유적 2, 제철로 복원모식도 3)

동유적·창원 봉림동유적 등이 대표적이다. 이 중에서 비교적 형태가 잘 남아 있는 하계리 유적의 경우 원형의 둥근 노를 만들고, 앞쪽을 터서 불순물을 빼내는 배재구(排滓口)를 두어 전체가 열쇠구멍형태를 띠고 있다. 이는 신라시대 제철유적으로 알려진 밀양 사촌유적의 것과 유사하기 때문에 금관가야를 중심으로 한 주변 일대의 전통적인 제련로 형태 중 하나였던 것으로 추정된다.

단야로는 부산 낙민동 패총, 창원 성산 패총, 고성 동외동 패총 등에서 주로 확인되고 있으나 시설도 간단하고 규모가 그다지 크지 않다. 하지만 단야와 관련된 도구가 가야 전역에서 출토되고 있으므로, 단야를 이용한 철기 생산이 가야 각지에서 활발하게 이루어졌음을 알 수 있다. 주조를 위한 용해로는 부산 지사동유적이 알려져 있지만, 그 구조가 명확하지 않다. 이외에 김해 진영 여래리유적, 창원 봉림동유적, 창원 현동유적 등도 철 생산과 관련된 유적으로 잘 알려져 있다. 이처럼 '철의 왕국'이라는 명성에 비하면 철 생산과 직접 관련된 유적이 적은 편이지만, 향후 발굴조사를 통해 가야 전역에서 관련 유적이 확인될 것은 분명하다.

그렇다고 해서 '철의 왕국'이라는 별칭이 어울리지 않는 것은 아니다. 앞서 서술한 것처럼 가야 지배층 무덤에서 다량으로 출토되는 각종 철기를 통해서 가야의 우수한 철

그림 12 덩이쇠의 부장(김해 대성동 94호 철정 노출 상태 1, 출토 철정 2, 합천 옥전 M3호분 철정 노출 상태 3, 고령 지산동 75호분 출토 철정 4)

문화를 충분히 짐작할 수 있다. 그 중에서 철을 운반·보관하기 쉬운 형태로 가공한 덩이쇠는 무덤의 한 곳에 모아서 부장한다거나 무덤바닥에 깔아서 시신을 안치하는 받침대로 사용하는 등 가야의 지배자층 무덤에서는 일반적으로 확인된다. 이 덩이쇠는 철기를 만들기 위한 소재로 사용되기도 하므로 이를 소유한다는 것 자체가 부와 권력을 상징한다고 할 수 있다. 또한 망치·집게·모루 등과 같이 철기를 생산하기 위한 단야 도구가 지배층뿐만 아니라 상대적으로 낮은 계층의 무덤이나 집단에서 출토되는 것도 가야의 철 및 철기 생산 기술이 높은 수준에 이르렀고, 일반화되어 있었음을 보여준다.

가야의 우수한 철 문화는 특히 각종 무기와 무구, 말을 다루거나 장식하기 위한 말갖춤에서도 나타난다. 우선 4세기대인 전기가야 때 생산된 철제 무기류는 화살촉·창·대도·철검 등이 대표적이며, 일상생활에 사용하는 철제 낫이나 도끼도 비상시에는 무기로 사용되었을 것이다. 이러한 철제 무기류는 가야가 시작되는 3세기 후반부터 지배자층 무덤을 중심으로 대량 부장되고 있기 때문에 특정 개인으로의 부와 권력 집중을 보여준다. 특히 무기 그 자체로 보면 살상력을 높이기 위한 방향으로 발전하는데, 대표적으로 화살촉의 경우 이전 시기에 없던 슴베가 생겨나고 머리의 형태가 다양해지면서 무게가 증가하여 비행력과 관통력이 증대된다.

이러한 공격용 무기의 기능 향상과 함께 처음 등장하는 것이 철로 만든 갑옷과 투구이다. 전기가야의 철갑옷은 주로 금관가야에서 확인되고 있으며, 크게 두 가지 종류가 있다. 하나는 크고 긴 철판 여러 매를 못으로 고정시켜서 만든 판갑옷과 비늘 같은 작은 철판 여러 개를 부위별로 엮어서 만든 비늘갑옷(찰갑, 札甲)이 그것이다. 이 두 갑옷은 각각 보병용과 기병용이라고 지적되는 경우도 있으며, 철제 무기의 발달과 함께 전략·전술도 다양해졌음을 짐작할 수 있다. 투구는 좁고 긴 철판 여러 매를 엮어서 만든 것인데, 형태에 따라서 종장판(縱長板)투구 혹은 만곡(彎曲)종장판투구라고 부른다. 이외에 볼을 보호하기 위한 볼가리개, 목 부분을 보호하기 위한 목가리개도 철판을 이용해 만들어졌다. 일부 갑옷에서는 동물의 털로 보이는 흔적도 남아 있어, 착용을 위해서 가죽이나 동물의 털

1	2	3

그림 13 전기가야의 방어용 무기(비늘갑옷 – 대성동 2호분 1, 판갑옷 및 종장판투구 – 복천동 38호분 2, 김해 양동리 76호분 3)

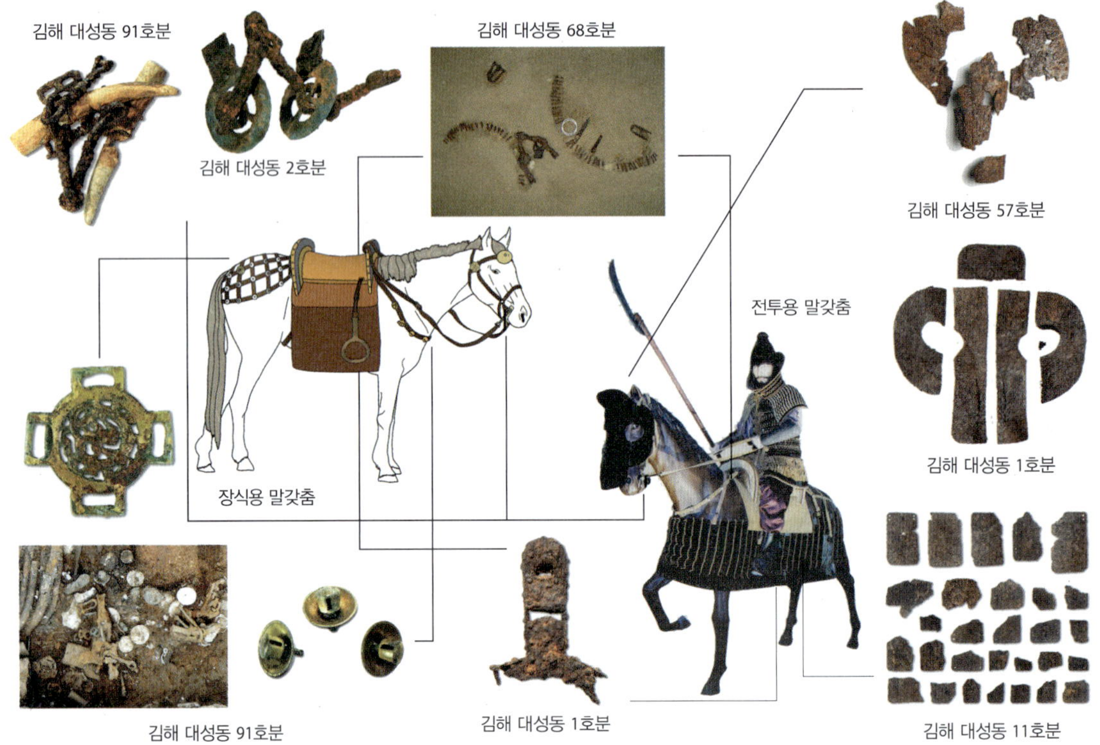

그림 14 4세기대 전기가야의 말갖춤

같을 것을 덧대거나 장식했음을 알 수 있다.

말갖춤은 철제 재갈과 같은 것이 원삼국시대부터 확인되고 있지만, 본격적으로 철로 제작되는 것은 전기가야 때부터이다. 현재까지 알려진 것 중 이른 시기인 4세기 전반의 김해 대성동 91호분에서는 재갈과 함께 말을 장식하는 방울이나 금동으로 만든 운주(雲珠), 조개로 만든 장식구 등 다양한 장식용 말갖춤이 출토되었는데, 이러한 말갖춤은 가야 이전까지 한반도 남부에서는 유래가 없는 것으로 중국 동북지역과 밀접한 연관성이 있다는 연구결과가 있다. 이후 장식용 말갖춤은 출토량이 적지만, 반면 실용성을 갖춘 말갖춤은 김해 대성동 68호분의 안장, 57호분의 말투구, 1호분의 발걸이 등이 확인되고 있다. 이처럼 철제로 된 안장, 말투구, 발걸이는 4세기 후반부터 말갖춤의 기본구성을 이룬다.

이처럼 가야의 성립과 함께 철제 무기류가 대량으로 부장되거나 갑옷과 말갖춤이 새롭게 출현하는 것은 우수한 철문화를 기반으로 하는 것이었으며, 당시 사회가 활발한 계층분화에 의한 긴장으로 전쟁이 번번하게 일어나고 있었음을 보여준다. 그런데 주목해야 할 것은 4세기대 전기가야의 철제 무기류와 말갖춤의 대부분은 김해 대성동고분군을 중심으로 양동리고분군과 부산 복천동고분군에서 주로 확인되고 있다는 점이다. 이는 금관가야가 가야의 철기 문화를 장악하면서 전기가야를 선도하는 집단으로 성장하고, 나아가 여러 가야를 통솔하는 핵심적인 역할을 담당하고 있었음을 말해준다.

5세기 후기가야 때부터는 철로 제작된 무기와 갑옷, 말갖춤 등의 종류가 더욱 다양해지고, 가야 전역으로 확산되기 시작한다. 그 중에서 갑옷은 전기가야에서 유행했던 판

그림 15 후기가야의 갑옷과 투구(김해 여래리 II지구 40호 1, 1의 재현품 2, 김해 두곡고분 43호 3, 고령 지산동 32호분 4)

1	2	3	4

갑옷이 쇠퇴하면서 비늘갑옷이 급속도로 보급되고, 팔뚝이나 다리를 보호는 부속갑옷도 발달한다. 이를 통해 가야 사회에 말을 이용한 전투기술이나 전술이 널리 확산되어 체계화되고 있음을 보여준다. 또한 이 시기에는 폭이 좁고 옆으로 긴 철판의 아래 위로 장방형·삼각형 모양의 철판을 가죽이나 못으로 연결해서 만든 이른바 7단구성 판갑옷이 처음 출현한다. 이러한 형태의 갑옷은 당시 일본열도에서도 많이 출토되고 있기 때문에 교역에 의해서 가야지역으로 수입된 것으로 보기도 한다. 그러나 비늘갑옷에 비해 상대적으로 위계가 낮은 무덤에서 출토되고 있기 때문에 왜와의 교류에 의해서 일시적으로 유입되거나 가야의 하위 계층에서 이를 모방, 제작하였을 가능성이 높다. 투구는 전기가야에서 유행하던 종장판투구가 지속적으로 사용되고 있으나, 7단구성판갑과 함께 일본열도와의 관계가 엿보이는 차양주(遮陽冑)·충각부주(衝角附冑)라고 하는 독특한 형태의 투구도 출토된다.

5세기대에 들어서면서 실용성을 강조한 철제품과 함께, 반대로 장식성이 강해지는 것도 많다. 가장 대표적인 것이 손잡이 끝부분을 둥글게 만든 환두대도(環頭大刀)로, 다양한 문양이 새겨지고 화려한 장식을 더하고 있기 때문에 장식대도라고도 불린다. 현재까지 가야 출토품으로 알려진 것 중에서는 삼엽문(三葉文)을 장식한 것이 가장 많고, 용문·봉황문·용봉문 등이 알려져 있다. 특히 합천 옥전고분군과 고령 지산동고분군 등 대가야에서도 중심 지역에 속하는 유적에서는 용문 혹은 용봉문 등의 화려한 장식대도가 다수 확인되었는데, 이중 합천 옥전 M3호분에서는 총 17자루의 장식대도가 출토되어 가야 내에서도 가장 많은 수를 자랑한다. 용문 혹은 용봉문 장식대도는 백제지역에서도 출토 사례가 많기 때문에 백제와의 관계 속에서 대가야 중심지로 유입되거나 그 기술적 영향에 의해 제작된 것으로 보기도 한다.

말갖춤은 이전 시기의 말갑옷이나 말투구 등과 같은 실용적인 말갖춤도 지속적으로 확인되고 있으며, 함안 마갑총이나 합천 옥전 M3호분에서는 말갑옷 한 벌이 그대로 부장된 사례가 있다. 그러나 후기가야 말갖춤의 가장 큰 특징은 화려한 문양과 금동·은 등으

그림 16　후기가야의 각종 장식대도(합천 옥전 70호 1, 함안 마갑총 2, 고령 지산동 73호분 3, 합천 옥전 M3호분 4 · 5)

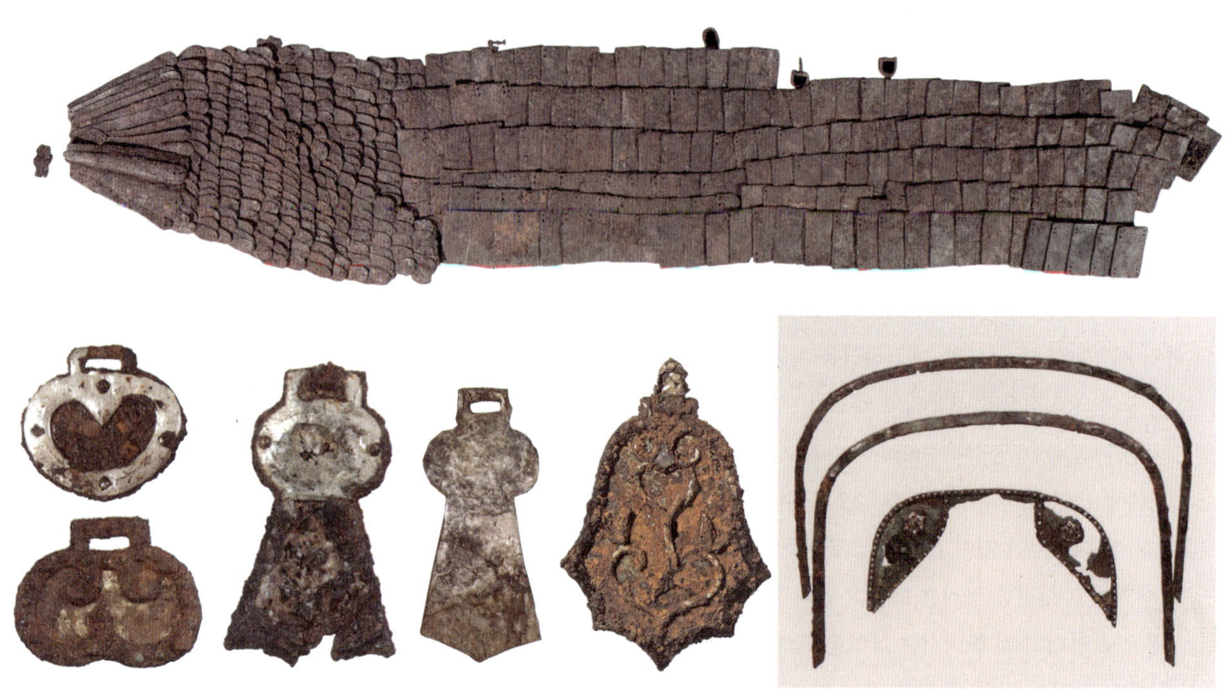

그림 17　후기가야의 장식말갖춤(함안 마갑총 1, 함안 말이산 4호 2, 고령 지산동 30호 3, 고령 지산동 73호 4, 함안 도항리 54호 5, 고성 송학동 1C호 6, 고령 지산동 45호 7)

로 장식하는 점에 있다. 물론 4세기 금관가야에서 장식성을 갖춘 말갖춤이 등장하고는 있지만, 가야 자체적으로 만들었던 것은 아니다. 하지만 5세기가 되면 말갖춤이 가야 각지로 확산되고, 이후 토착화 과정을 거쳐 지역성을 가진 말갖춤이 등장한 후 장식성이 더해진다. 이러한 양상은 400년 고구려군 남정에 의해서 기마전술이 가야 사회 전반으로 확대되었던 것은 물론, 수장층의 힘을 자랑하기 위한 장식 말갖춤이 크게 유행하였음을 보여준다.

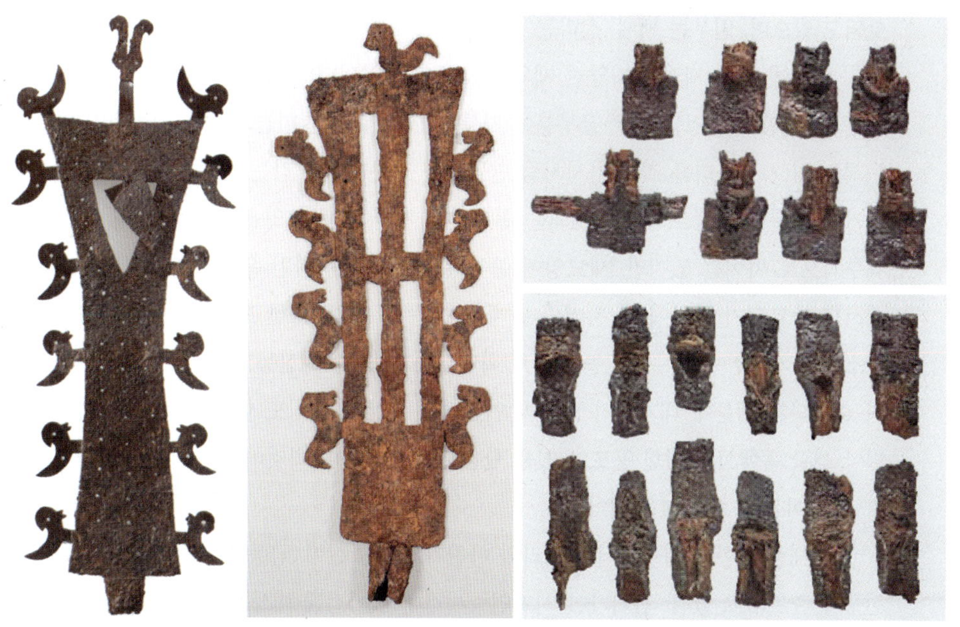

그림 18 미늘쇠(함안 도항리 13호분 1, 합천 옥전고분군 M6호 2)와 모형농공구(고령 지산동 73호분 3, 4)

그림 19 전기가야의 장신구 (김해 양동리 270호분 1, 김해 대성동 76호분 2, 김해 대성동 91호분 3)

말갖춤 중에서도 특히 말띠꾸미개는 이전 시기에 하트모양과 함께 타원형, 검릉형(劍菱形), 편원어미형(扁圓魚尾形) 등 매우 다양한 형태를 띠게 되고, 철판 위에 금동판 혹은 도금을 한 문양판을 올려서 장식성을 더한 것이 증가한다. 이외에 기능성에 중점을 둔 재갈이나 안장 역시 말띠꾸미개와 유사한 제작기법을 이용해 장식성을 강조하고 있다. 이러한 장식마구는 고령·함안·고성 등 각 가야의 중심지역과 그 지배층 무덤에서 주로 출토되고 있으며, 일부는 백제·신라는 물론 일본열도와의 교류에 의해서 유입된 것도 있다.

이외에 철로 제작된 다양한 제의용 도구도 확인된다. 가장 대표적으로 알려져 있는 것은 긴 철판에 구멍을 뚫고 끝부분에 자루를 끼워서 만든 미늘쇠이다. 일반적인 미늘쇠는 철판의 가장자리를 잘라 가시처럼 만들거나 고사리처럼 감는 형태를 띤다. 그러나 아라가야 고분에서 출토되는 미늘쇠는 철판 가장자리에 새 모양을 장식한 것이 특징이다. 세부적으로 차이는 있지만, 새모양이 붙어있는 미늘쇠는 합천 옥전고분군과 삼가고분군에서도 출토되기 때문에 양 지역의 관계를 엿볼 수 있다. 또한 도끼와 낫 같은 농공구를 축소해서 제작한 소위 '모형 농공구'도 확인되는데, 고령 지산동고분군과 그 주변 지역에서 출토되기 때문에 대가야의 권역과 연관되는 유물로 보기도 한다. 이처럼 가야인들은 일상 생활 속에서 다양한 용도로 철을 활용하고 있었으며 이것이 당당히 '철의 왕국'이라고 불린 이유 중 하나였을 것이다.

철제품과 함께 가야에서도 신라와 마찬가지로 귀걸이, 금동관, 목걸이 등 다양한 장신구가 출토되고 있다. 전기가야 시기인 4세기대에는 김해 대성동 29호에서 금동관으로 추정되는 파편이 출토되었지만, 이후 전기가야 시기에는 금동관과 같은 장신구는 더 이상 확인되지 않는다. 또한 귀걸이 역시 알려진 사례가 그다지 없고, 있다고 하더라도 고리 형태를 띤 간단한 것이 일반적이다. 이 시기에 장신구 중 가장 많은 것은 목걸이로, 유리·비취·수정·마노 등으로 만든 다양한 모양의 구슬을 엮어서 제작하였다. 이 중 비취는 한반도 내에서 산지가 알려지지 않아서, 일본열도와 교류에 의해서 유입된 것으로 추정된다. 수정은 원삼국시대 이후 장신구에 가장 많이 쓰이는 재료 중 하나인데, 전기가야 때에는 김해 양동리고분군에서 수정으로 만든 목걸이가 타 지역보다 월등히 많이 출토되어 수정 목걸이를 선호하였음을 알 수 있다. 그리고 다양한 색상의 유리구슬과 마노로 만든 구슬

1	2	3
4	5	6

그림 20 후기가야의 금관과 금동관(Leeum소장 1, 고령 지산동 32호분 2, 고령 지산동 30호분 2곽 3, 함안 말이산 45호분 4, 고령 지산동 73호분 5, 합천 옥전 23호분 6)

도 전기가야 때부터 유행한다. 이외에 4세기대에는 동물뼈로 만든 빗 등도 종종 출토되고 있다.

후기가야에서도 5세기 중~후반이 되면 금동관, 귀걸이, 목걸이, 허리띠 등 금동으로 제작된 장신구가 본격적으로 출현하는데, 주로 여러 가야의 수장층 무덤에서 출토된다. 금관 또는 금동관은 전 고령, 고령 지산동고분군 32호, 30－2호분, 70·73호분 출토품 등이 잘 알려져 있는데 다양한 형태를 가지고 있는 점이 특징이다. 이외에 합천 옥전 23호·합천 반계세 가－A호분에서는 관 안에 쓰는 고깔형태의 금동관모가 각 1점씩 알려져 있으며, 합천 옥전고분군 M6호에서는 신라의 것과 유사한 금동관도 출토되었다. 그런데 최근 함안 말이산 25호분에서는 봉황을 장식한 금동관편이 출토되어 향후 가야의 독창적인 금동관이 출토될 가능성을 엿볼 수 있었다. 어쨌든 강력한 권력을 상징하는 금(동)관이 후기가야 때부터 본격적으로 등장하는 것은 여러 가야의 권력이 굳건했음을 보여주는 것이지만, 한편으로 신라나 백제에 비해 형태적 공통성이 적다는 점은 권력의 한계를 보여주는 것이라 할 수 있다. 금동관과 함께 후기가야의 대표적인 장신구가 바로 귀걸이이다. 단순한 고리형태를 띠었던 전기가야의 것과는 달리, 속이 빈 구형(球形)·산치자(山梔子) 모양·원추형·원형·하트형 등 다양한 형태의 장식을 사슬로 연결해 화려함을 더했다. 이러한 장식은 지역적 특징이 확인되는데, 특히 대가야 권역에서는 원추형과 산치자 모양의 장식이 유행하고 있다.

그림 21 금제태환이식(합천 옥전고분군 M6호)

가야인의 무덤과 매장의례

무덤은 죽은 자의 안식을 위한 시설이기도 하지만, 삼국시대 무덤은 주인공의 생전 모습과 당시 사회의 분위기를 잘 반영하고 있다. 또한 시간흐름에 따라 변화하기도 하지만 지역마다 축조방식과 형태에 차이가 있어 여러 가야 사회의 특징을 파악할 수 있는 중요한 자료로 활용되고 있다.

4세기대 전기가야 때에는 시신이 안치된 관과 껴묻거리를 함께 보호하기 위해 나무로 짠 큰 틀인 곽으로 구성된 목곽묘(木槨墓)가 유행하였다. 사실 목곽묘가 가야 지역에서 처음 확인되는 것은 원삼국시대인 2세기대이지만, 4세기대 가야의 목곽묘는 이전 시기보다 규모가 크고 깊으며 부곽(副槨)이라는 껴묻거리를 넣기 위한 별도의 공간을 갖춘 것도 있다는 점에서 차이가 있다. 이러한 부곽과 거기에 묻힌 막대한 양의 부장품은 당시 지배자층이 다양한 사회 생산물을 독점하고 있었다는 것을 잘 보여준다. 부곽의 초기 양상을 보여주는 것이 금관가야의 최초 왕묘라고 알려진 김해 대성동 29호분이다. 여기에서는 무덤 한쪽에 토기를 다량으로 집중 부장하고 있는데, 이 공간이 이후 주인공이 묻힌 주곽과 별도의 구덩이로 만들어진다. 하지만 주곽과 부곽이 하나의 세트를 이루는 무덤은 금관가야에서도 위계가 높은 무덤에서만 확인되고, 함안·합천·고령 등 이 시기의 다른 가야지역에서는 거의 확인되지 않는다.

전기가야에서 후기가야로 전환되는 4세기 후반~5세기 초가 되면 계층이 낮은 무덤을 중심으로 석곽묘가 등장하기 시작한다. 석곽묘는 나무로 만든 목곽과 달리 돌을 쌓아서 곽을 만든 것이다. 이후 석곽묘는 중·대형 무덤에도 채용되면서 빠른 속도로 가야 각

그림 22 전기가야의 목곽묘(부산 복천동 84호분 1, 김해 대성동 2호분 2)

그림 23 대가야(고령 지산동 44호분 1)와 소가야의 수장묘(고성 송학동 ⅠA호분 2)

지에 확산되고, 5세기에서 6세기 전반까지 후기가야의 대표적인 무덤 형태로 자리 잡는다. 물론 가야에서도 큰 세력인 대가야, 아라가야 등에서는 비교적 빠르게 수용되는 반면, 그 주변의 중소규모 집단에는 늦게 수용되는 경우도 있기 때문에 지역마다 석곽묘가 출현하는 시기는 조금씩 차이가 있다. 게다가 석곽묘가 지배층 무덤에 채용되는 초기에는 고령 지산동 75호분과 같이 돌을 쌓았다기 보다는 묘광과 목곽 사이를 돌로 채워 넣은 것 같은 형태도 있어 목곽묘인지 석곽묘인지에 대한 논란이 있다.

5세기 중반 이후 완전한 형태의 석곽묘가 가야 각지에서 유행하기 시작하지만, 사용하는 석재나 제작방식 그리고 무덤의 배치 등에서 여러 가야 사이에는 뚜렷한 차이가 보인다. 예를 들면 대가야와 소가야의 수장묘에는 같은 공간 내에 수장의 무덤을 중심으로 작은 무덤이 몇 기에서 수십 기가 둘러싸고 있는 반면, 아라가야에서는 하나의 무덤에는 하나의 매장시설만이 축조되는 차이가 있다. 또한 최근 조사된 합천 삼가고분군에서는 석곽묘가 아파트처럼 상하로 겹쳐서 만들어진 사례도 확인되고 있어, 향후 다양한 다양한 구조가 확인될 것으로 추정된다.

후기가야 분묘에서 가장 주목되는 것은 흙은 높게 쌓아서 거대한 봉토(封土)를 만들고 그 외곽에 호석(護石)을 돌리는 등 무덤의 외형이 거대해지는 점이다. 봉토는 전기가야의 목곽묘에서도 존재했을 가능성이 지적되고 있지만, 현재 우리가 알고 있는 대부분의 봉토는 후기가야 때 만들어진 것이다. 봉토는 5세기 중~후반이 되면 고령·고성·함안·창녕 등 잘 알려진 여러 가야의 중심지를 시작으로 산청·거창 등 주변의 중소집단까지 경쟁적으로 만들게 된다. 이러한 변화에는 내부규모나 부장품을 통해 권력을 표현하던 4세기대의 목곽묘와 달리, 대규모 노동력을 동원해서 만든 거대한 봉토와 같은 외부시설의 규모를 통해 힘을 과시하려는 의도가 반영된 것으로 보인다. 또 큰 봉토를 가진 수장묘는 조망이 쉬운 산 능선에 자리잡고 있으며, 세대를 이어 연속적으로 만들기도 한다. 이는 권력의 지속적이고 항구적인 계승을 외부로 표출하고자 하는 의미도 있었을 것이다. 어쨌든 큰 규모의 봉토를 쌓은 분묘를 고총(高塚)고분이라 부르며, 봉토가 새로운 권력의 상징으로 자리 잡는 것이 후기가야 고분문화의 큰 특징 중 하나라고 할 수 있다.

한편 이러한 거대한 봉토를 쌓아올리기 위해서는 상당한 수준의 토목기술이 필요하다. 아라가야에서는 매우 세장하고 큰 석곽묘를 축조하였기 때문에, 뚜껑돌을 올릴 때 벽석이 그 무게를 견디게 하기 위해서 나무 들보를 설치했던 구멍이 벽석에 잘 남아 있다. 또한 거대한 봉토를 효율적이고 안전하게 쌓아 올리기 위해서 흙 쌓는 단위를 돌이나 점토덩이로 구획한 흔적도 가야의 여러 무덤에서 확인된 바 있다.

후기가야에서도 6세기 이후가 되면 한쪽 벽에 출입시설을 만드는 석실묘가 처음 출현한다. 이전 시기의 목곽묘와 석곽묘는 매장행위가 한 차례로 종료되지만, 석실묘는 입구를 통해서 출입이 가능하기 때문에 수차례에 걸친 매장행위가 가능하다. 석실묘는 가야

1	2

그림 24 후기 가야 고총의 토목기술(함안 말이산 15호분의 들보구멍(▼표시) 1, 고령 지산동 75호분 구획성토 2)

그림 25 후기가야의 석실묘(의령 운곡리 1호분 1, 고성 송학동고분군 2, 고령 고아동 벽화고분 3)

그림 26 가야의 순장(김해 대성동 94호분 1, 함안 말이산 8호분 2)

내에서도 형태적 차이가 뚜렷하게 확인되는데, 대가야의 대표적인 석실묘인 고아동 벽화고분은 천정의 형태 등에서 백제 웅진기의 석실묘와 유사하며, 고성 송학동고분군 1B호분·거제 장목고분, 의령 운곡리고분군 등 남해안 일대와 내륙 일부에 분포하는 소가야의 석실 중 일부는 일본 큐슈의 석실묘와 밀접한 관계가 보이는 것도 있다. 그리고 신라 석실묘의 영향을 받은 것들도 비교적 이른 시기에 신라의 영향을 받는 지역에서 출현하고, 이후 가야 전역으로 퍼져나간다. 후기가야의 이러한 복잡한 무덤 형태는 당시 가야 사회의 다양성과 함께 멸망기의 혼란한 양상을 동시에 보여주는 것으로 이해할 수 있을 것이다.

가야의 매장의례에서 주목되는 것 중 하나가 순장(殉葬)이다. 순장은 무덤에 묻힌 주인공을 위해 살아있는 사람을 희생시켜 함께 매장하는 행위로 가야와 신라에서 주로 유행하였는데, 특히 가야는 전 시기에 걸쳐서 지배층 무덤에서 보편적으로 확인된다. 전기가야인 4세기대에는 금관가야의 대형목곽묘에서만 확인되는데, 무덤에 따라서 차이가 있지만 대체로 2~5인을 순장하고 있다. 순장자는 손칼을 차고 있거나 간단한 장신구를 가지고 묻혀져 있기 때문에 무덤의 주인공을 보좌하는 신분으로 생각된다. 하지만 김해 대성동 59호에서는 철제투구를 소유했던 것으로 추정되는 순장자도 있어, 생각보다 높은 계층의 인물도 순장되었을 가능성을 보여준다. 후기가야에서는 아라가야와 대가야에서 순장의 흔적이 확인된다. 그러나 아라가야의 경우 주인공과 동일한 공간에 순장자를 묻는 반면, 대가야에서는 주인공과 별도의 시설을 마련해서 묻는 경우도 확인되는 등 그 방식에 차이가 있다. 특히 고령 지산동 44호분과 같이 중심 매장시설을 둘러싼 소형 무덤 32기는 모두 한 번에 만든 봉토 아래에 묻혀 있어 순장을 위한 것임을 알 수 있다. 이처럼 가야에서는 순장이라는 매장의례를 통해 당시 자신의 권력을 표현하고, 내세의 삶을 보장 받으려 했던 것으로 보인다.

가야의 토성과 산성

고대 국가의 성립을 보여주는 고고학적 기준은 연구자에 따라 조금씩 차이는 있지만, 그 중 가장 중요한 요소로 취급되는 것이 바로 도성(都城)의 유무이다. 일반적으로 도성과 산성이라고 하면 사람들을 외부의 적으로부터 지켜주는 역할만 생각하는 경우가 많지만, 도성은 특정 집단의 정치·사회·문화의 중심지로서 도읍지를 방어하는 기능을 하고, 산성은 유사시 방어를 위한 목적으로 축조된다. 따라서 도성과 산성이 만들어지는 것은 일정범위를 조직적으로 다스릴 수 있는 정치체가 성립되고, 외부와의 전쟁을 통해 영역을 관리할 수 있는 능력이 갖추어졌음을 의미한다. 그래서 도성과 산성은 고대국가 성립 증거 중 하나로 중요한 의미를 가질 수 있는 것이다.

그런데 최근까지도 가야의 여러 지역에 도성과 산성이 있었는가에 대한 의견이 분분하였다. 그도 그럴 것이 실제 가야 때 만들어졌다고 알려진 도성이나 산성이 제대로 조사된 적이 거의 없었고, 그나마 가야 때 만들어졌다고 여겨졌던 것들이 실제 발굴조사에서 통일신라시대를 전후해서 축조된 것으로 밝혀졌기 때문이다. 하지만 최근 발굴성과에 의하면 김해 봉황대유적, 함안 아라가야 추정 왕궁지, 대가야 궁성지 및 주산성, 합천 성산

그림 27 가야의 토성(합천 성산토성 1, 고성 만림산토성 2)

토성, 고성 만림산토성 등이 가야 때 만들어진 것으로 밝혀지면서 새로운 가야 도성 연구에 새로운 국면을 맞이하고 있다.

이 중 봉황동유적에서는 토성과 함께 생활유적과 생산유적이 복합적으로 확인되고 있어, 왕성의 구조복원도 진행되고 있다. 이에 따르면 도성의 중심부에는 토성으로 보호되는 지배층의 생활공간과 관청 그리고 제사 공간이 있고, 그 바깥으로 창고와 선착장, 지배자층의 무덤, 피지배자층의 생활공간이 배치되어 있는 것으로 밝혀지고 있다. 아라가야 추정 왕궁지 유적에서는 조사가 그다지 진행되지 않았으나 약 8.5m 높이의 토성벽 위에 목책(木柵)을 세우고 그 안쪽으로 대형 건물지를 조성한 것으로 볼 때, 일반 시설물이 아닌 왕궁으로 추정된다. 대가야의 중심지인 고령에서는 궁성지로 추정되는 유적이 조사되었는데, 대벽(大壁)건물지와 6세기 중엽의 기와건물지 등 특수한 건물지, 방어를 위한 해자와 토성의 흔적이 확인되었다. 그러나 단편적인 내용만이 확인되어 궁성의 전모는 아직 불분명하다. 합천 성산토성은 옥전고분군과 인접하고 있으며 전체 길이는 약 1.1km에 이른다. 특징적인 것은 다른 가야의 도성이 대부분 토성이지만, 성산토성은 부분적으로 돌로 쌓아올리고 있는 것이 특징이다.

가야의 산성에 대해서는 연구자 간에 논란이 많다. 그 중에서 대가야를 중심으로 고령, 합천 등지에 분포하는 산성 중 일부가 가야시대에 처음 만들어진 것으로 밝혀져, 후기 가야에서도 늦은 시기에는 산성 혹은 그와 유사한 방어시설들이 존재했을 가능성이 있다. 또한 최근 대가야와 관련된 지역으로 추정되는 장수 일대에서 봉화가 다수 확인된다고 하는데, 이것이 대가야의 것인지에 대한 논쟁이 지속되고 있다. 가야의 도성과 산성은 앞서 말했듯이, 가야의 정치·사회적 성장과 고대사회에서의 위치를 말해 주는 중요한 유적 중 하나이다. 아직 일부 가야에서만 확인되고 있지만, 향후 조사가 진전된다면 보다 많은 가야 도성과 산성이 확인될 것으로 기대된다.

삼국시대 국제 교역의 중심, 가야

가야는 우수한 철 생산 기술을 토대로 삼국시대 동북아시아 교역의 중심지로 성장하였다. 특히 동북아시아 각지의 유물이 전기가야의 중심세력인 금관가야에서 출토되고 있어 당시 가야의 활발한 대외 교섭·교역을 잘 보여준다. 전기가야의 대외관계는 주로 금관가야를 중심으로 이루어진 것으로 추정된다. 금관가야의 중심 집단인 김해 대성동고분군·양동리고분군, 부산 복천동고분군에서는 중국 동북지역, 일본 등 당시 동북아시아 여러 지역과의 교류를 보여주는 다양한 유물이 출토되고 있다.

먼저 중국 동북지역, 일본 등과의 관계를 보여주는 유물은 대성동 29호분, 46호분에서 출토된 동복, 대성동 91호분에서 출토되는 각종 마구류와 청동용기류, 대성동 88호분의 진식대금구(晉式帶金具), 대성동 2·14호분의 동경 등이 대표적이다. 이들 유물은 대성동고분군에서만 확인되고 있으므로, 중국 동북지역과의 교역은 금관가야 내에서도 대성동고분군 집단이 주도하고 있었음을 알 수 있다. 특히 주목되는 것은 이러한 유물이 출토

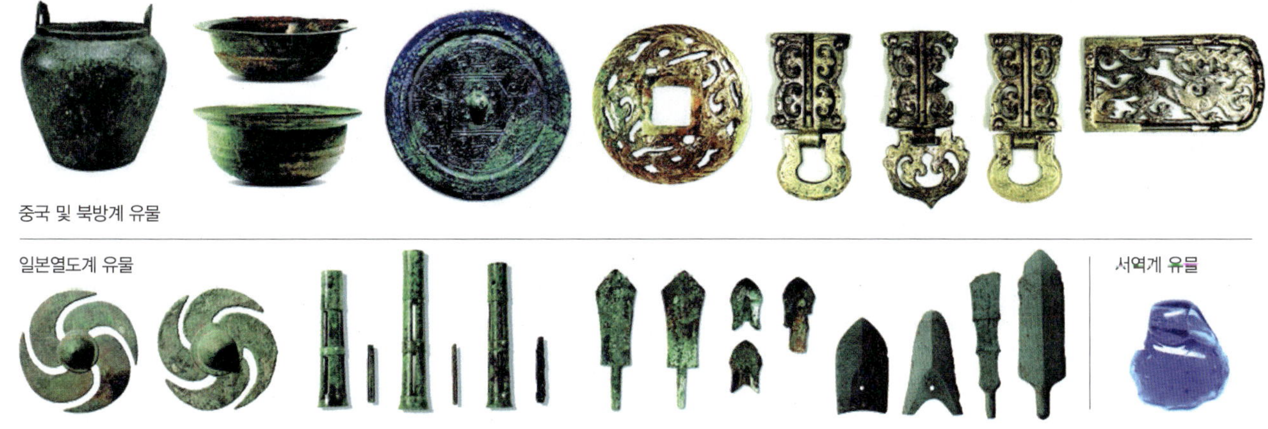

그림 28 전기가야의 교류를 보여주는 유물

되기 시작하는 것이 가야의 출발 시점인 3세기 후반 무렵이고, 단순히 물질만이 아닌 순장이나 철기를 훼손해서 부장하는 등의 중국 동북 지역의 정신문화까지 함께 나타나기 때문에 금관가야의 형성이 중국 동북지역—구체적으로는 부여족—과 밀접한 관련이 있다는 주장도 있다.

일본과의 관련을 보여주는 유물은 대성동 91호분·18호분, 복천동 38호분, 양동리 443호분·304호분 등에서 출토되는 통형동기(筒形銅器), 대성동 13호분·88호분에서 출토되는 파형동기(巴形銅器), 대성동고분군과 양동리고분군에서 확인되는 청동제 무기류와 응회암으로 만든 각종 석제품 등이 대표적이다. 이것들은 대체로 당시 일본열도의 중심지였던 긴키지역에서 확인되는 것으로 금관가야와 일본열도 중심세력과의 교역을 증명하는 것이다. 다만 중국 동북지역관련 유물과 달리 복천동고분군이나 양동리고분군 등에서도 출토되는 것으로 보아, 일본열도와의 교류에는 세 집단이 함께 참가했던 것으로 보인다. 또한 당시 일본열도의 일상생활용 토기인 하지키와 그것을 모방해서 만든 토기도 금관가야에서 출토되는 것으로 볼 때, 수장 간의 교역 이외에 일반인 사이의 교류도 활발하게 이루어졌던 것으로 볼 수 있다.

이처럼 전기가야 때에는 북쪽으로는 중국 동북지역, 남쪽으로는 일본열도로 이어지는 교역망의 중심에 금관가야가 있었다는 것을 알 수 있다. 이외에 이외에 소량이긴 하지만, 마한백제와 관련된 유물이나 고구려와의 관계를 엿볼 수 있는 말갖춤도 확인된다. 이는 금관가야를 중심으로 하는 가야세력이 동북아시아 교역의 허브였음을 보여준다. 하지만 5세기 이후 금관가야가 쇠퇴하고 한동안 가야의 국제적 모습은 사라지고, 후기가야가 본격적으로 시작되는 5세기 중반 이후 각 지역별 국제교류의 양상이 다시 증가한다.

특히 대가야는 479년 백제를 따라서 중국의 남제에 사신을 파견한다는 기사가 남아 있을 정도로 정치적 교섭도 활발하게 진행했던 것으로 보인다. 하지만 전기가야 때와 같이 중국과의 관계를 보여주는 물질자료는 매우 적은 편이고, 그나마 남원 월산리고분군이나 두락리고분군에서 중국 남조의 청자계수호(青磁鷄首壺)나 동경 등이 출토되는 정도이

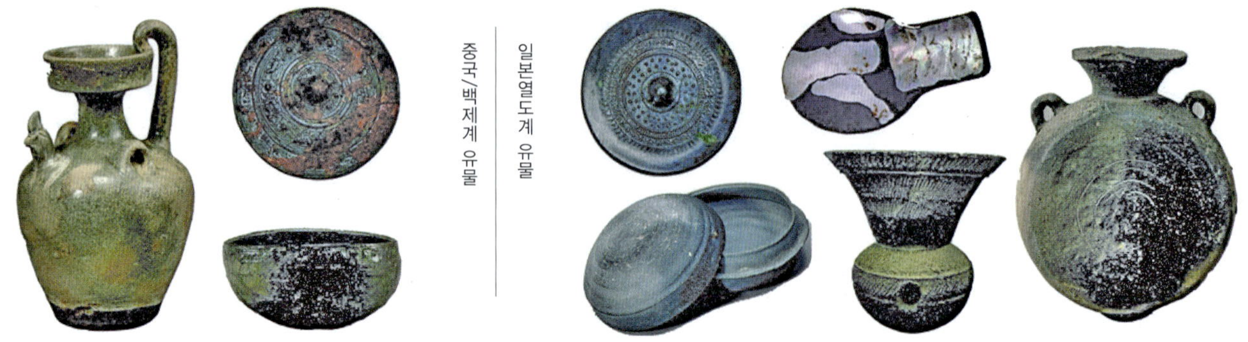

그림 29 후기가야의 교류를 보여주는 유물

다. 그러나 이 유물들도 중국에서 직접 들어온 것인지는 명확하지 않고, 오히려 백제와의 관계를 통해 간접적으로 유입되었다고 보는 연구자가 많다. 또한 백제와의 관계를 보여주는 자료로서 은화관식(銀花冠飾)과 같은 위세품이 남해 남치리 석실묘와 같은 무덤에서도 확인되고 있다.

일본과의 관계를 보여주는 물질자료는 7단구성갑옷과 투구, 지산동 44호분에서 출토된 야광조개로 만든 국자 등과 함께, 당시 일본에서 유행한 스에키라는 토기와 그 모방품이 남해안 일대에서 확인되고 있다. 특히 산청 생초고분군에서는 다량의 스에키계토기와 함께 일본에서 만든 청동거울이, 고성 송학동고분군에서는 스에키계토기와 함께 일본과 관련된 장식 말갖춤도 출토되고 있다. 그리고 옥전고분군에서는 로만글라스도 출토되고 있으나, 이는 신라와의 관계를 통해 간접적으로 입수한 것이라는 견해도 있다.

이처럼 후기가야 때에는 가야 각지에서 정치체가 성장함에 따라서 전기가야의 금관가야 같은 교역을 주도하는 세력은 사라지지만, 여전히 활발한 교류가 각 가야 소국별로 이루어지고 있었음을 알 수 있다. 다만 사회 변화에 따라서 중국 동북지방과의 교류가 감소한 반면, 중국 남조나 백제와의 교류가 이전보다 활발해진 특징이 있다. 또한 일본열도와의 교류에서 이전과 같은 수장층 간의 교류를 보여주는 위세품이 줄어들고 일상적인 물품인 토기와 같은 것이 증가하는 점도 중요한 변화 중 하나라고 할 수 있다.

반대로 가야에서 동북아시아 각지로 보내졌던 것들도 분명 존재했을 것이지만, 중국 동북지역이나 남조에서는 아직 전기·후기가야와 관련된 유물이 출토된 바가 없다. 그러나 문헌기록에 전하듯이 가야에서는 양질의 철이 나고 있으므로, 이를 교역의 주요 대상으로 삼았을 가능성이 높다. 가야에서 전해진 물질문화가 가장 뚜렷하게 나타나는 것은 일본열도이다. 이 때까지 일본에서는 자체적인 철 생산이 이루어지지 않았기 때문에 철정(鐵鋌)과 같은 철 소재를 수입하였고, 그것이 왜의 무덤에서 출토되는 사례가 종종 확인된다. 또한 후기가야 때에는 가야에서 전해진 도질토기의 영향으로, 일본열도에서 스에키의 생산도 개시되었다. 게다가 대가야에서 제작된 장식대도나 각종 장식 말갖춤, 금동관과 같은 다양한 위세품이 일본열도에서 출토되고 있다. 이러한 점은 왜가 가야의 선진문물은 물론, 이를 활용한 정치사회시스템도 받아 들였을 가능성도 보여준다.

가야 역사의 뒤안길로

그림 30 합천 출토 '대왕명' 토기

가야는 지금까지 여겨지던 것처럼 고대국가로 발전하지 못한 집단이 아니라, 우수한 철 문화를 기반으로 동북아시아의 교역을 주도하고 이를 통해 상당 수준의 정치체계를 갖추고 있었던 세력이었나. 물론 가야의 정치 체제가 어떤 형태를 갖추고 있었는지에 대해서는 여전히 학자들 간에 논쟁이 있지만, 토기에 당당히 '대왕(大王)'이라는 명문을 새길 수 있었던 것을 보면 고대국가에 가까운 모습을 상상하기 어렵지 않다. 가야의 고대 국가로의 발전 가능성은 문헌 기록에서도 찾아 볼 수 있다. 즉 대가야는 479년 중국 남제(南齊)에 사신을 보내어 '보국장군본국왕(輔國將軍本國王)'을 제수 받고, 아라가야는 529년 가야의 재건을 위한 국제회의를 주체할 만큼 동북아시아의 중요 일원으로 성장, 인정받고 있었음이 분명하다. 하지만 지금까지 살펴본 것과 같이 여러 가야는 상호 관계가 위계적이라고 하기 보다는 독립적이고 자율적이었기 때문에 다른 삼국과 같이 확고한 고대국가 체계로 발전하지 못하였다. 이러한 내부적인 문제를 틈타 신라는 가야에 대한 적극적인 공세를 펼치게 되고 결국 532년 금관가야, 562년 대가야가 순차적으로 멸망하면서 가야는 역사의 뒤안길로 사라지게 된다.

신라문화의 확산

신라의 물질문화가 가야에 유입되기 시작하는 것은 5세기 중반 무렵이다. 400년의 고구려군 남정에 의해 금관가야의 핵심지역인 김해가 쇠퇴하기 시작하면서, 금관가야의 일원이었던 부산 복천동고분군에서는 5세기 중반 무렵 신라와의 관계를 보여주는 물질문화가 등장한다. 또한 학자들 간의 논쟁의 여지는 있지만, 비화가야의 창녕에서도 5세기 중엽을 전후해서 신라문화의 영향이 본격적으로 확인된다. 하지만 낙동강을 경계로 서쪽에 위치한 가야의 여러 나라들은 여전히 신라와 교역 정도의 수준에서 문화를 주고 받았을 뿐으로, 서로 독자적인 길을 걷고 있었다.

그런데 6세기 전반이 되면 신라문화가 가야 각지에 본격적으로 확산되기 시작한다. 앞서 언급했듯이 이전 시기까지 석곽묘를 중심으로 하던 가야의 무덤은 6세기를 전후해서 석실묘로 바뀌어 간다. 석실묘 중 소가야를 중심으로 남해안 지역에서 만들어진 것 중 일부는 가야 나름의 요소를 가지고 있었지만, 무덤의 한쪽 벽을 터서 출입구를 만든다던가, 방형을 띠고 있다던가 하는 신라 석실묘의 영향을 받은 것이 서서히 가야 전역에서 확인된다. 한편 무덤의 형태와 관계없이 신라토기도 활발하게 부장되면서, 서서히 가야토기를 대체해 간다. 또한 옥전고분군에서는 신라 영역에서만 확인되는 출자형(出字形) 금동관도 출토되고 있어 6세기 이후 신라문화의 다양한 요소가 가야로 유입되고 있음을 잘 보여준다.

가야 멸망 그 이후

6세기 후반이 되면 대가야의 멸망을 끝으로 가야는 공식적으로 그 모습을 역사에서 감추게 된다. 가야의 지배자층을 상징하는 고총고분도 서서히 소멸하기 시작하거나 남아 있는 소수의 고총고분마저 신라적인 요소를 더 많이 보인다. 하지만 그렇다고 해서 가야문화가 완전히 소멸된 것은 아니다. 대표적인 사례로 사천 향촌동유적의 무덤에서는 전형적인 신라토기가 부장되어 있었지만, 무덤형태는 그 지역의 요소가 혼재되어 있으며, 대가야의

그림 31 6세기 전반 대가야지역의 신라문화 확산(고령 지산동 역사관부지 72호 석실 1, 출토유물 2)

그림 32 가야 멸망기의 문화 (사천 향촌동유적 1호분 1, 사천 향촌동유적 1호분 출토유물 2, 동해 추암동유적 출토유물 3)

한 축을 담당하던 합천 옥전고분군과 산청 생초고분군에서는 이 시기에 갑자기 백제적 요소를 가진 석실묘가 등장하기도 한다. 이처럼 신라문화가 가야에 자리잡는 것은 순식간에 일어난 것이 아니라, 오랫동안 복잡하게 진행되었던 것 같다. 그리고 동해 추암동유적을 통해 알 수 있듯이 일부 가야 사람들은 신라에 의해 강제로 고향을 떠나 타지에서 자신들의 문화를 유지하고 있는 경우도 있었을 것이다. 하지만 결국 가야 각국은 신라에 동화되어 그 자취를 감추고, 신라사회의 일원으로서 삼국통일의 초석이 되었다.

요약

가야는 삼국시대 주역이었음에도 불구하고, 우리 고대사에서 잊혀진 채로 남겨져 있었다. 이는 일찍이 신라에 병합되어 가야를 알 수 있는 문헌기록이 부족했기 때문이다. 따라서 가야에 대한 여러 연구는 가야를 정치적으로 이용하거나 다른 삼국에 비해 약소한 변방의 정치집단으로 인식하는 경우가 많았다. 하지만 1970년대 이후 영남 각지에서 진행된 가야유적의 발굴조사는 우리의 기존 인식과 달리, 가야가 다른 삼국에 버금가는 우수한 문화를 지니고 있었으며 동북아시아 고대사에서 빠질 수 없는 중요한 고대국가 중 하나임을 보여주었다.

특히 중국의 고대 기록에도 남겨질 만큼 유명한 철과 철기 문화는 무덤에서 출토된 각종 무기와 갑옷, 농공구 등을 통해서 확인할 수 있다. 가야인들의 철과 철 생산 기술을 이용해 중국과 일본을 연결하는 교역의 허브 역할도 담당하였다. 이렇게 축적된 부와 권력을 통해 가야는 본격적인 고대국가의 길로 걸어갔으며, 인접한 백제·신라와 함께 한반도 남부의 패권을 다투었다.

일반적으로 가야는 정치체의 흥망성쇠에 따라 4세기대의 전기가야와 5~6세기대의 후기가야로 나눌 수 있다. 전기가야는 김해·부산 일대에 자리잡은 금관가야가 중심이고, 후기가야는 고령의 대가야·함안의 아라가야·고성의 소가야 등 여러 가야가 함께 성장하였다. 전기가야는 중국 동북지방의 문물을 받아들여 목곽묘·도질토기·순장 등 새로운 물질문화를 발전시켰고, 일본열도의 왜와도 활발한 교류를 진행하였다. 그러나 400년 고구려군의 남정을 계기로 급격하게 쇠퇴하게 되고, 당시의 다양한 문화가 영남 각지로 확산되면서 후기 가야가 시작된다.

후기 가야는 대가야를 중심으로 각 가야가 독자적인 문화를 형성하고 있었으나, 권력을 강화하고 지역 간의 네트워크를 통해 고대국가로 성장해 나갔다. 특히 이전의 우수한 철기문화에 더해 권력을 상징하는 큰 봉토나 각종 장신구를 통해 다른 삼국과 어깨를 견주었으며, 중국에 사신을 파견하고 국제 회의를 주관하는 등 삼국시대 역사의 주연으로 자리 잡고 있었다.

이처럼 가야는 지금까지의 인식과 달리 삼국시대의 주인공 중 하나로서 삼국문화의 중요한 부분을 차지하고 있었다. 그러나 다른 삼국과 달리 여러 가야 상호 간의 관계가 덜 위계적이면서 독립적이었기 때문에 강력한 고대국가로 성장하는데에는 한계가 있었다.

이러한 한계점은 결국 권력 강화를 통해 중앙집권화를 이루고 주변지역을 정복해간 신라로 병합되는 결과를 낳았다. 하지만 분명한 것은 멸망이전의 가야는 삼국과 함께 한반도의 힘의 균형을 유지하면서 독자적인 역사를 써 내려간 것은 분명하며, 이것만으로도 가야가 삼국시대의 일원으로 다루어져야 하는 이유라고 할 수 있다.

참고문헌

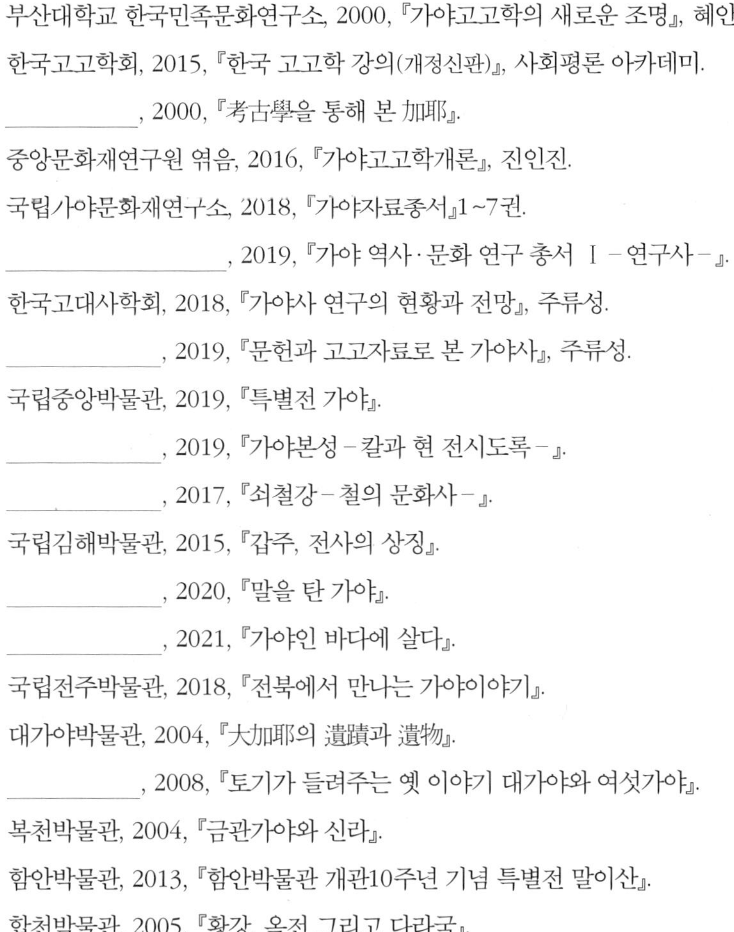

부산대학교 한국민족문화연구소, 2000, 『가야고고학의 새로운 조명』, 혜안.

한국고고학회, 2015, 『한국 고고학 강의(개정신판)』, 사회평론 아카데미.

__________, 2000, 『考古學을 통해 본 加耶』.

중앙문화재연구원 엮음, 2016, 『가야고고학개론』, 진인진.

국립가야문화재연구소, 2018, 『가야자료총서』1~7권.

__________, 2019, 『가야 역사·문화 연구 총서 Ⅰ –연구사–』.

한국고대사학회, 2018, 『가야사 연구의 현황과 전망』, 주류성.

__________, 2019, 『문헌과 고고자료로 본 가야사』, 주류성.

국립중앙박물관, 2019, 『특별전 가야』.

__________, 2019, 『가야본성 – 칼과 현 전시도록 –』.

__________, 2017, 『쇠철강 – 철의 문화사 –』.

국립김해박물관, 2015, 『갑주, 전사의 상징』.

__________, 2020, 『말을 탄 가야』.

__________, 2021, 『가야인 바다에 살다』.

국립전주박물관, 2018, 『전북에서 만나는 가야이야기』.

대가야박물관, 2004, 『大加耶의 遺蹟과 遺物』.

__________, 2008, 『토기가 들려주는 옛 이야기 대가야와 여섯가야』.

복천박물관, 2004, 『금관가야와 신라』.

함안박물관, 2013, 『함안박물관 개관10주년 기념 특별전 말이산』.

합천박물관, 2005, 『황강, 옥전 그리고 다라국』.

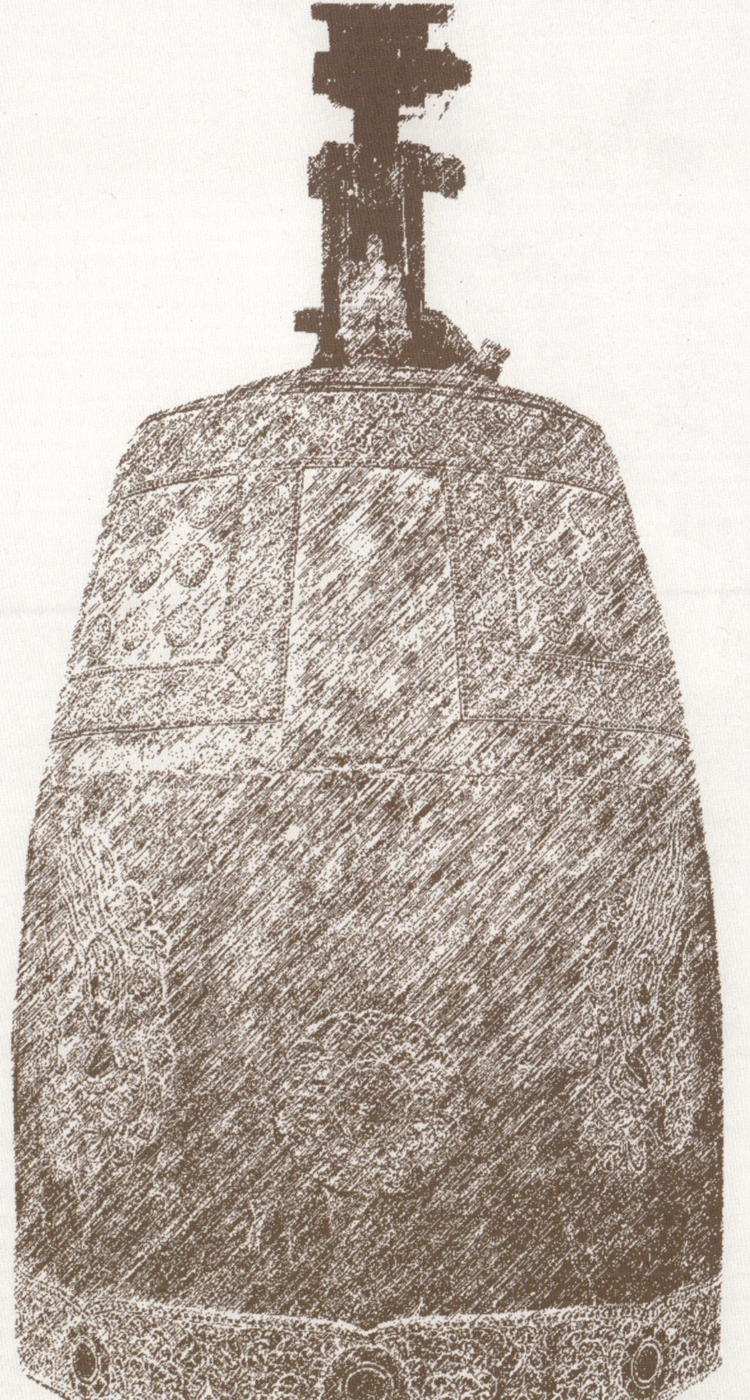

머리글

삼국통일
사력을 다한 싸움
통일전쟁

신라의 수도, 왕경의 모습
왕이 살고 있는 곳, 왕경(王京)
도시계획의 시작
도시개발의 역사
신도시의 건설

사찰과 불교미술
왕궁 대신 지은 절, 황룡사
나라를 지키는 용이 되다, 감은사
불국토의 세계, 불국사와 석굴암
돌을 다듬고, 쇠를 녹이고

죽음 뒤의 세계
왕릉의 위용을 갖추다
십이지신이 보우하사
윤회의 고리를 끊자, 화장묘(火葬墓)

대외 교류
유학 가고픈 나라, 당
문화를 전달하다, 일본
유라시아대륙을 건너, 서아시아

쇠퇴와 멸망
왕권의 약화와 지방호족의 성장
천지가 어지러워 논밭이 전쟁터가 되니
후삼국의 성립과 신라 멸망

요약

13 통일신라의 사회와 문화

윤상덕
국립중앙박물관

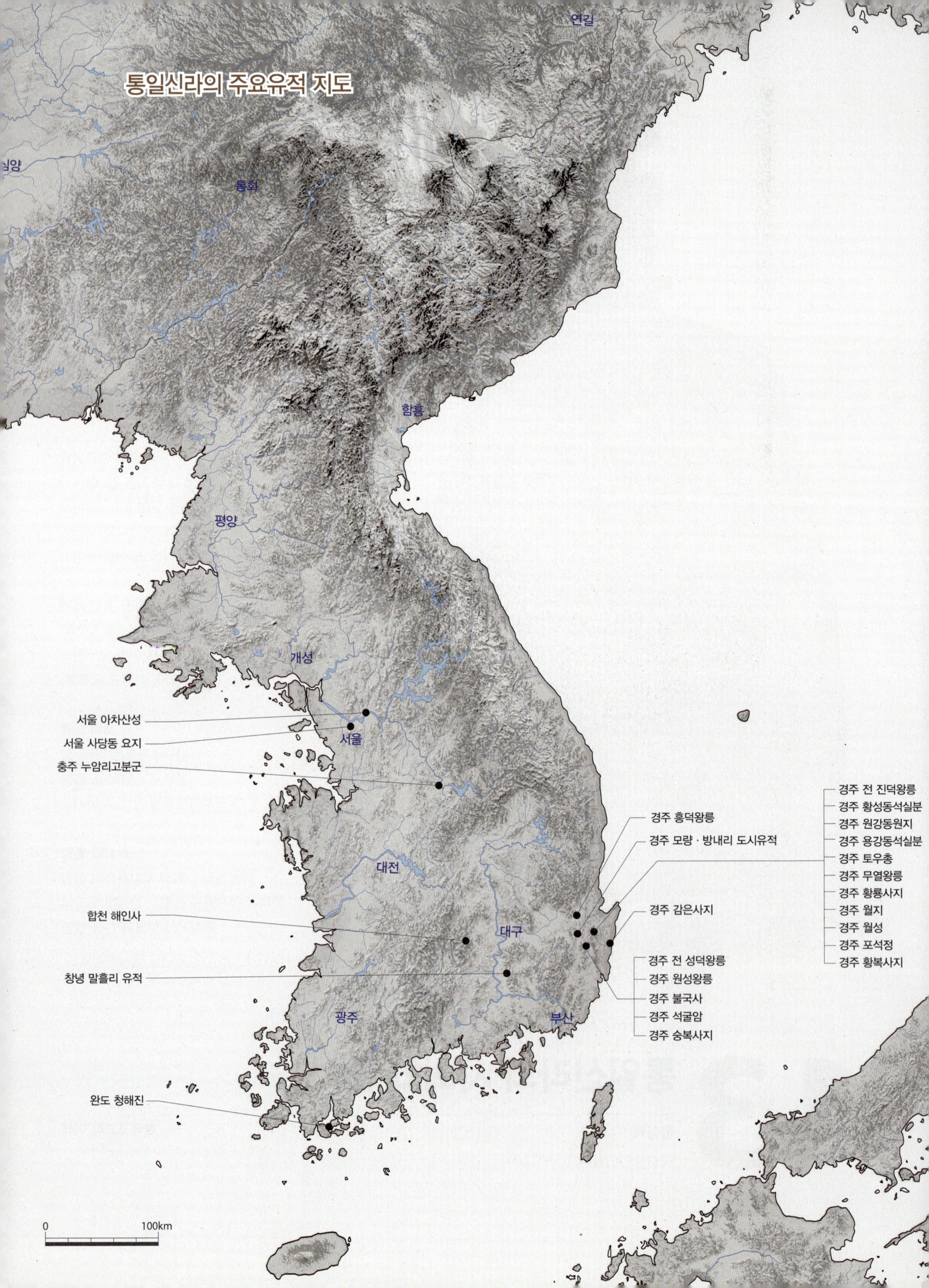
통일신라의 주요유적 지도
연길
심양
통화
함흥
평양
개성
서울
대전
대구
광주
부산
서울 아차산성
서울 사당동 요지
충주 누암리고분군
합천 해인사
창녕 말흘리 유적
완도 청해진
경주 흥덕왕릉
경주 모량 · 방내리 도시유적
경주 감은사지
경주 전 성덕왕릉
경주 원성왕릉
경주 불국사
경주 석굴암
경주 숭복사지
경주 전 진덕왕릉
경주 황성동석실분
경주 원강동원지
경주 용강동석실분
경주 토우총
경주 무열왕릉
경주 황룡사지
경주 월지
경주 월성
경주 포석정
경주 황복사지
0
100km

통일신라의 사회와 문화

윤상덕

국립중앙박물관

머리글

신라는 경주를 수도로 하는 작은 나라였지만 끊임없이 영토를 확장하여 삼국통일을 이루었다. 고구려·백제와의 전쟁에서 중국 당(唐, 618~907년)의 세력을 끌어들여 싸웠다. 이렇게 고구려와 백제를 멸망시킨 뒤에는 한반도를 지배하려는 당과 싸워 그들을 물리쳤다. 이후 698년에 고구려의 옛 땅에 발해(698~926년)가 건국되어 원산만 이남의 통일신라와 북쪽의 발해가 공존하는 세상으로 변화했다.

통일신라는 고구려와 백제의 문화를 융합하고 중국, 일본, 멀리 서아시아와 적극적으로 교류하였다. 신라의 무덤을 발굴해보면 이런 활발한 교류의 흔적이 발견된다. 신라는 다른 문화를 배척하지 않았고 새로운 문물을 활발히 받아들이고 재창조하였다. 삼국을 통일한 원동력 중에 하나는 이러한 신라의 포용력을 들 수 있다. 통일 이후에는 안정된 사회기반 위에서 조화롭고 아름다운 문화를 꽃피웠으며, 불국사, 석굴암, 성덕대왕 신종 같은 최고의 걸작을 창조하였다. 그러나 9세기 이후 권력 다툼으로 왕권이 약화되면서 농민이 궁핍해지고 지방호족이 일어나 극심한 혼란에 빠져 다시 후삼국으로 분열되었다. 결국 세력이 약해진 신라는 935년 고려 왕건에게 투항하여 오랜 역사를 마감하였다.

통일신라의 문화는 고려와 조선으로 이어지고 지금 우리가 살고 있는 세상의 바탕이 되었다. 여기서는 고고학자의 눈으로 삼국통일부터 멸망까지의 과정을 살펴보고 통일신라가 이룬 문화 성취를 따라가고자 한다.

삼국통일

백제의 마지막 수도였던 부여 시내 가운데에는 아름다운 석탑이 하나 서 있다. 국보인 정림사지 오층석탑으로 백제의 대표적인 석탑이다. 그런데 이 탑의 1층 네 면에는 빼곡히 한자가 새겨져 있다. 그 내용은 '당이 천륜을 어긴 백제를 멸망시켰고 당의 장수인 소정방(蘇定方)과 그 부하들이 큰 공적을 쌓았다'는 것이다. '대당평백제국비명(大唐平百濟國碑銘)'으로 660년에 백제가 멸망한 뒤 소정방이 새긴 것이다. 이 비석은 신라가 백제를 멸망시켰음을 보여주는 직접적인 자료이나 정작 내용은 그 전쟁에서 당의 공덕을 칭송하는 것이다. 바로 이것이 백제와 고구려에 맞서 삼국통일에 이르는 길이 얼마나 힘겨웠는지를

그림 1 정림사지 오층석탑, 1층 탑신에 백제 멸망 뒤 소정방이 자신의 공적을 새긴 글이 남아 있다. 부여 정림사지 연못 유적의 발굴에서 백제 멸망 직후인 660년대의 신라토기가 발굴되어 이곳을 신라군의 주둔지 중 하나로 추정하기도 한다.

보여주는 증거이다.

사력을 다한 싸움

신라 삼국통일의 이야기는 신라가 한강유역을 확보한 553년으로 거슬러 올라간다. 당시는 남쪽으로 영토확장을 강력하게 추진하는 고구려에 맞서 백제와 신라가 연합전선을 펼치던 시기였다. 고구려와 일진일퇴의 공방을 벌이던 신라와 백제 연합군은 551년, 고구려가 점령하고 있던 한강유역과 소백산맥 이북의 한반도 중부지역을 다시 수복하였다. 한강유역은 475년 고구려에게 빼앗기기 전까지 백제의 수도가 있었던 중요한 지역으로 이를 다시 찾은 것은 백제에게 큰 의미가 있었다.

그러나 2년 뒤인 553년, 신라는 백제를 배신하고 한강유역을 독자적으로 점령하였다. 이에 분개한 백제는 신라의 관산성을 공격하였으나 오히려 이 전쟁에서 성왕이 전사하면서 신라와 백제는 회복 불가능한 원수지간이 되었다. 신라가 562년 대가야까지 병합하자 백제와 고구려의 강력한 견제 속에서 신라는 힘겨운 싸움을 하게 된다.

그림 2 아차산성 성벽, 1997년부터 수차례 발굴조사가 되었고, 그 결과 늦어도 6세기말에 처음 지어진 신라의 한강유역 방어의 중심성인 '북한산성'으로 추정하였다.

7세기에 들어 고구려와 백제는 신라에 대한 공격을 강화하였다. 고구려는 607년에 한강유역을 지키는 신라의 중요한 성인 북한산성(지금의 서울의 아차산성 추정)을 공격하였고 백제도 신라의 변경을 수차 공격하였다. 결국 백제는 642년 신라의 서쪽을 방어하는 중요한 성인 대야성(경남 합천 추정)을 비롯해 일대의 40여개의 성을 함락시켰고, 신라는 경주의 서쪽이 백제의 위협에 노출되는 큰 위기에 빠진다. 이 전쟁에서 대야성주였던 김품석과 그의 부인이 살해되었는데 이들은 김춘추의 사위와 딸이었다. 신라는 백제에 맞서기 위해서는 주변 나라와 동맹을 맺는 것이 최선이라고 판단하였고, 642년 김춘추는 직접 고구려의 연개소문을 찾아갔다. 그는 백제를 공격하기 위한 병력을 요청하고 화친을 하려 하였으나 오히려 감옥에 갇히고 만다. 이듬해 고구려는 백제와 연합해서 신라를 공격하였고 신라는 궁지에 몰린다.

이제 신라의 선택지는 중국 당나라 이외에는 없게 되었다. 우여곡절 끝에 연개소문으로부터 풀려난 김춘추는 648년 비장한 각오로 당을 방문하였다. 고구려를 무너뜨리는 것이 목표였던 당 태종과 김춘추는 서로 이해가 맞았다. 함께 고구려와 백제를 정벌하기로 하고 성공하면 평양 이남의 땅은 신라가 확보하기로 약속하였다. 이와 함께 김춘추는 당 태종에게서 옷과 허리띠를 받았다. 이는 단순히 선물을 받은 것이 아니었다. 의복은 관료제도를 상징하는 것이기 때문이다. 김춘추는 신라로 돌아온 뒤 바로 의관을 당식(唐式)으로 바꾸고 당의 제도를 받아들여 집사부(執事部)와 국학을 설치하는 한편, 독자 연호를 폐지하고 당의 연호를 받아들였다. 이는 모두 당과의 신뢰를 높이고 동맹을 공고히 하는 조치였다.

이때 이루어진 급격한 변화는 이 시기 신라 무덤에서 출토된 흙 인형(土俑)을 보면 알 수 있다. 신라인은 흙으로 인형을 만들어서 토기를 장식하고 독특한 미감을 나타냈다. 7세기가 되면 독립된 인형을 만들어 무덤에 껴묻거리로 넣었는데 경주 황성동 석실분에서는 십여 점의 흙인형이 발굴되었다. 특이한 것은 남성의 옷과 머리에 쓴 관이 기존의 신라토우에서는 볼 수 없었던 당나라의 형식이라는 점이다. 김춘추의 복식개혁이 반영된 것이다. 한편, 여성 흙인형은 아직 당의 의관을 받아들이지 않았다. 그런데 약 50여 년 뒤에 만들어진 경주 용강동 석실분에서 출토된 여성 흙인형을 보면 당의 여성 복식과 똑같이 표현되었다. 664년에 신라의 여성들도 당의 복식을 입도록 했다는 기록이 있어 여성도 남성에 이어 당의 복식을 받아들인 것을 알 수 있으며 용강동 석실분의 흙인형은 이를 잘 보여준다.

그림 3 돌방무덤 출토 흙 인형, 황성동 돌방무덤 출토 남성의 옷과 머리에 쓴 관은 당나라 형식(1)이나 여성의 복식은 아직 당의 것을 받아들이지 않았다(2). 그러나 용강동 돌방무덤 출토 흙인형의 복식(3)은 전형적인 당 양식으로 바뀌었다.

1	2	3

통일전쟁

당과 동맹을 맺은 뒤 660년에 신라는 함께 백제를 공격하였다. 신라는 육로로, 당은 해로로 침범하여 마침내 사비성(지금의 부여)을 함락시켰다. 백제 계백장군의 저항이 있었을 뿐 별다른 어려움 없이 신속하게 진격하여 의자왕 등 백제의 왕족과 지배층을 사로잡았다. 7월 9일 처음으로 황산벌에서 신라와 백제군이 싸운 뒤 불과 열흘도 안 된 7월 18일에 함락된 것이다. 우왕좌왕하던 백제 지배층과 내부분열의 결과였다. 이후 백제 유민들이 각지에서 부흥운동을 전개하였고 사비성과 웅진성에는 신라와 당의 군사가 주둔하며 이에 대처하였다. 이때부터 사비 주요 지역에 신라 유물이 출토되기 시작한다. 앞서 소개한 부여 정림사지를 비롯해서 백제 왕실의 사찰로 금동대향로가 출토된 능산리사지, 사비 도성을 방어하는 부소산성에서 출토된 신라토기가 그것이다.

신라는 이어서 당과 함께 668년 고구려도 무너뜨린다. 당나라는 신라마저 정복하려는 야욕을 드러냈고, 신라는 고구려, 백제 유민들과 함께 당에 맞서 싸웠다. 670년 신라는 당을 선제공격하였고, 676년까지 계속 당과 접전을 벌였다. 675년 매소성(경기도 연천, 또는 양주 추정) 전투의 큰 승리는 나당전쟁의 판도를 바꿔놓았고 마침내 대동강 이남의 땅을 확보하게 되었다. 한편, 당시 동아시아 최강국인 당과 싸워 승리한 배경에는 주요 전투에서 신라의 승리가 있었지만 당이 서쪽에서 토번과 치열한 전쟁을 치루고 있어 신라와의 싸움에 전력을 다할 수 없었다는 평가도 있다.

당과의 전쟁은 676년에 끝났다. 우리 역사에서는 이 해를 신라가 삼국통일을 이룬 해로 본다. 전쟁은 끝났지만 그 여진은 계속되어 신라사회는 당의 재침을 두려워하며 전쟁을 대비하였다. 이를 위해 불교를 중심으로 지배층부터 백성까지 상하가 단결하였다. 679년 완공된 경주의 사천왕사는 이러한 상황을 잘 알려주는 사찰이다. 『삼국유사』에는 당이 대규모로 침입하자 신라는 사천왕사를 짓고 문두루비법(文豆婁秘法)을 행하여 당의 배를 모두 가라앉혔다는 전설이 남아 있다. 또한 『삼국유사』에는 당의 사신이 이 절을 보러 오자 그 앞에 새로 절을 지어 대신 보여줬다고 하는데, 실제로 사천왕사지 건너편에 사천왕사와 같이 두 개의 목탑을 가진 절터(망덕사지)가 남아 있다. 사천왕사는 호국불교를 대표하는 사찰로 2006년부터 7년간 발굴되었다. 그 결과 금당지, 동·서 목탑지, 강당지, 추정 단석지(檀石址), 회랑과 익랑(翼廊), 중문지 등 절의 전모가 밝혀졌다. 특히 녹유신장벽전(綠釉神將壁塼)은 일제 강점기에 일부가 수습되어 『삼국유사』의 유명한 장인인 양지

그림 4 사천왕사 녹유신장벽전, 목탑의 기단을 장식한 전돌로 시선이 좌측, 정면, 우측을 보는 3가지 유형의 전돌을 한 세트로 구성하였다. 기단 한 면에 계단을 가운데 두고 양쪽에 3기씩 6기를 배치하여 탑 한기 당 총 24기(8조)가 있었다.

(良志)의 작품으로 알려졌는데, 발굴결과 목탑의 기단을 장식하였음이 밝혀졌다.

비록 온전히 삼국의 영토를 확보하지는 못했지만 통일과 함께 동족 의식을 가지는 계기가 되었고, 문화의 융합과 함께 발전할 수 있는 토대가 마련되었다. 여기에 삼국통일의 의의가 있다. 당시 사람들도 '일통삼한(一統三韓)'이라 하여 중요한 의미를 부여하였고 조선시대까지도 신라에 의한 삼국통일이 강조되었다. 한편, 698년 건국된 발해는 고구려의 계승 국가로서 역사적 의의를 재평가하여, 최근 우리 역사 교과서에서는 통일신라시기를 북쪽의 발해를 포함하여 '남북국시대'로 부르고 있다.

신라의 수도, 왕경의 모습

수도를 정하는 것은 국가를 운영하는데 매우 중요한 부분이다. 신라의 수도는 지금의 경상북도 경주인데 금성(金城)이라고 불렀다. 다른 나라는 수도를 정하고 다시 이런저런 이유로 수도를 옮기기도 했지만 신라는 조금 달랐다. 처음 경주 지역에 정착했던 사로국이 성장하여 신라라는 국가를 형성했고, 자신들의 기반인 경주를 수도로 계속 유지했다.

왕이 살고 있는 곳, 왕경(王京)

경주는 국가가 성장하기 유리한 환경 조건을 가졌다. 큰 산으로 둘러싸인 분지지형으로 중앙에 제법 큰 평야가 있고, 평야 가운데로 형산강이 지나간다. 이런 조건은 농작물을 키우는데 유리했으며 강은 중요한 교통로로 사용되었다. 이처럼 경주는 물건과 사람이 모이고 살기에는 좋았는데 단점이 하나 있었다. 큰 산이 완벽하게 주위를 둘러싸진 않아서 적을 방어하기에는 효과적이지 않았다. 그래서 신라는 가장 중요한 장소인 궁궐이 있는 곳, 즉 월성(月城)에는 성벽을 쌓고 주변에 해자를 만들어 방어하고, 주변의 높은 산에 여러 개의 산성을 두어 수도 전체를 방어하도록 하였다. 남쪽에는 남산, 동쪽에는 명활산, 서쪽

그림 5 남산신성비, 남산신성은 591년과 679년에 쌓았다는 『삼국사기』의 기록이 있는데, 이 비석은 591년 공사 중에 만들었다.

에는 선도산이 있고, 멀리 동남쪽에는 토함산이 있는데 이러한 산과 주요 교통로 주변에 산성을 쌓아 방어하였다. 성을 쌓을 때는 주변에 사는 사람뿐만 아니라 멀리서도 강제로 동원하였는데, 경주 남쪽을 방어하는 남산신성을 쌓을 때는 성을 쌓은 사람의 이름과 담당거리, 날짜 등을 적고, 3년 이내에 무너지면 벌을 받겠다는 맹세도 함께 적은 비석을 세워 철저하게 감독하였다.

도시계획의 시작

현재 우리는 오래된 집을 모두 헐고 새로 건물을 짓는 재개발을 일상적으로 목격한다. 헌 아파트를 부수고 새 아파트를 짓거나 쇠락한 동네를 없애고 큼직큼직한 건물을 짓는다. 그리고 분당이나 일산 같이 빈 땅에 아예 신도시를 건설하기도 한다. 신도시나 재개발된 지역을 가보면 가장 큰 특징은 시원하게 뻗은 길과 바둑판처럼 엮인 거리다. 그렇다면 천년왕국의 수도였던 경주는 어떠했을까? 몇십 년 전 우리 동네처럼 꼬불꼬불한 골목길로 되어 있었을까? 수십 년 간의 발굴 끝에 놀랍게도 경주는 지금의 신도시와 같이 바둑판처럼 도시를 만들었다는 것을 알게 되었다.

신라인들도 오늘날처럼 땅을 격자모양으로 정연히 나누어 도로로 구획을 만들고, 그 속에 궁궐, 관청, 주택, 절, 시장 등을 배치하였다. 이러한 네모난 구역을 '방(坊)'이라고 하며, 최근의 발굴에서 '방'의 구조를 알게 되었다. '방'의 크기는 지형에 따라 다르지만 대략 한 변의 길이가 120~170미터로 추정한다. '방'과 '방' 사이에는 잔자갈을 깐 크고 작은 도로가 놓여 사람과 마차가 다녔고 도로 옆으로 배수로도 있었다. '방'의 구조를 잘 보여주는 것은 지금의 황룡사지 주변이다. 황룡사 동쪽편인 왕경유적의 '방'은 십여 년 간 전체가 발굴되어 '방'에 대한 상세한 정보를 제공하였다. 이 방의 크기는 한 변이 약 142m(400척)의 정사각형으로 주변은 도로와 담장으로 둘러싸여 있다. 내부에 18개의 가옥이 있고 작은 골목길과 담장으로 나뉘어 있다. 대부분은 6세기 후반 이후에 속하는데 그 중심 시기는 통일신라로 보인다. 한편, 바로 옆의 황룡사는 전체 절의 평면 형태가 한 변이 280여m인 정사각형으로 네 방이 합쳐진 규모를 갖추었음이 확인된다. 황룡사 일대는 상당히 정연한 방 형태를 보여주는데 지금도 이 지역의 항공사진을 보면 정사각형의 구획이 남아 있다. 황룡사는 553년에 진흥왕이 궁궐을 짓다가 절로 고쳐지었다는 기록이 있는데 월성의 정비 및 황룡사의 축조가 이 지역의 도시계획에 중요한 기준이 되었던 것을 알 수 있다.

도시개발의 역사

그렇다면 언제부터 이렇게 바둑판 모양의 정연한 도시로 개발했을까? 먼저 신라의 도시개발에 대해 역사서의 기록은 많지 않다. 『삼국사기』에는 101년 월성을 쌓았고, 469년에 방리(坊里)의 이름을 정했으며, 509년에 동쪽 시장(東市)을 설치하고 544년에 최초의 사찰인 흥륜사를 세웠다는 기록이 있다. 발굴된 증거로 볼 때 황룡사가 축조되는 6세기 중엽에는 바둑판 모양의 도시계획이 시작된 것으로 생각한다. 이때는 지증왕과 법흥왕 때의 제도 정비를 거쳐 진흥왕이 신라를 성장시킨 시기이다. 농업생산과 상업이 발달하여 시장이 서고 불교를 받아들이면서 사찰이 들어서기 시작하였다. 도시의 인구도 늘면서 수도를

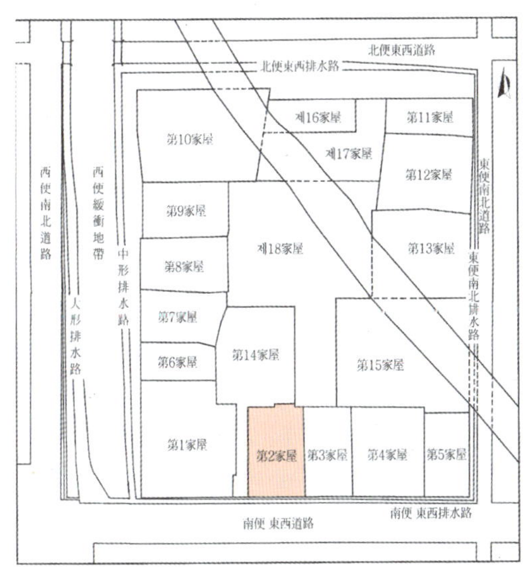

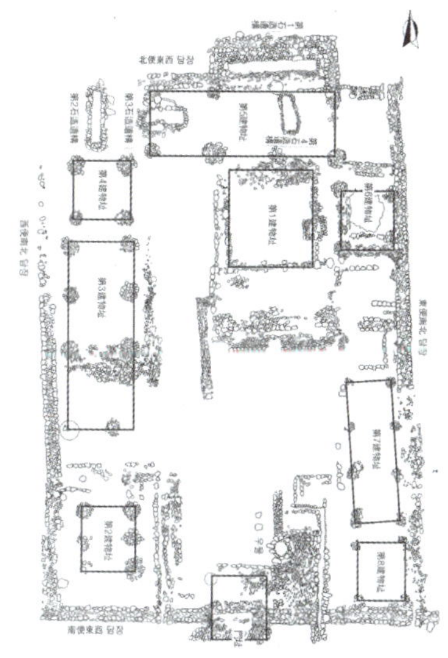

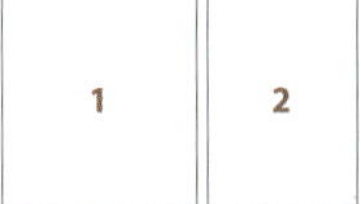

그림 6 황룡사 동편 방 전체 평면도(1)와 제2가옥 평면도(2)
18개 가옥 안에는 우물과 대문, 내부 건물이 있는데 18개 가옥 안에서 다시 약 110여 기의 건물지가 확인되었다. 물론 이 건물이 같은 시기에 모두 있었던 것은 아니며 다시 지은 건물지도 섞여 있는데 대략적인 규모를 추측할 수 있다

정비할 필요가 생겼을 것이다. 이런 이유로 월성 북쪽의 넓은 늪지를 돋아 황룡사를 짓고 일대를 개발하기 시작한 것으로 추정된다. 또한 거대한 왕릉을 수도 한 가운데 평야에 조성하는 것도 대단히 비효율적인 토지 이용이었다. 그래서 법흥왕부터는 왕릉이 주변의 산지로 이동하였다. 왕경의 도시 개발은 이렇게 시작되었다.

그림 7 '儀鳳四年皆土'(의봉사년개토)라는 글자가 있는 기와
이는 월지뿐만 아니라 왕경 각지에서 출토되어 679년에 대대적인 정비가 있었음을 알려준다.

도시 구획이 본격화된 시기는 통일 직후이다. 당과 마지막 전쟁을 치룬 뒤에 안정을 찾은 신라는 수도를 크게 정비한다. 우선 문무왕은 679년 궁궐을 웅장하게 짓고 북쪽에 접해서 태자가 거쳐할 동궁을 만들었다. 삼국을 통일하고 외세에 대한 싸움을 승리한 뒤에 왕실의 위상을 높여 왕권을 강화하는데 눈을 돌린 것이다. 이 동궁의 연못이 바로 월지(月池, 안압지)인데 1970년대의 발굴조사에서 『삼국사기』의 기록과 일치하는 '儀鳳四年'(의봉4년, 679년)이라는 글자를 찍은 기와가 발견되었다. 또한 이곳이 동궁에 속했음을 알려주는 '東宮衙鎰'(동궁아일)이라는 글씨를 쓴 자물쇠도 발굴되었다.

한편 통일 이후가 되면 북천을 넘어 북쪽으로 도시가 확장된다. 실제로 이곳에서 격자 구획을 이루는 도로유적과 건물지가 곳곳에서 조사되었다. 통일과 함께 금성은 정치, 경제, 문화의 중심이 되면서 도시가 크게 확장되었음을 알 수 있다. 또한 수도 곳곳에 궁궐 외에도 고급 주택을 많이 지었다. 마당에 연못이 있고 지붕은 기와를 올린 대저택이었다. 『삼국유사』에는 이러한 저택이 35채 있었다는 기록이 있다. 실제로 경주 용강동에서 통일신라시대의 연못지와 건물지가 결합된 유적이 발굴되어 당시의 화려했던 상류층의 삶을 엿볼 수 있다.

테글 1

신라의 궁궐, 월성과 월지

경주 시내에서 가장 유명한 관광지는 안압지와 월성(月城), 첨성대 그리고 대릉원일 것이다. 대릉원은 왕릉이 모여 있는 곳으로 잘 알려져 있다. 안압지와 월성은 4차선 도로를 사이에 두고 떨어져 있어 아무 관계가 없는 곳 같다. 어떤 곳일까?

월성과 안압지가 있는 이 지역은 왕이 살면서 일을 했던 궁궐로 묶을 수 있다. 이 중에 왕이 주로 거주했던 핵심 시설은 월성이다. 월성은 위에서 보면 초승달 모양이라 신라 때부터 이렇게 불렸는데, 성벽 둘레는 약 1,800미터에 달한다. 월성 남쪽은 절벽이어서 그대로 놔두고 나머지 3면만 큰 돌과 흙을 다져 성벽을 쌓았다. 지금도 성벽에 사용했던 돌들이 땅 위에 많이 남아 있고 이 돌들을 이용해 조선시대(1738년)에는 성 안쪽에 석빙고를 만들었다. 성벽 중간 중간에 움푹 들어간 부분이 십여 곳 있는데 이는 성문이 있었던 곳이다. 성벽 둘레에는 해자(垓字)를 두어 성을 방어하였는데 강이 흐르는 남쪽은 그대로 두고 나머지 3면은 인공 연못을 만들었다. 지금은 건물이 모두 사라지고 땅속에 주춧돌만 남아 있다. 『삼국사기』에는 101년에 처음 지었다고 하지만 1984년 이후 진행된 발굴조사 결과 대체로 4세기부터 본격적으로 조성된 것으로 밝혀졌다.

시간이 지나면서 월성은 궁궐로 제 기능을 하기에 좁게 느껴졌다. 그래서 6세기 중엽에 진흥왕은 월성 동쪽에 새 궁궐을 지으려는 시도도 하였다. 당시에는 궁궐을 확장하지 못하고 황룡사를 지었는데 삼국통일 직후가 되면 본격적으로 궁궐을 넓힌다. 『삼국사기』에는 679년에 문무왕이 월성 북쪽에 동궁을 만들었다는 기록이 있는데 동궁의 연못이 바로 안압지이다. '안압지'는 조선시대 명칭이고 원래는 '월지(月池)'이다. 1970년대 발굴에서 신라 왕실과 귀족들의 화려한 생활상을 엿볼 수 있는 3만여 점의 유물이 출토되었다. 유물 중에는 '儀鳳四年'(의봉4년, 679년)이라고 쓰인 기와와 '東宮'(동궁, 세자가 거처하는 궁)이라는 글자가 있는 자물쇠가 발견되어 『삼국사기』 기록을 확인할 수 있었다.

못 안에는 세 개의 섬을 만들고 귀한 꽃과 나무를 심고 사슴, 노루 등의 동물을 길렀다고 하며 마치 바다와 같은 느낌을 주는 정원으로 꾸미려 하였다. 연못 바로 옆에는 기와집들이 있었는데 바로 경순왕이 왕건을 만났던 임해전(臨海殿)으로 추정된다. 바다를 내려 본다는 전각의 이름에서 연못의 공간기획 의도를 알 수 있다. 지붕에는 초록색 유약을 발라 구운 짐승얼굴무늬 기와를 올렸고 바닥에는 화려한 식물모양의 구운 전돌을

그림 8 월성과 월지 항공사진

깔았다. 선착장과 나무배가 발굴되어 뱃놀이를 즐겼음을 알 수 있고, 술자리에서 쓰였을 것 같은 열 네 개의 벌칙을 적은 주사위도 출토되어 신라인들의 놀이문화도 알 수 있다. 월지에는 물이 들어오고 나가는 시설도 있었는데, 들어오는 시설은 마치 폭포 같이 물이 떨어지도록 하였고, 나가는 곳은 구멍을 나무마개로 막을 수 있도록 하여 물 높이를 조절하였다.

왕과 왕자가 사는 공간 외에 관원들이 일을 하는 관청도 있어야 했다. 월성 북서쪽 첨성대와 월성 사이에서 건물터가 발굴되었다. 지금은 주춧돌만 복원해 놓았는데 주춧돌이 길게 늘어서 있어 회랑처럼 긴 건물이다. 이렇게 긴 건물은 일반 주택이라고 보기는 힘들고 관청이나 궁궐관련 건물이었다고 생각한다. 이곳에는 첨성대도 있는데 많은 연구자들이 별을 관측하기 위해 지은 것으로 추정한다. 별을 관측한다는 것은 지금과는 다른 의미가 있었다. 별의 움직임을 보고 나라의 길흉을 예측하는 것은 중요한 통치행위로 왕이 있는 곳에 천문대를 지은 이유일 것이다.

그림 9 월지 출토품(주사위 1, 보상화무늬 전돌 2, 짐승얼굴무늬 기와 3)

신도시의 건설

신라의 왕경은 천년에 가까운 시간 동안 사람들이 거주하였기에 도시 정비를 하기가 쉽지 않았다. 그런데 신도시라면 애초에 구상했던 도시계획을 실현시킬 수 있었을 것이다. 신라에도 신도시가 있었는데 바로 5소경과 9주의 중심 도시이다. 5소경은 지금의 직할시에 해당하며 김해, 원주, 충주, 청주, 남원이었다. 9주는 지금의 '도'에 해당하며 각 주에는 요즈음의 '도청' 소재지로서의 중심 도시가 있었다. 지금의 양산, 강릉, 춘천, 광주, 공주, 전주, 광주, 상주, 진주이다. 9주 5소경의 정비는 7세기 말인 신문왕대에 완성되었다. 14개의 신도시가 새로 생긴 셈인데 최근 상주 복룡동유적의 발굴조사에서 수도인 왕경과 같은 바둑판 모양의 거리 구획이 조사되고 있어 흥미롭다. 세부적인 구조나 규모 등은 아직 연구가 진행되고 있으나 신라인들이 신도시를 만들면서 왕경에 적용한 도시 구획을 활용한 것이 분명하다.

사찰과 불교미술

불교는 인도에서 생겨난 종교로 고구려를 통해 신라로 전해졌다. 527년 법흥왕 때에 공인되었는데 이차돈의 순교 이야기가 전해진다. 신라 사람들은 원래 하늘이나 나무 등 자연을 신으로 숭배해왔기에 불교라는 외래종교를 선뜻 받아들이기가 쉽지 않았다. 그러나 석가모니의 가르침을 따라 수행하거나, 현생에 선업(善業)을 닦으면 다음 생에서 복을 받는다는 주장은 단순하고 명쾌하여 백성들이 쉽게 받아들일 수 있었다. 체제 정비를 하려는 법흥왕에게도 매력적이었다. 왜냐하면 왕은 부처님 대신 전륜성왕(轉輪聖王)으로 나타나 세상을 다스리는 존재로서, 전생에 높은 덕을 쌓은 인물로 설명하면 왕권을 강화하는데 큰 도움이 되었기 때문이다. 이후 불교는 왕실뿐만 아니라 모든 신라인이 신봉하는 종교가 되었다. 더 나아가 신라 땅이 원래부터 불교와 깊은 인연이 있었고 불교가 신라를 보호할 것이라는 호국불교적인 믿음도 생겨났다. 이를 보여주는 대표적인 사찰이 황룡사와 사천왕사, 감은사이다.

삼국통일 이후에는 수많은 절이 만들어지고 불교문화가 곳곳에 스며들었다. 의상과 원효는 불교를 대중에게 알리고 통일 직후의 혼란한 사회를 어루만지고 백성들을 위로하였다. 이렇게 불교는 백성들의 생활 속에 깊이 파고들었다. 『삼국유사』를 보면 당시 서울에는 '절이 밤하늘의 별처럼 총총하고, 탑은 기러기처럼 줄지어 섰다(寺寺星張塔塔雁行)'라고 하였는데, 절과 탑이 얼마나 많았는지 알려준다. 지금도 경주 남산 자락에는 수많은 불상과 탑이 남아 있다. 신라의 수준 높은 문화를 대표하는 불국사와 석굴암도 이때의 작품이다.

왕궁 대신 지은 절, 황룡사

황룡사는 진흥왕이 553년에 왕궁을 지으려다 황룡이 나타나 절을 짓게 되었다는 기록이 전해 오는 곳이다. 월성에서 바로 내려다보이는 벌판에 있다. 9층 목탑과 거대한 금동불상(丈六尊像) 세 구가 있었다고 하며, 이는 옥 허리띠와 함께 『삼국유사』에 전하는 신라의 세 가지 보물(新羅三寶)에 속한다. 1976년부터 발굴했는데, 실제로 9층 목탑 터와 금당, 회랑과 담장, 그리고 문의 흔적이 조사되었다. 건물은 나무로 지어서 고려 때인 1238년, 몽

그림 10 황룡사 목탑지
지금은 거대한 기둥을 받쳤던 주춧돌만이 남아 있다. 가운데 큰 돌은 목탑이 무너져 폐허가 된 뒤, 사리기가 있던 곳을 보호하기 위해 가져다 덮은 돌이라고 한다.

골 침입으로 모두 불탔지만 건물을 받쳤던 주춧돌은 대부분 남아 있다.

건물을 튼튼하게 세우기 위해서는 바닥을 단단하게 다지고 나무 기둥을 세우는 자리에 주춧돌을 놓아 무게를 지탱하게 하는데, 큰 건물일수록 이 주춧돌이 커진다. 9층 목탑을 세웠던 주춧돌은 황룡사지 뿐만 아니라 신라 건물 중에서 가장 크다. 그리고 금당에는 대형 금동불상을 놓았던 큰 받침돌이 여전히 남아 있다. 불상과 광배를 꽂았던 홈과 돌의 규모로 보아 얼마나 거대했는지 짐작할 수 있다.

황룡사 목탑은 금당 조성 80여년 후인 646년에 완공되었다. 당시는 고구려와 백제로부터 강한 압박을 받아 국가가 큰 위에 빠진 시기로, 9층탑을 지어 이웃한 아홉 나라를 항복시키고 세상을 평안케 하려는 의도였다는 이야기가 전한다. 호국불교의 성격을 잘 보여주는 절이다.

나라를 지키는 용이 되다, 감은사

경주의 동쪽, 감포 앞바다에는 문무왕의 수중릉으로 알려진 대왕암이 있다. 삼국통일 과정에서 당나라는 신라마저 점령하겠다는 야욕을 드러냈는데, 문무왕은 당당히 싸워 당나라를 몰아냈다. 이렇게 큰 걱정거리를 없앴지만 동해 바다에 나타나는 왜(일본)의 노략질은 왕의 또 다른 근심거리였다. 특히 경주는 동해안에 가까이 있어서 왜구가 바다로 들어오면 큰 위험에 빠질 수 있었다. 그래서 문무왕은 죽어서도 용이 되어 나라를 지키겠다는 뜻을 밝히고 이곳에 화장하도록 유언을 남겼다.

문무왕은 불법의 힘으로 왜구를 막고자 감은사를 짓기 시작하여 그 아들인 신문왕이 682년에 완공하였다. 『삼국유사』에는 이 절의 건물 앞쪽 바닥에 바다를 향해 구멍을 하나 냈고, 이는 용이 된 문무왕이 들어오도록 한 것이라고 적혀 있다. 그런데 1959년 실제로 발굴을 해보니 금당의 바닥이 다른 건물에서는 볼 수 없는 특이한 형태였다.

금당뿐만 아니라 이곳에는 두 개의 커다란 석탑이 우뚝 서있다. 황룡사지에서 본 것처럼 신라 사람들은 처음에는 탑을 금당 앞 중앙에 하나만 만들었는데, 통일신라 때부터 탑 두 개를 마주보게 만들었다. 탑을 만드는 재료도 사천왕사의 목탑을 마지막으로 나무에서 돌로 바뀌었다. 이 감은사 탑은 신라 석탑 중에 가장

그림 11 감은사 탑과 금당 기초
다른 금당과 달리 크고 긴 돌을 엮어서 바닥에 빈 공간을 만들었다. 용이 된 문무왕이 머무는 장소였을까?

큰 편에 속하는데 높이가 13m가 넘는다. 워낙 크다 보니 마치 나무로 탑을 만들듯이 여러 개의 돌을 짜 맞추어 만들었다. 그리고 1959년과 1996년에 두 탑을 수리하기 위해 해체를 하였을 때, 각각의 탑 안에서 부처님의 사리를 보관하는 금동으로 만든 사리함이 한 구씩 발견되었다. 불교를 통해 나라를 지키려는 문무왕의 의지를 잘 보여준다.

불국토의 세계, 불국사와 석굴암

8세기는 신라문화의 최전성기로 꼽힌다. 삼국통일을 완수하고 당과의 전쟁도 끝나 평화의 시대가 시작되었다. 안정된 사회는 풍성하고 세련된 문화를 일궜는데 불교를 중심으로 한 수준 높은 문화유산이 남아 있다. 대표적인 사례가 석굴암 본존불을 비롯한 불교 조각상, 성덕대왕신종으로 대표되는 공예품, 불국사, 석굴암과 같은 건축물과 그곳에 쓰인 화려한 기와와 전돌, 각종 조각품 등이다.

이 중에 불국사와 석굴암은 신라 문화의 절정을 문화를 보여주는 종합 예술품이다.

1

2

그림 12 석굴암(1)과 불국사(2)
신라인들은 돌을 마치 나무처럼 자유자재로 다루었다. 불국사와 석굴암의 건축물이 이를 잘 보여준다.

『삼국유사』에는 김대성이 부모를 위해 751년에 불국사를 짓고, 이어서 전생의 부모를 위해 석굴암을 지었다고 한다. 불국사는 임진왜란 때 불타 신라 때의 건물은 남아 있지 않지만 돌로 만든 것은 대부분 신라 사람들이 만든 것이다. 금당에 오르기 위한 다리인 청운교와 백운교, 그리고 금당 앞의 석가탑과 다보탑이 있다.

석굴암은 신라의 조각을 대표한다. 서역의 석굴사원처럼 굴을 파내어 만든 사원이 아니고 돌을 조각해서 짜 맞춰 조성한 인공 석굴사원이다. 입구 양 옆에는 수문장인 금강역사상이 눈을 부릅뜨고 있고, 동서남북을 지키는 사천왕상을 조각하였다. 석굴암 가운데에는 높이 3.4m에 달하는 석가모니 부처님이 동해를 바라본다. 부처님 주위는 보살상과 십대 제자상이 둘러싸고 있다. 『삼국유사』에는 석굴암 창건을 지휘했던 김대성이 지붕에 마지막 큰 돌 한 개를 올리다가 돌이 세 조각으로 갈라져서 잠을 자지 못하던 차에 하늘의 신이 내려와 다 만들고 갔다는 얘기가 있다. 실제로 천정 가운데의 돌이 세 조각으로 나 있는 것을 볼 수 있는데 이 이야기는 얼마나 석굴암을 만드는 것이 어려웠는지를 알려준다.

돌을 다듬고, 쇠를 녹이고

불국사와 석굴암에서 보았듯이 신라인이 돌을 다루는 솜씨는 최고였다. 이런 작품이 곳곳에 무수히 많이 남아 있는 곳이 경주 남산이다. 정상인 금오봉(468m)까지 올라가는 길에 수많은 불상과 석탑이 있다. 절벽에 돌을 쪼아서 만들기도 하고, 몸은 선을 그어 표현하고 얼굴은 부조로 만들거나, 완전한 입체 불상을 세우기도 했다. 칠불암에 있는 일곱 개의 불상과 상선암 바로 위의 절벽에 새긴 5m 높이의 초대형 불상은 신라 석공의 기예를 엿볼 수 있는 작품이다.

돌 뿐만 아니라 금속을 다루는 솜씨도 우수하다. 대표적인 작품은 성덕대왕신종이다. 771년 혜공왕대에 만들어진 것으로 에밀레종이 별칭이다. 제작할 때 아이를 바쳤다는 이야기 때문이다. 그 이야기에서 18.9톤의 종을 만드는 데에 얼마나 많은 어려움이 있었을지 상상이 된다. 높이 3.7m의 대형 종은 크기만 큰 것이 아니다. 그 속에서 나오는 울림은 더 큰 감동을 준다. 표면의 비천상과 넝쿨무늬, 그리고 연꽃무늬 장식은 아름다우면서도 정교하다.

금과 구리를 이용해서 불상도 많이 만들었다. 대표적인 작품은 백률사 금동약사불이다. 균형잡힌 조형미를 갖춘 것으로, 높이 1.77m에 달하는 불상을 주조한 뛰어난 기술을 확인하였다. 한편, 통일신라 말이 되면 구리 외에 불상을 만드는데 철을 사용하게 된다. 철불은 왕경 근처에서는 만들어지지 않고 당시 변경이었던 경기도, 충청도, 강원도 일대에 주로 보인다. 철은 구리보다 녹는 점이 높고 또 금방 굳어서 다루기가 훨씬 어려웠기에 불상의 재료로 잘 사용하지 않았다, 그러나 당시 구리가 부족하여 철불이 만들어졌다고 한다. 이처럼 철로 거대한 불상을 만드는 것은 고도의 기술이 필요한데, 유럽에서는 이런 주조기술이 14세기에나 등장하는 것으로 알려져 신라인의 기술력을 알 수 있다.

그림 13 성덕대왕신종
특히 종을 제작하게 된 이유와 참여한 사람의 이름을 1,000자에 달하는 글자로 새겨 넣어 종의 제작과정을 알게 하였다.

죽음 뒤의 세계

사랑하는 사람이 세상을 떠나는 모습을 대한 사람들은 어떤 심정이었을까? 그 사람을 잃은 슬픔 한 구석에는 죽음 이후의 세계에 대한 불안감이 자리 잡고 있었을 것이다. 신라 사람들은 지금의 삶이 죽은 다음에도 이어질 것으로 믿었다. 죽음으로 비록 육체는 썩지만 영혼은 어딘가 존재할 것이라 생각하였다. 왜냐하면 죽은 자를 위해 그 사람이 생전에 쓰던 물건을 함께 넣어주기도 하고 무덤을 집처럼 꾸미기도 하였기 때문이다. 그래서 무덤과 껴묻거리를 연구하면 신라인의 생활 모습을 추측할 수 있다.

일반 백성들의 무덤 중 흔한 방식은 땅에 구덩이를 파고 그냥 시신을 묻는 것이었다. 좀 더 여유가 있으면 관 바깥을 나무나 돌로 한 번 더 보호하기도 했다. 왕이나 귀족은 성대한 장례식을 치루고 커다란 무덤을 만들었다. 6세기 이후 만들기 시작한 돌방무덤(石室墳)은 통일 이후에도 이어졌다. 돌로 방을 만들고 가족이 죽을 때마다 무덤 문을 열고 들어가 시신을 추가할 수 있어 경제적이었다. 또한 중국 당 황제릉의 형식이 도입되기도 하고 불교 탑의 구조가 채용되기도 하였다. 한편, 이 시기에는 불교의 영향으로 화장(火葬)이 크게 유행했다. 대부분 시신을 태워 그저 재를 산야에 뿌렸지만, 어떤 사람들은 고급스런 뼈 항아리에 유골을 담아 땅속에 묻기도 하였다.

왕릉의 위용을 갖추다

앞 장에서 본 것처럼 백제와 고구려에서 유행했던 돌방무덤이 도입되면서 신라 후반기의 대표적인 무덤이 된다. 통일신라의 돌방무덤에는 나무 관을 사용하지 않았다. 돌로 시신을 놓는 시설을 만들고 그 위에 시신을 바로 놓았다. 쌍상총과 토우총에서는 시신을 안치하기 위해 돌로 만든 베게나 발받침을 놓기도 하고 침대와 같이 판판한 큰 돌에 머리와 몸의 형상을 파내기도 하였다. 또한 무덤 안에 하인이나 배우자를 의미하는 여러 개의 흙 인형(土俑)을 부장하는 경우도 있었다. 이렇게 자신 주위의 사람을 의미하는 인형을 무덤에 넣는 것은 세계 각지의 고대 문화에서 발견할 수 있다. 모두 내세에서도 편안히 살기를 바라는 마음이다.

왕릉은 이전 시기에 여러 기를 모아서 집단 능역(陵域)을 조성하던 것과 달리 통일기에 들어서면 단독으로 독립된 공간에 만들었다. 또한 왕릉의 위치를 정하는데 풍수지리사상의 영향도 있었다고 한다. 9세기말에 쓰인 최치원의 숭복사 비명에는 원성왕릉을 기존의 사찰터로 옮기고 그곳에 조성한 이유로 풍수지리를 들었다. 한편, 봉분을 꾸미고 능역을 신성한 공간으로 만들면서 당 황제릉의 제도도 도입하였다. 신라는 통일 전부터 당과 연합하면서 적극적으로 당의 제도와 문화를 받아들였는데 왕릉의 형식도 영향을 받았다.

우선 가장 눈에 띄는 것은 왕릉 앞에 세워진 비석이다. 지금은 비석이 제대로 남아 있지 않지만 비석 받침이었던 큰 돌거북이 남아 있다. 무열왕릉이 대표적이고 전 성덕왕릉, 흥덕왕릉에서도 볼 수 있다. 또 왕릉 앞에 세우는 석물들도 당의 능묘제도에서 받아들인 것이다. 당나라 태종의 무덤인 소릉(昭陵, 649년)과 측천무후와 고종의 무덤인 건릉(乾陵, 704년)에는 돌로 만든 비석, 문무인상, 동물상, 그리고 주변 국가의 사절을 표현한 석상들이 도열해 있다. 원성왕릉과 흥덕왕릉에 상석(床石), 석사자, 문무석인상, 화표석(華表石)이 나타나는데 이 영향으로 보인다. 석사자나 문무석인상은 무덤 주인을 받들고 보호하는 것인데 서아시아인의 모습을 한 무인상이 이채롭다. 각종 석상 외에 이 시기 왕릉의 또 하나의 특징은 판석을 다듬어 둘레돌(護石)을 만들어 봉분을 보호하고 주변에 돌난간

그림 14 괘릉(원성왕릉 추정)
석사자와 문무 석인상, 봉분의 네 모서리에 네 마리의 돌사자를 배치하고, 문관상과 무인상을 봉분 앞쪽에 왕을 모시듯이 서로 마주보며 세웠다.

을 돌린 것이다. 이는 인도의 불탑(스투파) 양식을 본 따 만든 것으로 왕이 부처를 대신해서 세상을 다스린다는 사상을 반영하였기 때문이라 한다.

십이지신이 보우하사

십이지(十二支)는 방위와 시간을 맡아 지키는 12개의 신으로 쥐(자子), 소(축丑), 호랑이(인寅), 토끼(묘卯), 용(진辰), 뱀(사巳), 말(오午), 양(미未), 원숭이(신申), 닭(유酉), 개(술戌), 돼지(해亥)를 상징한다. 십이지의 기원은 아직 명확히 밝혀지지 않았다. 중국에서는 한나라 때 출현하여 수와 당나라에 이르면 머리는 동물의 모습이지만 몸은 사람의 형태인 흙 인형으로 제작되어 무덤에 부장된다.

우리나라의 십이지는 통일신라시대에 중국에서 수입되어 무덤조각과 불교미술 양면에서 서로 관련을 맺으며 조각의 중요한 주제로 자리 잡았다. 처음에는 중국과 같이 흙 인형 형태의 조그만 십이지상이 무덤 내부에 부장되거나 무덤 주위의 땅 속에 묻혀 망자를 지키는 신으로서의 역할을 하였다. 그러다가 갑옷을 입은 신장상의 모습으로 무덤 둘레돌에 크게 조각되면서 능을 지키는 수호신의 성격을 분명히 나타냈다.

그림 15 전 성덕왕릉 원숭이상
갑옷을 갖춰 입은 높이 1.1m이상의 당당한 무인상으로 무덤의 둘레에 세웠다.

십이지신은 각 방위를 지키는 신이었으므로 해당하는 위치에 정확히 새겨졌다. 즉 무덤의 정북에는 쥐(子)가 있고 시계방향으로 소, 호랑이 순으로 되어 있다. 이처럼 무덤을 보호하는 호석에 십이지를 새기는 것은 중국과는 다른 통일신라만의 독특한 십이지 활용법이었다. 대체로 왕릉, 또는 그에 버금가는 무덤에 이러한 십이지상이 조각되어 있다. 봉분의 주변을 잘 다듬은 돌로 둘러쌓는데, 봉분이 무너지지 않도록 넓적한 돌과 길쭉한 돌을 번갈아 가며 맞물리도록 하였다. 이때 길쭉한 돌이 노출된 면에는 십이지를 새겼다. 그리고 둘레돌 바깥에 다시 돌난간을 돌려 완성하였다. 십이지가 있는 무덤은 현재 총 8기가 존재한다. 그리고 무덤의 전체 모습을 알 수 없지만 경주 능지탑과 2016년 이후 황복사지 인근에서 발굴된 십이지 둘레돌도 무덤의 십이지로 보인다. 이를 고려하면 십이지 둘레돌이 있는 무덤은 대략 10기가 남아 있다. 이들은 규모나 외부 장식, 무덤 조성에 들인 공력으로 보아 통일신라시대의 왕릉으로 볼 수 있다. 10기의 순서에 대해서는 연구자마다 주장이 다르지만, 대체로 전 성덕왕릉이 가장 이른 무덤이고 전 진덕왕릉이 가장 늦게 만들어진 것으로 본다.

윤회의 고리를 끊자, 화장묘(火葬墓)

불교의 전래에 따라 신라에서는 거대한 무덤을 만들어 주검을 묻던 장례풍속에서 주검을 태워 장사지내는 화장이 크게 유행하였다. 집과 같은 거대한 무덤을 만든다는 것은 비록 죽음으로 육체는 썩지만 영혼은 무덤이나 어딘가 존재하며 살아갈 것이라는 믿음 때문이었다. 불교가 전래되면서 이러한 믿음에 변화가 생겼다. 불교의 최고 목표는 열반(nirvana)으로, 이는 존재의 속박에서 벗어나는 것이다. 집착하지 않음으로 자유롭게 되며 윤회(輪廻)의 고리를 끊어야 열반에 다다를 수 있다.

이런 불교의 세계관에서는 시신을 태운 뒤, 남은 뼈를 산천에 흩어 뿌리는 것이 가장 어울리는 장례방법이었다. 발굴된 뼈 항아리 중 가장 오래 된 사례는 6세기 중엽에 만든

그림 16 국보 제125호, 녹유 뼈 항아리와 석함
화강암을 깎아 보호용기를 만들었다, 녹유 그릇은 고려자기가 제작되기 훨씬 이전에 이미 유약을 이용한 그릇 제작방법이 있었음을 알려준다.

것이다. 그러나 크게 유행한 것은 삼국통일 이후였다. 『삼국사기』와 『삼국유사』에는 삼국을 통일한 문무왕(재위 661~681년)을 시작으로 8명의 왕을 화장한 기록이 있다. 이처럼 왕을 비롯한 지배층은 화장을 적극적으로 받아들였고, 통일 이후에는 일반 백성들에게도 보편적인 장례 방법이 되었다.

화장을 할 때 시신을 태우고 남은 재를 산야에 뿌리지 않는 경우, 재를 보존하기 위해 산 정상부나 구릉에 작은 구덩이를 파고 재를 담은 항아리를 묻었다. 항아리는 하나만 사용하지 않고, 유골을 담은 작은 항아리를 큰 항아리에 넣어 보관한 경우가 많았다. 특히 바깥의 큰 항아리 대신 돌을 다듬어서 튼튼한 보호 용기를 만들기도 했다. 뼈 항아리는 일반 그릇을 사용하기도 했지만 이처럼 특별히 공들여 전용그릇을 만들기도 했다. 전용그릇은 유골을 안전하게 보관할 수 있는 구조로 만들었다. 가장 중요한 것은 뚜껑이 쉽게 분리되지 않게 하는 것인데, 뚜껑과 몸체에 고리를 만들고 고리 구멍에 쇠꼬챙이를 꽂거나 끈으로 묶어 붙들어 매는 방법을 사용하였다. 이때 뚜껑과 항아리 고리의 구멍을 정확히 맞추기 위해 그릇을 빚을 때 위치를 표시한 경우도 있다. 또한 뚜껑에 작은 구멍을 뚫는 경우도 보이는데, 이 구멍의 용도는 분명치 않다. 아마 재가 식으면서 생기는 수증기를 내보내거나 신앙적인 의미가 있을 것으로 추정한다.

초기의 뼈 항아리는 토기에 약간의 장식을 가미한 정도였다. 그러다가 점차 토기의 크기가 커지면서 8세기가 되면 표면 전체에 화려한 무늬를 빼곡히 찍어서 장식하였다. 그러나 9세기 이후에는 화려한 장식은 점차 사라져서 무늬 없는 뼈 항아리가 주류를 이루게 된다. 항아리 모양 외에도 탑 모양, 집 모양 등 다양한 모양으로 만들어졌다. 그리고 녹유(綠釉)를 발라 아름답게 장식한 항아리, 그리고 중국 당나라의 삼채(三彩)와 청자, 백자항아리를 이용한 뼈 항아리도 있었다.

테글 2

왕의 무덤을 알 수 있을까?

기록에 따르면 신라의 왕은 박혁거세왕부터 경순왕까지 총 56명이었다. 그럼 현재 무덤의 위치를 정확히 알 수 있는 왕은 몇 명일까? 경주에 가면 사적 등으로 지정되어 왕의 이름이 적힌 안내판이 있는 무덤이 38기에 달한다. 이 왕릉은 모두 정확한 것일까?

결론부터 말하면 정확히 왕릉의 주인을 알 수 있는 무덤은 두 기뿐이다. 왜 그런지 왕릉 위치가 정해진 과정을 살펴보자. 왕릉에 대한 가장 오래된 기록은 고려 초인 1145년에 편찬된 『삼국사기』로 여기에는 30명의 왕에 대한 무덤 기록이 있다. 신라가 망한 뒤에 어느 정도 시간이 지나 위치를 찾지 못하는 왕릉이 많았음을 알 수 있다. 『삼국사기』와 『삼국유사』의 기록도 '무슨 절의 북쪽', 또는 '어떤 마을의 남쪽' 등으로 지금은 정확한 위치를 알 수 없는 경우가 많다. 시간이 더 지나 조선 초인 15세기 후반의 자료에는 10기의 능에 대한 위치만 남아 있다. 10기는 박혁거세릉, 미추왕릉, 법흥왕릉, 진흥왕릉, 선덕여왕릉, 효소왕릉, 성덕왕릉, 헌덕왕릉, 흥덕왕릉, 무열왕릉이다. 고려시대를 거치면서 많은 무덤의 위치를 잃어버린 것이다. 조선 초까지 10기만 알려져 있던 것이 다시 38기까지 늘어난 이유는 조선 후기에 족보간행이 유행하면서 경주김씨와 경주박씨 가문에서 왕릉을 활발히 비정했기 때문이다. 그러나 과연 그럴까라는 의문을 자아내는 무덤도 많다.

그림 17 무열왕릉 비석의 귀부(1)와 이수(2)
이수 중앙에 2행으로 '태종무열대왕지비'(太宗武烈大王之碑)라는 글자를 새겼다.

그렇다면 현재 고고학계에서는 왕릉을 어떻게 추정하고 있을까? 왕릉을 추정하는 것은 신라 고고학에서 계속 논쟁이 되는 주제이다. 우선 신라에는 백제의 무령왕릉처럼 무덤 안에서 왕의 이름이 적힌 묘지석이 출토되어 주인을 확실히 알 수 있는 자료는 없다. 금관총에 부장된 칼에서 '이사지왕'(尒斯智王)이라는 명문을 확인한 것이 유일한 경우이나 금관총은 왕릉 여부에 대해 논쟁중이다. 현재 신라의 왕릉 중에 무덤의 주인을 확실히 인정할 수 있는 두 기는 무열왕릉과 흥덕왕릉이다. 무열왕릉은 무덤 앞에 거북이 모양 비석받침돌(귀부 龜趺)과 비석 머릿돌(이수 螭首)이 남아 있으며 이수에는 '태종무열대왕지비'(太宗武烈大王之碑)라고 새겨져 있다. 흥덕왕릉에도 귀부가 남아 있는데 주변에서 '흥덕'(興德)이라고 새겨진 비석 편이 조사되었다. 이외에 원성왕릉과 선덕여왕릉의 경우는 문헌 기록과 사찰의 위치를 근거로 주인으로 인정하기도 한다.

고고학 발굴을 통해 왕릉으로 추정되는 무덤으로 황남대총 남분을 들 수 있다. 황남대총은 무덤의 규모에서 신라 최대, 남분과 북분으로 나누어 봐도 세 번째로 큰 무덤이다. 출토품도 질과 양에서 압도적이다. 엄밀하게 말하면 이 역시 정황상의 증거이나 왕릉으로 보아도 큰 무리가 없다. 황남대총 남분의 주인공으로 학계에서는 내물왕, 실성왕, 눌지왕 설이 제기되었다. 황남대총 북분은 왕비의 무덤으로 본다. 대릉원 일대를 발굴한 결과 대부분 4~6세기 전반에 무덤이 만들어졌음을 알게 되었다. 그래서 내물왕부터 지증왕까지 마립간 시기의 왕릉은 대릉원 일대의 대형 무덤 중에 하나일 것으로 추정한다.

법흥왕 이후에는 경주의 중심지인 대릉원 일대에 더 이상 왕릉을 만들지 않고 외곽의 구릉으로 이동했다고 본다. 마립간 시기에는 대릉원에 왕과 귀족의 무덤이 섞여 있었다면 이 시기부터는 왕의 무덤이 독립해서 조성되었다. 법흥왕, 진흥왕, 진지왕의 무덤 후보지는 서악동 무열왕릉 위쪽에 있는 네 기의 대형 무덤으로 추정한다. 대릉원의 마립간 무덤과 필적하는 대형 무덤이면서 『삼국사기』 기록처럼 수도 중심지가 아닌 외곽 구릉에 있기 때문이다.

한편, 무덤의 구조를 바탕으로 순서를 추정하기도 한다. 봉분이 흘러내리지 않도록 보호하는 돌을 봉분 주위에 둘렀는데, 처음에는 강돌을 몇

단 정도 쌓다가 큰 돌을 다듬어서 만들고, 마지막에는 여기에 십이지신을 새겨 넣고 돌난간도 만든다. 삼국통일 이후부터 이렇게 큰 돌을 다듬어서 둘레돌을 사용하기 시작한 것으로 추정하며 전 신문왕릉이 그 예이다.

십이지 무덤은 현재 10기가 남아 있는데 이 무덤들이 바로 8세기 이후의 왕릉이었다고 추정된다. 전 성덕왕릉은 십이지를 독립된 조각상으로 만들어 봉분의 바깥에 세웠다. 그런데 십이지를 호석에 배치하는 경우 12개의 십이지상을 새기기 위해 둘레돌을 구성하는 돌들의 숫자가 12배수인데 전 성덕왕릉은 그렇지 않다. 그래서 이 무덤은 처음에 만들 때 십이지 배치를 고려하지 않았고 나중에 십이지 조각을 추가한 것으로 생각할 수 있다. 이 때문에 가장 먼저 십이지 형식을 채택한 무덤으로 추정한다. 이 단계를 지나면 봉분 둘레돌에 십이지를 새겨서 무덤을 만든다. 십이지 둘레돌이 있는 왕릉의 변천은 여러 연구자에 의해 시도되었다. 십이지석의 배치와 십이지의 머리 방향 및 표현 기법, 그리고 돌을 다듬는 방법, 무덤의 크기 등이 중요한 기준이다. 그러나 대부분 발굴조사가 되지 않아 구체적으로 어떤 무덤이 어떤 왕의 무덤인지 밝히기는 어렵다. 다만 전 진덕왕릉의 십이지상의 표현이 가장 퇴화되었다고 보아 가장 늦게 만들어진 것으로 추정한다.

그림 18 전 신문왕릉 호석 전경
십이지를 새기기 전 단계의 무덤으로 둘레돌과 지지석을 잘 다듬어서 만들었다.

그림 19 흥덕왕릉(좌)과 전 진덕왕릉(우)의 십이지 용
두 상을 비교하면 흥덕왕릉에 비해 전 진덕왕릉의 십이지상이 평면적인 것을 알 수 있다.

대외 교류

신라는 고구려, 백제, 가야뿐만 아니라 중국, 북방의 유목민족, 왜, 그리고 멀리 서아시아의 여러 나라와 교류하였다. 삼국통일 뒤에는 당나라와 활발히 교류하면서 외국 문화를 적극적으로 수용했으며, 의상, 원측 등의 승려와 최치원 등이 당나라로 유학을 갔다. 당나라의 수도인 장안은 국제적인 대도시로, 이곳을 방문한 신라인들은 다양한 문화와 접했을 것이다. 또한, 일본과도 활발히 교류하였는데, 일본의 왕실 창고인 쇼소인(正倉院)에 남아 있는 많은 신라산 문물이 그 증거이다. 이러한 신라인의 활발한 대외활동은 삼국통일의 원동력으로 꼽히기도 한다.

대외교류에서 신라만의 특징으로 들 수 있는 것은 지구 반대편인 서아시아 일대에서 제작된 물건이 신라에서 많이 보인다는 점이다. 경주에서 출토된 서아시아의 문물은 신라가 머나먼 서쪽 나라들과도 접촉하고 교류했음을 알려준다. 이런 활발한 대외교류는 신라만의 특징이며 오랫동안 번성할 수 있었던 힘을 만들었다.

유학 가고픈 나라, 당

신라는 고구려를 통해 377년 중국 북조 전진(前秦)에 사신을 처음 파견하였다. 이후 고구려의 영향 아래에서 간접적으로 중국의 문물을 받아들였다. 고구려의 그늘을 벗어나면서 6세기 초부터는 중국의 남북조와 동시에 외교관계를 맺기 시작한다. 648년 김춘추는 당을 방문하여 당의 복식과 제도를 받아들이며 나당연합을 성공시켰다. 676년 당과의 전쟁 뒤 소원한 사이가 되었으나 698년 발해가 건국되면서 당은 발해를 견제하기 위해 신라와 다시 국교를 회복하였다. 이후 당이 멸망하는 9세기말까지 총 150여 회가 넘게 사절을 파견하고 빈번하게 교류하였다.

당의 수도 장안은 세계적인 국제도시였고, 각지의 문물과 지식이 모여드는 곳이었다. 신라는 공식 사절을 파견하여 이를 접하고, 승려와 유학생들도 대거 당에 유학을 가서 선진문물을 흡수하였다. 840년에는 당 유학생이 돌아오지 않는 게 문제가 되어 유학기한을 넘긴 105명을 집단 귀국시킬 정도였다고 하니, 매우 많은 신라인이 유학을 갔음을 알 수 있다. 한편, 신라인들의 집단 거주지로 '신라방(新羅坊)'이 있었는데 정보를 교환하고 통역과 숙소를 제공하는 등 교류의 거점이 되었다.

그림 20 배리출토 청자 뼈 항아리
안쪽은 중국산 청자로 사용하고 바깥 항아리는 신라에서 구운 토기로 하였다.

중국과의 교류는 여러 가지 변화를 일으켰다. 우선 7세기에 중국의 복식과 관료제도를 받아들이면서 체제정비를 도모했다. 이같은 사실은 고고학 자료에서도 나타나는데 중국 수입품 중 대표적인 것은 자기이다. 이른 시기의 것은 5세기 무덤인 황남대총 북분에서 출토된 흑갈유병을 들 수 있다. 이때는 왕과 왕비의 부장품으로 극히 소량만 사용되었던 것으로 보이는데, 삼국통일 뒤에는 왕경을 중심으로 상류층에서 생활용기로 많이 소비되었다. 특히 신라 왕실의 연못이었던 월지(안압지)에서 많은 자기가 발굴되었고, 황룡사와 같은 중요 사찰과 건물에서도 발굴된다. 그리고 9세기 해양 무역의 중심지였던 청해진에서도 조사되어 중요한 교역품이었음을 알 수 있다. 중국 자기는 8세기 이후에 뼈 항아리로도 많이 쓰였다. 경주 조양동에서 출토된 당삼채 골호가 대표적이다. 청자 뼈 항아리도 있는데, 이들은 최상류층의 취향을 보여준다.

문화를 전달하다, 일본

일본은 663년 백제 부흥군을 도와 신라·당과의 전쟁에 참전했으나 백강(白江) 전투에서 참패를 당하였다. 이후 체제를 정비하며 당의 침공을 대비하였는데, 신라를 선진문물을 받아들이는 창구로 활용하였다. 7세기 후반에 일본은 신라에 유학생을 파견하는 등 신라와 적극 교류하였는데, 발해 건국 이후에는 발해를 가까이 하면서 신라와 당을 견제하려 하였다. 그러나 8세기 들어 당 중심으로 국제관계가 안정되면서 당, 발해, 신라, 일본 4국은 문화적으로 활발히 교류하였다. 752년에는 신라에서 일본에 7백여 명의 대규모 사절단을 보낼 정도였다. 그러나 이러한 대규모 공식적인 교역은 신라에 신하의 예를 요구한 일본 정부와의 갈등으로 779년 이후 중단되었다. 민간 교역은 계속 이어져 9세기 전반 장보고가 청해진을 만든 뒤 일본, 중국 간 교역은 더욱 활발하게 이루어졌다.

일본과의 교류는 신라의 문물이 주로 전해진 일본에서 관련 자료가 많이 발견된다. 특히 일본 왕실의 보물창고인 쇼소인(正倉院)에 신라의 고급 물품이 다수 보인다. 불경과 악기, 먹, 청동 숟가락, 그릇, 금동가위 등이 대표적이다. 이와 관련하여 752년에 작성된 '매신라물해(買新羅物解)'가 주목된다. 이는 신라 사신 김태렴(金泰廉)이 신라 물품을 가지고 방문하자 이를 사기 위해 일본 상층 귀족들이 물품명과 수량, 가격을 작성해서 일본 정부에 제출한 문건인데 여기에는 120여 종 이상의 물품이 보인다. 각종 약재, 향료, 안료, 염료, 불교용품, 촛대, 직물, 식기, 수저류 등 다양한데, 이 중 약재의 일부는 서아시아의 물건을 신라가 중개무역 한 것으로 보기도 하여 서아시아와의 교류양상을 보여주는 자료로도 평가된다. 이외에 통일신라에서 일반 용기로 크게 유행한 꽃무늬로 장식한 토기(印花文土器)도 일본의 항구나 관청, 궁궐 등에서 다수 발굴된다.

그림 21 금동가위(월지 1, 쇼소인 2)
쇼소인에 보관된 가위는 월지에서 이와 비슷한 금공가위가 출토되어 신라에서 수입된 것으로 알려졌다.

1	2

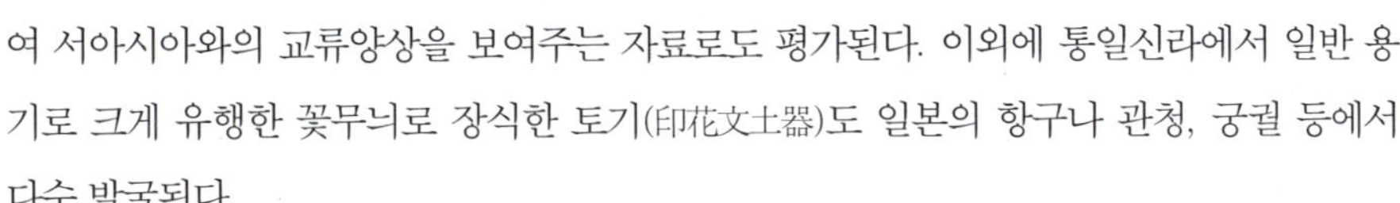

유라시아대륙을 건너, 서아시아

서아시아와의 교류를 보여주는 문헌자료는 단편적으로 양 지역간의 관계를 추정할 수 있는 정도에 그친다. 6세기 이전의 자료는 불교의 전래와 관련되어 나타난다. 앞서 설명한 것처럼 『삼국사기』에는 눌지왕 때에 승려 묵호자(墨胡子)가 고구려로부터 와서 신라에 불교를 전했다고 한다. 여기에서 '묵호자'는 이름이기보다는 '얼굴이 검은 서역승'을 말하는 것으로 보인다. 이러한 기록이 있지만 서아시아와 직접 교류했다고 보기는 어렵다. 당시에는 중국과의 교류도 고구려나 백제를 통했기 때문이다. 따라서 6세기 이전에 신라 초대형 무덤에서 보이는 로만글라스와 같은 서아시아의 문물은 중국에 우선 수입된 것을 신라가 다시 수입했을 것이다. 통일 이후가 되면 당나라의 수도인 장안은 이슬람 사절과 상인들이 거주하였던 국제도시로 발전하였다. 신라인들이 장안에서 서아시아 사람들과 만날 기회가 생겼을 것이고, 그들의 문물을 직접 접하고 신라로 도입했을 가능성이 충분하다.

많은 연구자들이 서아시아 사람들이 경주에 직접 온 것은 8세기 이후로 본다. 먼저 일본의 경우 『속일본기(續日本記)』 736년 기록에 당에 파견 갔던 견당사가 파사인(페르시아인) 1명을 데리고 왔다는 기록이 있다. 일본의 견당사가 왕래할 때 신라의 도움을 받았던 것을 생각하면 우리도 참고할 만한 기록이다. 『삼국유사』에는 비록 설화적인 내용이지만 795년에 당나라 사신이 두 명의 하서국(河西國, 황하의 서쪽 지역) 사람을 데리고 왔다는 기록이 있다. 『삼국사기』 헌강왕 5년(879년) 기록에 '생김새와 복식이 괴이한 사람이 노래하고 춤을 추었다'라고 하였는데 서아시아인을 가리킨 것이라는 견해가 있다.

또한 압바스 왕조의 지리학자였던 이븐 쿠르다지바(Ibn Khurdahibah)는 845년에 『제도로(諸道路) 및 제왕국지(諸王國志)』를 쓰면서 '중국의 맨 끝 깐수의 맞은 편에는 많은

그림 22 원성왕릉(1)과 흥덕왕릉(2) 무인상
봉분 앞쪽에 왕의 신하를 의미하는 문관과 무관 조각상이 각 2구씩 서로 마주보며 서있다. 무관상은 서아시아인의 모습인데 외국인을 왕릉 앞에 세운 이유가 무엇일까?

1 2

산과 왕국들이 있는데, 그곳이 바로 신라국이다. 이 나라에는 금(金)이 많으며 무슬림이 일단 들어가면 그곳의 훌륭함 때문에 정착하고야 만다'라고 기록하였다. 한편, 이렇게 서아시아인들이 직접 신라에 진출한 이유로 9세기대 당나라에서 벌어졌던 이들에 대한 탄압을 근거로 들기도 한다. 즉 845년 당 무종(武宗)의 종교 탄압, 그리고 875년 발생한 황소의 난 때 무역항 광주에 살던 수만의 무슬림들이 죽임을 당한 것을 든다. 중국 해안의 무역거점이 파괴되자 직접 신라와 접촉하게 되었다는 것이다. 9세기 전반에 해상무역을 주도한 장보고의 청해진도 영향을 미쳤을 것이다. 처용설화도 처용의 용모가 무섭고 병을 고친다는 점으로 보아 새로운 의약 지식을 가진 서아시아인이 진출한 것일 가능성이 제기되었다.

직접교류의 증거로 원성왕릉(괘릉)과 흥덕왕릉의 무인상을 들기도 한다. 이들은 왕릉 앞에 세운 거대한 석상으로 머리에 터번을 쓰고 우락부락한 얼굴을 하여 매우 이국적이다. 신라에서 벼슬을 했던 서아시아인을 모델로 했을 가능성이 제기되었다. 한편에서는 중국에서 만들어진 이미지를 모방했으며 서아시아인이 신라에 살면서 벼슬을 했다고 생각하기는 어렵다는 견해도 있다. 그러나 서아시아 문화와의 교류는 부정하지 않는다.

쇠퇴와 멸망

끝없이 계속될 것 같던 번영의 시기도 종말을 맞이하게 된다. 8세기 말부터 왕족과 귀족이 권력을 쟁취하기 위해 자주 싸움을 벌였다. 이런 혼란 속에 150여 년 동안 스무 명의 왕이 즉위하였다. 왕실의 권위는 떨어지고 제도가 무너졌으며 지방에 더 이상 왕의 힘이 미치지 않게 되었다. 지방호족들은 직접 백성들을 통치하였고 지배계층은 자신의 부와 권력을 위해 백성을 괴롭혔다. 집과 재산을 잃은 지방의 백성들은 도둑이 되기도 하고 지배층을 향해 민란을 일으키기도 하였다. 민란을 막는다는 이유로 지방호족들은 군대를 일으켰고 신라는 또 한 번 전쟁의 소용돌이에 휩싸인다. 극심한 혼란 속에서 견훤과 궁예는 각각 백제와 고구려의 부흥을 외치며 후백제와 후고구려를 세웠다. 결국 힘이 약해질 대로 약해진 신라는 고려를 세운 왕건에게 항복하였다. 935년의 일이다.

왕권의 약화와 지방호족의 성장

왕권이 안정되어 전성기를 누렸던 통일신라는 혜공왕(惠恭王, 재위 765~780년)이 여덟 살에 왕위에 오르면서 혼란에 휩싸이기 시작하였다. 혜공왕 즉위 4년에 최고 관직인 '각간(角干)' 96명이 다툼을 벌여 '96각간의 난'으로 알려진 권력다툼이 발생했고, 결국 혜공왕은 살해되고 만다. 이후 왕위를 두고 진골 귀족 간의 왕위 쟁탈전이 벌어졌다. 지방의 호족들도 이에 가담하면서 지방에 대한 통제력이 약화되었고 신라는 점차 쇠퇴해갔다.

이러한 혼란 속에서 많은 백성들은 스스로 살길을 찾아 나섰는데 해외로 이주하기도 하고 노예가 되기도 하였다. 당시의 사회 상황을 잘 보여주는 인물이 바로 장보고이다. 장보고도 신라의 혼란 속에 중국에 건너가서 당나라 군대의 장교가 되었다고 한다. 신라인들이 노예로 팔리는 것을 보고 828년 신라로 돌아와 흥덕왕에게 청해진 설치를 건의하였다. 그는 중앙정부로부터 받은 1만 명의 군사로 완도에 청해진을 설치해 노예무역을 근절시키고 한중일 삼국의 무역을 주도하게 된다. 그러나 장보고도 결국 왕위쟁탈전 때문에 죽임을 당한다. 희강왕부터 민애왕, 신무왕의 싸움에 참여한 장보고는 중앙 귀족들의 푸대접에 반란을 일으켰다가 846년에 부하 장수인 염장에게 살해되었다. 이후 중앙정부는 851년에 백성들을 모두 뭍으로 이주시키고 청해진을 폐쇄시켰다.

청해진은 1991년부터 2001년까지 실제로 발굴되어 장보고의 이야기를 생생하게 전한다. 성벽과 성문 흔적, 목책(木柵), 접안시설 등이 조사되었고 방사성탄소연대 측정결과 9세기 초·중엽경에 만들어진 것을 확인하였다. 당시 청해진에서 사용했던 수 만점의 토기편과 금속도구편 등이 출토되었고 상당한 수의 중국 자기편도 발굴되었다. 중국 자기는 대부분 청자로 중국 절강성 월주요(越州窯)에서 제작된 것으로 중국에서도 귀족층이 사용하는 질 높은 것이었다. 동북아시아 해상무역을 주도했던 청해진의 위상을 보여주는 증거라 할 수 있다. 재미있는 것은 고려시대의 물건은 보이지 않는 점이다. 이는 청해진이 폐쇄되고 주둔하던 군사와 백성들을 모두 육지로 소개했다는 기록을 뒷받침한다.

천지가 어지러워 논밭이 전쟁터가 되니

지방의 호족들이 직접 백성들을 통치하면서 중앙의 힘이 미치지 못하자 지방으로부터 세금이 들어오지 않게 되어 중앙 권력은 더욱 약해졌다. 지방호족들의 괴롭힘에 백성들은 견디다 못해 도둑이 되거나 민란에 합류하는 사람도 있었다. 극심한 사회 혼란이 이어졌다.

2003년, 경상남도 창녕 말흘리에서 도로를 만들기 위해 발굴조사가 있었는데 여기서 이를 잘 보여주는 유물이 발굴되었다. 처음에는 쇳조각 편이 보였는데 이를 걷어내자 그 아래쪽의 구덩이 속에 커다란 쇠솥이 있었다. 놀랍게도 그 안에 5백여 점의 불교관련

1 2

그림 23 창녕 말흘리 출토품 일괄(장엄 장식판 1·2)
이렇게 몰래 숨겨놓은 것이 고고학 발굴조사에서 우연히 발견되기도 한다.

금동유물이 차곡차곡 담겨 있었다. 이들은 절의 건물 내외부를 장식하고 불교의례에 쓰는 도구로 금동 풍탁(風鐸), 청동 손잡이 향로, 초두(鐎斗), 금동자물쇠, 금동장식판 등이었다. 이것은 통일신라 말에 만들어진 사찰의 보물이었다. 그런데 알 수 없는 이유로 한꺼번에 땅 속에 묻힌 것이다. 아마 전란이 사찰에까지 미쳐 약탈을 피해 우선 몰래 숨겨놓고 떠났으리라. 한편으로 '밀교작단법'(密敎作壇法)이라 하여 단(기단포함)을 만들 때 의례물을 매납한 불교 경전 법식에 따른 것이라고 해석하는 의견도 있다.

895년에 만든 해인사 길상탑에 넣은 오대산 길상탑지(五臺山 吉祥塔誌)에는 다음에 보는 것처럼 당시의 혼란한 사회상이 잘 담겨있다. 이 탑은 그 때 해인사 부근에서 있었던 치열한 전란에서 사망한 승군들의 넋을 위로하고자 세운 것이다.

> 기유년(己酉 889년)에서 을묘년(乙卯 895년)까지 7년간에
> 천지가 온통 난리로 어지러워 들판이 전쟁터가 되니
> 사람들은 방향을 잃고 행동이 짐승과 같았다.
> 나라가 기울어질 듯하고 재앙이 절에까지 이르니
> 나라와 삼보(三寶)를 지키려는 승속(僧俗)의 바람이 같은데
> 칼날이 수풀에 낭자하고 몸은 바윗등에서 잃었구나.(국사편찬위원회)
> (후략)

이처럼 들판이 전쟁터가 되고 재앙이 절에까지 미칠 정도니 일반 백성들의 삶은 짐승과 같았다는 말이 과하지 않았다.

후삼국의 성립과 신라 멸망

민란을 막는다는 이유로 지방호족들은 군대를 일으켰고 이들은 새로운 정치세력으로 등장한다. 지방호족들은 군대를 보유했을 뿐만 아니라 경제적, 정치적으로 해당 지역을 지배하였다. 중앙정부의 힘이 약화되는데 반비례하여 그들의 힘은 커졌다. 호족들이 독자적인 힘을 가지고 지역을 실제로 지배하면서 국가단계로 나아갔다. 결국 서남해안의 군 지휘관 출신인 견훤은 900년에 이 지역을 기반으로 세력을 키워 후백제를 세웠다. 이어서 901년에는 궁예가 철원, 원주, 개성을 중심으로 후고구려를 세웠다. 삼국은 또 한 번 전쟁의 소용돌이에 휩싸였다. 한반도가 다시 전쟁에 휩싸인 정황은 각지의 성곽터에서 확인할 수 있다. 앞서 삼국통일 전쟁 중에 한번 등장했던 서울의 아차산성은 지금의 워커힐 북쪽, 한강변에 위치한 신라의 산성으로 603년 고구려와 싸웠던 북한산성으로 추정되는 곳이다. 1997년 이후 몇 차례의 발굴조사에서 삼국이 한강을 두고 각축을 벌이던 6~7세기에 축조된 것이 밝혀졌다. 그런데 발굴조사에서는 6~7세기뿐만 아니라 9세기 이후에 사용된 토기도 많이 발굴되었다. 이것은 삼국시대뿐만 아니라 신라 말인 9세기 이후에 이 산성이 다시 사용되었음을 알려주는 사실이다. 신라 땅 전역이 다시 전쟁에 돌입했음을 보여준다.

신라보다도 더 강성해진 견훤은 927년 경주에 침입해 포석정에서 경애왕이 스스로 목숨을 끊도록 하고 경순왕을 왕으로 세웠다. 『삼국사기』에 의하면 당시 왕은 '왕비, 왕족,

신하들과 포석정에서 잔치를 열고 노느라 적병이 이르렀음을 알지 못했으며, 땅을 기면서 목숨을 구걸하고 궁궐이 숙대밭이 되었다'고 한다. 이 사건이 있은 뒤 불과 8년만인 935년에 신라 마지막 왕인 경순왕은 고려 왕건에게 나라를 바치게 되어 역사 속으로 사라지게 된다. 포석정은 바로 신라 멸망의 비극적인 장소인 것이다. 최근에는 유흥을 즐기기 위해 포석정에 간 것이 아니고 신에게 나라의 안녕을 빌기 위한 것이라는 연구도 있다.

포석정뿐만 아니라 월지도 신라 멸망의 기억을 담고 있다. 931년 고려 태조 왕건은 경주를 방문했다. 경순왕의 요청에 의해서였는데 『삼국사기』에는 경순왕이 눈물을 흘리며 견훤의 불의에 대해 통분하였다는 기록이 있다. 그 장소가 바로 임해전(臨海殿)으로 월지에 있던 전각이었다. 왕건은 며칠을 머물다 돌아갔고 이후 신라는 고려에 의지하는 마음이 더욱 커졌다. 결국 4년 뒤인 935년, 경순왕은 왕건에게 항복하였다.

그림 24 포석정 전경
『삼국유사』에는 헌강왕(875~886년)이 포석정에 행차했을 때 경주 남산의 신이 나타나서 춤을 추며 나라가 멸망할 것을 경계하였다고 한다. 포석정을 유흥을 즐기는 장소로만 볼 수 없는 기록이다.

요약

신라는 경주에서 시작된 작은 나라였지만 끊임없이 영토를 확장하여 삼국통일을 이루었다. 통일 전쟁 뒤에는 중국 당(唐)과 싸워 그들을 물리쳤다. 각지에 남겨진 성곽터나 사천왕사, 감은사와 같은 호국사찰의 건립은 이 힘겨운 과정을 잘 보여준다. 통일 이후 신라는 고구려와 백제의 문화를 융합하고 중국, 일본, 멀리 서아시아와 적극적으로 교류하였다. 특히 중국은 외국 문물의 수입창구였다. 통일 이후에는 안정된 사회기반 위에서 조화롭고 아름다운 문화를 꽃피웠으며, 불국사, 석굴암, 성덕대왕 신종 같은 최고의 걸작을 창조하였다. 수도도 정비하여 궁궐을 확장하고 왕경의 도시계획이 본격화 되었으며 지방 주요도시의 정비로 이어졌다.

6세기 이후 만들기 시작한 돌방무덤은 통일 이후에도 이어졌다. 돌로 방을 만들고 가족이 죽을 때마다 무덤 문을 열고 들어가 시신을 추가할 수 있어 경제적이었다. 또한 중국 당 황제릉의 형식이 도입되어 비석과 각종 석물이 무덤 주변에 세워졌고 불교 탑의 구조가 채용되기도 하였다. 한편, 이 시기에는 불교의 영향으로 화장(火葬)이 크게 유행했다. 대부분 시신을 태워 재를 산야에 뿌렸지만, 어떤 사람들은 고급스런 뼈 항아리에 유골을 담아 땅속에 묻기도 하였다. 중국에서 수입된 십이지(十二支)는 신라에서 독창적인 변용을 거쳐 무덤의 호석으로 사용되었다. 번영의 시기도 종말을 맞아 9세기 이후 권력 다툼으로 왕권이 약화되면서 농민이 궁핍해지고 지방호족이 일어나 극심한 혼란에 빠져 다시 후삼국으로 분열되었다. 결국 세력이 약해진 신라는 935년 고려 왕건에게 투항하여 오랜 역사를 마감하였다.

참고문헌

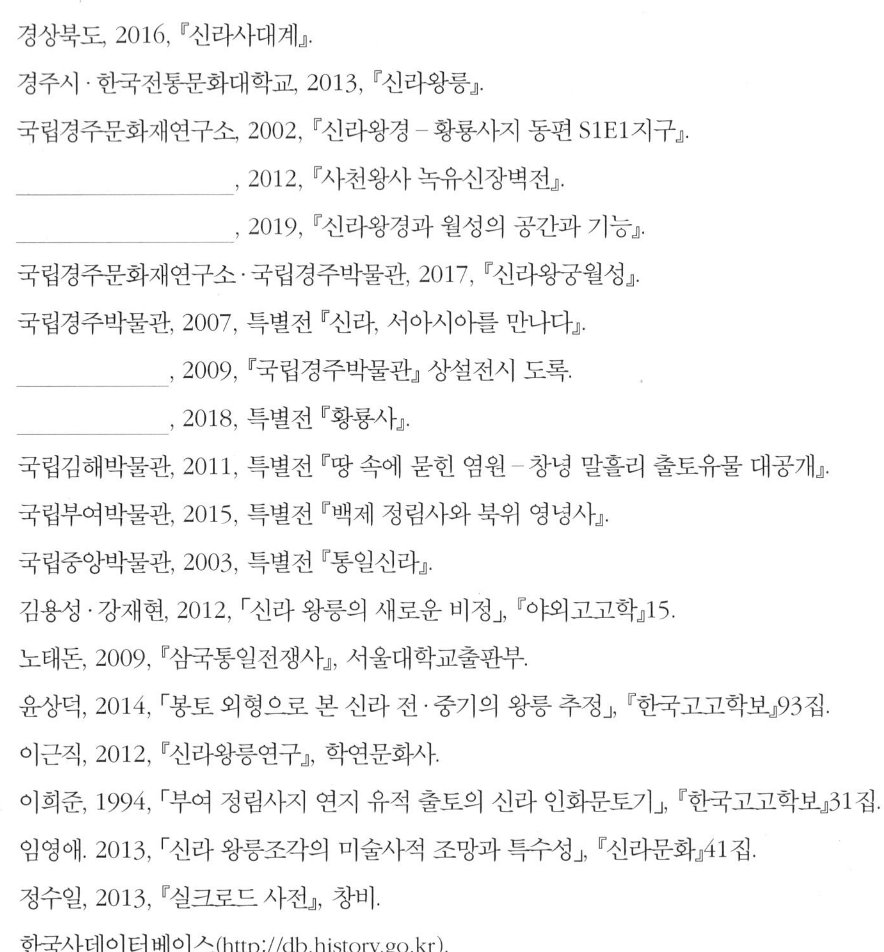

경상북도, 2016, 『신라사대계』.

경주시 · 한국전통문화대학교, 2013, 『신라왕릉』.

국립경주문화재연구소, 2002, 『신라왕경 – 황룡사지 동편 S1E1지구』.

__________, 2012, 『사천왕사 녹유신장벽전』.

__________, 2019, 『신라왕경과 월성의 공간과 기능』.

국립경주문화재연구소 · 국립경주박물관, 2017, 『신라왕궁월성』.

국립경주박물관, 2007, 특별전 『신라, 서아시아를 만나다』.

__________, 2009, 『국립경주박물관』 상설전시 도록.

__________, 2018, 특별전 『황룡사』.

국립김해박물관, 2011, 특별전 『땅 속에 묻힌 염원 – 창녕 말흘리 출토유물 대공개』.

국립부여박물관, 2015, 특별전 『백제 정림사와 북위 영녕사』.

국립중앙박물관, 2003, 특별전 『통일신라』.

김용성 · 강재현, 2012, 「신라 왕릉의 새로운 비정」, 『야외고고학』15.

노태돈, 2009, 『삼국통일전쟁사』, 서울대학교출판부.

윤상덕, 2014, 「봉토 외형으로 본 신라 전 · 중기의 왕릉 추정」, 『한국고고학보』93집.

이근직, 2012, 『신라왕릉연구』, 학연문화사.

이희준, 1994, 「부여 정림사지 연지 유적 출토의 신라 인화문토기」, 『한국고고학보』31집.

임영애. 2013, 「신라 왕릉조각의 미술사적 조망과 특수성」, 『신라문화』41집.

정수일, 2013, 『실크로드 사전』, 창비.

한국사데이터베이스(http://db.history.go.kr).

머리글

발해의 연구 흐름과 역사 기록
연구의 흐름
이웃 나라의 옛 사람들이 말해 주는 발해의 역사

발해의 왕경(王京)과 중심지의 흔적들
발해 건국의 땅 동모산(東牟山) 일대
구국에서 중경으로
중경에서 상경으로
상경에서 동경으로, 그리고 다시 상경으로
발해는 어디에 서경을 건설했을까?
신라도(新羅道)의 출발지인 남경은 어디일까?
그 밖의 주요 성곽과 24개돌 유적들

발해인 영혼의 안식처, 무덤
구국에 인접한 육정산고분군
중경에 인접한 용두산(龍頭山)고분군
상경에 인접한 삼릉둔(三陵屯)고분군

발해인 그들의 삶과 생활
용기류
건축부자재류
금속기류

요약

14 발해의 사회와 문화

주홍규
건국대학교

발해의 주요유적 지도
대안
상경유적
삼릉둔고분군
흥룡사
승리촌보류유지
남성자고성
영안
양둔대해맹유지
장춘
길림
통요
남호두고성
대성자고성
코르사코프카절터
보리소프카절터
씨니예스갈로이유
체르냐찌노5유적
유즈노 우스리스크성터
육정산고분군
정혜공주묘
영승유적
오동성터
성산자산성
니콜라예프카성터
사평
소밀성
연길
살기성
동정고분군
서고성터
하남둔고성
정효공주묘
용두산고분군
북대고분군
아브리꼬쓰브절터
카라스키노성터
심양
통화
팔련성
온특혁부성
옥생동고분군
부거석성
부거토성
토성고분군
다래골고분군
합전고분군
연차골고분군
독동고분군
요양
민주육대유지
개심사절터
창덕3호
함흥
청해토성
오매리절터
평양
개성
서울
대전
대구
광주
부산
0
100km

발해의 사회와 문화

주홍규
건국대학교

머리글

보통 사람들에게 한국사에서 가장 강성한 국가를 꼽으라고 질문한다면, '고구려'라는 대답이 대다수를 차지할 것이다. 미천왕, 광개토왕, 장수왕 등으로 대표되는 고구려의 정복군주에 관한 기사가 사료에서 확인되는 점이나, 천추총, 태왕릉, 장군총과 같이 집안지역 일대에 남아 있는 거대한 왕릉급 무덤들이 사람들의 뇌리에 선명하기 때문이다. 그런데 이러한 고구려에 버금가는 강성한 국가로 발해 또한 그 이름을 올릴 수 있다. 스스로를 황제국을 칭하면서 독자적인 연호를 사용한 점을 비롯해, 중국의 본토인 등주(登州)를 선제공격한 점, 거대한 규모의 도성을 갖추고 있었던 점, 고구려에 필적할 정도의 광활한 영토를 차지하고 있었다는 점 등에서 발해는 중원의 세력이 무시할 수 없는 나라였던 것을 확인할 수 있다.

백제와 고구려를 통일한 신라와 함께 7세기 말부터 10세기 초까지의 한국사를 장식한 발해는 현재의 중국 랴오닝(遼寧)·지린(吉林)·헤이룽장성(黑龍江省) 일대를 비롯해 러시아의 연해주와 한반도의 북부지역에 이르는 광활한 지역을 다스렸고, 중원 제국과 어깨를 나란히 했던 국가였다. 그런데 이러한 발해를 연구하기 위해서는 중국이나 일본 등, 타국의 사료에 의존해야 하는 부분이 많다. 예를 들어 『구당서(舊唐書)』, 『오대회요(五代會要)』, 『신당서(新唐書)』 등과 같은 중국의 역사서를 비롯해, 『유취국사(類聚國史)』, 『속일본기(續日本記)』, 『고사유원(古事類苑)』 등의 일본 역사서 및 외교기록과 헤이죠쿄(平城京)에서 발견된 목간과 같은 문자자료 등을 통해서 발해의 실체를 추적하고 있다. 이는 발해 스스로가 남긴 자국(自國)의 역사서가 확인되지 않기 때문이다.

이처럼 주변국가의 문헌 사료를 중심으로 복원하는 발해사는 복잡다양한 정치적인 상황 속에서 타의적으로 해석될 가능성이 있다. 또한 정치·외교적인 부분에 초점이 맞춰져 있어서 그 당시 발해의 시대상을 폭넓게 파악하기 어려운 부분도 있다. 반면, 유물·유구·유적 등과 같이 발해인들 스스로가 당시에 남긴 흔적을 통해 역사를 해석하는 고고학적인 입장에서는 발해의 시대상황을 객관적이고 사실 그대로 이해할 수 있다는 점에서 이점이 있다. 한국사의 일부인 발해의 역사와 문화를 고고학을 통해 접근하고 연구해야 하는 이유가 바로 여기에 있다.

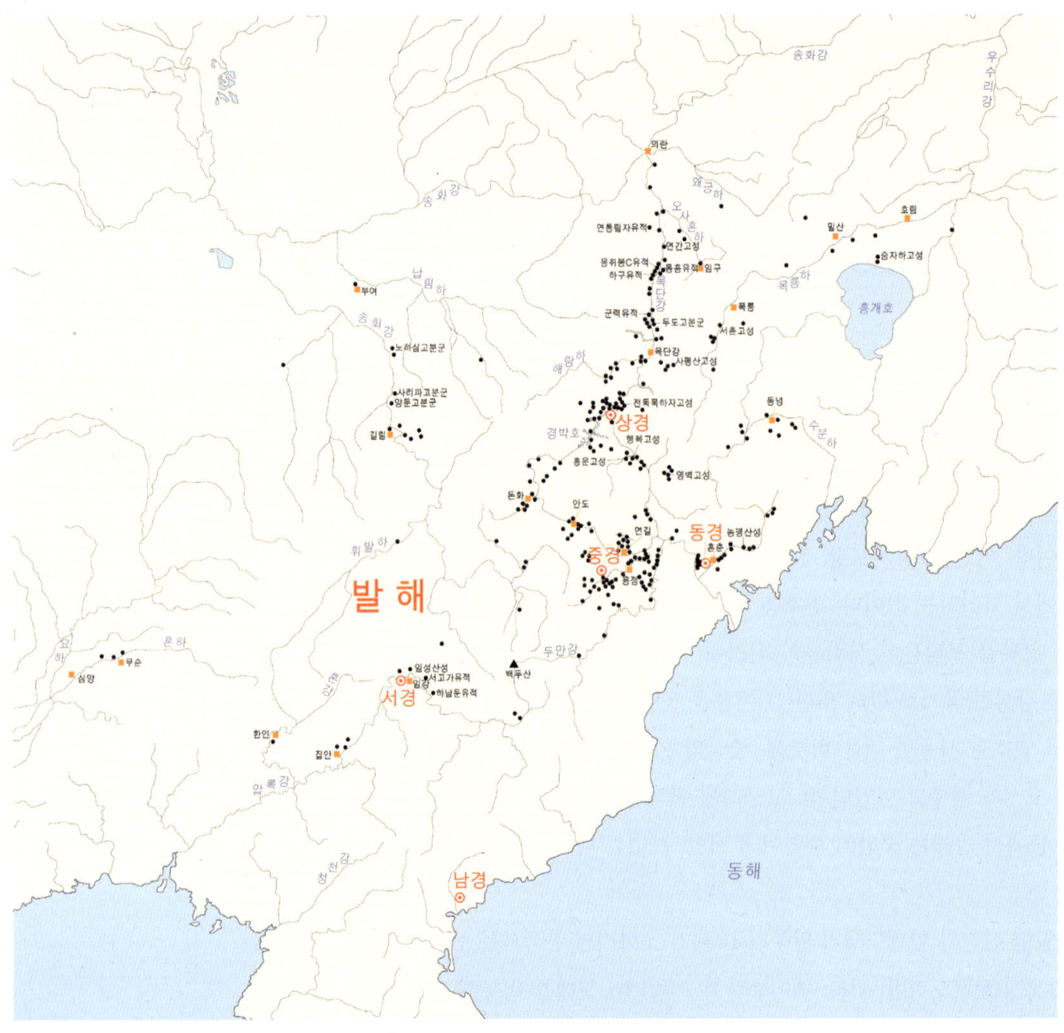

일러두기
- ⊙로 표시된 지역은 발해의 5경이다
  ※다소 논란이 있는 서경과 남경은 임강설과 북청설을 따랐다
- ■로 표시된 지역은 현재 중국의 주요도시이다. 지명 표기는 한국 발음을 따랐다.
- ●로 표시된 지역은 발해의 주요 유적이다.

그림 1 발해의 주요유적 분포도

발해의 연구 흐름과 역사 기록

연구의 흐름

근대 학문으로서의 발해에 관한 고고학적 접근은 20세기에 들어와서부터 시작되었다. 지금까지 행해진 발해 고고학에 대한 연구는 제국주의 일본을 시작으로 북한·중국·러시아 학계에서 여러 목적과 이유로 앞서 진행되었다. 반면, 한반도의 중남부 이남지역이 발해의 영역에 속한 적이 없어서 발해의 유적이나 유물을 확인할 수 없다는 지리적 불리함 때문에 한국의 고고학계가 발해에 관한 연구에 힘을 쏟기 시작한 것은 이보다 뒤쳐질 수밖에 없었다.

우선 제국주의 일본은 역사적으로 만주와 조선이 불가분한 관계였던 것을 강조하는 만선사(滿鮮史)의 체계 속에서 발해의 고적에 관한 조사를 실시하게 된다. 그 대표적인 사례로는 현재 중국 헤이룽장성(黑龍江省) 상경성(上京城)에 위치한 동경성(東京城), 지린성(吉林省)에 위치한 서고성(西古城)과 현재의 팔련성(八連城)인 반랍성(半拉城)과 같은 발해

유적들이 동아고고학회(東亞考古學會)·일만문화협회(日滿文化協會)에 의해 조사된 것을 들 수 있다. 이때 조사한 유물 중 일부는 당시의 경성제국대학(京城帝國大學) 및 동경제국대학(東京帝國大學)으로 가져와 현재 소장하고 있다. 그런데 이 당시의 발해 유적에 관한 조사는 순수한 학문적인 목적에서의 조사가 아니라, 만주국이라는 괴뢰정부를 조종하던 제국주의 일본의 야욕이 스며든 조사였다. 따라서 제2차 세계대전의 패전과 함께 일본의 발해에 대한 고고학적 관심은 차츰 줄어들게 되었다.

한편, 러시아의 학계에서 발해에 관한 실질적인 고고학 연구가 이루어지기 시작한 것은 1950년대 이후부터다. 일본인 연구자들에 의해 기존에 행해진 상경성의 고고학적 성과를 소개하는 것을 시작으로, 1960년대 이후부터 연해주 일대의 주거지, 사원터, 고분군, 성터, 온돌 유구 등에 대한 발굴조사가 실시되었다. 그 결과 지역성이 강한 기와나 토기, 철제품, 목기류를 비롯해 명문이 있는 청동부절(靑銅符節)과 같은 자료가 보고되었다. 여기서 말하는 부절이란 대나무나 옥과 같은 것을 잘라 신표(信標)로 삼던 것을 말한다.

연해주의 파르티잔스크(Partizansk)에 위치한 니콜라예프카(Nikolaevka) 성터에서는 길이 5.6cm의 물고기 모양 청동제 부절 한 쪽이 발견되었다. 이 유물에는 '동(同)', '좌효위장군섭리계(左驍衛將軍聶利計)'라고 명문이 새겨져 있다. 원래 두 점이 짝을 이루는 것으로 사신(使臣)이나 관리가 지니던 물건으로 추정하는데, 이 부절을 하사한 주체가 발해인지 혹은 당나라인지에 대해서 한국과 러시아 학계 간에 견해 차이를 보이고 있다. 이와 같은 연해주 일대의 발해에 대한 러시아의 고고학적 조사는 극동선주민족(極東先主民族)의 역사와 문화를 하나의 러시아 구성 민족의 역사 속에 자리매김하기 위한 입장에서 계속되고 있다.

중국에서의 발해에 관련된 고고학적 연구는 1949년에 정혜공주묘(貞惠公主墓)를 발굴하면서 본격화되었다고 볼 수 있다. 무덤 주인공의 신분과 조영시기, 매장 풍습 등을 알 수 있는 정혜공주묘의 발굴은 문헌 중심의 연구에서 벗어나 발해 고고학에 대한 새로운 계기를 마련해 주었다. 이후 1964년에는 북한의 조선사회과학원과 중국과학원 고고연구소가 합동으로 육정산고분군(六頂山古墳群) 및 상경(上京)유적에 대한 대규모 연합발굴을 실시하였다. 1980년 이후부터는 용두산(龍頭山)고분군에 위치한 정효공주묘(貞孝公主墓)를 비롯한 각종 무덤과 성터, 거주지, 사원터, 가마터 등을 비롯해, 제국주의 일본에 의해 실시된 상경성 및 서고성에 대한 재발굴과 복원도 이루어졌고, 지금까지 다양한 발해의 유적과 유물에 대한 조사가 지속되고 있다.

하지만, 학술적 관점에서 시작된 발해 관련의 고고학적 조사와 연구가 차츰 동북공정(東北工程)의 일환으로, 발해를 중국 왕조의 관할 하에 있는 지방정권으로 규정하여 중국사에 편입시키려고 하는 경향으로 변질된다. 인접 국가의 역사 인식을 무시하고 자국 중심의 역사를 바탕으로 한 조사와 연구는 발해의 역사와 사실관계를 왜곡시킬 수 있다는 점에서 우려되는 부분이 많다.

중국과 함께 발해 유적에 관한 공동발굴조사를 실시하기도 했던 북한에서는 1960년대 이후부터 함경도의 부거리 일대에서 발해의 성터 및 무덤, 사원터 등에 대한 발굴조사와 연구가 진행되었다. 그러나 고구려의 계승국인 발해라는 역사 인식하에서 연구 성과가 간략하게 보고하는데 그치는 경우가 많다. 그에 따라 발해에 대한 다양하고 합리적인 해석이 방해를 받고 있고, 최신의 발해 유물과 유적에 대한 구체적인 정보를 파악하기 힘든 상황이 지속되고 있다.

한국의 고고학계에서는 1990년대부터 러시아 측과 공동으로 연해주 일대의 성터 및 사원터, 무덤군 등과 같은 발해유적에 관한 고고학적 조사를 실시하는 노력을 기울이고 있지만, 발해에 관련된 유적과 유물이 한국 내에서는 발견되지 않는 불리함에서 오는 연구상의 한계는 여전히 극복하기 어려운 점이 있다.

이상과 같이 발해를 둘러싼 각국의 고고학적 조사와 연구는 국가별 이념과 세계관, 역사관의 차이로 인해 생긴 괴리감을 떠나 순수한 학문으로 어떻게 발전시키고 극복하느냐에 대한 향후 진지한 고민과 협력이 요구된다. 발해의 기원과 역사적 상황을 비롯해 정치·경제·사회적 특징 등에 관해 아직 규명해야 할 부분이 많기 때문이다.

이웃 나라의 옛 사람들이 말해 주는 발해의 역사

고구려가 나·당 연합군에 의해 멸망당한 668년으로부터 정확히 30년 후인 698년에 대조영(大祚榮)이 구국(舊國)에서 나라를 세운 후, 거란에 의해 926년에 멸망당하기까지 약 230여 년간의 발해 역사의 시작은 디아스포라에서 출발한다고 할 수 있다. 고대 그리스어의 '디아(dia: – 너머)'와 '스페로(spero, 씨를 뿌리다)'의 합성어인 디아스포라(Diaspora)는 원래의 영역에서 살 수 없게 되어 여타의 영역으로 옮겨가게 되었으나 대대로 지켜오던 자신들의 관습, 규범, 습관을 유지하며 살아가는 공동체 집단을 가리키는 단어로서, 이산(離散), 분산(分散), 이주(移駐), 이주지(移住地) 등으로도 해석할 수 있다.

나·당 연합군에 의해 패망한 고구려의 유민들은 고구려 땅을 떠나 강제로 이주하게 되는데, 고왕(高王, 698~719년) 대조영도 아버지인 걸걸중상(乞乞仲象) 등과 함께 영주(營州)로 옮겨 간다. 대조영의 출신과 성장과정 등에 관한 상세한 기록은 남아 있지 않지만, 『구당서(舊唐書)』에는 고구려의 별종(別種)으로, 『신당서(新唐書)』에는 속말말갈인(粟末靺鞨人)으로 기술되어 있다. 한편, 『신라고기(新羅古記)』를 인용한 『삼국유사(三國遺事)』나 『제왕운기(帝王韻記)』에는 대조영을 고구려 장수로 적고 있다.

그런데 7세기 중엽에 신라와 손잡고 백제와 고구려를 차례로 멸망시키며 위세를 떨치던 당나라가, 7세기 말에 들어서서는 토번(吐蕃), 돌궐(突厥)이 성장하고 이진충(李盡忠)과 손만영(孫萬榮)의 난이 발발하여 혼란에 휩싸이게 된다. 중국사에서 전무후무하게 여성으로서 황제가 된 측천무후(則天武后)의 시대에 거란족의 추장인 이진충은, 영주의 자사(刺史)인 조문홰(趙文翽)가 폭정을 일삼자 695년에 처남인 손만영과 함께 반란을 일으켜 당나라에 대항한다. 이 사건을 틈타 대조영의 집단은 영주를 탈출해 동쪽으로 이동하게 된다. 측천무후는 이해고(李楷固)에게 명령을 내려 그 뒤를 쫓게 했지만, 천문령(天門嶺)을 넘어 추격해온 이해고의 군대를 물리친 대조영의 집단은 동모산(東牟山)을 거점으로 698년에 진국(震國 혹은 振國)을 세우게 된다. 이와 같은 발해 건국의 관련 내용은 『구당서』와 『신당서』의 기록에 대동소이(大同小異)하게 나타난다.

고왕 대조영의 건국 이후, 발해의 역사는 성장기·혼란기·중흥기·멸망기로 나눌 수 있다. 발해의 성장기는 7세기 말에서 8세기로서 고왕·무왕(武王, 719~737년)·문왕(文王, 737~793년)대의 통치기가 여기에 해당한다. 고왕의 뒤를 이어 즉위한 2대 무왕은 '인안(仁安)'이라는 독자적인 연호를 사용했고, 흑수말갈(黑水靺鞨)을 공격해 영토 확장과 세력의 안정에 힘을 기울인 것으로 알려져 있다. 무왕은 여기에 그치지 않고 732년에는 거란과 손을 잡고 장문휴(張文休)에게 등주(登州)를 공격하게 했다. 무왕의 사후에는 3대 문왕이 즉위하게 되는데 이 시기의 발해는 국가체제가 정비됨으로서 당나라가 쉽게 넘볼 수 없는 명실상부한 국가로서 지리 잡게 된 것으로 보인다. 한편 문왕 대에는 구국(舊國)에서 벗어나 상경과 동경을 건설하고 여러 번에 걸쳐 천도하는 이례적인 상황을 보여주기도 한다.

발해의 혼란기는 8세기 말에서 9세기 초로 볼 수 있다. 4대 폐왕(廢王, ? ~793년)부터 9대 간왕(簡王, 817~818년)까지 왕들의 재위기간이 매우 짧은 점이나, 5대 성왕(成王, 793~794년) 대에 동경에서 다시 상경으로 천도하는 것을 통해 볼 때, 이 시기의 발해는 왕위를 둘러싸고 정치적으로 매우 혼란스러웠던 것으로 추정된다. 6대 강왕(康王, 794~809년)을 제외하면 7대 정왕(定王, 809~812년)과 8대 희왕(僖王, 812~817년)을 포함해 4대부터 9대까지의 발해 국왕들은 재위 기간이 5년 이내로 매우 짧다. 반면 6대 강왕의 재위기간이 10년이 넘는 점으로 미루어, 강왕 대에 일시적으로 발해의 왕권이 안정되었을 가능성이 있다.

발해의 중흥기는 10대부터 13대까지의 왕들이 재위한 9세기로 볼 수 있다. 특히 10대 선왕(宣王, 818~830년)은 말갈세력을 복속시키고 요동으로도 진출하는 등 활발한 영토확장을 바탕으로 발해의 역사상 가장 넓은 영역을 획득한 것으로 알려져 있다. 또한 당나라가 발해를 해동성국(海東盛國)이라는 칭하는 것으로 미루어 보더라도 중흥기의 발해를 선왕이 이끌었던 것으로 보인다. 선왕 이후에도 11대 대이진(大彝震, 830~857년)부터 13대인 대현석(大玄錫, 871~894년)까지 약 64년에 걸쳐 3명의 왕들이 모두 20년이 넘는 재위기간을 유지하면서 왕위를 계승하고 있는 점에서 중흥기의 발해는 국정이 안정적으로 운영되고 있었던 것으로 보인다.

발해의 멸망기는 이전 왕들에 비해 상대적으로 재위기간이 짧은 14대 대위해(大瑋瑎, 894~907년)와 거란의 침입을 막지 못한 15대 대인선(大諲譔, 907~926년)대로 볼 수 있다. 발해는 요(遼)나라의 초대 황제인 야율아보기(耶律阿保機)가 이끄는 거란의 침략으로 보름만에 갑자기 멸망한 것으로 전한다. 이와 같은 발해의 멸망에 관해서는 권력투쟁 분열설이나 천재지변설 등의 여러 의견이 분분하다. 하지만 구체적으로 밝혀진 사실이 없어서 발해의 갑작스러운 멸망은 한국사의 미스테리 중의 하나로 회자되고 있다.

발해의 왕경(王京)과 중심지의 흔적들

21세기에 들어와 수도를 옮긴 나라로는 미얀마(Republic of the Union of Myanmar, 2006년), 팔라우(Republic of Palau, 2006년), 부룬디(Repubic of Burundi, 2019년)가 있다. 하지만, 전 세계 대다수의 국가들은 한번 정한 수도를 옮기는 경우가 매우 드물다. 수도 이전

그림 2 발해의 천도

에는 막대한 비용이 발생할 뿐만 아니라, 정치·경제·사회·문화 등의 모든 면에서 국가에 큰 영향을 주게 되며, 예기치 못한 새로운 문제가 발생할 여지도 많기 때문이다. 우리는 이미 신행정수도 이전의 진통을 통해 이러한 것을 간접적으로 경험했다.

그럼에도 불구하고 수도를 옮기게 되는 이유는 첫째 외세의 침략으로 인한 수도로서의 기능 상실, 둘째 정치적 입지의 강화를 위한 국가 체제의 개편, 셋째 국가 발전에 부합이라는 전략적 차원에서의 이도(移都), 넷째 신왕조의 건설로 인한 정통성의 확보, 다섯째 자연재해에 의해 불가피한 천도 등을 들 수 있다. 한국사에서의 수도 이전에 대한 대표적인 사례들로는, 첫 번째의 경우로서 백제의 웅진 천도를, 두 번째의 경우로서 고려의 서경 천도 계획을, 세 번째의 경우로서 고구려의 평양 천도와 백제의 사비 천도를, 네 번째의 경우로서 고려의 개성 천도와 조선의 한양 천도를 들 수 있다. 한국의 역사에서 자연재해로 인해 천도한 경우는 지금까지 한 번도 없었고, 귀족 세력의 기득권에서 벗어나기 위해 서경으로 천도하려고 했던 고려시대의 수도 이전 계획도 결국 수포로 돌아갔다. 그만큼 새로운 수도를 건설해 천도하는 것이 어려운 일이라는 것을 알 수 있다.

그런데 구국(舊國)에서 건국한 발해가 구국 → 현주(顯州) → 상경(上京) → 동경(東京) → 상경(上京)으로 천도했다는 기사가 문헌사료에서 확인된다. 백제와 고구려를 당나라와 연합해 멸망시킨 후 삼국을 통일한 신라가, 통일한 이후에도 한반도의 동남쪽에 극단적으로 치우쳐 있는 경주의 지리적인 불리함에도 불구하고 수도를 옮기지 않은 것과는 매우 대조적이다. 신문왕은 즉위한 686년부터 689년에 이르기까지 지금의 대구인 달구벌(達句伐)로 천도할 계획을 세웠으나, 4년에 걸친 공사에도 불구하고 결국 단행하지 못했다. 이와 같은 발해의 잦은 수도 이전이 무엇을 의미하며 어떤 목적을 가지고 있었는지에 대해서는 명확하게 규명하기 어렵지만, 발해의 도성에 관련된 유적과 유물들은 상당수가 조사·보고되어 있다.

발해 건국의 땅 동모산(東牟山) 일대

『구당서』와 『신당서』에는 발해의 주체 세력들이 건국한 곳에 관한 기술이 확인된다. 『구당서』에는 동모산을 계루(桂婁)의 고지(故地)로, 『신당서』에는 읍루(挹婁)의 동모산으로 각각 적고 있다. 앞서 살펴본 수도 건설의 이유 중에서 네 번째의 사례에 해당한다고 볼 수 있지만, 전란의 양상 속에서 결정한 도읍이었으므로 계획적인 도시건설과는 거리가 있다. 오히려 외부세력으로부터의 방어 및 원활한 경제활동, 교통사정 등을 우선적으로 고려해

도읍을 정했다고 볼 수 있는데, 발해의 첫 수도인 동모산은 이러한 조건에 부합되는 곳이었을 것이다. 현재 발해 건국 초기의 유적으로는 방어 성격의 산성이 입지한 동모산과, 평지성인 영승(永勝)유적 및 오동성터(敖東城址) 등으로 추정하는 것이 일반적이다.

현재 동모산으로 불리는 곳은 중국 지린성(吉林省)의 둔화시(敦化市)에 자리한다. 둔화시는 옌지시(延吉市), 지린시(吉林市), 무단장시(牧丹江市)의 거의 중앙에 위치하는 교통상의 요지라고 할 수 있다. 둔화시의 동쪽에는 무단장(牧丹江)이 동남쪽으로 흐르는데 시가지에서 직선거리로 남쪽 약 7km 지점에서 지류인 다쉬허(大石河)가 서쪽에서 합류하고, 여기에서 직선거리로 서쪽 약 3km 떨어진 지점의 남쪽에 동모산이 위치한다. 해발 약 600m의 높이인 동모산의 정상에 올라가면 탁 트인 넓은 시야에 사방의 평지가 펼쳐진다. 또한 다쉬허가 북쪽을 감싸고 돌아가기 때문에 천연 해자(垓子)의 역할을 해줌으로 방어에 유리한 입지조건을 갖추고 있다고 볼 수 있다. 이 동모산에서 동쪽으로 약 6km 떨어진 곳에는 정혜공주의 무덤을 비롯한 발해 왕족의 무덤군으로 알려진 육정산고분군이 자리 잡고 있다. 따라서 동모산 일대가 대조영 세력이 건국했던 구국의 땅일 가능성이 높다.

그렇다면 발해 건국 당시의 도성은 어떤 모습이었을까? 여기에는 고구려의 도성 체계에서 중요한 힌트를 얻을 수 있다. 대조영 집단을 고구려의 연장선상에서 본다면 발해가 고구려의 도성체계를 답습했을 가능성이 있기 때문이다. 고구려의 경우에는 기본적인 도성의 구조를 평지성과 배후의 방어용 산성이 조합된 구성으로 추정하고 있다. 따라서 발해가 구국에 자리 잡고 있을 동안의 도성 유적 또한 이러한 연장선상에 있다고 본다면 산성과 평지성의 조합 양상에서 발해 초기의 도성 체계를 추정해 볼 수 있는데, 동모산에 위치하는 성산자산성(城山子山城)과 오동성터(敖東城址), 혹은 성산자산성과 영승유적(永勝遺蹟)의 조합관계가 주목된다.

동모산의 정상부와 중턱 곳곳에는 돌과 흙을 섞어서 타원형으로 축성한 성벽이 약 2km 정도 남아 있는데 이곳을 성산자산성이라고 부른다. 산성의 서쪽과 동쪽에는 각각 성문지로 추정되는 곳이 있고, 서문지에서 동남쪽으로 뻗어 있는 성벽에는 3곳에 치(雉)가 설치된 것으로 알려져 있다. 산성의 내부에는 50여 기의 주거지와 2곳의 저수지가 확인되었다. 성산자산성에서 출토된 유물로는 철제의 창·칼·화살촉을 비롯해, 개원통보(開元通寶)[1]와 같은 당나라 시대의 동전이 있다. 이처럼 문헌사료에서 확인되는 동모산이라는 지명으로 성산자산성이 불리는 점과, 전란을 피해 국가를 건설한 시대상황에 부합되는 방어에 유리한 유적의 입지조건, 발해 왕족의 무덤군이 인근에 자리 잡고 있는 점 등으로 미루어 대조영이 난을 피해 새로운 국가를 건설할 당시에 이곳을 중심 거점으로 삼았을 것으로 추정해 볼 수 있다. 하지만 산성은 방어에 최적화된 유적이므로 평상시에 국가통치를 위한 평지의 왕성이 따로 존재했을 것으로 보이는데, 오동성터나 영승유적은 성산자산성 인근의 대표적인 성터유적으로 알려진 곳들이다.

오동성터는 둔화시의 시가지에서 동쪽 약 1.75km에 위치해 있으며 그 남쪽으로 흐르는 무단장(牧丹江)과는 약 230m 가량 떨어져 있다. 흙을 쌓아 만든 토성인 오동성터는 한 변이 약 80m인 방형의 내성을 동서 약 400m, 남북 약 200m인 외성이 회(回)자 모양으로 둘러싸고 있는 형상으로 알려져 있다. 외성의 남벽 중앙에는 옹성의 흔적도 남아 있

1 당나라의 대표적인 화폐 중 하나이자 중국 역대 왕조의 표준형인 개원통보의 개원(開元)은 연호가 아니라 당나라의 개국을 기념해 개국건원(開國建元)을 줄여 사용한 것으로, 당나라가 건국한 621년에 최초로 발행되었다. 이후에도 회창(會昌) 5년(845년), 오대십국(五代十國)시대의 남당(南唐, 937~975년)에서도 개원통보를 주조해 발행한 것으로 알려져 있다. 한편, 한반도에서는 고려 목종(穆宗, 997~1009)에 동일한 명칭으로 주화가 간행된 사례가 있다.

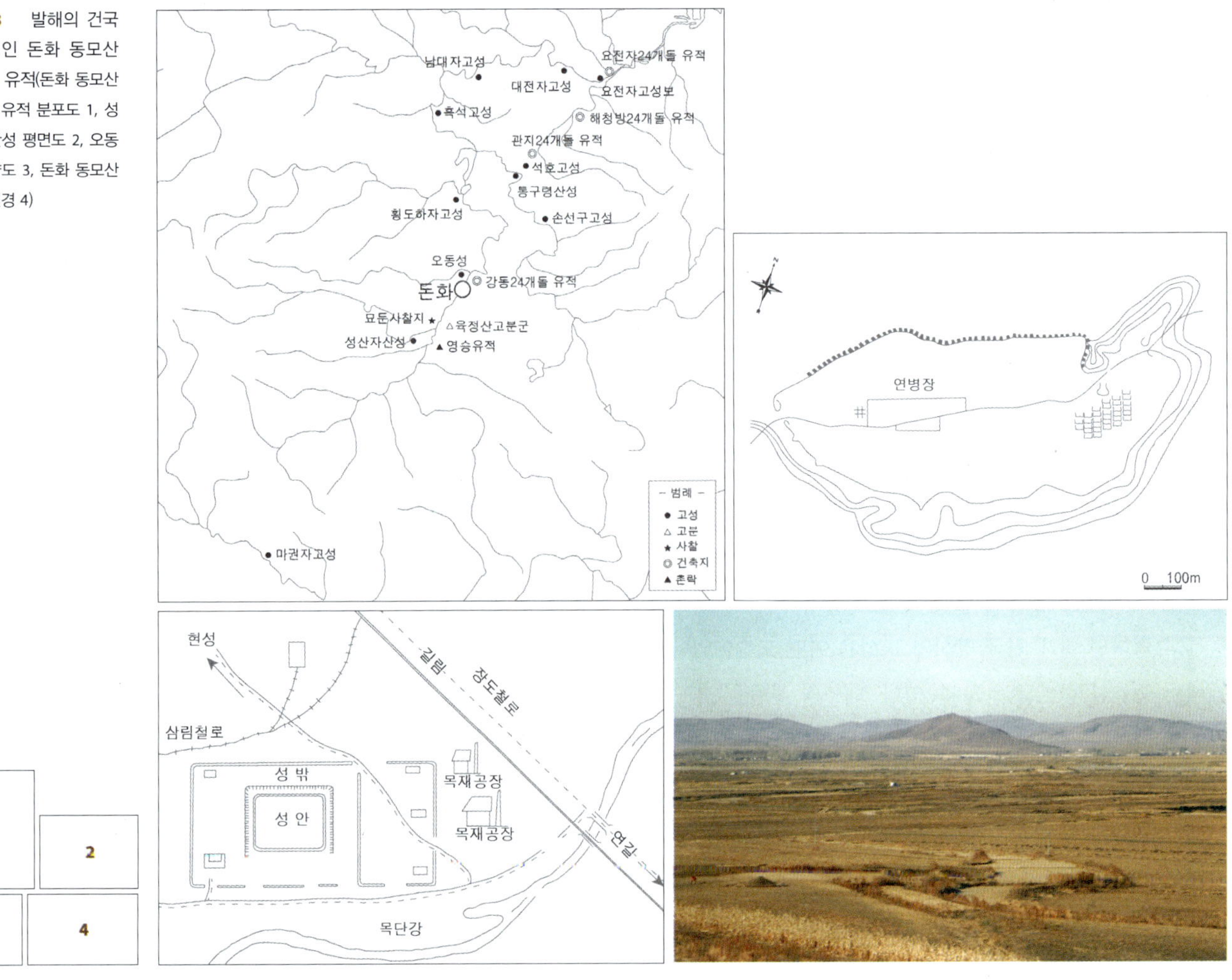

그림 3 발해의 건국 추정지인 돈화 동모산 일대의 유적(돈화 동모산 일대의 유적 분포도 1, 성산자 산성 평면도 2, 오동성 성략도 3, 돈화 동모산 일대 전경 4)

다고 보고되었다. 성 내부에서는 토기, 기와류, 벽돌류, 철제 무기류, 동전 등과 같은 유물을 비롯해, 2곳의 주거지에서는 온돌과 아궁이가 확인된 것으로 전한다. 이러한 점을 근거로 오동성터는 발해 초기 구국의 도성유적으로 추정되었으나 2000년대에 들어서서 이루어진 성벽의 발굴조사에서 12~13세기경의 유물이 다수 출토되어 금나라 시기의 유적으로 보기도 한다.

한편 또 다른 발해 초기의 평지성 후보지로 알려진 영승유적은 무단장과 다쉬허가 합류하는 지점에서부터 무단장을 따라 남동쪽으로 약 740m 떨어진 충적평원에 위치한다. 영승유적은 동서 약 700m, 남북 약 1km에 이르는 둔화 지역 최대 규모의 발해 유적으로 추정되는 곳으로 알려져 있다. 이곳에서는 5기의 대형 건축지와 각종 토기 및 와전류의 파편, 개원통보, 숭녕중보(崇寧重寶: 1102년 이후 송나라에서 대량으로 생산된 고액의 화폐) 등이 출토된 것으로 전한다. 5기의 건축지 중에는 동서 30m, 남북 20m 크기의 것이 가장 큰 규모로 알려져 있다. 하지만 앞서 살펴본 오동성터와 달리 영승유적에서는 성벽 및 궁성터가 확인되지는 않았고, 성 내부에서 출토되는 유물 또한 12~13세기의 유물이 다수를 차지한다고 한다.

이상과 같이 오동성이나 영승유적이 초기 발해의 평지성이라는 명확한 고고학적 증거는 확인되지 않았다. 그렇다고 하더라도 한정된 일부 지점만 발굴된 두 유적이 발해 초기의 유적이 아니라고 단정하기도 어렵다. 향후 상세하고 전면적인 발굴조사를 통해 오동성터와 영승유적의 조영시기 및 정확한 성격이 규명될 때 비로소 발해 초기의 도성 체계를 명확히 파악할 수 있을 것이다.

구국에서 중경으로

발해가 구국에서 현주로 천도했을 당시의 도성을 중국 시린성(吉林省) 허룽시(和龍市)에 위치하는 서고성(西古城)터와 그 주변 일대로 추정한다. 서고성은 우리에게 연변이라는 지명으로 잘 알려져 있는 옌지시(延吉市) 옌비엔(延邊) 조선족자치주를 출발해 룽징시(龍井市)를 거쳐 허룽시로 가는 도중의 약 30km 정도 떨어진 거리에 있다. 허룽시로 가는 도로의 남쪽에 자리 잡고있는 서고성터는 행정구역상으로는 허룽시에 해당하지만, 거리상으로는 룽징시가 훨씬 가깝다. 서고성 인근에는 저명한 정효공주의 무덤이 자리 잡고 있는 용두산고분군(龍頭山古墳群)을 비롯해, 순금제의 유물이 발견된 하남둔(河南屯)고분군과 북대(北大)고분군 등, 발해 왕실과 귀족묘로 추정되는 무덤군들이 자리 잡고 있다.

내·외성으로 구성되어 있는 서고성은 판축기법을 이용해 축성한 평지성으로 추정

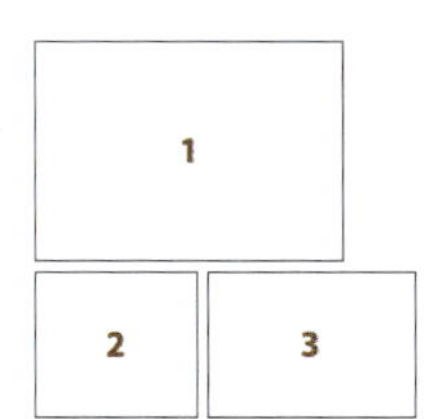

그림 4 발해의 두 번째 수도 허룽 서고성(중경 현덕부, 발굴조사 모습 1, 서고성 항공사진 2, 서고성 전경 3)

되고 있다. 외성은 동서로 약 630m, 남북으로 약 730m이며 성의 둘레는 약 2.72km에 이르는 종방형에 가까운 형태를 띠고 있다. 외성벽의 외곽으로는 해자를 만들었던 것으로 보고되었다. 외성의 북쪽에 치우쳐 조영된 내성은 동서 약 190m, 남북 약 310m로 외성에 보조를 맞춘 듯이 종방형을 띠고 있다. 내성에는 남북의 중축선상에 건물터가 배열되어 있는데, 성의 북쪽 벽에 치우쳐 큰 건물터가 확인된다. 내성의 정중앙에는 3동의 건물터가 각각 배치되어 있는데 내성의 중앙을 가로지르듯이 서로 이어져 있다. 또한 그 남쪽에는 독립된 소형의 건물터와 함께 북측의 건물터와 비슷한 크기의 건물터가 있는데, 중앙과 남쪽의 건물터는 서로 이어져 있다.

서고성에 관한 가장 이른 단계의 고고학적 조사기록으로는 1937년에 실시된 조사보고서가 있다. 이때의 조사에 의하면 5동의 건축지가 확인되었고, 성의 내부에서는 건물터 이외에도 연못·도로 등의 유구를 비롯해 각종 기와류 및 녹유주초(綠釉柱礎)장식, 문양전(文樣塼) 등의 발해시대 유물들이 발견되었다. 이후 중국 측에 의해 2000~2005년에 걸쳐 서고성의 발굴조사를 진행한 결과, 문자가 압인된 평기와류를 비롯해 다양한 단위문양의 구성이 확인되는 수막새, 녹유를 입힌 귀면의 특수장식, 각종 토기류 및 철기류 등이 보고되었다.

이상과 같이 서고성 주변에는 발해 왕실의 무덤군이 존재하는 점과 후술할 상경성에서 출토되는 녹유를 입힌 화려한 귀면의 특수장식과 유사한 형태의 건축부재가 출토되는 점, 상경성에서 출토되는 역 하트 문양이 배치된 수막새가 다수 출토되는 점, 비록 서고성의 규모는 작지만 내성 안의 건물지가 일직선상에 배치된 점 등에서 상경성과의 유사성이 인정된다. 따라서 서고성과 주변 일내를 발해의 헌주(顯州)에 있던 두 번째 수도인 중경으로 보는데 큰 무리는 없다.

하지만 발해가 구국에서 서고성으로 천도한 시점에 관해서는, 당의 연호로 볼 때 천보(天寶, 742~756년)기 이전이라는 『구당서』의 기사와, 천보기 중이었다는 『신당서』의 기사가 각각 확인되므로 혼란을 야기 시킨다. 이는 구국에서 서고성으로 천도한 시기가 무왕(719~737년)대인지 혹은 문왕(737~793년)대인지 대해 견해가 엇갈리게 되는 결과를 초래한다. 구국 일대에서 서고성으로 천도한 시기가 무왕 대인지 혹은 문왕 대인지를 밝히는 것은, 서고성의 조영시기 및 출토된 유물의 제작시기를 정확하게 가늠할 수 있기 때문에 중요하다. 그러나 한정된 문헌자료를 통해 구국에서 중경으로 천도한 시점을 밝혀내기에는 한계가 있으므로, 서고성과 주변 일대에서 출토되는 발해시기의 유물과 유적에 대한 정확한 연대 판단을 통해 이와 같은 문제점들을 해소할 수 있을 것으로 기대된다.

중경에서 상경으로

발해의 상경성은 둔화시(敦化市)에서 링안시(寧安市)를 거쳐 무단장시(牧丹江市)로 가는 도중의 헤이룽장성(黑龍江省) 링안시(寧安市)의 발해진(渤海鎭)에 위치한 구(舊) 동경성(東京城址)으로 불리던 거대한 평지의 성터로 본다. 『신당서』의 발해전에는 상경의 위치가 "구국에서 3백리 떨어진 홀한하(忽汗河)의 동쪽"이라고 기술되어 있다. 앞서 살펴본 동모산에서 상경성터까지의 직선거리는 약 121km로서 1리=0.4km로 계산해 보면 거의 『신당서』

의 기록과 일치한다. 또한 무단장의 동쪽에 상경성터가 위치하는 자연지형적인 특징도 맞아 떨어진다.

한편, 전체 둘레가 약 16km에 이르는 상경성터는 지금까지 보고된 발해의 도성 유적 중에서 가장 큰 규모로 알려져 있고, 기단을 장식하던 거대한 돌사자 상을 비롯해 각종 건축 부자재 등의 풍부하고 화려한 출토유물을 자랑한다. 특히 다양한 문양 구성의 막새기와류가 상경성터에서 출토되는 것은 오랜 기간 동안에 이 성터가 국가의 핵심시설로 기능했던 것을 알려주는데, 이는 기와류에서 보이는 문양 및 제작기법 상의 속성의 변천이 시간적·공간적 변화양상과 깊이 관련되어 있다고 생각되기 때문이다. 이상을 통해 살펴볼 때 지금의 무단장을 끼고 있는 평탄한 분지에 위치한 이 평지성을 발해의 상경성이라고 지목하는 데에는 큰 이견이 없다.

상경성터는 1910년대부터 일본인 역사학자들의 지표조사를 통해 고증되기 시작했다. 이후 1933년과 1934년의 2차에 걸친 발굴조사를 통해 성의 전체적인 윤곽이 상세히 보고되었고 다양한 유물들의 출토양상도 확인되었다. 해방 이후에는 조·중 합동조사가 이어지면서 이 성의 규모와 특징, 출토 유물에 대해 추가로 알려지게 되었고, 1998년부터 2006년까지의 약 10년간에 걸친 중국측의 발굴조사 결과는 2009년도에 보고서로 간행되었다.

상경성은 전술한 서고성과 마찬가지로 내성을 외성이 둘러싸고 있는 형태를 띠고 있지만, 총 둘레가 약 16.1km에 이르는 긴 장방형으로 되어 있는 점에서 형태와 규모면에

1	2
3	4

그림 5 발해의 세번째 및 다섯번째 수도 상경성(1930년대 상경성 제4궁전지 발굴조사 1, 상경성 제1궁전지 석사자 노출 모습 2, 1964년 상경성 궁성 서구 침전지 3 및 상경성 궁성 동구 관청지 4)

서 차이를 보인다. 외성의 내부는 주작대로를 포함한 3개의 남북대로와 2개의 동서대로로 이루어진 조방제(條方制)로 구획되었는데, 북쪽으로 치우쳐 내성이 배치된 점은 서고성과 유사한 특징이다. 반면 전체 둘레가 약 3,9km에 이르는 내성은 종방형에 가까운 구조를 하고 있고, 그 내부에서는 총 5동의 건물터가 남북으로 일직선상에 배치되어 있다. 내성 밖에 주작대로를 중심으로 한 조방제를 갖춘 거대한 규모의 도성유적으로는, 당의 장안성을 비롯해 일본의 나라현(奈良県) 나라시(奈良市)에 소재하는 헤이죠쿄(平城京)가 알려져 있다.

발해의 상경성은 당의 장안성을 모방해서 조영된 도성유적으로 생각되고 있지만, 당의 장안성은 왕성의 제일 북쪽에 자리 잡은 대극전(大極殿)인 황성이 가장 큰 규모를 자랑하는데 반해, 상경성의 경우에는 제일 남쪽에 위치한 건물지가 가장 크고, 북쪽으로 올라갈수록 규모가 작은 건물지가 배치된 점에서 차이를 보인다. 비록 규모면에서 작지만 상경성에서 당의 장안성과 유사한 형태적 특징이 확인된다는 점에서 당의 그것을 모방해 조영되었을 가능성이 있지만, 당나라의 왕성 구조를 그대로 차용하지는 않았다는 점에서 발해의 독립적인 요소를 엿볼 수 있다.

이러한 상경성의 외성 안에서는 주거지를 비롯해 10여 곳의 사원터, 석등, 석불 등의 유물이 발견되었다. 또한 내성 안에서도 문지, 우물, 정원터 등으로 추정되는 다양한 유구도 발견되어 당시의 구조 및 실태를 짐작하게 해 준다. 또한 성터 내부에서 확인된 많은 수의 건물지와 성벽, 토기, 화려한 문양 및 명문이 찍힌 다수의 기와류, 녹유가 발린 초석을 덮는 기둥장식을 비롯한 유물들은 이곳이 발해에서 가장 오랜 기간 운영된 도성이자 중핵적인 곳임을 여실히 증명해 준다.

그런데, 상경성이 언제부터 조영되기 시작했고, 상경성에서 출토되는 유물의 제작연대가 언제인지는 『신당서』에 문왕이 현주에서 상경으로 옮긴 시기가 천보(天寶, 742~756년) 말이라고 기술되어 있으므로, 8세기 중엽 경이라고 단순하게 생각할 수 있다. 그렇다고 하더라도 아무것도 없는 허허벌판에 왕성을 옮긴 후, 여타의 건물을 지었다고 보기는 어렵다. 내성과 외성 사이의 구획된 조방제는 상경성 천도 이전의 결과물이라는 것을 의미하므로, 상경성이 조영되기 시작한 것은 천보 말보다 이른 시기의 어느 시점부터라고 볼 수밖에 없다.

『신당서』에 의하면 상경으로 새로 수도를 건설해 옮긴지 30여년 지난 정원(貞元, 785~805년)의 연간에 문왕은 또다시 동경으로 천도한다. 문헌에서 확인되는 문왕의 재위 기간은 793년까지이므로, 문왕이 동경으로 천도한 시기는 785년에서부터 793년까지로 볼 수 있다. 이후, 재위 기간이 1년이 채 되지 않는 4대 폐왕의 시기를 거쳐 793년 즈음에 즉위한 성왕이 왕위에 오른 직후에 발해는 다시 상경으로 천도한 후, 상경은 거란에 의해 발해가 멸망당할 때까지 수도로서 기능하고 있었다. 이와 같은 천도의 경과를 고려해 본다면, 오랜 기간 동안 운영된 상경성에서 출토되는 유물의 제작시기 및 유구의 조영시기를 사료(史料)에만 의존해 단순히 어느 한 시점으로 보아서는 곤란하다. 유구의 경우에는 창건기·수리기·중수기·폐기기를 구분해야 하며, 특히 기와나 벽돌과 같은 건축 부자재의 경우는 수명이 긴 점을 감안해 재사용의 여지도 같이 검토해야 한다. 여타의 유물 또한

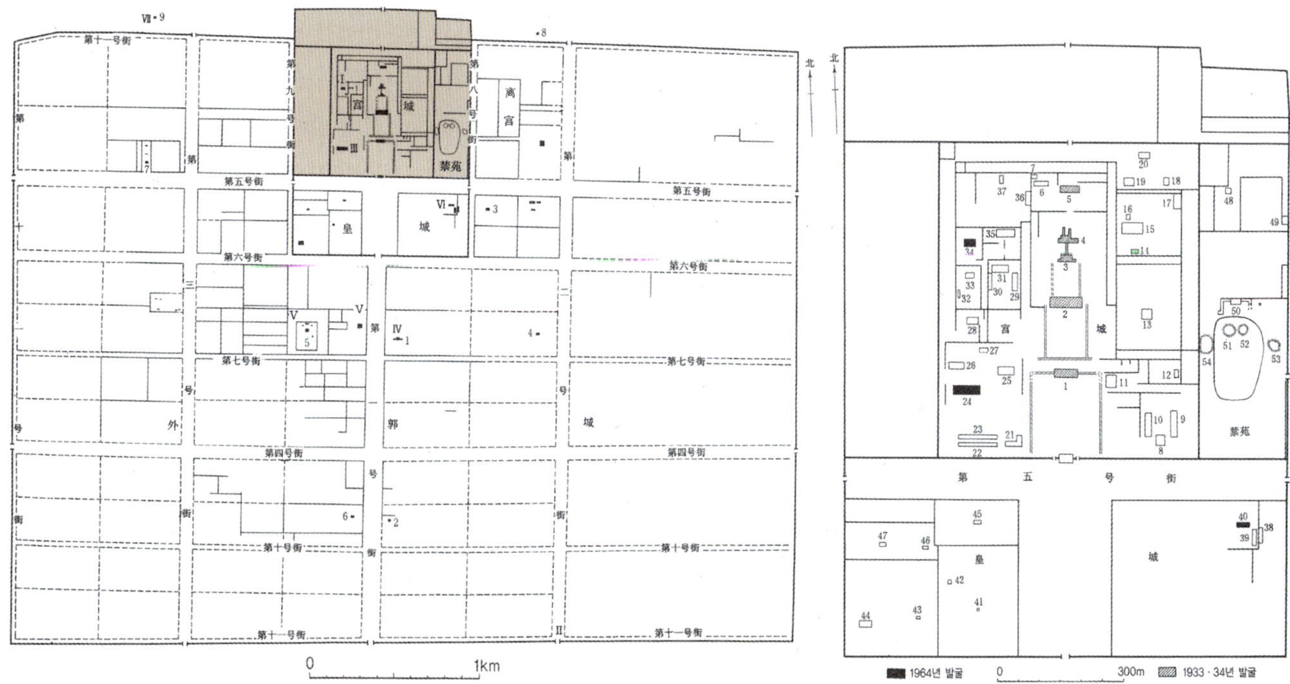

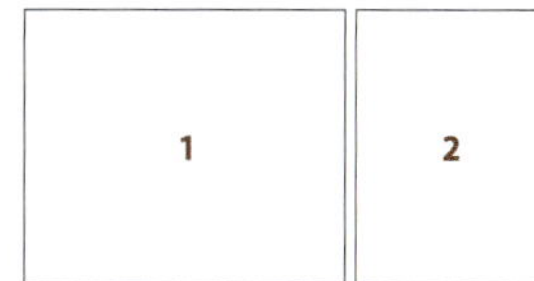

그림 6 상경성의 평면도(내성 · 외성 1, 내성 2)

출토 층위나 형식학 및 공반 유물과의 관계, 자연과학적인 분석방법의 응용 등을 통해 면밀히 파악하고 검증할 필요가 있다.

상경에서 동경으로, 그리고 다시 상경으로

문왕은 785년에서 793년 사이에 수도를 상경에서 다시 동경으로 옮기는데, 『신당서』에 의하면 국도를 중심으로 각 방면으로 나가는 발해의 교통로 중에서도 동경은 일본도(日本道) 즉, 일본으로 가는 길이라고 기술되어 있다. 이를 통해 상경을 출발해 동경을 거쳐 일본으로 사신을 보냈던 중요한 육로상 교통의 요지이자 바다와 인근한 곳에 동경이 있었을 것으로 추정이 가능하다. 지금과 같이 비행기가 없던 시기에 섬나라인 일본으로 가기 위해서는 해류와 해풍을 이용한 항해술로 이동하는 것이 가장 용이하기 때문이다. 『속일본기(續日本記)』, 『유취국사(類聚國史)』, 『일본기략(日本紀略)』 등과 같은 일본의 역사서를 살펴보면 30여 차례 이상 발해에서 일본으로 파견된 견사(遣使)가 도착한 기록이 확인된다. 이들 대부분이 중국과 신라의 방해를 피해 가장 안전한 경로를 선택했을 것이므로, 동경은 동해안상의 안전한 항로의 출발기점이었을 가능성이 높다. 경주(慶州) · 염주(鹽州) · 목주(穆州) · 하주(賀州)의 4개 주(州)를 관할하던 위상을 가진 동경성은 수도의 천도와 상관없이 동해안 지역의 핵심적인 거점성의 역할을 수행한 곳이었던 것이다.

이러한 발해의 동경성이 어디에 위치해 있었느냐에 관해서는 훈춘 팔련성(八連城)과 책성(柵城), 환런(桓仁) 성장립자산성(城牆砬子山城), 함경도 부거석성과 종성 등 다양한 견해가 제시되어 있다. 그 중에서도 동경성의 위치를 함경북도 청진의 부거리 일대로 보는 견해와, 현재의 훈춘시에 위치한 팔련성과 주변 일대로 보는 견해가 가장 주목된다.

함경북도 청진시는 앞서 살펴본 지린성 옌지시에서 남쪽으로 직선거리 약 125km 지점에 위치한 동해안의 항구도시이다. 부거리는 남쪽의 청진시와 북쪽의 나선시의 거의 중앙에 위치한 곳으로 동해에서는 약 8km 정도 떨어져 있다. 발해의 동경성이 부거리 일대라는 견해의 근거로는 고구려의 전통을 발해가 이어받았을 것이라는 가정 하에, 도성의 배치 역시 평지성과 산성이 세트관계를 이루고 있는 고구려적 특징이 발해에서도 드러난다고 보고, 평지성인 부거석성과 산성인 부거토성으로 조합되는 부거리 일대에 동경성이 있었다는 것이다.

부거리 평지에 자리 잡고 있는 부거석성은 반원형의 평면 형태를 띠고 있고, 성벽 둘레의 총 길이는 약 1.5km에 이르는 것으로 보고되었다. 한편, 부거토성은 부거석성에서 약 1.6km 남쪽에 위치한 낮은 산의 동쪽 기슭에 위치하고 있다. 이 일대에는 옥생동·토성·다래골·연차골·독동·합전 고분군 등 발해시기의 고분이 총 1,000여 기에 이른다고 알려져 있는데, 이 무덤들 중에는 발해의 것으로 추정되는 지하식의 석곽묘나 석관묘가 존재한다.

그리고 『신당서』나 『요사(遼史)』의 지리지에 의하면 동경용원부가 사방 20여리에 달하는 석성이며, 동남으로 바다에 면하고 있다고 기술되어 있는 점이 이 일대의 지형에 부합되므로 동경용원부가 부거리에 존재했다고 판단하는 것이다. 하지만 부거리 일대에는 앞서 살펴본 바와 같은 중경성이나 상경성과 같이 내·외성으로 이루어진 형태나 거대 규모의 성터가 확인되지 않는 점과, 평지성인 부거석성이 발해시대의 유적이라는 명확한 근거가 제시되지 못하는 점, 그리고 부거리 일대의 무덤들이 어느 시기에 조영된 것인지를 정확히 알기 어려운 점에서 논의의 여지가 있다.

이에 반해 방형에 가까운 토성에 외성과 내성으로 이루어진 팔련성(八連城)을 동경성으로 보는 견해가 우세하다. 고토성(古土城), 반랍성자(半拉城子), 팔뢰성(八磊城) 등으로도 불린 팔련성은 훈춘 시가지에서 서쪽으로 약 6km 떨어진 지점에 자리 잡고 있다. 팔련성에서 서쪽으로 약 2km 정도를 더 나아가면 남북으로 흐르는 두만강을 만날 수 있어서 이곳이 동해안에서 두만강을 거슬러 올라가 내륙으로 통하는 교통상의 요지임을 쉽게 알 수 있다. 팔련성의 외성은 정방형에 가까운 평면형태를 띠고 있는데, 총 둘레가 약 2.9km에 이르는 규모이다. 외성의 내부에는 중앙보다 북쪽에 치우쳐 내성이 자리 잡고 있는데, 동서 약 220m, 남북 약 320m의 종방형의 평면형태를 띠고 있다.

팔련성이라는 명칭의 유래는 성 내부의 가장 북쪽에 위치한 북대성을 중심으로, 그 남쪽으로 3곳, 그리고 동서로 4곳의 작은 성들이 연달아 있었기 때문에 붙여진 이름이다. 한편, 팔련성의 남벽 바깥쪽에서 절터로 추정되는 유구가 3곳에서 발견되었는데 상경성의 외성 내부에서도 3곳의 추정 절터가 확인된다. 이와 같은 유구 배치의 유사성을 통해 상경성과 팔련성이 동일한 도시계획에 의해 건설되었다고 추정하기도 한다. 또한 내·외성으로 구성된 성의 구조적 특징이 전술한 서고성이나 상경성과 유사성을 보여준다. 비록 팔련성의 규모가 서고성이나 상경성에는 미치지 못하지만, 이 두 성 이외에 팔련성보다 더 큰 규모를 자랑하는 발해의 성이 확인되지 않으므로 전술한 부거리 석성과 주변 일대

그림 7 발해의 추정 동경성(부거리 일대 석성과 고분군)

그림 8 팔련성 일대의 위성사진

보다는 팔련성과 그 일대를 발해의 동경용원부로 간주하는 것이 더 힘을 받고 있다.

발해의 문왕은 그 자신이 새로 건설한 수도인 상경성을 두고 다시 동경성을 건설해 천도했는데, 그 배경을 명확히 설명할 수는 없지만 여기에는 당시의 국내·외적으로 특수한 국가적 환경이 있었던 것으로 추측해 볼 수 있다. 특히 당나라와 신라가 연계되어 군사적으로 고립된 상황에 놓여 있던 발해의 입장에서는 바다 건너 일본과의 유대관계를 위한 관문이 중요시되었을 것이다. 비록 짧지만 한때 왕성이 들어섰던 동경용원부 일대의 지역은 이와 같은 역할을 하기에 충분한 발해의 주요 거점지역으로서, 다시 수도를 상경성으로 옮긴 이후에도 그 기능과 역할에는 변함이 없었음에 틀림없다.

발해는 어디에 서경을 건설했을까?

발해의 5경 중에서도 서경은 남경과 함께 왕성이 놓였던 적은 없지만, 조공도(朝貢道)의 기점이라고 문헌사료에 기술되어 있어서, 당나라와 말갈족 등을 포함한 발해 서쪽 주변국과의 관계에서 정치·외교·무역·군사상으로 중요한 기능을 수행한 곳이었던 것으로 추정된다. 이와 같은 서경이 언제부터 발해의 서쪽을 관할하던 중핵적인 곳으로 기능했는지 관해서는 아직 견해의 일치를 보지 못하고 있다. 그보다 더욱 근본적인 문제는 발해의 서경이 과연 어디에 있었느냐에 관한 위치 비정의 문제가 있다.

이에 관해서는 크게 중국 지린성에 위치한 린장(臨江)일대와, 고구려의 중기 도성이 위치했던 지린성 지안(集安)일대를 후보지로 보는 2가지의 견해가 제시되어 있는데, 양자는 모두 압록강을 끼고 있다는 점에서는 공통된다. 한국과 일본, 중국의 연구자들 사이에서는 린장설이 강하게 주장되는 반면, 북한의 학계에서는 지안설을 일정하게 주장하고 있고, 한국의 연구자들 사이에도 지안설이 계속 대두되고 있는 실정이어서 서경의 위치에 관한 논의는 현재진행형이라고 할 수 있다.

서경의 린장설은 『신당서』의 지리지에 기술된 당나라 재상 가탐(賈耽:730~805)이 사방의 영역 거리를 고찰한 아래의 기술에서 힌트를 얻고 있다.

테글 1

한국 역사에서 유일무이하게 동일 국가에서 두 번 천도한 땅, 발해의 상경

조선 말, 흥선대원군은 왕실의 권위를 세워 왕권을 회복하고자 임진왜란 때에 소실된 경복궁을 중건하는 토목공사를 벌인 결과, 민심의 이반을 당하게 되었다는 것은 익히 잘 알려진 사실이다. 이처럼 궁궐에 왕실의 정전(正殿)을 다시 세우는 것조차 쉽지 않은 일이었던 것을 알 수 있다. 그럼에도 불구하고 한 번도 아닌 두 번 혹은 두 번 이상이나, 그것도 국가의 핵심이라고 할 수 있는 도성을 옮긴 왕이 존재한다. 그는 다름 아닌 발해의 3대 문왕인 대흠무(大欽茂)로 한국사의 기네스북이 있다면 등재후보 1위 감으로 손색이 없다.

문왕의 덕분에 상경 또한 유례를 찾아볼 수 없는 경험을 하게 된다. 만약『신당서』에서 기술된 바를 문왕 대의 사실로 본다면, 문왕은 구국에서 현주로 왕성을 옮긴 후 또 다시 현주에서 상경으로 천도했고, 이후 상경에서 동경으로 다시 한 번 이도(移都)하게 된다. 전란에 휩싸였거나 천재지변으로 어쩔 수 없이 왕성을 옮긴 것과는 달리, 분명한 의도와 목적을 가지고 한 나라에서 천도한 후에 또 다시 재천도를 단행한 경우는 한국 역사상 문왕 대의 경우가 유일하다. 이와 같은 문왕의 잦은 천도에 대해 일각에서는 안록산(安祿山)의 난 이후의 중국 침략에 대한 사후대비책이었다고 보는 입장도 있지만, 국가의 효율적인 통치를 위한 중핵도시의 건설 필요성이 대두되었을 가능성도 배제하기 어렵다. 현 시점에서 문왕의 잦은 이도(移都)에 대한 의도와 목적을 정확히 파악하기는 쉽지 않다.

발해의 5경 중에서도 서경과 동경에 비해 가장 오랫동안 왕도로 기능한 곳은 상경성이다. 상경성에 대한 고고학적 조사는 1933 · 1934년에 행해진 후, 1939년에 동아고고학회(東亞考古學會)에 의해 발굴조사보고서가 간행되었다. 이후 약 70년 만에 새로운 조사 보고서가 헤이룽장성 문물고고연구소(黑龍江省文物考古硏究所)에 의해 2009년에 발표되었다. 양 조사보고서들은 지극히 제국주의 일본과 중국의 입장에서 간행된 것들이지만, 기와, 벽돌, 치미, 석재 용두(龍頭) 등과 같은 건축자재류 이외에도, 토기, 발해 삼채(三彩), 불상, 철제품, 동전, 기마인물상, 과대(銙帶) 등 다양한 출토유물이 확인되었다. 이처럼 상경성에서 확인된 고고학적 물질증거 자료들은 발해 왕성의 실체와 발해인들의 생활상을 정확히 파악할 수 있다는 점에서 중요한 의미를 가진다

그림 9 상경성의 위성사진(1) 및 상경성터 전경(2)

압록강 하구에서 배를 타고 100리 정도 가다가, 다시 작은 배를 타고 동북쪽으로 30리를 거슬러 올라가 박작구(泊汋口)에 이르면 발해의 국경에 도달한다. 다시 500리를 거슬러 올라가면 환도현성(丸都縣城)에 이르니 이곳은 옛 고구려의 수도이다. 다시 동북쪽으로 200리를 거슬러 올라가면 신주(神州)에 이른다. 여기서 다시 육로로 400리를 가면 현주(顯州)에 이르니 천보(天寶) 연간에 왕이 도읍하던 곳

이다. 다시 정북방으로 가다가 동쪽으로 600리를 가면 발해의 수도에 도착한다.

상기의 기사를 통해 압록강 일대를 거슬러 올라가 발해의 왕도에까지 도착하는 루트를 살펴볼 수 있다. 여기서 서경의 정확한 위치는 기술되어 있지 않지만 신주(神州)·환주(桓州)·풍주(豊州)·정주(正州)를 관할하는 중핵지역이 신주이므로 이곳에 서경이 있었을 것으로 간주하고, 기록을 통한 거리 계산에서 서경을 압록강의 북쪽 대안(對岸)에 있는 린장시 일대로 보는 것이 합리적이라는 해석이다. 이와 같은 견해는 이미 조선후기의 실학자인 정약용에서 확인되는데, 그는 신주가 서경에 있었다고 단정하고 자성(지금의 자강도 자성군)의 북쪽 대안이 서경이라고 주장했다.

하지만, 린장시 일대에서는 도성 유적으로 입증할만한 고고학적 자료가 발견되지 않아서 린장(臨江)설에 크게 힘이 실리지는 않았다. 그런데 중국에서 1976년의 백화점 창고 기초공사 도중에 완성되지 못한 형태이기는 하지만 50근 내외의 석사자(石獅子)가 발견되었고, 이것이 정혜공주묘에서 발견된 것과 유사하다는 견해가 나왔다. 이후 1982년·1984년에 행해진 중국 측의 조사에서 발해의 유물로 추정되는 니질회도(泥質灰陶)와 암·수키와가 채집되었다고 알려졌다. 이상을 근거로 지금의 린장시 린장따지에(臨江大街) 129호 일대에 발해고성이 있었다고 간주하고 서경이 이곳이라고 주장하게 된 것이다. 하지만 신주에 서경이 있었다고는 단정 지을 수 있는 근거는 여전히 약하고, 중국 측에서 발견했다고 보고한 유물 중에는 발해의 것으로 시각적으로 확인 가능한 자료가 제시되지 못하는 점에서 향후 논의해야 할 여지는 충분하다.

반면, 지안(集安)설은 지린성의 지안지역이 과거 고구려의 중기 도성이었던 곳으로서 군사적 요충지이자 방어에 유리한 중요 거점이었던 점에서 후보지로 보고 있다. 고구려가 지안에서 평양으로 천도한 이후에도 국내성과 환도산성 등 주요 고구려의 도성 관련 시설들은 그 명맥을 유지하고 있었을 것이고, 이러한 유적들은 당연히 발해가 이 지역을 차지함으로서 그대로 이어졌을 것으로 간주한다. 하지만 이러한 주장 또한 역사적 정황에 의거한 주장으로서 실제 자료에 의한 추정은 아니다. 그런데 실제로 증명할 수 있는 자료가 보고되지는 않았지만 지안 민주육대유지(民主六隊遺址)와 승리촌(勝利村) 등에서 발해유물이 확인되었다고 알려져 있다. 또한 국내성의 내부에서는 상경성에서 출토되는 발해의 수막새와 유사한 단위문양의 속성을 가지는 수막새의 실물 파편이 출토되었다. 린장(臨江)에서는 발해의 도성유적으로 추정할 만한 큰 규모의 유적이 확인되지 않지만, 국내성이라는 대규모 도성유적의 존재는 발해의 집안에 존재했다고 볼 수 있는 여지를 생각하게 해준다.

이처럼 서경의 위치를 명확하게 판단할 수 있는 연구가 충분히 진행되었다고 보기 어렵기 때문에 보다 많은 고고학적 연구의 축적과 논의가 필요하다.

신라도(新羅道)의 출발지인 남경은 어디일까?

발해가 경영한 5경 중에서 남해부가 속한 남경의 위치를 정확히 알 수 있는 문헌사료는 확인되지 않지만, 남경남해부가 옥저의 옛 땅이며 신라로 통하는 요충지로서 남해부의 특산품은 곤포(昆布, 다시마)라고 적혀 있는 『신당서』의 기록이 있다. 또한, 남해부의 토호포

(吐號浦)에서 발해의 사신단이 일본으로 출발했다는 『속일본기(續日本紀)』의 기록이 보인다. 이를 토대로 발달한 항구와 양질의 다시마가 산지인 함경도의 함흥(咸興) 일대가 발해의 남경이라는 설이 정약용으로부터 제기된 이후, 함경북도의 경성(鏡城), 종성(鍾城), 북청(北靑) 등이 발해 남경의 후보지로 대두되었다. 그러나 이 중에서 발굴조사를 토대로 한 고고학적 해석에 의해 발해의 남경으로 비정된 것은 북청군의 청해토성뿐이다.

청해토성은 북청역에서 남동쪽으로 직선거리 약 12㎞ 떨어진 남대천 좌안의 하호리에 위치하는데, 토성리토성, 북청토성, 숙신고성, 신창토성, 허천평성 등으로도 불렸다. 남북으로 흐르는 남대천을 따라 좌측에서 흐르는 지류의 좌측에 붙어서 장방형으로 조영된 이 성은 토성 벽의 잔존하는 높이가 약 2~3m이며, 전체 둘레는 약 2.1㎞에 달한다. 북한 측의 발굴조사를 통해서 남서쪽과 북서쪽 모서리에서 각루(角樓)의 흔적 및 네 벽의 중간 부분에서 문지(門址)의 흔적이 발견되었고, 북문의 서쪽에는 망루로 추정되는 시설도 확인되었다. 청해토성의 내부에는 4m 너비의 도로가 서로 교차하며 온돌시설이 설치된 건물터와 추정 사원터, 우물 등의 유구가 발견된 것으로 보고되었다. 또한 치미, 와당, 귀면와, 벽돌과 같은 와전류를 비롯해, 철촉과 같은 무기류, 마구의 부속품들, 용기류, 농구류 등의 출토 사례도 알려져 있다.

청해토성을 남경으로 보는 이유는 성의 내부에서 발견된 와당의 문양이 상경성이나 중경성과 같은 도성 유적에서 발견되는 것과 매우 유사한 구성을 하고 있다는 점과, 성의 구조 또한 후자들과 비슷한 점을 근거로 들고 있다. 이 이외에도 북청은 앞서 살펴본 청진과 함께 내륙에서 동해안으로 빠져나가는 주요 교통로 중의 하나다. 신라의 통일 이후 국경이 대동강-원산까지로 알려져 있는 점을 감안해 보면, 신라와 거의 국경을 접해야 하는 함흥보다 배후에 있고 내륙과의 연결도 쉬운 지리적 이점을 가지고 있는 북청지역이 신라도의 출발지일 가능성은 설득력이 있다.

그림 10 함흥의 청해토성

그 밖의 주요 성곽과 24개돌 유적들

발해는 5경 15부 62주라는 행정단위를 설치해 통치의 거점지역으로 삼았다고 익히 알려져 있는데, 이들을 포함하여 현성에 해당하는 유적을 찾기 위한 노력이 계속되고 있다. 그 대표적인 사례로서 부성(部城)으로는 소밀성(蘇密城)·대성자고성(大城子古城)·니콜라예프카성터·유즈노 우스리스크(Yuzhno Ussuriysk)성터를, 주성(州城)으로는 크라스키노(Kraskino)성·온특혁부성(溫特赫部城)·살기성(薩其城)·남성자고성(南城子古城)·남호두고성(南湖頭古城) 등이 논의되고 있다. 이 중에서 상세한 발굴조사를 통해 보고된 유적은 매우 한정되고, 대부분이 지표조사나 유적의 내부에서 출토된 유물 및 유적의 위치를 문헌사료에 대입해 발해시대의 주요 거점 유적으로 추정하는 경향이 강하다. 한편, 발해 장군의 이름으로 보는 명문이 새겨진 물고기 모양의 청동부절이 발견된 니콜라예프카성터와, 성 안에서 발견된 석판에 솔빈(率賓)이라는 돌궐문자가 새겨져 있었다고 주장하는 유즈노 우스리스크성터 등은 염주성(鹽州城)으로 보는 크라스키노성터와 함께 발해시대 이후에도 금나라가 재이용한 유적으로 알려져 있다.

현재까지 알려진 발해의 성곽으로 알려진 유적들은 중국·러시아·북한지역에서 약 300여 곳이 보고되어 있다. 하지만, 이와 같은 유적들이 모두 발해시대의 것인지, 그 이전이나 이후에 조영된 것인지, 혹은 발해시대에 조영되었다고 하더라도 발해가 멸망한 후 다른 왕조에 의해 수리, 수축, 개축되어 재사용되었는지 등에 관한 검토는 대부분 이루어지지 않고 있는 실정이다. 따라서 발해의 성곽 연구는 아직도 초보적인 단계이고, 고고학적 조사의 증가를 통해 해결해야 할 부분이 많다.

지린성과 함경북도 일대에서는 24개의 돌로 이루어진 유적들이 현재까지 총 12개소에서 발견되었다. 둔화시 부근에 강동(江東), 관지(官地), 해청방(海青房), 요전자(腰甸子) 4곳이 있고, 경박호 부근에 경풍(慶豊), 만구(灣溝) 2곳, 왕청현의 흥륭촌에 흥륭(興隆) 1곳, 두만강 연안에 마패(馬牌), 석건평(石建坪) 2곳, 함경도의 동해안 지역에 송평구역, 회문리, 동흥리 3곳이 보고되어 있다. 각각의 24개돌 유적들은 약 30㎞ 정도의 일정거리를 유지하고 위치하는데, 규모와 구조 및 동일한 석재를 사용해 만들어진 것이라는 공통점이 확인된다. 이 유적들을 모두 발해시대의 것으로 보는 이유는 대부분이 발해시대로 추정하는 유적들이 집중적으로 분포하고 있는 지역에 위치하고 있고, 발해의 주요 대외 교통로로 생각하는 영주도·조공도·신라도의 선상에 자리 잡고 있기 때문이다.

24개돌 유적의 기능과 역할에 대해서는 신앙이나 제사에 사용된 종교적인 대상물이라는 견해를 비롯해, 발해의 주요 교통로에 자리 잡고 있는 점으로 미루어 역(驛)과 관련된 시설이라는 견해, 발해 왕실의 기념비적인 상징물이라는 견해, 건축학적으로 볼 때 공공의 목적을 가진 창고로서 기능했다는 견해 등 다양한 해석들이 존재한다. 이 유적들이 가지는 상세한 의미가 무엇인지에 관해서도 앞으로 발해 고고학이 풀어야 할 과제 중의 하나이다.

그림 11 지린성 돈화시 해청향 소재 해청방 24개돌 유적

발해인 영혼의 안식처, 무덤

발해의 주요 무덤군으로 보고된 유적들은 중국의 지린성과 헤이룽장성을 비롯해, 북한의 함경북도, 러시아의 연해주 일대에 분포되어 있다. 특히 왕성이 옮겨갔던 것으로 추정되는 구국지역과 서고성 및 상경성 일대의 도성유적 주변에 큰 무덤군이 집중하고 있는 양상이 확인된다. 지금까지 알려진 발해시대의 무덤은 매장 주체부의 내부구조에 따라서 토광묘, 석축묘(石築墓), 전축묘(磚築墓)로 크게 나눌 수 있는데, 여기서는 다양한 출토 유물들이 보고되었다. 무덤의 형태와 출토유물들은 당시의 매장습속과 의례행위, 생활풍습 이외에도 민족구성까지도 파악할 수 있기 때문에 중요하다.

발해의 민족구성에 대해서는 고구려계통의 지배층과 말갈계통의 피 지배계층으로 구성된 것으로 생각하는 견해와, 발해는 고구려와 관계가 없는 말갈계통의 국가였다는 견해, 그리고 말갈이라는 명칭 자체가 종족명이 아닌 고구려를 지칭하는 것으로서 말갈이 건설한 발해는 고구려를 계승한 국가라는 견해 등이 제시되어 있다. 어떤 견해가 타당한지에 대해서는 더 많은 연구 성과의 축적을 기다려야 하겠지만, 발해의 민족구성을 판단하는데 실마리를 제공해 주는 무덤의 발굴사례가 있어서 주목된다. 한·러 합동 발해발굴에 의해 연해주에서 조사된 체르냐찌노(Cherniyatino)유적에서는 말갈계통의 유물이 출토되는 40여기의 토광묘와, 상대적으로 큰 규모인 2기의 석실묘가 함께 분포된 고분군이 확인되었다. 러시아의 우수리스크에서 포크로브카를 지나 중국과의 국경으로 이어지는 라즈돌나야강을 따라 올라가면 체르냐찌노마을이 나온다. 이 마을의 남쪽을 흐르는 강의 대안 충적지에 유적군이 입지해 있다. 석실묘와 토광묘를 각각 지배층과 피지배층의 것으로 본다면 체르냐찌노의 사례는 각 계층의 매장문화가 달랐던 것을 시사해주는데, 고구려와 말갈계통이 혼합된 형태로 발해가 운영되었을 가능성을 무덤을 통해 생각해 볼 수 있다.

한편, 구국의 땅인 지린성 둔화시에 위치한 육정산(六頂山)고분군에서는 시신을 관에 넣은 채 무덤 안에서 불에 태우는 방식인 화장(火葬)의 흔적이 발견되었다고 보고되었는데, 이를 통해 발해의 초창기에는 화장이라는 불교식의 매장의례가 유행했다고 보기도 한다. 또한 헤이룽장성의 링안(寧安)에 위치한 삼릉둔(三陵屯)고분군이나 지린성의 안투현(安圖縣)에 위치한 동칭(東清)고분군 등에서는 1구의 시신을 안장한 단인장(單人葬), 2구의 시신을 안장한 합장(合葬), 3구 이상의 시신을 안장한 다인장(多人葬) 등, 다양한 매장양상이 확인된다. 특히 삼릉둔 2호분에서는 15개체에 해당하는 인골이, 동칭 1호분에서는 17개체에 해당하는 인골이 상하로 층을 이루고 매장되어 있어서, 순장(殉葬)이나 다인장과 같은 매장풍습에 대한 단서를 제공해 준다.

발해의 주요 고분군을 중심으로 개략적인 특징 및 절대연대를 가지는 발해의 무덤을 살펴보면 다음과 같다.

구국에 인접한 육정산(六頂山)고분군

육정산고분군은 둔화시에서 남쪽으로 직선거리 약 5.3㎞ 떨어진 해발 약 600m의 육정산에 위치한다. 육정산은 6개의 낮은 산봉우리가 연결되어 동서로 뻗어 있는데, 가장 높은 산봉우리에서 남쪽으로 내려오면서 2개의 골짜기를 이루고 있다, 고분군은 이 두 골짜기의 경사면을 따라 토광묘와 석축묘가 밀집해 혼재되어 분포하는데, 서쪽과 동쪽을 각각 제1고분군과 제2고분군으로 구분한다. 그런데 규모가 큰 무덤들이 집중하는 양상이나, 왕족인 정혜공주묘가 입지하고 있는 점에서 제1고분군이 제2고분군보다 높은 위상을 가지고 있었을 가능성이 높다.

육정산고분군에서 가장 주목되는 무덤은 피장자와 절대연대를 알 수 있는 정혜공주의 무덤이다. 발해 3대 문왕의 둘째 딸인 정혜공주(737~777년)의 무덤은 M2호로 불리는데, 현실(玄室) · 묘도(墓道) · 연도(羨道)로 구성된 내부구조의 바깥에 흙을 쌓아 올려 봉분을 만들었다. 현무암을 이용해 정방형에 가까운 현실을 만들었고, 천장의 구조는 고구려의 무덤에서 주로 확인되는 삼각모줄임식으로 되어 있다. 이러한 점 때문에 발해 왕실이 건국 초기에 고구려의 전통을 강하게 지니고 있었다고 볼 수도 있다.

정혜공주의 무덤 내부에서는 목관의 파편, 2기의 석사자상, 금동제 못 등과 함께 피장자의 내력이 적힌 묘지(墓誌)가 출토되었다. 특히 7조각으로 깨진 채 발견된 묘지에는 21행의 해서체(楷書體)로 명문이 음각되어 있는데, 피장자가 문왕의 둘째 딸로서 737년에 태어나 777년 4월에 40세를 일기로 사망했고, 780년 11월에 묻혔다는 내용이 확인된다. 여기서 3년 7개월이 지난 시점에 묻힌 것은 빈장(殯葬)을 의미한다고 볼 수 있어서 정혜공주가 사망할 당시에 발해의 고위 신분층에서는 빈장의 풍습이 있었던 것을 추측할 수 있다. 또한 「대흥보력효감□□□법대왕(大興寶曆孝感□□□法大王)」이라는 글귀도 확인되는데, 문왕이 생존했을 당시의 존호 및 「대흥」과 「보력」이라는 독자적인 연호를 문왕 대에 사용하고 있었던 것을 알 수 있다. 이와 같이 정혜공주의 무덤은 8세기 후엽 당시의 발해 역사에 관한 사실을 알려줌과 동시에, 발해 고고학 연구에서 편년의 기준이 되며 발해의 고구려 계승 문제를 이해하는 데에도 실마리를 제공해 준다.

한편, 정혜공주 무덤의 묘지에 적혀있는 '보력7년 11월 24일에 진릉의 서원에 배장했다'(寶歷七年冬十一月廿四日甲申陪葬于珍陵之西原)라는 문구를 통해, 진릉을 둘러싼 복잡하고 다양한 해석들이 있다. 진릉이 지금의 어떤 무덤을 가리키는지, 그리고 진릉의 피장자가 누구인지를 밝히는 것은 아직까지 발해의 확정된 무덤이 없기 때문에 발해사 연구에서 초미의 관심사 중의 하나이다. 장지(葬地)명으로 추정되는 진릉을 기준으로 정혜공주묘의 위치가 설정되어 있는 점에서도 진릉이 가지는 의미는 크다. 그런데 진릉의 위치를 정혜공주묘의 묘지석에 적힌 문구 그대로 단순하게 해석해, 정혜공주묘의 오른쪽에 있는 M6호가 진릉이 되고, 그 피장자는 동경에서 사망한 문왕 이전의 선왕(先王)인 무왕으로 추정하는 견해가 있다.

그 이유는 정혜공주가 사망할 당시에는 아직 문왕이 생존해 있었으므로 능장(陵場)의 이름을 아직 살아있던 문왕에게는 붙일 수 없다는 점과, 발해 초창기의 당나라에는 조부의 묘 옆에 손자나 손녀의 무덤을 조영하는 장례풍습이 있었으므로 M6호는 고왕인 대조영의 무덤도 아닌 무왕의 능일 수밖에 없다고 보는 것이다. 그러나, 왕릉으로 지목된 M6호의 입지조건이나 규모가 정혜공주의 무덤보다 뛰어나지 않고 출토유물의 연대가 늦다고 판단해, M6호는 진릉이 될 수 없고 정혜공주 무덤의 동쪽에 분포하고 있는 제2고분군이나, 보다 거시적으로 보아 육정산고분군이 아닌 그 인근의 동쪽에 위치하는 고분군 일대에서 진릉을 찾아야 한다는 견해가 있다. 이 이외에도 발해에서는 왕의 생전에 무덤을 만드는 행위인 수릉(壽陵)의 관념이 있어서 M6호를 3대 문왕이 생존해 있을 당시에 만든 무덤으로 보는 견해도 있고, 진릉을 단순히 한 사람의 왕릉이 아닌 왕실 능원의 공동매장시설로 보는 다양한 해석들이 존재하지만 쉽게 결론을 내기는 어려워서 향후 연구의 축적을 기다려야만 하는 상황이다.

육정산고분군에서는 삼채(三彩)와 시루 및 다양한 형태의 토기류를 비롯해, 창, 칼, 갑옷, 화살촉과 같은 철제 무기와 무구류, 건축부자재인 수막새와 암·수키와류, 금·은·동·금동제의 각종 장신구, 인골, 거울, 철제 관못, 구슬 및 옥류 등 많은 유물들이 출토되었다. 이와 같은 육정산의 고분군과 출토된 유물들은 발해 초기 최고 지배층의 사후 세계에 대한 관념과 의식 및 생활상 등을 추정하게 해 준다.

중경에 인접한 용두산(龍頭山)고분군

용두산고분군은 지린성 허룽시(和龍市)의 토다오진(頭道鎭)에 자리 잡고 있는 용두산의 동쪽 기슭에 위치한다. 앞서 살펴본 서고성에서 남서쪽으로 직선거리로 약 12.5㎞ 떨어진 곳에 위치한 이 고분군의 동쪽에는 남북으로 가로지르는 강을 끼고 룽하이촌(龍海村)이 자리잡고 있다. 용두산 산줄기의 정상부와 능선부에는 많은 수의 무덤들이 확인되는데, 크게 용해(龍海)·용호(龍湖)·석국(石國)구역으로 구분한다.

그 중에서도 특히 무덤의 조영시기와 피장자를 알 수 있는 왕족들의 무덤이 용해구역의 가장 위쪽에서 발견되어 주목되는데, 아래쪽의 동쪽과 남쪽 기슭에 조영된 무덤들은 주로 돌을 쌓아 만든 무덤들과 구덩이를 파고 만든 무덤들로 구성되어 있다. 여기서는 인골 편을 비롯해 회색의 토기 및 와전류의 파편들, 철제 관못 등이 출토되었다. 한편 용호구역의 가장 남쪽 대지에는 M13·M14호로 명명된 유구들이 있는데, 순금제의 유물들이 출토된 점에서 왕릉으로 보는 견해도 있지만 명확하지는 않다. 이와 같은 발굴조사의 성과를 통해 용두산고분군도 육정산고분군과 마찬가지로 발해 왕실의 집단 무덤군 중의 하나로 간주되고 있다.

용두산고분군 중에서 가장 저명한 무덤으로는 1980년에 발견된 정효공주의 무덤이 있다. 발해 3대 문왕의 넷째 딸인 정효공주(757~792년)의 무덤은 M1호분으로 불리는데, 동서 약 7m, 남북 약 15m 규모의 전실탑묘(塼室塔墓)로 추정하고 있다. 여기서 말하는 전실탑묘란 무덤방을 벽돌로 만들고 상부구조가 탑의 형태를 띠는 것을 일컫는다. 훈춘시의 마디다촌에 있는 마적달탑(馬滴達塔)과 지린성 창바이현(長白縣)에 있는 영광탑(靈光塔) 또한 발해의 전탑묘로 추정하는 입장이 있는데, 이는 정효공주묘를 그 근거로 삼고 있기 때문이다. 정효공주의 무덤은 지상에 존재했던 탑신은 붕괴되어 사라지고 기단부만 남아 있었고, 탑 아래의 지하 4m에 벽돌과 판석을 이용해 축조되었다. 무덤의 내부 구조는 현실과 묘도, 문, 연도로 구성되어 있다. 현실과 묘도의 벽면 및 바닥에는 벽돌과 석재가 같이 사용되었는데, 7.1m에 이르는 연도는 지상으로 올라갈수록 바깥으로 벌어지는 계단상으로 축조되어 있다. 이 무덤에서는 피장자에 관한 정보가 새겨진 묘지가 묘도에서 발견되

그림 12 정효공주무덤

었기 때문에 피장자를 정효공주로 특정할 수 있었다. 정효공주묘에서 발견된 높이·너비·두께가 105×58×26㎝인 묘지는 육정산고분군에서 발견된 정혜공주묘의 것과 비교해 볼 때, 크기에서만 약간 차이가 있고, 형태나 재질, 새겨져 있는 문장의 구성 등에서 대동소이(大同小異)하다.

정면에 18행 728자가 새겨져 있는 묘지에는 '문왕의 넷째 딸인 정효공주가 792년에 36세의 나이로 사망했고, 그해 겨울인 11월 28일에 염곡의 서원에 배장했다'(···公主者我大興寶曆孝感金輪聖法大王之第四女也···以大興五十六年夏六月九日壬辰終於外第春秋三十六謚曰貞孝公主其年冬十一月卄八日己卯陪葬於染谷之西原禮也)고 적혀 있다. 이 묘지의 해석을 통해 문헌에서 확인되지 않은 상세한 발해 왕실의 내역, 즉 문왕에게 정효공주라는 넷째 딸이 있었다는 것을 확인할 수 있을 뿐 아니라, 앞서 살펴본 정혜공주묘의 묘지에서 판독하기 어려웠던 '대흥보력효감□□□법대왕'(大興寶曆孝感□□□法大王)이라는 문왕의 존호(尊號)가 '대흥보력효감금륜성법대왕'(大興寶曆孝感金輪聖法大王)이었던 것을 알 수 있게 되었다.

정효공주의 무덤에서는 금동제의 못과 장신구를 비롯해 도용편(陶俑片), 칠기편 등이 확인된 이외에도, 2개체분의 인골 총 31점이 발견되었는데 5점이 여성의 것이고 26점이 남성의 인골로 판명되었다. 인골에 남아 있는 치아의 마모상태를 비교해 본 결과 25~45세의 인물들이었던 것으로 추정하고 있는데, 이를 토대로 정효공주의 무덤을 2인 합장의 부부무덤으로 보고 있다.

이 무덤의 현실 내부에 12명의 인물이 그려져 있다. 묘주의 모습은 확인되지 않지만 무사·시위(侍衛)·내시·악사 등으로 구성된 인물상들을 통해서 당시 발해인들의 모습을 확인할 수 있기 때문에, 고고학 이외에도 복식사나 생활사 등의 연구에도 중요한 정보를 제공해 준다. 또한 앞서 살펴본 언니였던 정혜공주의 무덤이 석실분이고 3년의 빈장이 행해진 것과 달리, 정효공주의 무덤은 벽돌을 이용해 만들었고 빈장이 행해지지 않은 점 등에서 확연한 차이를 보인다. 이를 통해 8세기 후엽 경에 발해 왕실에서 매장풍습에 대한 급격한 인식의 변화가 있었을 가능성을 유추해 볼 수 있다. 여기에 더해 이 시기에 발해가

「대흥」이나 「보력」과 같은 독자적인 연호를 사용하고 있어서 당나라와 차별화된 발해의 독자적 위상을 엿볼 수 있다는 점에서도 정효공주의 무덤은 문왕대의 발해의 정황과 실상을 정확히 알려주는 중요한 고고학 자료라고 할 수 있다.

한편, 정효공주의 무덤 동쪽에 인접해 조영된 M12호는 3대 문왕의 비인 효의황후(孝懿皇后)의 무덤(775년)이고, M3호는 9대 간왕의 비인 순목황후(順穆皇后)의 무덤이라는 것이 출토된 묘지를 통해 특정되었다. '발해국의 순목황후, 즉 간왕의 황후인 태씨다(渤海國順穆皇后卽簡王皇后泰氏也)', '건흥 12년(830년) 7월 15일 □릉에 옮겨 안치하고 예법을 따랐다(建興十二年七月十五日遷安□陵禮也)'라는 비문 일부가 확인되어 피장자를 순목황후로 특정할 수 있다.

그런데 이 두 무덤을 두고 아직 확인되지 않는 문왕과 간왕의 무덤이 용두산고분군에 위치한다는 견해가 제기되어 있다. 효의황후의 무덤 우측에 근접해 자리 잡고 있는 M11호를 문왕의 왕릉으로, 순목황후의 무덤에서 우측 2.6m 떨어진 지점에 위치하는 M2호분을 간왕의 왕릉으로 보는 것이다. 게다가 문헌에 의하면 3대 문왕은 동경성으로 천도한 후에, 9대 간왕은 상경성에서 생을 마감했기 때문에 당시 발해의 왕실에서는 귀장(歸葬)의 풍습이 행해지고 있었다는 해석도 더해지게 되었다.

이상과 같이 효의황후와 순목황후의 무덤은 정효공주의 무덤과 더불어 용두산고분군에서 절대연대와 무덤의 피장자를 알 수 있고 발해 왕실 묘제의 시대상 및 귀장의 존재 여부, 왕릉 비정의 방향성 등을 제시해 준다는 점에서 중요하지만, 한편으로는 발해 왕릉의 비정문제와 장례풍습의 해석 등에서 우리에게 또 다른 과제를 제시하고 있다.

앞서 잠깐 언급한 M13·14호는 용두산고분군에서 가장 규모가 크고 특이한 매장구조를 가지는 유구들이다. 동봉이혈전곽목관묘(同封異穴塼槨木棺墓)라는 독특한 형식으로 명명된 이 M13·M14호는 하나의 봉분 안에 각각 벽돌을 이용해 곽을 설치한 후, 목관을 안치한 무덤의 구조를 갖추고 있다. 여기서는 금제관식과 팔찌 및 비녀, 금 상감의 옥대(玉帶), 진수서수경(晉獸瑞獸鏡) 등이 출토되었다. 또한 무덤의 지상에는 회(回)자형의 유구도 확인되어서 무덤 위에 건물이 존재했을 가능성을 시사해 준다. 출토된 유물의 화려함과 큰 규모를 통해 발해의 왕릉으로 비정되기도 하지만 여기에 관해서는 보다 충분한 논의가 필요하다.

이상과 같이 발해의 중경으로 추정하는 서고성에 인접한 용두산고분군은 발해 무덤의 형태와 시대적 특징 이외에도 다양한 출토품들을 통해 발해의 매장전통과 최상위 계층의 생활상을 알 수 있다는 점에서 큰 의의를 가진다.

상경에 인접한 삼릉둔(三陵屯)고분군

삼릉둔고분군은 헤이룽장성의 닝안시(寧安市) 산링향(三陵鄕) 산싱촌(三星村)에 위치하는데 삼령둔(三靈屯)고분군으로도 불린다. 앞서 살펴본 상경성에서 북쪽으로 직선거리 약 4.5km지점의 평지에 형성된 산링향의 가장 동쪽에 자리 잡고 있다. 삼릉둔이라는 명칭은 동서로 약 190m, 남북으로 약 250m인 일(日)자형의 흙벽으로 둘러싼 묘역이 있는데, 그 북쪽 구역에 3기의 무덤이 존재하는 것에서 유래한다. 묘역의 중간 지점에는 동서로 가로

지르는 담장이 있는데, 이를 경계로 무덤이 없는 남쪽을 제사공간으로, 무덤이 존재하는 북쪽을 매장공간으로 보기도 한다. 1991년에 실시한 조사에서 M4호 및 M5호의 존재가 확인되어 이곳에는 더 많은 무덤이 존재하는 것이 밝혀졌다.

삼릉둔고분군은 M1호를 중심으로 약 30m의 간격을 두고 동북쪽에 M2호가, 서북쪽에는 M3호가 위치한다. M3호의 서쪽에는 M4호와 M5호가 자리 잡고 있다. 이 중에서 M1호는 여러 번에 걸쳐 조사가 실시되어 그 구조가 확인되었는데, 현실·묘도·연도로 구성된 반지하식의 석실구조를 가지는 무덤이다. 현실은 길이가 약 3.9m, 폭이 약 2.1m, 높이가 약 2.4m인 장방형으로, 가공된 현무암을 이용해 수직으로 벽을 쌓아 올린 후 천장을 삼각모줄임식으로 마무리했다. 매장시설인 석실을 완성한 후에는 흙을 씌워 봉토를 만들었는데, 봉토 위에서 초석(礎石)과 함께 기와의 파편이 수습되었다고 보고되었다. M1호의 석실 내부에서는 유물의 출토사례가 거의 보고되지 않았지만, 묘도의 서쪽 지점에서 1점의 석사자(石獅子) 파편이 수습되었다고 전한다.

한편, M2호도 M1호와 마찬가지로 현실·묘도·연도로 구성된 석실구조를 가지고 있지만 지하식구조로 보고되었다. 길이가 약 3.9m, 너비가 약 3.3m, 높이가 약 2.7m인 장방형에 가까운 현실은 가공한 현무암을 이용해 7단으로 네 벽을 쌓아올린 후 3단의 삼각모줄임식 천장으로 마무리했다. 이와 같은 M2호의 모줄임 천장구조와 현실 벽을 쌓은 축조방식은 고구려의 석실분과 유사한 부분이 있지만, 앞서 살펴 본 정효공주의 무덤과 유

그림 13 링안 삼릉둔고분군(삼릉둔 2호분)

테글 2

왜 발해의 왕릉은 발견되지 않을까?

발해의 강역에 존재하는 무덤에 대한 실체가 조금씩 밝혀지고는 있지만, 아직까지 명확하게 발해의 왕릉으로 확정되거나 비정할 수 있는 무덤은 없다. 고구려의 경우에는 서대총(西大塚), 천추총(千秋塚), 태왕릉(太王陵), 장군총(將軍塚) 등과 같은 집안지역 일대의 거대적석총들이나, 평양지역의 경신리1호분(소위 漢王墓), 전 동명왕릉 등을 왕릉으로 비정한다. 백제의 경우에는 공주의 송산리고분군과 부여의 능산리고분군을 왕릉군으로 파악하는데, 실제로 무령왕릉과 같은 왕릉이 확인되었다. 신라의 경우에도 황남대총을 비롯하여 노동동 · 노서동 · 황남동 일대의 거대무덤들을 왕릉으로 비정하고 있다. 또한 발해와 병행하는 시기인 통일신라의 경우에도 경주분지 일대 주변의 독립된 공간에 조영된 왕릉급 무덤들이 다수 알려져 있어서 발해와는 확연히 비교된다.

발해의 왕릉이 조영되었을 가능성이 높은 후보지로는 육정산고분군과 용두산고분군, 그리고 삼릉둔고분군이 있다. 육정산고분군에서는 정혜공주의 무덤이 발견되었고, 용두산고분군에서는 정효공주의 무덤을 비롯해 효의황후와 순목황후의 무덤이 발견되었다. 따라서 이 두 고분군은 발해의 왕족들을 위한 사후세계가 조영되었던 곳으로 추정할 수 있고, 왕릉 또한 이곳에 조영되었을 가능성이 있다. 삼릉둔고분군 또한 상경성 인근에서 가장 규모가 큰 무덤들이 조영된 곳으로서 왕릉이 입지할 가능성이 있어 주목된다. 선대(先代)의 왕을 위한 제사의 공간이자 현재 왕의 권위를 과시하기 위한 특별하고 거대한 규모의 기념물이 왕릉이라는 것을 생각해 본다면, 크고 화려한 무덤들이 도성 유적의 부근에 입지한 이들 고분군에 발해의 왕릉이 조영되었을 가능성은 충분하다.

하지만 이 세 고분군들에서 무덤의 규모나 출토 유물로 단정 지을 수 있는 왕릉급 무덤은 없다는 것이 문제이다. 따라서 기존의 세 고분군에 대한 추가적인 발굴조사나 보다 넓은 범위를 시야에 넣고 발해의 왕릉을 연구할 필요가 있다. 발해의 왕성이 존재했던 주변 일대에 대한 보다 많은 관심과 상세한 조사가 절실하다.

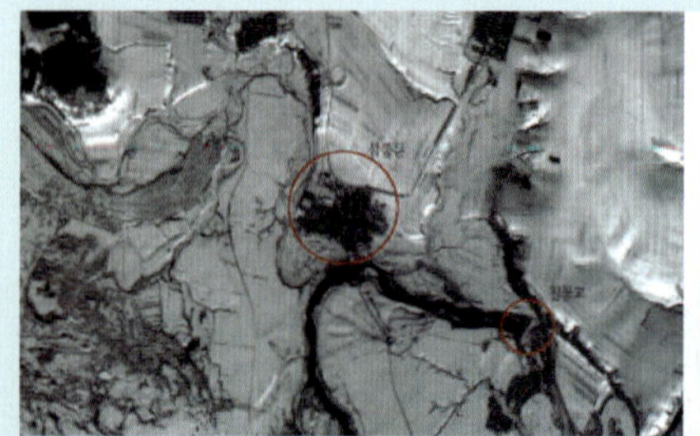

그림 14 발해의 추정 왕릉군(삼릉둔고분군 1, 육정산고분군 2, 용두산고분군 3)

사하게 13단의 계단을 통해 지상으로 이어지는 연도의 구조는 고구려의 무덤에서 확인되지 않는 차이를 보여준다. M2호의 무덤입구는 흙과 돌, 기와 등을 이용해 막았고, 현실과 연도에는 회칠을 한 후 인물 · 꽃 등의 벽화를 그렸는데 잔존상태가 좋지 못해 판별하기 어려운 부분이 많다. M2호의 현실 내부에서는 거의 유물이 출토되지 않고 10개체분의 인골만이 수습되었지만, 봉토에서는 기와를 비롯해 철촉, 흙으로 구워 만든 짐승의 머리형상, 동물유체 등이 출토된 것으로 알려져 있다.

이 이외에도 석실이 아닌 독특한 내부구조로 추정하는 M3호와 석실의 내부에서 삼채향로가 발견된 것으로 전하는 M4호도 있지만, 아직 상세한 보고가 이루어지지 않아서 고분군 전체의 정확한 실체를 현재로서는 파악하기 힘들다.

발해는 정말 불교의 나라였을까?

지금까지 보고된 발해의 사원터로 추정되는 유적은 30곳 이상이 알려져 있다. 상경성의 외성 안팎에서 총 10곳의 추정 사원터가 발견된 이외에도, 러시아의 연해주지역에서는 보리소프카(Borisovka), 코르사코프카(Korsakovka), 아브리꼬쏘브(Abrikosv)절터 등이, 북한 지역에서는 오매리, 개심사, 금호리 절터 등이 알려져 있다. 이와 같은 발해의 추정 사원터들은 대부분이 장방형의 형태를 띠고 있고 다수의 불상 파편들이 출토된 것으로 조사되었다. 상기의 유적들에서 출토된 석불·철불·금동불·소조불(塑造佛) 등은 대략 1천여 점이라고 보고되어 있다. 이 중에서 상경성의 흥륭사(興隆寺)에 안치되어 있는 대형의 석불좌상(石佛坐像) 이외에는 대부분 크기가 작다. 높이 3.3m에 이르는 이 석불좌상은 유일한 발해시대의 대형 불상으로 알려져 있다. 하지만 대부분 훼손된 상태였던 것을 새로 보수한 것이므로 원래의 형상을 정확히 알기는 어렵다.

한편 거푸집을 이용해 다량으로 제작된 소형의 니불(泥佛)이 상당수 남아서 전하는데, 고구려의 원오리 절터에서 출토된 소형의 니불과 형태나 크기에서 유사하다고 보는 견해도 있다. 또한 팔련성에서 출토된 이불병좌상(二佛竝坐像)의 광배에 표현되어 있는 연화화생(蓮花化生)을 고구려의 무덤인 장천 1호분의 벽화에서도 찾아볼 수 있으므로, 발해의 불교가 고구려의 전통을 이어받았다는 근거로 삼기도 한다.

그림 15 발해진 흥륭사 석불좌상

하지만 원오리 절터에서 출토된 소형의 니불상에서는 광배가 확인되지 않는 반면, 발해의 불상으로 알려진 소형의 니불은 대부분 불상과 광배가 일체형을 이루고 있는 점에서 차이점도 있다. 또한 고구려의 사원은 주로 가람배치(伽藍配置)가 1탑 3금당식을 기본으로 하고 있지만, 발해의 사원유적으로 추정하는 곳에서는 고구려식의 가람배치가 확인되지 않는다. 고구려의 경우에는 청암리사지나 상오리사지, 정릉사지 등의 발굴조사를 통해 팔각의 목조탑이 확인되었으나 발해의 사원 추정 유적에서는 팔각탑이 확인되지 않는 점에서도 차이가 있다. 따라서 발해가 고구려의 불교 전통을 그대로 이어받았다고 보기 어려운 점도 있다.

현재 흥륭사로 불리는 상경성의 제2절터에는 높이가 6m에 이르는 거대한 석등이 남아 있는데, 현존하는 발해의 석등으로는 유일한 것이다. 또한 팔련성의 추정 사원터에서 출토된 것으로 알려져 있는 이불병좌상(二佛竝坐像)은 광배를 가지는 2개의 불상이 나란히 배열되어 있는 것으로, 광배의 좌우 양쪽 끝에는 각각 협시불이 표현되어 있다. 현재까지 조사 보고된 팔련성 출토의 이불병좌상은 총 9개체 이상이 확인되었는데, 이 중에서 일부는 1942년에 조사된 이후에 일본 도쿄대학의 문학부 진열품실에 3점이, 타이완의 국립고궁박물원에 2점이 보관되어 있다. 이러한 불교관련의 고고자료가 발해의 어느 시기의 것인지, 그 계통을 어디에서 찾아야 하는지 등에 대해서는 보다 신중히 검토할 필요가 있다. 이와 같은 불교관련의 유물들을 연구함으로써 발해를 포함한 동북아시아의 불교를 둘러싼 제 양상을

그림 16 상경성 출토 발해의 전불 좌상

파악할 수 있을 것이다.

이상과 같이 발해의 영역으로 추정되는 곳에서 발견되는 다수의 불교관련 유적 및 유물을 통해 볼 때, 고구려와 마찬가지로 발해 또한 불교를 숭상하던 국가였던 점에는 의심의 여지가 없다.

발해인 그들의 삶과 생활

지금까지 발해의 것으로 보고된 용기류와 건축부재류, 금속기 등과 같은 다양한 유물들을 통해 당시 발해인들의 삶과 생활을 확인할 수 있다.

용기류

발해 고고학에 있어서 편년의 기본이 될 수 있는 용기류에 관한 연구는 편년 및 지역의 독자성, 계보의 파악, 민족 구성의 차이, 국제교류의 양상 등을 확인할 수 있기 때문에 중요하다. 하지만 아직 이 부분에 대한 연구가 충분하지 않아 향후 더 많은 연구의 축적을 통한 발전이 기대되는 부분이기도 하다.

발해의 용기류로는 크게 녹색·흰색·갈색의 세 가지 색채가 어우러진 유약을 입힌 삼채(三彩)와 유약을 바르지 않은 도기류가 있다. 당나라에서 유행하기 시작한 삼채는 8세기 이후로 발해를 포함해 한반도와 일본의 여러 유적에서도 출토되고 있어서 지역을 초월해 유행했던 것으로 생각된다. 대표적인 발해의 삼채로는 삼릉둔 4호묘에서 출토된 향로를 들 수 있는데 당 삼채에 버금가는 화려함을 확인할 수 있다.

한편 도기류의 경우에는 정선된 니질(泥質)의 태토를 물레를 이용해 만든 경질소성인 것과 사립이 다수 혼합된 조질(粗質)의 태토를 테쌓기 기법을 이용해 만든 연질인 것이 있다. 전자의 대표적인 기종으로는 구연부(口緣部)가 나팔처럼 바깥쪽으로 벌어지고 몸체에는 가로 방향의 파수가 달린 광구장경호(廣口長頸壺)를 들 수 있는데 고구려의 요소가 발해로 이어지는 것으로 본다. 반면 후자의 대표적인 기종으로는 이중으로 겹친 구연부에 톱날 모양의 융기문이 시문되어 있고 몸체가 긴 발을 들 수 있는데 말갈의 요소가 이어지는 것으로 본다. 이상과 같은 용기류의 특징을 통해 발해가 다민족으로 구성된 국가였을 가능성을 유추해 볼 수 있다.

1	2

그림 17 발해의 그릇(삼릉둔 4호분 출토 발해 삼채 1, 상경성 출토 발해 장경호 2)

건축부자재류

발해의 기와류 중에는 주변국의 기와에 비해 압도적으로 명문을 압인(押印)한 것이 많다. 현재까지 400여 점 이상이 발견되었는데, 이 중에서 판독 가능한 명문이 확인되는 것도 250종 이상이다. 이와 같이 압인된 명문이 기와를 주문한 공헌자를 표시한 것인지, 혹은 기와를 제작한 공인을 가리키는지에 대해서는 명확하지 않다. 만약 서로 멀리 떨어진 유적에서 완벽하게 동일한 명문이 찍힌 기와가 발견된다면, 발해 기와의 생산과 유통 및 공급체제를 이해하는 단서를 제공할 수 있을 것이다.

발해의 막새류에는 암막새와 수막새가 있다. 암막새는 통일신라시대의 유물과 같이 화려한 문양이 배치된 드림새가 없이 암키와의 광단부(廣端部) 중앙에 도구를 이용해 원형의 문양을 찍고, 그 아래 위에는 톱날 모양의 문양이 새겨진 것들이 대표적이다. 수막새는 지역이나 유구 별로 단위문양의 구성에서 차이를 보이는 특징이 관찰되는데, 이는 시간상의 변화 및 지역적인 특색과 양상을 알려준다는 점에서 중요하다. 특히, 주변국가에서는 사용하지 않은 발해의 수막새로 특정할 수 있는 문양요소로는 심엽형(心葉形, 역하트모양)을 들 수 있다. 이처럼 문양이 확인되는 막새류는 발해의 왕권과 천도문제, 지역거점 등과 연동해 생각할 수 있는 장점이 있다. 도성유적을 중심으로 주로 발견되는 문양전(紋樣塼)은 보상화문(寶相華文)이나 인동문(忍冬文)으로 장식되어 있는 점에서는 통일신라시대의 문양전과 유사하지만, 문양이 단순하게 표현된 점에서 차이가 있다.

기단을 장식했던 것으로 보이는 돌사자머리는 상경성의 제1궁전지에서 출토되었는데, 화강암을 이용해 정교하게 제작되었다. 벽사(辟邪)의 의미로 제작된 녹유귀면장식기와는 상경성과 서고성에서 발견되었다. 기둥과 초석을 보호할 목적으로 제작된 주초보호장식 또한 상

그림 18 발해 기와의 명문 압인

그림 19 상경성 출토 발해 수막새

그림 20 상경성 및 서고성 출토 발해의 문양전

그림 21 상경성 제1궁전지 출토 석사자상

그림 22 상경성 출토 녹유귀면장식와

경성과 서고성 같은 도성유적에서 주로 출토되는데, 외면에만 녹유를 발라 구워 만들었다.

이상과 같은 특징적인 건축부자재류는 여타의 왕조나 주변지역에서 발견된 사례가 확인되지 않으므로 발해의 개성과 독자성을 잘 드러내 준다고 할 수 있다.

금속기류

발해의 금속기로 알려져 있는 것은 재질에 따라 철·금·금동·은·동제품들이 있는데, 각종 장식구를 비롯해 무기·무구류, 기마인물상, 투구, 가위, 풍탁 등이 보고되어 있다. 이 중에서도 대표적인 발해 유물로는 금제 관(冠) 장식, 금동제 귀걸이, 금동제 과대(銙帶, 허리띠), 청동용(俑) 및 기마인물상 등을 들 수 있다.

발해에서는 신라의 관과 같이 완벽한 형태의 금속제 관으로 확인된 사례가 없지만, 용두산고분군 M14호에서 출토된 장식품을 관의 일종으로 보기도 한다. 기다란 가운데 줄기를 중심으로 양쪽으로 가지가 벌어지듯 표현된 이 유물의 형태가 양나라의 양직공도(梁職貢圖)나 당나라 고종 아들 이현(李賢)의 무덤에 그려진 벽화에서 보이는 고구려의 조우관(鳥羽冠)과 관련성이 있다는 견해가 제시되어 있어서, 발해의 고구려 계승성을 이야기하는 근거의 하나가 되고 있는 유물이다.

발해의 귀걸이로는 함경북도 화대군 정문리에서 발견된 창덕3호 출토품이 알려져 있는데, 고구려의 것으로 추정하는 평양 만달산 7호나 세종시 남성골산성에서 출토된 것과 닮은 태환식(太鐶式)귀걸이다. 넓은 큰 고리에 청동 고리가 연결되어 있고 여기에 다시 고리를 가진 드리개 장식이 달려 있는데, 당시의 금속공예 기술을 파악할 수 있는 자료일 뿐만이 아니라 고구려와의 연속선상에서 발해의 문화를 해석하려고 하는데 있어서 중요시되고 있다.

그림 23 상경성 인근 고분 출토 투구

발해의 과대(銙帶)로 보고된 사례는 약 170여 건 이상인데, 금·금동·동·철제 등 다양한 재질이 확인되었다. 고분에서의 출토 사례가 많지만 도성유적과 사원터에서도 발견된다. 발해의 과대는 당·신라·발해를 포함한 국제질서 속에서의 신분을 상징하는 의미를 가진 유물로서 당시의 국제관계 양상을 파악할 수 있다는 점에서 의의가 있다.

발해의 유물로 추정하는 청동기마인물상은 상경성을 비롯해, 지린성의 양둔대해맹(楊屯大海猛)유적, 러시아 연해주의 씨니예스깔르이(Sinyskaly)유적과 우수리스크유적, 체르냐찌노 5유적 등에서 발견된 것으로 알려져 있다. 이와 같은 유물들은 당시의 기마풍습과 청동제품의 생산기술 등을 연구할 수 있는 기초자료로서 의의를 가진다.

그림 24 상경성 출토 청동기마인물상

요약

지금까지 발해의 고고학과 관련된 논의의 쟁점들 및 고고 유적과 유물의 특징에 대해 간략하게 살펴보았다. 현재도 한국의 학계에서는 발해에 관한 다양한 고고학적 연구가 진행되고 있다. 그럼에도 불구하고 앞서 살펴본 바와 같이 종족 계통의 문제나 도성의 위치 비정과 천도시기의 문제, 당과 신라와의 국경 완충지대의 운영양상, 발해의 정확한 강역과 지방행정 구역, 발해의 고구려 고지(故地) 재사용에 대한 검증, 발해 왕릉의 비정, 발해의 유물과 유적의 편년에 관한 문제, 고고자료를 통해 본 발해와 여타 왕조와의 비교 등 아직도 해결되지 않고 남아 있는 수많은 과제들이 여전히 존재한다. 실물자료를 쉽게 접하기 어려운 지리적 여건의 한계와 북한·중국·러시아의 발굴 성과에 의존할 수밖에 없는 현실적인 연구 여건상의 불리함을 극복하기 위한 학문적 관심과 노력이 발해 고고학에서 더욱더 절실히 요구된다고 할 것이다.

이처럼 해결해야 할 수많은 문제들이 산재해 있는 와중에도 한국사의 일부분인 발해의 역사를 중국의 일개 지방정권의 역사로 치부하고 자국의 역사에 편입시키려는 동북공정의 움직임이 지속되고 있다. 하지만 『구당서』와 같은 중국 왕조의 역사서에서 발해의 건국집단을 고구려의 별종으로 보고 있고, 정혜공주의 무덤이나 정효공주의 무덤에서 발견된 묘지에서도 확인되는 바와 같이 발해가 독자적인 연호를 사용하고 있는 점, 그리고 『속일본기』에 기술된 바와 같이 발해의 최고 지배자가 대외적으로 고려국왕이라고 천명해 고구려의 후예임을 밝히고 있는 점 등으로 미루어 보더라도, 발해의 역사는 중국의 역사가 아닌 한반도의 역사임에 분명하다. 이처럼 한국 역사의 일부분인 발해사를 지속적으로 증가하는 고고학 자료의 면밀한 검증과 해석을 통해 새로운 발해의 역사를 정립해 나갈 수 있게 되기를 기대한다.

참고문헌

구난희 · 이병건 · 정석배 · 백종오 · 김진광 · 전현실 · 김진한, 2015, 『발해유적사전 · 중국편』, 한국학중앙연구원출판부.

김은국, 2019, 「발해유적 조사 성과에 대한 한국학계의 해석」, 『중앙사론』50, 중앙대학교 중앙사학연구소.

김은국 · 권은주 · 김진광, 2019, 『해동성국, 고구려를 품은 발해』, 동북아역사재단.

사회과학원고고학연구소, 2009, 『발해의 무덤』, 진인진.

__________, 2009, 『발해의 유물』, 진인진.

서울대학교박물관, 2003, 『해동성국 발해』, 통천문화사.

송기호, 1989, 「발해 성지의 조사와 연구」, 『한국사론』19, 국사편찬위원회.

___, 2010, 「용해구역 고분 발굴에서 드러난 발해국의 성격」, 『고구려발해연구』38, 고구려발해학회.

윤재운, 2018, 「발해 강역 연구의 현황과 전망」, 『백산학보』110, 백산학회.

이병건, 2007, 「발해의 교통로와 24개돌유적의 기능」, 『발해 5경과 영역변천』, 동북아역사재단.

정석배, 2017, 「유물로 본 발해와 중부」, 『고구려발해연구』57, 고구려발해학회.

정영진, 2009, 「발해토기연구」, 『백산학보』83, 백산학회.

주영헌, 1966, 『중국동북지방의 고구려 및 발해유적답사보고』, 사회과학원출판사.

최성은, 2010, 「발해 상경성의 불상」, 『동북아역사논총』27, 동북아역사재단.

한규철, 1998, 「발해의 서경압록부 연구」, 『한국고대사연구』14, 한국고대사학회.

吉林省文物考古研究所外編, 2007, 『西古城:2000－2005年度渤海國中京顯德府故址田野考古報告』, 文物出版社.

__________, 2012, 『六頂山渤海墓葬:2004－2009年清理發掘報告』, 文物出版社.

__________, 2014, 『八連城:2004－2009年度渤海國東京顯故址田野考古報告』, 文物出版社.

東亞考古學會 · 日滿文化協會, 1939, 『東京城－渤海國上京竜泉府址の発掘調査』(東方考古学叢刊甲種第5冊), 東亜考古学会.

三上次男, 1990, 『高句麗と渤海』, 吉川弘文館.

魏存成, 2008, 『渤海考古』, 文物出版社.

鳥山喜一 · 藤田亮策, 1936, 『滿洲國古蹟古物調査報告書:間島省古蹟調査報告』, 滿洲帝國民生部.

黑龍江省文物考古研究所編, 2009, 『渤海上京城 上 · 下冊』, 文物出版社.

머리글

도성과 궁궐의 형성과 변화

개경도성

강화 고려도성

진도 용장성

왕릉의 조성과 구조

불교사찰과 공예

청자의 생산과 유통

왕실 도자의 양식과 왕릉 출토품

고려 궁성과 왕실 유적 도자기

고려왕실 가마터

침몰선의 구조와 선적유물

요약

15 고려시대의 사회와 문화

박성진

신라왕경핵심유적복원정비추진단

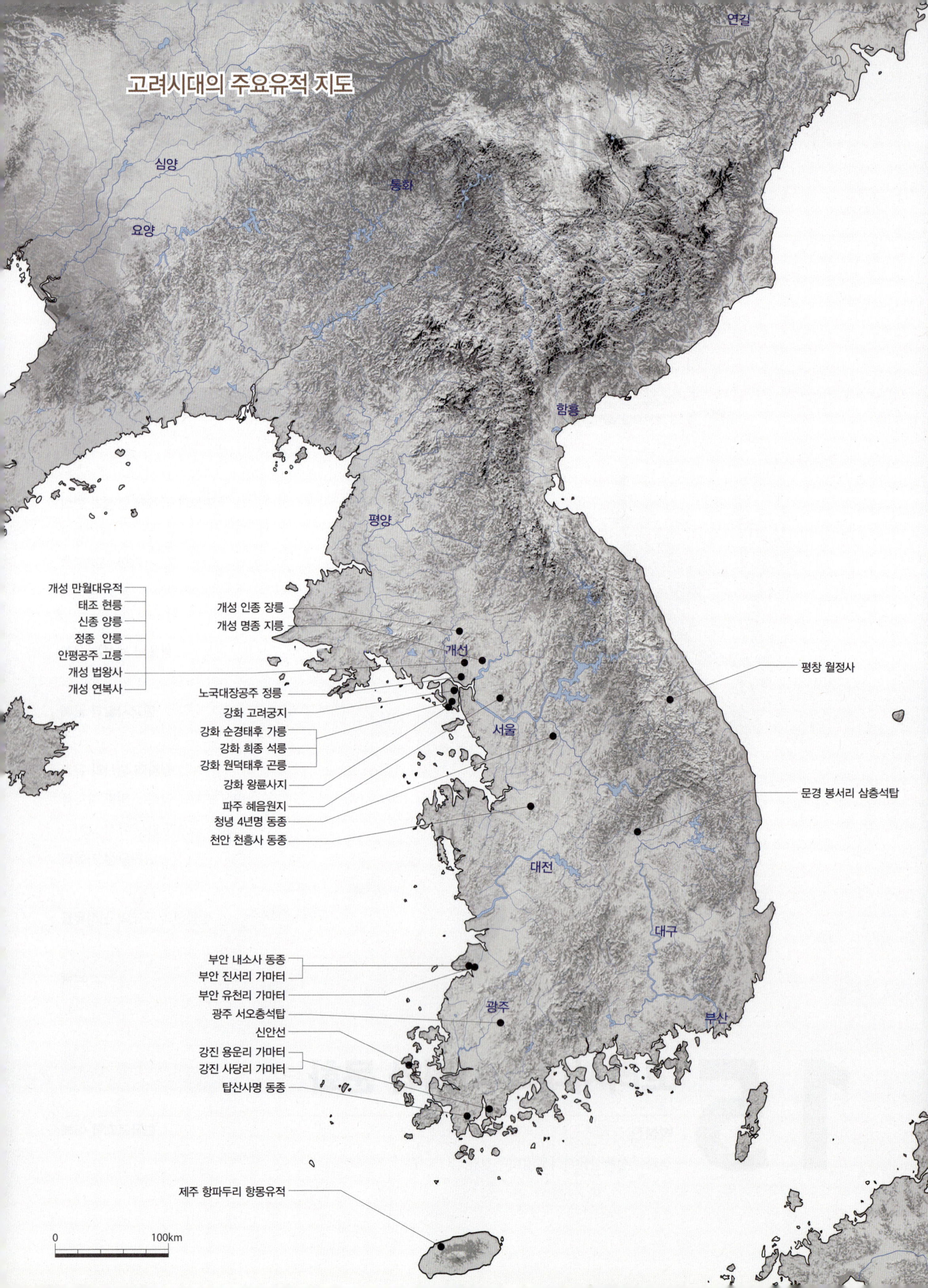

고려시대의 주요유적 지도
연길
심양
통화
요양
함흥
평양
개성 만월대유적
태조 현릉
신종 양릉
정종 안릉
안평공주 고릉
개성 법왕사
개성 연복사
개성 인종 장릉
개성 명종 지릉
개성
노국대장공주 정릉
강화 고려궁지
강화 순경태후 가릉
강화 희종 석릉
강화 원덕태후 곤릉
강화 왕륜사지
파주 혜음원지
청녕 4년명 동종
천안 천흥사 동종
서울
평창 월정사
문경 봉서리 삼층석탑
대전
대구
부안 내소사 동종
부안 진서리 가마터
부안 유천리 가마터
광주 서오층석탑
신안선
강진 용운리 가마터
강진 사당리 가마터
탑산사명 동종
광주
부산
제주 항파두리 항몽유적
0
100km

고려시대의 사회와 문화

박성진

신라왕경핵심유적복원정비추진단

머리글

태조 왕건이 918년에 건국한 고려는 이성계의 조선 건국(1392년)으로 멸망할 때까지 470여 년간 한반도를 지배한 통일왕조이다. 고려는 통일신라 말기의 혼란을 후삼국 통일(태조 19년, 936년)을 통해 극복하였으며, 국호에서 지향하는 바와 같이 고구려를 계승한 북진정책을 이어갔고 발해 유민을 포용하여 실질적인 통일왕조로 자리매김하였다. 또한 과거제도를 실시하여 시험을 통한 신분 상승의 길을 여는 등 기존 통일신라의 한계를 극복하는 모습을 보여주었다.

고려는 스스로 '천자국'으로 칭하며 송(宋)·요(遼)·금(金)과 무역과 외교 등 실리 위주의 다양한 국제관계를 맺어갔으나 요·금과는 상당 기간 전쟁을 치르며 군사적으로 대립하기도 하였다. 특히 현종대에는 요제국의 침입을 물리치며 중세 동아시아의 강국으로 자리매김하였으며 국내적으로는 태조 이후의 불안했던 왕권이 확고해지는 계기가 되었다.

이러한 고려 건국 후 역사의 중심에는 수도 '개경(開京)'이 자리하고 있었다. 개경은 개국 이듬해(919년)에 수도로 정해진 이후 몽고의 침입으로 강화도로 천도한 기간을 제외한 기간 동안 고려의 수도로 이용되었다. 수도 개경은 송악군 일대와 함께 지금의 개풍군 개경리를 치소로 삼았던 개성현의 일부까지 포함하는 지역이었다. 처음 개경을 수도로 이용한 이는 왕건의 군주였던 궁예였다. 왕건의 아버지인 송악군의 토호 용건(龍建) 또는 왕융(王隆)은 896년 철원의 궁예에게 귀의한 후 송악에 성을 쌓아 자신의 아들인 왕건을 성주로 삼아야 한다고 궁예를 설득, 발어참성(勃禦塹城)을 쌓았다. 이후 898년 궁예는 송악군을 수도로 정했으며 3년 뒤인 901년에는 옛 고구려를 계승한다는 의미로 국호를 '고려'(高麗)로 하였으나 904년 국호를 다시 '마진'(痲疹)으로 고치고 905년 송악에서 철원으로 천도한다. 송악에서 자신의 지지 기반을 확립하지 못한 궁예의 천도(遷都)로 후삼국시대의 '송악수도'(松嶽首都)는 10년이 되지 않는 짧은 기간을 끝으로 막을 내린다. 이후 궁예를 몰아낸 왕건은 919년(태조 2년) 정월에 철원에서 송악 남쪽으로 천도하여 수도를 정하였으며 궁궐과 관부를 설치하고 방리를 구획하여 새로운 왕조의 수도인 개경이 위용과 기능을 다할 수 있도록 하였다.

통일신라를 이은 통일국가인 고려의 수도성 개경도성은 궁성 – 황성 – 나성 – 내성으로 이루어져 있는데 이러한 성곽들은 10세기부터 11세기까지의 기간 동안 지속적으로 축조되어 개경이 도시로서의 기능을 다할 수 있도록 하였다. 황성은 4각형 모양의 방형성으로 궁성의 외곽을 둘러싼 성이었다. 중앙관청들이 자리하고 있어 거란전쟁 이후 나성이 완성되기까지 외성의 역할을 하였고, 고려말 최영의 건의로 새로운 내성을 쌓기 전까지 내성의 역할을 수행하였다. 황성에는 20개의 문이 있었다고 전하는데, 지금 11개의 문자리가 알려져 있다. 정문은 광화문으로 황성의 동남쪽에 위치하였고, 궁성 쪽으로는 상서성, 추밀원·중서성·문하성과 어사대가, 앞의 대로를 '관도'라 하여 호부 등 6부와 각종 중요 행정관청이 자리하고 있었다. 개경도성은 1009년(현종 즉위년)에 강감찬의 건의에 따라 1029년에 23km의 장대한 나성(성문이 25개로 4대문과 중문 8개, 소문 13개로 구성)이 완성됨으로 최종적인 행정구역의 확정·정비가 이루어지게 된다. 또한 내성(8개의 문으로 구성)은 나성이 너무 커서 수도성 방어에 불리하다는 점(1377년, 우왕 3년에 논의) 때문에 1391년(공양왕 2년)에 건설을 시작하여 1394년에 완성하였다. 따라서 개경의 내부구조는 결국 궁궐, 황성, 내성, 나성으로 구획되어 있으며, 이들 지역에는 주요 통로마다 여러 성문을 배치하여 물자와 인구의 출입을 통제하였다.

고려시대에는 개경도성 외에도 몽골 침입 기간 동안 강화도와 진도, 제주도로 천도하여 임시수도를 건설하였다. 이들 임시 수도에는 왕이 기거하는 궁궐을 비롯하여 몽골군에게서 섬을 방어하기 위한 성곽을 비롯하여 다양한 시설들이 설치되었으며 대몽 항쟁기간 동안 사용되었으나 고려 정부가 몽골과 화친하면서 모두 파괴되었다.

고려왕릉은 이전 시기의 능제를 통합해 규격화하여 고려만의 독창적인 양식을 선보였으며, 이후 조선 왕릉에 많은 영향을 주었다. 고려시대의 왕릉은 대부분 석실묘로 수도인 개경 주변으로 대부분 자리하나 몽골의 침입으로 강화도로 천도한 기간 동안에는 강화도에 왕과 왕족들을 매장해 왕릉과 다수의 귀족묘들이 강화도에 분포한다. 하지만 왕릉에 대한 문헌기록이 매우 부족해 현재 왕릉의 주인을 확인할 수 있는 수가 매우 제한적인 상황이다.

고려시대의 불교는 사실상 국교의 지위를 부여 받았으며 이러한 불교의 중요성은 후삼국을 통일한 태조 왕건의 '훈요십조'에도 잘 나타난다. 고려 건국 후 개경에는 10개의 사찰이 세워졌고 이후 고려시대 동안 개경에는 수백 개의 사찰이 자리하며 불교문화를 이끌게 된다. 이러한 사찰에는 불교와 관련된 다양한 공예품이 자리하였는데 대표적으로는 불상과 불교의식을 진행하기 위한 향로와 동종 등이다. 이들 공예품들은 통일신라의 전통을 바탕으로 당시 중국의 각 나라들과의 교류를 통해 다양하게 변화해 갔다. 또한 고려시대에는 다양한 금속 공예품들이 제작되었는데 삼국시대 이후의 기술들을 계승하여 금속공예의 절정을 보여주었다.

청자는 고려시대를 대표하는 공예품으로 초기에는 중국에서 수입된 청자의 영향을 받았으나 11세기 이후부터 고려만의 고유한 양식이 등장하며, 12세기부터는 대량생산 되면서 최전성기를 누리게 된다. 이러한 고려청자는 왕실을 비롯한 다양하게 사용되었으며 고려왕릉과 개경의 고려궁성인 만월대와 왕의 행궁으로 사용되었던 파주 혜음원지 등의 유적에서도 다수가 확인되어 당시의 화려하고 정교한 청자문화를 엿볼 수 있게 한다. 이러한 청자들은 전국적으로 만들어 사용하였으나 왕실 등 최상류층에서 사용했던 것들은 전남 강진과 전북 부안에서 집중적으로 생산되었다.

남해안과 서해안에서 집중되어 확인되는 고려시대 침몰선은 1975년 전남 신안 앞바다에서 한 어부가 청자 화병 등을 발견하면서 세상에 알려지게 되었다. 이후 1976년부터 1984년까지 신안선에 대한 수중고고학적 조사가 진행되어 고려시대 선박과 함께 청자를 비롯한 다량의 고려시대 유물이 확인되었다. 이러한 수중고고학적 조사는 이후 지속적으로 진행되어 2000년대 이후에는 태안 일대에서도 다수의 선박과 유물이 확인되어 고려시대 물질문화 복원에 큰 도움을 주었다.

도성과 궁궐의 형성과 변화

개경도성

개경도성은 태조 2년(919년)에 창건되었으며, 조선이 건국되어 이성계가 한양으로 천도할 때(1394년)까지 강화 천도 기간을 제외한 약 440년간 이용되었다. 도성은 일반적으로 개경(開京), 송도(松都), 송경(松京) 등으로, 궁성은 자성(紫城), 금성(禁城), 자금성(紫禁城)으로 불려졌다. 고려 멸망 후 궁성은 폐허로 변했으며 만월대(滿月臺), 건덕전(乾德殿), 연경

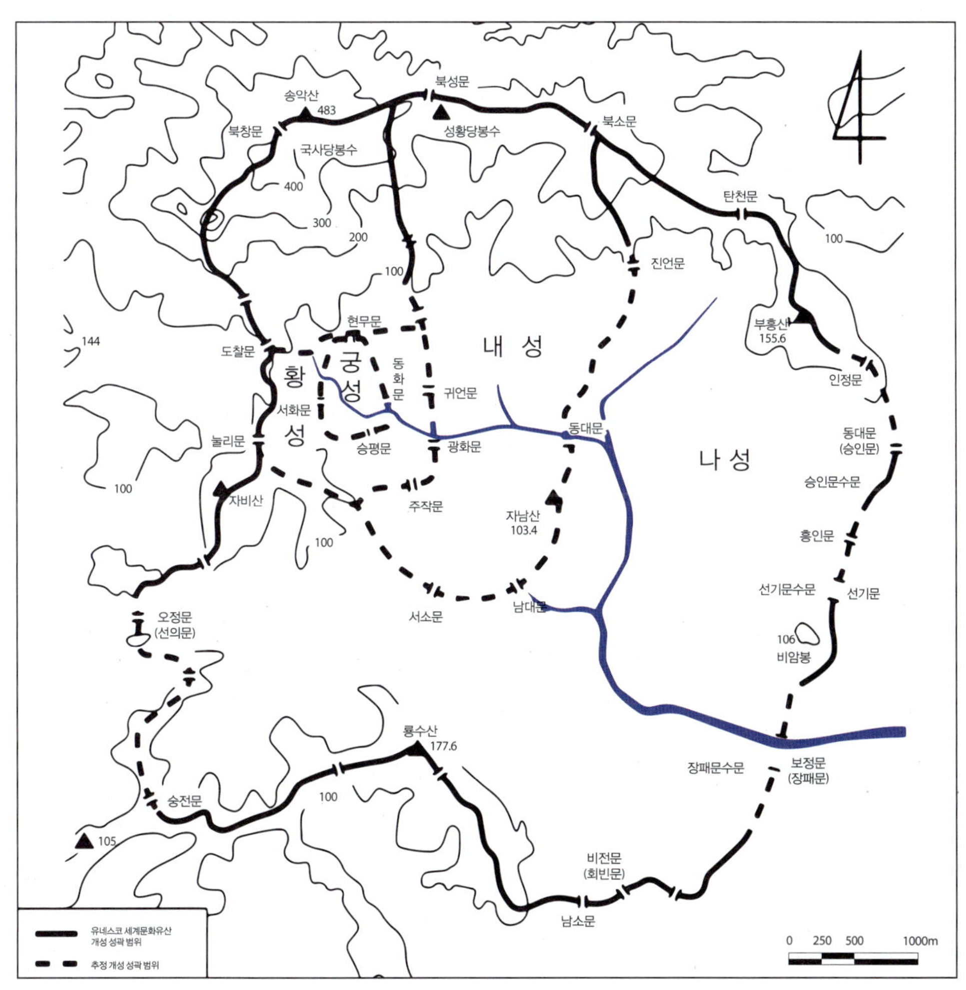

그림 1 고려도성 평면도

그림 2 고려궁성 발굴 현황도

궁(延慶宮)으로 언급되었다.

개성은 고구려에서 부소갑(扶蘇岬)으로 불렸으며, 475년 백제가 한성에서 웅진으로 천도하기 전 100여 년 동안 백제의 세력권에 있었다. 이후 진흥왕 16년(555년)부터 신라의 영토가 되었는데 『삼국사기』 효소왕 3년(694년) 송악(松岳)에 성을 쌓았다는 기사를 통해 신라 당시부터 개성 일대를 송악이라고 칭한 것을 알 수 있다. 태조 왕건의 아버지인 왕융(王隆)에 의해 축조된 발어참성(勃禦槧城)은 궁예의 태봉국(泰封國) 시기 송악에서 철원으로 천도할 때(898~905년)까지 궁성으로 사용되었다. 고려 건국 이후 태조 2년(919년) 철원에서 송악으로 천도하면서 개성은 고려의 도성이 되었다.

개경도성은 여러 차례의 중건을 거쳤다. 궁성은 태조 2년(919년)에 축조된 이후, 광종 12년(961년)부터 14년(963년) 6월까지 2년 동안 중수(重修)되었지만 현종 2년(1011년)부터 14년(1023년)까지 두 차례 재건되었다. 이 시기에 궁성을 상징하는 4개의 계단으로 이루어진 대규모의 축대와 건덕전을 대신하여 새로운 정전인 회경전(會慶殿)이 만들어졌다. 재건된 궁성은 인종 4년(1126년) 이자겸의 난으로 파괴되고 인종 9년(1131년) 몽골의 침입으로 도성이 파괴되었다. 몽골과의 강화 이후 개성으로 환도하면서 이전에 파괴된 강안전(康安殿), 의봉루(儀鳳樓), 구정(毬庭), 경령전(景靈殿)이 복구되었지만 과거의 황거(皇居)로서의 기능과 의미는 사라졌다. 특히 정전이었던 회경전과 건덕전은 복구되지 못해 강안전이 그 기능을 대신하게 된다. 이후 궁성은 공민왕 10년(1361년) 홍건적의 침입과 1392년 고려의 멸망으로 폐허가 된다.

황성은 궁성을 둘러싸고 있으며 태조가 궁성을 만들 당시부터 존재했다는 의견과 광종대 대규모 증축 때 설치되었다는 의견이 있어 정확한 축조시기는 아직 명확하지 않다. 황성은 천자국 고려, 황제를 칭하는 고려왕의 권위를 나타내는 것으로 다양한 관청과 왕족들을 위한 시설이 자리하였다.

나성은 개경도성의 외성으로 고려가 건국된 후 100여년이 지난 뒤 축조되었다. 나성의 축성에 대한 논의는 현종 즉위 원년(1099년) 3월에 처음으로 제기되었다. 하지만 곧 거란과의 전쟁 이후인 현종 11년(1020년) 강감찬의 건의로 나성의 축조가 실질적으로 시작되어 현종 20년(1029년)에 완공되었다. 이후 나성은 몽골의 침입 때 처음으로 군사적 용도로 활용되었으나 몽골과의 전쟁과 강화 천도 등으로 파괴되고 기능을 상실하였다. 고려말 왜구의 침입으로부터 도성을 방어하기 위한 목적으로 나성이 다시 주목되고 공민왕 7년(1358년) 수리되었는데, 공민왕 10년(1361년) 2차 홍건적 침입으로 인해 개경도성이 파괴된 이후 다시 복구되지 못하였다.

그림 3 내성 남대문 전경

표 1 개성 만월대 남북공동발굴조사 현황(2007~2018)

차수	기 간	성 격	내 용	성 과
1차	2007. 5.~ 7.	시굴	'서부건축군' 시굴조사	건물지 40여 동 확인, 축대 및 배수로 등 확인
2차	2007. 9.~11.	발굴	제1건물지군 발굴조사	건물지 5동 발굴
3차	2008.11.~12.	발굴	제2, 제3건물지군 발굴조사	건물지 10동 발굴
4차	2010. 3.~ 5.	발굴	'추정건덕전구역'발굴조사	건물지 5동 발굴
복구조사	2011.11.~12.	복구	'서부건축군'복구조사	–
6차	2014. 7.~ 8.	발굴	제5건물지군 발굴조사	대형계단 및 배수로 발굴
7차	2015. 6.~11.	발굴	제6·7·8건물지군 발굴조사	건물지 20여 동 발굴
8차	2018.10.~12.	발굴	중심건축군 서편 축대 발굴조사 및 정비현황조사	대형계단 등 발굴조사

내성은 왜구의 침입에 대비해 우왕 3년(1377년) 처음 축조 주장이 제기되었다. 이후 공양왕 3년(1391년) 8월에 축조를 시작했으나 10월에 중단되었으며, 이후 조선 태조 2년(1393년)에 건설이 재개되어 완공되었다.

만월대(滿月臺)는 개성시 송악산 남쪽 기슭에 있는 고려시대 궁궐터이다. 태조 2년(919년)에 창건된 이래 공민왕 10년(1361년) 홍건적에 의해 불타 없어지기까지, 명실상부한 고려의 정궁(正宮)이었다. 원래 고려시대에는 정궁을 본궐(本闕)이라 하였으며, 만월대는 조선시대에 빈터만 남아 있는 고려의 궁궐터를 부르는 이름이었다. 『신증동국여지승람』에 정전(正殿) 앞 계단에 대해서 기록되면서 만월대가 고려 궁궐의 본래 이름인 것처럼 불려지게 되었다.

인종 1년(1123년) 고려에 들어와 개경(開京)에 1개월간 머물렀던 송나라 사신 서긍(徐兢)은 『고려도경(高麗圖經)』에 당시 고려 궁궐의 웅장했던 모습을 기록하였다. 중국의 궁궐 배치를 따르지 않고 주변 자연 환경의 조건을 잘 살펴서 만들었다고 기록하였는데, 정

그림 4 궁성 서부건축군(1) 및 회경전건축군 전경(2)

1	2

전(正殿)인 회경전(會慶殿)을 비롯한 장화전(長和殿), 원덕전(元德殿) 등의 전각들과 각종 건축물이 경사면을 따라서 계단식으로 배치되어 멀리서 보면 깊고 웅장해 보인다고 하였다.

궁성의 규모는 둘레 2,170m, 넓이 25만㎡로 각 성벽의 길이는 북벽220m · 남벽450m · 동벽755m · 서벽745m로 남쪽이 넓은 형태이며, 동 – 서 – 남 – 북으로 동화문(東華門) – 서화문(西華門) – 승평문(昇平門) – 현무문(玄武門)을 통하여 황성(皇城)과 연결되어 있다. 조선시대 이후 폐허로 남아있던 만월대는 북측 정권 수립 이후 지속적인 정비와 조사, 연구를 통해 상당 부분 세상에 공개되었다. 또한, 2007년부터 2018년까지 만월대에 대한 8차에 걸친 남북공동발굴조사가 진행됨에 따라, 그동안 국내에서 쉽게 접할 수 없었던 우리 중세문화의 정수를 직접 확인할 수 있었다. 지금까지의 남북공동발굴조사로 만월대 서부건축군 지역 33,000㎡ 중 약 59.9%인 19,770㎡에 대한 조사가 완료되었다. 이를 통해 궁궐 건립 당시부터 사용된 것으로 알려진 제2정전인 건덕전과 왕실의 제사 공간인 경령전 등 40여 동의 건물지를 비롯하여 대형 축대와 계단 등 다수의 유구가 확인되었다. 또한, 2015년 7차 조사에서 확인된 만월대 금속활자를 비롯하여 원통형 청자와 용두기와 등 지금까지 총 17,900여 점의 다양한 유물들이 출토되어 고려시대의 화려했던 문화를 엿보게 되었다.

강화 고려도성

강도(江都)라는 이름으로 불려지는 강화 고려 도성은 고려가 강화도로 천도하였던 약 40년간(1232~1270년) 대몽항쟁기의 수도로서 기간을 강화도읍기(江華都邑期) 또는 강도시기(江都時期)라고 한다.

강화 고려도성은 고종 19년(1232년) 고려 정부가 강화도로 천도하기 이전 최우(崔瑀)가 군대를 동원하여 짓기 시작하였으며, 그 이후 고종 21년(1234년) 여러 도(道)에서 민정(民丁)을 징발해 궁궐과 백사(百司)를 지었다. 본래 수도인 개경과 같이 내성 – 중성 – 외성을 쌓았고, 지명은 물론 궁궐의 앞마당인 구정(毬庭), 궁전, 사찰의 이름들은 모두 개경 도성을 따랐다. 고종 38년(1251년)에 국자감을 건립하였고, 고종 42년(1255년)에 종묘를 건립하였다.

외성은 고종 20년(1233년)부터 고종 24년(1237년)까지 축조하였으며, 중성은 고종 37년(1250년)에 축조하였다. 하지만 고종 46년(1259년) 몽골과의 강화(講和)에 따라 내성과 외성을 파괴하였으며 원종 11년(1270년) 5월 개경으로 환도한 뒤 강화에 남아있던 수도와 관련된 시설들을 모두 파괴하였다. 강화의 행정체계는 강도시기 이전으로 돌아갔으며 도성의 중심부는 강화부(江華府)의 치소로 활용되었다.

몽골의 침입을 대비해 축조된 외성 – 중성 – 내성 중 강화내성은 현 강화산성과 비슷한 규모와 범위로 추정되나 아직 발굴조사를 통해 확인되지 않은 상황이다. 강화중성은 강화산성을 둘러싸고 있는 판축토성으로 『고려사』에 2,960간의 규모에 대·소문이 17개 있는 것으로 기록되어 있는데, 조사 결과 둘레가 총 11.39km이며, 북산 일대 약 1.3km 구간은 강화산성의 북쪽 성벽과 중복된다.

강화산성은 옥림리, 남산리, 신정리, 중성 유적 등지에서 수차례 발굴조사를 통해서, 토성의 규모와 함께 '기반조성 → 기단석렬 조성 → 내피토루 판축 → 내·외피토루 성토' 순서로 토성이 축조된 것을 확인하였다.

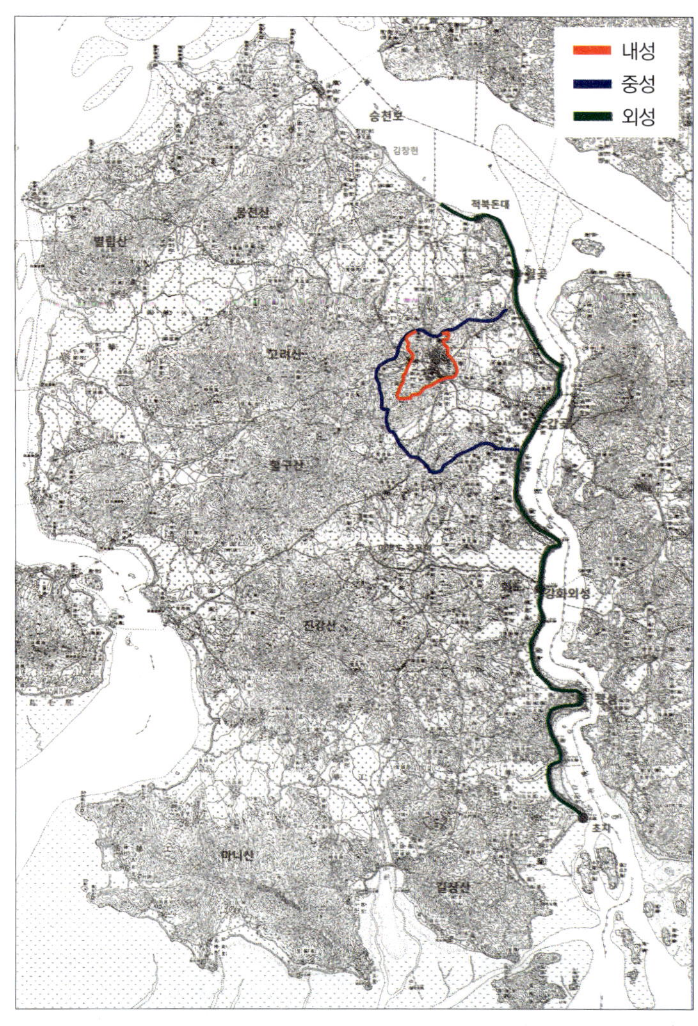

그림 5 강화 고려도성 성곽 위치

강화외성은 강화도성 외곽을 방어하는 시설로 『신증동국여지승람』, 『강도지』, 『여지도서』에서는 37,076척, 『강화부지』에 16,616척으로 기록되어 있다. 현재 고려시대의 강화외성의 위치를 정확하게 알 수는 없으나 문헌기록으로 볼 때 해안선을 둘러싼 형태로 강화군 길상면 초지리에서 강화읍 대산리 일원의 염하(鹽河)를 따라 24km에 걸쳐 조성된 것으로 추정된다.

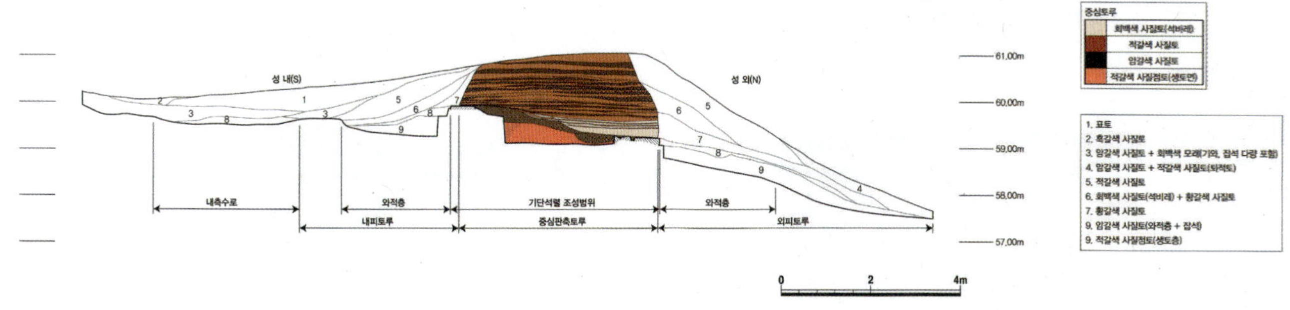

그림 6 옥림리유적 3지점의 강화중성 2트렌치 서벽 토층 실측도

진도 용장성

진도 용장성은 13세기말 대표적인 대몽항쟁 유적으로 원종 11년(1270년) 8월부터 원종 12년(1271년) 5월까지 삼별초의 중심거점으로 이용되었다.

몽골과의 강화(講和) 후 개경도성으로 환도하는 결정에 반대한 삼별초는 원종 11년(1270년) 6월 신정부를 수립하였다. 삼별초는 당년 8월 진도 용장성에 입거하였고, 6~7개월 뒤 남해안과 서남지역을 포괄하는 해상세력권을 형성하였다. 하지만 원종 12년(1271년) 5월 여몽연합군에 의해 진도는 함락되어 삼별초는 제주도로 거점을 옮겼다.

궁성은 삼별초가 진도 용장성에 들어오기 이전에 9~10세기 무렵 창건되어 운영되어 온 사찰을 폐쇄하고 그 공간을 대규모로 확장하여 활용한 것이다. 궁궐 조영과 관련된 대규모 토목공사는 삼별초의 진도 입거 시점을 전후하여 종료되었거나 그에 이른 것으로 추정되고 있다.

용장산성은 고종 30년(1243년) 산의 능선을 따라 축성된 산성으로 삼별초가 원종 11년(1270년) 6~8월 무렵 진도에 입거하면서 외성으로 기능하였다. 궁성은 용장산성의 남쪽에 위치하고 있으며 남고북저형의 곡간지에 입지하였는데, 장방형으로 왕궁지를 에워싸고 서쪽 계곡부 구간만 반월형으로 돌출되어 있다. 왕궁지를 중심으로 북쪽편의 동쪽 구간과 계곡부에 인접한 동쪽편의 일부는 토성이 확인되지 않았다. 궁성은 둘레 425m, 높이 1.5~2m로 생토층을 평평하게 고른 뒤, 중심석축을 축조하고 성토한 토루의 형태를 취하고 있다. 또한 모든 구간에서 중심석축의 내·외벽과 인접해 와적층이 확인되고 있으

그림 7 용장성(위치도 1, 용장성 현황 2, 궁성 발굴 현황도 3)

테글 1

제주 항파두리 항몽유적

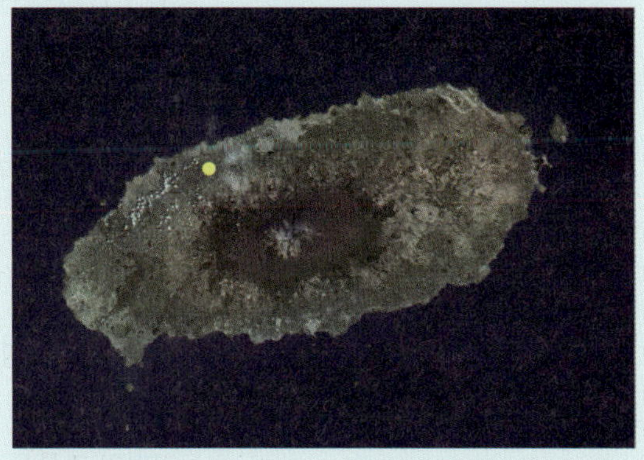

그림 8 제주 항파두리유적 위치

제주 항파두리 항몽유적은 삼별초의 마지막 대몽항전지로 원종 12년(1271년)부터 원종 14년(1273년)까지 이용되었다. 삼별초가 제주도에 쌓은 내·외성은 『신증동국여지승람(新增東國輿地勝覽)』에 따르면 항파두고성(缸波頭古城)과 고토성(古土城)으로 기록되이 있다.

원종 11년(1270년) 8월 진도 용장성에 입거한 삼별초는 원종 11년 11월 제주도를 함락시켜 자체 세력 안에 포함시켰다. 원종 12년 5월에 진도 용장성이 여몽연합군에게 함락된 이후 삼별초는 제주도 북서쪽으로 들어와 여몽연합군의 침입에 대비하여 원종 13년 6월 외성과 내성을 쌓았다. 이후 원종 14년 5월 여몽연합군에 의해 삼별초의 저항은 마무리 된다.

외성은 제주도 북서쪽의 고성리에 자리하며 북서-남동방향으로 긴 장타원형의 토성으로 총 둘레는 약 3.85km이다. 외성은 'L'자로 땅을 굴착하여 토성의 기반을 조성한 뒤 석축으로 기저부를 축조하고, 판축토루로 상부를 조성하였다. 내성은 항파두성의 핵심 시설로 '대궐터'라고 불렸으며 당시 삼별초의 지휘부가 자리했다고 전해진다. 외성의 중심부에서 북쪽으로 약간 치우쳐 자리하는데, 방형에 가까운 토성으로 한변 길이는 178~194m, 총 둘레는 756m이고 너비는 4~5m이다. 내성의 안쪽으로 21동의 건물과 아궁이, 담장, 보도 등의 당시에 사용한 시설이 확인되는데 중심 건물의 경우 주변으로 건물들이 둘러싸여 평면 'ㅁ'형태의 건물지군 일곽을 이루고 있다. 또한 내성에서 확인된 모든 건물의 기단은 서로 붙어 있거나 다양한 방식으로 연결되어 있다. 내성에서는 와전류를 비롯하여 각종 유물이 출토되었는데, 그중에서 특히 청자류, 철기류, 청동류 등의 유물은 강화 중성, 진도 용장성에서 출토된 유물과 거의 동일한 양상을 보여주고 있다.

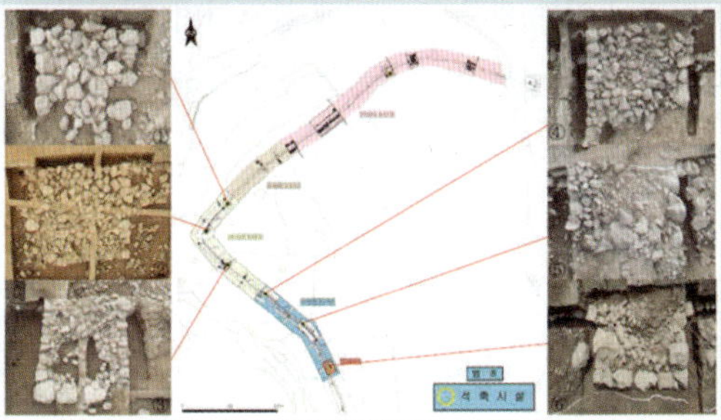

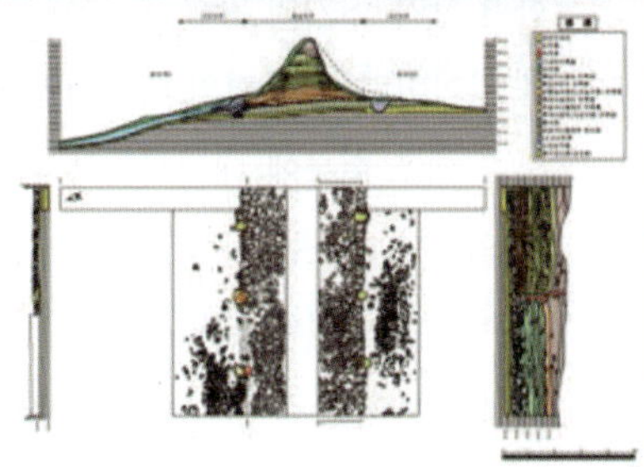

그림 9 제주 항파두리 항몽유적(내성 전경 1, 외성 발굴 지점 및 등성시설 배치도 2, 외성 북벽 3차 발굴조사 1지점 기저부 석렬 평단면도 3)

며, 궁성 바깥으로는 배수용 도랑이 설치되었다.

용장산성은 총 둘레 12.85km로 궁성을 둘러싼 외성의 기능을 한다. 그 북벽과 서벽 및 동벽의 일부는 바다와 접하고 나머지 구간은 산 능선을 통과하고 있다. 석성으로서 일부 구간을 제외하고 성벽의 안과 밖을 돌로 쌓아 올린 협축식(夾築式)으로 축조하였다. 성벽의 폭은 최소 270~280cm, 최대 340~410cm로 구간에 따라 차이를 보이고 있다. 성문 부근은 성벽에 비해 약간 두텁게 축조되었다. 성벽의 높이는 현재 남벽의 일부 구간을 제외하면 1m 내외로 약 1~2단 가량 남아 있다.

왕릉의 조성과 구조

고려의 고분은 매장부체부의 구조와 재질에 따라 크게 석관묘, 석곽묘, 석실묘, 토광묘 등으로 분류할 수 있다. 이 중 석실묘는 고려의 도성이었던 개성과 강화에 집중 분포하고 있으며, 규격화된 능역의 설정과 석물의 배치 그리고 출토유물의 위계 등에서 동시기 다른 무덤과는 확연히 구별되기 때문에 피장자가 당대 최고위계층, 즉 왕족의 능임이 분명하다.

고려왕릉은 고구려, 발해, 통일신라의 능제와 구성요소를 통합하고 규격화하여 고려만의 독창적인 능제로 완성되었고, 조선에 전승되어 조선왕릉 상설제도의 기본틀을 갖추게 하였다는 점에서 우리의 능제사 연구에 매우 중요한 위치를 차지하고 있다. 하지만 고려왕릉에 대한 고고학적 연구는 극히 미진한 실정이다. 대부분 조선왕릉을 연구하면서 단편적으로 언급하는 정도인데, 그것은 문헌기록이 극히 소략하고, 고려말의 혼돈기와 조선을 거치면서 많은 소실되었으며, 대부분의 왕릉이 북한땅 개성에 남아 있어 접근 자체가 불가능하기 때문이다. 강화에 몇몇 왕릉이 남아 있고, 이 중 4기가 발굴되어 그 실상을 일부나마 이해하게 되었으나 강화왕릉은 한정된 시기에 조성되었다는 점에서 고려왕릉 전체를 조망할 수는 없다. 최근 북한자료에 대한 접근이 다소 수월해졌고 이를 토대로 몇몇 연구자들에 의해 고려왕릉에 대한 연구가 이루어지고 있으나, 북한이 공개한 관련 자료는 너무 빈약한 실정이다. 능역의 경우 아직도 일제강점기 이마니시 류(今西龍)가 작성한 도면을 사용하고 있고, 발굴된 유구와 유물의 도면은 스케치 수준에 머물고 있다.

『고려사』를 비롯한 문헌기록에 등장하는 능호는 총 87기로 집계된다. 하지만 무덤의 외부에 최고위계층의 무덤임을 알 수 있는 석조물이 남아 있거나, 발굴을 통해 고려왕릉으로 보아도 무방한 무덤, 즉 실존하는 왕릉은 58기 정도이다. 이는 고려의 혼란한 후기와 조선을 거치면서 퇴락과 훼손, 결실이 지속되어 많은 고려왕릉을 잃어버렸기 때문이다. 한편 상기 58기의 왕릉 중 능호가 비정되어 있는 왕릉은 29기에 불과하며, 나머지는 능호를 잃어버린 채 주변의 대표적인 왕릉명이나 지명에 일련번호를 붙여 놓은 상태로 있다.

태조 현릉에 대해서는 문헌기록과 발굴정황 등으로 능주를 특정할 수 있다. 고려사에 의하면 태조는 사망 후 "송악산 서쪽기슭에 장사지냈다"고 하므로 현재 비정된 왕릉과 장지 방향이 일치한다. 그리고 전후 3차례에 걸친 천장과 복장 과정을 거쳤으나, 모두 당대에 이루어진 것이고, 고려의 시조라는 위상을 고려하면 원래의 자리를 찾아 복장하였음

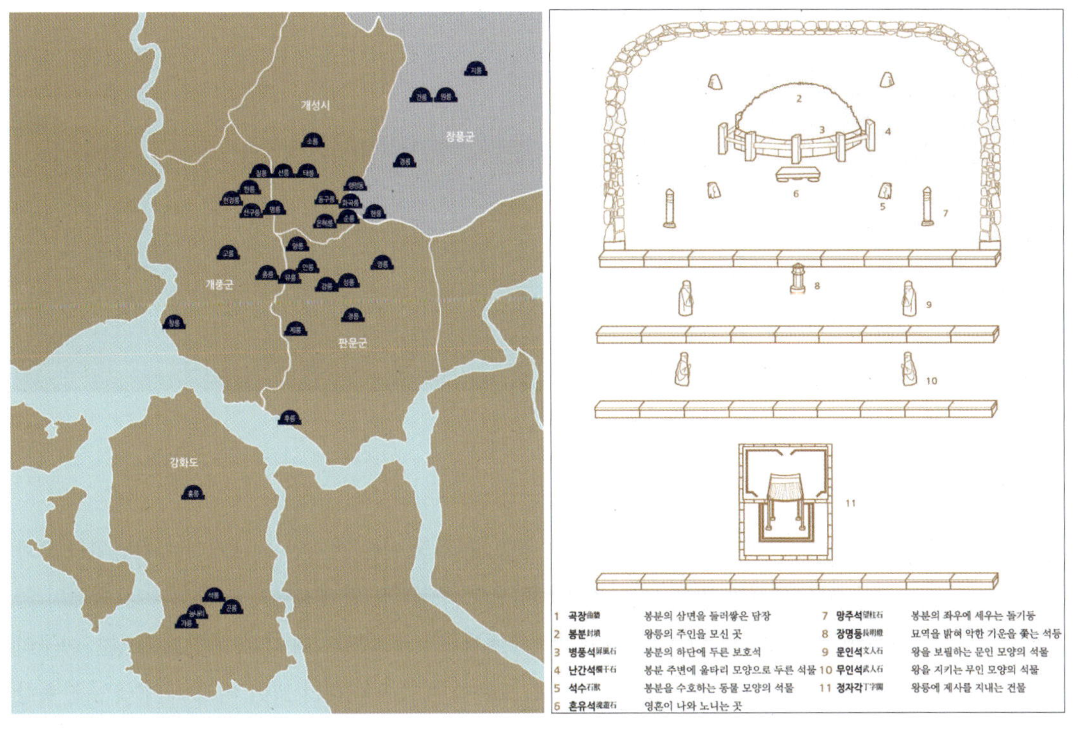

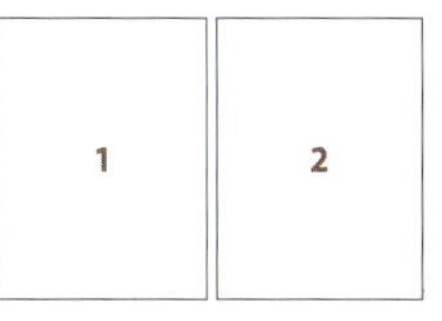

그림 10 고려 왕릉 분포 현황(1) 및 왕릉 구조(2)

그림 11 태조 왕건릉(개건 이전 1, 개건 이후 2)

은 분명하다. 특히 1992년 현릉 개수 때 봉분 북쪽 5m 지점에서 왕건 추정 청동상이 출토되어 이를 증명하였다. 이장과 보수 과정에서 능역 내 석물 일부가 변형되었으나, 석실 내부 구조는 원래의 모습이 유지된 것으로 보인다. 하지만 출토된 유물 중 청자상감 국화문화형잔은 입술을 꽃잎처럼 처리하였고, 외면은 세로 구획 홈으로 문양대를 구분하고 두 송이의 국화 무늬를 세로로 상감하고 있는데, 이를 통하여 편년되는 12세기대는 추정되는 초축 연대와는 상당한 시기차가 있다. 이점은 복장과정 혹은 수리과정에 후대 매납이 있었음을 의미한다.

정종은 사망 후 "성남에 장사지냈다"고 하므로 현재의 비정 왕릉인 안릉과 장지방향

그림 12 고려 왕릉 전경(정종 안릉 1, 신종 양릉 2)

1	2

이 일치한다. 도성 남쪽에서 발굴된 왕릉 중 가장 이른 시기인 10세기대로 편년되는 오화형(五花形) 대접과 발은 태조 조모 무덤으로 추정되는 온혜릉에서도 출토되어, 현재의 능주비정이 합당하다고 판단된다. 온혜릉에서 출토된 화형발에 대해 북한보고서는 "아구리를 꽃잎모양으로 만들고 꽃잎 사이에 오목한 새김선을 내리 그어 여러 개의 꽃잎을 형상화한 것이다"라고 표현하고 있다. 개성 동구릉에서 출토된 청자는 북한학자들이 안릉과 같은 것이라고 하므로 역시 안릉과 동일 시기의 무덤으로 볼 수 있다. 상기 유물은 모두 초장 때 매납된 것으로 보인다.

다음으로 출토유물 중 피장자의 사망연대와 피장자의 신분을 확인할 수 있는 무덤으로 신종 양릉과 안평공주 고릉이 있다. 신종 양릉에서는 총 33점의 판독 가능한 시책편이 출토되었는데, 이 중 '○화4년(○和四年)'명 시책편은 연호를 표기한 것으로, 인종 장릉의 '황통6년(皇統六年)' 시책과 같이 시책의 도입부 편으로 생각된다. 신종 때 사용된 연호는 송나라의 경원(慶元), 가태(嘉泰)와 금나라의 승안(承安), 태화(泰和)가 있는데 이 중 태화의 '태(泰)'자가 확인할 수 없는 글자로 생각된다. 『고려사』연표에 의하면 "태화4년(1204년) 정월에 신종이 훙(薨)하였다"고 하므로 신종의 능임이 확실하다. 함께 출토된 국화절지문 청자편은 상감청자 절정기에서 문양의 간략화가 진행된 단계의 시문 경향을 보여준다.

제국대장공주 고릉(1297년)에서는 '대향안평(大行安平)'이란 시책편이 출토되었다. 대행(大行)이 왕 또는 왕후의 사후 시호를 올리기 전까지 부르는 칭호라는 점에서 후단의 안평은 분명 제국대장공주의 또 다른 이름인 안평공주를 이르는 말이다. 따라서 이 능 역시 능주는 안평공주 고릉이 분명하다.

명종 지릉(1202년)은 피장자를 특정할 수는 없으나 장지방향이 "장단부 남쪽 7리"로 기록되어 있고 이곳에는 다른 왕릉이 존재하지 않는다는 점에서 지릉일 가능성이 높으며 축조연대와 출토유물이 대체로 일치하고 있다는 점에서 더욱 그러하다. 이곳에서는 모두 12점의 청자가 출토되었다. 비색의 맑고 투명한 유약 그리고 규석받침 등은 장식적이고 화려한 12세기말의 작품으로 알려져 있다. 그중 청자 상감여지문 대접은 13세기 전반으로 추정되는 것으로 보아 몽고군에 의해 지릉이 파괴되고 난 이후 고종 42년(1255년)의 수축 때 상기 청자들이 매납되었다고 보는 의견도 있다.

한편 강화도에서 발굴된 4기의 왕·왕후릉은 39년이란 단기간에 조성된 것이라는 점에서 시기 편년에 적극적인 자료로 활용할 수 있다. 이 무덤들에서 출토된 청자는 음각, 양각, 상감, 퇴화 등 다양한 장식기법이 사용되고 전성기의 비색을 간직하고 있어 모두 13세기 전반의 양상을 잘 보여주고 있다.

그림 13 강화 순경태후 가릉 발굴조사 후 전경

불교사찰과 공예

고려시대에 불교는 유교와 도교와 함께하였으나 실질적으로 국교의 지위를 차지하며 고려사람들의 삶에 많은 영향을 주었다. 태조는 평소 후삼국 통일을 부처의 힘을 빌어 완성할 수 있었다고 하였으며, 이러한 태조의 생각은 '훈요십조'에 잘 드러나 있다.

태조의 불교와의 인연은 후삼국까지 거슬러 올라가는데 특히 919년 수도를 철원에서 개경으로 옮긴 뒤 궁궐과 함께 법왕사, 왕륜사 등 10대 사찰을 개성에 창건한 것이 이를 뒷받침한다. 이후 고려왕조 전 기간 동안 개경에는 수백 개의 사찰이 세워지면서 불교문화 융성을 이끌었다.

고려가 건국되면서 개경에는 10개의 사찰(법왕사, 자은사, 왕륜사, 내제석원, 사나사, 천선원, 문수사, 원통사, 지장사, 신흥사)이 세워졌다. 또한 개경 주변으로 흥왕사, 불일사, 귀법사, 현화사, 안국사 등 왕실에서 발원하여 세워진 사찰들도 다수 자리했다. 특히 1067년 창건되어 개경의 동쪽으로 자리했던 흥왕사는 2,800여 칸의 대규모 사찰로 절 주변으로 성을 쌓고 국왕의 어머니를 위해 삼층으로 된 원당과 금탑을 만들었다.

고려시대 가람은 개경 흥왕사지, 합천 영암사지와 같이 불전지나 탑지가 여러 개의 별원을 구성하는 경우와 안성 봉업사지, 파주 혜음원지, 중원 미륵리사지와 같이 행궁·진전·역원 등 사찰 외에 특수한 기능을 담당하는 경우가 있다. 특히 파주 혜음원지는 고려 당시 개경과 남경(한양)을 왕래하는 행인을 보호하고 숙박 등 편의를 제공하기 위해 예종 17년(1122년)에 지은 사찰로 「혜음원신창기」에 따르면 혜음원이 만들어진 뒤 왕의 임시거처인 행궁이 만들어졌다고 기록되어 있으며, 발굴조사를 통해 고려시대 당시의 모습을 직접 확인할 수 있었다.

고려시대 불교조각은 통일신라 전통을 기반으로 하였으나 중국의 오대, 송, 요, 금, 원 등과 활발히 교섭하며 다채롭게 변화하였다. 특히 고려 전기에 조성된 거대한 석불과 마애불은 지역별로 토착화된 표현방식이 보이는 등 이전 시기인 통일신라 또는 동시기의 중국 작품들과 계보를 연결하기 어렵다.

그림 14 각종 장신구(은제 금도금 표주박모양 병 1, 은제 금도금 고리 2, 금제 장신구 3·4)

고려의 금공기술은 고대 이래의 기법을 계승하여 각종 금속공예품에서 절정을 보여주고 있다. 통일신라시대 이후 고려시대에는 삼국시대와 같이 황금제 장신구가 많이 보이지 않으나 전혀 없지는 않다. 국립중앙박물관이나 호암미술관 소장품의 사례에서 보듯이 금제 장식금구나 반지, 귀이개 등에서 섬세한 누금세공기법이 구사되고, 구슬이 감장되고 있다. 그 밖에 화려하게 장식된 은장도, 사각형의 누금세공한 장신구도 그 섬세함이 뛰어난 작품이다. 또 도금은제 타출문팔찌 등도 전하고 있는데, 이러한 장신구들은 고려의 불화를 통해서도 확인된다.

고려의 다양한 금속 기법은 각종 불교공예품에서 고루 확인된다. 불사리 장엄구와 불감 이외에도 불전을 장엄하기 위한 향로, 촛대, 화병 등이 있으며 불교행사를 위하여 범종을 비롯하여 반자, 경합(經盒), 시납용 상자, 주전자와 쟁반 등이 제작되어 사용되었다.

사리장엄구는 광주 서오층석탑, 문경 봉서리탑, 월정사 9층석탑에서 출토된 것이 유명하다.

불감(佛龕)이란 작은 상자형의 감(龕)을 만들어 집에 모시거나 몸에 지녔던 것으로 감 안에 불상을 새기거나 대신 작은 호신불을 집어 넣기도 했던 것으로 생각된다. 국립중앙박물관 소장품의 경우 전각 모양을 본따 만들었다. 불감의 안쪽에는 여래상을 주존으로 하여 10대 제자와 협시불, 천정에는 용문, 다시 양 옆면에는 문수·보현보살을 부조(浮彫)하였다. 외면은 뒷면 하단에 연화당초문, 상단에는 사천왕상을 선각하였다. 양 측면에는 2구씩의 사천왕상을 선각하였는데 뒷면과 측면은 은판이다.

향을 피우는 향로 중에 금속으로 된 고려시대 이래의 독특한 사례가 많이 전해지고 있다. 이들 중에는 상감기법으로 외면을 장식한 예가 많이 보인다. 또한 향완에 보이는 상감기법은 무늬와 명문 등을 선으로 상감하고 둥근 구획 안의 범자(梵字)는 면으로 상감

그림 15 불교 금속공예품(금동 불감 1, '정우6년 사복사'명 청동 은입사 향완 2)

하고 있다. 상감무늬로는 대체로 당초문·연화문·여의두문이 둘러진다. 호암미술관 소장품의 경우는 정병 등에서 보듯 포류수금문을 상감하고 방형의 테 속에 역시 상감으로 명문을 넣은 것이 있다.

청동반자(靑銅飯子) 혹은 금구(禁口)는 사찰에서 사용되는 쇠북의 일종으로 몸체의 한쪽은 열려 있고 다른 한쪽은 두드려서 소리를 낸다. 몸체에는 두 개 또는 세 개의 고리를 붙여서 매달 수 있게 되어 있으며, 표면은 동심원권을 두르고 사이에 연화문 등을 양주(陽鑄)하고 있다. 통일신라의 함통명(咸通銘)이 있는 1점을 제외하면 대부분 고려시대의 것으로, 고려시대 불교용구의 대표적인 유물이라 할 것이다. 출토유물의 명문에 따르면 반자(盤子), 반자(鉡子), 금고(金鼓), 판자(判子) 등의 명칭으로 불렸음을 알 수 있다.

한국 고대의 동종을 고려종이라 할 만큼 많은 양의 고려시대 종이 전해져 내려오고 있다. 물론 가장 오랜 것은 통일신라 상원사 동종이나 성덕대왕 신종을 들 수 있는데, 중국이나 일본과는 전혀 다른 독특한 형식을 지니고 있다. 한 마리의 용이 몸을 틀어 고리를 겸하며, 용과 나란히 음관(音觀)이 만들어지고, 종신의 위와 아래에 문양대가 있으며, 종신 가운데에는 비천과 당좌, 그리고 명문이 새겨진다. 고려종은 신라종과는 약간의 차이를 보여주고 있다. 가장 두드러진 예로는 종의 어깨 위에 장식이 붙는다던지, 음관에도 구슬이 달리는 등 장식적인 요소가 많아진다. 고려시대 전기의 종으로 천흥사 동종, 청녕(淸寧) 4년명 동종을, 후기의 것으로는 내소사 동종, 탑산사 동종 등을 들 수 있고, 해외에 유출된 고려종도 상당량에 이른다. 또한 고려 말기의 대표적인 범종으로는 개성 남대문의 연복사(演福寺) 종을 들 수 있다. 중국 범종의 형태를 따른 것으로 이러한 범종의 출현은 이전까지의 범종 양식에 변화를 가져오는 계기가 되었다.

고려시대에는 석탑 등을 모방한 듯한 금동제의 다층보탑이 제작되었다. 기단을 갖춘 위로 난간을 돌려 다층으로 탑신이 올라가고, 기왓골이나 추녀 끝의 용머리, 풍령 등이 충실히 표현되고 있다. 이러한 청동보탑을 대표하는 유물로 개태사지에서 출토되었다고 전하는 호암미술관 소장 금동대탑(金銅大塔)을 들 수 있다. 석탑과 목탑이 지닌 양식과 문양 등을 종합하여 나타낸 것으로 세부적인 표현에서는 금속공예의 모든 기법이 고르게 사용되었다. 기단의 정면에는 계단이 설치되고 난간이 돌려 있다. 초층의 출입구에 두 개의 문이 있고 벽면에는 창문, 상단에는 주심포의 포작이 조각되었다. 2층부터 5층까지는 옥개와 난간을 돌리고 벽면에는 불상을 부조(浮彫)로 표현하였다. 각 층의 옥개에는 부연(附椽), 낙수면(落水面) 등을 조각하였고, 용마루의 끝에는 잡상(雜像)을 장식하였으며, 상단에는 노반(露盤), 복발(覆鉢), 앙화(仰花), 보주(寶珠)가 장식되었다. 실내에서 불공을 드리는 목적으로 사용된 것으로 보이며, 신라 말 고려 초기의 목조건축 구조를 짐작할 수 있는 중요한 유물이다.

고려시대에는 불교의 번성과 함께 전국적으로 많은 사찰들이 건립되었으며 불상 역시 함께 조성되었다. 특히 수도 개경에는 왕륜사 장육금삼존불상으로 대표되는 거대한 불상들이 만들어지기도 하였다. 그러나 1170년의 무신의 난을 계기로 교종에서 선종으로 고려 불교의 중심이 옮겨졌다. 무신의 난 이전인 고려 전기에는 의천의 교종이 불교의 중심이었으며 금강산 장안사 비로자나불(982년), 보원사지 철불상, 관촉사 석미륵보살상

그림 16 '흥덕사'가 새겨진 쇠북

1

2

그림 17 고려 동종('천흥사'명 동종 1·2)

(985년), 북한산 승가사 석굴 속 석조승가상(1024년)이 대표적이다. 고려 전기에는 후삼국 시대의 철불 제작 유행이 연속되었으며, 불상은 풍만한 얼굴, 직사각형적인 큰 체구, 머리·손·눈·코·입의 대형화가 특징이다.

고려시대 후기에는 지눌 중심의 선종이 유행하였다. 무신의 난으로 사회는 혼란스러웠으나 문화는 더욱 화려해졌다. 이 시기 불상은 목불과 금동불이 유행하였으며 충청도와 경기도를 중심으로 아미타불과 관음보살상이 상당수 현존하고 있다. 대표적인 유물로는 개운사 목아마타불상(1274년), 대마도 소장 부석사 관음좌상(1330년), 장곡사 금동약사불좌상(1346년), 문수사 아미타불좌상(1346년) 등이 있다. 불상의 특징은 머리가 크며 눈·코·입이 얼굴의 중앙으로 몰려 있으며 건장한 체구에 어깨가 둥글게 처리되었다.

그림 18 금동대탑

청자의 생산과 유통

고려청자는 통일신라 말, 9세기 중엽부터 제작되기 시작하여 고려(918~1392년)시대에 전성기를 맞이한 청자를 말한다. 초기의 청자는 중국에서 수입된 청자의 영향을 받아 형태와 문양 장식 등에 있어 중국의 자기 양식을 따랐으나, 11세기부터 고려청자 고유의 양식이 뚜렷이 보여 준다.

고려청자는 비색, 인물과 동식물을 본뜬 각종 형태, 문양을 나타낸 상감(象嵌)기법, 이 세가지로 유명하다. 중국 송의 태평노인(太平老人)이 자신의 책인 『수중금(袖中錦)』에서 고려청자의 비색(翡色)을 천하제일이라고 평가한 내용을 통해서도 확인할 수 있다. 중국인들의 고려청자 애호 성향은 고려 말에도 여전했다. 『성호사설(星湖僿說)』 제4권 「만물문(萬物門)」 '비색자기(秘色磁器)' 조에 의하면, 충렬왕 15년(1289년)에 중국 원나라가 중서성이라는 관청을 통하여 청자 옹기, 동이, 병을 구해갔다고 했다.

이런 문헌기록을 통해서도 초기에 중국 자기의 영향을 받았던 고려청자가 점차 중국인들이 수입해 갈 정도로 고유의 우월성을 지녔던 것을 알 수 있다. 고려청자의 품질과 세련된 양식에 대해서는 『경덕진도록(景德鎭陶錄)』에도 전한다. 고려청자는 섬세하고 유색이 용천요(龍泉窯)와 유사하고, 정요(定窯) 백자의 섬세한 문양과 같고, 월요(越窯) 비색이나 여요(汝窯)의 여러 양식과 유사하다는 것이다.

이처럼 고려청자는 중국인들에 의해 자신들이 최고급품으로 평가한 자기와 비교를 했을 때 유사하다는 품평을 받았다. 이는 고려청자가 당시 세계 최고의 품질을 갖추었다는 말과 같다.

그런데 고려에 수입된 중국 자기는 북송시대에 집중되었고 그 이후에는 양도 적을 뿐 아니라 양식적으로도 한국 자기에 끼친 영향이 거의 없다. 그 이유는 중국에서 자기를 더 이상 수입할 필요가 없어질 정도로 고려청자가 11세기경부터 향상되기 시작하여, 12세기에는 세련된 양식을 갖추며 대량생산되었기 때문이다.

왕실 도자의 양식과 왕릉 출토품

고려청자에는 불교적인 요소가 강하게 반영되어 있다. 고려가 불교를 신봉했기 때문이다. 고요하고 차분한 푸른 옥과 같은 유색(釉色)[비색(翡色)], 보살과 동자 등의 형태, 연꽃과 연봉오리와 연꽃 줄기 등의 장식, 이 모두가 불교와 관련된다. 절터에서도 다량의 청자가 출토되고 있으며, 불교 법구와 사찰의 이름과 용도 등이 표기된 청자들이 전해 오고 있다. 그런데 불교적 문양 장식으로 치장된 청자라 해도 사찰용에 비해 왕실, 귀족·관료가 사용한 것들이 더 많은 수를 차지한다. 이들이 사용한 청자는 매우 세련된 최고급품이었으며, 왕실 무덤의 이름, 관청 이름, 중국 연호 등이 명문으로 새겨진 것도 있다.

어쨌든 최고급 청자의 최대 수요자는 왕실이었다. 왕실에서 직접 사용하기 위한 것도 있었고, 귀족 관료들에게 하사하거나 중국이나 일본과 교류를 목적으로 한 것 등 그 용도는 다양했다.

왕실 자기는 왕족의 무덤과 왕궁터, 왕실과 관련된 사찰이나 유적에서 발견된 자기들을 통해 그 실체가 밝혀진다.

고려 왕릉으로서 특히 고려 17대 인종(仁宗: 재위 1122~1146년)의 장릉(長陵), 19대 명종(明宗: 재위 1170~1197년, 죽은 해 1202년)의 지릉(智陵), 21대 희종(熙宗: 재위 1204~1211년, 죽은 해 1237년)의 석릉(碩陵) 등 왕릉에서 출토된 청자는 당대 최고의 왕실 청자로 주목을 받고 있다.

인종 장릉에서는 인종 시책(諡册)과 함께 청동 내함, 석제 외함, 청동 인장, 은제 숟가락과 젓가락, 청자 4점이 출토되었다. 〈청자 참외모양 병〉, 〈청자 합〉, 〈청자 뚜껑 있는 잔〉 등은 널리 알려져 있다**(그림 20)**. 청자의 특징은 유색이 반투명에 가깝고 광택이 은은하며 문양이 없다는 점이다. 굽바닥은 유약이 깨끗하게 입혀졌고 가는 규석을 3~4군데 받쳐 구워 비교적 깔끔하게 정리된 편이다. 특히 몸통이 참외 형태로 주둥이가 나팔꽃처럼 벌어진 병은 당시 청자의 세련된 아름다움을 유감없이 보여준다.

12세기 후반에서 13세기 극초의 왕실 청자로는 명종 지릉(1202년경) 출토 청자 일괄품이 있다. 이 가운데 〈청자 여지넝쿨무늬 대접〉을 보면, 측면이 굽에서부터 벌어지고 입의 가장자리가 약간 안쪽으로 휘어들어간 형태이며, 운두가 높고 기벽이 얇다. 그러나 넝쿨무늬와 기타 문양들은 도식화의 경향이 짙어 이미 전성기의 전형에서 벗어나 있어 13세

1	2

그림 19 인종 장릉 출토품(인종 시책과 장릉 출토품 1, 청자 참외모양 병 2)

1 2

그림 20 명종 지릉 출토품(청자 각종 1, 여지넝쿨무늬 대접 2)

그림 21 희종 석릉 출토품

기 중엽에 속하는 것으로 추정된다. 그 이후에는 청자의 두께가 두꺼워지고 투박해지기 때문에, 전성기에서 쇠퇴기로 넘어가기 직전의 과도기 양식에 속한다.

명종 이후 희종의 강화도 석릉(1237년경) 출토 청자 일괄품들에서도 왕실 청자의 사례를 볼 수 있다. 〈청자 연꽃잎무늬 대접〉, 〈청자 국화넝쿨무늬 대접〉, 〈청자 구름·학무늬 매병〉, 〈청자 퇴화무늬 접시〉, 〈청자 꽃모양 접시〉, 〈청자 잔받침〉, 〈청자 뚜껑〉 등 각종 청자들은 일부 품질이 떨어지는 것도 있으나, 비교적 유색이 좋고 장식 문양과 제작 수법에서 세련된 양식을 보인다.

왕의 무덤 뿐 아니라 왕비의 무덤에서도 청자가 출토된 사례가 있다. 22대 강종(康宗)의 비인 원덕

그림 22 원덕태후 곤릉 출토품

그림 23 순경태후 가릉 출토품

태후(죽은 해 1239년)의 곤릉과 충렬왕의 어머니이며 24대 원종(元宗)의 비인 순경태후 김씨(죽은 해 1236년)의 가릉에서 출토된 청자 일괄품이 그것이다.

곤릉에서 나온 청자들은 음·양각과 상감 등으로 장식된 여러 형태의 청자들로 12세기 후반에서 13세기 초의 양식을 보인다. 유약이 고르게 입혀지지 않아 태토가 노출된 예도 있으나 전반적으로 세련된 편에 속한다. 가릉에서는 희종 석릉에서 나온 청자 퇴화무늬 접시와 유사한 청자 조각이 출토되어 좋은 비교 자료가 된다.

그림 24 청자 넝쿨무늬 완(경기도 개풍군 문공유묘 출토)

고려 말의 대표적인 왕실 청자로 공민왕의 비 노국대장공주의 능호(陵號)인 '정릉(正陵)'이 상감된 〈청자 넝쿨무늬 대접〉(1365~1374년)이 있다. 노국대장 공주가 죽은 1365년부터 공민왕이 죽은 1374년 사이에 왕이 능행시 사용되었던 청자 대접이었던 것으로 추정되고 있다.

청자는 점차 유색과 조형의 변화를 거치게 되는데, 유약은 투명해지고 가는 금이 많아지며 문양 장식은 다양해진다. 이런 양식변화는 의종 13년(1159년)에 죽은 관료 문공유(文公裕)의 지석과 일괄품인 〈청자 넝쿨무늬 완〉에서도 뚜렷하다. 내면에 넝쿨무늬가 역상감(바탕을 상감한 문양)으로 빽빽하게 장식되었으며, 청자유는 상감 무늬가 선명하게 드러나도록 투명하다. 이 문공유묘 출토 청자 완은 당대 최고의 청자이기 때문에, 이를 통해 왕실 청자의 양식을 미루어 짐작할 수 있다.

무신 정권기에 최씨 정권의 후반부에 권력을 장악한 최항(崔沆: 죽은 해 1257년)의 무덤에서 나온 〈청자 연꽃무늬 조롱박 모양 주자〉는, 왕의 세력을 능가한 당대 최고 권력자가 소유했던 청자이기 때문에 더욱 주목된다. 이 청자 주자는 같은 시기의 왕실 자기에 비해서도 장식이 매우 화려하며, 고려 후반기의 청자 연구에도 확실한 기준이 되는 중요한 자료이다.

고려 궁성과 왕실 유적 도자기

개성 고려 궁성

앞서 소개한 만월대 유적에서 발굴조사를 통해서 수집된 많은 기와편에 찍힌 '적항문창(赤項文昌)'·'적항경부(赤項京夫)'·'적항혜문(赤項惠文)'·'적항문경(赤項文京)' 등의 명문은 남한에서는 출토된 예가 없는 것들이다. 특히 '판적수금(板積水金)'·'월개◯◯(月盖◯◯)'의 명문기와는 『고려사』에 보이는 '판적요(板積窯)', '월개요(月盖窯)'의 기록과 관련된 자료들로 주목된다. 또한 길이가 65cm에 달하는 용도 미상의 청자 음각보상화당초문 대형기는 고려도자 연구의 새로운 자료로 평가되고 있다.

그림 25 청자 음각보상화당초문 대형기

1927년 처음 발견된 청자 와(瓦)는 1964년과 1965년 국립박물관이 실시한 강진군

그림 26 각종 청자 기와(강진 사당리 가마터 출토)

그림 27 개성 고려 궁궐터 출토품(1945년 이전 수집 청자 각종 1, 청자 원숭이무늬 항아리 2)

대구면 사당리 7호 가마터 일대의 발굴조사에서 대량으로 출토되었다. 이를 통해『고려사』에 보이는 "의종(毅宗) 11년(1157년) 궁원(宮苑)에 양이정(養怡亭)을 세우고 그 집을 청자로 이었다"는 청자 기와의 기록을 뒷받침하는 가마임이 입증될 수 있었다. 출토된 청자 기와는 암막새 · 수막새 · 암키와 · 수키와 · 특수기와 등 다양한 종류가 망라되었다. 특히 안쪽 면에 새겨진 '누서면남○(樓西面南○) · · · · ' · '서루(西樓)' · '남(南)○' · '이(二)' 등의 명문은 건축물에 청자 기와가 놓일 위치를 나타내며, 이는 처음부터 구체적인 계획 속에 청자 기와가 제작되었음을 보여준다. 청자 기와의 문양기법은 음각 · 양각 · 압출양각 그리고 무늬 없는 종류가 확인되었으며, 상감기법은 도입되지 않았다. 부안 유천리 가마터에서는 '계묘(癸卯)'명 청자 상감문 기와편이 수습된 바 있다.

이밖에 중국과 교류용으로 제작된 왕실 자기로 고려 왕실에서 원나라에 바친 화금청자(畵金青磁)에 대한『고려사』의 기록(1289년, 1297년)이 있는데, 이를 뒷받침하는 실물자료로서 금채 상감 원숭이무늬 청자파편이 개성 궁터에서 출토된 것으로 전한다.

고려왕실 가마터

왕실 도자의 대표 가마터, 강진

고려시대 청자를 구웠던 대표적인 가마는 전남 강진과 전북 부안, 두 곳이다. 특히 강진(康津)은 산과 계곡에 가마가 밀집해 있고, 우리나라에서 청자 가마터로는 규모가 가장 크다.

강진 가마터와 관련된 문헌 기록으로『신증동국여지승람(新增東國輿地勝覽)』에는 고려시대에 자기를 굽던 자기소(磁器所)로 강진의 '대구소(大口所)'와 '칠량소(七良所)' 두 곳을 소개하고 있다. '자기소'는 국가에서 행정적으로 관리하던 '자기를 제작하는 곳'이다. 이런 문헌 기록을 근거로 하면, 강진의 대구소와 칠량소는 국가에서 관리하여 왕실과 관청 소용의 청자를 구웠던 관요(官窯)였음이 분명하다. 대구소는 사당리, 용운리 등이 속한 지금의 대구면을 가리킨다.

강진 가마터에 대한 조사는 일제강점기인 1928년 조선총독부박물관에서 최초로 실시하였다. 이후 1959년부터 1980년대 초반까지 오랜 기간 국립중앙박물관이 조사한 유적은 대구면 사당리 당전(堂前)마을과 용운리(龍雲里)에 위치한다.

현재까지 조사된 가마터의 수는 대구면 용운리 75개소, 사당리 43개소, 기타 지역을 합쳐 총 188개소에 달하는데 그중 용운리 39개소, 사당리 30개소가 사적으로 지정되었다.

그림 28 강진 사당리 20호 가마터

강진 가마는 경사진 면에 진흙으로 축조되었으며, 경기도 일대에서 확인되는 벽돌로 축조된 가마는 아직 발견되지 않고 있다. 이런 이유로 경기도 일대의 가마보다 약간 늦은 시기, 즉 통일신라 최말기에 시작되었을 것으로 추측된다. 초기의 강진 청자에는 중국 절강성 월요(越窯)의 영향을 받아 해무리굽 형식이 확인된다. 그러나 전형적인 중국 자기와는 굽의 높이와 넓이에 다소 차이가 있는 변형이 이루어진다.

강진 가마에서 점차 세련된 청자를 제작하면서 11세기부터 고려청자 고유의 양식이 뚜렷해졌다. 유색이 아름답고 태토의 입자가 곱고 조밀하여 단단한 자기로 품질이 향상되었다. 조형적으로도 우아한 품위를 지닌 여러 형태의 청자가 제작되었는데, 이에 대해서는 송나라 사절단의 수행원이었던 서긍(徐兢)이 쓴 『선화봉사고려도경(宣和奉使高麗圖經)』에 잘 소개되어 있다. 이 책에는 참외, 연꽃, 오리, 사자 등의 형태를 한 청자 술잔과 향로, 주발, 접시, 탁잔들이 용도에 따라 기술되었다.

『선화봉사고려도경』에서 참외 모양 청자라고 한 것은 아마 인종의 장릉에서 나온 청자 참외 모양 병일 것이다. 그런데 이와 유사한 청자 조각들이 강진 사당리 가마터에서 출토되었다. 이런 사실로 미루어 인종 장릉에 부장되었던 최고의 명품인 청자 병이 강진에서 제작되었다는 것은 부인할 수 없게 되었다.

특히 강진 사당리 가마터에서는 용이 생동감 넘친 모습으로 음·양각된 청자 매병 조각이 출토되었다. 그 밖에도 구름·용무늬 청자 베개, 수양버들무늬 향로, 그리고 목긴 병, 대접, 접시(각진 접시, 화형 접시 등), 받침대, 잔 뚜껑, 매병 뚜껑, 잔과 받침 등과 각종 요도구들이 대량으로 출토되었다. 음각, 양각, 인각, 상감 등의 기법이 보이며, 연꽃, 모란, 국화와 각종 넝쿨무늬, 수양버들, 구름·용무늬 등의 소재가 사용되었다.

사당리 가마터에서 출토된 청자 조각에서는 중국 연호와 왕비의 능호(陵號) 등 왕실과 관련된 명문들이 발견되어 주목된다. 명문으로는 '계유(癸酉)'·'임신(壬申)'·'정해(丁亥)' 등의 간지(干支), 중국 원나라 연호(年號)인 '지정(至正)', 노국대장공주의 능호인 '정릉(正陵)' 등이 있으며, 이 명문들은 각각 상감기법으로 표기되었다.

그림 29 강진 사당리 가마터 출토 청자 기와

공민왕의 비인 노국대장공주는 공민왕과 결혼 생활을 한 시기는 지정 연간(1341~1367년)에 해당한다. 그리고 공주가 죽은 후 노국대장공주의 능 이름을 표시한 '정릉'명(1365~1374년) 청자가 제작되었다. 이렇게

테글 2

혜음원지

혜음원(惠陰院)은 고려시대에 여행자들에게 편의를 제공하기 위해 수도인 개경(開京)과 중요 도시인 남경(南京) 사이에 위치한 봉성현(현 경기도 파주 용미 4리)에 세운 국립 숙박 기관이다. 「혜음사신창기(惠陰寺新創記)」에 의하면 1119년 8월에 이소천이 예종(睿宗)에게 건의하여 1120년 2월부터 공사를 시작하여, 1122년 2월에 완공하였다고 한다. 이곳에는 왕이 순행할 때 머물기 위한 행궁(行宮/別宮)과 법당, 숙박시설, 주방, 창고 등이 지어졌으며 인종(仁宗)이 즉위한 후 '혜음사'라는 명칭을 하사하였다.

그림 30 혜음원터 전경

그러나 이후 이자겸의 난과 묘청의 난 등 고려 사회가 혼란을 겪으면서 중앙 정부의 무관심 속에서 운영상 어려움에 처했던 것으로 보인다. 혜음원이 다시 번창한 시기는 인종과 왕비 공예태후의 후원으로 크게 중수되면서 당대 최고의 학자이자 문신이었던 김부식이 「혜음사신창기(惠陰寺新創記)」를 지은 1144년경으로 볼 수 있다. 이러한 문헌 내용은 출토 유물의 질과 양을 통해서 입증된다.

혜음원 터에서 출토된 도자기는 고려청자, 고려백자, 분청사기, 조선백자, 중국 도자기로 나눌 수 있는데, 가장 눈길을 끄는 것은 단연 고려시대 도자기다. 고려청자는 기형이 단정하고 유약과 태토가 정선되었고, 고급 받침재인 규석의 사용 예가 많으며 갑번이나 단독으로 구운 청자가 대부분이다. 이러한 청자들은 강진 사당리와 부안 유천리에서 제작된 것들로, 왕실의 후원에 의해 공급된 것으로 생각된다.

이에 비해 고려백자는 수량이나 질적인 면에서 청자에 훨씬 못 미친다. 당시 사당리나 유천리에서도 고려백자가 제작되었는데, 혜음원에서는 고급 도자 생산지 제품이 아닌 질 낮은 백자를 사용했던 것이다. 이러한 정황은 혜음원에서 고려청자와 고려백자의 사용 계층이 달랐음을 알려준다. 대신 중국 도자기 중 백자의 수량이 청자에 비해 월등히 많아 질 좋은 고려청자를 향유했던 계층이 중국백자를 선호했던 경향을 읽을 수 있다.

이처럼 고급 청자와 수입산 도자기가 많이 사용됐던 것은 혜음원에 왕을 위한 행궁이 있었고, 실제로 왕이 남경으로 순행할 때 머물렀던 때문이라고 생각된다. 혼란의 시기를 겪고 난 후, 안정된 시기를 이룬 인종과 왕비의 적극적인 후원에 힘입어 혜음원이 국립 숙박 기관으로서 자리매김할 수 있었던 것이다.

그림 31 혜음원터 출토 청자(1 · 2 · 3) 및 청백자(4)

보면, '지정'명 청자와 '정릉'명 청자는 선후 관계에 놓인다. '지정'명과 '정릉'명 청자가 강진 사당리에서 수습되었으므로 강진 사당리에서 왕실 청자가 제작되었음이 분명하게 확인되었다. '정릉'명 청자는 일제강점기에 공민왕과 노국대장공주의 능에서도 수습되었다고 전한다. 또한 앞에서 소개한 '정릉'명 청자 대접 완형은 좋은 참고 지료기 된다.

그림 32 강진 사당리 가마터 출토 용무늬 청자(용무늬 매병 1, 청자 용무늬 베개 2 · 3)

1 2 3

왕실 도자의 또 다른 가마터, 부안

전라북도 부안(扶安)은 매우 화려하고 장식적인 청자와 백자를 제작한 곳으로 유명하다. 부안 가마터로는 유천리(柳川里)와 진서리(鎭西里) 두 곳이 대표적인데, 이 가운데 진서리 청자보다는 대체로 유천리 청자가 양식적으로 세련된 예들이 많다. 이런 양식적 차이는 시기적인 선후 관계나 동시기에 품질의 차이로 볼 수 있다.

부안 일대의 가마터 출토 자기는 일제강점기에 대량 도굴, 반출되었지만, 1960년대 이후 조사 수습된 유물은 국립중앙박물관과 이화여자대학교박물관, 1990년대의 발굴품은 국립전주박물관과 원광대학교박물관에 보관되어 있다.

부안 청자 가마터는 몇 군데 기관에서 조사했는데, 최초로 조사된 것은 일제강점기에 일본인에 의해서다. 이후 이들 가마터의 중요성이 인정되어 유천리와 진서리 청자가마터는 사적으로 각각 지정되었다.

지금까지 부안 유천리 일대에는 약 37개, 진서리는 약 40개의 요지가 구릉에 밀집되어 있는 것으로 조사되었다. 이들 가마는 모두 경사진 곳에 축조된 등요(登窯)였다는 사실이 밝혀졌다. 또 1997년에 원광대학교박물관에서 실시한 조사에서는 5기의 가마 구조물이 확인되었고, 그 가운데 5호 가마가 가장 상태가 양호하였다. 5호 가마의 총 길이는 약 15.5m 정도로 추정된다. 가마터와 퇴적층에서는 대접, 접시, 발, 잔 등 생활자기와 함께 갑발, 도지미 등의 가마 도구들도 다양하게 발견되었다.

그림 33 부안군 유천리 가마터(6구역)

부안 유천리 청자 중에는 왕실 청자와 같은 양식이 확인된다. 예를 들면, 명종(재위: 1170~1197년) 지릉, 희종(재위: 1204~1211년) 석릉, 파주 혜음원지(1122년 창

그림 34 부안 유천리 가마터 출토(청자 물가풍경무늬 향로그림 1, 청자 파초 · 두꺼비무늬 매병 2, 청자 · 구름 · 학무늬 베개 3)

1	2	3

건)유적 출토 청자들이다. 명종 지릉 청자 가운데서 특히 유천리 청자와 양식적으로 유사한 것은, 앞서 소개한 〈청자 여지넝쿨무늬 대접〉과 〈청자 구름·학무늬 완〉을 우선적으로 꼽을 수 있다. 특히, 내면에 여지무늬가 있고 외면의 이중원 안에 역삼감한 넝쿨무늬가 장식된 청자 대접 등은 전체적인 양식뿐 만 아니라 청자 유색이나 기형 등도 거의 유사하다.

이 외에 희종의 석릉에서도 유천리 가마터 출토 청자에서 보이는 〈청자 퇴화무늬 접시〉가 발견되었다. 이런 예들을 통해 유천리 가마에서 왕실 청자를 제작하여 납품했음을 알 수 있다. 이런 사실은 파주 혜음원 터에서 출토된 청자들을 통해서도 확인된다. 혜음원 터 출토품 중 〈청자 꽃무늬 각접시〉, 그리고 지릉 출토 청자 각접시는 특별히 부안 유천리 사례와 같아 더욱 주목된다.

침몰선의 구조와 선적유물

목포 신안 난파선과 해저 유물들은 1975년 한 어부가 신안 앞바다에서 청자 화병을 비롯한 몇 점의 유물을 발견한 것이 계기가 되어 세상에 모습을 드러냈다.

신안선에 대한 수중 고고학 발굴조사는 1976년부터 1984년까지 진행되었다. 발굴 장소는 전라남도 신안군 증도면 임자도에서 4km 떨어진 곳이며, 물 깊이는 평균 20여 미터로 물 속이 어둡고 흐려 발굴조사에 어려움이 있었다. 인양된 전체 유물의 수량은 도자기 및 기타 문화재 22,000여 점과 동전 28톤·자단목 1,000여 본·선체편 720여 점 등이다.

신안 앞바다 물길의 길목 입구의 중앙부에서 선수(船首)가 조류의 방향과 거의 직각을 이루어 침몰하였다. 침몰 당시 우현의 선수 가까운 곳에 먼저 충격을 받은 흔적이 남아 있었다. 발굴 당시 총 720여 개의 선체편이 확인되었는데 용골제(龍骨材), 익판재(翼板材), 외판재(外板材), 격벽재(隔壁材), 격벽늑골(隔壁肋骨), 선수판(船首板), 충합재(衝合材), 늑골재(肋骨材), 양상측판(梁上側板), 현장지주(舷墻支柱), 장좌(墻座), 수조(水槽) 등이다. 이들을 종합한 전체 구조는 크게 선저구조(船底構造), 격창구조(隔艙構造), 외판구조(外板構造), 갑판연측구조(甲板緣側構造), 선수·선미구조(船首船尾構造), 기타 구조물로 나누어진다. 선

그림 35 신안선의 항로

체 인양 당시 잔존 척도는 전체 길이 28.4m, 최대너비 6.6m, 높이 2.1m 였다. 복원하였을 때 최대선장(最大船長) 약 34.0m, 최대선폭(最大船幅) 약 11.0m, 최대형심(最大形深) 약 3.75m, 중량 약 200톤으로 추정되는 당시로서는 상당한 크기의 범선(帆船)이었다.

신안선은 초강력부재인 방형용골(方形龍骨)이 늑판·익판(肋板翼板)과 함께 첨저형 단면구조를 이루고 있었다. 용골은 인체의 척추에 해당되는 선박의 가장 아래 부분으로 선체를 받치는 중요 골격이라 할 수 있으며, 2~3개의 거목(巨木)으로 구성되었다. 선형을 결정해주며 배 전체의 강도에 많은 영향을 미치는 격창구조는 선체의 골격을 이루는 주요 부재로, 신안선은 7개의 격벽과 8개의 선실구조로 되어 있다.

신안선은 외판에 홈을 파서 겹쳐 이어진 단판 구조의 특징을 가지는데 이는 방수에 탁월한 효과를 가진다. 선수는 평판형, 선미는 각형의 구조를 가지고 있다. 돛대 받침(檣座)은 2개가 확인되었으나 원래 하나가 더 있었을 것으로 추정되어 돛대가 3개 달린 범선이었을 것이다. 그리고 4격벽과 5격벽 사이의 우현에 50톤을 담을 수 있는 대형 물통(水槽)이 확인되었다. 원양항해에 있어 물은 필수적인 것으로 좌현 쪽에도 이와 대칭되는 시설이 있었을 것으로 추정된다.

송나라 때부터 청나라 때까지 중국 4대 선박으로 사선(沙船)·조선(鳥船)·복선(福船)·광선(廣船)이 있다. 사선은 수심이 얕고, 모래 언덕이 많은 항저우만 이북의 항구와 연해항로에서 사용한 평저형 선박을 말한다. 그리고 항저우 만 이남 연해의 수심이 비교적 깊고, 만(灣)이 좁으며 비교적 작은 섬이 많은 지역에서 사용한 첨저형(尖底形) 선박을 조선(鳥船)이라 한다.

그림 36 신안선 수중 발굴조사 실측 평면도

그림 37 신안선 복원도

광선은 광둥(廣東) 지역에서 만들어진 선박을 말하며, 복선은 푸젠(福建) 각 지역에서 건조된 해선의 총칭이다. 중국의 해선 중 원양(遠洋) 항해에 가장 우수한 선박은 복선으로 알려져 있다. 송대(宋代)에 그 이름이 가장 흔히 나타나며, 선화연간(宣和年間(1119~1125년) 서긍(徐兢)이 고려에 출사(出使)한 후 송나라로 돌아와 쓴 『선화봉사고려도경(宣和奉使高麗圖經)』을 보면 객주(客舟) 6척과 신주(神舟) 2척이 푸젠에서 제작되었다고 기록되어 있다. 복선은 선저에 용골이 설치되어 높기가 누각 같으며, 선수와 선미가 솟아 있는 것이 특징이다. 또한 선수는 좁고 선미는 넓으며, 양측에는 보호판이 있고, 선창은 격벽으로 구성되어 있다. 첨수와 첨저는 풍랑을 헤치는데 유리하며 첨저와 깊은 흘수(吃水: 물에 뜬 배의 선체가 물에 잠기는 깊이)는 안정성을 보장하고, 키에 의한 방향 조종을 쉽게 하며, 좁은 해로와 암초가 많은 해역의 항해에 도움을 준다.

송대 취안저우에서 발견된 선박과 크기가 유사하며, 외판이 물고기 비늘 형태로 연

1	2	3	4

그림 38 용천요(청자 여인상촛대 1, 청자 철반문여인좌상 2, 청자 어룡식화병 3, 청자 첩화쌍어문반 4)

결되어 있다는 점에서 신안선은 복선(福船) 선형에 속한다고 한다. 그리고 주용골(主龍骨)과 선수용골(船首龍骨) 및 선미용골(船尾龍骨)이 연결된 곳에 보수공을 파서 동경(銅鏡) 1개, 동전 7개를 놓은 것이 복선 제작 전통을 보여준다. 동경 1개와 동전 7개는 '북두칠성(北斗七星)'을 의미하는 것으로 취안저우 고선에서 이미 발견된 바 있다.

신안선에서 발견된 문화재 중 가장 큰 비중을 차지하는 것이 도자기와 동전이다. 도자 2만여 점 중에 저장성의 용천요(龍泉窯) 청자가 60%를 차지하며, 그 외에 장시성 일대의 경덕진요(景德鎮窯) 백자·청백자 및 길주요(吉州窯) 백지흑화 자기, 푸젠성 일대에서 제작한 흑유자기 등이 있다.

그 밖에 고려청자 7점과 일본 세토(瀨戶) 매병이 2점 인양되었다. 신안선 출토 자기는 중국도자기의 편년을 연구하는데 절대적인 자료가 될 뿐만 아니라 유사한 자기가 다량 출토되는 일본에서도 중세고고학 연구에 중요한 자료이다.

또한 태안 해역에서는 12세기 전반부터 13세기 후반에 침몰된 것으로 추정되는 선박들이 다수 확인되었다. 2007년에서 2008년 사이 고려시대 자기 운반선이었던 태안선이 조사되었고, 2009년에서 2011년에는 마도 1,2,3호선이 발굴되었다. 태안선에서는 동서 12m, 남북 8m의 범위에서 5층으로 쌓여 있는 자기 25,000여점 외에도 목간 34점, 도기 9점, 철제솥 2점, 대나무 바구니, 청동그릇, 닻돌 등이 확인되었다. 마도 1호선은 2009년도에 발견되었는데 자기 300여점, 도기 49점, 목간 69점, 대나무반 9점, 목제빗 6점, 대나무 바구니 2점, 청동숟가락 13점, 철제솥 3점 등의 유물들과 함께 볍씨, 메밀, 콩을 비롯한 곡물들과 다양한 어류의 뼈와 장(醬)류의 잔존물이 확인되어 식료품, 소량의 자기, 죽공예품 등을 운반했던 화물선으로 추정된다.

지금까지 확인된 대부분의 침몰선은 고려시대에 해당하며 이를 통해 당시의 활발했던 해양 운송 양상을 확인할 수 있다. 특히 도자기, 곡물, 식료품, 선상용품이 확인되었으며 관련된 정보가 기록된 목간이 함께 발견되면서 화물에 대한 구체적인 정보뿐만 아니라 발송지, 수취인, 물품의 종류, 화물의 적재 시점 등이 확인되면서 고려시대 물질문화 복원에 많은 단서를 제공하고 있다.

그림 39 길주요(백지흑화파도 화훼문 장경병)

그림 40 경덕진요(백자 완 1, 청백자 관음보살상 2)

1 2

그림 41 신안선 선적 고려청자

요약

고려시대는 통일신라에 이어 반세기의 후삼국 통일전쟁을 거쳐 탄생했다. 이 과정에서 고려왕조는 후삼국시대의 지역간, 계급간의 갈등을 극복하고 실질적인 통일국가를 탄생시켰다. 고려는 문화와 사상적인 면에서 이전 시기와는 다른 다원성을 바탕으로 정치, 사회적인 개방성과 역동성이 공존하는 사회였다.

이러한 고려시대의 중심에는 당시 '개경'으로 불렸던 수도가 자리하고 있었다. 태조 왕건은 철원에서 즉위한 뒤 다음해인 919년 수도를 자신의 출생지인 송악산 남쪽으로 옮겼으며, 송악 남쪽에 도읍을 정하고 궁궐과 시전을 건설하고 5부 방리를 나누었다. 태조의 천도는 개국 후 6개월 만에 이루어진 것으로 아마도 이전 궁예 시절부터 사용되었던 발어참성 등의 시설을 이용했기 때문에 가능하였을 것이다. 이렇듯 고려의 수도는 자신들의 근거지에서 시작하였으며 이후 점차 규모를 확장하여 광종－성종－현종을 거치면서 '도성'으로서의 형태를 만들어나갔다. 고려의 건국으로 인해 신라의 서쪽 변방은 역사의 중심으로 자리하게 되었으며, 이 때부터 한반도 중서부지역은 정치·경제적 중심지로 지금까지 지속적으로 이용되고 있다.

고려시대에는 수도 개경을 비롯하여 평양의 '서경'과 한양의 '남경', 경주의 '동경'이 지방의 거점으로 자리하였다. 또한 몽골과의 전쟁 기간 동안 강화도, 진도, 제주도에 임시 수도를 설치하기도 하였는데 지역은 달랐으나 지명과 건물 명칭 등은 개경과 같이 하였다.

고려시대의 왕릉은 삼국시대와 통일신라의 묘제를 통합하고 규격화하여 고려만의 독창적인 형태를 완성하였는데, 이는 이후 조선왕릉의 기본이 되었다. 이러한 고려왕릉은 수도 개경의 주변에 산재하지만 강화 천도시기에는 강화도 내에도 조성되었다.

고려시대에는 유교와 불교가 함께 이용되었으나 불교가 사실상 국교의 위치를 차지하면서 고려 사람들의 삶에 많은 영향을 주었다. 특히 후삼국을 통일한 태조 왕건은 '훈요십조'에서 불교의 중요성을 강조한 바 있으며, 개경에 10대 사찰을 창건하여 불교문화 융성의 기틀을 마련하였다. 또한 불교문화의 발전과 함께 불교의식을 위한 다양한 공예품이 제작되었으며 이는 고려문화의 정수로 꼽힌다.

고려시대에는 전라북도 부안과 전라남도 강진을 중심으로 청자생산이 대량으로 이루어졌다. 이러한 청자들은 대부분 개경을 중심으로 소비되었으며 일상생활 뿐 아니라 다양한 영역에서 소비되었다. 이러한 청자는 고려뿐만 아니라 당시 중국을 비롯한 주변국들에도 소개되었으며 중요한 교역품으로 취급되었다.

한반도 남해안과 서해안에서 확인되는 다수의 침몰선에서는 고려시대 중요 교역품이었던 청자를 비롯 당시 사람들의 생활에 직접적으로 사용되었던 다양한 물품들이 발견되었다. 이러한 발견들은 고려시대의 문화와 당시 사람들의 생활을 복원하는데 많은 도움을 주고 있다.

참고문헌

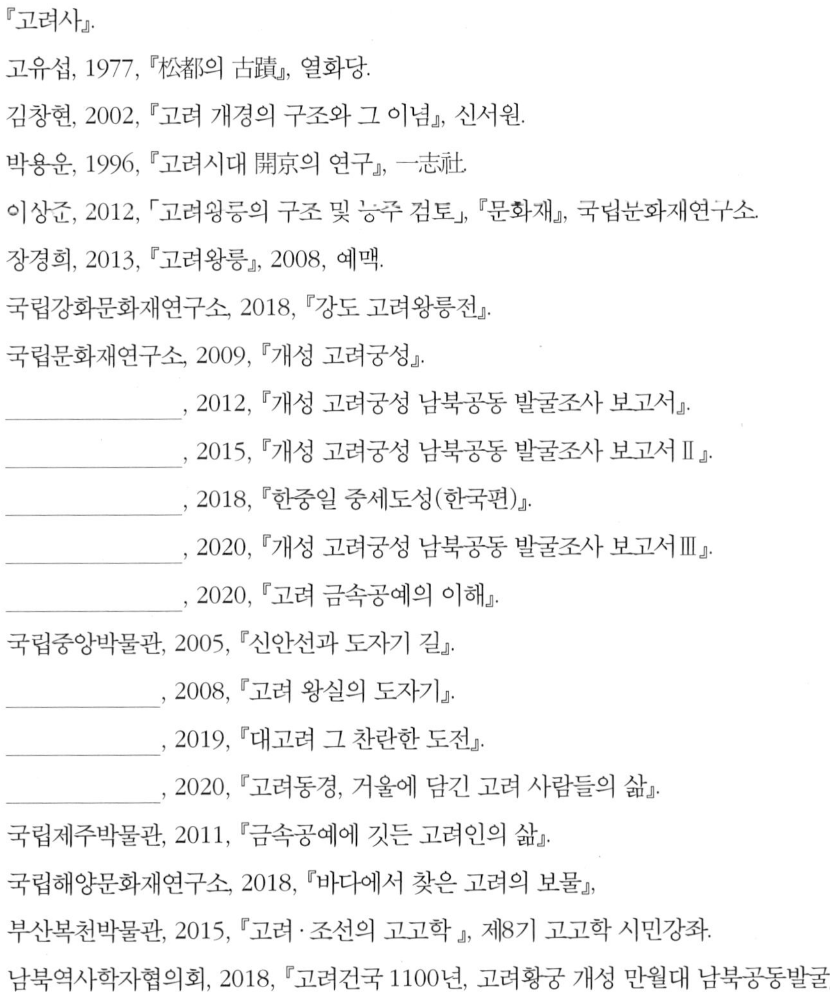

『고려사』.

고유섭, 1977,『松都의 古蹟』, 열화당.

김창현, 2002,『고려 개경의 구조와 그 이념』, 신서원.

박용운, 1996,『고려시대 開京의 연구』, 一志社.

이상준, 2012,「고려왕릉의 구조 및 능주 검토」,『문화재』, 국립문화재연구소.

장경희, 2013,『고려왕릉』, 2008, 예맥.

국립강화문화재연구소, 2018,『강도 고려왕릉전』.

국립문화재연구소, 2009,『개성 고려궁성』.

______________, 2012,『개성 고려궁성 남북공동 발굴조사 보고서』.

______________, 2015,『개성 고려궁성 남북공동 발굴조사 보고서Ⅱ』.

______________, 2018,『한중일 중세도성(한국편)』.

______________, 2020,『개성 고려궁성 남북공동 발굴조사 보고서Ⅲ』.

______________, 2020,『고려 금속공예의 이해』.

국립중앙박물관, 2005,『신안선과 도자기 길』.

____________, 2008,『고려 왕실의 도자기』.

____________, 2019,『대고려 그 찬란한 도전』.

____________, 2020,『고려동경, 거울에 담긴 고려 사람들의 삶』.

국립제주박물관, 2011,『금속공예에 깃든 고려인의 삶』.

국립해양문화재연구소, 2018,『바다에서 찾은 고려의 보물』,

부산복천박물관, 2015,『고려 · 조선의 고고학 』, 제8기 고고학 시민강좌.

남북역사학자협의회, 2018,『고려건국 1100년, 고려황궁 개성 만월대 남북공동발굴』.

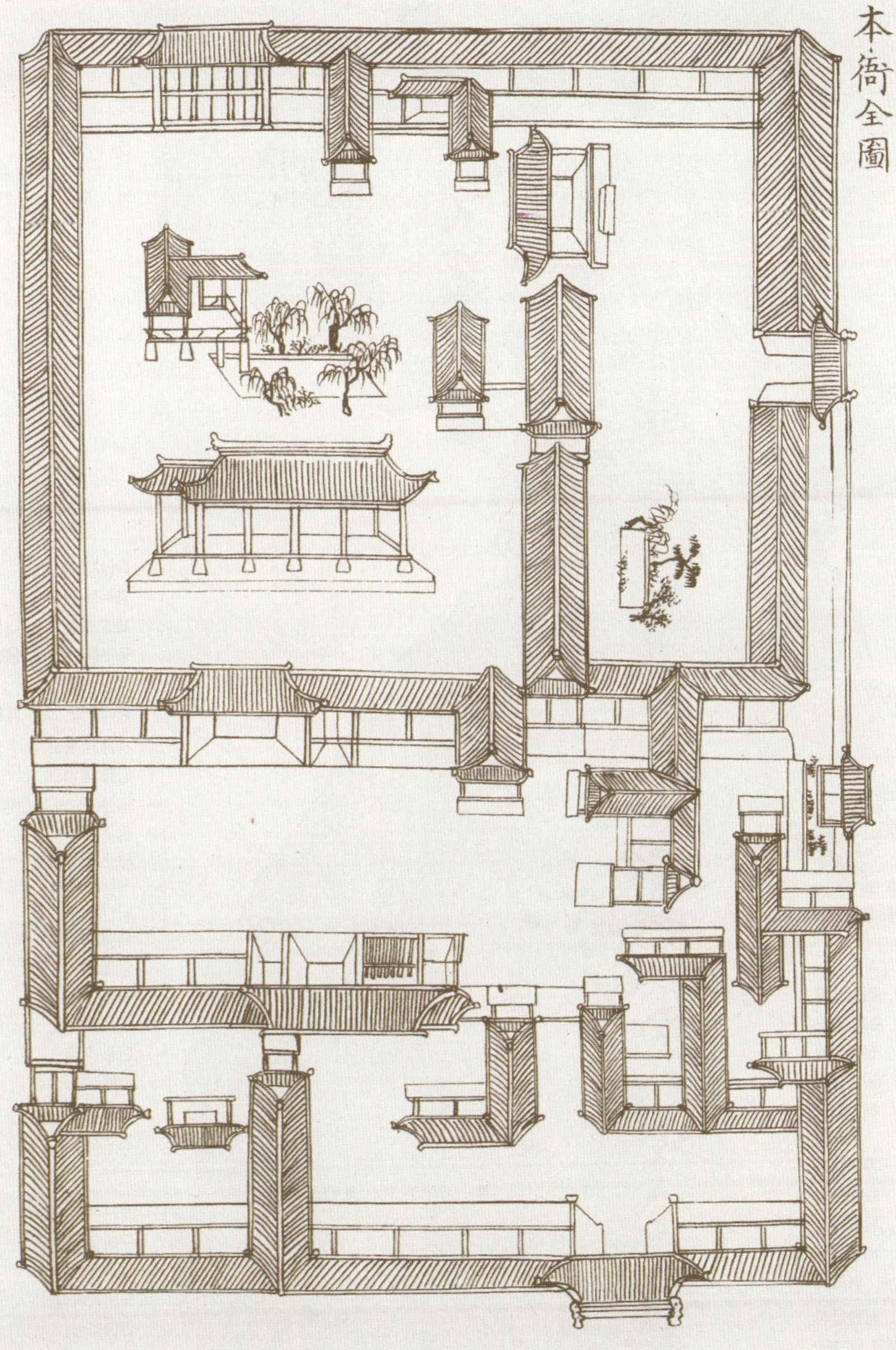

머리글

한양도성과 궁궐, 육조거리
한양도성
경복궁
육조거리

도성 방어성과 행궁
강화도 산성과 외성 정비
남한산성과 남한행궁
북한산성과 북한행궁

읍성과 관아
읍성
관아

왕릉과 분묘
왕릉
묘

학교와 종교시설
향교
서원
지방 사직단
사찰

분청사기와 조선백자
분청사기
조선백자

요약

16 조선시대의 사회와 문화

정해득
한신대학교

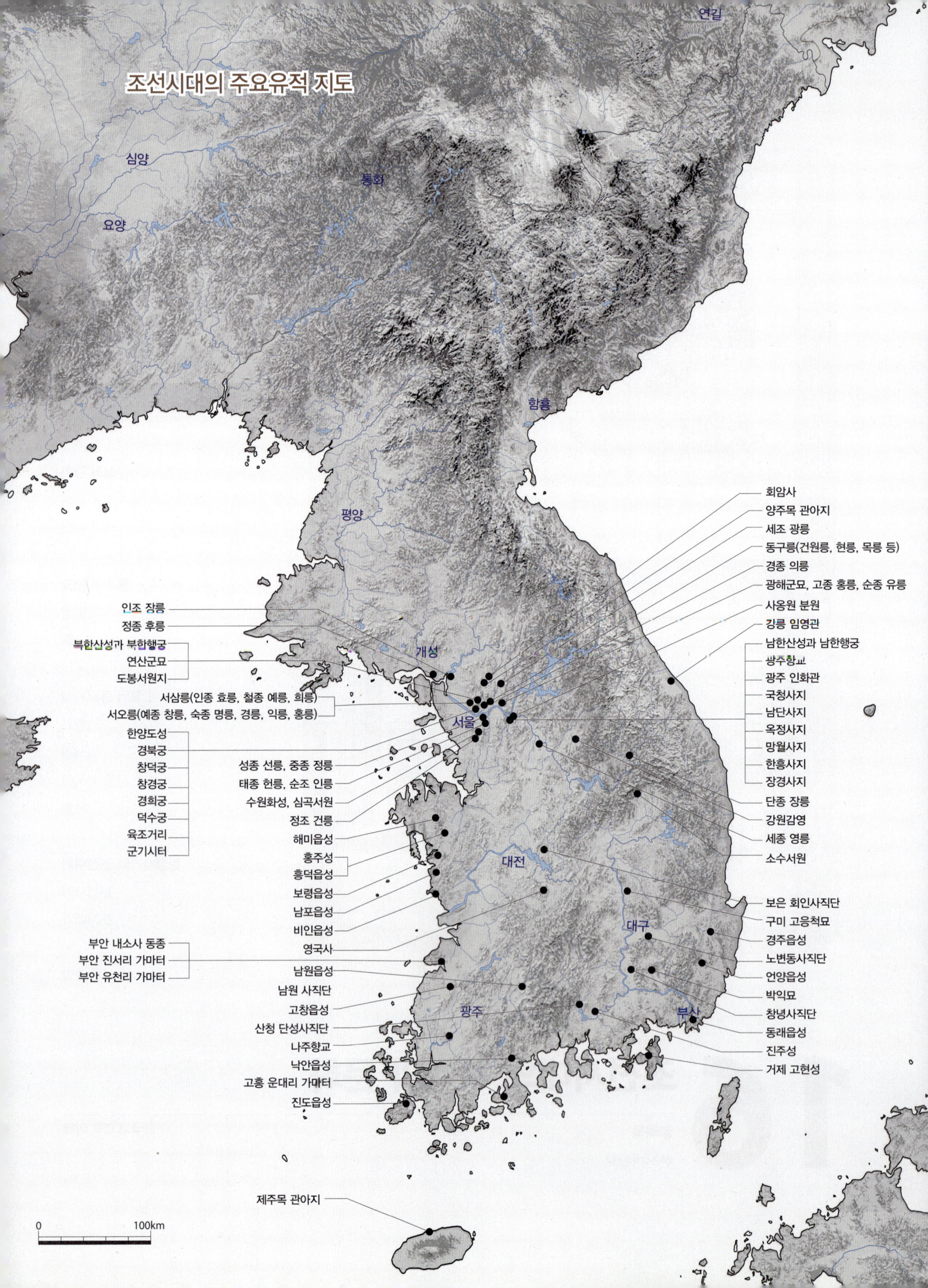

조선시대의 주요유적 지도
연길
심양
통화
요양
함흥
평양
개성
서울
대전
대구
광주
부산
회암사
양주목 관아지
세조 광릉
동구릉(건원릉, 현릉, 목릉 등)
경종 의릉
광해군묘, 고종 홍릉, 순종 유릉
사옹원 분원
강릉 임영관
남한산성과 남한행궁
광주향교
광주 인화관
국청사지
남단사지
옥정사지
망월사지
한흥사지
장경사지
단종 장릉
강원감영
세종 영릉
소수서원
보은 회인사직단
구미 고응척묘
경주읍성
노변동사직단
언양읍성
박익묘
창녕사직단
동래읍성
진주성
거제 고현성
인조 장릉
정종 후릉
북한산성과 북한행궁
연산군묘
도봉서원지
서삼릉(인종 효릉, 철종 예릉, 희릉)
서오릉(예종 창릉, 숙종 명릉, 경릉, 익릉, 홍릉)
한양도성
경복궁
창덕궁
창경궁
경희궁
덕수궁
육조거리
군기시터
성종 선릉, 중종 정릉
태종 헌릉, 순조 인릉
수원화성, 심곡서원
정조 건릉
해미읍성
홍주성
홍덕읍성
보령읍성
남포읍성
비인읍성
영국사
부안 내소사 동종
부안 진서리 가마터
부안 유천리 가마터
남원읍성
남원 사직단
고창읍성
산청 단성사직단
나주향교
낙안읍성
고흥 운대리 가마터
진도읍성
제주목 관아지
0
100km

조선시대의 사회와 문화

정해득
한신대학교

머리글

역사고고학은 문헌자료와 함께 연구가 가능한 고대~조선시대를 대상으로 하는데 조선시대는 삼국~고려시대와 비교해서 문헌자료의 양이 풍부하게 전해지고 있다. 또한 원형 그대로 남아 있는 유적도 상당수여서 진정한 의미에서의 역사고고학이 가능한 시기이기도 하다. 비록 전쟁과 화재의 피해로 인해 조선전기 자료가 상당수 유실되기도 하였으나 『조선왕조실록(朝鮮王朝實錄)』과 『신증동국여지승람(新增東國輿地勝覽)』, 각종 개인 문집류를 통해 중요 시설물에 대한 기초적인 정보를 확인할 수 있다. 조선후기에는 『승정원일기(承政院日記)』, 『일성록(日省錄)』, 『각사등록(各司謄錄)』 등의 자료 외에 『여지도서(輿地圖書)』, 각종 읍지(邑誌), 고지도(古地圖) 등의 자료가 더욱 풍부하게 있어서 고고학의 조사대상과 관련된 중요 정보를 문헌에서 확인할 수 있다.

발굴조사 과정에서 출토되는 각종 비석, 묘지, 각석, 금석문 자료의 절대 다수가 조선시대에 제작된 경우가 많기 때문에 다양한 방법으로 고고자료에 대한 해석이 폭넓게 이루어질 수 있다. 따라서 조선시대 유적은 조사에 임하기 전에 관련 문헌자료를 철저하게 검토하여 필요한 정보를 사전에 확인하는 것이 필요하다.

조선시대는 유교를 숭상하였고, 명(明)에 대해 사대하여 제후국에 해당하는 국격(國格)과 사회체제를 갖추었다. 이는 불교국가로서 내제외왕(內帝外王)하였던 삼국~고려시대와 다른 문화양상을 가진 사회였다는 의미이다. 발굴조사를 통해 확인된 각종 유적과 유물들은 각종 문헌에 나타나는 제도적 특징과 국가의 위상 등을 관념적으로 이해하는 수준을 뛰어넘어 고고학 자료에 의한 실증(實證)에 다가갈 수 있게 한다는 점에서 조선시대 유적에 대한 고고학 조사는 큰 의미를 가지고 있다. 현재까지 이루어진 조선시대 유적에 대한 대표적인 조사 성과를 살펴보고, 조선시대 역사고고학이 추구해야 할 방향성을 확인해 보고자 한다.

조선시대의 도성인 한양에는 궁궐을 비롯한 각종 시설물이 조성되었고, 한양 주변의 경기도에 비상시를 대비한 시설들과 왕릉들이 집중되어 있다. 조선시대의 모든 군현에 수령을 파견하여 중앙권력을 대행하게 하였는데, 이를 위해 읍치(邑治)에 관아를 짓고 성을 쌓았다. 지방 군현의 주요시설로는 향교, 서원, 사직단, 사찰 등이 있는데 현존하는 곳이 많아서 발굴조사된 사례는 많지 않다. 고고학의 중요 유적인 분묘는 지역적 특색이 점차 사라지고 중앙에서 권장한 『주자가례(朱子家禮)』를 따르게 되었다. 대표적인 유물인 자기(磁器)는 고려청자의 전통을 계승한 분청사기 시대를 거쳐 양질의 백자로 대체됨으로써 이전 시대와는 분명한 차이를 보여준다.

한양도성과 궁궐, 육조거리

한양도성

1392년에 조선 태조는 고려의 남경(南京)이었던 한양(漢陽, 서울)을 새 도읍으로 정하고, 도성을 쌓았다. 한양도성에는 유교적 사회체제를 구현하기 위한 시설물들이 건립되었으며, 도성 안의 도로는 성문을 통해 전국으로 이어졌고, 남쪽의 한강은 물자 수송로가 되었다. 조선의 도성은 말기에 일본과 청(清)의 침략으로 인해 함락, 파괴되는 피해를 입었지만 기본 구조는 큰 변화 없이 유지되었다.

한양도성의 1차 공사는 1396년(태조 5년)에 진행되었는데, 토성(土城)으로 쌓은 구간은 2/3 정도였다. 그런데 7월에 폭우가 내려서 성벽이 유실되거나 무너지는 피해가 발생하자 곧이어 2차 공사를 진행하여 9월에 종료하였다. 2차 공사 후에도 군인, 승려 등을 동원하여 부분적인 보수공사가 진행되어 1398년(태조 7년) 완공되었다.

1422년(세종 4년) 대대적인 개축공사를 시행하여 토성구간을 모두 석성(石城)으로 개축하였다. 도성이 공격받을 때 성벽에 오를 수 있는 난이도에 따라 높이를 조절하였는데, 오르기에 가파른 험지(險地) 16척, 그 다음으로 힘든 차지(次地) 20척, 평지(平地) 23척으로 높이를 조절하여 쌓았다. 도성 성벽의 총길이는 18,627m로서 세계적으로도 손꼽히는 큰 규모이다. 그 후 숙종 때에 대대적으로 보수하였고, 영조 때에는 무너진 곳을 다시 쌓았으며, 순조 때에도 보수공사가 있었다. 이와 같이 한양도성은 여러 차례 유지 보수되었고, 조선시대 내내 수도를 보호하는 상징적 시설물로 인식되었다. 그러나 일제강점기부터 시작된 도로 확장과 도시개발과정에서 일정 구간의 성벽이 훼손되기 시작하여 일부 구간의 연결이 끊어진 채 오늘날에 이르고 있었다.

그런데 2008년 동대문운동장을 철거하고 그 자리에 디자인플라자를 건립하기 위해 실시한 발굴조사를 통해서 그동안 없어진 것으로 추정되었던 '이간수문(二間水門)'과 주변의 성곽 기초시설이 확인되었다. 그리하여 이간수문과 치성(雉城) 1개소, 성곽 142m를 복원하고, 연결이 끊어진 123m는 돌을 쌓아 원래의 모습으로 복원하여 공개하였다. 그 이후 서울시는 한양도성에 대한 현황을 조사하기 시작하였고, 도성 가운데 가장 훼손이 심하였던 남산 일대를 조사하여 유실된 부분을 계속 확인하였다. 2010년 남산 '아동광장' 부근에서 84m의 성곽과 본래 지형이, 2012년에는 '백범광장' 부근에서 239m의 성곽과 지형이 복원되었다.

또한 2014년에는 189m의 성곽과 함께 '내자육백척(柰字六百尺)' 각자(刻字)가 발견되었다. 성곽 기저부와 뒤채움석이 발굴조사 되었는데, 태조, 세종, 숙종으로 이어지며 축조 및 보수된 성곽의 흔적을 통해 다양한 시대별 축성 양식을 확인할 수 있었다.

경복궁

학계에서는 경복궁 후원과 청와대 자리를 고려 남경(南京)의 궁궐자리, 그리고 창경궁 부근에 고려 고종 때 건립한 가궐(假闕)이 있었던 것으로 추정하고 있다. 즉 한양의 궁궐배치는 고려시대 남경에 조성되어 있었던 유지(遺址)에 기반을 두었다는 것인데, 이곳에 대한 발굴조사가 수행되지 않은 상태라 확정되지 않고 있다.

『조선왕조실록』에 의하면, 태조가 한양으로 천도할 것을 명한 것은 1392년 8월이고, 2년 뒤인 1394년 8월 천도가 이루어졌다. 그러니 아직 새 궁궐이 마련되지 않은 상태였으므로 왕실은 옛 한양부 객사(客舍)에 머물렀고, 각 관청은 민가를 수용하여 업무를 보던 상태였다. 신도궁궐조성도감(新都宮闕造成都監)이 1394년 12월 종묘(宗廟)와 사직(社稷), 경복궁을 짓기 시작하여 10개월 만에 경복궁과 육조거리 좌우에 관청건물이 들어서기 시작하였고, 1398년 4월경에 신도시 한양의 면모가 갖춰졌다. 조선 태조는 한양도성에서 가장 중요한 궁궐을 고려 때 조성한 남경 궁궐 바로 남쪽에 자리를 정한 것이다.

그런데 2차례 왕자의 난을 겪고 즉위하게 된 정종(定宗)이 한양에서 개경으로 천도하여 한양이 비워지게 되었다가 1400년 정종의 양위를 받아 즉위한 태종(太宗)이 1405년(태종 5년) 한양으로 다시 천도를 단행함으로써 한양이 다시 조선의 수도가 될 수 있었다. 그 이후 경회루를 세우고 명당수(明堂水)를 끌어들이는 등 경복궁 정비가 이루어졌으며, 1427년(세종 9년)에 궁궐의 각 문(門)과 다리의 이름을 결정하여 궁궐로서의 체계가 완전하게 갖추어진 것으로 추정된다. 경복궁은 1553년(명종 8년) 대화재가 발생하여 근정전을 제외한 대부분의 건물이 불에 타서 재건하기도 하였으나 1592년 임진왜란 때 완전히 소실(燒失)되고 말았다.

그 후 약 260여 년간 폐허 상태로 담장만 남아 있던 경복궁은 1863년 고종이 즉위한 이후 흥선대원군에 의해 중건되었지만 1910년 일제에 의해 국권을 강탈당한 뒤 조선총독부에 의해 훼손되기 시작하였다. 1915년 조선총독부는 경복궁의 여러 전각을 허물어 넓은 대지를 확보한 뒤 '조선총독부 시정5년기념 물산공진회'를 개최하였다. 1917년 창덕궁에 화재가 발생하여 침전(寢殿)들이 모두 소실되었는데, 이를 복구하기 위해 1920년 경복궁에서 강녕전(康寧殿), 교태전(交泰殿), 연길당(延吉堂), 함원전(含元殿), 경성전(慶成殿) 등의 건물을 옮겨서 창덕궁 침전을 복구하였다. 1926년 광화문(光化門)과 흥례문(興禮門)을 허물고 조선총독부 청사를 건립하여 조선의 영구적인 통치를 기도하였다. 이때 광화

그림 1 경복궁과 육조거리(디오라마)

문은 건춘문(建春門) 옆으로 옮겨졌었다.

1945년 광복된 이후 조선총독부 건물은 미군정청(美軍政廳)의 청사로 사용되다가 1948년 대한민국 정부수립 이후에 중앙정부청사로 쓰였다. 세종로에 새로운 정부종합청사를 건립하여 이전한 뒤 조선총독부 건물을 리모델링하여 1986년 국립중앙박물관으로 사용하였으나 1993년 김영삼 대통령의 지시에 따라 새로운 국립박물관을 용산에 건립하고 조선총독부 건물의 해체가 결정되었다. 이를 계기로 1990년 수립한 '경복궁 1차 복원 정비계획'이 더욱 속도를 낼 수 있게 되었고, 1996년 완전히 해체된 이후 경복궁에 대한 고고학 조사가 순차적으로 진행될 수 있었다. 경복궁을 침전(寢殿) 권역, 동궁(東宮) 권역, 흥례문(興禮門) 권역, 태원전(泰元殿) 권역, 광화문 및 기타 권역으로 구분하고, 5단계에 걸쳐 해당 부지에 대한 발굴조사가 순차적으로 실시되고 이를 토대로 여러 건물을 복원 정비할 계획이 세워졌다. 일제강점기에 여러 건물들이 철거된 자리에 근대 건축물이 건립되었으나 땅속에 남아 있을 유구를 확인하기 위한 정밀 발굴조사가 진행됨으로써 옛 건물 복원의 기초자료가 확보된 것이다.

침전권역은 강녕전 구역의 5개 동과 교태전 및 부속건물, 함원전, 흠경각(欽敬閣) 등 8개 동의 건물지를 발굴조사하였다. 강녕전 발굴조사에서 고종대 중건 이전의 선대유구가 거의 완벽한 모습으로 발견되었는데, 고종대에 중건할 때의 건물 규모, 배치형태, 축조방법에 차이가 있다는 것이 밝혀졌다. 발굴조사를 통해 1592년 임진왜란 이전의 건물들은 어느 시기를 막론하고 복도나 회랑으로 연결되어 있었고, 경복궁 중건시기의 독립된 건물들과는 평면 형태나 건물배치가 완전히 다른 것으로 확인됐다. 발굴조사에서 드러난 각 건물지들은 1907년 작성된 『북궐도형(北闕圖形)』과 유사한 양상으로 확인되었는데, 『북궐도형』에 없어진 것으로 표기된 경우에는 그 이전에 제작된 『경복궁배치도』와 유사하게 나타났다. 또 청기와[青瓦]로 만든 용문(龍紋), 봉황문(鳳凰紋)의 막새기와가 다량 출토됨으로써 근정전을 포함한 중요 건물에 청기와가 사용됐다는 『세종실록』을 비롯한 여러 기록의 내용이 사실로 입증됐다.

동궁 권역에는 1995년까지 구 총독부박물관 건물이 남아 있었기 때문에 동궁의 정확한 위치를 찾기 위해 2회에 걸쳐 발굴조사를 진행하여 자선당지(慈善堂址), 비현당지(丕顯堂址)와 주변 행각 등의 유구가 일부 교란된 상태로 확인되었다. 흥례문 권역은 1915년 조선물산공진회 때 건립한 제1호관이 들어섰다가 조선총독부 청사를 건축할 때 지정(地定)작업을 위해 말뚝을 깊이 박았기 때문에 정확한 위치를 찾기 어려운 상태였다. 총독부 건물자리에서 흥례문 유구를 찾지 못하였으나 주변 행각들의 유구가 온전하게 발굴됨으로써 이를 토대로 흥례문의 정확한 위치를 고증할 수 있었다.

흥례문 동·서 회랑에서 경복궁 남쪽 궁장(宮牆)으로 이어지는 내부 담장시설과 담장에 나있는 용성문지(龍城門址)와 협생문지(協生門址), 수문장청지(守門將廳址) 등이 양호한 상태로 확인되었다. 내부 담장시설 아래에서는 화재로 소실된 선대 건물지가 확인되었다. 선대 건물지는 초석과 기단 등이 완벽하게 남아 있는 상태로서 정면 12칸, 측면 3칸(어칸 400cm)의 대칭 구조인데 임진왜란 이전에 만들어졌다가 임진왜란을 전후하여 소실된 것으로 확인되었다. "홍례문(弘禮門) 밖의 동·서랑(東·西廊)을 의정부·육조와 각사(各司)가

분합(分合)하여 입직방(入直方)과 대조(待朝)하는 처소로 정한다"는 『세종실록』의 기록에 따라 이 선대 건물지는 동·서랑일 것으로 추정되고 있다.

태원전 권역에 대한 발굴조사에서도 그 정확한 위치를 확인하지 못하였으나 태원전과 나란히 배치된 영사재(永思齋) 터로 보이는 건물지가 확인되었고, 남행각지(南行閣地)와 동행각지, 화계(花階) 기초시설 및 동측 세답방(洗踏房) 일대의 건물지가 확인되어 복원을 할 수 있었다. 건청궁(乾淸宮) 권역에는 일제가 세운 총독부미술관이 건축되면서 유구가 매우 심하게 훼손된 상태였으며 건청궁 부속건물인 장안당(長安堂), 옥호루(玉壺樓), 주변 행각 등의 유구도 교란이 심한 상태였다. 『북궐도형』자료와 발굴된 유구를 토대로 복원이 이루어질 수 있었으나 장안당 뒤편의 서양식 건물로 지어진 관문각(觀文閣)은 고증자료가 부족해서 복원에서 제외되기도 하였다. 일제강점기 일본식 정원 조성으로 인해 크게 파괴된 흥복전(興福殿) 권역에 대한 발굴조사에서는 사료와 도설(圖說)에 설명된 흥복전을 비롯하여 함화당(咸和堂)·집경당(集慶堂)의 부속 행각 위치와 배치상태 등이 확인되어 복원정비에 필요한 고증자료가 확보되었다.

경복궁 복원정비 과정에서 국민들의 관심을 가장 많이 불러일으킨 것은 경복궁의 정문인 광화문 자리에 대한 발굴조사 및 정확한 위치에 복원하는 문제였다. 2007년 '경복궁 광화문지 및 월대(月臺) 지역'에 대한 발굴조사에서 광화문의 정확한 위치와 규모가 확인되었다. 발굴조사를 통해 1865년 경복궁을 중건할 때 1395년 창건 당시에 조성한 광화문 기초를 이용하여 광화문을 중건한 것으로 확인되었다. 광화문이 세워진 자리는 '뻘' 층이어서 지정말목(80~140cm, 두께 10cm 내외)을 촘촘하게 박아 지반을 다진 다음 그 상면에 잡석과 흙을 판축 방식으로 성토하여 지반침하를 방지한 것으로 드러났다.

한편, 광화문 남쪽에서 일제강점기 때 철거되었던 월대 유구가 발견되었고, 광화문과 연결된 궁장(宮牆)의 하부도 확인되어 경복궁 정문의 웅장한 모습을 되찾는 계기가 되기도 하였다. 이를 바탕으로 건춘문－동십자각－광화문－서십자각－영추문(迎秋門)까지의 궁장을 복원하는 계획이 세워지기도 하였지만 경복궁 주변의 복잡한 교통체계 문제로 인해 광화문의 원위치 복원과 광화문 좌·우의 궁장만 복원하기로 변경되었다. 광화문 동쪽 궁궐담장 조사에서 광화문부터 동십자각으로 연결되는 기초부가 태조 때의 기초 위에 고종 때 담장 면석을 덧댄 것으로 확인되었고, 2개의 홍예(虹蜺)로 이루어진 수문도 확인되었다. 이러한 조사를 통해 고종 때의 경복궁 중건이 창건 당시 조성된 기초 위에 진행되었음을 재확인하였다.

궁중 최고 수라간인 소주방(燒廚房)지 조사에서는 일상음식을 담당하던 내소주방, 궐내 잔치와 제사 음식을 만들던 외소주방, 그리고 다과와 음료를 만들던 복회당(福會堂)이 확인됐으며, 당시 왕실에서 사용하였던 상품(上品) 도자기를 비롯하여 다양한 종류의 도기와 자기가 다수 출토됐다. 1917년에 헐린 흥복전지는 저수지가 되어 유구가 심하게 교란된 상태로 노출되었으나 주변 행각들의 유구가 온전히 남아 있어서 복원계획을 세울 수 있었다.

1990년부터 2010년까지 진행된 경복궁 제1차 복원정비사업을 위한 발굴조사를 통하여 총 125개 동의 건물지에 대한 발굴조사가 진행되어 각 건물의 정확한 위치와 규모가

테글 1

청기와

여러 권역으로 나누어 진행한 경복궁 발굴조사에서 많은 유물이 출토되었다. 그 가운데 궁궐을 상징하는 특징적인 유물이 바로 청기와이다. 청기와는 궁궐에서만 사용할 수 있었고, 궁궐 이외에는 왕실사찰이었던 양주 회암사지와 서울 원각사지에서 출토되었을 뿐이다. 청기와는 유리와(琉璃瓦)의 하나로 15세기에 중국으로부터 제조기술이 전해졌다. 중국의 유리와는 유약의 성분에 따라 황색, 청색, 자색, 백색 등 다양한 색상으로 제작되었는데 건물의 위계에 따라 색상을 달리하였다.

명(明) 황제와 관련된 건물은 황색 유리와를 사용하였고, 녹색에 가까운 청색 유리와는 친왕(親王)과 태자(太子), 군왕(郡王) 등의 저택에 사용하였다. 조선의 궁궐에서 청색 기와를 사용한 것은 명 황제의 색상을 피하여 한 단계 낮은 색을 선택한 것이라 할 수 있다. 아울러 조선의 신민(臣民)들은 사용하지 못하도록 금지하여 청기와는 궁궐의 권위를 상징하는 유물이 된 것이다. 그 제작에 많은 비용이 들어갔기 때문에 궁궐이라 하더라도 경복궁의 근정전(勤政殿)과 사정전(思政殿), 창덕궁의 선정전(宣政殿)에서만 청기와가 사용되었다.

그림 2 청기와

파악되었고, 『궁궐지』, 『북궐도형』, 『경복궁배치도』, 『조선왕조실록』, 『일성록』 등의 문헌과 도면 자료 등이 상호 교차 검토되어 경복궁 복원의 기초자료가 마련되었다. 이를 통해 경복궁의 중심축선을 바로 잡은 것은 물론 현대 토목건축기술에 버금가는 정교한 축조기법을 확인하는 성과를 거두었다.

육조거리

광화문 앞 육조거리는 조선의 통치기관들인 의정부(議政府)와 육조(六曹)가 자리한 대로(大路)로 거리의 폭과 도로상태가 일본 동경의 도로보다 좋았다는 시노부 준페이(信夫淳平: 일본 외무성 관리)의 평가가 있을 만큼 잘 닦인 도로였다. 아직 육조거리의 전체 노폭(路幅)을 절개해서 조사하지는 못한 상태이지만 현재까지의 발굴조사와 일제강점기에 제작된 한성부지도를 통해 58m 정도였던 것으로 추정하고 있다.

2006년 서울시 '광화문광장 조성계획'이 세워짐에 따라 2008년과 2009년 두 차례에 걸쳐 태평로 한복판에서 발굴조사가 이루어지게 되었다. 현재 광화문광장에 설치된 세종대왕 동상 부근 조사에서 2.32m 두께에 31개의 토층이 확인되었다. 최하층 바닥인 제31층에서 수습된 목재편이 습지에서 잘 자라는 오리나무속으로 밝혀져서 한양 신도시 건설과정에서 대규모 토목공사가 진행되었다는 것을 알 수 있다.

그 위에 네 시기에 걸쳐 도로로 사용한 면이 확인되었는데, 각각 ①태조~태종대 신

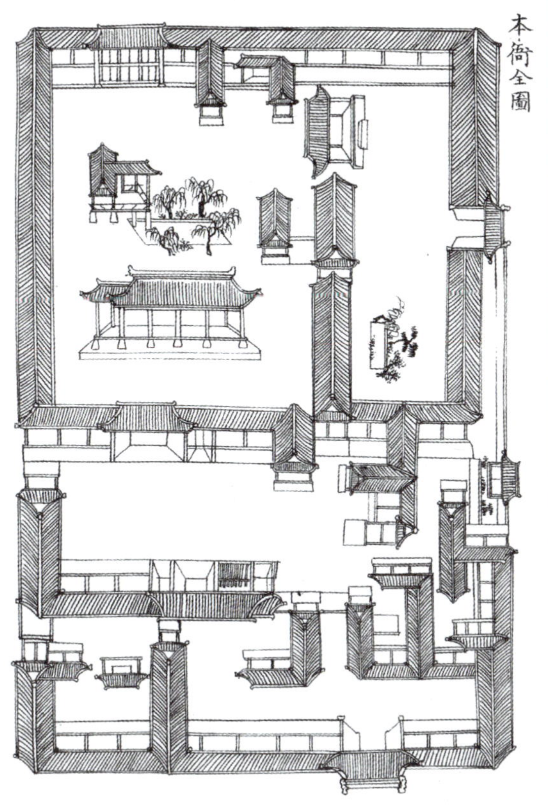

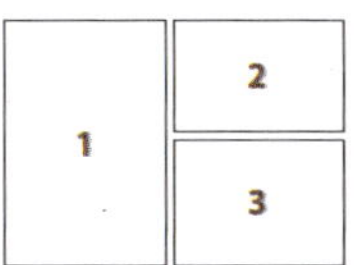

그림 3 『탁지지』「본아전도」에 보이는 육조거리(1), 국사편찬위원회 소장 1920년대 육조관아거리(2 · 3)

도시 건설기, ②15세기 중엽, ③임진왜란~병자호란 이후, ④18~19세기로 편년되었다. ①과 ②는 사질토를 단단하게 성토하였고, ③은 기와편, 자기편, 동물 뼈가 섞인 사질토, ④는 입자가 크고 균일한 토질의 사질토를 단단하게 다져서 조성하였다. 이러한 발굴조사 결과를 통해 경복궁 앞 육조거리는 배수가 좋은 사질토를 도로에 깔아 비가 내릴 때에도 통행에 불편함이 없도록 조성한 사실을 확인하였다. 경복궁의 권위와 존엄을 고려하여 조성한 육조거리는 조선시대 도로의 토목기술이 집약되어 있다고 할 수 있다.

광화문에서 남북으로 뻗은 육조거리 좌우에는 벽사(辟邪)의 의미를 가진 해치상(獬豸像)이 설치되고 조선의 중요 관청이 줄지어 자리하였다. 동쪽에는 의정부와 이조·호조·예조·병조·형조·공조의 관청이 배치되었고, 서쪽에는 삼군부, 중추부, 사헌부 등이 자리하였다가 1409년 삼군부가 폐지되는 재조정이 있었다. 각 관청이 있던 자리는 현대식 건물이 들어서서 발굴조사가 불가능한 상태이지만 공원으로 이용하고 있었던 의정부터에 대해서는 2016년부터 발굴조사가 진행되었다. 제한된 범위의 조사이었으나, 정본당(政本堂), 협선당(協宣堂), 석화당(石畫堂) 등의 건물지와 연못지, 내삼문과 행랑채 일부를 확인하는 성과를 거두었고, 일제강점기에 경기도청 건물터가 정본당 앞쪽에 건립되었다는 것을 알 수 있었다. 육조 가운데 호조(戶曹)의 건물구조에 대해서는 『탁지지(度支志)』에 도면이 수록되어 있고, 1920년대에 촬영된 사진자료를 통해서도 그 모습을 짐작할 수 있다.

그림 4 불랑기 자포

1926년 건립된 경성부 청사의 일부를 허물고 서울시청 신청사를 건립하기 위해 2008년에 부지 정비를 시작하였는데 조선시대 것으로 보이는 유구와 유물이 무더기로 발견되었다. 본격적인 발굴조사를 진행하여 서울시청 자리에 조선시대 군기시(軍器寺)가 있었다는 사실을 확인하였다. 조선시대 소형대포로서 모포(母砲)와 자포(子砲)로 구성된 불랑기(佛朗機)의 자포와 승자총통(勝字銃筒)을 비롯하여 대형 화포의 발사체, 철환(鐵丸), 철촉 등 590여 점의 다양한 무기류가 출토되었다. 불랑기 자포의 포신 표면에는 '1563년에 장인 김석년에 의해 제작되었다'는 음각 명문이 확인되었다. 군기시터의 확인은 육조거리가 서울시청 부근까지 이어지고 있었다는 것을 발굴조사를 통해 확인하였다는 점에서 중요한 의미가 있다.

도성 방어성과 행궁

총연장이 18km에 달하는 한양도성은 인구 규모에 비해 둘레가 너무 길고 성곽자체의 방어시설도 충분하지 않다는 사실이 임진왜란을 통해 여실하게 증명되었다. 따라서 한양도성을 방어하기 위해서는 외곽에 2~3중의 방어시설을 확충해야 하고, 비상시에 피난하여 농성(籠城)을 할 수 있는 보장처(堡障處)를 구축해 두는 전략이 수립되었다. 조선왕실의 보장처로 선정된 곳은 강화도와 남한산성(南漢山城)이었다. 그리고 숙종 때에는 북한산성(北漢山城)까지 쌓아 유사시를 대비하였고, 정조 때에는 화성(華城)을 건설하였다.

외적의 침입에 대비하여 성(城)을 쌓은 보장처에는 장기 농성에 대비할 수 있도록 대규모의 행궁(行宮)이 마련되었으나 임시로 사용하는 공간이므로 정궁과 같이 삼전(三殿)을 모두 갖추지는 않았다. 정전(正殿)을 제외하고 편전(便殿)으로 사용하는 외전(外殿)과 내전(內殿)으로 구성되었다. 이 행궁들은 모두 발굴조사가 이루어져서 문헌기록과 함께 종합적인 검토를 거쳐 복원까지 진행되고 있다.

강화도 산성과 외성 정비

『강도지(江都誌)』에 의하면 고려시대 강화의 성은 내성, 중성, 외성의 3중 방어 체계로 이루어져 있었는데, 1259년 고려가 몽골과 강화조약(講和條約)을 체결한 뒤 모두 헐렸었다. 그 후 강화도의 중요성이 부각된 것은 임진왜란을 겪은 이후 북방 여진족의 침략 가능성이 제기된 이후이다. 1618년(광해군 10년)에 강화도의 각종 시설물이 보수된 바 있고, 1627년 정묘호란이 일어났을 때 강화도로 대피하여 효과를 보았다.

그러나 1636~1637년의 병자호란 때 방심하다 강화도가 함락되는 사건이 발생하였다. 그 후 숙종 때부터 강화도 방비를 위한 축성사업이 계속되어 허물어진 것을 다시

그림 5 불랑기 모포 출토상태

그림 6 강화행궁 발굴현황

쌓았고, 해안 요충지에 54개의 돈대(墩臺)를 쌓아 방비를 강화하였다. 1680년(숙종 6년) 2월에 소형대포인 불랑기 115문을 제작하여 각 돈대에 배치하였는데, 2017년 양도면 건평돈대의 발굴조사 중에 불랑기 모포(母砲) 1문이 포좌에서 출토되어 그 사실을 실증하게 되었다.

영조 연간에는 강화 유수(留守)로 부임한 김시혁(金始爀)이 벽돌을 이용하여 전축성(塼築城)을 쌓았는데 오두돈(鰲頭墩) 남측에 벽돌로 개축한 부분이 일부 잔존하고 있다. 이곳은 수원화성과 더불어 우리나라 전축성 연구에 있어 귀중한 자료를 제공해 주고 있다.

강화도는 1627년 정묘호란이 일어났을 때 인조가 피난하였고, 정묘조약을 맺은 뒤 환도하여 후일을 대비하기 위해 강화부를 유수부로 승격하고 행궁을 짓게 하였다. 그 후 강화행궁에는 숙종의 어진(御眞)을 봉안한 장녕전(長寧殿)과 영조의 어진을 봉안한 만녕전(萬寧殿)이 세워졌고, 1779년(정조 3년)에 외규장각(外奎章閣)을 설립하여 국가 사적(史籍)을 보관함으로써 보장처로서의 위상이 한층 높아졌다. 그러나 강화행궁과 외규장각 등은 병인양요(丙寅洋擾) 때 소실되었고, 인접하였던 강화유수부 동헌과 이방청이 현재 존재할 뿐이다.

강화행궁은 고려궁지에 건립된 것으로 알려져 왔는데, 1995~2001년 사이 4차에 걸쳐 발굴조사가 진행되어 이전의 건물지를 완전히 제거한 후 필요한 부분만 재사용하는 방식으로 조성되었음이 드러났다. 또한 문헌기록에 나타난 척천정(尺天亭), 행궁, 외규장각, 재실(齋室)과 일치할 것으로 추정되는 유구가 확인되어 복원의 기초자료를 확보하였다. 외규장각 동쪽에 있는 것으로 추정되는 장녕전(長寧殿)과 만녕전(萬寧殿) 등의 영전(影殿) 시설이 확인되지 않았다. 그런데도 1977년 충분한 조사 없이 '고려궁지' 건물이 조성되기도 하였다.

한편, 1694년(숙종 20년) 강화도 건너편인 김포에 문수산성(文殊山城)을 축성하여 강화도 방비가 더욱 강화되었다. 문수산성은 둘레 약 2,400m로서 잘 다듬은 돌로 견고하게 쌓았고 그 위에 여장(女墻)을 둘러 조성되었다. 당시 성문으로 취예루(取豫樓)·공해루(控海樓) 등 세3개 문루와 3개의 암문(暗門)이 있었다. 문수산성은 1866년(고종 3년)의 '병인양요(丙寅洋擾)' 때 프랑스군과 전투가 있었던 곳으로서 해안 쪽 성벽과 문루가 모두 파괴된 상태이다.

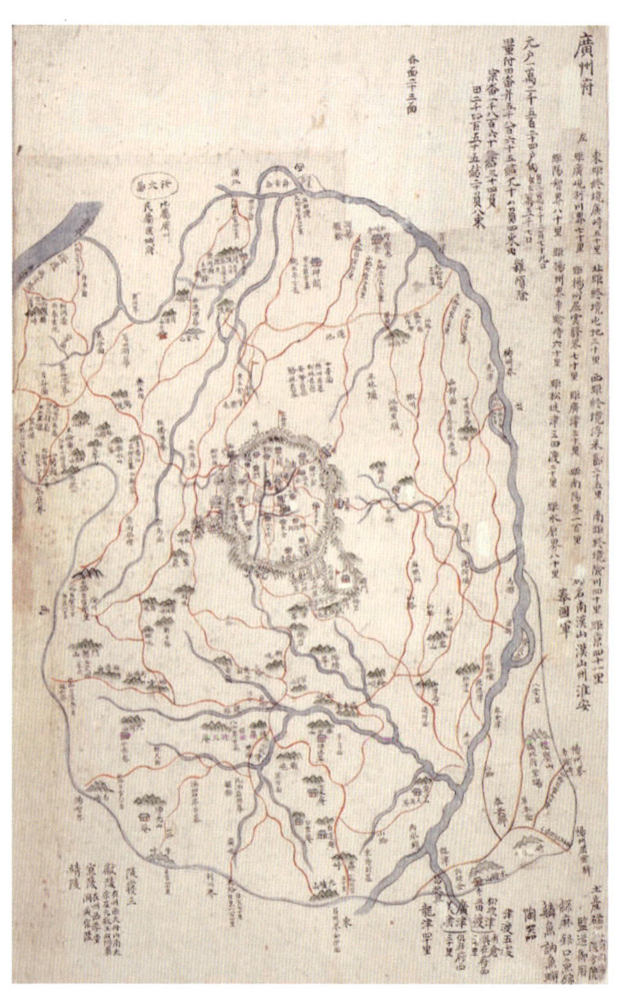

그림 7 남한산성 고지도

그림 8 남한행궁 발굴현장 모습

남한산성과 남한행궁

남한산성은 2001년 연주봉 옹성(甕城)과 북문 동장대(東將臺)의 발굴조사를 통해 각각 통일신라시대의 기와와 인화문토기가 발견되어 신라 문무왕 12년(672년)에 처음 축성되어 신라 북쪽 변방을 지키던 중요한 거점산성이라는 사실이 밝혀졌다. 남한산성과 관련된 내용은 고려시대 기록에는 전하지 않다가 『세종실록지리지』에서 비교적 상세하게 전하고 있다. 그러나 조선시대에 축성기록을 확인할 수 있는 것은 1621년(광해군 13년)에 석성으로 개축 공사를 시작하면서부터이고, 지금과 같은 형태로 증축한 것은 인조 때이다.

인조반정 이후 후금(後金)의 침입 위험이 고조되고, 1624년(인조 2년) '이괄의 반란'을 겪고 난 후 비상시에 왕이 피난할 보장처로 남한산성이 크게 부각되었다. 이서(李曙)장군의 지휘 하에 2년간 공사를 진행하여 둘레 6,927보의 산성을 쌓고, 상궐(上闕) 72칸 반, 하궐 154칸 등 총 227칸의 남한행궁이 함께 건축되었다. 공사 완료 후 광주목 읍치와 수어청(守禦廳)이 같은 해에 남한산성에 설치되어 평상시에 관리가 이루어지도록 하였다.

병자호란 때 남한산성에서 농성을 한 조선 정부는 강화도가 함락되었다는 소식과 홍이포(紅夷砲)의 위력에 놀란 군심(軍心)의 동요로 항복하고 말았다. 그 후 무너진 성벽을 보수하고 봉암 외성, 포루, 돈대, 옹성, 그리고 문루와 장대(將臺)를 축조하여 남한산성의 구조를 보다 견고하게 갖추었다. 1719년(숙종 45년)에는 남격대(南格臺)를 신축하였고, 1778년(정조 3년)에 대대적인 수축작업을 벌여 기와로 쌓았던 여장(女墻)을 벽돌로 교체하였다. 그리하여 남한산성 본성의 둘레가 7,545m, 옹성(甕城)과 외성(外城)을 포함한 성벽의 전체 길이가 12,355m로 확대되기에 이른다. 성벽의 높이는 3~7m이고 지반 위에 잘 다듬은 장대석을 수평으로 쌓아 올렸다. 성벽 위에 설치한 여장의 규모는 길이 4.2m, 높이 1.3m, 너비

0.8m 내외가 일반적이다.

1625년(인조 3년) 6월 완공된 남한 행궁은 내전(內殿)인 상궐(上闕)과 외전(外殿)인 하궐(下闕), 누문(樓門)을 갖춘 한남루(漢南樓)를 기본으로 하고, 이들을 둘러싸고 연결된 행각(行閣)으로 구성되어 있다. 숙종 때 좌전(左殿: 임시 종묘)과 우실(右室: 임시 사직)을 조성하면서 남한행궁이 비상시에 종묘와 사직을 옮겨와 항전할 수 있도록 꾸며졌다. 『중정남한지(重訂南漢志)』·『여지도서(輿地圖書)』·『광주부읍지(廣州府邑誌)』 등을 통해 남한 행궁의 전체 규모가 객사인 인화관(人和館)을 포함하여 총 325칸 정도였다는 것을 확인할 수 있다. 그 외 남한행궁과 함께 광주부 읍치의 관청건물로 좌승당(坐勝堂), 일장각(日長閣), 재덕당(在德堂)과 유차산루(有此山樓)를 비롯한 많은 누정 건물들이 있었으나 일제강점기 때 대부분 훼손되어 빈터가 되었다.

남한행궁은 조선시대 행궁제도를 살필 수 있는 유적으로서 역사적·학술적 가치가 크다. 1998년 산성 내부에 설치되었던 행궁지를 비롯하여 주요 시설물과 성곽시설에 대한 조사가 이루어지기 시작하였다. 남한행궁지 발굴조사에서는 통일신라시대의 대형 벽체건물이 확인되어 남한산성의 역사성을 확인하는 계기가 되었다. 또한 하궐터에서는 조선초기의 건물지가 조사되었고, 후원(後苑)에서는 백제와 고려시대 유구도 확인되었다. 연주봉 옹성과 장경사(長慶寺) 신지(信地) 옹성, 4곳의 암문과 수구지, 인화관지, 침괘정(枕戈亭) 주변, 연무관지 등을 비롯하여 한흥사(漢興寺)와 국청사(國淸寺) 터가 차례로 발굴조사되면서 군영이 위치했던 남한산성의 역할과 승영사찰(僧營寺刹)들이 주목받게 되어 역사성이 한층 더 부각되었다.

남한산성 내에는 성벽을 따라 125개소의 군포(軍鋪)가 있었으나 모두 유실되어 실체를 알 수 없는 상태였다. 군포는 성랑(城廊)이라고도 하는 경비초소로서 유구가 잘 남아있을 것으로 추정된 18개소를 발굴조사하여 초석과 벽체를 확인하였고, 다수의 기와편과 조총의 탄환이 출토되었다. 정면 3칸, 측면 1칸 규모의 군포시설은 목조건물에 기와를 얹고 벽체는 토석(土石)으로 쌓아 돌린 것으로 드러났다. 경비초소의 기능에 맞게 내부 온돌시설 없이 정면은 트여있는 구조이다. 북한산성에서 확인된 성랑도 비슷한 형태여서 조선시대 성벽에 붙어서 확인되는 건물지의 용도를 알 수 있게 되었다.

북한산성과 북한행궁

1711년(숙종 37년) 대대적으로 축성된 북한산성은 중흥산성을 기반으로 둘레 7,620보의 석성으로 완성되었다. 성곽에는 대서문(大西門)을 비롯한 성문 13곳과 함께 시단봉(柴丹峰), 나한봉(羅漢峰), 중성문(中城門) 등지에 장대 시설 등이 각각 설치되었다. 또한 1712년에는 140칸 규모의 군창(軍倉)이 건립되었고, 136칸의 중흥사(重興寺)를 비롯하여 12곳의 사찰을 두어 승군(僧軍)이 머물도록 하였고, 99곳의 우물과 26곳의 저수지가 있었다.

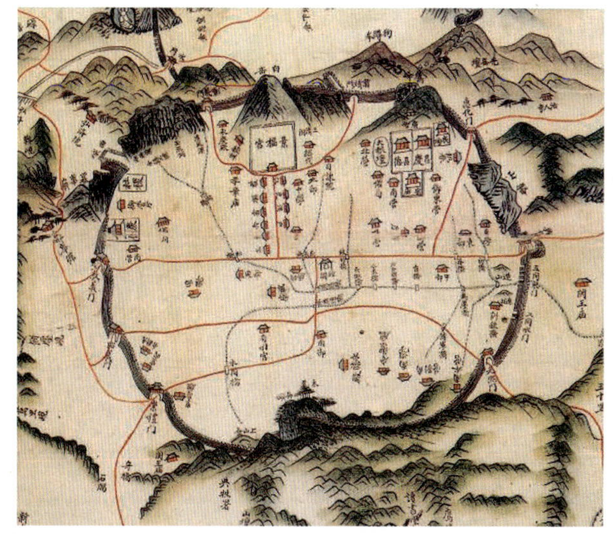

그림 9 북한산성 고지도

그림 10 북한행궁 발굴전경

문헌자료에는 북한산성 전체에 143개소의 성랑이 설치되었다고 기록되어 있다. 하지만 한 곳도 조사된 바가 없다가 2012~2017년 조사를 통해 57개소의 성랑이 확인되었고, 10개소에서 발굴을 진행한 결과 남한산성 군포와 비슷한 건물지가 확인되었다. 이는 세종대에 읍성 축성에서 강조되었던 보초용 건물이 숙종대까지 계승되고 있었다는 사실을 실증하였다는 의미가 있다.

수문지와 연접한 성벽의 절개지를 조사한 결과 자연 경사면을 따라 편축하여 성벽을 축조하였고, 위치에 따라 협축(夾築) 방식도 적절히 사용한 것으로 확인되었다. 내부는 자연 암반층을 'ㄴ'자 형태로 굴착하고 성토한 다음 성랑을 조성하였고, 외성벽은 숙종대 수축한 한양도성과 비슷한 양상을 보여주고 있다. 성벽은 방형과 장방형으로 치석(治石)한 석재를 위치에 따라 8~14단으로 쌓았다. 1단마다 뒤로 물려 쌓으면서 4~11°의 기울기를 주어 안정성을 유지하였고, 상부로 갈수록 차츰 좁아지게 하여 압력을 분산시켰다. 뒤채움석은 외벽과 평행을 유지하면서 잡석과 흙으로 채운 뒤에 내측과 상부를 흙으로 다져 마무리하였다.

북한행궁은 1711년(숙종 37년) 8월 공사가 시작되어 이듬해 5월에 모든 건물을 조성하여 완성되었다. 『북한지』에는 내전과 외전으로 구분하였는데, 내전에는 행각, 수라간, 측간 등이 있고, 외전에도 행각, 누각, 헛간, 외대문 등의 주요시설이 기록되어 있다. 북한행궁은 산사태와 홍수로 무너지면 곧바로 중수되면서 고종 때까지 잘 유지 관리되었는데, 1912년 조선성공회가 북한행궁을 외국인 전용 피서지로 만드는 계획을 세워 수리한 이후 훼손되기 시작한 것으로 보이고, 1922년 대홍수 때 건물이 무너진 뒤 흔적을 찾을 수 없게 되었다.

경기도는 북한산성을 세계문화유산에 등재하기 위해 2014년부터 행궁지에 대한 발굴조사를 진행하여 북한행궁지의 면모를 확인하였다. 행궁의 내전지는 정면 7칸, 측면 4칸으로 총 28칸 규모인데, 중앙 6칸에 대청, 좌우에 2칸씩의 상방(上房)이 배치되었으며, 주변 18칸을 퇴칸으로 시설하였고, 상방에는 온돌을 시설하여 추위에 대비하였다. 외전지도 내전지와 같은 건물 규모와 배치를 보이고 있는데, 외전에는 전면에 월대가 마련되어 있어서 북한행궁의 중심건물이 있었음을 알 수 있다. 두 건물이 같은 축선에 놓이지 않은 것은 지형에 따른 것으로 보이고 부속시설까지 115칸의 규모가 확인되었다. 이는 1745년 기록된 『북한지』의 내용과 일치하는 것으로 행궁 이외의 다른 시설물을 확인하는데 이 기록의 신뢰성이 높다는 것을 확인한 점에서 중요한 의미가 있다.

읍성과 관아

읍성

읍성은 지방 행정의 중심지인 읍치소와 민(民)을 보호하기 위한 목적으로 많은 인력과 물력을 동원하여 만들어진 토목 구조물이다. 조선 초기에 수립된 읍성 축성정책에 따라 세종대까지 334개 군현 가운데 110개소의 읍성이 축조되었고, 이후로도 계속 진행되어 대다수의 군현에 읍성이 마련되었다. 1428년(세종 10년) 읍성의 축성지침서인 「축성신도(築城新圖)」가 작성되어 1429년 이후 각 지방에 배포된 것으로 보인다. 「축성신도」는 성문 옆에 적대(敵臺)를 쌓고, 성 안쪽에서 쉽게 성벽 위에 오를 수 있도록 성곽축조 기술을 표준화하였다. 또 중국의 성곽처럼 보초 서는 군사가 사용할 수 있도록 성벽 위에 각(閣)을 건조(建造)하고, 삐죽 나온 주성(紬城)을 축조하는 것을 기본지침으로 제시하였다.

이러한 형태의 읍성이 조선 초기에 본격적으로 축성된 것은 여러 이유가 있었기 때문이다. 첫째, 세종 원년에 있었던 대마도 정벌 이후 왜구의 침탈이 소강 국면으로 접어들면서 연안지역 개척을 위해 모여드는 인구가 증가하여 거주민을 보호하기 위한 읍성이 필요하였다. 둘째, 조세(租稅)로 거둔 곡물을 한양까지 운반하기 위한 조운로(漕運路)를 안전하게 운영하기 위해 연안 지역 읍성이 필요하였다. 셋째, 야인이 출몰하는 변경 지역의 경우는 비상시에 '청야입보(淸野入保)'한다는 조선의 군사전략에 따라 읍성이 중요시되었다. 넷째, 내륙의 경우 한양으로 연결되는 대읍(大邑)에 읍성을 축조하였다.

이러한 읍성들은 지역에 따라 평산성(平山城)으로 신축한 경우도 있었고, 기존에 있던 산성(山城)을 비상시에 활용하는 경우도 있었다. 조선의 각 군현은 경제력과 인구의 규모에 차이가 있었으므로 각 읍성의 형태와 시설물의 규모도 차이가 있었다. 읍성은 지방의 중심지로 기능하였으나 조선총독부가 근대도시로 성장하는데 방해된다는 이유를 내세워 '읍성 철거령'을 내렸다. 이에 따라 대부분의 지방 읍성이 해체되었고, 형태를 유지하고 있는 읍성은 수원화성, 해미읍성, 고창읍성[모양성], 낙안읍성 정도이고, 부분적으로 남아 있는 읍성은 홍주성을 비롯하여 동래·비인·남포·보령·남원·흥덕·진도·경주·진주(일명 촉석성)·언양·거제 정도가 있을 뿐이며, 전주와 같이 성문만 남은 경우도 있다.

최근 각 시군의 도심지를 재개발하는 과정에서 발굴조사를 통해 읍성의 바닥 기초(基礎) 자리가 조사되는 사례가 증가하고 있다. 강원도와 전라도, 충청도, 경상도 일대에서 성벽의 기초시설은 그 규모가 대동소이한 것으로 확인되었다. 읍성 바닥 기초의 폭을 16척(약 7.5m)으로 한 것과 돌로 외벽면을 쌓고, 성 내부는 기존의 토성을 이용하여 경사지게 만드는 내탁(內托) 방식을 보여주고 있어서 「축성신도」에 제시된 축성방략이 잘 적용되었음을 알 수 있다.

그림 11 고창읍성

지반이 무른 곳에서는 구지표층을 잘 다진 뒤에 잔자갈을 이용하여 부석(浮石)시설을 갖추어 성벽의 하중으로 인한

그림 12 비격진천뢰 출토현황

지반(地盤)의 붕괴를 방지하기도 하였다. 외벽 성돌은 지대석(地臺石)보다 약간 들여쌓았는데, 위로 올라갈수록 돌의 크기가 작아지며 성돌 사이의 틈새는 잔돌끼움을 하였다. 석축부는 내·외부를 모두 수직으로 한 경우와 외부만 수직으로 한 경우가 있는데 이는 내탁부를 쌓는 방법의 차이에서 비롯된 것이다.

고려말 판축(板築)토성으로 축조된 강원도 강릉읍성의 동벽 일부 구간에 대한 조사를 통해서 토축 성벽 흔적과 2차례에 걸쳐 축조된 석성 유구가 확인되었다. 토성은 하부 폭이 약 5.4m 정도이며 6회 이상 판축을 하였다. 1차 석성은 토성의 외측면을 수직으로 잘라낸 후 토성의 바깥쪽 1.7m 지점에 기단의 받침돌을 놓고 대형의 자연석과 냇돌을 외측면에 맞추어 기단부를 만든 뒤 성벽을 쌓아 올렸다. 2차 석성은 1차 석성 외측면 약 2.6m 지점에서 1차 석성보다 30cm 정도 아래에 잡석을 이용하여 기초를 마련한 후 대형 할석의 면을 맞추어 외벽면을 만들고 그 사이에 돌을 채워 넣어 성벽을 축조하였다. 성벽 안쪽에서는 성벽으로 쉽게 올라갈 수 있는 계단시설이 노출되었는데 기단은 화강암재 견치석(犬齒石)으로 외면을 맞추어 축조하고, 안쪽으로는 냇돌과 진흙을 다져 마감하였다.

일제의 읍성 철거령에 따른 읍성의 훼철이 철저하게 이루어진 경기도 안산읍성에서는 북문지(北門址)로 판단되는 구역을 조사한 결과 성문시설은 확인되지 않았으나 그 좌우의 성벽구간 조사를 통해서 석성은 바깥쪽은 돌로 쌓고, 안쪽은 흙으로 다져 쌓은 내탁식임을 명확히 확인하였다. 이와 같은 고고학적 발굴조사의 성과는 단편적인 문헌기록의 해석을 뛰어넘어 토목기술을 확인할 수 있고, 이를 토대로 축성기술의 지역적 전파와 특성을 규명할 수 있다는 점에서 주목된다.

읍성에 대한 발굴조사에서 무기류가 많이 출토될 것 같지만 철제품의 특성상 산화가 빨리 진행되기 때문에 발견사례가 많지는 않다. 예외적으로 2018년 전북 고창 무장현 읍성을 발굴조사하는 중에 사용되지 않은 지름 21cm, 무게 17~18kg의 비격진천뢰(飛擊震天雷) 11점이 출토되어 비상한 관심을 끌었다. 이와 함께 내부구조가 확인되는 원형 포대(砲臺) 시설지까지 조사되었는데 19세기 기와가 함께 출토되었다. 임진왜란의 영향을 받지 않았던 무장읍성에서 그러한 무기와 시설물이 확인됨으로써 1872년(고종 9년) 화포군(火砲軍) 40명이 배치된 기록을 유물로 실증할 수 있게 되었다.

관아

조선시대의 지방제도를 보면 전국을 8도에 나누고 각 고을의 규모에 따라 주부군현(州府郡縣)으로 구분하였다. 8도의 관찰사는 종2품 이상의 고위 관료가 임명되었고, 수령은 3~6품의 관리가 파견되었다. 감영(監營)은 관찰사가 주재하는 곳으로서 해당 지방의 행정과 군정, 사법을 총괄하는 관청이었으므로 지방 관아들 가운데 가장 큰 규모로 조성되었다.

강원도 원주의 강원감영은 1395년(태조 4년)에 설치되어 1895년(고종 32년) 23부제가 실시될 때까지 강원도의 행정중심지였다. 문헌기록에는 선화당(宣化堂: 정청)을 비롯하

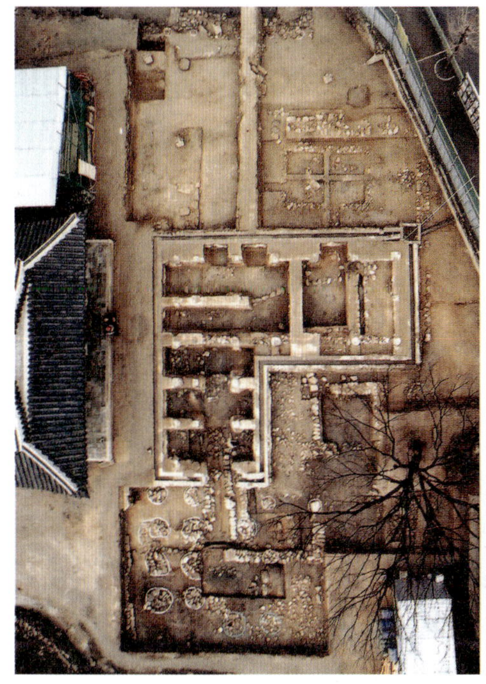

그림 13 강원감영(청운당지 주변 발굴전경 1, 강원감영 사진 2)

여 재은당(戴恩堂: 내아), 포정루(布政樓: 정문), 4대문, 객사(客舍) 및 부속건물을 포함하여 31개의 건물이 있었으나 근대화 과정에서 원주시 청사, 재향군인회관 등의 현대건축물이 감영터에 건립되면서 원형이 심하게 훼손되고 말았다. 원주시는 선화당, 포정루, 청운당(靑雲堂) 등의 건물만 남아 있는 상태에서 2000년에 발굴조사를 시행하여 중삼문터, 내삼문터, 공방고, 책방터로 추정되는 건물지와 포정루에서 중삼문지, 내삼문지를 거쳐 선화당으로 이어지는 보도(步道)를 확인하였다. 또한 선화당을 중심으로 하여 외곽에 둘러친 담장지와 행각지, 선화당 뒤편에 있는 방지(方池)의 호안(湖岸) 석축 등이 비교적 양호한 상태로 확인되었다. 고려시대에 설치된 원주목 관아의 건물터 등이 강원감영 유적 아래층에 그대로 잘 남아 있는 것으로 확인되어 고려 치소(治所) 연구에 중요한 자료를 제공하였으며, 다른 지역 감영의 규모를 짐작할 수 있게 하였다.

그림 14 제주목 관아지 발굴전경

다른 지역에서도 감영이 있었던 자리에 근대 도시시설이 자리 잡으면서 심하게 훼철되었으며, 대부분 발굴조사가 제대로 이루어지지 못하였다. 대구에 설치되었던 경상감영의 경우 선화당과 내아인 징청각(澄淸閣)만 남아 있는 상태에서 감영공원이 조성되었고, 충청도 감영이 있었던 공주에서는 선화당이 이건(移建)되기도 하였다.

주부군현 단위의 관아로 발굴조사가 잘 이루어진 곳은 제주목(濟州牧)과 양주목(楊州

그림 15 강릉 객사문(1)과 임영관지 발굴전경(2)

牧) 관아가 있다. 제주목 관아지는 일제강점기 때 관덕정(觀德亭)만 남기고 집중적으로 훼손되어 흔적을 찾아볼 수 없었는데, 1991년부터 발굴조사가 이루어져서 탐라국으로부터 근대시기에 이르기까지의 유구와 문화층이 중복되어 있다는 사실이 확인되었다. 특히 조선시대 동헌과 내아의 건물지 등이 확인되어 1단계로 제주목사의 집무실이었던 '홍화각(弘化閣)'과 집정실인 '연희각(延曦閣)', 연회장으로 쓰였던 '우연당(友蓮堂)', '귤림당(橘林堂)' 등의 건물과 부대시설이 복원되었으며, 2단계 복원사업으로 2006년 '망경루(望京樓)'의 복원이 완료되었다. 그 뒤 2013년부터 제주객사인 '영주관(瀛洲館)'의 위치를 확인하기 위한 발굴조사가 이루어져서 객사터까지 확인되었다.

양주목의 치소는 고읍동(古邑洞)에 있다가 1506년(중종 1년) 현재의 위치로 이전되었다. 『여지도서』와 읍지 자료에는 양주목관아가 객사와 동헌, 내아, 향청(鄕廳)과 중영(重營) 등 약 31개의 건물로 구성되어 있었던 것으로 기록되어 있다. 양주군의 복원계획에 따라 1999년부터 진행된 3차례의 발굴조사를 통해 건물지 23개동, 담장지 14개소, 축대 8개소, 출입 시설 5개소, 배수로 6개소 등이 확인되었다. 건물지는 세 번의 대규모 증축이 있었고, 조사 이전에 양주군에서 복원한 동헌 건물 바로 앞마당에서 정면 5~7칸, 측면 3칸 정도 규모의 동헌 건물지가 확인되었다. 동헌 건물 인근의 민가가 건립된 곳에서도 건물 관련 담장기초석, 기단 석렬 등이 확인되어 양주관아지의 범위를 추정할 수 있게 되었다. 제주목과 양주목 관아지 발굴성과는 타 군현 관아지 조사에 모범이 되는 것은 물론이고, 충실한 조사 없이 개발사업을 진행하거나 문화재 복원사업부터 서두르면 안 된다는 교훈을 주고 있다.

관아시설 가운데 가장 위격이 높은 건물은 동헌이 아니라 관아 옆에 건립하는 객사이다. 객사는 임금을 상징하는 전패(殿牌)를 모셔두고 수령들이 망궐례(望闕禮)를 행하고, 중앙에서 파견되거나 여행을 하게 된 관료들의 숙박을 위한 시설물이었다. 일제강점기 이후 대부분의 객사는 그 기능이 정지되었고, 시간이 지나면서 용도를 변경하거나 새로운 시설물로 대체되기도 하였다. 1990년대 이후 객사지가 발굴 조사되는 경우가 늘어났는데, 강릉 임영관(臨瀛館), 광주 인화관(人和館) 등이 대표적이다.

강릉시는 1993년에 새로운 시청사를 구 강릉경찰서 자리에 건립하기로 하고 지하구조물을 철거하는 과정에서 고려~조선시대의 건물 하부구조와 다량의 유물이 출토되자 발굴조사를 실시하였다. 그 결과 강릉 대도호부(大都護府) 관아와 '임영관지'가 있었다는 사실이 밝혀지게 되었고, 1994년 사적으로 지정하게 되었다. 이에 따라 강릉시는 계획을 전면 수정하여 2000년부터 도심관아유적 복원사업을 진행하였다. 현재 임영관지내에 전대청(殿大廳)·중대청(中大廳)·동대청(東大廳)·서헌(西軒) 등 4개 건물과 석축, 담장 등을 복원하여 강릉객사의 위상을 알 수 있게 하였다.

왕릉과 분묘

왕릉

조선왕릉은 왕과 왕비의 무덤을 합칭하는 용어로서, 추존(追尊)되거나 복위된 왕과 왕비의 무덤도 왕릉이라 하고, 폐위된 왕과 왕비의 무덤은 묘라 한다. 적장자에 의한 왕위계승의 원칙이 지켜질 수 없는 상황에서 양자로 입적하여 즉위하게 된 왕이 여러 번 있었다. 그러한 경우에 대부분의 국왕은 친부모를 왕과 왕비로 추존하고자 하였는데, 선왕(先王)과의 관계에 따라 추존할 수 없는 경우가 발생하자, 묘보다 격상하여 왕릉에 근접하는 수준으로 조성한 원(園)이라는 무덤 형태가 조선후기에 등장하였다.

조선왕조에서 최초로 조성한 왕릉은 1396년 서거한 신덕왕후 정릉(貞陵)이었고, 1407년에는 태조 건원릉(建元陵)이 조성되었다. 조선 건국 직전인 1391년에 서거한 이성계의 부인 청주한씨의 무덤은 일반 묘로 조성되었다가 1392년 태조가 즉위하여 절비(節妃)로 추봉(追封)하고 무덤을 제릉(齊陵)이라 하였으나 태종에 의해 왕릉의 모습을 갖추었다. 그런데 태조와 왕비의 능이 모두 별도의 능으로 조성되어 『주자가례』에서 제시한 합장(合葬)이 이루어지지는 않게 되었다. 그래서 정종의 후릉(厚陵)과 태종의 헌릉(獻陵)이 공민왕릉의 형태를 계승한 초기의 조선왕릉이라 할 수 있다.

세종은 부부합장의 이념을 보다 완벽하게 구현하기 위해 소헌왕후의 능을 조성할 때 2개의 석실을 한꺼번에 만드는 방안을 제시함으로써 석실구조에 큰 변화를 가져왔다. 세종의 조치들은 『세종실록 오례의』「치장(治葬)」 조에 기록되었고, 『국조오례의』에 계승됨으로써 왕릉조성 방식의 예제(禮制)적인 정비가 일단락되었다. 이러한 과정을 거쳐 정비된 조선왕릉제도는 통일신라 이래의 왕릉조성 전통과 중국 능묘제도가 결합된 것이었다.

그림 16 헌릉 전경

그림 17 희릉 회격 전경

조선왕릉은 세조의 광릉(光陵)을 조성할 때 예종(睿宗)의 명으로 석실로 조성되던 무덤 공간을 회격(灰隔)으로 만들게 됨으로써 봉분의 형태에 커다란 변화가 발생하였다. 회격은 돌처럼 굳어지는데 시간이 필요하였기 때문에 시신이 안치되는 현궁(玄宮) 위에 가해지는 무게를 줄이기 위해 병풍석을 제거하고 봉분의 높이를 낮추게 된다. 조성방식도 먼저 목곽을 안치하기 위한 토광인 정광(正壙)을 파서 외곽(外槨)에 해당하는 외재궁(外梓宮)을 묻은 뒤에, 정광의 앞쪽으로 잇대어 퇴광(退壙)을 파고 내관(內棺)에 해당하는 내재궁(內梓宮)을 내려서 외재궁으로 밀어 넣는 방식으로 바뀌었다.

현존하는 조선왕릉 가운데 발굴조사가 이루어진 경우는 없으나 장경왕후 희릉(禧陵)과 정조 건릉(健陵)의 초장지(初葬地)에 대한 조사가 있었다. 1973년 세종대왕기념사업회가 영릉(英陵) 초장지를 찾기 위해 헌릉(獻陵) 인근의 왕릉터를 발굴했는데, 출토된 지석(誌石) 파편의 내용이 『세종실록』 기록과 다른데다 석실이 아니어서 조사를 중단하였었다. 2008년에 문화재청에서 그 자리를 대대적으로 다시 발굴했는데, 현궁이 하나의 회격(灰隔)으로 되어 있고 바닥은 암반이었다. 조사단은 문헌기록을 확인하여 중종의 왕비 장경왕후(章敬王后)의 초장지로 확정하고, 1973년에 발견된 석물들도 희릉에 설치되었던 것으로 판단하였다. 발굴조사에서 드러난 정황과 문헌자료의 검토를 통해 정확한 사실을 찾게 된 사례로서 역사고고학에서 문헌자료의 중요성이 강조되는 대표적인 경우가 되었다.

정조 건릉 초장지는 2011년과 2012년 2차에 걸친 조사를 통해 재궁이 놓였던 정광과 퇴광 자리 및 각종 석물이 놓였던 자리가 확인되었고, 천장(遷葬)할 때 다시 묻어 두었던 부장품과 폐기하였던 난간석 부재 등을 발견하였다. 아울러 『건릉산릉도감의궤』와 『건릉지』 「능원침금양전도(陵園寢禁養全圖)」등의 자료를 토대로 정광과 퇴광의 조성 및 천장시의 작업 방식에 대해서도 알 수 있게 되었다.

그림 18　건릉 초장지 발굴 전경 항공사진

발굴조사에서 출토된 벽옥(碧玉), 명기(明器) 등의 유물과 옷이나 서책 등을 태운 흔적, 주칠함과 흑칠함 부속 파편 등은 이곳에 배설되었던 유품이었다. 벽옥은 증옥이란 부장품으로 『정조국장도감의궤(正祖國葬都監儀軌)』에는 "단천(端川)에 복정(卜定)한 벽옥 2괴 중 1괴를 연마해서 쓰고, 길이는 1척 2촌, 너비와 두께는 각각 3촌인데, 예기척(禮器尺)을 사용하였다"고 하였는데, 출토된 벽옥은 이 기록에 부합되는 것이다.

한편, 1821년 건릉을 현재의 자리로 옮기는 과정에서 재궁을 꺼내기 위해서 먼저 재궁을 감싼 삼물회(三物灰: 황토, 고운 모래, 석회) 덩어리를 깨야 했고, 이 작업을 위해서 원래 파냈던 퇴광보다 넓은 공간이 필요하므로 '퇴로부(退路部)'가 만들어지게 되었다. 정광에서 재궁을 쉽게 빼내기 위해 정광의 남쪽으로 50cm를 더 들여 파내고 외재궁까지 꺼낸 뒤에 회곽을 깨부순 것으로 나타났다.

묘

조선왕실이 세조의 광릉을 회격으로 조성한 이후 사대부의 분묘도 조정(朝庭)의 명령에 따라 석실이나 석곽을 사용하지 못하고 회격묘로 바뀌게 되었다. 그 이전에 조성된 석실분의 경우 묘실은 그대로 존치시켰으나 분묘 주위에 호화롭게 조성한 석물을 철거하게 하였다. 그런 이유로 경상남도 밀양시에서 박익(朴翊, 1332~1398년) 묘와 같이 석실에 벽화까지 그린 조선 초기 묘가 발굴되기도 하였는데 그러한 사례는 앞으로도 늘어날 전망이다.

조선에서는 왕실 구성원과 개국공신, 종1품 이상의 고위 관료를 대상으로 무덤을 조성해주는 예장(禮葬)이 시행되었다. 조선 초기에는 석실로 만들다가 왕릉을 회격으로 조성하게 되자 예장 대상인 무덤도 회격으로 조성하게 하였다. 회격묘를 조성하기 위해서는 석회(石灰)가 필수적인 재료인데 당시로서는 값비싼 고급품이기 때문에 사대부 계층을 중심으로 보급되었다. 회격묘로 조성된 사대부 묘를 조사할 경우 피장자가 미이라 상태로 발굴되기도 하고, 시신에 입힌 복식과 장식품, 편지와 같은 문헌자료 등이 출토되는 사례가 계속 늘어나고 있다. 그것은 시신 매장부인 광중(壙中)이 회격으로 빈틈없이 다져 조성되면서 진공상태가 되었기 때문이다.

조선에서는 묘지의 설치장소를 한양의 경우 성 밖으로 10리, 군현에서는 5리 이상 떨어져 있어야 하고, 인가(人家)가 있는 경우 100보 이내에는 장사를 지내지 못하게 하였다. 이와 같은 이유에서 한양도성 밖에 집단묘역이 조성되었는데, 서울 은평구 뉴타운 개발지구내에서 발굴된 수천 기의 분묘를 통해서 규정이 잘 지켜졌음을 알 수 있게 되었다.

『경국대전』에는 묘소 조성과 석물 설치규정이 구체적으로 기록되지 않았다. 그렇기 때문에 성종(成宗)이 명령을 내려 왕릉 이외의 분묘에 석호(石虎)와 석양(石羊)을 설치하지 못하도록 하고, 설치가 허용된 석물의 규모도 신분에 따라 규정하였다. 조선후기에는 서인(庶人)의 분묘에 석인과 망주석(望柱石)을 사용하지 못하게 하였고, 2척의 표석(表石)만 세울 수 있게 개정되었다.

1

2

그림 19 박익 묘 전경(1)과 내부 벽화(2)

그림 20 구미 고응척 묘 발굴 전경

테글 2

정조 건릉 초장지

건릉 초장지에 대한 발굴은 국립문화재연구소에 의해 2차례에 걸쳐 진행되었다. 2011년 실시한 1차 발굴조사에서 곡장(曲墻) 자리가 노출되자 주변시설에 대한 조사를 실시하여 철자형(凸字形)의 굴광구역과 난간석 자리, 봉분 주변의 석물이 놓였던 자리 등을 확인하였다. 또한 백자로 만든 명기(明器), 소호(小壺), 청동으로 주조한 편종(編鐘), 칠기함(漆器函) 등의 부장품과 좌향표석(坐向表石) 등을 수습하는 성과를 거두었다. 2012년에 실시한 2차 발굴조사를 통해서 매장시설의 내부, 천장(遷葬)할 때 생긴 퇴로부, 담장시설의 절개 단면, 그리고 원지형 복원에 필요한 토층이 확인되었다. 퇴로부 남쪽에서는 폐기한 난간석(欄干石) 부재가 다량으로 발견되었다.

그림 20의 ①로 표시된 외재궁을 ③퇴광과 맞닿게 남쪽으로 안치하면 북 · 동 · 서 3면에 약 3자(약 91cm) 정도의 ②와 같은 공간이 남게 된다. 이 정광 공간에 삼물회를 단단히 다져 쌓게 되는데, 13차에 걸쳐 153석을 매 차수(次數)마다 공이로 다져 쌓았다. 이 작업을 하기 위해 외재궁의 규모보다 훨씬 넓게 광중을 파내게 된다.

정광의 삼물을 쌓은 뒤 퇴광자리에 길이 너비를 재는 금정기(金井機)를 놓고 흙을 파내게 되는데 퇴광바닥의 비좁은 공간에 윤여(輪轝) 장치를 설치하고 내재궁(內梓宮)을 내려 외재궁(外梓宮) 속으로 밀어 넣는다. 건릉 초장지의 경우 윤여와 외재궁의 두께를 고려하여 퇴광이 정광보다 낮게 단이 진 상태로 조성하게 된다.

내재궁을 외재궁에 밀어 넣은 뒤에는 윤여를 제거하고, 그 자리에서 전례(奠禮: 장례전 제사)를 행하고, 외재궁 입구를 정하우판(正下隅板: 뚜껑판)으로 막게 된다. 이 작업은 목수 1인이 하기 때문에 외재궁 바로 앞에 받침대를 단단히 고정하여야 하는데, 발굴조사에서 받침대가 놓였던 장방형의 수혈이 확인되었다. 하우판을 설치하고 나면 관곽(棺槨)이 완성되는데, 하우판과 외재궁이 한꺼번에 제작된 것이 아니기 때문에 백저포(白苧布)로 이어 붙이고, 칠장(漆匠)이 그 위에 가칠(加漆)하여 마감하게 된다.

그 후 재궁에서 91cm 떨어진 지점에 대격판(大隔板)을 설치하고 삼물회를 쌓게 되는데, 격판이 움직이지 않도록 고정하기 위해 파낸 수혈도 확인되었다. ③의 퇴광 공간에 1차에 20~24석씩 13차에 걸쳐 삼물회를 다져 쌓아서 앞서 정광에 쌓은 삼물회와 합체시킨다. 결국 ①, ②, ③이 합쳐진 장방형 평면 한 가운데에 재궁이 놓여지고 3척(尺) 두께로 단단하게 다진 삼물회가 4면과 상면을 둘러싼 모습이 되는 것이다. 퇴광의 나머지 공간인 ④에 부장품을 배설하는데, 『건릉산릉도감의궤』「퇴광배설도」를 통해 그 위치를 확인할 수 있다.

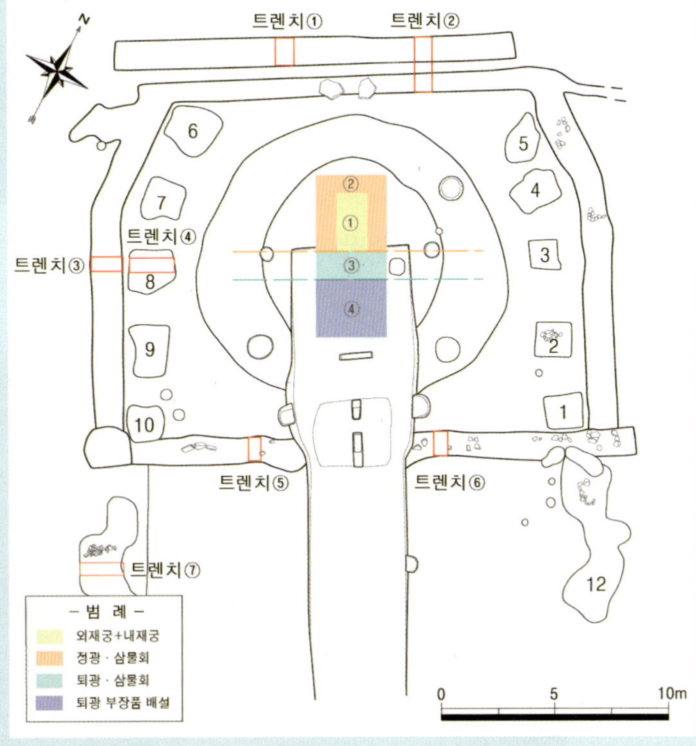

그림 21 정광 · 퇴광 평면도

학교와 종교시설

향교

조선의 향교는 지방에서 유학을 교육하기 위한 기구로서 군현의 규모에 따라 교수(종6품)나 훈도(訓導: 종9품)를 임명하여 지방유생의 교육을 담당케 하였다. 향교의 공간은 공자(孔子)의 신위를 보신 대성전(大成殿)과 현인(賢人)들을 배향한 동무(東廡)·서무(西廡) 등의 제향공간, 교생들이 학문을 익히는 강학공간인 명륜당(明倫堂), 기숙공간인 동재와 서재, 기타 부속 시설 등으로 구성된다. 각 공간은 담장으로 구획되었고, 배치된 방식에 따라 전학후묘(前學後廟), 전묘후학(前廟後學) 형식으로 구분되며, 제향공간과 강학공간이 나란히 배치된 경우도 일부 있다. 향교는 각 군현의 경제형편에 따라 건립시기에 차이가 있었고, 거접(巨接: 집단학습활동)하는 유생의 인원도 차등이 있었기 때문에 건물의 규모도 차이가 있게 마련이다. 정조(正祖) 시기에 전국적으로 330여 개소의 향교가 있었다. 현재 남한지역에 남아 있는 233개소의 향교는 건물의 형태를 잘 유지하고 있어서 발굴조사가 이루어진 곳이 거의 없다.

그림 22 나주향교 발굴전경

다만 전라남도 나주향교의 경우 1959년 정면 4칸, 측면 2칸 규모로 동·서재를 복원하였는데, 원형과 부합하지 않는다는 지적이 있었다. 이에 2003~2005년에 발굴조사를 실시하였는데, 정면 11칸, 측면 3칸 규모였다는 사실이 확인되어 복원공사를 다시 하게 되었다. 경기도 하남시에 위치한 광주향교는 동재, 전사청(典祀廳) 및 제기고(祭器庫) 등이 유실되어 이를 복원할 계획으로 건물지의 범위와 전체적인 양상을 확인하기 위해 발굴조사를 실시하였다. 그 결과 동재 터에서는 건물지의 흔적을 일부 찾을 수 있었고, 전사청 및 제기고 터에서는 17세기 이후에 지어진 건물지가 확인되었다. 또한 광주향교 수복사(守僕舍)의 해체복원에 앞서 발굴조사를 진행하여 적심 11기, 담장석렬 2기, 수복사 건물 초석의 적심과 기단석렬 등을 확인하여 원형에 충실한 복원의 기초자료를 확보하는 성과를 올렸다.

서원

서원은 조선의 선비들이 모여 학문을 강론하거나 향현(鄕賢)이나 충절(忠節)로 죽은 사람을 제사하기 위해 세운 시설물이다. 1543년(중종 38년) 풍기군수 주세붕(周世鵬)이 고려의 학자 안향(安珦)을 배향하고 선비들에게 학문을 가르치기 위해 백운동서원(白雲洞書院)을 세웠다. 백운동서원에는 현판을 내려달라는 이황(李滉)의 요청에 따라 조정에서 특별히 '소수서원(紹修書院)'이란 현판과 서적·노비 등이 하사되었으며, 그 이후로 조선의 서원이 공인되어 전국적으로 확산되기 시작하였다.

국가로부터 현판을 하사받은 사액(賜額)서원은 국가공인 서원이 되어 사액을 받지 못한 서원과 그 격을 달리하였다. 서원의 건축물은 배향한 선현의 제사를 지내는 사당과 강학을 위한 강당, 서원 학생 등이 숙식하는 동재와 서재로 이루어져 있어 향교와 비슷한 구성이지만 강당이 중심건물이다. 서원의 규모에 따라서 책판을 보관하는 장판고(藏版庫), 책을 보관하는 서고(書庫)와 제기를 보관하는 제기고(祭器庫), 누정(樓亭) 등이 있는 경우도 있다.

서원은 조선후기에 폭발적으로 증가하여 1741년(영조 17년) 서원·사우(祠宇) 등 여러 명칭을 모두 헤아린 숫자가 1,000여 개소에 가까울 정도였다. 서원이 지나치게 많이 설립되어 폐해가 극심해지자 흥선대원군의 주도로 1868년 사액을 받지 못한 서원을 철거한데 이어서 1870년에 사액된 서원 중에서 배향된 인물의 후손에 의하여 주도되어 특정 가문의 서원으로 변한 곳도 철거하였다. 또한 1871년에는 같은 인물이 중복되어 배향된 경우가 많았기 때문에 1인1원(一人一院) 원칙을 세우고 전국적으로 27개소의 서원과 20개소의 사우(祠宇)만 남겨놓고 나머지 서원을 모두 철거하였다. 서원이 철거되면서 쓸 만한 목재는 다른 곳으로 옮겨 재활용하였을 것이나 건물지의 기초 부분은 그 자리에 남아 있게 되어 역사고고학의 조사 대상이 되고 있다.

특히 도봉서원지(道峯書院址)의 발굴 사례는 서원이 건립된 장소와 관련되어 많은 시사점을 주고 있다. 재건립 목적으로 2011년 시굴조사가 시행되어 서원관련 건물지 유구와 2개의 조선시대 문화층이 확인된 뒤 2012년 발굴조사를 통해 조선시대 건물지 11동, 석축, 암거(暗渠) 등 서원의 건물 배치상태가 확인되었다. 그런데 5호 건물지에서 하층 유구의 존재여부를 확인하기 위한 설정한 탐색트렌치를 파던 중 각종 불구(佛具)·불기(佛器) 77점이 출토되어 서원 건립계획이 보류되고 추가조사가 결정되었다. 해당부지 전체에 대한 발굴조사를 통해 효령대군과 관련된 영국사(寧國寺) 터에 도봉서원이 건립되었다는 사실이 밝혀졌다.

또한 『대동금석서(大東金石書)』에 수록되어 기록으로만 전해지던 '견주도봉산영국사혜거국사비(見州道峯山寧國寺慧炬國師碑)'편과 '천자문(千字文)'을 석각한 파편이 출토되는 등 고려시대부터 존재한 절터였음이 드러났다. 이는 입구에 당간지주가 서 있는 소수서원과 같이 서원 건립 초기에는 사찰을 허물고 그 자리에 서원을 세우기 시작하였다는 사실이 실증적으로 확인된 사례이다.

서원철폐 대상에서 제외되었던 용인 심곡서원의 경우를 보면 2016년부터 발굴조사를 진행하여 17~18세기에 건립된 옛 강당과 동·서재의 기초부, 담장지 일부가 확인되었다. 이 조사자료를 통해 심곡서원은 전재후당(前齋後堂) 형식의 배치를 한 서원이었을 것으로 추정할 수 있게 되었다.

위와 같은 사례들은 각기 다른 상황과 여건 속에서 건립된 서원들이 철거과정에서 가지고 있던 자료와 건물자체가 유실되었기 때문에 유구에 대한 확인 작업이 반드시 필요하다는 점을 잘 보여준다. 조선시대 서원건축 배치형식의 성립과 변화과정에 대한 연구는 개별 서원에 대한 고증과 유구의 조사 등에 대한 성과가 축적된 후에 진행되어야 심각한 오류를 방지할 수 있는 것이다.

지방 사직단

사직단(社稷壇)은 토지를 주관하는 신(神)인 사(社)와 곡식을 주관하는 신인 직(稷)에게 제사를 지내는 제단이다. 한양도성의 사직단은 사단(社壇)과 직단(稷壇)을 구분하여 조성되었으나 지방의 사직단은 하나의 제단(祭壇)에 신위를 합설(合設)하였다. 대부분의 지방 사직단은 사라지고 남원, 보은 회인, 산청 단성, 창녕 등의 사직단이 남아 있다. 남원 사직단(社稷壇)의 경우 사방이 담장으로 둘러져 있고, 담장 내에 사직단(社稷壇)·진설단(陳設壇)·사당(祠堂) 등이 자리하고 있는데, 군현의 등급에 따라 규모에 차이가 있었다.

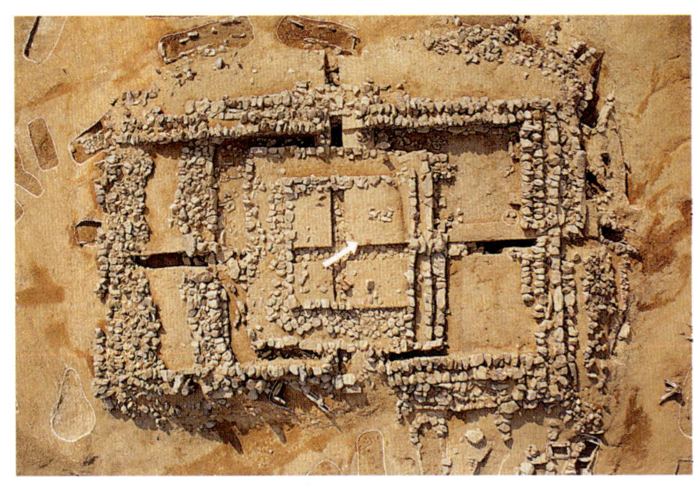

그림 23 노변동[경산현] 사직단 전경

1999년 대구종합경기장 진입도로 개설구간에 대한 발굴조사에서 조선시대 경산현에 설치되었던 노변동 사직단이 발굴되었다. 경산현 읍지 및 고지도 등에 '경산현의 사직단은 현의 서쪽 7리에 있다'고 기록되어 있는데, 발굴조사를 통해 조선전기에 사직단이 조성되었고, 조선후기에 보수와 개축이 있었던 것으로 밝혀졌다. 대구시는 개축한 시기를 기준으로 사직단을 복원하기로 결정하고 하부구조를 보존하였으며, 상부 구조물은 문헌기록을 바탕으로 조선시대의 사직단 형태로 복원하였다.

경산현 사직단은 구릉 정상부의 자연경사면을 편평하게 성토하여 장방형의 기초단(基礎壇)을 만든 후 그 위에 사직단을 설치하여 조성된 것이다. 제단시설과 제단을 보호하는 담장이 있으며, 제단의 기초단은 장축 24m, 단축 16m, 높이는 1.3~1.8m 정도이다. 담장 내부에 설치한 제단의 규모는 남북 5.5m, 동서 5.2m 정도의 방형으로 되어 있다. 노출된 단은 대소형의 천석(川石)과 자연석을 이용하여 축조하였다. 기초단 가장자리에 유(壝)라 불리는 담장을 쌓았으며 4방에 출입문을 두었는데 신문(神門)으로 설정된 북문의 너비는 1.0m 정도이다.

사찰

조선은 유교국가를 표방하며 사회체제를 구축하였으나 신앙의 문제는 불교에 의지하고 있던 사회이다. 태종과 세종에 의해 진행된 불교 사찰 정리는 건물의 철거가 아니라 국가 지원 대상사찰을 축소한 것이기에 사찰이 급격하게 쇠락한 것은 아니었다. 오히려 왕실을 중심으로 고려말에 건립된 회암사(檜巖寺)나 영국사(寧國寺) 등을 중건하는 불사가 이루어지고, 왕릉 옆에 능침사찰들이 건립되어 태평성세와 왕실의 안녕을 발원(發願)하게 하였다. 불교계를 후원하던 문정왕후(文定王后)가 1565년(명종 20년) 서거한 이후에 불교사찰들은 빠른 속도로 쇠락하여 갔는데, 그 모습을 조선전기 왕실사찰로 일컬어지는 회암사지에 대한 조사를 통해 확인할 수 있다. 회암사가 일시에 훼철된 것으로 밝혀진 것과 소수서원이나 도봉서원이 절터에 세워진 사례들은 16세기 후반부터 유학자들이 불교를 누르고 본격적으로 사회의 주도이념을 장악해 나가고 있었다는 사실을 뒷받침하고 있다.

그림 24 남한산성 국청사지 발굴전경

왕실과 관련되어 조선 후기에 건립된 사찰은 가람의 구성에서 삼국~고려시대 건립된 사찰과는 다른 양상을 보이고 있다. 대웅전과 같은 불전(佛殿) 앞에 중정(中庭)이 있고 좌우에는 승방과 강당으로 사용되는 요사(寮舍)채를 두었으며, 불전 맞은편에 누각 건물이 세워진 중정형 가람구성을 하고 있는 것이다. 또한 포교를 위한 탑(塔)이나 사물(四物: 법고, 운판, 목어, 범종)이 배치된 별도의 전각도 세우지 않은 경우가 많다. 그 이유는 『주자가례』에 따른 사회윤리가 보편화되면서 대중포교가 어렵게 된 불교계는 16세기 이후 교리의 통합으로 종파의 구분이 유명무실해지면서 사찰 공간을 과거처럼 근본 사상을 담고 있는 소의(所依) 경전에 따라 배치할 이유가 없어졌기 때문이다. 그러한 상황에서 사찰을 유지하기 위해서는 권력이 집중된 왕실과 외척, 지방 권세가(權勢家)들의 도움이 필요했으므로 후원자들의 원찰(願刹)이나 원당(願堂)으로 건립되는 경우가 늘어갔던 것이다.

조선시대에 건립된 사찰들의 대부분은 현재까지도 운영되고 있어 고고학 조사를 진행하기 어려운 실정이어서 발굴조사가 이루어진 곳은 몇 곳에 지나지 않다. 그 가운데 대표적인 사례가 남한산성 수축 이후 건립된 승영(僧營)사찰에 대한 발굴조사이다. 1907년 일제의 군대 해산령에 의해 무기고와 화약고가 파괴되었는데, 남한산성내의 사찰들도 대부분 파괴되었다. 남한산성에 건립되어 있던 국청사지(國淸寺址)와 한흥사지(漢興寺址)에 대한 정비 사업과정에서 2010년부터 연차 발굴조사가 이루어져서 사찰공간과 승영(僧營) 공간이 공존하고 있었다는 사실이 확인되었다.

즉, 중정형(中庭形) 가람배치를 보이고 있는 사찰 고유의 공간에서는 왕실의 무사(無事) 안녕(安寧)을 기원하고, 승영 공간에서는 비상시에 대비하여 식량과 무기 등을 비축하거나 생산하는 시설을 갖추었던 것으로 추정되고 있다. 발굴조사를 통해 국청사지 불전지 옆 공간에서 철제 화살촉이 20여 점 출토되었고, 한흥사지 군영공간에는 군기고지, 창고지, 군포지 등으로 구성되어 있는 것이 확인되었기 때문이다. 이들 사찰의 승려들은 비상시에 승병의 역할까지 겸하고 있었던 것이다.

분청사기와 조선백자

분청사기

분청사기는 '분장 회청 사기(粉粧灰青沙器)'를 줄인 명칭으로 조선 전기에 청자로 분류되던 기명(器皿)이었다. 분청사기는 회청색의 태토(胎土)로 그릇을 빚어 그 위에 흰색의 백토로 분장을 하는 과정에서 상감(象嵌), 인화(印花), 박지(剝地), 조화음각(彫花陰刻), 철화(鐵畵), 덤벙, 귀얄 기법 등 다양한 기법을 사용하여 연꽃·모란·모란잎·새·국화·물고기·당초무늬 등의 문양을 새겨 넣었다. 고려시대 상감청자 제작기법을 계승한 상감분청계와 백토를 귀얄 붓으로 분장한 다음 여러 방법으로 문양을 새기는 분장분청계로 구별되고 그 안에서 세부적인 제작기법에 따라 세분한다.

상감분청사기는 14세기의 상감청자를 계승하여 충청도 계룡산 주변에서 만들어지기 시작하여 15세기에 전국으로 확산되었다. 200여 개소의 가마터가 알려져 있는데, 품질의 격차가 심하다. 공납용인 상감분청과 인화분청은 정선(精選)된 유약을 사용하여 갑발(匣鉢)에 넣어 번조(燔造)한 상품(上品)도 있으나 중품과 하품도 있다. 분장분청사기는 관사명이 새겨진 예가 확인되지 않아 대부분 중품이나 하품에 속하여 일반 생활용기로 대량 생산된 것으로 보인다.

공납용으로 생산된 분청사기는 공조(工曹)에서 각 도(道)에 기명의 치수와 양식을 내려면 그에 의거하여 동일한 형태와 문양으로 제작되었다. 공납용 그릇마다 관사명을 새겨 넣은 것은 유통과정에서의 유실이나 유출을 방지하기 위한 것이었다. 공안부(恭安府)·경승부(敬承府)·인수부(仁壽府)·덕녕부(德寧府)·사선서(司膳署)·장흥고(長興庫)·내섬시(內贍寺)·내자시(內資寺)·예빈시(禮賓寺) 등이 발굴조사를 통해 확인되었다. 지방 이름으로는 경상도 경주·경산·밀양·부산·무장·영선·성주·양산·언양·예안·울산·진주·창원·합천·삼가·진해·청도·함안·군위·고령·의령·선산·김해·곤남·의흥·흥해 등과 황해도 해주, 강원도 삼척, 전라도 광주 등이 확인되었다. 경상도 지역에서 공납용 분청사기가 활발하게 생산된 것으로 나타나고 있는데, 『세종실록지리지』기록에도 경상도 지역에 공납용 자기소가 가장 많이 설치된 것으로 나타나서 발굴조사 결과와 부합되고 있다.

그림 25 고흥 운대리 도요지 7호 발굴전경

발굴조사가 진행된 분청사기 유적 가운데, 자기소(磁器所)의 구성과 관련되어 주목되는 유적이 '고흥 운대리 도요지' 유적이다. 분청사기 가마 25기가 밀집되어 있는데 분청사기 7호 가마터에 대한 발굴조사가 2014년 진행되어 가마 1기, 공방지 2기, 폐기장 1기, 배수로 1기, 수혈 등이 확인되어 가마 조업장의 구성을 잘 보여주고 있다. 출토유물은 발(鉢)과 접시가 대부분이고, 종지, 병, 호(壺) 등 일상생활 용기이고, 인화, 조화, 박지, 철화, 귀얄, 덤벙 등 모든 분청기법이 확인되었다. 가마의 평면 형태는 경사면을 이용해서 좁고

그림 26 고흥 운대리 도요지 7호 출토유물

길게 축조한 반지하식 타원형이다. 여러 개의 소성실을 연결한 등요(登窯)로 불창기둥을 갖추었는데, 이러한 구조의 가마는 분청사기에서 백자로 전환되는 시기에 등장하는 형태이다. 열효율을 높여 고온에서 양질의 분청사기 생산이 가능하도록 설계된 선진적인 가마라고 할 수 있다.

분청사기는 16세기 후반에 소멸하게 된다. 15세기부터 활발해진 백자생산과 16세기부터 유행하기 시작한 유기(鍮器)가 널리 보급되면서 발생한 수요의 변화와 관련되거나, 또한 임진왜란 시기에 일본이 많은 도공을 납치해 간 것이 원인이었던 것으로 추정되고 있다.

조선백자

1440년대 이후 왕실용 및 국용(國用) 그릇이 백자로 대체되면서 백자에 대한 수요가 더욱 증가하였다. 1450년대부터 청화백자(青畫白磁)가 제작되기 시작하자 분청사기도 귀얄과 덤벙기법을 써서 백자처럼 보이게 제작되었다. 공용으로 사용할 백자의 수요가 계속 증가하여 생산 지역이 늘어났으나 공납체제의 문제로 인해 수급이 원활하지 못하였다. 조정에서는 이 문제를 해결하기 위해 경기도 광주에 사옹원(司饔院) 분원(分院)을 설치하고 관요(官窯)를 운영하여 왕실과 국용 백자의 제작을 전담시켰다.

그림 27 경기도 광주 우산리 9-3호 백자가마터 발굴전경

경기도 광주는 한양과 가깝고 한강 수로(水路)를 이용할 수 있어서 생산된 자기의 운반이 용이하였다. 더욱이 광주는 경상도 고령 1곳, 상주 2곳과 함께 상품(上品) 자기소(磁器所)가 있었던 곳이다. 본래 가마는 자기를 불에 구워내는 과정에서 많은 연료를 필요로 하기 때문에 울창한 숲을 찾아 옮겨 다니는 특성이 있다. 조정에서는 광주의 퇴촌면·실촌면·초월면·도척면·경안면·오포면 등 6개 면을 분원에서 필요한 땔나무를 채취하는 시장(柴場)으로 지정하여 안정적인 조업을 보장하였다. 실제 정밀지표조사를 통해 320여 곳의 가마터가 6개 면에서 집중적으로 확인되었다.

분원에서 쓸 나무를 벌목한 뒤에는 다시 나무를 심거나 새싹이 나오게 두어서 수십 년 뒤 다시 벌목할 수 있도록 하였다. 그러나 벌목한 곳을 화전(火田)으로 개간하는 곳이 늘어나면서 땔감이 줄어들어 연료 부족현상이 생기게 되었다. 그래서 17세기 말경에는 분원을 교통이 편리한 곳에 고정시켜두고, 다른 곳에서 땔나무를 운반해 와서 사용하고 시장 안의 화전민들로부터 세금을 거두어 운반비용으로 충당하게 되었다. 처음 분원으로 고정된 장소는 지금의 남종면 금사리였다가 보다 편리한 장소를 찾아 경안천(慶安川: 牛川)에 가까운 분원리가 되었다.

분원의 주된 역할은 왕실에서 사용할 최상품의 어용(御用) 기명(器皿)을 생산하는 것이다. 생산된 자기는 1년에 두 차례 진상하는데 6월에 진상하는 것을 춘등진상(春等進上), 10월에 진상하는 것을 추등진상(秋等進上)이라 한다. 또한 통상적인 수요에 따른 자기생산을 예번(例燔)이라 하며, 특별한 경우에 번조(燔造)하는 것을 별번(別燔)이라 하였다. 별번품은 주로 갑발(匣鉢)에 넣어 생산해서 정기적으로 진상하였다. 진상된 자기는 왕궁의 일반 생활용기와 봉상시(奉常寺)의 제기(祭器), 내의원(內醫院)의 제약용기, 외국 사절 접대용 등으로 사용되었다. 1년 동안 만들어낸 자기의 양은 해마다 일정하지 않았으나, 1867년 간행된 『육전조례(六典條例)』에 따르면 1,372죽(竹=10개, 13,720개)의 자기가 봄, 가을에 진상되고 있었다.

그림 28 경기도 광주 우산리 9-3호 백자가마 출토 백자

17세기 후반부터 도자기 장인(匠人)들의 생계를 보조하는 의미에서 사적(私的) 경영을 일부 허용하였는데, 점차 규모가 늘어나서 18세기에는 상인자본이 개입되기에 이른다. 19세기에는 그 규모가 더욱 늘어났기 때문에 1884년(고종 21년)에 상업자본가에 의해 민영화(民營化)되었다. 분원에서의 도자기 생산은 1910년 이후로 점차 쇠퇴하다가 1920년 무렵에 가마가 폐쇄되어 종말을 고하게 된다. 1923년에 분원가마에서 버려진 도자기 파편들로 이루어진 언덕에 설립된 분원소학교 자리에서 2001년에 실시된 발굴조사를 통하여 분원의 실체가 확인되자 이를 토대로 경기도자박물관 분원백자자료관이 건립되었다.

분원리 백자는 맑은 청백색을 띠는 것이 특징이며, 양각(陽刻)·투각(透刻)·면취(面取)·상형(象形)기법의 순백자는 물론, 청화(青畵)·진사(辰砂)·철화(鐵畵)기법을 사용한 다채로운 장식의 백자가 제작되었다. 기종(器種)은 사발·접시·잔과 같은 음식 용기를 비롯하여 병·항아리·등잔·베개와 같은 생활용구와 다양한 종류의 제기(際器)·문방구류 등이 제작되었다. 특히 선비들의 생활과 정신을 잘 보여주는 문방구는 두꺼비·잉어·복숭아와 같은 동식물의 형태는 물론, 금강산·원통형·사각형·팔각형의 형태를 응용한 연적(硯滴)과 필통·필가(筆架)·필세(筆洗) 등 다양한 형태로 제작되었다. 주로 사용된 문양으로 운룡(雲龍)·산수(山水)·파초(芭蕉)·화조(花鳥)·사군자(四君子) 이외에도 십장생(十長生)·모란·칠보(七寶)·박쥐·수복(壽福) 문자 등이 있다. 분원에서 제작된 백자는 조선도자연구의 핵심적인 자료라 할 수 있다.

요약

우리나라는 오랜 역사를 지나오면서 많은 문화재가 축적되어 왔으나 과거에 있었던 전쟁과 화재로 인해 상당부분이 유실되거나 소실되었다. 또한 일제강점기와 한국전쟁 시기에 의도적인 파괴와 약탈이 진행되었다. 조선국을 강탈한 일제의 조선총독부는 조선을 문명사회로 전환시킨다는 미명하에 경복궁을 비롯한 조선의 상징적인 공간을 철거하고 근대건축물을 마구 건립하였다. 또한 근대적인 도시발전에 장애가 된다는 이유로 각 지방읍성을 철거하고, 의병과 독립운동의 거점이 될 만한 산성들까지 파괴하였다. 그런 상태에서 1950년 6.25전쟁으로 인해 많은 문화유산이 피해를 입었다.

그러한 이유에서 우리 시대와 가까운 조선시대에 조성된 문화재도 완전하게 남아 있는 경우가 많지 않게 되었다. 조성 당시에 작성된 도설(圖說)이나 도면(圖面)과 같은 기록물들도 유실되거나 소실된 경우가 많기 때문에 복원이 필요한 중요 문화재조차도 관련된 문헌자료를 확인하는데 어려움이 있는 것이 사실이다. 그래서 발굴조사를 통하여 확보한 고고자료의 중요성이 더욱 클 수밖에 없다.

조선시대 한양도성과 경복궁, 육조거리 등의 발굴 조사는 우리나라 고대 이후 역대 도읍지 전체의 변천 과정을 고고학적으로 파악할 수 있게 한 점에서 큰 의의가 있다. 또한 한양의 방어체계와 관련된 남한산성, 북한산성, 강화도 등지의 성과 행궁을 비롯하여, 각 시군마다 읍성과 관아를 정비하기 위한 발굴조사가 진행되거나 계획된 사실은 주목할 만하다. 한편, 향교, 서원, 사찰 등은 현재까지 사용 중인 경우가 많아서 본격적인 조사에 어려움이 있지만, 부분적으로 훼손된 곳을 조사하여 복원을 위한 기초자료가 확보되고 있다. 도봉서원지의 사례처럼 서원지 아래 층에서 사찰지가 중복된 경우도 나타나므로 복원사업에 엄격한 기준의 정립이 필요하다. '노변동 사직단'과 같이 잊혔던 지방 사직단이 발굴조사를 통해 문화재로 지정 복원되는 경우가 계속 늘어날 것으로 전망되며, 조선전기에 철거된 사찰 역시 주요 발굴조사 대상으로 여겨진다.

현존하는 조선왕릉은 발굴이 불가능한 상태이지만 천장(遷葬)한 왕릉의 경우에 그 터가 남게 되므로 이에 대한 조사가 가능하다. 희릉과 건릉 초장지에 대한 발굴조사를 통해 조선왕릉의 매장시설을 밝힐 수 있었고, 출토된 유물이 의궤자료와 일치한다는 점에서 역사고고학적 관점에서 중요한 성과라고 할 수 있다. 회격묘는 묘실(墓室)이 진공상태가 되어서 '미이라'가 발굴되기도 하며, 복식 등 보존상태가 양호한 여러 유물이 출토되기도 한다.

중국 못지않은 품질 좋은 청자를 대량 생산하였던 고려에 이어 조선 초기에는 분청사기가 제작되다가 곧 이어 백자로 바꾸어 생산하는 과정을 거치게 된다. 왕실과 국가에서 사용할 최고급 백자는 경기도 광주에 설치된 사옹원 분원이라는 국영가마에서 생산되었다.

참고문헌

강경숙, 1996, 『분청사기』, 대원사.

______, 2005, 『한국 도자기 가마터 연구』, 시공아트.

강문식 · 이현진, 2011, 『종묘와 사직: 조선을 떠받친 두 기둥』, 책과 함께.

김동욱, 2002, 『실학 정신으로 세운 조선의 신도시, 수원화성』, 돌베개.

김봉렬, 2004, 『불교건축』, 솔.

국립중앙박물관, 2003, 『조선성리학의 세계: 사유와 실천』.

방병선, 2002, 『순백으로 빚어낸 조선의 마음, 백자』, 돌베개.

신영문, 2015, 『한양도성 발굴조사와 축성술』 서울특별시.

이혜원, 2009, 「경복궁 중건 이후 전각구성의 변화: '경복궁배치도'와 '북궐도형'을 중심으로」, 경기대학교 건축학과 박사학위논문.

정해득, 2013, 『조선 왕릉제도 연구』, 신구문화사.

차용걸 · 최진연, 2003, 『한국의 성곽』, 눈빛.

홍순민, 1999, 『우리 궁궐 이야기』, 청년사.

국립문화재연구소, '한국금석문 종합영상정보시스템'(hppt://gsm.nricp.go.kr).

국사편찬위원회, '한국사데이터베이스'(hppt://db.history.go.kr/url.jsp?D=gs_kr).

사단법인 한국문화유산협회, (http://www.kaah.kr/index.php?group=c&page=03)

그림 출처

제1장 구석기시대의 문화

그림 1 필자(장용준) 제작.
그림 2 필자(장용준) 제작.
그림 3 국립대구박물관 사진 제공.
그림 4 국립대구박물관 사진 제공.
그림 5 필자(장용준) 제작.
그림 6 Wikipedia 자료 일부 수정.
그림 7 Bae *et al*. 2017을 필자(장용준)가 새로 추가해서 제작.
그림 8 (1) 충북대학교박물관, 1998, 『선사유적 발굴도록』, p.43, 〈상〉.
(2) 충북대학교박물관, 1998, 『선사유적 발굴도록』, p.45, 〈하〉.
그림 9 필자(장용준) 제작.
그림 10 국립대구박물관 사진 제공.
그림 11 Wikipedia 자료 수정 · 보완.
그림 12 필자(장용준) 직접 촬영.
그림 13 국립대구박물관 사진 제공.
그림 14 필자(장용준) 직접 촬영.
그림 15 국립공주박물관 사진 제공.
그림 16 필자(장용준) 제작.
그림 17 국립대구박물관 사진 제공.
그림 18 필자(장용준) 제작.
그림 19 필자(장용준) 직접 촬영.
그림 20 필자(장용준) 직접 촬영.
그림 21 국립대구박물관 사진 제공.

제2장 신석기시대의 문화

그림 1 (1) 국립중앙박물관, 1994, 『암사동』, p.11, 〈원색도판 7-② 즐문토기〉.
(2) 국립중앙박물관, 2015, 『신석기인, 새로운 환경에 적응하다』, p.117, 〈109 항아리〉.
(3) 국립중앙박물관, 2015, 『신석기인, 새로운 환경에 적응하다』, p.118, 〈112 깊은 바리〉.
그림 2 (1) 국립제주박물관, 2011, 『국립제주박물관 도록』, p.19, 〈013 좌 고산리식토기〉.
(2) 국립중앙박물관, 2015, 『신석기인, 새로운 환경에 적응하다』, p.32, 〈19 고산리식토기〉.
그림 3 국립제주박물관, 2011, 『국립제주박물관 도록』, p.18, 〈011 상 화살촉〉.

그림 4 T. 더글러스 프라이스 지음, 이희준 옮김, 2013, 『고고학의 방법과 실제』, 사회평론, p.276.

그림 5 경희대학교 중앙박물관, 2010, 『암사지구 출토유물 기획전』, p.23, 〈빗살무늬토기 분포도〉.

그림 6 서울대학교박물관, 2007, 『서울대학교박물관 소장품 도록』, p.15, 〈8 덧무늬토기〉.

그림 7 국립중앙박물관, 1994, 『암사동』, p.8, 〈원색도판 4 제5호 주거지 바닥출토 즐문토기〉.

그림 8 국립중앙박물관, 2008, 『한국미의 태동 구석기 · 신석기』 명품선집 01, p.94.

그림 9 충남대학교박물관, 1995, 『둔산』, p.305, 〈원색사진 6〉.

그림 10 계명대학교행소박물관 · 삼한문화재연구원 · 영남문화재연구원, 2012, 『대구 · 경북 신석기문화 그 시작과 끝』, p.124, 〈3 압인문토기〉.

그림 11 (1) 국립중앙박물관, 2008, 『한국미의 태동 구석기 · 신석기』 명품선집 01, p.97.
(2) 서울대학교박물관, 2007, 『서울대학교박물관 소장품 도록』, p.19, 〈12 구멍무늬 빗살무늬토기〉.

그림 12 경기도자박물관 · 경기도건설본부, 2017, 『파주 대능리 유적』, p.326, 〈도면 176 상〉을 재제도.

그림 13 구자진, 2011, 『신석기시대 주거와 취락 연구』, 서경문화사, pp.160~161, 〈신석기시대 집자리 복원도〉.

그림 14 국립중앙박물관, 1994, 『암사동』, p.6, 〈원색도판 2〉.

그림 15 경기문화재단 경기문화재연구원 · 한국토지주택공사, 2010, 『시흥 능곡동유적 〈사진〉』, p.6, 〈원색사진 4-②〉.

그림 16 중앙문화재연구원 · 인천경제자유구역청, 2006, 『인천 을왕동유적』, p.181.

그림 17 경기문화재단 경기문화재연구원 · 한국토지주택공사, 2010, 『시흥 능곡동유적 〈본문〉』, p.37, 〈도면 8 1지점 유구배치도〉를 재제도.

그림 18 한남대학교 중앙박물관, 2013, 『소장유물도록』, p.27.

그림 19 국립중앙박물관, 1994, 『암사동』, p.15, 〈원색도판 11-② 마제석기류〉.

그림 20 (1) 계명대학교행소박물관 · 삼한문화재연구원 · 영남문화재연구원, 2012, 『대구 · 경북 신석기문화 그 시작과 끝』, p.57, 〈4 울산 세죽리유적〉.
(2) 동국대학교 매장문화재연구소, 2002, 『세죽유적』, p77, 〈상 울산 세죽패총 결합식조침 출토 상태〉.

그림 21 농상공부 수산국편(이근우외 역), 『한국수산지 I-2-』 한국해양자료총서 1, pp.196~198.
어살: 문화재청 홈페이지(소식지: 선조들의 소박했던 고기잡이 어살[漁箭]).
돌살: 국립민속박물관, 1996, 『어촌민속지』, p.원색사진.
건강망: 국립민속박물관, 1996, 『어촌민속지』, p.원색사진.

그림 22 (1) 국립문화재연구소, 2013, 『고성 문암리 유적 II 발굴조사보고서』, p.283, 〈사진 6〉.
(2) 국립문화재연구소, 2013, 『고성 문암리 유적 II 발굴조사보고서』, p.363, 〈사진 86〉.

그림 23 한국문물연구원, 2014, 『부산 가덕도 장항유적(상)』, p.220, 〈사진 72-①〉.

그림 24 한국문물연구원, 2014, 『부산 가덕도 장항유적(상)』, p.106, 〈도면 23, 사진 24-①〉.

그림 25 (1) 복천박물관, 2011, 『선사 · 고대의 패총 인간, 바다, 그리고 삶』, p.123, 〈조개가면〉.
(2) 복천박물관, 2011, 『선사 · 고대의 패총 인간, 바다, 그리고 삶』, p.120, 〈울산 신암리〉.
(3) 국립김해박물관, 2008, 『비봉리』, p.240, 〈45〉.
(4) 예맥문화재연구원, 2010, 『양양 오산리 유적』, p.119, 〈곰모양토우〉.
(5) 복천박물관, 2011, 『선사 · 고대의 패총 인간, 바다, 그리고 삶』, p.121, 〈사슴무늬토기〉.

그림 1 천선행, 2018, 「한국 무문토기문화의 공간적 범위에 대하여」, 『한국청동기학보』 22, p.33, 〈도면 1 한반도 및 중국동북지역 무문토기문화권〉을 일부 수정.

그림 2 (1) 경남문화재연구원, 2012, 『진주 평거동 유적III -선사시대- (도면·사진)』, p.8, 〈하〉.

(2) 한국전통문화대학교 고고학연구소, 2013, 『송국리VIII』, p.7, 〈원색사진 5〉.

(3) 강원문화재연구소, 2007, 『고성 송현리유적』, p.6, 〈원색사진 7〉.

그림 3 (1) 김현식, 2006, 『울산식 주거지 연구』, 부산대학교 석사학위논문, p.51, 〈도면 27. 벽, 벽체, 주제, 지붕의 관계 모식도〉, p.53, 〈도면 29. 울산식 주거의 복원도〉.

(2) 울산문화재연구원, 2013, 『울산교동리유적I』, p.311, 〈도판 70〉.

(3) 울산문화재연구원, 2013, 『울산교동리유적I』, p.313, 〈도판 72-2〉.

그림 4 필자(이형원) 제작.

그림 5 (1) 오규진·허의행, 2006, 「청동기시대 주거지 복원 및 실험」, 『야외고고학』 창간호, p.182, 187, 188을 편집.

(2) 안형기, 2017, 「고고학과 ICT 융합활용 연구」, 고려대학교 박사학위논문, p.101, 106을 편집.

그림 6 필자(이형원) 제작.

그림 7 동아대학교박물관, 2010, 『울산 신화리 유적』, p.182, 〈도면 114〉.

그림 8 필자(이형원) 제작.

그림 9 (1) 백제문화재연구원, 2010, 『대전 관저동 유적』, p.iii, 〈원색도판 3-①·②〉, p.58, 〈도면 31〉.

(2) 공주대학교 박물관, 1998, 『백석동유적』, p.59, 〈도면 17〉, p.244, 〈도면 136〉.
공주대학교 박물관, 2000, 『백석·업성동 유적』, p.85, 〈도면 32〉.

그림 10 (1) 강원문화재연구소, 2019, 『정선 아우라지 유적II(2권)』, p.832, 833, 843을 편집.

(2) 한국문화재보호재단, 2019, 「청주 학평리 219-5, 222-6번지 유적」, 『2016년도 소규모 발굴조사 보고서VI -충남2, 충북1-』, p.565, 582를 편집.

그림 11 필자(이형원) 제작.

그림 12 (1) 춘천 중도동유적 연합발굴조사단, 2020, 『춘천 중도동 유적V-I』, p.258, 〈사진 234-⑦〉, p.260, 〈사진 236-1220〉.

(2) 국립중앙박물관, 1992, 『한국의 청동기 문화』, p.22, 〈38 동부용범편〉.

그림 13 필자(이형원) 제작.

그림 14 필자(이형원) 제작.

그림 15 경남대학교 박물관, 2008, 『문명에 드리운 자연의 은유』, p.58, 60, 61를 일부 수정.

그림 16 (1) 춘천 중도동유적 연합발굴조사단, 2020, 『춘천 중도동 유적I』, p.19, 〈원색사진 12〉.

(2) 서울문화유산연구원, 2017, 『구리 토평동 유적』, p.720, 〈사진 137-②〉.

(3) 부산대학교 박물관, 1995, 『울산 검단리 마을유적』, p.304, 〈도판 6〉.

(4) 중원문화재연구원, 2007, 『안성 반제리 유적』, p.533, 〈사진 161-②〉.

그림 17 (1) 필자(이형원) 제작.

(2) 공민규, 2005, 「중부지역 무문토기문화 전기 환호취락의 검토-청원 대율리 환호취락의 성격-」, 『연구논문집』 창간호, p.68, 그림 4를 일부 수정.

그림 18 고민정·Martin T.Bale, 2009, 「청동기시대 후기 농경집약화와 사회조직」, 『경남연구』 1, p.81, 〈도면 1 대평리유적의 발

과 수공업 생산유구, 분포〉.

그림 19 (1) 전남대학교박물관, 1992, 『여수 오림동 유적』, p.81, 〈도면 26〉.

(2) 국립중앙박물관, 2010, 『청동기시대의 마을풍경』, p.141, 〈58. 구멍무늬가 있는 석검〉.

(3) 경상북도문화재연구원, 2010, 『달성 평촌리 · 예천리 유적』, p.8, 〈원색사진 6〉.

그림 20 필자(이형원) 제작.

그림 21 한얼문화유산연구원, 2019, 『평택 용이 · 죽백동 유적』 3권, p.1033, 1037, 1059와 기호문화재연구원, 2012, 『화성 쌍송리 유적』, p.492, 499를 편집.

그림 22 경기문화재연구원, 2007, 『화성 동학산 유적』, 〈원색사진 8〉, p.39, 278, 280, 320, 491와 한병삼, 1971, 「선사시대 농경문청동기에 대하여」, 『미술사연구』 112, 한국미술사학회, p.6, 〈제3도 실측도〉를 편집.

그림 23 필자(이형원) 제작.

그림 24 경남대학교 박물관, 2013, 『덕천리』, p.5, 7, 8, 12, 33, 37, 50, 51, 54를 편집.

그림 25 경남고고학연구소, 2010, 『김해 구산동 유적IX -무문시대 집락-』, 〈별지도면 1〉, p.510, 〈도판 220〉, p.514, 〈도판 224〉를 편집.

그림 26 경남고고학연구소, 2003, 『사천 이금동 유적』, p.343, 〈도면 1〉, p.344, 〈도면 3〉, p.345, 〈도면 4〉를 편집.

그림 27 (1) 한국전통문화대학교 고고학연구소, 2013, 『송국리VIII』, p.4, 〈원색사진 2〉.

(2) 김경택 · 황종국, 2010, 「송국리 54지구 고상건물의 형식추론(1)」, 『호서고고학보』 23, p.209, 〈그림 37〉.

(3) 한국전통문화대학교 고고학연구소, 2013, 『송국리VIII』, p.431, 〈사진 163〉.

(4) 한국전통문화대학교 고고학연구소, 2011, 『송국리VII』, p.4, 〈원색사진 2〉.

그림 28 (1) 국립문화재연구소, 2015, 『울주 대곡리 반구대 암각화 발굴조사보고서』, pp.28~29, 〈그림 12〉.

(2) 대가야박물관, 2008, 『고령의 암각유적』, p.21, 〈도면 3〉.

그림 29 (1) 필자(이형원) 직접 촬영.

(2) 문화재청 국가문화유산포털, 〈화순 벽송리지석묘군〉.

(3) 충남대학교 박물관, 2016, 「비래동지석묘군 발굴조사보고」, 『경부고속도로 청원-증약 간 확장공사구간 내 문화유적 발굴조사보고서』, p.42, 〈사진 4〉.

(4) 우리문화재연구원, 2011, 『산청 매촌리 유적』, p.12, 〈원색사진 10〉.

그림 30 필자(이형원) 제작.

그림 31 김승옥, 2007, 「분묘 자료를 통해 본 청동기시대 사회조직과 변천」, 『계층사회와 지배자의 출현』, 한국고고학회 전국대회 발표자료집, p.57, 〈삽도 2〉.

그림 32 계명대학교 행소박물관, 2007, 『김천 송죽리 유적II』, p.8, 20, 22, 24, 26, 120, 122, 186, 189를 편집.

그림 33 계명대학교 행소박물관, 2007, 『김천 송죽리 유적II』, p.60, 63, 106, 177, 181을 편집.

그림 34 (1) 한얼문화재연구원, 2012, 『광주 역동 유적』, 〈원색사진 13〉, p.81, 〈330〉을 편집.

(2) 기전문화재연구원, 2006, 『평택 토진리 유적』, 〈원색사진 4〉.

그림 35 (1) 경남발전연구원 역사문화센터, 2012, 『진주 평거 4-1지구 유적-III: 유구 · 유물 도판』, p.130, 〈도판 128〉.

(2) 경남발전연구원 역사문화센터, 2012, 『진주 평거 4-1지구 유적-III: 유구 · 유물 도판』, p.141, 〈도판 139〉.

(3) 국립중앙박물관, 1992, 『한국의 청동기문화』, p.91, 〈145-1〉.

그림 36 (1) 손준호 외, 2010, 「복제(replica)법을 이용한 청동기시대 토기 압흔 분석」, 『야외고고학』 8, p.15, 16을 편집.

(2) 복천박물관, 2005, 『선사 고대의 요리』, p.49, 〈22. 불탄쌀(강릉 교동 등)〉.

그림 37 경남대학교 박물관, 2016, 『밀양 금천리 유적』, p.298, 〈원색도판 4〉, p.371, 〈도판 71〉.

그림 38 경남대학교 박물관, 2015, 『울산 무거동 옥현유적』, p.428, 〈도판 66〉, p.429, 〈도판 67〉.

그림 39 허의행, 2015, 「청동기시대 수리시설물의 구조와 변천」, 『야외고고학』 23, p.26, 〈그림 15. 청동기시대 후기의 각종수리 시설물과 조합〉을 일부 수정.

그림 40 조현종, 2014, 「목기의 종류와 특징」, 『청동기시대의 고고학 5 도구론』, 서경문화사, p.137, 〈표 3. 청동기시대 목기류 전개양상〉을 일부 수정.

그림 41 (1) 강원문화재연구소, 2007, 『천진리』, p.21, 〈원색사진 21〉.
(2) 경남발전연구원 역사문화센터, 2012, 『진주 평거 4-1지구 유적-Ⅲ: 유구·유물 도판』, p.109, 〈도판 107〉.

제4장 청동기·초기철기시대와 고조선의 문화

그림 1 필자(조진선) 제작.

그림 2 필자(조진선) 제작.

그림 3 필자(조진선) 제작.

그림 4 필자(조진선) 제작.

그림 5 필자(조진선) 제작.

그림 6 필자(조진선) 제작.

그림 7 필자(조진선) 제작.

그림 8 전남대학교박물관, 1993, 『여수 적량동 상적 지석묘』, p.152, 〈사진 12〉, p.40, 〈도면 10〉, p.55, 〈도면 17〉을 편집.

그림 9 필자(조진선) 제작.

그림 10 필자(조진선) 제작.

그림 11 周阳生, 1990, 「新民縣公主屯后山青銅時代遺址調查」, 『遼海文物學刊』 2, p.9, 〈도 1〉, p.10, 〈도 2〉와 瀋陽市文物考古研究所, 2008, 『瀋陽考古發現六十年 -出土文物卷-』, 遼海出版社, p.66, 편집.

그림 12 필자(조진선) 제작.

그림 13 朝·中合同考古學發掘隊, 1986, 『崗上·樓上 -1963~1965 中國東北地方遺蹟發掘報告-』, 六興出版, p.137, 〈도 90〉, p.139, 〈도 91〉, p.140, 〈도 93〉와 許明綱, 1993, 「大連市近年來發現青銅短劍及相關的新資料」, 『遼海文物學刊』1, p.11, 〈도 5〉를 편집.

그림 14 魏海波·梁志龍, 1998, 「遼寧本溪縣上堡青銅短劍墓」, 『文物』 6期, p.18, 〈도 2〉, p.19, 〈도 4〉, p.20 〈도 6〉, p.22, 〈도 15〉, p.30, 〈도17〉을 편집.

그림 15 吉林省文物工作隊·吉林市博物館, 1982, 「吉林樺甸西荒山屯青銅短劍墓」, 『東北考古與歷史』 1, p.143, 〈도 3〉, p.145, 〈도 5〉, p.146, 〈도 7〉, p.147, 〈도 8〉, p.148, 〈도 9〉를 편집.

그림 16 필자(조진선) 제작.

그림 17 필자(조진선) 제작.

그림 18 국립중앙박물관, 1992, 『한국의 청동기문화』, p.30, 〈49-1〉, p.31, 〈49-3·4〉.

그림 19 중원문화재연구원, 2007, 『안성 반제리유적』, p.Ⅲ, 〈원색사진 3-②〉.

그림 20 국립광주박물관, 2013, 『(국보 제143호 청동기 출토) 화순 대곡리 유적』, p.32, 〈사진 40〉.

그림 21 필자(조진선) 제작.

제5장 부여 · 초기 고구려와 옥저 · 읍루의 문화

그림 1 中国地图出版社, 1993,『中国文物地图集: 吉林分册』.

그림 2 필자(강인욱) 직접 촬영.

그림 3 필자(강인욱) 직접 촬영.

그림 4 필자(강인욱) 직접 촬영.

그림 5 필자(강인욱) 직접 촬영.

그림 6 필자(강인욱) 직접 촬영.

그림 7 필자(강인욱) 직접 촬영.

그림 8 이청규 사진 제공.

그림 9 吉林省文物考古研究所編, 2008,『田野考古集粹吉林省文物考古研究所成立二十五周年紀年』.

그림 10 이청규 사진 제공(요령성박물관에서 촬영).

그림 11 필자(강인욱) 직접 촬영.

그림 12 长白县文物保管所, 1998,「吉林省长白朝鲜族自治县发现藺相如铜戈」,『文物』第5期.

그림 13 필자(강인욱) 제작.

그림 14 (1) 국립문화재연구소, 2006,『아무르 · 연해주의 신비』, p.107, 〈299〉.
(2) 국립문화재연구소, 2006,『아무르 · 연해주의 신비』, p.108, 〈300〉.
(3) 국립문화재연구소, 2006,『아무르 · 연해주의 신비』, p.108, 〈302〉.
(4) 국립문화재연구소, 2006,『아무르 · 연해주의 신비』, p.108, 〈301〉.
(4) 국립문화재연구소, 2006,『아무르 · 연해주의 신비』, p.109, 〈306〉.

그림 15 강인욱, 2018,「기원전 4~3세기 초기 옥저문화권의 성장과 대외교류: 최신 연해주 남부 세형동검 관련자료를 중심으로」,『한국상고사학보』 제99호, 한국상고사학회, p.78, 〈그림 6〉.

그림 16 필자(강인욱) 직접 촬영.

그림 17 필자(강인욱) 제작.

그림 18 필자(강인욱) 직접 촬영(바이칼민족박물관(Этнографическом музее народов Забайкалья)).

그림 19 필자(강인욱) 직접 촬영.

그림 20 필자(강인욱) 직접 촬영.

그림 21 필자(강인욱) 직접 촬영.

그림 22 (1) 한강문화재연구원, 2013,『김포 운양동 유적II-2권-』, p.312, 〈사진 36-67, 68〉을 편집.
(2) 한강문화재연구원, 2013,『김포 운양동 유적I-2권-』, p.316, 〈사진 302 상〉.
(3) 한강문화재연구원, 2013,『김포 운양동 유적I-2권-』, p.350, 〈사진 336-380〉.

그림 23 (1) 국립문화재연구소, 2006,『아무르 · 연해주의 신비』, p.116, 〈333〉.
(2) 예맥문화재연구원, 2018,『속초 청호동유적』, p.239, 〈사진 88-224〉.
(3) 예맥문화재연구원, 2018,『속초 청호동유적』, p.466, 〈사진 191-493〉.

그림 24 강인욱, 2018,「기원전 4~3세기 초기 옥저문화권의 성장과 대외교류: 최신 연해주 남부 세형동검 관련 자료를 중심으로」,『한국상고사학보』 제99호, p.92, 〈그림 17〉.

그림 25 필자(강인욱) 직접 촬영.

제6장 낙랑 · 대방의 문화

그림 1 포영초(包永超), 2017, 「낙랑목곽묘의 관곽제도 연구」, 경북대학교대학원 석사학위논문, p.9, 〈**그림** 1 낙랑토성 주변지역 목곽묘 분포도〉.

그림 2 권오중 외, 2010, 『낙랑군호구부연구』, 동북아역사재단.

그림 3 高久健二, 1995, 『낙랑고분문화 연구』, 학연문화사, p.174, 〈도 16〉.

그림 4 국립중앙박물관, 2001, 『낙랑』, 솔, p.38, 〈석암리 205호분〉.

그림 5 중앙문화재연구원, 2014, 『낙랑고고학개론』, 진인진, p.144, 〈도 13〉.

그림 6 국립중앙박물관, 2001, 『낙랑』, 솔, p.144, 〈칠상차림(복원)〉.

그림 7 (1) 朝鮮古蹟研究會, 1934, 『樂浪彩篋冢』, 民族文化, 〈圖版第三四〉와 〈圖版第三五〉를 편집.

(2) 朝鮮古蹟研究會, 1934, 『樂浪彩篋冢』, 民族文化, 〈第二圖〉.

(3) 朝鮮古蹟研究會, 1934, 『樂浪彩篋冢』, 民族文化, 〈圖版第一二(1)〉.

그림 8 국립중앙박물관, 2001, 『낙랑』, 솔, p.164, 〈전축분 주요유적 분포도〉를 재제도.

그림 9 중앙문화재연구원, 2014, 『낙랑고고학개론』, 진인진, p.12, 〈도 3〉(원출처: 동경대학 문학부 고고학연구실 소장 사진).

그림 10 e뮤지엄(전국박물관소장품검색) 홈페이지, 〈「낙랑예관」이 새겨진 수막새〉(국립중앙박물관 소장).

제7장 한 · 예의 문화

그림 1 필자(이재현) 제작.

그림 2 (1) 강원고고문화연구원, 2011, 『강릉 강문동취락』, p.199, 〈사진 13-⑤〉.

(2) 강원문화재연구소, 2006, 『동해 송정지구 주택건설사업지구내 유적 시굴조사 보고서』, p.61, 〈사진 13-②〉.

(3) 예맥문화재연구원, 2008, 『춘천 율문리유적I』, p.5, 〈원색사진 5〉.

(4) 경기문화재연구원, 2009, 『가평 대성리유적』, p.315, 〈사진 285-①〉.

그림 3 (1) 춘천 중도동유적 연합발굴조사단, 2020, 『춘천 중도동 유적I』, p.31, 〈원색사진 29 하〉.

(2) 춘천 중도동유적 연합발굴조사단, 2020, 『춘천 중도동 유적I』, p.28, 〈원색사진 23 중좌〉.

(3) 춘천 중도동유적 연합발굴조사단, 2020, 『춘천 중도동 유적I』, p.70, 〈원색사진 85 상좌〉.

(4) 춘천 중도동유적 연합발굴조사단, 2020, 『춘천 중도동 유적I』, p.100, 〈원색사진 134〉.

그림 4 강원문화재연구소, 2019, 『정선 아우라지유적II』, p.10, 〈원색사진 5〉.

그림 5 (1) 호남문화재연구원, 2007, 『광주 동림동유적II』, p.263, 〈사진 29-④〉.

(2) 국립중앙박물관, 1997, 『국립중앙박물관 도록』, p.66, 〈하〉.

그림 6 (1) 국립공주박물관, 1995, 『하봉리I』, p.141, 〈도판 19-②〉.

(2) 공주대학교박물관, 2009, 『해미 기지리 유적』, p.iv, 〈원색사진 4-①〉.

(3) 중앙문화재연구원, 2018, 『청주 오송유적-4지점(사진)』, p.38, 〈사진 38〉.

그림 7 (1) 경남고고학연구소, 2006, 『늑도 패총II-A지구 주거군』.

(2) 울산대학교박물관, 2009, 『기장 가동유적II』, p.328, 〈도판 58-1〉.

(3) 복천박물관, 2019, 『1,600년전 복천동 사람들』, p.111, 〈상〉.

(4) 필자(이재현) 직접 촬영.

(5) 창원대학교 박물관, 2003, 『창원 남산유적 발굴조사 보고서』.

(6) 울산문화재연구원, 2013, 『울산 교동유적I』, p.iv, 〈원색사진 4-2〉.

그림 8 (1) 국립중앙박물관, 2012, 『창원 다호리』, p.8, 〈사진 4 상우〉.

(2) 국립중앙박물관, 2012, 『갈대밭 속의 나라, 다호리』, p.123.

(3) 성림문화재연구원, 2020, 『경산 양지리 유적』, p.207, 〈사진 195-②〉.

(4) 동,대학교박물관, 2000, 『김해양동리고분문화』, p.49, 〈92〉.

(5) 부산대학교 박물관, 1997, 『울산 하대유적-고분I』, p.129, 〈도판 17-1〉.

그림 9 한국매장문화재협회, 2012, 『한반도의 제철유적』, p.747, 〈제철 공정도〉을 재제도.

그림 10 국립중앙박물관, 2017, 『쇠·철·강-철의 문화사』, p.97, 〈055〉.

그림 11 호남문화재연구원, 2005, 『완주 갈동유적』, p.10, 〈원색사진 8〉.

그림 12 (1) 국립대구박물관, 2018, 『금호강과 길』, p.78, 〈042〉를 편집.

(2) 국립대구박물관, 2001, 『대구 오천년』, p.60, 〈71〉을 편집.

(3) 국립대구박물관, 2001, 『대구 오천년』, p.61, 〈73〉을 편집.

그림 13 (1) 국립김해박물관, 2011, 『창원 다호리 유적 -9차 발굴조사보고서-』, p.239, 〈도판 67-150〉.

(2) 국립김해박물관, 1999, 『국립김해박물관 도록』, p.50, 〈74〉.

(3) 복천박물관, 2004, 『금관가야와 신라』, p.74.

(4) 국립김해박물관, 2018, 『김해』, p.92, 〈125〉.

(5) 영남문화재연구원 사진 제공(경주 구어리고분군 1호 목곽묘 출토 철모).

그림 14 (1) 필자(이재현) 제작.

(2) 김권일, 2020, 『한국 고대 제철기술의 고고학적 연구』, p.55, 〈도면 11〉.

(3) 한국문화재보호재단, 2005, 『경주 황성동 유적III』, p.iv, 〈원색사진 4-①〉.

(4) 한국문화재보호재단, 2007, 『경주 황성동 유적V』, p.5, 〈원색도판 1-②〉.

그림 15 (1) 필자(이재현) 직접 촬영(국립춘천박물관, 중도식무문토기).

(2) 국립공주박물관, 2017, 「마한 속의 백제-금강을 품다」 보도자료.

(3) 영남문화재연구원 사진 제공.

제8장 원삼국시대와 삼국시대

그림 1 복천박물관, 2002, 『고대 동아세아와 삼한·삼국, 교섭』, 〈표지〉.

복천박물관, 2003, 『삼한·삼국시대의 토기생산기술』, 〈표지〉.

복천박물관, 2020, 『변한 그 시대 부산을 담다』, 〈표지〉.

그림 2 김성남·김경택, 2013, 『와질토기 논쟁고-지난 세기 한국 원삼국시대 토기 연구의 성찰』, 진인진, p.189, 〈표 26〉을 재제도.

그림 3 필자(권오영) 직접 촬영.

그림 4 필자(권오영) 직접 촬영.

그림 5 필자(권오영) 직접 촬영.

그림 6 국립경주박물관, 2009, 『국립경주박물관』, p.19, 〈굽다리항아리〉, p.21, 〈여러가지 와질토기〉를 편집.

그림 7 국립김해박물관, 2012, 『양동리, 가야를 보다』, p.19, 〈013 주머니호〉, p.26, 〈023 굽다리긴목항아리〉, p.46, 〈051 쇠뿔손잡이항아리〉를 편집.

그림 8 국립김해박물관, 2012, 『양동리, 가야를 보다』, p.48, 〈053 화로모양토기, 054 굽다리접시〉를 편집.

그림 9 필자(권오영) 직접 촬영.

제9장 고구려의 사회와 문화

그림 1 서울대학교박물관, 2008, 『하늘에서 본 고구려와 발해』, 재제도.

그림 2 양시은, 2016, 『고구려 성 연구』, 진인진, p.20, 〈삽도 II-1〉.

그림 3 필자(양시은) 제작.

그림 4 필자(양시은) 직접 촬영.

그림 5 한국고고환경연구소 사진 제공.

그림 6 필자(양시은) 제작.

그림 7 최종택 사진 제공.

그림 8 (1) 필자(양시은) 제작.
(2) 조선총독부, 1927, 『古蹟調査特別報告 第五册 -高句麗時代之遺蹟 圖版上册-』.

그림 9 조선유적유물도감편찬위원회, 1989, 『조선유적유물도감3』.

그림 10 필자(양시은) 직접 촬영.

그림 11 日滿文化協會, 1938, 『通溝 上』, 〈도판 25-1〉.

그림 12 강현숙, 2013, 『고구려 고분 연구』, 진인진, p.83, 〈그림 2-1〉.

그림 13 영남문화재연구원 사진 제공.

그림 14 영남문화재연구원 사진 제공.

그림 15 영남문화재연구원 사진 제공.

그림 16 조선유적유물도감편찬위원회, 1989, 『조선유적유물도감6』.

그림 17 조선유적유물도감편찬위원회, 1989, 『조선유적유물도감6』.

그림 18 조선유적유물도감편찬위원회, 1989, 『조선유적유물도감6』.

그림 19 조선유적유물도감편찬위원회, 1989, 『조선유적유물도감6』.

그림 20 국립문화재연구소, 2016, 『고구려의 토기』, p.35, 〈그림 4 고구려 토기 기종 구성도〉.

그림 21 복천박물관, 2012, 「고구려, 한반도를 품다」 보도자료.

그림 22 (1) 복천박물관, 2012, 『고구려, 한반도를 품다』, p.83, 〈1〉.
(2) 서울대학교박물관, 2001, 『2000년 전의 우리 이웃』.

그림 23 조윤재, 2015, 「고고자료를 통해 본 삼연과 고구려의 문화적 교류」, 『선사와 고대』 43, pp.121~122, 〈표 9〉를 일부 수정.

그림 1 전남대학교박물관, 2004, 『함평 예덕리 만가촌고분군』, 〈원색사진 1〉.

그림 2 국립광주박물관, 2000, 『호남고고학의 성과』, p.81, 〈하〉.

그림 3 한얼문화유산연구원, 2015, 『홍성 석택리유적 4권』, p.80, 〈사진 127 상〉.

그림 4 (1)(2) 국토정보플랫폼 1972년 항공사진.

(3) 한신대학교박물관, 2015, 『풍납토성XVII』, 〈원색도판 1〉.

그림 5 백제고도문화재단, 2015, 『부여나성 북나성VII』, p.15, 〈도면 7〉을 재제도.

그림 6 백제고도문화재단, 2015, 『부여나성 동나성II』, p.97, 〈도판 9〉.

그림 7 한성백제박물관 홈페이지, 〈백제왕도 발굴조사 석촌동고분군(2020)〉.

그림 8 (1) 충청남도역사문화연구원, 2013, 『공주 수촌리고분군I』, p.146, 〈삽도 7〉을 일부 수정.

(2) 국립부여박물관 · 충청남도역사문화원, 2007, 『그리운 것들은 땅 속에 있다』, p.64, 〈하좌〉.

(3) 국립부여박물관 · 충청남도역사문화원, 2007, 『그리운 것들은 땅 속에 있다』, p.65, 〈상좌〉.

그림 9 (1~3) 문화재청 국가문화유산포털, 〈공주 수촌리고분군 2지점 1호 출토 금동식리〉(국립공주박물관 소장).

그림 10 (1) 국립공주박물관, 2001, 『백제 사마왕』, p.149, 〈하〉.

(2) 국립공주박물관, 2004, 『국립공주박물관 도록』, p.15.

(3) 국립공주박물관, 2004, 『국립공주박물관 도록』, p.24, 〈좌〉.

그림 11 (1) 문화재청 국가문화유산포털, 〈부여 왕릉원〉.

(2) 국립중앙박물관 · 국립부여박물관 · 국립대구박물관, 1999, 『백제』, p.168, 〈310〉.

그림 12 (1) 국립문화재연구소, 2001, 『나주 신촌리 9호분』, 〈원색사진 2 상〉.

(2) 국립광주박물관, 1998, 『영산강의 고대문화』, p.67, 〈사진 5〉.

그림 13 (1) 국립문화재연구소, 2001, 『나주 신촌리 9호분』, p.14, 〈원색사진 12-1〉.

(2) 국립광주박물관, 2003, 『국립광주박물관 도록』, p.66.

그림 14 (1) 전남대학교박물관, 2003, 『광주 월계동 장고분』, p.153, 〈사진 1 하〉.

(2) 전남대학교박물관, 2003, 『광주 월계동 장고분』, p.202, 〈사진 50-2〉, p.209, 〈사진 57-2〉.

그림 15 전남대학교박물관, 2003, 『광주 월계동 장고분』, p.168, 〈사진 16 상〉.

그림 16 국립문화재연구소 · 전남대학교박물관 · 나주시, 2001, 『나주 복암리 3호분』, p.18, 〈원색사진 13〉.

그림 17 국립나주문화재연구소, 2017, 『나주 복암리 정촌고분』, p.12.

그림 18 국립문화재연구소, 2012, 『풍납토성XIII』, p.9, 〈원색사진 5〉.

그림 19 (1) 국립부여박물관, 2006, 『백제, 공방』, p.87, 〈상〉.

(2) 국립부여박물관, 2006, 『백제, 공방』, p.106.

(3) 국립부여박물관, 2006, 『백제, 공방』, p.117.

그림 20 (1) 국립문화재연구소, 2012, 『풍납토성XIV 본문』, p.68, 〈사진 44〉 일부 수정.

(2) 한성백제박물관, 2018, 『백제, 집』, pp.42~43을 편집.

그림 21 국립부여박물관, 2014, 『국립부여박물관 도록』, p.162, 〈사진 171〉.

그림 22 (1) 국립부여문화재연구소 · 국립부여박물관, 2017, 『백제왕흥사』, p.55.

(2) 국립부여박물관 · 국립부여문화재연구소, 2008, 『백제왕흥사』, p.13.

그림 23 (1) 국립부여박물관, 2011, 『백제 무왕』, p.48.

(2) 국립부여박물관, 2011, 『백제 무왕』, p.31, 〈사진 32〉.

그림 24 (1) 국립부여박물관, 2003, 『백제금동대향로』, p.13.

(2) 국립부여박물관, 2003, 『백제금동대향로』, p.15.

(3) 국립부여박물관, 2003, 『백제금동대향로』, p.84.

제11장 신라의 사회와 문화

그림 1 국립경주문화재연구소, 2008, 『천년궁성 신라월성』, p.16, 〈하늘에서 본 월성〉.

그림 2 경주시청, 2022, 「'1,000년 전 모습 그대로'…경주 월성복원사업 속도 낸다」 보도자료.

그림 3 계림문화재연구원, 2017, 『명활성』, p.45, 〈사진 15〉.

그림 4 중원문화재연구원, 2013, 『보은 삼년산성-동문지2차 발굴조사 보고서』, p.168, 〈사진 3〉.

그림 5 한양대학교박물관, 2006, 『이성산성 11차 발굴조사보고서』, 〈사진 1〉.

그림 6 국립경주박물관, 『2006, 경주 구정동 고분』, p. ⅱ, 〈원색사진 2-②〉.

그림 7 (1) 영남문화재연구원, 2011, 『경주 구어리고분군』, p. ⅴ, 〈원색사진 5〉.

(2) 영남문화재연구원, 2010, 『경주 황성동 575번지 고분군 -본문-』, p.xii, 〈원색사진 12-②〉.

(3) 국립경주문화재연구소, 2021, 『경주 쪽샘지구 신라고분유적XII』.

그림 8 국립경주문화재연구소, 2021, 「경주 쪽샘지구 유적」 브로슈어, 〈⑤ 41호분 조사 전경〉.

그림 9 (1) 문화재관리국 문화재연구소, 1993, 『황남대총 남분발굴조사보고서(도판 · 도면)』, 〈도판 7〉.

(2) 문화재관리국 문화재연구소, 1985, 『황남대총 북분발굴조사보고서』, 〈도판 4〉.

그림 10 국립중앙박물관, 2016, 『경주 금관총(유구편)』, p.97, 〈도판 65〉.

그림 11 영남문화재연구원, 2001, 『경산 임당동유적II』, p.4, 〈원색사진 3〉.

그림 12 국토정보플랫폼 항공사진.

그림 13 영남문화재연구원, 2009, 『경주 방내리고분군』, 〈원색사진 15-①〉.

그림 14 경북대학교박물관, 2002, 『학미리고분』, p.3, 〈원색사진 1-①〉.

그림 15 (1) 문화재관리국 문화재연구소, 1993, 『황남대총 남분발굴조사보고서(도판 · 도면)』.

(2) 문화재관리국 문화재연구소, 1985, 『황남대총 북분발굴조사보고서』, 〈도판 3〉.

그림 16 Daum 위성지도를 편집.

그림 17 국립창원문화재연구소, 2006, 『창녕 송현동고분군 6 · 7호분 발굴조사 개보』, p.8.

그림 18 영남대학교박물관, 2012, 『경산 임당지역 고분군IX 조영EIII -2호분-』, p.iii, 〈원색사진 6〉.

그림 19 경상북도문화재연구원, 2004, 『달성 문산리 고분군 I지구 -대형봉토분 3호-』, p.272, 〈사진 5-②〉.

그림 20 계명대학교 행소박물관, 2006, 『성주성산동고분군』, p.671, 〈3〉.

그림 21 강릉원주대학교박물관, 2011, 『강릉 초당동 고분군 -강릉 초당동 129-5번지 현대아파트 신축부지 내 발굴조사 보고서-』.

그림 22 경상북도(신라 천년의 역사와 문화 편찬위원회), 2016, 『신라 천년의 역사와 문화 자료집 03』, 「마립간 시기II-지방-」, p.12, 〈마립간기 신라의 영역과 주요 교통로 및 고총군 분포〉를 재제도.

그림 23 국립중앙박물관, 2010, 『황금 나라 신라, 왕릉, 황남대총』, 수록 유물을 편집.

그림 24 국립경주문화재연구소, 2004, 『경주 손곡동 · 물천리유적 -도판-』, 〈원색도판 11〉.

그림 25 필자(김대환) 제작.

그림 26 우리문화재연구원, 2012, 『울산 약사동 유적 -본문-』, 〈원색사진 7-②〉.

제12장 가야의 사회와 문화

그림 1 필자(조성원) 제작.

그림 2 (1) 국립중앙박물관 소장 건판3831, 〈경남 함안 가야리 고분군, 발굴된 내부 모습〉.

(2) 국립중앙박물관 소장 건판4972, 〈경북 고령 지산동 18호분 발굴 작업〉.

그림 3 (1) 대성동고분박물관, 2013, 『동아시아 교역의 가교! 대성동 고분군』, p,24, 〈1〉.

(2) 대성동고분박물관, 2019, 『대성동고분군 다섯번의 발굴 10년, 기록』, p.45, 〈하〉.

그림 4 (1) 필자(조성원) 직접 촬영.

(2) 필자(조성원) 직접 촬영.

그림 5 (1) 대성동고분박물관, 2022, 『김해 대성동고분군』, p.250, 〈도판 16-3〉.

(2) 대동문화재연구원, 2012, 『고령 지산동 제73~75호분(도판)』, p.505, 〈도판 505-①〉.

그림 6 (1) 동아세아문화재연구원, 2021, 『창녕 퇴천리 토기가마터』, p.70, 〈사진 46〉.

(2) 영남문화재연구원, 2017, 『고령 송림리 대가야 토기가마 유적』, p.241, 〈사진 17-1〉.

(3) 필자(조성원) 직접 촬영(복천박물관 전시 복원 디오라마).

그림 7 (1) 필자(조성원) 제작.

(2) 국립김해박물관, 2008, 『낙동강』, p.72, 〈64 여러 가지 토기〉.

그림 8 필자(조성원) 제작.

그림 9 (1) 경남신문, 2019.04.12일자 기사, 「경북 고령 대가야 토기가 창원서 나온 이유는?」.

(2) 국립김해박물관, 2008, 『낙동강』, p.78, 〈75 소가야계 토기〉.

그림 10 (1) 두류문화재연구원, 2021, 『함안 말이산 고분군』, p.xvii, 〈원색도판 12〉.

(2) 함안군청 사진 제공.

그림 11 (1) 한국문물연구원, 2011, 『창원 봉림동 유적I』, p.8.

(2) 동아세아문화재연구원, 2011, 『김해 하계리 제철유적』, p.v, 〈원색도판 1〉.

(3) 웅진주니어 · 국립중앙박물관, 2019, 『가야에서 보낸 하루』, p.15를 수정.

그림 12 (1) 대성동고분박물관, 2019, 『대성동고분군 다섯번의 발굴 10년, 기록』, p.81, 〈하〉.

(2) 대성동고분박물관, 2019, 『대성동고분군 다섯번의 발굴 10년, 기록』, p.91, 〈상〉.

(3) 합천군청 문화예술과 사진 제공.

(4) 대가야박물관, 2015, 『고령 지산동 대가야고분군』, p.108, 〈하좌〉.

그림 13 (1) 대성동고분박물관, 2017, 『비밀의 문을 다시 두드리다』, p.59, 〈하〉.

(2) 복천박물관 사진 제공.

(3) 국립김해박물관, 2018, 『국립김해박물관 도록』, p.218, 〈336 갑옷〉.

그림 14 대성동고분박물관, 2013, 『동아시아 교역의 가교! 대성동 고분군』, pp.59~60을 참고로 편집.

그림 15 (1) 국립김해박물관, 2015, 『갑주, 전사의 상징』, p.101, 〈전면〉.
(2) 국립김해박물관, 2015, 『갑주, 전사의 상징』, p.101, 〈전면 복제품〉.
(3) 부경대학교박물관 사진 제공.
(4) 대가야박물관, 2015, 『고령 지산동 대가야고분군』, p.84, 〈상중〉.

그림 16 (1) 필자(조성원) 직접 촬영.
(2) 국립김해박물관, 2018, 『국립김해박물관 도록』, p.108, 〈170 우〉.
(3) 대동문화재연구원, 2012, 『고령 지산동 제73~75호분II(도판)』, p.211, 〈28 세부〉.
(4) 국립김해박물관, 2008, 『국립김해박물관 도록』, p.119, 〈213〉.
(5) 국립김해박물관, 2018, 『국립김해박물관 도록』, p.106, 〈168〉.

그림 17 (1) 국립김해박물관, 2020, 『말을 탄 가야』, pp.206~207, 〈293〉.
(2) 국립김해박물관, 2020, 『말을 탄 가야』, p.162, 〈243-좌〉.
(3) 국립김해박물관, 2020, 『말을 탄 가야』, p.162, 〈246-좌〉.
(4) 대가야박물관, 2015, 『고령 지산동 대가야고분군』, p.97, 〈하좌〉.
(5) 국립김해박물관, 2008, 『국립김해박물관 도록』, p.227, 〈421-좌〉.
(6) 동아대학교박물관, 2005, 『고성 송학동 고분군(도판)』, 〈원색도판 12 중〉.
(7) 국립김해박물관, 2008, 『국립김해박물관 도록』, p.223, 〈409〉.

그림 18 (1) 국립김해박물관, 2008, 『국립김해박물관 도록』, p.135, 〈246〉.
(2) 경상대학교박물관 · 합천박물관, 2020, 『가야의 보고 옥전』, p.242, 〈227〉.
(3) 대가야박물관, 2014, 『대가야 왕릉의 출현』, p.67, 〈상〉.
(4) 대가야박물관, 2014, 『대가야 왕릉의 출현』, p.67, 〈중〉.

그림 19 (1) 국립김해박물관, 2012, 『양동리, 가야를 보다』, p.69, 〈082〉.
(2) 대성동고분박물관, 2019, 『대성동고분군 다섯번의 발굴 10년, 기록』, p.44.
(3) 대성동고분박물관, 2019, 『대성동고분군 다섯번의 발굴 10년, 기록』, p.65, 〈하우〉.

그림 20 (1) 대가야박물관, 2015, 『고령 지산동 대가야고분군』, p.127, 〈상좌〉.
(2) 국립경주박물관, 2001, 『신라황금』, p.274.
(3) 영남문화재연구원, 1998, 『고령 지산동30호분』, 〈원색사진 9〉.
(4) 두류문화재연구원, 2021, 『함안 말이산 고분군』, p.xxvi, 〈원색도판 21〉.
(5) 대가야박물관, 2015, 『고령 지산동 대가야고분군』, p.130.
(6) 경상대학교박물관 홈페이지.

그림 21 경상대학교 박물관, 1993, 『합천 옥전 고분군IV -M4 · M6 · M7호분-』, 〈원색사진 10〉.

그림 22 (1) 복천박물관, 2011, 『복천박물관 전시도록』, p.110.
(2) 대성동고분박물관, 2013, 『동아시아 교역의 가교! 대성동 고분군』, p.28, 〈1〉.

그림 23 (1) 경북대학교박물관, 2009, 『고령 지산동44호분 -대가야왕릉-』, p.4, 〈원색사진 2〉.
(2) 동아대학교박물관, 2005, 『고성 송학동고분군(본문)』, 〈원색도판 3〉.

그림 24 (1) 국립창원문화재연구소, 『함안 도항리고분군III』, 〈원색사진 3〉.
(2) 대동문화재연구원, 2012, 『고령 지산동 제73~75호분II(도판)』, p.387, 〈도판 387-①〉.

그림 25 (1) 경상대학교박물관, 2000, 『고령 운곡리 고분군』, 〈원색사진 2 상〉.
(2) 동아대학교박물관, 2005, 『고성 송학동고분군(본문)』, 〈원색도판 3〉.
(3) 계명대학교출판부, 1984, 『고령고아동벽화고분실측조사보고』.

그림 26 (1) 대성동고분박물관, 2019, 『대성동고분군 다섯번의 발굴 10년, 기록』, p.96, 〈하〉.
(2) 국립창원문화재연구소, 『함안 도항리고분군V』, p.13, 〈원색사진 5〉.

그림 27 (1) 경남도민신문, 2020.10.13일자 기사, 「합천 성산토성, 국가사적 지정 탄력 받았다」.
(2) 경상남도 가야문화유산과, 2020.12.28일자 보도자료.

그림 28 필자(조성원) 제작.

그림 29 필자(조성원) 제작.

그림 30 대가야박물관, 2015, 『고령 지산동 대가야고분군』, p.203.

그림 31 (1) 경상북도문화재연구원, 2000, 『대가야역사관 신축부지내 고령 지산동 고분군 -사진-』, p.180, 〈사진 160-②〉.
(2) 대가야박물관, 2004, 『대가야의 유적과 유물』, p.105, 〈하〉.

그림 32 (1) 우리문화재연구원, 2011, 『사천 향촌동 유적』, p.11, 〈원색사진 9-①〉.
(2) 우리문화재연구원, 2011, 『사천 향촌동 유적』, p.13, 〈원색사진 11-①〉.
(3) 대가야박물관 · 국립춘천박물관, 2020, 『대가야 사람들의 향수』, p.80, 〈사진 1〉.

제13장 통일신라의 사회와 문화

그림 1 (1) 국립중앙박물관, 2003, 『통일신라』, p.40.
(2) 국립중앙박물관, 2003, 『통일신라』, p.43, 〈좌측 탁본〉.

그림 2 (1) 서울대학교박물관, 2000, 『아차산성』, p.7, 〈상〉.
(2) 서울역사박물관, 2002, 『풍납토성-잃어버린 『왕도』를 찾아서』, p.132, 〈하〉.
서울대학교박물관, 2000, 『아차산성』, p.8, 〈하〉.

그림 3 (1) 국립경주박물관, 2002, 『고고관』, p.208.
(2) 국립경주박물관, 2002, 『고고관』, p.206.
(3) 국립경주박물관, 2002, 『고고관』, p.207.

그림 4 (1) 국립경주문화재연구소, 2018, 『사천왕사녹유신장벽전복원보고서』, p.68, 〈그림 30〉.
(2) 국립경주문화재연구소, 2018, 『사천왕사녹유신장벽전복원보고서』, p.71, 〈그림 39〉.
(3) 국립경주문화재연구소, 2018, 『사천왕사녹유신장벽전복원보고서』, p.74, 〈그림 49〉.

그림 5 국립경주박물관, 2002, 『문자로 본 신라』, p.32, 〈그림 40〉.

그림 6 (1) 국립경주문화재연구소, 2002, 『신라왕경』, p.61.
(2) 국립경주문화재연구소, 2002, 『신라왕경』, p.97.

그림 7 국립경주박물관, 2002, 『안압지관』, p.125.

그림 8 경주시청, 2015, 「신라천년의 궁성, 마지막 흔적을 엿보다」 보도자료.

그림 9 (1) 국립경주박물관, 1999, 『국립경주박물관 도록』, p.153, 〈사진 315〉.
(2) 국립경주박물관, 2007, 『명품백선』, p.185.

(3) 국립경주박물관, 2009, 『국립경주박물관 도록』, p.167.

그림 10 경주시청 관광자원 영상이미지, 〈황룡사지 목탑지 항공사진〉.

그림 11 필자(윤상덕) 직접 촬영.

그림 12 (1) 경주시청 경주문화관광 홈페이지, 〈석굴암〉.

(2) 국립중앙박물관, 2003, 『통일신라』, p.182, 〈하〉.

그림 13 국립경주박물관, 2009, 『종합도록』, p.217 〈성덕대왕신종〉, p.218 〈좌상 용뉴, 우하 비천상〉

그림 14 경주시청 관광자원 영상이미지, 〈괘릉〉.

그림 15 국립중앙박물관, 2003, 『통일신라』, p.117, 〈그림 135〉.

그림 16 국립중앙박물관, 2003, 『통일신라』, p.232, 〈그림 240〉.

그림 17 (1) 국립중앙박물관, 2003, 『통일신라』, p.43 〈태종무열왕릉비(국보25호)〉.

(2) 신라 천년의 역사와 문화 편찬위원회, 2016, 『신라 천년의 역사와 문화 05-통일 신라시기 I』, p.68, 〈태종무열왕릉비 이수 재액부분〉.

그림 18 경주시, 2013, 『경주신라왕릉』, p.200, 〈1 신문왕릉 받침석〉.

그림 19 (1) 경주시, 2013, 『경주신라왕릉』, p.118.

(2) 경주시, 2013, 『경주신라왕릉』, p.42.

그림 20 국립중앙박물관, 2003, 『통일신라』, p.245, 〈그림 256-1 하좌〉.

그림 21 국립경주박물관, 2002, 『안압지관』, p.172.

그림 22 (1) 경주시, 2013, 『경주신라왕릉』, p.64, 〈상좌 무인석 3D 도면〉.

(2) 경주시, 2013, 『경주신라왕릉』, p.128, 〈상좌 무인석 3D 도면〉.

그림 23 (1) 국립김해박물관, 2011, 『땅 속에 묻힌 염원』, p.69, 〈사진 38〉.

(2) 경남고고학연구소, 2005, 『창녕 말흘리 유적』, p.292, 〈사진 84〉 일괄.

그림 24 국립중앙박물관, 2003, 『통일신라』, p.262.

제14장 발해의 사회와 문화

그림 1 구난희 외, 2015, 『발해유적사전 -중국편-』, 한국학중앙연구원출판부, p.612, 재제도.

그림 2 김은국·권은주·김진광, 2019, 『발해유적사전 -중국편-』, 동북아역사재단, p.78, 재제도.

그림 3 (1) 구난희 외, 2015, 『발해유적사전 -중국편-』, 한국학중앙연구원출판부 p.27.

(2) 구난희 외, 2015, 『발해유적사전 -중국편-』, 한국학중앙연구원출판부 p.37.

(3) 구난희 외, 2015, 『발해유적사전 -중국편-』, 한국학중앙연구원출판부 p.39.

(4) 서울대학교박물관·동경대학문학부, 2003, 『해동성국 발해』, p.12, 〈참고 1〉.

그림 4 (1) 서울대학교박물관·동경대학문학부, 2003, 『해동성국 발해』, p.13.

(2) 서울대학교박물관·동경대학문학부, 2003, 『해동성국 발해』, p.13, 〈참고 2〉.

(3) 서울대학교박물관·동경대학문학부, 2003, 『해동성국 발해』, p.13, 〈참고 3〉.

그림 5 (1) 서울대학교박물관·동경대학문학부, 2003, 『해동성국 발해』, p.22, 〈참고 9〉.

(2) 서울대학교박물관·동경대학문학부, 2003, 『해동성국 발해』, p.22, 〈참고 10〉.

(3) 서울대학교박물관 · 동경대학문학부, 2003, 『해동성국 발해』, p.22, 〈참고 11〉.

(4) 서울대학교박물관 · 동경대학문학부, 2003, 『해동성국 발해』, p.22, 〈참고 12〉.

그림 6 (1) 서울대학교박물관 · 동경대학문학부, 2003, 『해동성국 발해』, p.20, 〈참고 7〉.

(2) 서울대학교박물관 · 동경대학문학부, 2003, 『해동성국 발해』, p.21, 〈참고 8〉.

그림 7 국립중앙박물관, 2019, 『유리건판으로 보는 발해 유적』, p.27, 〈도 010〉.

그림 8 서울대학교박물관 · 동경대학문학부, 2003, 『해동성국 발해』, p.15, 〈참고 5〉.

그림 9 (1) 동북아역사재단 사진 제공.

(2) 필자(주홍규) 직접 촬영.

그림 10 (1) 국립중앙박물관, 2019, 『유리건판으로 보는 발해 유적』, p.75, 〈도 058〉,

(2) 국립중앙박물관, 2019, 『유리건판으로 보는 발해 유적』, p.70, 〈도 053〉.

그림 11 동북아역사재단, 2007, 『발해의 역사와 문화』, p.368.

그림 12 서울대학교박물관 · 동경대학문학부, 2003, 『해동성국 발해』, p.53, 〈참고 25〉.

그림 13 서울대학교박물관 · 동경대학문학부, 2003, 『해동성국 발해』, p53, 〈참고 26~29〉.

그림 14 (1) 서울대학교박물관 · 동경대학문학부, 2003, 『해동성국 발해』, p.24, 〈참고 16〉.

(2) 필자(주홍규) 직접 촬영.

(3) 필자(주홍규) 직접 촬영.

그림 15 동북아역사재단, 2007, 『발해의 역사와 문화』, p.282.

그림 16 서울대학교박물관 · 동경대학문학부, 2003, 『해동성국 발해』, p.40, 〈7〉.

그림 17 (1) 서울대학교박물관 · 동경대학문학부, 2003, 『해동성국 발해』, p.91, 〈참고 49〉,

(2) 서울대학교박물관 · 동경대학문학부, 2003, 『해동성국 발해』, p.91, 〈참고 48〉.

그림 18 서울대학교박물관 · 동경대학문학부, 2003, 『해동성국 발해』, p.95.

그림 19 서울대학교박물관 · 동경대학문학부, 2003, 『해동성국 발해』, p.59, 〈37〉.

그림 20 (1) 서울대학교박물관 · 동경대학문학부, 2003, 『해동성국 발해』, p.73, 〈71〉,

(2) 서울대학교박물관 · 동경대학문학부, 2003, 『해동성국 발해』, p73, 〈72〉.

그림 21 서울대학교박물관 · 동경대학문학부, 2003, 『해동성국 발해』, p.56, 〈32, 32-1〉, p.57, 〈33, 33-1〉.

그림 22 서울대학교박물관 · 동경대학문학부, 2003, 『해동성국 발해』, p.33, 〈3〉.

그림 23 서울대학교박물관 · 동경대학문학부, 2003, 『해동성국 발해』, p.79, 〈참고 35〉.

그림 24 서울대학교박물관 · 동경대학문학부, 2003, 『해동성국 발해』, p.78, 〈79, 79-1〉.

제15장 고려시대의 사회와 문화

그림 1 국립문화재연구소, 2018, 『한중일 중세도성(한국편)』, p.10, 〈그림 2 고려도성 평면도〉를 일부 수정.

그림 2 국립문화재연구소, 2018, 『한중일 중세도성(한국편)』, p.12, 〈고려궁성 발굴 현황도〉.

그림 3 국립문화재연구소, 2018, 『한중일 중세도성(한국편)』, p.28, 〈그림 28 내성 남대문 전경〉.

그림 4 (1) 국립문화재연구소, 2018, 『한중일 중세도성(한국편)』, p.15, 〈궁성 서부건축군 전경〉.

(2) 개성 만월대 남북공동발굴디지털기록관, 〈회경전건축군〉.

그림 5 이희인, 2017, 「고려 강화도성, 성곽」, 『강화 고려도성 기초학술연구』, 국립강화문화재연구소, p.128을 재제도.

그림 6 중원문화재연구원, 2012, 『강화 옥림리유적』, p.167.

그림 7 (1) 국립문화재연구소, 2018, 『한중일 중세도성(한국편)』, p.71, 〈그림 78 용장성 위치도〉.

(2) 국립문화재연구소, 2018, 『한중일 중세도성(한국편)』, p.71, 〈그림 79 용장성 현황(목포대학교박물관)〉.

(3) 국립문화재연구소, 2018, 『한중일 중세도성(한국편)』, p.73, 〈용장성 궁성 발굴 현황도(목포대학교박물관)〉.

그림 8 국립문화재연구소, 2018, 『한중일 중세도성(한국편)』, p.93, 〈그림 104 항파두리 항몽유적 위치도〉.

그림 9 (1) 제주고고학연구소, 2020, 『제주 항파두리유적III』, p.209.

(2) 국립문화재연구소, 2018, 『한중일 중세도성(한국편)』, p.105, 〈그림 122 외성 발굴 지점 및 등성시설 배치도(제주고고학연구소)〉.

(3) 국립문화재연구소, 2018, 『한중일 중세도성(한국편)』, p.106, 〈그림 123 외성 북벽 3차 발굴조사 1지점 기저부 석렬 평단면도(제주고고학연구소)〉.

그림 10 (1) 국립강화문화재연구소, 2018, 『강도 고려왕릉전』, p.55, 〈고려 왕릉 분포 현황〉.

(2) 국립강화문화재연구소, 2018, 『강도 고려왕릉전』, p.57, 〈고려 왕릉 구조〉.

그림 11 (1) 예맥, 2008, 『아름다운 우리문화재3 고려왕릉』, p.28, 〈개건 이전 태조 왕건릉(현릉) 전경〉.

(2) 예맥, 2008, 『아름다운 우리문화재3 고려왕릉』, p.28, 〈개건 이후 태조 왕건릉 전경〉.

그림 12 (1) 예맥, 2008, 『아름다운 우리문화재3 고려왕릉』, p.36, 〈정종 안릉 전경〉.

(2) 예맥, 2008, 『아름다운 우리문화재3 고려왕릉』, p.64, 〈신종 양릉 전경〉.

그림 13 국립강화문화재연구소, 2018, 『강도 고려왕릉전』, p.104, 〈가릉 발굴조사 후 전경〉.

그림 14 (1) 국립중앙박물관, 2018, 『대고려, 그 찬란한 도전』, p.289, 〈은제 금도금 표주박모양 병〉.

(2) 국립중앙박물관, 2018, 『대고려, 그 찬란한 도전』, p.288, 〈은제 금도금 고리〉.

(3) 국립중앙박물관, 2018, 『대고려, 그 찬란한 도전』, p.285, 〈금제 장신구〉.

(4) 국립중앙박물관, 2018, 『대고려, 그 찬란한 도전』, p.287, 〈금제 장신구〉.

그림 15 (1) 국립중앙박물관, 2018, 『대고려, 그 찬란한 도전』, p.123, 〈금동불감〉.

(2) 국립문화재연구소, 2020, 『고려 금속공예, 이해』, p.59, 〈'정우6년 사복사'명 청동 은입사 향완〉.

그림 16 국립청주박물관, 2006, 『무심천사람들』, p.111, 〈'홍덕사'가 새겨진 쇠북〉.

그림 17 (1) 국립문화재연구소, 2020, 『고려 금속공예, 이해』, p.21, 〈'천흥사'명 동종〉.

(2) 국립문화재연구소, 2020, 『고려 금속공예, 이해』, p.23, 〈'청녕4년'명 동종〉.

그림 18 국립문화재연구소, 2020, 『고려 금속공예, 이해』, p.113, 〈금동대탑〉.

그림 19 (1) 국립중앙박물관, 2008, 『고려 왕실, 도자기』, p.13, 〈인종 시책과 인종 장릉 출토품〉.

(2) 국립중앙박물관, 2008, 『고려 왕실, 도자기』, p.20, 〈청자 참외 모양 병(전 인종장릉 출토)〉.

그림 20 (1) 국립중앙박물관, 2008, 『고려 왕실, 도자기』, p.27, 〈명종 지릉 출토품〉.

(2) 국립중앙박물관, 2008, 『고려 왕실, 도자기』, p.28, 〈청자 여지넝쿨무늬 대접(명종 지릉 출토)〉.

그림 21 국립중앙박물관, 2008, 『고려 왕실, 도자기』, p.34, 〈희종 석릉 출토품〉.

그림 22 국립중앙박물관, 2008, 『고려 왕실, 도자기』, p.39, 〈원덕태후 곤릉 출토품〉.

그림 23 국립중앙박물관, 2008, 『고려 왕실, 도자기』, p.36, 〈순경태후 가릉 출토품〉.

그림 24 국립중앙박물관, 2008, 『고려 왕실, 도자기』, p.9, 〈청자 넝쿨무늬 완(경기도 개풍군 문공유 묘 출토)〉.

그림 25 남북역사학자협,회, 2018, 『고려건국 1100년, 고려황궁 개성 만월대 남북공동발굴 평창특별전 도록』, p.166, 〈청자음 각

보상화당초문대형기〉.

그림 26 국립중앙박물관, 2008, 『고려 왕실, 도자기』, p.45, 〈각종 청자 기와(강진 사당리 가마터 출토)〉.

그림 27 (1) 국립중앙박물관, 2008, 『고려 왕실, 도자기』, p.46, 〈개성 고려 궁궐터 출토품(1945년 이전 수집)〉.

(2) 국립중앙박물관, 2008, 『고려 왕실, 도자기』, p.48, 〈청자 원숭이 무늬 항아리(개성 고려 궁궐터 출토)〉.

그림 28 국립광주박물관, 2019, 『한국가마터발굴현황조사 ①고려청자』, p.164.

그림 29 국립중앙박물관, 2008, 『고려 왕실, 도자기』, p.45, 〈청자 기와(강진 사당리 가마터 출토)〉.

그림 30 파주시 · 한백문화재연구원, 2014, 『파주 혜음원지』, 〈원색화보 3〉.

그림 31 (1)(2) 국립중앙박물관, 2008, 『고려 왕실, 도자기』, p.55, 〈청자접시(혜음원터 출토)〉.

(3) 국립중앙박물관, 2008, 『고려 왕실, 도자기』, p.54, 〈청자대접(혜음원터 출토)〉.

(4) 국립중앙박물관, 2008, 『고려 왕실, 도자기』, p.58, 〈정요백자, 경덕진요 청백자(혜음원터 출토)〉.

그림 32 (1) 국립중앙박물관, 2008, 『고려 왕실, 도자기』, p.62, 〈청자 용 무늬 매병(강진 사당리 가마터 출토)〉.

(2) · (3) 국립중앙박물관, 2008, 『고려 왕실, 도자기』, p.64, 〈청자 용 무늬 베개(강진 사당리 가마터 출토)〉.

그림 33 부안 · 전북문화재연구원, 2021, 『부안 유천리 6구역 청자요지군』, p.3, 〈원색사진 1〉.

그림 34 (1) 국립중앙박물관, 2008, 『고려 왕실, 도자기』, p.71, 〈청자 물가풍경 무늬 향로(부안 유천리 가마터 출토)〉.

(2) 국립중앙박물관, 2008, 『고려 왕실, 도자기』, p.76, 〈청자 파초, 두꺼비 무늬 매병(부안 유천리 가마터 출토)〉.

(3) 국립중앙박물관, 2008, 『고려 왕실, 도자기』, p.78, 〈청자 구름, 학 무늬 베개(부안 유천리 가마터 출토)〉.

그림 35 국립중앙박물관, 2016, 『신안해저선에서 찾아낸 것들』, pp.10~11을 재제도.

그림 36 국립중앙박물관, 2016, 『신안해저선에서 찾아낸 것들』, pp.146~147.

그림 37 국립해양문화재연구소, 2018, 『수중발굴 고선박 원형복원 연구 신안선편』, p.119.

그림 38 (1) 국립중앙박물관, 2005, 『신안선과 도자기 길』, p.35, 〈청자여인상촛대(용천요)〉.

(2) 국립중앙박물관, 2005, 『신안선과 도자기 길』, p.36, 〈청자철반문여인좌상(용천요)〉.

(3) 국립중앙박물관, 2005, 『신안선과 도자기 길』, p.29, 〈청자어룡식화병(용천요)〉.

(4) 국립중앙박물관, 2005, 『신안선과 도자기 길』, p.25, 〈청자첩화쌍어문반(용천요)〉.

그림 39 국립중앙박물관, 2005, 『신안선과 도자기 길』, p.51, 〈백지흑화파도화훼문장경병(길주요)〉.

그림 40 (1) 국립중앙박물관, 2005, 『신안선과 도자기 길』, p.41, 〈백자완(경덕진요)〉.

(2) 국립중앙박물관, 2005, 『신안선과 도자기 길』, p.48, 〈청백자관음보살상(경덕진요)〉.

그림 41 (1) 국립중앙박물관, 2005, 『신안선과 도자기 길』, p.57, 〈청자음각연화문매병(고려청자)〉.

(2) 국립중앙박물관, 2005, 『신안선과 도자기 길』, p.58, 〈고려청자〉.

제16장 조선시대의 사회와 문화

그림 1 이청규 사진 제공(서울역사박물관 전시 디오라마).

그림 2 (1) 국립문화재연구소, 2008, 『경복궁 소주방지 발굴조사보고서』, 〈사진 5〉.

(2) 문화재관리국 국립문화재연구소, 1995, 『경복궁 침전지역발굴조사보고서』, p.440, 〈도판 2〉.

그림 3 (1) 국사편찬위원회 한국사데이터베이스, 〈「본아전도」, 『도지지』(1788)〉.

(2) · (3) 국사편찬위원회 한국사 데이터베이스 사진유리필름자료, 〈육조관아거리〉.

그림 4 문화재청 국가문화유산포털, 〈불량기 자포〉.

그림 5 인천광역시 강화군 · 인천광역시립박물관, 2017, 『건평돈대 발굴조사 보고서』, p.73, 〈사진 108〉.

그림 6 한림대학교 박물관, 2003, 『강화 조선궁전지(외규장각지)』, p.3, 〈원색사진 2〉.

그림 7 서울대학교 규장각한국학연구원 홈페이지, 〈『해동지도』 광주부〉.

그림 8 한국토지공사 토지박물관, 2003, 『남한행궁지 제4 · 5차 발굴조사보고서』, 〈행궁 남편 조선시대 건물지 1〉.

그림 9 서울대학교 규장각한국학연구원 홈페이지, 〈『해동지도』 경도〉.

그림 10 경기문화재연구원, 2015, 『고양 북한행궁지 2차 발굴조사보고서』, p.24, 〈사진 4〉.

그림 11 원광대학교 마한 · 백제문화연구소, 2000, 『고창읍성 관아건물지 발굴조사 보고서』, p.190, 〈도판 23-b〉.

그림 12 문화재청, 2018.11.15일자 보도자료, 「조선, 최첨단 비밀병기 비격진천뢰 11점 출토」.

그림 13 (1) 강원문화재연구소, 2006, 『강원감영 청운당지 주변 발굴조사 보고서』, p.4, 〈원색사진 1〉.
(2) 강원문화재연구소, 2014, 『강원감영』, p.389, 〈사진 97-1〉.

그림 14 이청규 사진 제공.

그림 15 (1) 강원문화재연구소, 2008, 『강릉 임영관지』, p.4, 〈원색사진 2〉.
(2) 강원문화재연구소, 2008, 『강릉 임영관지』, p.5, 〈원색사진 4〉.

그림 16 국립문화재연구소, 2009, 『조선왕릉 종합학술조사보고서I』, p.319, 〈도 129〉.

그림 17 국립문화재연구소, 2012, 『조선왕릉 종합학술조사보고서III』, p.394, 〈능침 정면〉.

그림 18 국립문화재연구소, 2015, 『조선왕릉 종합학술조사보고서VIII』, p.151, 〈그림 10〉.

그림 19 (1) · (2) 문화재청 국가문화유산포털, 〈밀양 박익 벽화묘〉.

그림 20 차순철 사진 제공.

그림 21 국립문화재연구소, 2015, 『전 정조대왕 초장지 발굴조사보고서』, p51.

그림 22 동신대학교 문화박물관, 2007, 『나주향교 동 · 서재 발굴보고서』, 〈원색사진 8〉.

그림 23 영남문화재연구원, 2005, 『대구 노변동 사직단유적』, p.5, 〈원색사진 3-1〉.

그림 24 경기문화재연구원 · 남한산성문화관광사업단, 2012, 『남한산성 폐사지(국청사지 · 한흥사지) 시굴조사 보고서』, 〈원색사진 2-2〉.

그림 25 민족문화유산연구원, 2018, 『고흥 운대리 분청사기 요장 -7호 · 14호 발굴조사 보고서-』, p.73, 〈사진 79〉.

그림 26 민족문화유산연구원, 2019, 『고흥 운대리 분청사기 요장 -26호 발굴조사 보고서-』, p.38, 〈사진24. 운대리 분청사기 7호 요장 출토유물〉.

그림 27 경기도박물관, 2008, 『경기도 광주 관요』, p.281, 〈상좌〉.

그림 28 이화여자대학교박물관, 1993, 『조선백자요지 발굴조사보고전 －부 광주우산리 9호조선백자요지 발굴조사보고-』, 〈표지〉.